はじめに

1　本書の課題

本書は，19世紀から20世紀の法学者の事跡を通じて，この間の法律学，とくに私法，民法の概念の発展を検討しようとするものである。民法上の概念には，時間的に，ローマ法に遡るもののほか，中世法起原のもの，カノン法の影響をうけたものなど，多様なものがある。また，その場所的な起源も多様であり，大陸法の概念から英米法に出自があるとされるものまである。さらに，比較的新しく，特定の提唱者に結びつけられた概念もある。

本書は，このうち比較的新しい概念を，とくに私法に大きな影響を与えた法学者の事跡とともに検討することによって，私法上の概念を沿革的に基礎づけようとするものである。法学上の概念は，それが提唱された時代や人と密接不可分であり，その特徴も提唱者とともに検討することによって，より明確になるからである。なお，本書における「発見」や「発明」に関する議論については，第１部１篇１章の論文の冒頭を参照されたい。

従来から，解釈論的な論文においても，その導入（Einführung）として，概念の沿革や比較法が語られることは少なくなかった。しかし，法の沿革が敷衍されても，解釈論との結びつきが不明であったり，たんなる飾りにすぎない場合もみられた。解釈論に結合するためには，単発の言及には限界がある。他方で，法の歴史との関連づけを深めるには，大部になりすぎる。しかも，法史学の対象となる思想家は限定されている。大思想家は，細かな解釈論や技術論には立ち入らないからである。解釈論に資する記述となるには，思想がもっと技術の次元にまで降りてくる必要がある。大思想家以外の法学者を検討しなければならないゆえんである。

著名な解釈学者も，その人柄にふれると，意外に人間的な側面をもっている。こうした側面にふれることは，場合によっては，概念の再検討につながることもあり，あるいは無味乾燥といわれる解釈学に一抹の潤いを与えることも期待できるのである。従来も，一部の法学者には，こうした人間性が述べられたことがある。たとえば，イェーリングやヘックである。しかし，大

多数の者の名前は，たんなる符牒にとどまっている。法学者相互の関係にも，概念の影響をみることができることがある。

2 簡単な解題

⑴ 本書は，3部から成る。時期的に，おおむね第1部は，19世紀後半の法学者と概念を対象としており，1900年のドイツ民法典の制定の時期に直接かかわっている。第2部は，より広く19世紀から20世紀前半までの者を対象としている。法学者についてみれば，パンデクテン法学上の著名人が対象となっている。第3部は，20世紀の発展を対象とする。民法典成立後の発展に関わった者が対象である。なお，裁判官や他の法実務家は，裁判所の変遷に関する別著に委ねることから，本書では，大部分割愛した。

第1部は，法学上の発見のうち，とくに重要な二重効，形成権，契約締結上の過失，積極的契約侵害論，行為基礎論を中心として，発見者であるキップ，ゼッケル，イェーリング，シュタウプ，エルトマンと，その周辺の法学者を検討した（第1篇）。第2章6では，キール学派の法学者の補充的な考察をしたが，これは，本書では第3部3篇に収録したキール学派を前提とするものである。原論文が，後者の方が早かったことから，前後している。

第2篇では，ユダヤ系法学者を検討している。ユダヤ系法学者による法学上の発見も多数あるが，法学者の分析のうち，これを各論の最初にもってきたのである。これは，第1に，1930年代にユダヤ系法学者が追放され，その後をキール学派が占めたこととの対比のためと，第2に，伝統的な各論，たとえば，ロマニステンとゲルマニステンという対比は，19世紀的であり，20世紀の法律学を特徴づけるものとしては，弱いからでもある。第3に，日本にも，関連するところがあることを示したかったのである。日本に関連するユダヤ系法学者は，多い。その理由を探る必要がある。

第3篇にコーラーをもってきたのは，彼が，19世紀の代表的な学者であることと，科学や文化の新機軸，発明や新概念に興味をもち，これらに対する法的な検討に積極的だったからである。

⑵ 第2部では，第1篇において，19世紀の大学と法学者を広く検討した。とくに，ベルリン大学の創設期の法学者（2章）と，19世紀の前半の法学者（3章），世紀の転換期の法学者（4章）を通じて，ベルリン大学の変遷を概観した。所収の人々を追うことは，同時に，パンデクテン法学の展開を概観

することになる。そこで，19世紀の諸大学の代表的な法学者を広く検討した（5章）。最後に，1930年代のボン大学の変遷をおいたのは，ナチスの時代の法学者の苦悩をみることができるからである（6章）。政治に近いベルリン大学は，早くに，キール学派の下におかれたからである。

第2篇では，南ドイツ，とくに，バイエルンの法学者を検討した。北ドイツとは異なる独自の性質があるからである。これは，別稿で扱うオーストリアやスイスとも共通する。

第3篇では，南ドイツのバイエルン（エルランゲン）の法学者であるグリュックと，その膨大な業績であるパンデクテン・テキストについてふれている。この業績は，サヴィニー以前のパンデクテン体系の集大成といえる。

(3) 第3部第1篇は，比較法の大家であるラーベルとケメラーの事跡を検討するものである。1930年代に追放されたユダヤ系法学者は，優れた弟子を多く残しており，戦後のドイツの法学界に影響を与えた。同様の例は，M・ヴォルフとライザー，レーヴィとクンケル，シュルツとフルーメなどのような類例がある。やや異なった組合せとして，プリングスハイムとヴィアッカーの例もある。

第2篇は，このラーベルとケメラーの努力の成果ともいえるウィーン動産売買統一法条約と日本法の簡単な比較である。ウィーン条約の沿革にもふれた。本篇が，韓国，プサンで行われた共同シンポジウムの一部であることから，東アジア法の統一の問題や，当時個人的に興味をもっていたグローバル化や法の統一がもたらす民法への影響の問題についても，ふれている。

第3篇は，キール学派の代表とされるラーレンツとヴィアッカーの事跡を検討している。ナチスの時代を代表するキール学派やその成果は，終戦とともに消滅したわけではなく，その時代に起原をもつ種々の概念や体系は，戦後も長く影響力を有した。こうした影響を無視しては，戦後の法律学を正確に示すことはできないであろう。

第4篇以下は，戦後の民法学上の重要人物である。いずれも，亡くなったときに，その人生と民法学への影響を考察したものである。第4篇に，フルーメ，第5篇に，シュトル，第6篇に，ビドリンスキーを収録した。フルーメが伝統的なドイツ解釈学の泰斗であるのに対し，シュトルは，英米法に造詣の深いラーベルの学派に属する。ビドリンスキーは，オーストリアの法学者である。彼らの一生は，おおむねドイツ民法典の制定後から，その批判，キー

ル学派の登場，ユダヤ系法学者の亡命と復帰，戦後の展開といった民法典の変遷をたどっている。とくに早くに生まれたフルーメの一生は，民法典の展開と軌を一にしているのである。

わがくにでは，解釈学の論文においても，その導入において，外国の概念が比較法的に検討されることが多い。その場合に，比較法上の主要なテーマの業績だけではなく，それに寄与した人についても言及するようにしてはどうであろうか。個別の負担は小さくても，個々の積み重ねで膨大なデータが集まるであろう。個別の紹介それ自体には，あまり意味がなくても，これが総合されれば，いずれ学界に寄与するところも大と思われる。

3　その他の注意，追記

(1)　収録した論文は，おおむね2012年以降に公表したものであり，全面的な修正はなしえなかった（その後に出された文献を若干補充した）。本としての体裁を統一するために必要な最低限の作業（章節の一致など）や個別的な追加・修正が行われているにとどまる。注なども，基本的にもとのままである（割注を後注に改めたり，番号の修正は行っている）。表現のわかりにくいものや誤りの訂正，若干の加筆・追記は行った。さらに，雑誌の紙数制限から省略したり短縮したところを復活させた部分もある。

もとの論文を書いたときには，裁判所の変遷や，実務家，とくに民法典の形成に寄与した裁判官なども広く対象としたが，かなり膨大となったために，裁判所の変遷と法実務家の部分，さらに法学者の事跡うち，オーストリアやスイスなどに関する部分は，それぞれ独立させることとして，本書では収録を断念した。とりわけ多数の実務家については，文脈との関連性から，ライヒ大審院の一部の裁判官を収録したにとどまる。ALR や ABGB，ドイツ民法典，スイス債務法・民法などの制定時に貢献した実務家や官僚，法学者は多いが，すべて割愛し，別著に委ねることとした。

(2)　本書では，外国の人名，地名が多数登場する。その場合に困るのは，その日本語表記である。英語でも，California は，慣用的には，「カリフォルニア」とするが（一般のワープロ辞書もこれのはずである），英米法の専門家からは，それでは不正確であり，「キャリフォルニア」とすべきだといわれる。正確であっても，学者の不寛容や尊大さのようでもある。Zitelmann は，「チーテルマン」が一番わかりやすい表記であるが，これも，「ツィートルマン」

のようになる。Leipzig, Zürichは，ライプチッヒ，チューリヒとするのが一般的であるが，これも，「ライプツィッヒ」「ツューリッヒ」とする必要がある。正確を期すると，人ごとに，音は聞こえ方が微妙に異なり，書き方も異なってくることが難点である。また，カタカナは，日本語の中でも，表音文字であって，原語に近いことがベターであるが，正確を期すだけ，小文字が増えて，長くなることも難点である。

日本語には，漢字のように表意文字もあって，「カリフォルニア」のように，目で覚えている場合には，カタカナにも表意文字性がある。表示手段としては，この慣用によることがベターである。もともと，アルファベットをカタカナに正確に転換することには無理があり，正確を追求したいならば，Californiaと書くほかはない。

Tübingen, Sttutgart, Göttingen, Stettinも，短く書く場合には，「チュービンゲン」「ストットガルト」「ゲッチンゲン」「ステッティン」である。長くすれば,「テュービンゲン」「シュトゥットガルト」「ゲッティンゲン」「シュッテッティン」である。あまり著名でないこのクラスでは，筆者によって千差万別となるから，正確を期するには，アルファベットで表示するほかはない（Zitelmannの生地は，バルト海沿岸のStettinである）。やや混在しているのは，以上の理由による。

もっとも，アルファベットの書き方（発音も）も，各国語により異なる。この問題は長くなるので，ここでは立ち入らない（たとえば，Henry, Heinrich, Henriである。ちなみに，フランス語では，hは発音しないので，見かけ以上に相違は大きい）。

出版をお引き受けいただいた信山社および具体的な作業に精力的にご尽力いただいた同社の渡辺左近氏，柴田尚到氏には，この場を借りてお礼申しあげることとしたい。

2016年9月27日　小野秀誠

目　次

はじめに ……………………………………………………………… i

第１部　法学上の発見と民法 —————————————————— 1

第１篇　法学上の発見と民法 ……………………………………… 3

第１章　はじめに ……………………………………………………… 3

1　本稿の目的（3）

2　全体的な動向（4）

第２章　重要概念の形成 …………………………………………… 6

1　キップ（Theodor Kipp, 1862. 4.10–1931. 4. 2）と二重効（6）

2　ゼッケル（Emil Seckel, 1864. 1.10–1924. 4.26）と形成権（13）

(1)　ゼッケル（13）

(2)　レーヴィ（Ernst Levy, 1881.12.23–1968. 9.14）とローマ法学（16）

(3)　クンケル（Wolfgang Kunkel, 1902.11.20–1981. 5. 8）（18）

(4)　コシャカー（Paul Koschaker, 1879. 4.19–1951. 6. 1）（20）

(5)　L・ミッタイス（Ludwig Mitteis, 1859. 3.17–1921.12.26）（21）

3　新たな給付障害の体系——F・モムゼン，シュタウプ，ラーベル（24）

(1)　シュタウプ（Samuel Hermann Staub, 1856. 3.21–1904. 9. 2）と積極的契約侵害論（24）

(2)　F・モムゼン（Friedrich Mommsen, 1818. 1. 3–1892. 2. 1）とパンデクテン体系の不能論（30）

4　イェーリング（Rudolf von Jhering, 1818. 8.22–1892. 9.17）と概念法学批判，契約締結上の過失理論（culpa in contrahendo）（34）

(1)　イェーリング（34）

(2)　ヘック（Philipp Heck, 1858. 7.22–1943. 6.28）と利益法

学（41）

5　エルトマン（Paul Oertmann, 1865. 7. 3-1938. 5. 22）と行為基礎論（47）

(1)　ヴィントシャイト（Bernhard Joseph Hubert Windscheid, 1817. 6. 26-1892. 10. 26）（46）

(2)　エルトマン（52）

(3)　ケーゲル（Gerhard Kegel, 1912. 6. 26-2006. 2. 16）（60）

6　補遺　ライプチッヒ大学の変貌とキール学派（65）

(1)　ハウプト（Günter Haupt, 1904. 9. 11-1946. 7. 14）と事実的契約関係論（65）

(2)　ミハエリス（Karl Michaelis, 1900. 12. 21-2001. 8. 14）（72）

(3)　ジーバー（Heinrich Bethmann Siber, 1870. 4. 10-1951. 6. 23）（75）

第2篇　ユダヤ系法学者の系譜，亡命法学者 ……………………… 104

第1章　総論，ユダヤ系法学者の概観 ………………………………… 104

1　はじめに（104）

(1)　その位置づけ（104）

(2)　時代区分（106）

(3)　地域区分（108）

2　その他の背景と迫害（110）

(1)　裁判官と検察官（110）

(2)　大学（115）

(3)　授権法と独裁（119）

第2章　各　　論 ……………………………………………………………… 120

1　各論1（初期）（120）

(1)　デルンブルク（Heinrich Dernburg, 1829. 3. 3-1907. 11. 23）（121）

(2)　L・ゴールトシュミット（Levin Goldschmidt, 1829. 5. 30-1897. 7. 16）（125）

(3)　ラーバント（Paul Laband, 1838. 5. 24-1918, 3, 23）（128）

(4)　ウンガー（Josef Unger, 1828. 7. 2-1913. 5. 2）とABGB（133）

(5)　シムソン（Eduard Sigigismud（Martin）von Simson, 1810.

11. 10–1899. 5. 2）とライヒ大審院（135）

2 各論2（中期）（139）

(1) レーネル（Otto Lenel, 1849. 12. 13–1935. 2. 7）（140）

(2) ロートマール（Philipp Lotmar, 1850–1922. 5. 29）（142）

(3) エールリッヒ（Eugen Ehrlich, 1862. 9. 14–1922. 5. 2）と法社会学（145）

(4) フックス（Ernst Fuchs, 1859. 10. 15–1929. 4. 10）（148）

3 各論3（後期）（149）

(1) プリングスハイム（Fritz Robert Pringsheim, 1882. 10. 7–1967. 4. 24）（149）

(2) M・ヴォルフ（Martin Wolff, 1872. 9. 26–1953. 7. 20）（151）

(3) シュルツ（Fritz Schulz, 1879. 6. 16–1957. 11. 12）（156）

(4) カントロヴィッチ（Hermann Ullrich Kantorowicz, 1877. 11. 18–1940. 2. 12）（157）

(5) ラインシュタイン（Max Rheinstein, 1899. 7. 5–1977. 7. 9）（162）

(6) J・ゴールトシュミット（James Goldschmidt, 1874. 12. 17–1940. 6. 28）（164）

(7) ハイマン（Franz Karl Abraham Samuel Haymann, 1874. 8. 25–1947. 8. 26）（166）

(8) ライヒ大審院判事（Bumke, David）（168）

第3章 むすび，日本との関係 …… 173

1 法典編纂期（173）

(1) はじめに（173）

(2) グナイスト（Heinrich Rudolf Hermann Friedrich von Gneist, 1816. 8. 13–1895. 7. 22）（175）

(3) モッセ（Isaac Albert Mosse, 1846. 10. 1–1925. 5. 31）（177）

2 亡命期（179）

(1) 亡 命（179）

(2) 日 本（180）

3 その他（181）

(1) 学問的影響（181）

(2) 若干の例（181）

第３章 法学者の系譜――19世紀の初頭（Hugo, Weiß, Gans, Goschen ほか） ……252
1 序（252）
2 ヘプナー（Ludwig Julius Friedrich Höpfner, 1743. 11. 3–1797. 4. 2）（254）
3 フゴー（Gustav von Hugo, 1764. 11. 23–1844. 9. 15）（256）
4 ヴァイス（Philipp Friedrich Weiß, 1766. 4. 15–1808. 11. 23）（257）
5 ガンス（Eduard Gans, 1798. 3. 22–1839. 5. 5）（257）
6 ゲッシェン（Göschen）親子（259）
7 ハッセ（Johann Christian Hasse, 1779. 7. 24–1830. 11. 18）（260）
8 ベッチュ（August Böckh, 1785. 11. 24–1867. 8. 3）（261）
9 ベッキング（Eduard Böcking, 1802. 5. 20–1870. 5. 3）（262）
10 ルドルフ（Adolf August Friedrich Rudorff, 1803. 3. 21–1873. 2. 14）（262）
11 ブルンス（Karl Eduard Georg Bruns, 1816. 2. 16–1880. 9. 10）（263）
12 ペルニス（Lothar Anton Alfred Pernice, 1841. 8. 18–1901. 9. 23）（265）
13 ウベローデ（August Ubbelohde, 1833. 11. 18–1898. 9. 30）（266）
第４章 ベルリン大学の変遷と法学者（19世紀の後半から，Eck, Titze, Heymann, Hedemann, Siebert） ……267
1 序（267）
2 エック，ティツェ，ハイマン，ヘーデマン，ジーベルト（270）
3 人的構成と学問領域の変遷（277）
4 学生数の変遷（282）
5 文献に対する支出（284）
第５章 諸大学のロマニステン（ゲッチンゲン，ライプチッヒなど） ……285
1 序（19世紀前半の法学者）（285）

2　ヴェヒター（Karl Joseph Georg Sigismund Wächter, 1797. 12. 24-1880. 1. 15）(288)

3　リッペントロップ(Georg Julius Ribbentrop, 1798. 5. 2-1874. 4. 13）(292)

4　フランケ（Wilhelm Franz Gottfried Franke, 1803. 7. 26-1873. 4. 12）(292)

5　ファンゲロー（Karl Adolph von Vangerow, 1808. 6. 15-1870. 10. 11）とパンデクテン・テキスト，私講師（293）

6　アルブレヒト（Wilhelm Eduard Albrecht, 1800. 3. 4-1876. 5. 22）(298)

7　レーゲルスベルガー（Ferdinand Regelsberger, 1831. 9. 10-1911. 2. 28）(299)

8　ハルトマン（Gustav Hartmann, 1835. 3. 31-1894. 11. 16）(301)

9　ミューレンブルッフ（Christian Friedrich Mühlenbruch, 1785. 10. 3-1843. 7. 17）(302)

10　バローン（Julius Baron, 1834-1898）(304)

11　ベッヒマン（August Bechmann, 1834. 8. 16-1907. 7. 11）(304)

12　ショイル（Scheurl von Defersdorf, Christoph Gottlieb Adolf Freiherr（bayerischer Freiherr 1884), 1811. 1. 7-1893. 1. 24）(305)

13　ウンターホルツナー（Karl August Dominikus Unterholzner, 1787. 2, 3-1838. 3. 25）(307)

14　シュヴァネルト（Hermann Schwanert, 1823. 10. 22-1886. 8. 18）(308)

15　フィティング（Heinrich Hermann Fitting, 1831. 8. 27-1918. 12. 3）(309)

16　マダイ（Karl Otto von Madai, 1809. 5. 29-1850. 6. 4）(310)

17　ジルタナー（Wilhelm Girtanner, 1823-1861. 7. 28）(311)

18　ベッカー（Ernst Immanuel Bekker, 1827. 8. 16-1916. 6. 29）(312)

19　カルロヴァ（Otto Karlowa, 1836. 2. 11-1904. 1. 8）(313)

20　ヘルダー（Eduard Otto Hölder, 1847. 11. 27-1911. 4. 14）(314)

21 モール（Robert von Mohl, 1799. 8 . 17–1875, 11, 5 ）（314）
22 マンドリー（Johann Gustav Karl von Mandry, 1832. 1 . 31–1902. 5 . 30）（315）
23 フェーリング（Friedrich Heinrich Theodor Hubert Vering, 1833–1896）（315）
24 フォイクト（Moritz Voigt, 1826. 9 . 10–1905. 11. 6 ）（316）
25 ストローハル（Emil August Strohal, 1844. 12. 31–1912. 6 . 6 ）（317）
26 ウェーバー（318）
27 フィッシャー（Otto Fischer, 1853. 3 . 30–1929. 12. 1 ）（319）
28 ゾイフェルト（321）

第 6 章 むすび —— 20世紀のボン大学の変遷・ユダヤ系法学者の補遺 —— ……………… 322

1 ボン大学の法学者（322）
(1) ボン大学とその位置づけ（322）
(2) キップ（Karl Theodor Kipp, 1896–1963）（324）
(3) デレ（Hans Dölle, 1893. 8 . 25–1980. 5 . 15）（326）
(4) クンケル（Wolfgang Kunkel, 1902. 11. 20–1981. 5 . 8 ）（327）
(5) その他の者（328）
(6) ナチス法律家（329）

2 ボン大学の変遷（331）
(1) 一般的な政治状況の変化（331）
(2) ボン大学におけるナチス加入者の割合（334）
(3) 19世紀末からのユダヤ系法曹の変遷（335）
(4) 法曹の亡命（337）

3 ユダヤ系法学者の補遺ほか（339）
(1) シュタール（Friedrich Julius Stahl, 1802. 1 . 16–1861. 8 . 10）（340）
(2) グレーザー（Julius Anton Glaser, 1831. 3 . 19–1885. 12. 26）（341）
(3) フリードベルク（Emil Albert Friedberg, 1837. 12. 22–1910. 9 . 7 ）（342）
(4) グラデンヴィッツ（Otto Gradenwitz, 1860. 5 . 16–1935. 7 .

7）（344）
(5) ランズベルク（Ernst Landsberg, 1860. 10. 12-1927. 9 . 29）（346）
(6) プロイス（Hugo Preuss, 1860. 10. 28-1925. 10. 9 ）（347）
(7) ヤコビ（Erwin Jacobi, 1884. 1 . 15-1965. 4 . 5 ）（349）
(8) エングレンダー（Konrad Engländer, 1880. 1 . 25-1933. 1 . 8 ）（350）
(9) メンデルスゾーン（Albrecht Mendelssohn Bartholdy, 1874. 10. 25-1936. 11. 29）（351）
(10) チーテルマン（Ernst Otto Konrad Zitelmann, 1852. 8 . 7-1923. 11. 28）（352）

第2篇　南ドイツの大学と法学者　付・オーストリア ……… 374

第1章　はじめに …………………………… 374

1　ローマ法継受と南ドイツ（374）
2　大学の設立（375）
3　ドイツ統一と抵抗勢力（376）

第2章　バイエルン民法典と法学者 …………………… 378

1　バイエルン民法典の沿革と展開（378）
2　クライトマイール（Wiguläus Xaverius Aloysius Kreittmayr, Kreittmayr, 1705. 12. 14-1790. 10. 27）（380）

第3章　法学者の系譜（オーストリア，バイエルン） ………… 381

1　序（381）
2　本稿で扱われる法学者（382）
3　各論 —— 人と業績 ——（383）
(1) ブラウアー（Brauer, Johan Nikokaus Friedrich, 1754. 2 . 14-1813. 11. 17）（383）
(2) ダベロー（Christoph Christian Dabelow, 1768. 7 . 19-1830. 4 . 27）（384）
(3) ミッターマイエール（Mittermaier, Karl Joseph Anton, 1787. 8 . 5-1867. 8 . 28）（386）
(4) ジンテニス（Karl Friedrich Ferdinand Sintenis, 1804. 6 . 25-1868. 8 . 2 ）（388）
(5) オットー（Karl Eduard von Otto, 1795. 8 . 14-1869. 4 .

20)（389）
(6) シリング（Bruno Schilling, 1798. 5 . 20–1871. 11. 28)（390）
(7) アルント（Karl Ludwig Arndts, 1803. 8 . 19–1878. 3 . 1)（390）
(8) マルクァルト（Hans Marquardt, 1812. 4 . 19–1882. 11. 30)（392）
(9) ブリンツ（Aloysius von Brinz, 1820. 2 . 25–1887. 9 . 13)（393）
(10) プントチャルト（Valentin Puntschart, 1825. 2 . 7 –1904. 4 . 7 ; Paul Puntschart, 1867. 8 . 13–1945. 5 . 9)（395）
(11) ジーゲル（Heinrich Joseph Siegel, 1830. 4 . 13–1899. 6 . 4)（396）
(12) ハナウゼック（Gustav Hanausek, 1855. 9 . 4 –1927. 9 . 11)（397）
(13) ノイマイヤー（Karl Neumeyer, 1869. 9 . 19–1941. 7 . 26)（398）
(14) ホフマン（Franz Hofmann, 1845. 6 . 20–1897. 10. 25)（399）
(15) コサック（Konrad Cosack, 1855. 3 . 12–1933. 12. 27)（403）

第4章　む す び …… 404
1　南ドイツの発展（404）
2　勉学期間短縮の動きと新たなモデル（406）

第3篇　グリュックとパンデクテン・コンメンタール …… 412

第3部　現代化のプロセス —— 417

第1篇　比較法（国際的統一法）の系譜と民法 — ラーベルとケメラー …… 419

第1章　はじめに …… 419

第2章　ラーベルと国際動産統一売買法 …… 422
1　その生涯（422）
2　業　績（425）
3　給付障害法，損害賠償法，ウィーン国際動産統一売買法（428）

第3章　ケメラーと不当利得類型論 …… 431
1　生涯と業績（431）

〔初出一覧〕

第１部

第１篇　「法学上の発見と民法」一橋法学10巻１号，11巻１号

第２篇　「ユダヤ系法学者と民法」一橋法学11巻３号１，12巻１号

第３篇　「郵政民営化と民法－無記名債権とコーラー」松本先生還暦記念論文集・民事法の現代的課題541頁

第２部

第１篇　「19世紀の大学と法学者」一橋法学13巻１号，２号，14巻１号

第２篇　「南ドイツの大学と法学者」一橋法学14巻３号

第３篇　「グリュック」（書店向けの解題の修正版）

第３部

第１篇　「比較法（国際的統一法）の系譜と民法－ラーベルとケメラー」民事法情報282号

第２篇　「ウィーン条約と日本民法・序説」釜山大学校版（法学研究52巻２号，韓国語訳）

第３篇　「キール学派と民法」一橋法学９巻２号

第４篇　「Werner Flume（1908. 9. 12-2009. 1. 28）とドイツ民法学の発展」国際商事法務37巻11号

第５篇　「シュトル（Hans Stoll, 1926. 8. 4-2012. 11. 8）と比較私法学の系譜」国際商事法務42巻４号

第６篇　「ビドリンスキーとオーストリア民法学の発展」国際商事法務39巻10号

〔附記〕

以下の拙著は，【　】による略語で引用することがある。分野にまたがる領域，方法論や基礎的文献の引用にあたっては，本書でも参考とするべきものを含んでいるからである。

【研究】	危険負担の研究〔1995年〕日本評論社	〔民法研究１〕
【反対給付論】	反対給付論の展開〔1996年〕信山社	〔民法研究２〕
【給付障害】	給付障害と危険の法理〔1996年〕信山社	〔民法研究３〕
【利息】	利息制限法と公序良俗〔1999年〕信山社	〔民法研究４〕
【判例・旧】	民法総合判例研究・危険負担〔1999年〕一粒社	
【専門家】	専門家の責任と権能〔2000年〕信山社	〔民法研究５〕
【大学】	大学と法曹養成制度〔2001年〕信山社	〔民法研究６〕

【土地】　土地法の研究〔2003年〕信山社　〔民法研究７〕
【現代化】　司法の現代化と民法〔2004年〕信山社　〔民法研究８〕
【判例】　民法総合判例解説・危険負担〔2005年〕不磨書房
【倫理】　民法における倫理と技術〔2006年〕信山社　〔民法研究９〕
【自由と拘束】　契約における自由と拘束〔2008年〕信山社　〔民法研究10〕
【理論】　利息制限の理論〔2010年〕勁草書房
【変動】　民法の体系と変動〔2012年〕信山社　〔民法研究11〕
【債権総論】　債権総論〔2013年〕信山社

第1部　法学上の発見と民法

第1篇　法学上の発見と民法

第1章　はじめに

1　本稿の目的

民法は，ローマ法以来の伝統を有し，その中の概念や構成には，古い時代に遡るものが多い。しかし，近代法の展開の段階で，法律学上の新概念が生じたり，古い概念の転換が起ったこともある。とくにパンデクテンの時代以後のものは，比較的新しい変革であり，特定の法学者の功績と結びついている。たとえば，サヴィニーにおける表示の錯誤と動機の錯誤の区別，物権行為の独自性や無因性，ラーバントによる代理と委任の区別，イェーリングによる契約締結上の過失（c. i. c., culpa in contrahendo），キップの二重効の理論，エルトマンの行為基礎論，シュタウプの積極的契約侵害などである。近時では，ウィルブルクやケメラーの不当利得類型論などもある。

筆者は，このうち，かつて個別に，二重効，形成権，積極的契約侵害論，行為基礎論などを検討したことがある。本稿は，これをいわば裏側から，提唱者個人の人と業績の観点から，統一的に再検討しようとするものである。近時のものはまだ評価が定まっていないことから，パンデクテン法学の後期とドイツ民法典の制定前後の時期を中心とすることとしたい。

こうした新たな概念の発見や工夫は，より古い時代にもあったはずであるが，中世は，古きよき法の時代であり，すぐれたものは，すべて伝統の中にあるとされ，それらは新観念の創造とはされずに，必要に応じてたかだか「再発見」されたにすぎない。そこで，中世の法書は，慣習のたんなる記述としての形式をとっている。伝統と離れた人の所為は忌むべきものとされ，神意を冒瀆するものとみなされたのである。創造の位置づけは近代とは異なる。

これに対し，近代は，人の時代であり，創造が尊ばれるようになった。法の世界でも，神の意思に代わるべき国家の意思・議会による立法が積極的に行われ，法は，しだいに理念から技術になり下がったのである。とりわけ19

世紀は，自然科学では発見と発明の時代であり，進化論をまつまでもなく，その社会科学への応用はいちじるしい。こうした背景の上に，法学，とくに民法上の概念にも，特定の法学者と結合した概念が現れたのである(1)。

なお，時代や領域によって，対象者の評価は必ずしも完全には行われていない。評価が将来変わることもあろう。また，民法以外には，あまり立ち入っていない。欧米の法学者は，多彩な専門をもつことが多く，すべての領域に立ち入ることはできないからである。また，引用した業績も必ずしも網羅的なものではない。人によっては，膨大なリストを作る必要があり，いささか冗長となるからである。

民法上の概念にも，社会契約説や国家法人説，形成・関係論のように，その他の領域や社会学的な意味をもったものも少なくない。しかし，本稿は，他の領域にはあまり立ち入っていない。ナチスの関係論については，簡単に，第3部第3篇でふれるにとどめる。

2 全体的な動向

(1) 周知のごとく，19世紀の初頭には，ドイツの来るべき統一民法典をめぐって，サヴィニー（Friedrich Karl von Savigny, 1779. 2.21-1861.10.25）とティボー（Anton Friedrich Justus Thibaut, 1772. 1. 4-1840. 3.28）の民法典論争があり(2)，自然法学と歴史法学の対立は，19世紀前半の主要なテーマでもあった。さらに民法の基礎となる法源をめぐり，19世紀のドイツの私法学者は，ロマニステンとゲルマニステンの区別によって特徴づけられた。そして，1900年のドイツ民法典は，両者の微妙なバランスの上に立脚したものである。ただし，ロマニステンとゲルマニステンの論争は，一見すると不毛のようであるが，論争こそが，学問を深めたのである。19世紀フランスのような注釈学派のみでは足りない。

これに対し，20世紀のドイツの法学者は，まったく別の基準により，3種類に分類することができる。第1は，ラーベル（Ernst Rabel, 1874. 1.28-1955. 9.27）などの国外亡命派であり，第2は，いわゆるキール学派に属する一派であり，思想的には対極をなす。第3は，その他の者である。この区別のために，19世紀的なロマニステンとゲルマニステンの対立は，まったく別のものに置き換えられた。この時期に形成された個別の概念にも，後代に影響を与えたものがあった（たとえば，ローマ法史とゲルマン法史を統合する近世私

法史の概念である)。1930年代の法のまれな貢献の例である。しかし，キール学派にどこまで積極的な契機があったかは疑問がある。同様の概念は，ナチスとは無関係に，時代の趨勢として形成されたかもしれず，ロマニステンとゲルマニステンの論争の延長ともいえるからである。

(2)　1900年に民法典が発効した後，早くに，19世紀のパンデクテン法学，それに立脚する民法典のほころびが現れた。最大のものは，給付障害の体系，とくに不能論の修正である。これについては，本篇のシュタウプのほか，ラーベルの功績が大きい(3)。

また，第一次世界大戦時からは，行為基礎の喪失が主張された。第一次世界大戦（1914-1919年）後の，ハイパーインフレ，すなわち貨幣価値の下落に対処するものである。エルトマン（Paul Oertmann, 1865-1938）は，1914年の論文「法秩序と取引慣行」において，当事者が予想もしなかったインフレのような事情の変更を契約の解釈において考慮することを試みた(4)。そして，1921年の論文「行為基礎論」において，事情の変更を理由として，当事者間で利益の相当な調整をする新たな制度が必要であるとしたのである(5)。ライヒ大審院は，1922年２月３日に，この理論を採用した(6)。そして，行為基礎の喪失の概念は，以後，判例と学説によって認められ，2002年の債務法現代化法によって，民法典313条に採用されたのである。19世紀のパンデクテン法学が，契約の不安定性への危惧から否定したヴィントシャイト（Bernhard Joseph Hubert Windscheid, 1817. 6 . 26-1892. 10. 26）の前提論の再生である(7)。

(3)　個別の修正に加えて，民法の体系的な修正も生じた。1933年に，ナチスが政権を掌握すると，ローマ法的基礎を有するものとして民法典に対する全面的な攻撃が加えられた。政治的な論争に言及する必要はないが，民法典のもつローマ法・講壇学的な性格には，前時代からの批判もあり（たとえば，ギールケ＝Otto von Gierke, 1841. 1 . 11-1921. 10. 10），批判はそれを受け継ぎ，利用するものでもあった。こうして，ローマ法とゲルマン法を統合した新たな体系が試みられた。それを全面的に押し出したのが，いわゆるキール学派であった(8)。著名な私法学者には，キール大学の法学部に関係する若手の法学者，ラーレンツ(Karl Larenz, 1903. 4 . 23-1993. 1 . 24)，ヴィアッカー(Franz Wieacker, 1908. 8 . 5 -1994. 2 . 17)，ジーベルト（Wolfgang Siebert, 1905. 4 . 11-1959. 11. 25）などがおり，ナチスの政治的要求に迎合し，あるいは逆にこれを利用する形で，理論の構築を図ったのである。

その反面で，ナチスの弾圧をうけた法学者の一団は，亡命を余儀なくされた。ラーベルやM・ヴォルフ，プリングスハイムなどである。

第3の法学者の一団は，そのいずれにも属さないものである。第二次世界大戦中は，おもに沈黙を余儀なくされた。ケメラーは，この一団に属している（第3部第1篇第3章参照）。大著「民法総則」で名高いフルーメ（Werner Flume, 1908. 9. 12–2009. 1. 28）(9)や，後述のウィルブルクも，同様である。

(4)　第2部のおもな対象である19世紀の後半以降は，現代ローマ法学が，古典ローマ法学の研究と分離する時期となっている。この時期にドイツ法を特徴づける新概念が現れたことは偶然ではない。ドイツ民法学の体系を形成するプロセスだったからである。

第2章　重要概念の形成

1　キップ（Theodor Kipp, 1862. 4. 10–1931. 4. 2）と二重効

(1)　キップは，1862年に，ハノーバー王国のハノーバーで生まれた。法社会学で著名なエールリッヒ（Eugen Ehrlich, 1862. 9. 14–1922. 5. 2）と同年の生まれである。父親は，保険を扱う官吏であった。ハノーバーのLyzeumギムナジウムを出て，ライプチッヒ大学とゲッチンゲン大学で法律学を学んだ。

1883年に，ゲッチンゲン大学で学位を取得し，1887年に，ライプチッヒ大学でハビリタチオンを取得した。1887年に，ライプチッヒ大学で私講師となり，同年にハレ大学で員外教授となり，1889年に，キール大学で正教授となった。1894年に，Else Hornと結婚し，子どもが1人生まれた。その前年，1893年に，エルランゲン大学のローマ法・民法講座の教授，1898年に，ドイツ民法とローマ私法の講座の教授となった。1895年，大学の副理事と管理委員会のメンバーとなり，1899/1900年に，副学長となった。1901年に，ベルリン大学の教授となり（1902/03年，1912/13年，1926/27年，学部長），1914/15年には，学長にもなった。講座の前任者は，パンデクテン・テキストで著名なデルンブルク（Heinrich Dernburg, 1829. 3. 3–1907. 11. 23）であった。1930年に，名誉教授となった。1931年に，彼のベルリン大学の講座を引き継いだのは，シュルツであった。翌年，イタリアのOspedalettiで亡くなった。

キップには，ほぼ同名の息子がおり（Karl Theodor Kipp, 1896–1963），同

人は，1922年に，ベルリン大学の刑法のKohlrauschのもとで学位をえて(Die Lehre von der Teilnahme nach dem Strafgesetzentwurf von 1919)，さらに，M・ヴォルフの下で，1927年に，ハビリタチオンを取得した（Rechtsvergleichende Studien zur Lehre von der Schlüsselgewalt in den romanischen Rechten)。Vgl. Gesamtliste der Dissertationen 1810-1990 & Zustande gekommene Habilitationen an der Juristischen Fakultät der Friedrich-Wilhelms-Universität zu Berlin zwischen 1900 und 1932. キップの情報には，しばしば親子が錯綜している（息子は，1895年に，エルランゲンで生まれ，上述のハビリタチオンを取得した後，私講師となり，1932年に，ボン大学の員外教授となった)。

キップは，1929年から1931年には，ベルリン法曹協会（Juristische Gesellschaft zu Berlin）の会長となった。この協会は，かつてキルヒマン（Julius Hermann von Kirchmann, 1802. 11. 5-1884. 10. 20）が，1847年に，著名な「法律学の学問としての無価値性」(Die Werthlosigkeit der Jurisprudenz als Wissenschaft）の講演をしたことで知られている。1909年から1921年まで，ギールケが会長であり，また，キップの後任は，Ernst Heymann（1870. 4. 6-1946. 5. 2）であった（1931-1933)。ちなみに，ナチスが政権を掌握した1933年に，協会は活動を停止し，再開されたのは，戦後の1958年であった。

1901年に，ミハエル勲章をうけ，1904年に，枢密顧問官(Geheimer Justizrat)となっている。キップは，1932年に，イタリアのOspedalettiで亡くなった[10]。

キップは，2つの業績から著名である[11]。第1は，著名なテキストの改訂者・補充者としてであり，まずヴィントシャイトの著名なパンデクテン・テキストの改訂者となった（ヴィントシャイトは，1874年からライプチッヒ大学教授であった。詳細は，後述5(1)参照)。これは，1900年のドイツ民法典の基礎を作ったともいわれる名著である（Windscheid, Lehrbuch des Pandektenrechts, 9. Aufl., 1906年が最終版である)。

また，キップは，Enneccerus（1843. 4. 1-1928. 6. 1）の民法テキスト（Lehrbuch des bürgerlichen Rechts）をも改訂・継続しており（家族法の一部と相続法はみずから書いた)，これは，さらに，他の者により継続され，中でもM・ヴォルフによって継続された物権法は，今日でも，Enneccerus-Kipp-Wolffとして知られている。

第2は，二重効の発見者としてである。

(2)　キップの最大の功績は，二重効の発見である[12]。これによれば，無効

な法律行為は，たとえば，詐欺を理由としてさらに取消すことができる。このキップの二重効の構成には，取消権者が，取消によって自分に有利な地位を占めることができるところにある。そこで，暴利によって無効な消費貸借も，詐欺者に対する損害賠償請求権を取得するために詐欺を理由として取消すことができるのである。ベルリン大学の後輩であるM・ヴォルフ（Martin Wolff, 1872-1953）による1932年のキップ追悼講演も，これをとりあげている(13)。2011年は，その発見から100周年にあたる。

無効な法律行為をさらに取消しうる可能性は，1900年の民法典の発効後は，まだ問題とされていなかった。その時代の多数説は，民法典によって，無効な契約を破毀する可能性はなくなったとみていた。というのは，種々の段階の無効を前提とする普通法に対し，立法者は，無効を整除しこれと取消を別個のものとして規定しようとしたからである。当時の学者にも，抽象的な法的な構成を絵画的に理解しようとする者が多く，無効なものが取消しうるとは考えなかった。あたかも，すでに倒れた木をさらに倒すことができない場合と同じと考えたのである。こうした図式的な構成は，無効と取消可能性の併存を論理的に排除した。存在しないものは，もはや除去できないからである。19世紀は自然科学の時代であり，その類推は，理論の合理化の一助でもあった。

無効な法律行為をさらに取消す可能性は，キップのテーゼの核心から生じる。２つの基本的に同じ効果のある法的な事実は，たがいにその有効性に係わっている。そこで，１つの法律行為も，異なった取消理由からは，なお取消しうるのである。

ただし，キップによれば，この理論も，無制限ではない。たとえば，脱退の意思表示をした社団の構成員が，社団から除名されるかは，疑問となる。キップ自身は，自分の理論が無限定なものではないとしていた。というのは，脱退後の社団は，その（元）構成員に関して処分権能がなく，二重効は排除されるとするからである。ただし，排除される場合の振り分けは，残された問題となった。

(3)　やや詳述すると，キップのあげた著名な例は，以下のものである。Aが，詐欺により，所有者であるＥから，動産所有権を移転させたとする。Ｅは，行為無能力者（未成年者）であり，法定代理人の同意をえていなかった（追認拒絶）。Ａは，Ｅの行為無能力ゆえに所有権を取得しえない（ドイツ民

法104条)[14]。しかし，Aが，取得した物をさらにBに譲渡し，BがAの所有権帰属を信頼した場合には，Bは，善意取得することができる（ド民932条，質権の場合＝1207条)。かりに，Bが，Aの詐欺により取得されたことを知っていても，Eの行為無能力について過失なくして善意の場合には，Bは，(所有権への信頼があり）物の所有権を取得するのである[15]。

この場合に，Eの法定代理人がAへの譲渡を，(Eの行為無能力により，いずれにせよ譲渡は無効であるからとして）詐欺を理由として取消さなかった（あるいは無効な行為は取消しえない）とすると，ドイツ民法典142条2項を援用することはできない（同条によれば，取消可能性を知っていた者は，取消が行われた場合には，法律行為の無効をも知っていたものと扱われるべしとする。そこで，この場合には善意取得は成立しない)。つまり，〔Eの法定代理人が取消していない場合には，詐欺という〕前所有者Aの取得の疑わしいことをBが知っていたにもかかわらず，Eは，Bから目的物を取り戻すことはできないのである[16]。もっとも，キップによれば，本文の論理によって，「通説」では，取戻ができないはずであるとされるが，はたして実際にそうであったかには，疑問の余地がある。信義則の適用や訴訟法的な操作の可能性もあるからである。また，善意取得における「善意」の解釈にもかかっており，取消可能性を知っていることも，「善意」を妨げるとすれば，善意取得は否定できる。つまり，142条2項は，創設的・特別な規定ではなく，例示的・当然の規定と解することもできるのである。日本的・実用的な解釈のもとでも，後者のように解することになろう。

しかし，「通説」のもとでも，行為無能力により無効な法律行為を，さらに詐欺を理由として取消しうるとすれば，べつの結論となる。取消に結合された法律効果（前述の142条2項）ゆえに取消による利益は明らかであり，また，法秩序が，このような効果の主張を認めることにも整合性がある。このような効果は，法が一定の効果を生じさせようとしている技術（取消か無効か）のみによって左右されてはならない。保護されるべき所有者の返還請求権が，より救済の効果の大きい無効があり取消をしていないからといって，否定されるのはおかしい。そこで，キップは，法律効果は，有体的・自然的（körperweltlich oder natürlich）ではなく，規範的（normative Welt）にとらえられ，社会的な目的適合性から解されるべきものとするのである[17]。

これ以外のキップの掲げる事例は多様であるが，無効と取消に関するこの

事例そのものに関しては，肯定する見解が多い。内容は，詐欺による取消と無効の効果が一致しない場合の競合である(18)。

しかし，キップも，一方の救済方法〔つまり取消〕による効力たる，副作用の除去をつねに主張したわけではない。副作用の除去，すなわち，効果の選別には，制度の趣旨からの制約が加わることをも認めている。これについては，多数の制度がやや脈絡なく個別に言及されているほか，取消と解除，さらに2つの場合について考察されている。

すなわち，錯誤，詐欺または強迫による取消は，行為が有効であるときにのみ（無効では取消できないという説）許されるだけとはいえない。より広く競合が可能なのである。しかし，法が注意深く用意され，法政策的理由から優先関係を決定している場合がある。たとえば，相続欠格による取消の場合である。これは，補助的にのみ機能する。ドイツ民法典は，文言上明確に，それが，現実の相続分取得を否定するものであり，相続欠格にかかる相続分の帰属後にのみ許されるとしている(19)。

また，取消と解除の関係についても，優先順位は決定されている。すなわち，2つの外観上異なる法的な事実が，その効力において，必ずしも一致しない場合もある。この種の場合には，2つの事実がその効力を独自に展開し，または少なくとも1つの事実からの大きな効力が，他の小さな事実からの効力によって排除されないことがある。いわば「大は小をかねる」のである。契約を締結し，契約の効力または法により，契約の解除権を取得し，解除した者は，契約が同時に他の理由で取消しうる場合には，契約の取消をもなしうる。契約の解除によって生じる返還義務は，過失に対する厳格な責任をともなう通常の種類の義務である（347条）。それは，契約により引き受けた責任と同様の効力を有する。契約の取消は，解除後でも，取消権者（給付受領者）の責任を，彼が最初の反対給付の受領にさいして取消可能性を知らなかったときには（819条，142条2項），不当利得の原則に従った責任に減縮するのである（日本の703条に相当）。

これに反して，有効な契約取消の後は，契約を解除することはできない。というのは，解除権は，それが契約で留保されたものの場合に，有効な契約の効果だからである（ちなみに，1900年のドイツ民法典の解除は，日本法と異なり約定解除が基本である。346条以下参照(20)）。契約が無効または取消した結果無効となれば，解除権も存在しない。しかし，法定の解除権でも，その理念

によれば，有効な契約を前提とする。それは，契約の上に成り立つのである(21)。

なぜなら，原則として，法定解除権でも，解除による返還義務は，契約上の解除による義務と同様に扱われ，不当利得の原則によって縮減されないからである。ただし，解除の相手方の責に帰せられない事由による法定解除の場合には，なお縮減が行われる（327条2文）(22)。

さらに，キップは，2つの事例で，2つの事実の効果の選択が，制度の趣旨から定められているとする。第1は，社団からの脱退と除名であり(23)，第2は，夫婦関係の無効と離婚である(24)。

解除が有効な契約を前提とするのと同様に，除名も，社員であることを前提とするから，脱退後の除名はできず，同様に，夫婦関係の存在を前提とする離婚も，夫婦関係が無効となってからはできないとする。しかし，これに対しては，これも無効と取消の競合の場合と異ならないのではないか，との疑問がある。

つまり，キップの理論は，複数原因の競合可能性を主張するというだけで，無制限の競合は，主題である取消と無効の場合に限られる。また，なぜある場合には競合し，他の場合にはそうではないのかとの一般論は，必ずしも明確ではない。これがキップの理論の限界であり，また，その後の学説の発展の基礎でもあった。本稿では，立ち入りえないが，1説は，キップの理論の前半を拡大して，二重効では，すべての場合に競合を認めるものとした。この肯定説は，二重効の理論は，必然的に，すべての場合に競合を認めるべきだとの理論をも含むものと解したのである(25)。しかし，キップの理論には，そこまでは包含されておらず，この肯定説は，キップの批判した学説が，競合を認めないとしていたのと逆の意味で，自然的理解に陥っていたと位置づけられる。他の説は，逆にこれを否定し，後半の理論にみられる錯綜した制限を重視するのである（競合の可否には個別の検討を必要とするものである）。多くの見解は，いわば折衷であり，無効と取消に限定した理論においてのみ，「二重効」を肯定したのである(26)。

私見によれば，キップ自身においても，いかなる場合に二重効を認めるかという基準は，必ずしも明確ではなかった。その論文は，整理されない事例のみが多く，個別には妥当であっても，一貫した理論に欠けている。無効と取消に関する部分のみが評価されたのは，出発点にそのような問題があったからである(27)。

(4)　キップの関係したテキストでは，前述のヴィントシャイトとエンネクツェルスのものが著名であるが，自分自身の民法関係のテキストでは，相続法についてのものがある。

Kommentar zum Erbschaftsteuergesetz, 1927と，1953年（9版）からCoingの改訂したErbrechtの14版は，1990年に出版されている。

モノグラフィーでは，あまり脈絡がないが，以下のものがある。必ずしも多作ではない。

Die Litisdenuntiation als Prozeßeinleitungsform im römischen Civilprozeß, 1887.（学位論文）

Der Parteiwille unter der Herrschaft des deutschen Bürgerlichen Gesetzbuchs, 1899.（ハビリタチオン論文）

Humanismus und Rechtswissenschaft, 1912.

Der Staat und die Jugend, 1915.

Kriegsaufgaben der Rechtswissenschaft, 1914.

Rechtsvergleichende Studien zur Lehre von der Schlüsselgewalt in den romanischen Rechten, 1928.

Rechtsgutachten betreffend den Deutschen Zentral-Giroverband, 1922.

イェーリング民法概論の改訂であるZivilrechtsfälle ohne Entscheidungen, 12. Aufl., 1913. これのスタイルで書かれたZivilrechtsfälle, 1924は，キップとM・ヴォルフとの共著である。

ローマ法関係では，Quellenkunde des römischen Rechts, 1896；Geschichte der Quellen des römischen Rechts, 1909；Das römische Recht, 1930がある。

記念論文集の編者としては，Festgabe der Berliner Juristischen Fakultät für Wilhelm Kahl zum Doktorjubiläum, 1923.（Neud. 1981, Triepel）とFestgabe zu Bernhard Windscheids Fuenfzigjaehrigem Doktorjubilaeum, 1888.（Stammlerとの共編である）がある。後者は，ヴィントシャイトが，かつて1838年12月22日に博士論文（De valida mulierum intercessione）をとったことの50周年を記念したものである。ヴィントシャイトは，1892年まで存命であり，死亡の4年前であった。

追悼録としては，デルンブルクについてのHeinrich Dernburg, 1908があり，レーネルについての書評であるRezension über：Lenel, Otto：Palingenesia iuris civilis, 1891もある。

2　ゼッケル（Emil Seckel, 1864. 1. 10–1924. 4. 26）と形成権

(1)　ゼッケル

(a)　ゼッケルは，1864年に，ハイデルベルク近郊（現在はその一部となっている）のNeuenheimで生まれた。父親のGeorg Seckelは薬屋であり，その前に長らくペルーにいてそこでも薬局をしていた。ハイデルベルクからシュトットガルト（現在は，いずれもBaden-Württemberg州であるが，当時は別々の公国であった）に移転し，そこでも，かなり大きな薬局を経営した。のちに，肺病をわずらい，しばしばスイスに療養に出かけた。

ゼッケルの生まれた前々年に，二重効で著名なキップ（Theodor Kipp, 1862. 3. 7–1931. 7. 24）が生まれ，翌年には，行為基礎論のエルトマン（Paul Ernst Wilhelm Oertmann, 1865. 7. 3–1938. 5. 22）が生まれており，のちの民法学上の重大な概念の発見者・変革者の誕生の時期であった。法学以外でも，M・ウェーバー（Max Weber, 1864. 4. 21–1920. 6. 14）と，その生涯はほぼ同年である。

以下，ゼッケルとの関係で，複数の法学者の系譜に言及するのは，彼や，後で検討するL・ミッタイスが，ちょうどローマ法学の転換点にあたるからである。すなわち，一方には，解釈学である現代ローマ法（すなわち民法）の流れがあり，他方には，法史学の対象となる古典ローマ法の流れがあり，19世紀の後半以降，これらが分離し，1900年の民法典発効により確定するのである。ゼッケル自身は民法をも対象としたが，その後継者はローマ法学者となり，また，L・ミッタイスも，おもに法史学者であったが（もっとも，その占有論や代理論は，比較的著名である。後述4のイェーリングと，第2部第1篇第2章参照），その弟子には，ラーベルのような現代法の解釈学者も現れた。いまだローマ法学が未分化だったからである。ヨーロッパ，とくにドイツやイタリアの解釈学が，法史学と密接に関係していることの現れであり，また，そのことによって，解釈学が国民国家のわくに閉じ込められていた時代にあっても，ローマ法の世界的性格によって超国家的・比較法的観点が存続しえたのである。初期の比較法がローマ法学の基礎を有したことは見過ごされるべきではない。解釈学と法史学が当初から分離しているわが法学とは，異なった観点であり，一面においては，しばしば法史的理解が解釈学に混在する危険性をもはらんでいるが（たとえば，危険負担の買主主義），他面では，多彩な学際的思考の出てくる根拠ともなっている。また，それが，ラーベル

にみられるように，みのり豊かな結果をもたらしたことを見過ごすべきではない。

(b)　ゼッケルは，シュトットガルトのEberhard-Ludwigギムナジウムに通い，1882年に，卒業試験に合格した。その後，チュービンゲン大学で法律学を学び，そのおりに，チュービンゲンの学生団体であるAkademische Gesellschaft Stuttgardiaのメンバーとなった。当時，この団体は，南ドイツのリベラリズムの特徴を有していたといわれる。1883年には，ライプチッヒ大学に移り，Windscheid, Binding, Wach, Hellwig, Stobbeなどの講義や演習に参加した。とくに，Winscheidの講義には感銘をうけた。また，チュービンゲン大学に戻り，1885年には，古典および中世ローマ法に関する大学のDegenkolb賞の論文を作成し，この論文は，のちに学位論文となった。1887年には，第一次国家試験に合格した(評点Ib)。1889年までは，修習生としてシュトットガルトに留まり，父親の病気のために，しだいに薬局の管理や家族の問題にかかわるようになった。

1889年に修習を終えると，シュトットガルト以外のドイツの他の図書館や，イタリアやスイスの図書館にも出かけるようになった（総計で50あまりになる)。1889年に，父親は亡くなったが，幸いにも，研究を続ける資力はあった。1893年に最初の論文（Bd. I Der Scripta anecdota Glossatorum, von Palmieri in Gaudenzis Bibliotheca iuridica medii aevi, KrVJSchr. N. F. 16, 1893, S. 11ff.）が公刊され，ほかにも業績があった（KrVJSchr. N. F. 17, 1894, S. 361ff, S. 378ff.)。1895年2月に，公刊されていた論文にもとづき，優等(summa cum lauda）の成績で学位をえた。チュービンゲン大学が学位を出さない場合には，ベルリン大学が出す用意があったといわれる。つまり，わずか4か月後の6月に，ベルリン大学で，教会法学者のPaul Hinschius（1835. 12. 25–1898. 12. 13）の推薦で，ハビリタチオンを取得した。14世紀の注釈学派のバルトルス（Bartolus de Saxoferrato, 1313？–1357. 7 . 13）は，教授職につくまでに5年かかったが，ゼッケルは，ハビリタチオンを取得するまでに，6年かかったのである。そして，特定の指導教師（Doktorvater）はいない。

1895年から，チュービンゲン大学の私講師となり，同年，ベルリンで，Hinschiusの娘Paulaと結婚した。3年後の1898年に，ベルリン大学の員外教授となり，1901年に，ベルリン大学のローマ法の正教授となった。1909年に，枢密顧問官（Geheimer Justizrat），1911年12月7日に，プロイセンの学術ア

カデミー会員となった。

ゼッケルは，1920/21年に，歴史家の Eduard Meyer（1855. 1. 25-1930. 8. 31）の後を継いで，ベルリン（フンボルト）大学の学長となった。ちなみに，後任は，1921/22年に，化学者の Walther Nernst（1864. 6. 25-1941. 11. 18）であった。

その危険負担に関する遺作は，Levy によって編集されて，Seckel und Levy, Die Gefahrtragung beim Kauf im klassischen römischen Recht, SZ（Röm.）47 (1927), 117として公刊された（後注(35)参照）。

ゼッケルの主要な研究領域は，とくにローマ法であった。一般には，民法というより，法制史家として著名である。Heumann und Thon, Handlexikons zu den Quellen des römischen Rechts, 1907（1958年に10版）の改訂は，なお今日でも意義を有している(28)。また，9世紀の法文書である Benedictus Levita の文書の収集と編集を行った。Monumenta Germaniae Historica の監修や，新たな版の出版をも1896年から行った。

なお，Monumenta Germaniae Historica の編集には，戦後，法史学者の Karl August Eckhardt（1901. 3. 5-1979. 1. 27，1933年にキール大学，1935年からベルリン大学教授，1945年に占領軍により免職となった後，教授職につくことなく）が，長らくたずさわった(29)。ローマ法学者のレーヴィ（Levy）は，1906年に，ゼッケルのもとで学位をえて，教授資格も獲得した。そして，レーヴィの弟子が，クンケル（Kunkel）である。

1923年に，突然肺病の兆候が，ゼッケルに現れた。父親と同様に，結核であった。シュヴァルツバルトの Todtmoos（バーデン・ヴュルテンベルク）への転地療法も功を奏さなかった。1924年に，スイス国境近くの，この Todtmoos で亡くなった。まだ60歳であった。その墓も，Todtmoos にある。

(c)　1903年5月23日に，ゼッケルは，ベルリン法曹協会（Berliner Juristische Gesellschaft）において，「民法における形成権」という講演を行い，これは，この協会の総裁を長く務めた Richard Koch への献呈論文集（Festgabe für Koch, S. 205-253）に掲載された。その講演において，彼は，形成権という命名とその一般的性格づけを行った(30)。

形成権は，現在では，比較的限定的に列挙され説明されるにとどまるが，ゼッケルは，包括的な定義づけを行っている。そのため，講演の前半には，権利に関する法哲学的議論も含まれ，比較的わかりづらい。また，講演記録

であったことによる表現的・技術的な制約もあり，著名なわりには，必ずしも包括的に検討されることはなかった(31)。

ゼッケルの民法学に対する貢献は，形成権概念の確立である。実定法の解釈論では，ほとんど唯一の貢献であるが，民法学上の重要事項といってよい。いわゆる形成権は，普通法上みられた私権の一種であり，実務的な重要性があるにもかかわらず，ゼッケルにいたるまで，確定した名前も理論も確立していなかった。民法典には，「形成権」に対応する包括的な概念は欠けており，たんに権利と呼ぶにすぎない。もっとも，ゼッケルの前にも，対象とする権利は存在していたし，「形成権」について実質的に論じた者がなかったわけではない。ましてや，それ自体が，ゼッケルの創作によるというわけではない。すなわち，学説は，法典と実務において先行した権利を体系づけたにすぎないのである(32)。

ゼッケルの時代は，ローマ法の普通法としての性格と歴史的性格との分岐点であった。彼の貢献は，なお両者にまたがっていたが，その後継者は，おおむねローマ法史学者として知られている。

(2) レーヴィ（Ernst Levy, 1881. 12. 23–1968. 9 . 14）とローマ法学

レーヴィは，1881年に，ベルリンで生まれた。父親は，ユダヤ系の裕福な商人（Robert Levy）であり，母親（Betty, geb. Landsberger）は，1500年ごろ，スペイン王の侍医であったSamuel Kaliphariにまで遡る家系に属した（改宗しないユダヤ人は，グラナダの陥落した1492年，スペインから追放された）。ラビ，教師，医師などの親戚が多くいた。ほぼ同年のカフカ（1883–1924）の，母（Julie, 1856–1934）も，このレーヴィ家の縁者であった。

ベルリンのFriedrichギムナジウムを卒業して，フライブルク大学とベルリン大学で，法律学を学んだ。1906年に，ベルリン大学で，M・ヴォルフとKonrad Hellwigの講義に感銘をうけた。さらに，形成権で名高いゼッケル（Emil Seckel, 1864. 1 . 10–1924. 4 . 26）のもとで，博士論文を書いて（Cautio Muciana），学位をえた（Sponsio, fideipromissio und fideiussio, 1906）。1908年に，国家試験に合格し，1909年から1912年の間，ブランデンブルクのOranienburgの区裁判所の裁判官となった。1909年に，Marie（geb. Wolff）と結婚した（ユダヤ系であったM・ヴォルフの縁者）。1男1女がある。

1912年から，ふたたびゼッケルのもとでハビリタチオン論文を作成し，1915

年に完成させた(Privatstrafe und Schadenersatz im klassischen römishen Recht, 1915)。また，大著である，ローマ法上の請求権競合に関するKonkurrenzen der Aktionen und Personen im klassischen römischen Recht, 1918の第1巻を完成させた。1915年には，私講師として講義を開始した。ちょうど第一次世界大戦勃発の時期であった。そこで，1915年から1918年，第一次世界大戦に従軍した後，1919年に，ベルリン大学で教え，同年，フランクフルト・アム・マイン大学で正教授となった。

1922年には，レーネル（Otto Lenel, 1849. 12. 13–1935. 2. 7）の後継としてフライブルク大学に移り，1928年からは，ハイデルベルク大学教授となった。なお，フライブルク大学のレーヴィの後任は，ヴィアッカーの師であるプリングスハイム（Fritz Robert Pringsheim, 1882. 10. 7–1967. 4. 24）であった。つまり，3代にわたってユダヤ系であった。

ハイデルベルク大学は，1920年代の末まで，ラートブルフ(Gustav Radbruch, 1878. 11. 21–1949. 11. 23）やH・ミッタイス（Heinrich Mitteis, 1889. 11. 26–1952. 7. 23)を擁しており，あまりナチス的ではない大学であった(33)。しかし，1933年にナチスが政権を掌握すると，ラートブルフは罷免され，H・ミッタイスも，ユダヤ系の同僚をかばって，学部長を罷免された（1934年に，ミュンヘン大学に移籍)。1935年に，レーヴィも，ユダヤ系であることから大学を追放され，1936年には，アメリカに亡命した。すでに55歳であった。そして，1937年から1952年まで，シアトルのワシントン州立大学の教授（ヨーロッパの歴史とローマ法）となった。1936年の亡命後も，彼は，ドイツにいる弟子のクンケルと手紙を交換していた。

戦後，ワシントン大学を退職した後，ヨーロッパに戻った。ハイデルベルク大学は，彼を名誉教授としたが，1956年から1966年の間は，スイスのバーゼルに住んだ。プリングスハイムと同様に，帰国を躊躇したのである。1966年に，ふたたびアメリカに戻り，1968年に，カリフォルニアで亡くなった。

1927年から1934年の間，レーヴィは，著名なサヴィニー雑誌（ローマ法部門）の編集者の1人であった。第二次世界大戦後，彼は，ハイデルベルク大学のほか，フランクフルト大学の名誉教授となり，1959年に，連邦功労賞をうけた。アテネ大学からも名誉博士を授与された。また，1930年代に，ハイデルベルク，ゲッチンゲン，ミュンヘンの学術アカデミーに属し，戦後は，Accademia dei Linceiの会員となった(34)。

レーヴィは，ローマ法と古法史学で著名であり，ローマ法の多くの分野を研究したことで知られる。とくに，西ローマの卑俗法（Vulgarrecht）の研究が著名である[35]。それは，西ローマ帝国で，古典期以降適用されていたものである。この時期に，古典ローマ法の複雑な規定は，文化水準の落ちた時代にあわずに理解されなかった。そこで，実務は，地域ごとに，もともとローマ法ではなかった簡易な法を生成していったのである。この通俗法につき，彼は，２巻の本を書いている。第１巻はドイツ語で，第２巻は英語で書かれた（Weströmisches Vulgarrecht - Das Obligationenrecht. 1956；West Roman Vulgar Law. The Law of Property, 1951, Neud. 2003）。

おもな業績として，前述の Die Konkurrenz der Aktionen und Personen im klassischen römischen Recht. 2 Bde, 1918/1922（Neudruck, 1964）がある。

(3)　クンケル（Wolfgang Kunkel, 1902. 11. 20–1981. 5. 8）

クンケルは，1902年に，ダルムシュタット近郊の Fürth im Odenwald で生まれた。プロテスタントの牧師の家系であった。父親は，のちにダルムシュタットのギムナジウムの教授となった。クンケルもダルムシュタットの Ludwig-Georgs ギムナジウムに通い，1920年の２月に，大学入学試験に合格した。

フランクフルト大学とギーセン大学で，法律学と古代学（Altertumswissenschaft）を学び，1923年に，第一次国家試験に合格した。法律学上の師は，レーヴィであり，歴史学上の師は，Matthias Gelzer（1886. 12. 19–1974. 7. 23）であった。クンケルは，1924年に，フライブルク大学で，レーヴィのもとで学位をえて（これは，Diligentia, SZ 45, 266ff. に掲載されている），２年後，ハビリタチオン論文を書いた（Berliner Papyrien, SZ 48, 285ff.）。この間，1924年ベルリン大学の Partsch のもとでも学び，1924－1925年には，Partsch や Titze の助手となっている。

1927年に，ライプチッヒ大学の員外教授となり，1928年からは，フライブルク大学のローマ法の正教授となり，その後，1929年に，ゲッチンゲン大学で，プリングスハイムの後継となった。1928年に，Friede-Marie（geb. Wagner）と結婚した。しかし，ナチスの政権掌握によって，ここでの家庭的な生活は失われた。彼自身はユダヤ系ではなかったが，ユダヤ系教授の差別に反対する書簡をプロイセン文化相に送ったのである。戦後，その行為は，名誉あるものとして知られている。師であるレーヴィとも遠ざかることなく，ナチス

期を通じて，手紙を交換していた。1936年の彼のボン大学への招聘には，追放された前任者である Eberhard Bruck も尽力している。ラートブルフのように罷免されることも，H・ミッタイスのように移籍されることもなかった。クンケルは，戦争中召集され，1943年から1945年の間，戦時裁判官（Kriegsgerichtsrat）となった。戦後の1946年に，彼はみずから，この間，法律的良心から責任のもてない決定をしたことはないと述べている(36)。

ボン大学からハイデルベルク大学に移り（ボン大学の時期については，後述第2部第1篇第6章参照），さらに，1956年には，ミュンヘン大学教授となり，そこで，法制史の Leopold-Wenger-Institut を創設した。1970年に，名誉教授となった。多くの学術アカデミーの会員となっている。1981年に，ミュンヘンで亡くなった。

クンケルには，多数の業績があり，また多くの弟子をもっている。民法学者のフルーメもその1人であるが，フルーメは，師のシュルツ（Fritz Schulz, 1879. 6. 16–1957. 11. 12）が亡命したことから，戦前ハビリタチオン論文を提出しなかったのである。シュルツも，著名なローマ法学者であった。フルーメが，戦後，クンケルのもとでハビリタチオン論文を完成させたのは，このような経緯に着目してのものと思われる(37)。

クンケルは，とくにローマ法とローマ法史に造詣が深く，世界的なローマ法学者であるが，とくに，古ローマ法の研究をした。また，歴史学と古典文献学の方法を，法律学に適用しようとした。著名な業績に，以下のものがある。

Die römischen Juristen. Herkunft und soziale Stellung, 1952, 2001.

Jörs und Kunkel, Römisches Privatrecht, 1949, (Neud. 1978) は，ローマ私法の概説書であり，著名である(38)。

Untersuchungen zur Entwicklungsgeschichte des römishcen Kriminalverfahrens in vorsullanischer Zeit, 1962は，ローマの国制史と刑法史である。

(Roland Wittmannとの共著)Staatsordnung und Staatspraxis der römischen Republik. Zweiter Abschnitt. Die Magistratur, 1995.

（Martin Schermaier との共著）Römische Rechtsgeschichte, 2001.

（Heinrich Honsell, Theo Mayer-Maly, Walter Selbとの共著）Römisches Recht. 4. Aufl., 1987.

(4)　コシャカー（Paul Koschaker, 1879. 4. 19–1951. 6. 1）

コシャカーは，1879年に，オーストリア・ケルンテン州のKlagenfurtで生まれ，カトリックであった。最初，グラーツ大学で数学を学んだ(39)。ライプチッヒ大学で法律学を学んで，とくにローマ法に興味をもった。ローマ法学者のL. Mitteisとドイツ法・オーストリア法学者のEmil Strohal（1844. 12. 31–1914. 6. 6）の影響によるといわれる。1903年に，グラーツ大学で学位をえた（Sub auspiciis Imperatoris）。1905年に，グラーツ大学で，ローマ法と民法で教授資格をえた。同年，グラーツ大学で私講師となり，1908年に，インスブルック大学で，ローマ法の員外教授となった。1909年に，プラハ大学でローマ法の正教授となり，第一次世界大戦勃発時の1914年に，フランクフルト・アム・マイン大学でローマ法と民法の正教授となった（同大学法学部はこの年開設された。Die juristische Fakultät der Universität Frankfurt a. Main, DJZ 1914, 1092. ライプチッヒからPeters，フランクフルトからBurchard，バーゼルからPlanitzも招聘された）。

1915年に，彼は，ライプチッヒ大学のローマ法と民法の教授として招聘された。そこで，1917/18年，および1923/24年，学部長をした。1936年に，ベルリン大学のローマ法と比較法の正教授として招聘された。戦時中の1941年に，彼は，ローマ法の教授としてチュービンゲン大学に移った。1946年に名誉教授となり，ミュンヘン（1946－1947年），ハレ（1948年）とアンカラ（1949－1950年），ボン（1951年）などの大学で客員教授として講義を行ったが，1951年に，バーゼルで亡くなった。

多数の学術協会の会員となっている。たとえば，ライプチッヒにあるザクセン学術アカデミー（Sächsische Akademie der Wissenschaften zu Leipzig）の会員，ミュンヘンにあるバイエルン学術アカデミーの会員（Bayerischen Akademie der Wissenschaften zu München），ベルリンにあるドイツ・アカデミーの会員（Preußische Akademie der Wissenschaften zu Berlin 1937–1945）などである。また，コシャカーは，オックスフォード大学ほか5つの大学からの名誉博士号を与えられた。1954年に，ウィーンのFloridsdorf（21. Bezirk）に，彼にちなんで，コシャカー通り（Koschakergasse）の名がつけられた(40)。わがくにからは，原田慶吉博士が彼に師事した。

古典ローマ法，古ローマ法のほか，古オリエント法や比較法にも造詣が深く，楔形文字法（Keilschriftenrechte）の組織的研究の創始者でもあった。ヨー

ロッパの法発展に対するローマ法の意義を，19世紀後半からの傾向に反して強調した。19世紀は国民国家の時代であり，ローマ法は，国民国家の民法典の成立の時代には，しだいに軽視されていった。彼の主張は，戦後のEUやヨーロッパ法重視の先駆けともいえるものである。1947年に，その集大成といえる著名な本，Europa und das Römische Recht を出版した。これは，1958年と1966年に，再度印刷されている。Die Krise des römischen Rechts und die romanistische Rechtswissenschaft, 1938も，ローマ法の意義を強調したものである。

そのほかのおもな業績としては，以下がある。

Rechtsvergleichende Studien zur Gesetzgebung Hammurapis, Königs von Babylon, 1917.

Quellenkritische Untersuchungen zu den „altassyrischen Gesetzen“, 1921.

(5)　L・ミッタイス（Ludwig Mitteis, 1859. 3 . 17–1921. 12. 26）

(a)　L・ミッタイスは，著名なゲルマニストのH・ミッタイス（Heinrich Mitteis, 1889. 11. 26–1952. 7 . 23, Deutsches Privatrecht の著者）の父親であり，ラーベルの師である。1859年に，オーストリア領の Laibach（Lubiana, Ljubljana, 現在は，スロベニアである）で生まれ，カトリックであった。

ウィーン大学とライプチッヒ大学で，1876年から1880年の間学び（F. Hoffmann, Pfaff, Maaßen, Siegel, A. Exner などが師であった），1881年に，ウィーン大学で学位をえた。国家試験に合格後，1880年から1886年，ウィーンで裁判実務に携わった。1885年に，ウィーン大学において，ローマ法とオーストリア法の代理に関する論文で教授資格をえた（Die Lehre von der Stellvertretung nach römischem Recht mit Berücksichtigung des österreichischen Rechts）。

1885年から1887年まで，ウィーン大学で私講師，1887年に，プラハのドイツ大学でローマ法の員外教授になり，1891年に，同大学の正教授となった。ちなみに，1348年に，神聖ローマ皇帝のカール四世により設立されたプラハ大学は，オーストリア・ハプスブルク国家の中心的な大学であったが，フス戦争（1415−1435年）以来，民族対立をかかえ，1882年には，民族別に，チェコ大学とドイツ大学とに分裂した。この後者に属したのである。前述のコシャカーもここで，正教授となった。カフカ（Franz Kafka, 1883–1924）も，この

ドイツ大学で法学の学位をえて（1806年），プラハで，司法研修も終えている。

ライプチッヒ大学は，1409年に，民族対立から，プラハ大学を退去したドイツ人により建設されたことから，プラハ大学とは関係が深かった。しばしば人的な移動がみられる。なお，ウィーン大学の創設は，1365年であった。

さらに，ミッタイスは，1895年に，ウィーン大学のローマ法の正教授，1899年に，ライプチッヒ大学のローマ法・ドイツ民法講座の正教授となった。ここにいる間，1904/05年，1911/12年，1920/21年，ライプチッヒ大学の法学部長をした。ライプチッヒにあるザクセンの学術アカデミーの会員でもあった。1921年に，ライプチッヒで亡くなった(41)。

弟子のラーベル(Ernst Rabel, 1874. 1.28-1955. 9.27)は，1895年に，ウィーン大学で学位をえ，さらに，ミッタイスの後を追って，ライプチッヒ大学に移ったことから，1902年に，ライプチッヒ大学で「瑕疵を理由とする売主の責任」（Die Haftung des Verkäufers wegen Mangels im Rechte, Bd 1. Geschichtliche Studien über den Haftungserfolg, Leipzig, 1902）によって，教授資格をえたのである。日本とは異なり，大学よりも人物本位であるから，同様の例は，ゲッティンゲン大学で学んでいたヴィアッカーが，プリングスハイムの後を追って，フライブルク大学に移ったことにもみられる(42)。

前述のコシャカーも，ミッタイスの弟子であり，ほかに，Joseph Aloys August Partsch（1882. 9. 2-1925. 3.30），Leopold Wenger（1874. 9. 4-1953. 9. 21）もその学派に属する。プリングスハイムも，ライプチッヒ大学で，1911/12年，ミッタイスの講義をうけている(43)。同じライプチッヒ大学のジーバー（Heinrich Bethmann Siber, 1870. 4.10-1951. 6.23）も，ミッタイスによって基礎づけられたローマ法研究の方法（Leipziger Romanistik）を発展させた。

(b)　これらの人脈からわかるように，ミッタイスは，ローマ法の解釈学と歴史学との分岐点に属する時代の学者であり，今日ではあまり知られていないが，学界の大きな源流となっている。オーストリアでは，1811年にABGBが成立していたが，ドイツに民法典が発効するまでには，まだ時がかかった。ドイツでは，新たにパンデクテン法学が興隆をきわめ，それは自然法的な法典であるはずのABGBにも影響した。しかし，法解釈の基礎はまだローマ法にあったのである。彼自身は，どちらかというと法史学者であったが（解釈学的業績もある），その門下から解釈学者がでてくる素地は十分存在した。

ミッタイスの著作には，ローマ法関係のものが多いが，1890年代から，とくにローマ法の歴史的側面に関する研究を行った。レーネル（後述）により始められたローマ法源のインテルポラチオ研究をも行ったが，その興味は，しだいに地中海やオリエントの古法に向かった。パピルス学（Papyrologie）の先駆者でもある。Ullich Wickenとともに，パピルス学の基本文献となる本を書いた（Grundzüge und Chrestomathie der Papyruskunde, 1912）。エジプトの法史や古代の法史の比較研究を行った。そこで，初期の比較法学派（internationale rechtswissenschaftliche Schule）の創始者として位置づけられる。これは，現在の比較法（Rechtsvergleichung）の基礎となっている(44)。

おもな業績としては，Reichsrecht und Volksrecht in den östlichen Provinzen des römischen Kaiserreichs. Mit Beiträgen zur Kenntnis des griechischen Rechts und der spätrömischen Rechtsentwicklung, 1891.

Römisches Privatrecht bis auf die Zeit Diokletians, 1908.

また，著名なSohm, Institutionen, Geschichte und System des römischen Privatrechtsは，彼によって改訂され，17版は1949年に，Wengerにより出版されている。ライプチッヒ時代の業績である。

民法典発効時のおもな大学（1900年）

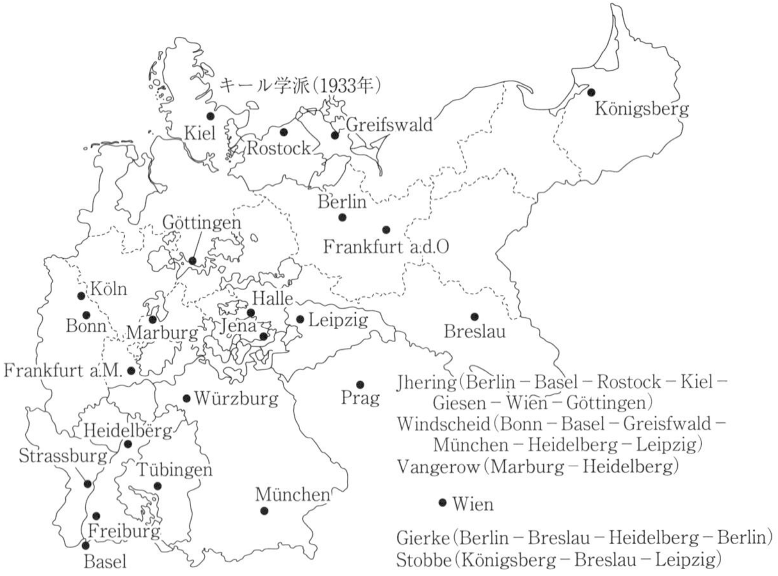

＊おもに，Hübner, Grundzüge des deutschen Privatrecht, 1908の付図により，文字情報は筆者が作成した。

3　新たな給付障害の体系――F・モムゼン，シュタウプ，ラーベル

(1)　シュタウプ（Samuel Hermann Staub, 1856. 3.21-1904. 9. 2）と積極的契約侵害論

(a)　シュタウプは，1902年に公表した積極的契約侵害論で知られている。その概念は，その後100年以上にわたり，ドイツ債務法の基本的な方向性を示すものとなった。彼は，弁護士として活躍し，ドイツでもっとも著名な弁護士といわれた。

2004年に，没後100周年となったことから，彼を記念した講演会や記念シンポジウムなどが行われた。理論面から，伝統的な不能論の克服に功のあったラーベル（Ernst Rabel, 1874. 1.28-1955. 9.27）よりは20年ほど早く生まれ，また比較的早世したことから，ラーベルのような迫害にあうことは避けられた。

シュタウプは，上シレジアの寒村（Nikolai）の中流のユダヤ系市民の出である。この村は，郡（Kreis Pleß）の中心で，3000人の住民の約10%がユダヤ系であった。両親は，商人の Michael Staub とその妻 Ernestine（geb. Orgler）であった。初期のユダヤ系法学者には，デルンブルクやプリングスハイムなど（後述），どちらかというと裕福な家系の者が多かったので，中流の彼は，まれな例外である。

1856年に生まれ，Beuthen のギムナジウムで，大学入学資格試験・アビトゥーアに合格したあと，1874年10月から4学期間，ブレスラウ大学で学び，1876年10月から1877年5月までは，ライプチッヒ大学で学んだ。ライプチッヒ大学では，Windscheid, Wächter, Binding, Wach の講義を受講した。のちに専門とした商法の講義は，ほとんど受講しなかったようである。

さらに，ブレスラウ大学で勉学を終了して，1877年11月から，Ratibor のラント高裁（Appellationsgericht）で修習生となった。当時，上シレジアの司法研修は同高裁によって行われていた（ドイツの司法研修は，現在でも各州の司法省か高裁によって行われる）(45)。ちなみに，この高裁は，1848年に，かつて Kirchmann（学問としての法律学の無価値性，Die Werthlosigkeit der Jurisprudenz als Wissenschaft, 1847の著者）が副所長として在任したところである(46)。

シュタウプは，1880年に，代金額の決定（Pretium Certum）に関する博士論文によって，ライプチッヒ大学で学位をえた（この論文は今日残されていない）。1882年に，第二次国家試験に合格し（成績は gut. ちなみに，ドイツの国

家試験の成績は，上から順に，①sehr gut，②gut，③voll-befriedigend，④befriedigend，⑤ausreichend，⑥bestanden nicht＝mangelhaftであり，現在では，①と②の占める割合は，それぞれ0.1～0.2％と2～3％程度である。①，②を，ラテン語でsumma cum lauda, magna cum laudaといい，これは，あたかも科挙において，1番を状元，2番を榜眼，3番を探花と称するようなものである），ベルリンのラント裁判所Iの弁護士リストに登録され，弁護士となった。もっとも，彼は，実務家として成功し，ベルリンでもっとも人気のある弁護士の1人となった。

1884年には，従姉妹のLaura Schindlerと結婚し，1885年には，息子Otto Michaelが，1889年には，娘のMargarete Dora Ernaが生まれた。前者は，1927年にベルリンで亡くなった。シュタウプの妻も同年に亡くなっている。

勉学の最初から，彼は，ユダヤ系の名前である最初の名のSamuelを使用せずに，Hermannを用いた。これは，当時の反ユダヤ主義への対策でもあった。しかし，ユダヤ教からキリスト教への改宗はせず，その結果，ベルリン大学などに教授として招聘される機会をも失うことになった。早くからベルリン大学はユダヤ系法学者の牙城であり，後述のように，デルンブルクなど，改宗したユダヤ系のベルリン大学教授は多数いる。

プロイセンとオーストリアのユダヤ人解放は，それぞれ1812年と1866年であったが，ドイツ全土のものは，統一時の1871年であった（ビスマルク憲法。なお，フランスでの解放は1791年，アメリカで1776年）。なお，イギリスでも，1858年である。ただし，法令上の解放後も，事実上の差別は残っていた[47]。デルンブルク（Heinrich Dernburg, 1829. 3. 3－1907. 11. 23）やLevin Goldschmidt（1829. 5. 30－1897. 7. 16）は，ユダヤ系の法学者としては初期の者に属する。彼らは，キリスト教に改宗し公職につくことができた。のちに貴族となったHeinrich Friedbergは，ユダヤ系の法律家として初めてプロイセンの司法大臣となった。しかし，改宗しない場合には，弁護士職までであった。

1870年代，プロイセンの弁護士のうち，ユダヤ人の割合は，7％であった。そして，ベルリンの人口は，100万を超え，その5％がユダヤ系であったから，弁護士界におけるユダヤ人の割合は大きかったのである（ちなみに，RAO（Rechtsanwaltsordnung, RGBl. 1878, 177）の制定後，ユダヤ系裁判官は，3.8％から4.2％に，同弁護士は，7.3％から27.4％に飛躍的に増大した。Deutscher An-

waltverlag, Bonn, Jüdische Rechtsanwälte im Dritten Reich, Dokumentation der Veranstaltungen des Bonner-Anwaltverein vom 23. Okot. 1992 zum Gedenken an das Schicksal der jüdischen Rechtsanwälte, 1994, S. 23)。シュタウプは，実務家として成功し，ベルリンでもっとも人気のある弁護士の１人となったが，1904年に，わずか48歳でがんのため亡くなった。その墓は，ベルリン（jüdischer Friedhof Berlin-Weißensee）のユダヤ人墓地にある(48)。

なお，シュタウプの死後，法曹界におけるユダヤ系弁護士の増加はいちじるしく，ドイツ弁護士会の会員のほぼ半分は，ユダヤ系あるいはその関係者であった。しかも，彼らは，政治的にも文化的にも積極的であり，多くは，社会民主党かドイツ人民党に属していた。そして，ユダヤ系の司法関係者は，学界，裁判官と検察官にもかなりの割合を占めるにいたったのである（Redeker, Erinnerung und Gedenken - Schicksale deutscher Juristen jüdischer Herkunft nach 1933, NJW 2005, 564）。

シュタウプは，法律学上の著作者としても著名である。最初の著作は，1883年の，Gruchots-Beiträge 誌上の民訴法の論文（Tenor im Pfandrechtsprozesse）であった。当初は，とくに専門の対象を商法に特化することはなく，多くの分野のテーマが対象とされていた。

彼は，1893年に，ベルリンの Heine 書店（のち，Guttentag，ついで Walter de Gruyter 書店）から，1815年のドイツ連邦法である普通商法典（1861年）のコンメンタール（Kommentar zum Allgemeinen Deutschen Handelsgesetzbuch）を出版した。これは，実務で高い評価をえて，最初の７年で７版を数え，普通商法典（ADHGB）のスタンダードなコンメンタールとなった。シュタウプ自身が校定したのは，民法典とともに発効した1900年の新商法（HGB）に関するコンメンタール（Kommentar zum deutschen Handelsgesetzbuch）までであるが，これは，１版で１万3000部も売れた。商法のコンメンタールとしては破格の数字である。1932年までの40年の間に14版を重ねたが，1933年のナチスの政権獲得のもとで，ユダヤ系法律家への反感から絶版となった(49)。

1930年代は，ユダヤ系の法学者の受難の時期であり，Ernst Rabel（1874–1955，1939年にアメリカに亡命），James Goldschmidt（1874–1940，1938年にイギリスに亡命），Martin Wolff（1872–1953，1938年にイギリスに亡命），Fritz Schulz（1879–1957，1939年にイギリスに亡命），Arthur Nussbaum（1877–1964，1934年にアメリカに亡命），Julius Flechtheim（不明），Max Rheinstein（1899. 7. 5–1977.

７．９，1933年にアメリカに亡命），Julius Magnus（1867–1944，1939年にオランダに亡命），Max Alsberg（1877–1933，1933年にスイスに亡命）などは，人種差別法の下で，亡命をよぎなくされた(50)。シュタウプは，彼らよりほぼ１世代早く，また比較的早世したことから，その著書だけが焚書の対象となったのである。

シュタウプとほぼ同世代，６年早く生まれたレーネル（Otto Lenel, 1849. 12. 13–1935. ２．７）は，民法とローマ法のインテルポラチオ（Interpolatione）の研究につくしたが（後述），1935年に，失意のうちに亡くなり，その妻は，1940年に，収容所で亡くなった。

もっとも，シュタウプのコンメンタールは，戦後，Walter de Gruyterから，７冊の大コンメンタールとして新たに出版され，今日なお，商法の基礎的な文献となっている（Handelsgesetzbuch: Großkommentar, ５. Aufl., 2008, hrsg. Canaris）。彼の手形法コンメンタール（1895年）も，1934年までに，10版を重ねた(51)。1903年の会社法（GmbH）コンメンタールは，466頁の大作であり，これは，生前のほとんど最後の作品であった。

ほかに，商法草案批判の講演録（Kritische Betrachtungen zum Entwurf eines Handelsgesetzbuchs : Vortrag, gehalten auf dem Deutschen Anwaltstage zu Berlin am 12. September 1896, 1896）がある。

また，シュタウプは，1886年から，現在も（後継誌が）継続している著名な法律雑誌（DJZ, Deutsche Juristenzeitung）の創刊者の１人ともなっている。同じくユダヤ系の商法・公法学者のラーバント（Paul Laband），ライヒ裁判官のStengleinとシュタウプと，出版者のOtto Liebmannの尽力によるものであった。

(b)　ベルリンで弁護士となったシュタウプは，そこで，当時施行から２年しかたっていない民法典では解決できない事件に直面した(52)。

馬の飼料の買主が，有害な（Rizinus）成分を含んだインド・とうもろこし（indischer Mais）を引渡された。それにより，馬は，死んでしまった。

また，商人が，製造した発光物を買主に引渡したところ，爆発する成分が含まれていたが，それにつき買主に注意を与えなかった。発光物は，買主の倉庫で大きな損害を発生させた。

シュタウプは，こうした場合を積極的契約侵害と名付けた。というのは，債務者は，民法典に規定された不能や遅滞とは異なり，たんに給付をしない

のではなく，債権者に対して積極的行為により損害を与えているからである。民法典は，給付障害の一般概念として不能と遅滞（Unmöglichkeit und Verzug），また瑕疵担保責任のみを規定していた。不能は，給付ができない場合を，そして，遅滞は，可能である給付がされない場合をいうが，そのほかにも，①給付した物に瑕疵がある場合，②給付の方法が適切でない場合，さらに，③給付された物によって拡大損害が惹起される場合などがあるからである。

1902年のドイツ法曹大会への記念論文集（Festgabe für den XXVI. Deutschen Juristentag）において，シュタウプは，「積極的契約侵害とその効果」（Die positiven Vertragsverletzungen und ihre Rechtsfolgen）と題する論文を公にし，民法典における法の欠缺を論じた。積極的契約侵害の概念（あるいは積極的債権侵害，die positive Forderungsverletzung）は，論争ののち，ライヒ大審院，戦後の連邦裁判所の判例にも採用された(53)。こうして，彼によって基礎づけられた積極的契約侵害は，判例によって債権法の中枢概念として発展した。この概念は，今日，契約的な損害賠償を考える上で，義務の構造論の側面からも見落とすことができないものとなっている。債務者による給付の障害は，たんなる給付義務の瑕疵にとどまるものではなく，付随義務や保護義務違反の形態をとることが承認されている。

2002年のドイツ民法典の債務法改正にさいし，積極的契約侵害は不能や遅滞とともに，上位概念に包含され「義務違反」（Pflichtverletzung）として法典に採用された。「義務違反」は，今日給付障害法の基礎となっている。新債務法280条1項では，給付障害の基礎として，義務に違反した債務者は，債権者に対し，そこから生じた損害を賠償しなければならない。また，契約上の保護義務の違反でも同様である（241条2項）。こうした不能論の克服には，シュタウプの実務からのアプローチと，比較法学者ラーベル（上述）の理論からのアプローチの貢献にはとくに大きなものがある。

なお，オーストリアでは，積極的契約侵害論の位置づけには古くから争いがあり，通説は，債務者の給付そのものには瑕疵がない場合の，瑕疵結果損害（Mangelfolgeschäden）をさすものと位置づけている（ABGB 1295条1項。1447条は，物の滅失による免責）(54)。オーストリア法（ABGB, 1811年）は，パンデクテン法学以前の統一的な不履行体系に基づいていることから（違法な権利の侵害，すべての不利益，widerrechtliche Rechtsverletzung, jeder Nachteil. ALR（1794）I 5 § §270ff. Code civil（1804），art. 1147も同様である），ドイツ

民法典のような法の欠缺（不能と遅滞の二分体系の給付障害構成）は存在しないからである。要件上の分別の問題よりも，効果上，拡大損害を含むことが議論の中心になる(55)。

(c)　1900年のドイツ民法典の給付障害規定が基本とする不能と遅滞，これにシュタウプの付け加えた積極的契約侵害の三分体系は，2002年に発効した債務法現代化法のもとで，上位概念である義務違反に置き換えられた。その主要な規定は，以下の損害賠償や解除の規定にみることができる。なお，学問上は，他の概念が提唱されることもあった。たとえば，給付障害（Leistungsstörungen）や，不履行（Nichterfüllung）である。後者は，わが民法の不履行概念やフランス法の不履行（inéxecution）に近いが，立法者は，たんに履行しないことよりも，いっそう積極的な概念である「義務違反」を採用したのである。英米法の契約違反（breach of contract）に近い（ただし，275条1項では，不能概念が復活した）。

ドイツ民法の現代化法は，2002年に施行され，これはおおむねシュタウプの死後，100年目にあたっていた(56)。

280条（義務違反にもとづく損害賠償）

(1)　債務者が債務関係から生じる義務に違反した場合には，債権者は，これにより生じた損害の賠償を請求することができる。これは，義務違反（Pflichtverletzung）につき債務者に帰責事由がない場合には適用しない。

(2)　債権者は，286条により付加される要件を満たす場合においてのみ，給付の遅延にもとづく損害賠償を請求することができる。

(3)　債権者は，281条，282条または283条により付加される要件を満たす場合においてのみ，給付に代わる損害賠償を請求することができる。

282条（241条2項の義務違反による給付に代わる損害賠償）

債務者が，241条2項の義務に違反し，債務者による給付が期待しえないときには，債権者は，280条1項の規定のもとで，給付に代わる損害賠償を請求することができる。

241条（債務関係による義務）

(1)　債務関係の効力として，債権者は，債務者から給付を請求する権利を有する。給付は，不作為によることもできる。

(2)　債務関係は，その内容により，各当事者に相手方の権利，法益および利

益（Rechte, Rechtsgüter und Interessen）に対する配慮を義務づけることができる。

323条（給付不履行または契約に適合しない給付をしたことによる解除）

⑴　双務契約において，債務者が履行期の到来した給付をなさず，またはその給付が契約に適合しない場合には，債権者は，債務者に対して給付または追完のために相当の期間を定め，その期間が徒過されたときには，契約を解除することができる。

（2項省略）

⑶　義務違反（Pflichtverletzung）の性質によると，期間の定め（Fristsetzung）を考慮しえないときには，これの代わりに警告（Abmahnung）による。

（4項省略）

⑸　債務者が給付の一部を履行した場合には，債権者は，給付の一部には利益がないときにのみ，契約の全部を解除することができる。債務者の契約に適合した給付をしない場合でも，その義務違反が重大でないときには，債権者は，契約を解除することができない。

（6項省略）

⑵　F・モムゼン（Friedrich Mommsen, 1818. 1. 3–1892. 2. 1）とパンデクテン体系の不能論

(a)　F・モムゼンは，デンマークとの国境近くのFlensburgで，1818年に生まれ，1836年に，そこのギムナジウムを卒業して，キール大学，ベルリン大学，ミュンヘン大学で法律学を学んだ。キールでは，学生団体のCorps Holsatiaのメンバーとなった。1841年に国家試験に合格してから，シュレスヴィッヒの控訴裁判所（Obergericht）の裁判官となった。学者というよりは，実務家である。1848年から1851年には，ラント等族会議(Landesversammlung)のメンバーであり，また司法部門の責任者の1人となった。1852年に，ゲッチンゲン大学で学位を取得し，1年後に，ハビリタチオンを取得し私講師となった。1854年に，同大学の員外教授，1859年には，法律学の正教授となった。

1864年に，彼は，故郷に戻り，ふたたびシュレスヴィッヒの上訴裁判所（Appellationsgericht）の裁判官となったが，デンマーク支配下のシュレスヴィッヒは，1864年のプロイセン・オーストリアとデンマークとの戦争の結果，1865

法学上の発見と民法

小 野 秀 誠 著

信 山 社

年には，プロイセンに併合された。そこで，彼は，1867年には，ベルリンの上級控訴裁判所（Oberappellationsgericht）の裁判官となった。これらの裁判所は，いずれもラントであるシュレスヴィッヒやプロイセンの最高裁の一部にあたる。ちなみに，ドイツ全体の連邦（1868年の北ドイツ連邦。1815年のドイツ連邦には相当するものはない）の最高裁は，連邦およびライヒ高等商事裁判所（Bundes- od. Reichsoberhandelsgericht），統一後は，ライヒ大審院である（これらについては，一橋法学12巻3号69頁以下参照）。

1868年に，シュレスヴィッヒに戻り，1868年から1891年の間，彼は，キールで，シュレスヴィッヒ・ホルシュタインのラントの（ルター派の）宗務局（Landeskonsistorium）の長官となり，教会の共同体規則を作り，コンメンタールも著した。それによって，1876年に，キール大学の神学部から名誉博士号をうけた。1879年に，彼は，キール大学の評議員（Kurator），1884年から，プロイセンの枢密顧問官（Staatsrat）となった。1891年に退職し，1892年に，ローマ旅行に向かい，ローマで亡くなった(57)。

1か月ほど先に生まれローマ法研究で名高いT・モムゼン（Christian Matthias Theodor Mommsen, 1817. 11. 30－1903. 11. 1，Römische Geschichte, 1854-1856で著名である。1902年ノーベル文学賞受賞）と親族関係はない(58)。

(b)　F・モムゼンは，裁判官などの経歴が長く，大学の教授として専念した時期が短いことから，著作の対象は比較的限定的である。1876年に，ライヒ（統一ドイツ）の相続法草案と理由書について解説したEntwurf eines deutschen Reichsgesetzes über das Erbrecht nebst Motiven, 1876（499 S.）があるほか，不能論を中心とする債権法研究の著作のみが有名である。ゲッチンゲン時代の産物である。ただし，大著で3巻にもなるその不能論は，詳細であり，パンデクテン法学の給付障害論の到達点といえる。ヴィントシャイトの著作とともに，1900年の民法典の基礎となった。

まず，Beiträge zum Obligationenrecht, 1853/55がある。これは，1997年にScientiaから復刻されている（3 Abteilungen in einem Band）。

①　Abt. 1：Die Unmöglichkeit der Leistung in ihrem Einfluß auf obligatorische Verhältnisse, 1853.（420 S.）．パンデクテン法学の時代を通じてもっとも包括的な不能の研究である。

②　Abt. 2：Zur Lehre von dem Interesse, 1855.（301 S.）．明確な信頼利益や履行利益の概念は，同書を嚆矢とする。

③　Abt. 3 : Die Lehre von der Mora nebst Beiträgen zur Lehre von der Culpa, 1855. 前半が，遅滞論であり（S. 1－S. 343），その後半が，過失論（Beiträge zur Lehre von der culpa, S. 346–S. 428）である。

また，Erörterungen aus dem Obligationenrecht. der Ausg. Braunschweig, Schwetschke, 1859/79があり，これも，1997年に復刻されている（2 Hefte in einem Band）。

①　Heft 1 : Erörterungen über die Regel : Commodum ejus esse debet, cujus periculum est, 1859. (215 S.). 買主危険負担主義の根拠の1つともなる「利益あるところに，危険も帰する」とのローマ法の法格言の研究である。

②　Heft 2 : Über die Haftung der Kontrahenten bei der Abschließung von Schuldverträgen, 1879. (144 S.). 債務契約の締結にあたっての契約者責任の研究である。

(c)　パンデクテン法学の不能論は，さらにヴィントシャイトによって集大成され，1900年のドイツ民法典に採用された（無責の給付不能による給付義務の免責に関する275条，有責の不能に関する280条，遅滞に関する284条以下，反対給付義務の消滅に関する323条）。ただし，ドイツ民法典は，給付障害を不能と遅滞に二分した。これは，Windscheid, Pandekten, II, 1906, S. 91ff., 130ff. の体系である。しかし，モムゼンのそれは，給付障害の中心を不能のみとする一元的構成であり，遅滞さえも，時に関する不能と構成されたのである。給付障害の上位概念であり，現在のような給付障害や不履行概念の下位概念とは異なる。

民法典の発効時の1900年に，不能に関する3つのモノグラフィーが公刊されているが，いずれも，このヴィントシャイトの系譜に属する。大枠では，いずれもパンデクテン法学を大きく超えるものではなかった。パンデクテン法学の不能は，物給付，とくに動産売買を典型例としていたために，その欠陥は，たとえば行為給付型の障害に関し生じ（いわゆる受領不能や営業危険の問題），また遅滞の位置づけにもあった(59)。

こうして，不能論に対する批判は，民法典発効とほぼ時を同じくして開始されたのである。シュタウプの積極的契約侵害論とラーベルの特定物ドグマ批判である。ラーベルについては，本篇では省略する(60)。

法学者の系譜（本稿第2章前半）

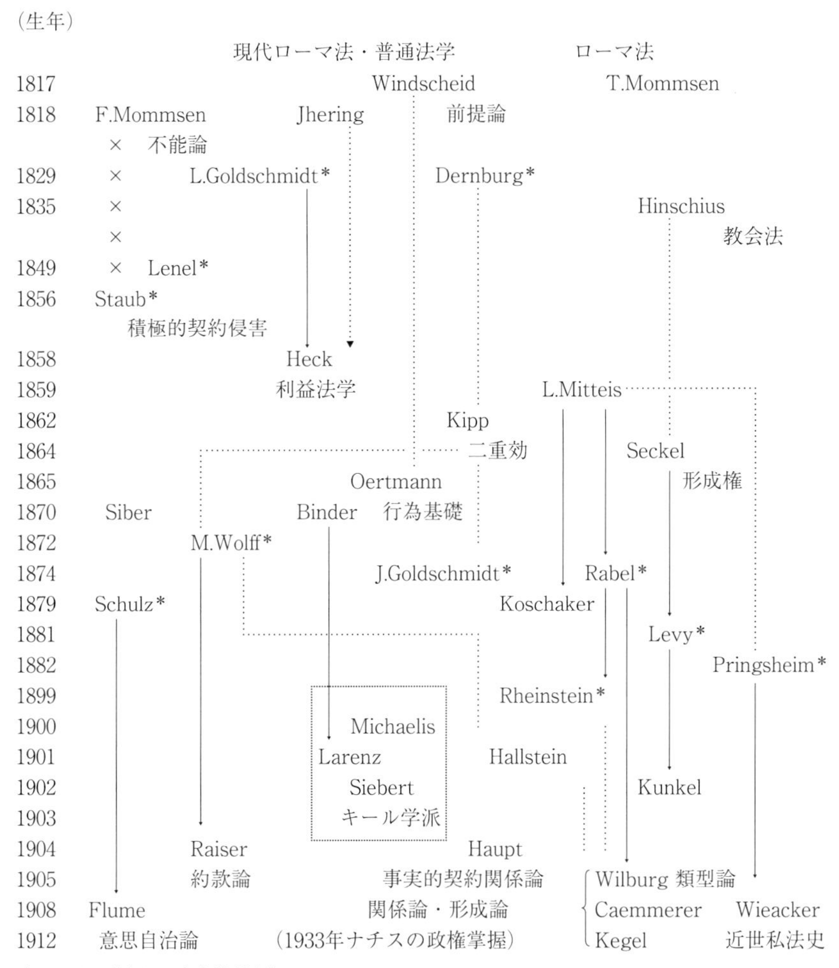

（＊ユダヤ系または亡命法学者）

4　イェーリング（Rudolf von Jhering, 1818. 8. 22–1892. 9. 17）と概念法学批判，契約締結上の過失理論（culpa in contrahendo）

(1)　イェーリング

(a)　イェーリング（Jhering，あるいはローマ風にIheringと表示する場合もある）は，法制史上の大家であり，民法以外の著作によっても著名であることから，本稿でとくに採り上げる必要性は乏しい。他の者との関係（むしろ他の者の記述に登場する関係上），およびおもに民法上の著作との関係で言及するにとどめる(61)。なお，民法上の業績も多数あるので，詳細に立ち入ることはできない。

イェーリングは，1818年に，オランダとの国境近くの東フリースラントのAurichで生まれた。若干年長でゲルマニストのベーゼラー（Georg Beseler, 1809. 11. 2–1888. 8. 28）の生まれた北フリースラント（Husum）は，同じフリースラントの北部であり，デンマーク国境に近い。前年に，ヴィントシャイト（Bernhard Joseph Hubert Windscheid, 1817. 6. 26–1892. 10. 26）が生まれている。

イェーリングは，1522年まで系譜をたどりうる法律家の家系の出であり，その祖先には，ローマ法の継受に関する皇帝ロタール伝説を否定したコーンリング（Hermann Conring, 1606. 11. 9–1681. 12. 12）がいる。彼が，7歳の時に，父は亡くなった（Georg Albrecht, 1779–1825）。母は，Anna Maria（1792–1861, geb. Schwers）であった。

1836年に，ハイデルベルク大学に入学し，その後ゲッチンゲン大学に移り，ティボー（Anton Friedrich Justus Thibaut, 1772. 1. 4–1840. 3. 8）の講義を聞いた。さらに，ミュンヘン大学に転じ，1842年に，ベルリン大学で，ロマニストのAdolf August Friedrich Rudorff（1803. 3. 21–1873. 2. 14）のもとで学位をうけた（遺産占有に関するDe hereditate possidente）。1842年は，プフタがベルリン大学に招聘された年である（1846年死亡）。プフタの影響はその社会的背景にもかかわらず，限定的だったとみるべきであろう。イェーリングは，1年後にハビリタチオンを取得し，1843年から，ベルリン大学で私講師となった。1845年に，バーゼル大学でローマ法の正教授となった。1846年にバルト海沿岸のロシュトック大学に移り，ここで結婚した（最初の妻，Irine）。3年後，妻は，出産後に死亡した。1849年に同じバルト海岸のキール大学に移り，2度目の妻Idaと知り合い，5人の子が生まれた。1852年にギーセン大学（現ヘッセン州）に移籍した。

当初は，雑多なローマ法源を学問的な体系に構築しようとする歴史法学・パンデクテン法学の概念的方法を支持しており，大著「ローマ法の精神」(1852年から）にも，体系性への志向がみられる。法を生活関係と結合して理解しようとする法社会学的な方法もみられたが，1850年以降は，法を概念的な論理体系に構築する方向性がより強まった。サヴィニー的な純粋なローマ法への志向が，終極的には真の法学のあり方に資するとするものである(62)。歴史法学の主流にそくしたものであった。

しかし，1860年代の後半からは，ふたたび変化が生じた。法の生活関係や実践との結合を重視し，概念や論理のみを重視する方法を否定し，それを「概念法学」(Begriffjurisprudenz）と名づけた。これらは，のちに，「法学の概念天国」や「概念法学」としてまとめられた(63)。

1867年に，２度目の妻 Ida が死亡した後，1868年に，ウィーン大学教授となった(64)。1872年，彼は，ウィーンの法律家協会で，講演「権利のための闘争」(Der Kampf ums Recht）を行った。この講演をまとめた書物は，小冊子であったこともあり，２年間に12版を重ね，20か国語以上に翻訳された(65)。

その中に，権利と法についての著名なテーゼがみられる。「法の目標は平和であり，そのための手段は闘争である」(Das Ziel des Rechts ist der Friede, das Mittel dazu der Kampf. Der Kampf ums Recht, 1872),「権利の生命は闘争である。諸国民の闘争，国家権力の闘争，諸身分の闘争，諸個人の闘争である」(66)。

ほかにも，数々の名言がみられる。たとえば，「闘争の中に，自分の権利を見出さなければならない」(Im Kampfe sollst du dein Recht finden)。「権利のための闘争は，品性の詩作である」(Der Kampf ums Recht ist die Poesie des Charakters)。「権利は，不断の行動である。国家権力の行動であるにとどまらず国民全体の行動である」，「具体的な権利は抽象的な法から生命と力を受け取るだけでなく，抽象的な法にお返しを与える。法は，実際に実行されることをもって本質とする。個人は，自分の権利を主張しなければならず，この国民的な行動で，自分の役割を引き受け，法の理念を地上に実現することに貢献する」。

こうして，彼は，自分の権利の擁護を責任能力あるすべての人の，自分に対する義務と位置づけた。それのみならず，こうした闘争は，国家共同体に対する義務でもあり，具体的な権利は抽象的な法から生命と力をうけとるだけではなく，そのお返しをするとの依存関係を述べたのである(67)。確固たる性格や正義感，その方法論と論理が現れている。そして，1877年以降刊行された大作である「法における目的」においても，目的が，法の生成を促すものとして，法社会学的な方法が再度重視されるにいたった。「目的は，すべての法の創造者である」(Der Zweck ist der Schöpfer des ganzen Rechts)。そこで，解釈学においても，法を目的的に解釈し，妥当な結論を意図するこうした手法は，のちの自由法論や利益法学にも影響を与えることとなった(68)。

イェーリングの講演や講義は，多数の比喩を用いて分かりやすく，さまざまな分野の人にまで人気を博した。ウィーンで，彼は，オーストリアの皇帝(Franz-Joseph，位1848-1916）から，世襲貴族に列せられた。ここで，もともと子守であった妻(Luise)と3度目の結婚をした。ハイデルベルク大学(1871年に，Windscheid がここに移り，彼を招聘した。これをうけていれば，同大学はパンデクテン法学の最高峰となったであろう)，ライプチッヒ大学，シュトラスブルク大学からの招聘をも断っている(69)。彼は，機知に富んだ警句，いいまわしが得意であり，以下のものも著名である。

「立法者は，哲学者のごとくに考え，しかし，農民のように語らなければならない(Der Gesetzgeber soll denken wie ein Philosoph, aber reden wie ein Bauer)。痛烈な皮肉であり，実際には，かつての農民のように考え，哲学者のように難解に語る冗長な立法が多い（2000年以降のわが立法にみられる。たとえば，法人法である)。

1872年に，イェーリングは，ゲッチンゲン大学に招聘された。ウィーン大学の彼の後任は，エクスナー（Adolf Exner, 1841. 2. 5-1894. 9. 10. ライヒスゲリヒト裁判官にもなった）であった。ウィーンと異なり，ゲッチンゲンは，小さな大学都市であり，講義の聴講生も少なかったが，ここはイェーリングの気に入り，彼は，ライプチッヒ大学とハイデルベルク大学の招聘を断って，1892年に死亡するまで，ゲッチンゲン大学にとどまった。日本との関係では，1884年に，のちのライヒ首相のミハエリス(Georg Michaelis, 1857. 9. 8-1936. 7. 2）に，Dissertation なしに学位を付与し，ミハエリスは，日本に赴任した（1885年から1889年，東京のドイツ法律学校で教えた)。

イェーリングの性格は快活で，人づきあいもよかった。1892年に亡くなったが，19世紀初頭のパンデクテン法学者のグリュック(Christian Friedrich von

Glück, 1755. 7. 1-1831. 1. 2）と同様に，亡くなる直前まで仕事をしていた。亡くなったのは，ヴィントシャイトの死亡のほぼ1か月前であった。同年，不能論で著名なF・モムゼンも亡くなっている（Friedrich Mommsen, 1818. 1. 3-1892. 2. 1）。パンデクテン法学の黄昏というべきであろう。イェーリングの多方面にわたる功績から，ゲッチンゲンには，彼の名を冠した道路があり，もとの住居には，その生涯と功績を記した記念板（Gedenktafel）が残っている(70)。

イェーリングの著作の魅力から，100年後においてさえ，利益法学のヘック（Philipp Heck, 1858. 7. 22-1943. 6. 28）は，ライプチッヒ大学で数学を学んだあと，彼の「ローマ法の精神」に刺激され法律学に転向し，利益法学の基礎を築いた。もっとも，両者に直接の関係はなく，ヘックは，1882年ごろ，ハイデルベルク大学とベルリン大学で学んだのである（後述4(2)参照）。

(b)　イェーリングの業績は多彩である。ローマ法の精神（Der Geist des römischen Rechts auf den verschiedenen Stufen seiner Entwicklung, 4 Bd. 1852-1865）には，ローマは3度世界を征服した（武力，キリスト教，ローマ法）との著名な言がある。権利のための闘争については，前述した。

法における目的（Der Zweck im Recht, 2 Bd., 1877-1883），法律学における冗談と真面目（Scherz und Ernst in der Jurisprudenz, 1884, Neud. von Max Leitner, 2009），占有意思論（Der Besitzwille, 1889），チップ（Das Trinkgeld, 1882），占有保護の理由について（Ueber den Grund des Besitzesschutzes, 2. verb. u. verm. Aufl., 1869），社会学論集（Soziologische Schriften. Über Mode, Tracht, Essen und Umgangsformen, 2004）などがある。なお，近時，Birk, Über das Trinkgeld, Fest. f. Franz Jürgen Säcker, z. 70. Geburtstag, 2011, S. 189. がある。

また，イェーリングの名前をタイトルとする雑誌Jhering-Jahrbuch（JherJb., Jahrbücher für die Dogmatik des heutigen römischen und deutschen Rechts）があり，1857年から（Folge 2は，1897年から）1942年まで継続した（前身誌は，Jahrbücher für die Dogmatik des heutigen römischen Rechts und deutschen Privatrechts, 1857-1892）。補巻も入れて，全90巻（前身誌は，37巻）になる。ラーバントとともに，民事法学年報を創設した。

(c)　イェーリングは，生涯にわたって法理論的な転向をなすことで，学問的な発展をしている(71)。未完成の「ローマ法の精神」において，彼は，歴史法学派に従い，概念法学のシステムを承継している。しかし，その第3巻以降，法の社会学的な考察に向い，この傾向は，未完成の「法における目的」にも現れている。彼によれば，法は，秩序を与え，衝突の機会を回避することによって，個人と社会の利益の保護をするのである（利益法学）。しかし，彼は，なお歴史法学派の構成を正面から否定するのではなく，その傍らに新たな分野を構築する方法をとったのである。

講義の多くはローマ法上の問題点を扱っており（プラクティカ，Praktika），これをまとめたものが，1847年に刊行された「判決ぬきの民法事例集」（Civilrechtsfälle ohne Entscheidungen）である。1870年に出版された「日常生活の法学」（Jurisprudenz des täglichen Lebens）も，その方法論の特徴を現している

概念法学批判は，彼の後半の学問的態度を現す表現である。概念法学は，法の適用が論理の操作だけで可能であるとする（後述(f)参照）。今日批判するのは容易であるが，自然科学の時代であった19世紀に，法を学問的な科学の一部として主張するには不可欠だったのである。

(d)　個別の民法理論に，いちいち立ち入る余裕はないが，まず占有に関しては，「占有論」，「占有意思」(72)では，サヴィニー学説との間で，主観説・客観説の対立を引き起こした(73)。現代法では事実にすぎない占有についても，古典ローマ法では，意思が必要であるとし，古典後では，少なくとも善意の取得に必要とした（animus rem sibi habendi）。この主観説は，しだいに緩和され，所有者の意思から，支配の意思，所持の意思へと軽減された。そして，イェーリングは，客観説をとり，所持の中に意思があるものとする。ドイツ民法854条1項はこれに従い，文言上，心素（animus）は不要である。もっとも，通説・判例では，少なくとも確定的な占有開始意思（Besitzbegründungswille）は必要としている。なお，スイス民法（ZGB）919条1項も，ドイツ民法と同じであるが，より古い法典であるオーストリア一般民法典（ABGB）309条では，意思（Willen）が必要とされている(74)。その内容については，争いがある。

また，民法のドグマでは，1861年には，積極的利益と消極的利益（positive und negative Interesse）の用語の区別が行われた。損害の区別自体は，F・モムゼンによっても行われていたが，先駆的なのは，消極的利益の賠償が意思理論の補充として使用されたことである。消極的利益を，意思理論と表示

理論（Willenstheorie und Erklärungstheorie）の妥協のための解決方法としたのである。ある意味では，パンデクテン法学の意思理論からの転換が行われたといってもいいであろう。彼の功績として名高い契約締結上の過失（cic., culpa in contrahendo）の発見も，同じ論文で行われた。軽過失に対しては契約外責任が，重過失に対しては一般的な責任が肯定された(75)。

イェーリングによって提示された責任は，伝統的な過失責任としてより保証責任に近い。その解決は，今日でも，民法122条に残されている。また，契約前の責任についての cic の責任は，もはやイェーリングの構成とは外見上あまり関連づけられないが，債務法現代化後の民法311条2項，241条，280条1項にもみられる。もっとも，19世紀の後半におけるイェーリングの観点は，両者の方法が異なるにもかかわらず，しばしば19世紀の前半におけるサヴィニーの方法に近い点がみられる。後述のラーバントにみられるように，サヴィニーの方法は，しばしばパンデクテン法学に応用されている。この点は，「歴史法学」というローマ法回帰のテーゼが，パンデクテン法学ではほとんど無視されたのと対照的である。その意味で，サヴィニーは，パンデクテン法学のたんなる飾りではなかったのである。

(e)　普通法の代理人行為説と本人行為説にも影響を与えている。すなわち，労働力が豊富であったローマ社会では，家族や奴隷などを広く利用したことから，代理による必要性が乏しく，また意思表示が意思表示者だけを拘束するとして，代理の概念は発達しなかった(76)。しかし，近代法では（イタリアでは，14世紀，ドイツでは17世紀以降），独立の制度としての代理が確立した。取引の拡大によって，法律行為の行為者と効果の帰属者との間の分離が，実際上も必要とされたからである。しかし，そのための理論は，必ずしも十分ではなかった。

代理の効果が，直接本人に帰属することを説明する理由として，普通法以来，対立があった。ローマ法は，本人の行為のみで効果が生じるとの原則をとったから，代理人の行為を本人の行為とみなすために，種々の説明が行われた。

本人行為説は，行為者は本人であり，代理人は，本人の機関にすぎないとする。代理人が，代理させる本人の意思を実現することを重視し，代理行為の主体を本人とみる（Savigny）。しかし，これでは代理人は本人の手足か使者にすぎず，本人の手足となる場合と代理との区別は困難になろう。代理人の独自の行為を重視すれば，新たな理論が必要となる。そこで，代理人行為説は，行為者は代理人であり，その効果のみが本人に帰属するとする（Jhering, Windscheid）。折衷として，本人と代理人が共同して法律行為をするとする共同行為説（L. Mitteis），本人の代理権授与行為と代理人の代理行為が一体となって法律行為をなすとする統一行為説などがある（Flume, Müller-Freienfels）(77)。

ちなみに，代理人は，使者とは異なり，独自に代理行為をなすものであるから，本人行為説は，本人に効果が帰属することを過度に評価するものである。わがくにでも，代理人行為説が，従来の通説である（大判大2・4・19民録19輯255頁参照）。代理人行為説は，民法101条1項において，瑕疵は，代理人につき決定することの前提ともなっている（同条2項が本人行為説に近い）。もっとも，今日では，具体的な差異は，どの説によってもほとんど生じない(78)。

(f)「概念法学」は，論理的操作だけで法の適用が可能であるとするものである。この言葉は，イェーリングのほか(79)，のちに，ヘック（Philipp Heck, 後述4(2)）によって，当時の支配的な方法論を批判するために用いられた。ただし，両者の間には，当然のことながら，相当の差がある。イェーリングの時代の普通法学は，古典ローマ法の素材を（当時の）現代ドイツに適用しようとするところに，法と現実の齟齬が生じ，それを無視するところが概念的とされる。時も場所も異なるからである。また，ローマ法は，普通法として精練された歴史をもつとしても，法典ではなく，学説やカズイスティークの集成にすぎない。

これに対し，ヘックが教授となってじきに，ドイツ民法典が発効し，概念法学では，文字どおり「法規」の演繹操作の概念性のみが問題となったのである（法規実証主義，Gesetzespositivismus）。法律の「理論」は，いかに適切に事象を説明できるかという説得の技術にすぎない。そこからすべての事象が演繹できるものではない。しかし，19世紀は自然科学の時代であり，自然科学的な理論が目ざされたのである。「自然的方法」に対する信奉は，今日考える以上に強い。このさかさまの理論を転換させたのには，二重効と同じ意味がある。自然科学でも，実験が不十分なうちは，理論からの推論だけが重視されていた。現在でこそ，原子も顕微鏡でみえるが，かつては諸現象を説明する理論の優劣だけが問題であった。その場合の理論の優劣は，いかに単純な原理で，たくさんの事象が矛盾なく説明（証明）できるかである。そして，技術や実験科学の進展によって，自然科学上の理論は，しだいに実証できるようになっていくのであるが，社会科学では，いまだに多くの場合に実証や実験はむずかしく，ときに不可能なのである(80)。

(2)　ヘック（Philipp Heck, 1858. 7. 22–1943. 6. 28）と利益法学

(a)　ヘックは，1858年7月に，ロシアのペテルブルクで，指物師であった同名の父と母 Maria の間に生まれた。ロシアでは，その数年前からアレクサンドル2世の治世であり（1855年から1881年まで），農奴解放（61年に農奴解放令）などの大改革の直前の時期であった。そのため，母 Maria の兄弟 Nicolai von Tuhr は，ロシアの法律分野の役人（Staatsdienst）として赴任し，ヘックは，その影響のもとで育ったのである。ペテルブルクで基礎学校に通った。ちなみに，ほぼ同年の民法学者の Andreas von Tuhr（1864–1925）も親戚である(81)。

ドイツ統一の翌年，1872年に，ヘックの家族はドイツに帰国し，ライン沿岸のヴィースバーデン（現在ヘッセン州の州都）の教会付属の学校，ついでギムナジウムに通い，1877年にアビトゥーアを取得した。大学では，まず数学をライプチッヒ大学で2学期間学んだあと，1879年に，法律学に転向した。イェーリング（1818. 8. 22–1892. 9. 17）の「ローマ法の精神」に刺激されたものである（「私が法学者になるより前から，イェリングは私を利益法学者にして了った」(82)）。これは，ヘックが読んだ初めての法律の書物でもあり，彼は，概念による法律上の判断（Rechtsbegriff）を奇異に感じ，利益概念（Interesse）に惹かれたのである。ただし，イェーリングは，1872年からゲッチンゲン大学におり，ライプチッヒには，1874年から，むしろ一般には，概念法学の徒とされるヴィントシャイト（1817. 6. 26–1892. 10. 26）がいた。もっとも，方法論の異なるイェーリングとヴィントシャイトの生年と没年は，奇しくもほぼ同時である。また，両者は，深い友好関係にあった。ヘックは，彼らより1～2世代後の生まれである。

ヘック		1858誕生	1877ライプチッヒ	1943死亡
イェーリング	1818誕生	1872ゲッチンゲン		1892死亡
ヴィントシャイト	1817誕生	1871ハイデルベルク	1874ライプチッヒ	1892死亡

さらに，ハイデルベルクとベルリンで学んだあと，1881年に，第一次国家試験に合格し，1886年に，第二次国家試験に合格した。この間，第一次国家試験後にベルリン大学で，共同海損に関する論文で学位をうけ（Das Verhältnis der Lex Roderjagd zu der großen Havarei），1889年に，商法学者の Levin Goldschmidt（1829. 5. 30–1897. 7. 16. 1875年からベルリン大学教授）の下で，同じテーマでハビリタチオン論文を書いた（Zwei Beiträge zur Geschichte der großen Haverei, 1889）。共同海損は，ローマ法に起源をもち，普通法に伝えられ，現在でもドイツ商法700条に規定がある。海難による船の救済のために，船や積荷の損害を船主と荷主が負担する制度である。小海損（kleine Havarei）が入港税や，水先案内料，曳航料などの手数料だけを対象とするのと異なる。成績は最上位の summa cum laude であった。

1891年に，バルト海沿岸のグライフスヴァルト大学の正教授となった。1892年に，のちのスイス民法（1907年）の起草者であるフーバー（Eugen Huber, 1849. 7. 13–1923. 4. 23）の後任として，ハレ大学（1694年創設。自然法学者トマジウス，Christian Thomasius, 1655–1728がラテン語に代えて，1709年から，ドイツ語で講義をしたことで知られる。現在，東ドイツ地域のザクセン・アンハルト州）に招聘された。さらに，1901年からは，1929年に名誉教授になるまで，南ドイツのチュービンゲン大学にとどまり（ドイツ法，商法，手形法，民法講座），1911/12年には，学長となった(83)。ちなみに，20世紀の民法学者のフルーメ（Flume, 1908. 9. 12–2009. 1. 28）は，1927年ごろに，このチュービンゲン大学で彼の授業を聴いて法学部に転じたのであり，それまでは同大学において，歴史と古語の勉学をしていたのである。

ヘックの業績の重点は，法史，民法，法学方法論にある。あまり知られていないが，ハレの時代には，フリースラント法史やドイツ法史（とくにザクセンシュピーゲル）に関する研究もある。前者は，ヘックが私淑していたイェーリングにちなんだものであろう。1912年に，ヴュルテンベルク王国から貴族の称号をうけた。ヘックは，第二次世界大戦中の1943年にチュービンゲンで亡くなった(84)。85歳になる直前であった。

(b)　ヘックは，その方法論によって著名である。イェーリング（構成法学，Konstruktionsjurisprudenz）の基礎の上に，彼は，利益法学（Interessenjurisprudenz）を発展させた。それによって，法概念の確固としたシステムをえようと試みる概念法学（Begriffsjurisprudenz）を限定した。他の側面から，彼は，部分的には，裁判官の解釈の自由を擁護する自由法学派（Freirechtsschule）にも反対した（後述(c)参照）。彼の理論によれば，裁判官は，規範の解釈にさいして，立法者が決定の基礎とし，その衡量が個別の事件の決定に行われる利益を考慮しなければならないからである。ヘックの方法は，歴史的利益の探求（historische Interessenforschung）であり，これは，歴史的に確定された命令者の利益を重視する立場である（裁判官は，立法者の下僕・Diener である）(85)。

ナチスが政権を掌握した1933年（Machtergreifung）以降，ヘックの利益法学の方法は，強い批判をあびた。ラーレンツや他のキール学派の者は，利益法学を，自由主義的かつブルジョア的時代の方法であり，克服さるべきものとみた。ヘック自身は，自説とナチスの理論の共通する部分を指摘し（いずれも，局部的な方法論では，制定法実証主義である），また，利益法学の理論を，イデオロギー上，これに適合させることをも試みたが，さほど成功したとはいえない。イェーリングを信奉する自由な気風が，ナチスの共同体思想や関係論的イデオロギーに盲従する態度と合致するはずがないからである(86)。

また，制定法実証主義までは同じであっても，その法に対する根源的理解には，大きな相違がある。法の理解は，いわゆる規範主義的な理解（Normativismus）と，決定主義的な理解（Dizisionismus）とに大別されるが，前者は，法を法規の結合であり，法秩序を法規の体系的集合とし，恣意的な人の意思に優先する客観的な法の支配を求めるものである。ここでは，王や政府も，規範の執行者にすぎない（rex よりも lex である）。これに対し，決定主義は，法を主権者の決定とみる。法の根源は，事実的な政治的決定にある。もともとは，中世的な神権主義や王権神授説にもみられる。近代以降は，社会契約説を媒介として，国民主権の基礎に転用せられた。そして，両者の妥協として，19世紀的な「法実証主義」がある。これは，法的安全と予測可能性をもとめる市民階級の法律観，社会的・精神的な状態から説明される。近代法の体系は，こうした微妙なバランスの上にある。概念法学も利益法学も，こうした基礎は同じである。

ヘックによれば，法律は命令から成り立ち，法律は適用される命令を探求し，法律に欠缺（Lücke）がある場合には，直接の命令がないのであるから，個別の命令から共通の要素を抽出し，概念に結合することが必要となる（概念は，欠缺を補充するために活用される。Inversionsmethode，倒置法）。概念が命令の根源になるのではなく，利益が法の原因になるのであり，この観点は，イェーリングに由来する。ただし，イェーリングが法は利益や目的によって発生するとの認識にとどまったのに対し，ヘックは，利益衡量による新たな命令の形成を述べたのである(87)。

これに対し，ナチス的な法観念は，規範や主権者の決定よりも，民族や家族，軍隊などの具体的生活秩序がより根源的とする(Konkrete-Gestaltungsordnung)。その秩序から，その表現としての規範や，自己形成の手段たる決定が出てくるのであり，法よりも全体秩序の指導者の役割が期待されているのである。決定主義的ではあるが，必ずしも観念的な主権者である必要もないのである(88)。

(c)　広く利益法学(Interessenjurisprudenz)は，ヘックと Müller-Erzbach(1874. 3.23－1959. 8. 4, Wohin führt die Interessenjurisprudenz? : die rechtspolitische Bewegung im Dienste der Rechtssicherheit und des Aufbaus der Rechtswissenschaft, 1932, Deutsches Handelsrecht, 1921/24で著名である(89)）によって1920年代に強く主張された（Heck, Gesetzesauslegung und Interessenjurisprudenz, AcP 112（1914), S. 1 ff.)。イェーリングの強い影響のもとに生まれた。ただし，利益そのものの重視は，すでに当時も有力であった（Binding, Kohler, Wach, Rumpf, Stampe など)。ヘックの視点をこれらによっても補うと，以下のようになる。

利益法学は，イェーリングに従って，すべての制定法を，社会の中で対立している多様な利益（Interesse）の衝突に関する立法者の決定と理解する。法は狭く制定法に限られないが，法の中でもっとも重要なものは，制定法である。そして，ヘックによれば，対立する諸利益は，たんに機械的に法となるのではなく，立法者の評価によって法の内容を形成する。そこで，裁判官は，どの利益が，判断されるべき事件にもっとも妥当するかを検討しなければならない。それによって，いかに法がこの利益の衝突を決定しているかを検証するのである。利益法学は，これによって概念法学と区別されるのである。もっとも，立法者の評価，どの利益を優先するかの決定を規定するもの（法的安定性や衡平など）も，法の形成に関与する利益と把握される。

利益法学は，２つの中心的な前提から出発する。第１に，法律への裁判官の拘束であり，制定法への忠実さを肯定した点では，概念法学に近く，自由法論とは異なっていた。裁判官の恣意を戒め，法律に内在する利益衡量の遵守を求めるものである。そして，法を合成した諸利益の忠実な歴史的探求を正しい法の解釈とみる点で，利益法学は，実証主義的であった。

第２に，法律上の規範の不十分さと欠陥である（欠陥説，Lückentheorie)。法律の明確な欠缺には，法律にある，利益の衝突に関する決定を利用するべきである。

判断する利益の衝突を決定するために，関係する規範がないときには，裁判官は，立法者的（rechtsschöpferisch）に行動することを求められる。そして，いかに法律が対立する利益を，類似の場合に判断しているかによって，自分の決定を導かなければならない。そこで，裁判官は，法の文言に忠実であるよりは，「利益適合的に」(interessengemäßer）忠実でなければならない。ただし，恣意的にではないことから，つまるところは，決定主義的に，主権者・立法者の意思に従うということになる。

この手続は，法律の類推または法の類推(Gesetzesanalogie oder Rechtsanalogie）として，すでに長らく行われてきた。しかし，当事者の利益に戻ることに関して，新たな方法論上の基礎付けが必要である。

利益法学の上に，いわゆる評価法学（Wertungsjurisprudenz）がある。ヘックのそれは，初期の利益法学であり，評価法学は，因果発生的な考察法をとるのではなく，諸利益を評価するための客観的価値基準を考察し，自然主義的な法実証主義を離れている。法律には，立法者の評価が基礎になっており，この評価された利益は，法規範の内容となっている(90)。

法の意図的な欠缺の場合，すなわち，法的効果または要件上の不確定な法概念についての，裁判官の裁量によるときには，裁判官は，自分がいかに立法者の役割をなしうるかとの判断によって決定しなければならない。この要請は，著名なスイス民法１条にも規定されている。

「(1)　法律は，文言と解釈に従い，規定が包含するすべての法律問題に適用される。

(2)　法律に規定がない場合には，裁判所は，慣習法に，これもないときには，立法者が立てたであろうようなルールに従って判断するべきである。

(3)　その場合には，確立した理論と伝統に従う」。

(d)　ヘックの民法上の業績では，債権法と物権法のテキストが重要な成果である。これらのテキストは，利益法学の方法を具体化したものとして名高い。Grundriß des Schuldrechts, 1929(Neud. 1958)； Grundriß des Sachenrechts,

1930（Neud. 1960）である。

1930年代のナチスによる私法の変容の影響をうける前の成果であり，かえってそのことによって長く民法の基本的なテキストの１つとなった。実定法のテキストのつねとして，今日では，歴史的な価値を有するにとどまるが，個別のケースに対する処理の仕方は，利益法学の実践というべきであり，価値を減じるものではない。

ドイツ民法学における連帯債務の債権者のパシャとしての地位（Paschastellung）という用語は，ヘックによるものである（Grundriß des Schuldrechts）。連帯債務の債権者は，連帯債務者ABCの中の任意の者に対し（A），もしくは数人（AB），あるいは全員（ABC）に対して，給付の全部または一部の請求をすることができる。請求は，同時または順次になしうる。この強力な地位に着目したものであり，ドイツ民法では，かなり一般的に使われる(91)。

その他の主要な業績として，つぎがある。

Das Problem der Rechtsgewinnung, 1912（1932に２版）; Gesetzesauslegung und Interessenjurisprudenz, 1914（＝AcP 112（1914）, S. 1 ff.）; Begriffsbildung und Interessenjurisprudenz, 1932 ; Interessenjurisprudenz, 1932 ; Das abstrakte dingliche Rechtsgeschäft, 1937.

上述の法制史関係のものは，あまり評価されていない（Die altfriesische Gerichtsverfassung, 1894 ; Die Gemeinfreien der karolingischen Volksrechte, 1900 ; Die Standesgliederung des Sachsen im frühen Mittelalter, 1927）。

(e)　法律関係を表わす図式については，各自が工夫するだけに多様なものがあるが，ヘックのそれには一貫性があり，わかりやすい(92)。数学的記号論ともいえ，大学で当初，数学を学んだことが影響しているのであろう。電気回路図の電気用図記号（Schaltzeichen）と同じく，学問的に統一すると便宜なところもあろう。本稿では立ち入りえないが，今日でも参照されるべきものを有している。

5　エルトマン（Paul Oertmann, 1865. 7. 3–1938. 5. 22）と行為基礎論

(1)　ヴィントシャイト（Bernhard Joseph Hubert Windscheid, 1817. 6. 26–1892. 10. 26）

(a)　ヴィントシャイトは，1817年に，デュッセルドルフで，王室抵当地監督人（Königlicher Hypothekenbewahrer）かつ税理士のFerdinandとその妻Frederike（geb. Servaes）の間の第3子として生まれた。11人兄弟であった。方法論の異なるイェーリングとヴィントシャイトの生年と没年は，奇しくもほぼ同時期である（前述4(2)参照）。両者は親しい関係でもあった。生誕地のデュッセルドルフは，1814年のウィーン会議後新たにプロイセンに帰属し，プロイセン領ラインラントの一部を構成していた（16世紀以降，ベルク公国，ファルツ選帝侯国などに属した）。ちなみに，著名人では，マルクス（1818－1883年）が，ほぼ同年1818年に同じラインラントの都市であるトリアーで生まれている(93)。プロイセンといっても，おもにナポレオン戦争後に獲得したこの地域は，経済的な先進地帯であり，ブルジョアの力が強く，エルベ以東の地域に対して比較的自由な雰囲気が強かったのである。

ヴィントシャイトは，オランダとの国境のEmmerich（am Rhein）とRecklinghausenの幼年学校を出てのち，1834年に，デュッセルドルフで，大学入学資格試験・アビトゥーアを終えた。彼は，ベルリン大学で語学を学んだが，じきに，サヴィニー（Friedrich Karl von Savigny, 1779. 2. 21–1861. 10. 25）の講義の影響をうけ，法律学に転じた。1834年から1837年の間，ベルリン大学とボン大学で学び，ふたたびベルリン大学に戻って勉学を終えた。1837年に，第一次国家試験に合格し，デュッセルドルフ地裁で司法修習生となった(94)。

1838年12月22日に，彼は，博士論文（De valida mulierum intercessione）によって，ボン大学で学位をとった。さらに，1840年に，フランス民法典の法律行為の無効に関するハビリタチオン論文（Zur Lehre vom Code Napoléon von der Ungültigkeit der Rechtsgeschäfte，印刷されたのは1847年）によって教授資格をえて，私講師となった（1840－1847年）。彼は，1847年にボン大学で，ローマ法とフランス法の員外教授となり，同年10月，バーゼル大学で，ローマ法の正教授となった。1852年に，グライフスヴァルト大学に移り，1856年に，イェーリングと親交を結んだ（イェーリングは，1849年にキール大学，1852年から1868年，ギーセン大学教授）(95)。1857年に，ミュンヘン大学に移り，1858年11月4日に，彼はLotte Pochhammerと結婚した。すでに41歳であったが，2人の間には，4人の子ができた。1868年に，バイエルン王国から貴族に列せられた。もっとも，彼は，なお自分を市民の一員と考えていたことから，みずからは貴族の尊称であるvonを用いたことはない。そこで，Savigny，Jhering，Gierkeの名前を記載するときには，vonをつけるのが一般的であるが，WindscheidやHeckには，つけないのが通例である（また，前三者のものは世襲貴族の称号であり，また小領邦ではなく，プロイセン，ドイツまたはオーストリアなど実質的な「帝国」のものであった)。

1871年に，著名なパンデクテン法学者・ファンゲロー（Karl Adolph von Vangerow, 1808. 6. 15-1870. 10. 11）の後任として，ハイデルベルク大学（バーデン）に招聘された。しかし，ここでは，前任者のような評判をとることもなく，また前任校のミュンヘン大学やのちのライプチッヒ大学とは異なり，同僚の教授と親しい関係をもつこともなかった。そこで，わずか３年後の1874年の秋に，ハイデルベルク大学から，ザクセンのライプチッヒ大学に移った。そして，ヴィントシャイトは，死ぬまでライプチッヒで学問的活動を続けた。ライプチッヒ大学の行政職にも関わり，1877/78年に，法学部長，1884/85年には，学長にもなった。枢密顧問官（Geheimer Rat）の肩書をもえている(96)。

(b)　バーデン王国の推薦により，ヴィントシャイトは，1874年夏に，ドイツ民法典草案のための第１委員会（Kommission zur Ausarbeitung des Neuen Deutschen Bürgerlichen Gesetzbuches）のメンバーとなり，1874年から1883年９月30日まで，これに属した。第１委員会の委員の多くは裁判官であったから，大学教授は，彼と，バイエルン王国の推薦したロート（ミュンヘン大学）だけであった。彼は，ローマ法が全体としてドイツに採用されるべきとの意図を有しており，主著である３巻のパンデクテン教科書（後述）は，第１草案に大きな影響を与えた。そのテキストにおいて，彼は，当時のローマ法をわかりやすく描いた。そこでいう現行ローマ法とは，ドイツに通用するローマ法（いわゆる現代ローマ法）を意味し，彼は，ローマ法の素材を現在の法律関係に適用し，その体系の確立をみずからの課題とした。そこで，このテキストは，1900年まで，ローマ法学（普通法学）の集大成として，いわば民法典の代用として大きな権威を有することとなった。そして，ヴィントシャイトは，パンデクテンの体系的な記述において，学説だけではなく，実務の要請にも対処した。彼は，保守的な歴史法学派とは異なり，法源の歴史的な記述にとどまることなく，現在の実務を組み入れたからである。いわば，サヴィニーがmos gallicsの手法を目ざしたのに対して，mos italicsの手法を目ざしたのである。

ヴィアッカーによれば，ヴィントシャイトのテキストの絶大な影響力は，当時の好条件に恵まれてもたらされた。すなわち，第１に，法典が存在しないこと，第２に，当時のドイツ連邦に最上級民事裁判所が欠けていたこと，第3に，実務家のための大コンメンタールがなかったことである。そこで，学問的テキストが普通法の典拠たる可能性があったのである。もちろん，そこには，網羅的で完全な理論体系であるとの特質が備わっており，逆に，法源的な諸相はほとんど排除されていたのである(97)。

そこで，彼の民法の財産法を対象とする3巻のパンデクテン・テキスト（Lehrbuch des Pandektenrechts in drei Bänden. Mit Anmerkungen von Theodor Kipp, 9. Aufl., Leipzig 1906（1. Aufl. 1862–1870））は，今日のパーラント・コンメンタールなどとは比較にならない程度に，民法学の基準としての価値（Stellenwert）をもつにいたったのである(98)。これに次ぐものは，デルンブルク（Heinrich Dernburg, 1829. 3. 3–1907. 11. 23）のパンデクテン・テキストなど複数ある（Pandekten, 1884 ff.）。ヴィントシャイトのパンデクテン・テキストは，1900年以降は，二重効で名高い Theodor Kipp（1862. 3. 7–1931. 7. 24）によって，2回改訂されている。

ヴィントシャイトは，1892年に，血液の病気になり，10月26日に亡くなった。その1月前，9月17日に，イェーリングがゲッチンゲンで亡くなったばかりであった。死の直前，プロテスタントに改宗した。また，1890年に，ライプチッヒの名誉市民となり，1911年には，その通りの1つに，彼の名前がつけられた。ベルリンでも，1897年に，シャーロッテンブルクの通りの1つに，彼の名前がつけられている(99)。

(c)　パンデクテン・テキストのほか，個別の業績においても，重要なものがある。ヴィントシャイトは，訴訟形式としてのローマ法の訴権を，今日の形式である実体法的な請求権と構成した（Die actio des römischen Civilrechts vom Standpunkte des heutigen Rechts, 1856; Die Actio. Abwehr gegen Dr. Th. Muther, 1857）。彼は，イェーリングとは異なり，歴史法学派の基本的立場を維持したが，当時の歴史法学によるローマ法の歴史研究の過剰な尊重を排し，現代ローマ法の確立を目ざした。実務への適用可能性を意図したものである。これは，アクチオに関しては，法律関係を裁判所に関係して秩序づけるローマ法的方法ではなく，実体的に権利を有するとする方法をもたらしたのである(100)。すなわち，自然法やサヴィニー的な，権利を私権と公権に分かつ方法（前者には実体権である請求権のみを認め，公権として，権利の侵害によって発生する訴権をおく）を否定し，権利には，その属性として，請求力，訴求力，掴取力などの諸効力が当然に備わっているとする立場を打ち出したのである。手続法的効果の実体的把握であり，これによって，履行請求権は，債務不履行に対する第一次的な救済となったのである（ただし，CISG 28条は，これを修正する）。

(d)　また，ヴィントシャイトは，Die Lehre des römischen Rechts von der Voraussetzung, 1850において，前提概念を，当時の法システムに導入しようとした。彼によれば，前提とは，意思の制限（Willensbeschränkung）の新たな形態である。ある事情の存続や発生の前提のもとにある当事者は，その期待が満たされない場合には，意思表示に拘束されない。前提は，当事者のたんなる動機や条件（現158条）とは区別されるべきものである。ヴィントシャイトは，1896年の民法典にも「前提」を採用しようとしたが，失敗した。これは，前提は，法的安定のために危険であると考えられたからである。当時の多くの法学者は，契約当事者が後から不当にも，勝手な前提を主張するかもしれないことを懸念したのである[101]。そこで，前提理論は，実定法上は採用されなかったが，これは，clausula rebus sic stantibus と laesio enormis とともに，のちの行為基礎論の重要な先駆者と位置づけられるのである。1921年に，行為基礎論を立てたのは，彼の女婿であるエルトマン（Paul Oertmann, 1865. 7. 3-1938. 5. 22, Windscheid の娘 Lotte と結婚）であった。行為基礎論は，2001年の債務法現代化法では，313条に明文化されている[102]。

おもな業績に，以下のものがある。個別の業績には，いちいち立ち入りえない。

De valida mulierum intercessione, 1838.

Zur Lehre des Code Napoleon von der Ungültigkeit der Rechtsgeschäfte, 1847.

Die Lehre des römischen Rechts von der Voraussetzung, 1850.

Die actio des römischen Civilrechts vom Standpunkte des heutigen Rechts, 1856.

Carl Georg von Wächter, 1880.

Über den Begriff der Voraussetzung, AcP, 78（1892）, S. 161ff.

Gesammelte Reden und Abhandlungen, 1904.

(e)　概念法学者としての固いイメージにもかかわらず，ヴィントシャイトに関しては，興味深いエピソードが多い。民法学への影響は多彩であり，詳細に立ち入ることはできないので，むしろその人となりを示すエピソードのいくつかをとりあげよう。

ある日，ヴィントシャイトは，ライプチッヒ大学のパンデクテン講義の前に学生に向かって，タバコの煙によって体調が悪くなるので，講義の前に講義室で喫煙をしないように頼んだ。しかし，次に講義にいった時にも，あいかわらず，もうもうたる煙がただよっていた。彼は，軽くせきをして述べた。「前回，私は，諸君に，私の講義の前に喫煙しないようにお願いした。しかし，みたところ，諸君は，私の依頼をいれることができないようである。では，せめて，もう少しよいたばこ（wenigstens bessere Zigarren）を吸うようにお願いしたい」。割れるような足踏み音が聴衆から起こった。次回から，講義前に喫煙する者はなかった。講義の様子が彷彿される。ヴィントシャイトは，決して無味乾燥な概念主義者であったわけではない。彼のパンデクテン・テキストも，同時代の類書に比して，どちらかというと具体的でわかりやすいものである[(103)]。

この偉大な法学者は，学生の生活とは縁遠い生活をしていたが，1885/86年の冬学期に，のちに産婦人科医（Gynäkologen）となった息子の Franz（1862. 5. 17–1910. 2. 12, PND 117402133, 大腸がんで48歳で死亡）とともに，息子のよくいくライプチッヒの学生酒場に行きたいと思った。しかし，この高名な客に学生が群がることが予想された。また，息子は，学生酒場でのしきたりを教えなくてはならないと思った。そこで，彼に，兄貴分と弟分（若者ときつねの関係，Leibbursch und Leibfuchs）を説明して，それは，親と子や祖父母と孫の関係にたとえられると説明した。ヴィントシャイトは，この教えをきいて，すぐに納得して，それは精神的な血族関係（cognatio spiritualis）だねといった[(104)]。彼の声は，それを聞いた者が忘れえないような独特の声であったようである。そして，酒場にいくのを断念したのである。

1877年に，ヴィントシャイトは，パンデクテンの講義の最初に述べた。「勉学を，まじめかつ愛をもって〔ともに〕（mit Ernst und mit Liebe）始めよう。ただし，この2つ〔の名〕は，ドイツ人にもよく備わっているが，しばしば誤り伝えられているものでもあります」[(105)]。

ヴィントシャイトは，大学の学生に向かって述べた。「諸君，サヴィニーは，レフェレンダー試験（第一次国家試験）に落ちました。だからといって，諸君が試験に落ちたとしても，サヴィニーになったと思い込んではいけないのです」[(106)]。

ライプチッヒへ挨拶にきた時に，学生たちが歓迎のために足を踏みならした。彼は，こうした音が講義の妨げになることを考えて，こういった。「諸君，法律行為の理論のところにくれば，黙示の意思表示もあることを知るでしょう」[107]。

圧巻は次の言葉である。「法律学は，立法の侍女（Magd）であるが，王冠を被った侍女である」[108]。こうした数々の名言をみると，彼を，たんなる概念法学の徒ということも，いわゆる概念法学が概念計算のみに終始したともいえないのである。たんなる概念法学が実務にいれられることはないからである。

(2)　エルトマン

(a)　エルトマン（Paul Ernst Wilhelm Oertmann）は，1865年に，ノルトライン・ヴェストファーレン州北部のBielefeldで，工場主のAugust Oertmannとその妻Emma（geb. Graf）との間に生まれた。法学者では，公法学者で，公法法令集の編纂者でもあるザルトリウスが同年の生まれである（Carl Friedrich Sartorius, 1865. 1. 29–1945. 10. 24）。

1884年に，Bielefeldで，大学入学資格・アビトゥーアをへて，ベルリン大学とフライブルク大学で，法律学，歴史と経済学を学んだ。ベルリンでは，経済学者のAdolph Wagner（1835–1917）からも学んだ。1887年に，ベルリンで第一次国家試験に合格した。同年，Eckのもとで，秘密証書遺言に関する論文（Testamentum mysticum）で法学の学位をえた。そして，1890年の委任と信託（Fiduzia）の論文は，今日まで残る法史的な研究となった[109]。1891年に，第二次国家試験に合格した。1891年に，彼は，ライプチッヒ大学で，優等（summa cum laude）の成績で，博士（Dr. phil.）にもなった（Volkswirtschaftslehre des Corpus juris civilis, 1. die Grundbegriff）。その経済学的な能力は，のちの不能と経済的不等価性の研究の基礎となっており，学位論文のタイトル（ローマ法大全の国民経済学理論）にも反映されている。

1892年に，民法とローマ法でハビリタチオンを取得し（M. Weberと同年である），1896年には，ライプチッヒ大学の員外教授となった。1902年に，著名な法学者で枢密顧問官（Geheimrat）であったヴィントシャイトの娘Lotteと結婚した。ヴィントシャイトの前提理論は，エルトマンの行為基礎論の重要な先駆となっている。1901年に，彼は，エルランゲン大学の正教授として招聘された（前任者は，二重効のキップである）。そこで，彼は，1917年まで，ドイツ民法，ローマ法，訴訟法の講義をもち，1908/09年には，エルランゲン大学の学長代行（Prorektor）となった。1917年から1933年には，ゲッチンゲン大学の民法，訴訟法の教授となった。1921年に，「行為基礎論」を著した時には，すでに56歳であった。1933年に名誉教授となり，1938年に，72歳で，ゲッチンゲンで亡くなった。妻も同年に死亡している。子どもはなかった[110]。５歳年下のジーバーのように，第二次世界大戦の戦禍にあうことは避けられた。

(b)　エルトマンは，第一次世界大戦（1914−1919年）後の，貨幣価値の下落するハイパー・インフレ時代に遭遇した。行為基礎の喪失の理論は，これに対処するものである。彼は，1914年の論文「法秩序と取引慣行」(Rechtsordnung und Verkehrssitte insbesondere nach Bürgerlichem Recht, Zugleich ein Beitrag zu den Lehren von der Auslegung der Rechtsgeschäfte und von der Revision, 1914, 526 S.）において，事情の変更（たとえば，当事者が予想もしなかったインフレ）を契約の解釈において考慮することを試みた（201頁）。そして，1921年の論文「行為基礎論」(Die Geschäftsgrundlage - Ein neuer Rechtsbegriff, 1921, 179 S.）において，事情の変更を理由として，当事者間で相当な利益の調整をする新たな制度が必要であるとしたのである。ライヒ大審院は，この理論をいれ，1922年２月３日に，紡績工場の売買契約で貨幣価値の下落を考慮するVigognespinnereiの判決（RGZ 103, 328, 332）において，行為基礎の喪失に従うものとした（vgl. RGZ 100, 129, 133（1920. 9. 21））。

その基礎となっているのは，条件に関する詳細な研究である（Die Rechtsbedingung（condicio iuris), 1926）。

行為基礎の概念は，以後，判例と学説によって認められ，2002年の債務法現代化法によって，民法313条に採用されたのである[111]。

戦後の行為基礎論の大成者であるラーレンツは，1927年にゲッチンゲン大学で学位を取得したが，そのさいの審査員は，主査の法哲学のビンダー（Julius Binder, 1870−1939）のほか，エルトマンとローマ法のプリングスハイム（ヴィアッカーの師で，のち亡命法学者となる）が副査であった。戦後のラーレンツの行為基礎論は，エルトマンのそれを出発点としている。

また，エルトマンは，営業危険の問題において，早くに領域説を採用し[112]，ベルリン大学のTitze（1872−1945, PND 117401757）が，長らく不能説に固執したのと異なる。Titzeの著作は膨大・詳細であるが，同時代のユダヤ系のベルリン大学教授（Rabel, M. Wolff）と比較すると，これといった特徴はみられない。ほぼ同年の弁護士シュタウプや，若年のラーベルにみられるような創造的役割は，果たしえなかったのである[113]。

(c)　現在のユーロの高額紙幣は，500ユーロまでである（2002年1月1日導入）。また，ユーロ登場前のマルクの高額紙幣も，1000マルクまでであった。この紙幣は，いわば10万円札であり，日常あまり使用されることはなかった。通常は，100か200マルク紙幣が用いられた。フランス・フランも，おおむね1000フランが最高紙幣であった。1840年代のフランスには，より高額の紙幣も一時あったようであるが，いささかまれな例である。第二次世界大戦後にも，1万フラン紙幣があったようであるが，これはインフレのためであり，1960年のデノミネーションによって，100フランとなった。

ドイツの第一次世界大戦後のインフレ

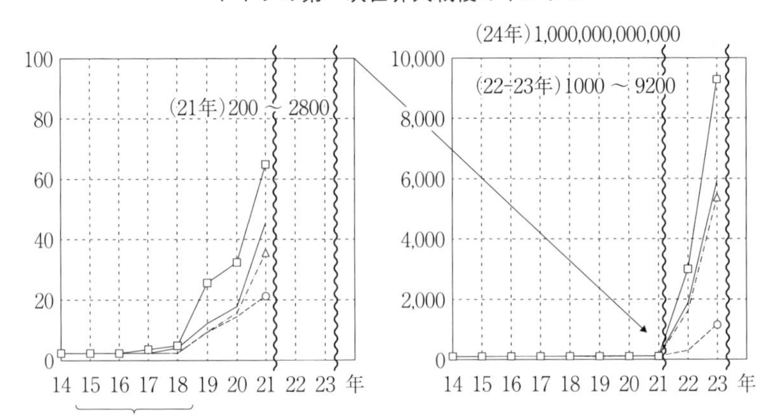

1914.7 ～第1次大戦～ 1918.11（下から順に、○国外物価比、為替比率、△国内物価比、□1913年比である）

現在では，どこの国でも，高額紙幣といっても，たかはしれており，おおむね10万円相当額以上の高額になると，手形や小切手などが使用される。これは，第一次世界大戦前のドイツでも同じであって，1922年以前に発行されたものは，1000マルク紙幣までのようである。しかし，同大戦が終了した後，1922年中ばからあとは，紙幣にもインフレが進み，まず5000とか1万，2万，5万マルクの紙幣が登場した。第一次世界大戦の戦費は，基本的に公債によってまかなわれ，紙幣も乱発されたからである[114]。

最悪期の1923年には，年初の2月に10万あるいは100万マルク紙幣が発行され，同年中期の7月には1000万，2000万，5000万マルク紙幣が登場した。8月には1億マルク紙幣が出現し，以後急激に高額化した。10月には10億，50億，200億，500億，1000億，5000億マルク紙幣である。同一年月に，同一金額を表示する紙幣でも，大きさやデザインなどの異なるものが発行されたり，わがくにでも，1927年の金融恐慌の時にとられたような非常手段もとられた。すなわち，裏が白紙の紙幣の印刷や，比較的小額の旧紙幣に金額だけの改訂のために赤や黒のスタンプを押すだけで，高額紙幣に代用したのである。本来，1000マルクの紙幣に，10億マルクとか100億マルクのスタンプが押された場合などがある。そして，1923年11月には，1兆マルクのライヒスバンク紙幣までが登場した。それ以上の金額の紙幣が発行されたかは不明である。

このあとの経緯は，経済史上，レンテンマルクの奇蹟として知られたところである。シュトレーゼマン首相（Stresemann, 1878. 5. 10-1929. 10. 3，首相としての任期は，1923. 8. 13-1923. 11. 23の3か月である）の下で，1923年10月には，新たにドイツ・レンテン銀行（Rentenbank）が設立され，11月24日に，1兆マルクが1レンテンマルクと定められ，金マルク支払いと関連づけられたレンテンマルク紙幣が発行され，インフレは終息した。そこでは，4兆2000億マルクが，4.2レンテンマルクとなり，1ドルと交換された。レンテンマルクは，1924年8月の貨幣法によって新たにライヒスマルク紙幣を発行して回収された[115]。

エルトマンは，民法総則と債権法のテキストでも著名である。Allgemeiner Teil, 1908 (1927)；Recht der Schuldverhältnisse, 1899, 1929.

また，彼は，概念法学と利益法学の論争については，19世紀の方法論を早急に放棄するのではなく両者を結合しようとした（Interesse und Begriff in der Rechtswissenschaft, 1931）。

おもな業績には，上述の行為基礎論や領域説のほか，行為基礎の前提となる条件に関するDie Rechtsbedingung (conditio iuris), Untersuchungen zum bürgerlichen Recht und zur allgemeinen Rechtslehre, 1924 (1964). 249 S. がある。

Die Bedeutung des Corpus juris nach dem 1. Januar 1900, DJZ 5 (1901),

第一次世界大戦勃発時からの１金マルクと紙幣マルクの対比，ドル換算額

年月日	金マルク比紙幣マルク	郵便料金	ドル換算額（ドル）	
1914. 7. 1（第一次大戦勃発）	1		4. 20	
1918. 1. 31（11月休戦）	2	0. 15		
1919. 1. 31	4	0. 15		
1920. 1. 31	10	0. 20	42. 00	2040日後
1921. 1. 31	30	0. 40		
1921. 10. 3	100	0. 60	420. 00	611日後
1922. 1. 31	200	2. 00		
1922. 10. 21	1, 000	6. 00	4, 430. 00	383日後
1923. 1. 31（ルール占領）	10, 000	50. 00	49, 000. 00	102日後
1923. 6. 26	100, 000	100. 00	760, 000. 00	146日後
1923. 8. 8	1, 000, 000	1, 000. 00	4, 860, 000. 00	43日後
1923. 9. 7	10, 000, 000	75, 000. 00	53, 000, 000. 00	30日後
1923. 10. 3	100, 000, 000	2, 000, 000. 00	440, 000, 000. 00	26日後
1923. 10. 11	1, 000, 000, 000	5, 000, 000. 00	5, 060, 000, 000. 00	8日後
1923. 10. 22	10, 000, 000, 000	10, 000, 000. 00	42, 000, 000, 000. 00	11日後
1923. 11. 3	100, 000, 000, 000	100, 000, 000. 00	420, 000, 000, 000. 00	12日後
1923. 11. 15	1, 000, 000, 000, 000	10, 000, 000, 000. 00	4, 200, 000, 000, 000. 00	12日後
Währungsreform 通貨改革				
1923. 11. 24	1兆マルク＝1 Rentenmark	100億＝1 Rpf	4. 2 Rentenmark＝1ドル	

S. 19は，ドイツ民法典制定後のローマ法の意義に関するものである。

ほかに，経済学との関係を視野にいれた論考がある。

(d)（i）多くの法学者にみられる枢密顧問官（Geheimer Rat）のタイトルは，主権者の助言者（Ratgeber）を意味する。本来は，神聖ローマ帝国やドイツ帝国（ライヒ）にあった顧問官（Geheimes Ratskollegium, Geheimes Konseil, Geheimes Kabinett など。選帝侯国から1701年に王国となったブランデンブルクとプロイセンでは，Geheimer Staatsrat）の名称である。

中世のライヒとは，ローマ帝国の承継国家のみを指している。各民族の個別の国家（王国や公国，侯国などのラント）とは区別され，理念的には，それらの上にたつ（ヨーロッパの）世界国家を意味する(116)。800年のカール大帝（フランク王位768－814年，皇帝位800－814年）の西ローマ皇帝としての戴冠，962年のオットー大帝（ドイツ王位936－973年，皇帝位962－973年）の戴冠は，こうした権威の承継を意味し，中世には，ローマ法継受に関するロタール伝説の根拠ともなった。注釈学派のローマ法解釈や法源論の基礎ともなっている。ちなみに，476年に滅亡したはずの西ローマ帝国をフランク王国が承継するのは，その間，東ローマ帝国が存続しており，かつカール戴冠の800年に，東ローマ帝国は，女帝イレーネ（Ειρηνη η Αθηναια，797－802年）の下にあったからである。カトリックの解釈（教皇レオ3世）では，東ローマ皇帝位は空位とされ，カールの戴冠が行われたのである(117)。

ただし，言葉のインフレは，ライヒという語についてもあてはまり，1806年に神聖ローマ帝国が解体した後は，オーストリアが「帝国」を称し（Österreich），東ローマ帝国の承継国家を自認するロシアも帝国を称し，ナポレオン・ボナパルトも王国ではなく帝国を称した。ヨーロッパに属さない中国やオスマン・トルコも帝国で表示される(118)。古代史では，バビロンやペルシア，アッチラの帝国などの征服王朝をもさしたが，近時では，単一の民族の国にも用いるから，ほとんどたんなる国家（Staat）という意味に等しい。これに対し，ライヒを構成する諸邦は，「ラント」である。現在では，「連邦」と「州」の関係となる。

枢密顧問官は，もともとは，文字どおりに枢密院（Geheimens Ratskollegium）のメンバーがこのタイトルを有しており，皇帝や主権者の下で，法令の制定などの重要事項に係わった。中世の使用法はこれであり，イギリス（Privy Council）や戦前の日本の枢密院（1888年）の顧問官も，これに相当するであろう。

(ii) しかし，ドイツでも後代には，ただの高級官僚や司法会議(Justiz- und Domänenausschuss) のメンバーも，枢密顧問官や法律顧問官と呼ばれた。そこで，枢密院の顧問官をとくに区別するためには，わざわざ「真正の枢密顧問官」(Wirklicher Geheimer Rat) と称したのである (L. Goldschmidt や ALR の注釈者 Friedrich Wilhelm Ludwig Bornemann, 1798. 3. 28-1864. 1. 28はこれである。ただし，初代のライヒ大審院長 Martin von Simson, 1810. 11. 10-1899. 5. 2は，死後，この称号を与えられた)。こうした名称の濫用の先駆になったのは，オーストリアの宮廷顧問官 (der österreichische Hofrat) であり，17世紀初頭にはすでに存在した。ハプスブルク家が実質的に神聖ローマ帝国を世襲していた関係から，オーストリアは，早くに自己を帝国とみなしたからである。

しかも，30年戦争後の，1648年のウェストファリア条約から，すでに神聖ローマ帝国は国家としての実をなさなかったから，諸国王や諸侯も，名称を濫用した。17世紀のプロイセンにも，すでに真正の枢密顧問官以外の枢密顧問官がいた。そして，1806年に，形式的にも神聖ローマ帝国が解体した後は，こうした「ライヒ」官職以外の，諸国のタイトルのみが残ったのである。諸侯に仕えて重要事項に係わる場合だけではなく，帝国自由都市でも，小顧問 (Kleiner Rat) が，この枢密顧問官に相当し，こちらは，都市国家の財政や外交に関与する者に与えられた。

枢密顧問官のタイトルは，閣下 (Exzellenz) の尊称と結合して用いられるのが通例であり，これは，皇帝に「陛下」が，教皇や枢機卿，司教に「聖下」「猊下」が用いられるのと同様である。そして，枢密顧問官は，高級官吏，省の幹部などのタイトルや本務に関しても付加的に使用された。たとえば，政府枢密顧問官，財務枢密顧問官，司法枢密顧問官 (Geheimer Regierungsrat, Geheimer Finanzrat, Geheimer Justizrat) などである。これらは，もはや官吏の称号でさえなく，たんなる尊称か美称にすぎない。

さらに，本務や公務と関係なく用いられることもあった。たとえば，商事顧問官 (Geheimer Kommerzienrat, Geheimer Kommissionsrat) は，有力な商人に付与され，農場顧問官 (Geheimer Ökonomierat) は，大地主に用いられた。弁護士では，法律顧問官 (Rechtsrat) である。この場合には，公務に携わる意味は，まったくない。プロイセンでは，中央官庁の下級官吏に対しても，永年勤続のおりには，顧問官の名称が付与された。

(iii)　こうして，「枢密顧問官」は，当初は貴族的な意味をもっていたが，しだいに，たんなる官吏の通称，さらには美称・俗称となった。手っとり早い行政の補助になることが期待されたことから，ラントや都市の行政の種々の場面で，勲章と同様に乱発されたのである。本稿の人物の親にも，教育評定官（Studienrat），宗務局評定官（Konsistorialrat），建築主事（Regierungsbaurat），衛生官（Sanitätsrat）などが，多数登場する。

1871年のドイツ帝国のライヒ大審院の判事は，Reichsgerichtsrat と称されたが，次いで，高等裁判所判事も，Oberlandesgerichtsrat と称された。この場合には，もはや顧問官（Rat）は，裁判官（Richter）とほぼ同意義語にすぎない（ラント裁判官にも用いられたが，Landrichter と Landgerichtsrat は，必ずしも同一ではなく，後者の先任的な意味は残されていた）。当時の実質的な相違までは明確ではない（たとえば，Mosse は，1875年に補助裁判官 Hilfsrichter に，1886年に Landrichter に，1888年に Landgerichtsrat となった。また，区裁判官でも，のちのライヒ大審院判事 Reincke は，1874年に Kreisrichter，1876年に Kreisgerichtsrat となった）。本稿で扱う著名な法学者の多くが，オーストリア（帝国），プロイセン（王国）その他の諸ラントから，種々の「枢密顧問官」の称号をえているのは，真正に枢密院に奉職したのでも，議会において立法に関与したわけでもなく，たんに学術的な名誉称号として付与されたことによる。しかも，「顧問官」は，「博士」とは異なり，学問的にも定義されないから，学問的な称号ですらない。したがって，こうした称号をえることが多かったといっても，過大に評価することはできず，ほとんど意味がないことでもある(119)。

第二帝国が崩壊した1919年以降（1919年に，ワイマール共和国が成立），枢密顧問官の称号は，形式的にも廃止された(120)。

(iv)　これと似た敬称として，上申官（Vortragender Rat）がある。これも文字通りには，国王や皇帝にみずから話しかけることができることをいうが，後代では，たんなる肩書と化した。枢密顧問官と同時に付与されることが多い。参与，参与員（Referent, Referat）も似た意味あいであるが，こちらは，もっと特定のテーマについて，国王などに規則的に報告する者をいうから，あまり高等ではない印象がある。高等官には，上申官や枢密顧問官が用いられるようであり，数的には，上申官の方が少ないようである。枢密顧問官や宮廷顧問官は濫用され，教授の場合には，ほとんど教授職の付加と変わらない。また，「上申官」は，戦後の東ドイツでも用いられているから，伝統的な意味あいとの結合もみられなくなっている。

⑶　ケーゲル（Gerhard Kegel, 1912. 6 . 26–2006. 2 . 16）

(a)　ケーゲルは，1912年に，ザクセン・アンハルトのマグデブルクで生まれた。父親は，牧師兼高等専門学校の教育評定官（Studienrat，のちに宗務局評定官 Oberkonsistorialrat）であった。今年（2012年）は，その生誕100年にあたる。ブランデンブルクの Templin/Uermark で育ち，当初は，東洋学（rientalistik）を修めるつもりであった。

ナチスの台頭する時代に，エルランゲン大学とゲッチンゲン大学，ベルリン大学で，法律学を学んだ。1934年に第一次国家試験，1938年に第二次国家試験に合格した。その間の1936年に，ベルリン大学で，比較法的な論文である「相殺問題，双務性と清算性」（Probleme der Aufrechnung - Gegenseitigkeit und Liquidität）で学位をえた。博士論文の指導教授は，ラーベルであり，同年，外国法・国際私法研究所（Kaiser-Wilhelm-Institut）においてラーベルの助手となった。ケーゲルは，ケメラー（Ernst von Caemmerer, 1908. 1 . 17–1985. 6 . 23）よりも少し若く，亡命前のラーベルの最後の弟子にあたる。戦後も，ラーベルが亡くなるまで，密接な関係を保ち，しばしばラーベルについて書いている。2005年の，ケーゲル最後の講演も，ラーベルに献呈されている（Deutschesprachige Zivilrechtslehrer des 20. Jh in Berichten ihrer Schüler, 2005）。ラーベルの人となりを彷彿させる種々のエピソードは，興味深い[121]。召集により，国防軍の将校となり，研究生活は中断した。

戦後の1945年に，ベルリンではなく，イギリス占領地域に復員し，ケルン大学で，労働法学者のニッパーダイ（Hans Carl Nipperdey, 1895. 1 . 21–1968. 11. 21）の助手となり，ハビリタチオンを取得した。1946年に私講師，1950年に，ケルン大学の国際法・外国法の正教授となった。短期間で各地の大学を変遷する教授が多いドイツにはめずらしく，他の大学の招聘を断り，1978年の定年までケルン大学に留まった。1950年に創設し，同年から1977年まで，国際法・外国法インスティテュート（Institut für internationales und ausländisches Privatrecht）の所長であった。5人の子どもがあり，彼らは，法律家，医師，神学者などになった。彼の国際私法のテキストは，彼の木のバラックの家で執筆された。カントと同じように規則正しい生活をし，また19時以降は，机に向かわなかった。「長く燃やそうとするなら，ろうそくの両端に火をつけるべきではない」からである。細くとも長くがモットーであった。

彼の弟子には，Rudolf Wiethölter(1929. 7. 17-)，Jochen Schröder, Alexander Lüderitz(1932. 3. 19-1998. 7. 4)，Hans-Joachim Musielak(1933. 12. 28-)，Klaus Schurig（1942. 5. 1-)，Karolos Papoulias（1929. 6. 4-. のちのギリシアの大統領である）などがいる[122]。

(b)　ケーゲルは，カリフォルニア大学バークレー校ロースクールと共同して，社会人再教育のための比較法のプログラムを開発した。また，1955年から（8版)，Soergel の BGB のコンメンタールの国際私法の部分の担当者となった。さらに，50年以上もの間，ノルトライン・ヴェストファーレン州の学術アカデミーの会員であり，国際私法のドイツ委員会（Deutscher Rat für IPR）の会長としても活動した（1961－1978年)。また，彼は，中国法に関するドイツ協会（Deutsche Gesellschaft für Chinesisches Recht）の創設者であり会長であった。さらに，ハンブルクの外国法・国際私法のマックス・プランク研究所の外部学術メンバー，ノルトライン・ヴェストファーレンの学術アカデミーの会員であった。

長寿であったケーゲルは，晩年，ケルン大学の長老として，死亡の直前まで定期的会合に出席し，博士志望者の世話や学問的対話を行っていた。最後に，名誉教授室に出たのは，2005年12月29日であった。彼は，1960年に123の，生涯にほぼ5000もの法鑑定(fünftausend Rechtsgutachten)を行った。1981年に，カリフォルニア大学から Berkley Citation をうけた。1983年に，コロンビア・ボゴタの Colegio Mayor de Nuestra Señora del Rosario 名誉教授，1983年に，マンハイム大学の名誉博士，1987年に，ドイツ連邦共和国の大功労賞（Großer Verdienstkreuz）をうけた。2005年に，ノルトライン・ヴェストファーレン州の功労賞，ドイツの連邦功労賞をうけた。

ケーゲルは，2006年に，93歳で，ルクセンブルク国境に近い Daun（ルクセンブルク，ベルギーにまたがる西部国境の山岳地帯 Eifel）で亡くなった。パンデクテン法学者のグリュック（Christian Friedrich von Glück, 1755. 7. 1-1831. 1. 2）と同じく（死の当日までともいわれる)，死の前日まで書き物机で仕事をし，日課の Eifel の散歩をしていた。その希望により，家族のいる郡に葬られた[123]。

(c) 戦前から戦後すぐの業績には，行為基礎論に関するものが多くみられ，興味深い。ただし，早くから英米法の影響をうけ，これはその後のラーベル学派の特徴ともなっている。

Die Einwirkung des Krieges auf Verträg, in der Rechtsprechung Deutschlands, Frankreichs, Englands und den Vereinigten Staaten von Amerika, Kegel, Rupp, Zweigert,（Beiträge zum ausländischen und internationalen Privatrecht 17）1941. 共著であるが，453頁の大著である。

Die Abwicklung von Vorkriegsverträgen der deutschen Wirtschaft mit dem Ausland, zugleich ein Beitrag zum Problem der Geschäftsgrundlage,（Deutsche Rechts-Zeitschrift Beiheft 3）,（Veröffentlichungen des Kaiser Wilhelm-Instituts für Ausländisches und Internationales Privatrecht, Sonderheft 1）1948.

Aktuelle Grenzfragen der Geschäftsgrundlage,（Deutsche Rechts-Zeitschrift, Beiheft 7）1949.

Probleme des internationalen Enteignungs-und Währungsrechts,（Arbeitsgemeinschaft für Forschung des Landes Nordrhein-Westfalen, Geisteswissenschaften 40）1956.

Verwirkung, Vertrag und Vertrauen, 1993. 権利の失効に関するものである。

また，契約法の発展に関する次の論文は，88歳の時のものである。

Kegel, Zur Entwicklung der Auffassung vom Vertrag im kontinentalen Europa, Gedächtnisschrift für Alexander Lüderitz,（hrsg.）Schack, Horn, Lieb, Luig, Meincke und Wiedemann, 2000, S. 347. これにつき，拙稿「契約の自由と当事者の地位－契約と基本権」契約における自由と拘束（2008年）100頁注(18)参照。

Vertrag und Delikt, 2002は，キール学派のタイトルを彷彿させるが，内容は民法体系の修正ではなく，ローマ法からの発展に関するものである。Unrecht としなかったのは，その点を考慮したのであろう。148頁の本である。ほぼ90歳の時の成果である[124]。なお，英米法に造詣が深いことから，債務法の論文では，イギリスやアメリカの判例法からの事例が参照されることも多い。

レーマンの人と業績について，Heinrich Lehmann: Ein grosser Jurist des

Rheinlands Jugend und Beruf: seine Lebenserinnerungen, Lehmann, Heinrich (hrsg. Kegel), 1976. 師であるラーベルの人と業績について, Deutsche Juristen jüdischer Herkunft, 1993, S. 571 (hrsg. Heinrichs). ウィットに富んだ逸話集である Humor und Rumor: Erinnerungen, 1997も興味深い。

国際私法関係の業績では，まず，上述の「国際私法」があるが（1960年初版），2004年に Schurig, Klaus による9版が出ている（Internationales Privatrecht. 9, neubearb. Aufl., 2004)。これは，1995年の7版が，ケーゲルの単独の改定版の最後となっている。1982年に，このテキストは，スペイン語に翻訳された。

また，Vermögensbestand, Vermögensherrschaft, Vermögensschutz は，Luig, Klaus による2008年版が出ている。

さらに，Liber amicorum Gerhard Kegel, Krüger, Hilmar [hrsg.] 2002.

Das Kind und der Zauberspuk Ravel, Maurice; Bloch, Egon, 1996.

Einführungsgesetz. -12., völlig neubearb. Aufl., 1996, Kegel, 1996. ドイツの国際私法は，民法施行法に規定があるからである。

Vorschläge und Gutachten zum Entwurf eines EG-Konkursübereinkommens (hrsg. Kegel); (bearb. Thieme), 1988.

Fundamental approaches, Kegel, Gerhard; Lipstein, Kurt, 1986.

Introduction, Kegel, Gerhard; Lipstein, Kurt, 1986.

Haftung für Zufügung seelischer Schmerzen, 1983.

In den Stürmen unseres Jahrhunderts, 1983.

Reden zum 50. Doktorjubiläum von Frederick Alexander Mann, Jakobs, Horst Heinrich; Kegel, Gerhard, 1982.

Zur Schenkung von Todes wegen, 1972.

Ein Vierteljahrhundert danach, 1970 & 1971.

Festschrift für Leo Brandt zum 60. Geburtstag, Meixner, Josef (hrsg. Kegel), 1968.

Was ist mit dem Selbstbestimmungsrecht der Deutschen?. - 1. Aufl., 1966.

Die Grenze von Qualifikation und Renvoi im internationalen Verjährungsrecht, 1962.

国際私法

（hrsg.）Gutachten zum internationalen und ausländischen Privatrecht 1996, Baden-Baden 1997.

（hrsg.）Gutachten zum internationalen und ausländischen Privatrecht 1997, Baden-Baden 1999.

(d)　なお，ラーベルの直接の弟子であるケーゲルのほか，ケメラーの弟子であるレーザー（Hans Leser, 1928. 11. 25–2015）について簡単にふれる。ラーベルとケメラーの著作集を編んでいるからである(125)。ケメラーの他の弟子（Marschall, Schrechtriem, Hager など）については，別の機会にふれる。Detlef König は，早世した（1938. 6 . 10–1981. 9 . 21）。

レーザーは，1928年に，スイスとの国境，ボーデン湖畔のコンスタンツで生まれた。ゲルマニストのクレーシェル（Karl Adolf Kroeschell, 1927. 11. 14）の１年後の生まれである。父親は，教授 Ernst Leser，母親は，Johanna（geb. Tavernier）であった。1939年から1948年まで，コンスタンツの Humanistisches Gymnasium に通い，1948年に，大学入学試験に合格し，1948/49年，チュービンゲン大学で法律学の勉学を始めた。1950年に，ミュンヘン大学に移り，1950/51年に，フライブルク大学に移った。チュービンゲン，ミュンヘン，フライブルクのほか，シカゴ大学でも学んだ。1952年に，フライブルクで，第一次国家試験に合格し，司法研修を経たのち，1956年に，シュトットガルトで第二次国家試験に合格した。1956年に，フライブルク大学で，ケメラーのもとで学位をえた（Von der Saldotheorie zum faktischen Synallagma, 1956）。1968年に，同じくケメラーのもとで，ハビリタチオンを取得した（Der Rücktritt vom Vertrag, 1975）。同年の1968年８月に，マールブルク大学の正教授となり，名誉教授となるまで，そこにとどまった。たびたび来日もしている。

シカゴ大学，ケント大学，ポアティエ大学の名誉博士号をうけた。1998年に，Olaf（hrsg.）, Rotarier, Brücken für die Rechtsvergleichung の祝賀論文の献呈をうけている。

不当利得と契約の解除の研究のほか，ラーベルの著作集を編集したことで，著名である（Gesammelte Aufsätze, 1965ff.）。ほかに，ラインシュタインの論文集や（Gesammelte Schriften/Collected Works, 1971），ケメラーの著作集をも編集している（Gesammelte Schriften, 1968ff.）。

1975年の，解除に関する大著 Der Rücktritt vom Vertrag, 1975は，かつて

のハビリタチオン論文である。法律図書館の国際連盟（International Association of Law Libraries）の会員（1971年会長）。記念論文集として，Brücken für die Rechtsvergleichung, 1998（hrsg. v. Olaf）がある。

共編著として，以下のものがある。

German Private and Commercial Law（mitverf. Horn/Kötz）, 1982.

Wege der Rechtsgewinnung von Josef Esser（mithrsg）, 1990.

Wege zum japanischen Recht（FS Kitagawa）, mithrsg., 1992.

Arbeitsrecht und Zivilrecht in Entwicklung（FS Hyung Bae Kim）, hrsg., 1995.

6　補遺 ── ライプチッヒ大学の変貌とキール学派

(1)　ハウプト（Günter Haupt, 1904. 9. 11–1946. 7. 14）と事実的契約関係論

(a)　前稿「キール学派と民法」（一橋法学9巻2号23頁，第3部第3篇所収）においては，1930年代に登場する2名の者について，その経歴が不詳であるとした[126]。その後，その経歴がやや明らかとなったことから，以下の6では，その補遺をも意図している。ハウプトとミハエリスである。

同時に，この二者の検討は，1930年代のライプチッヒ大学の性格を反映するものとなっている。ライプチッヒは，もとのザクセン王国に位置し，ライヒ大審院の所在地でもあり（その前身は，ライヒ上級商事裁判所，さらには北ドイツ連邦の連邦上級商事裁判所である），比較的政治の中心から独立しているところに特徴があった[127]。大学の起源は古く，ラント諸侯や皇帝（実質的には都市）によって基礎づけられたことの多いドイツの大学の中では例外的に，民族紛争からプラハ大学を退去した教授と学生団によって創設された自律的組織に由来する（本稿1＝一橋法学10巻1号91頁参照）。また，ライプチッヒ大学は，19世紀には，ヴィントシャイトや多数の著名学者を擁した主要大学の1つであったことから，1933年以降キール大学やブレスラウ大学などの周辺大学がナチスの影響下に入った後も，比較的中立性を保った大学であった。しかし，ここにも，しだいに政治の影響が及んだのである。

なお，とくにキール学派をとりあげるのは，現在への影響を考えるためである。ラーレンツ，ヴィアッカーとも，戦後も活躍した。そのため，彼らに注目すれば，戦中，戦後に連続する現象がみられる。そうすると，戦後の理論の進展（の一端）は，キール学派の功績とみるべきか，それとも，彼らの

戦前・戦中の理論にとって，じつはナチスの理論はあまり意味はなく（多少影響したことはあっても），それ抜きでも同じことが起きる状態があったとみるべきかである。戦後，人種理論などが放棄されたことはいうまでもない。では，それ以外のナチス的な要素が克服されたのか，まだ克服すべきものが残っているのかは問題となる。日本にも，同様の問題はあろう。日本にも影響を与えたドイツの理論の選択の適否が問題になるからである。これにより，戦後の理論の意義づけは，かなり異なってくるのである。

(b)　ハウプトは，1904年9月11日に，ブランデンブルク北部（Ostprignitz-Ruppin）の Neuruppin で生まれた。ベルリンの北西60km の小都市である（現在の人口は3万人程度）。時期的には，のちに法令集の編纂者となったシェーンフェルダー（Heinrich Schönfelder, 1902. 7. 16–1944）とは，生年・没年ともに近く，ともに2年遅れるだけである。

勉学をした大学の詳細は不明であるが，学位をえたケーニヒスベルクではないかと思われる。1930－1933年に，司法修習生（Referendar）となった。1933－1935年には，裁判所試補（Gerichtsassessor）かつケーニヒスベルク大学の航空法研究所（Institut für Luftrecht an der Universität Königsberg）の助手となった(128)。

彼は，1931年に「航空論－国際法研究」(Der Luftraum: eine staats- und völkerrechtliche Studie）で，ケーニヒスベルク大学で学位を取得した。この論文は，1931年に，ケーニヒスベルク大学の法学叢書の1号として出版された。また，1935年の「ドイツの銀行の普通取引約款」(Die allgemeine Geschäftsbedingungen der deutschen Banken）で，同大学で教授資格を取得した。同書は，1937年に，ライプチッヒ大学の法学叢書から出版されている（105号）。後者が，のちの事実的契約関係の研究の基礎になっていることはいうまでもない。また，逆に，そのモデルが，銀行約款にあったことが推察されるのである。

1935年から37年の間は，ケーニヒスベルク大学の私講師となり，1937年から38年は，ライプチッヒ大学，1938－1939年はイエナ大学の私講師となった。員外教授になることなく，1939年には，ライプチッヒ大学の民法，商法，経済法，航空法の正教授となった。まだ35歳であった。著名な「事実的契約関係」(Günter Haupt, Über faktische Vertragsverhältnisse, 1943, Fest. der Leipziger Juristenfakultät für Heinrich Siber a. 10. Apr. 1940）は，同大学の就任講演であり，1943年に，同じくライプチッヒ大学の法学叢書から出版されている（124号）。

G・ハウプトによる商業的な出版には，1939年の会社法(Gesellschaftsrecht)があり，これは，1942年に2版と3版，1952年に4版（Rudolf Reinhardtの編集協力）が出版されている。

1941/42年には，ライプチッヒ大学の法学部長となった(129)。その前任者は（1939/41年），国法学のErnst Rudolf Huber（1903. 6. 8-1990. 10. 28）であり，後任は（1942/44年），以下に検討するMichaelisであった。いずれもキール学派に属し，伝統あるライプチッヒ大学も，戦争末期には，キール学派のもとにおかれたのである。この時期に，ベルリン大学でも，ジーベルトが，1942/43年，1943/44年，1944/45年に学部長となっている。

ちなみに，ヴィアッカー(Franz Wieacker, 1908. 8. 5-1994. 2. 17)は，1936年には，ライプチッヒ大学で非常勤で教え，1937年には，その員外教授となり，1939年には，正教授となったから，一時期をハウプトと大学をともにしている。戦後，キール学派の者は追放され，それ以外の多くの教授も西側に移った。生涯独身であったヴィアッカーも，復員後，ザクセンには戻らず，西側のゲッチンゲン大学に移ったから，ライプチッヒ大学にとどまった者は少なかった(130)。

著名な者では，わずかに，後述のジーバー(Heinrich Siber, 1870. 4. 10-1951. 6. 23）が，1948－1950年，ここで教えたのみである。ジーバーは，すでに78歳であった。1935年に，ナチスの大学政策のために定年を適用された経歴がある。ただし，ジーバーは，早くも1951年に，ライプチッヒで亡くなり，戦後のライプチッヒ大学は，戦前とは人的に，ほとんど断絶した。同じく，ユダヤ系で引退を強要されたヤコビ（Erwin Jacobi, 1884. 1. 15-1965. 4. 5）も戦後に復帰し，1947年に学長となった（同年，ハイデルベルク大学の招聘を断った。また，1949/58年に学部長）(131)。ヤコビのように東側に残った者もいたが（戦前は公法と労働法の分野で活躍した），大学のマルキシズムへの変容から，戦後はおもに教会法を対象とした。労働法のニキッシュ（Arthur Philipp Nikisch, 1888. 11. 25-1968. 6. 17）も，1947/49年に学部長をしたが，1950年に西側に逃れ（62歳であった），定年までキール大学で教えた（1968年に，キールで死亡）。

こうして，19世紀には，ゲッチンゲン大学と並ぶドイツ法学の双璧といえたライプチッヒ大学の伝統は，絶えたのである（南ドイツでは，ハイデルベルク大学が主要大学である）。もっとも，のちに，ライプチッヒ市は，1989年に，ベルリンの壁が崩壊するさいに，自由化のための大きな役割を果たすことになった（Montagsdemonstration）。ザクセン的な分離主義・反中央主義の伝統によるものと位置づけられる(132)。

（c）ハウプトは，1937年に，ナチスの党員となった（NSDAP；NSV 1937；NSDB 1938），また，1938－1939年には，ナチスの法曹連盟(NS-Rechtswahrerbund）に属した。1946年にライプチッヒで亡くなった。死因は不詳であるが，死亡の時にまだ41歳であった。

法律学者や法曹関係者には，戦争中に死亡した者は，少なくない。前述のシェーンフェルダーは，戦争中にイタリアで失踪したまま帰らず，フライブルク大学のケメラー（Ernst von Caemmerer, 1908. 1 . 17–1985. 6 . 23）の前任者である Großmann-Doerth（1894. 9 . 9 –1944. 3 . 5 ）は，1939年に招集され，陸軍中佐となったが，戦争末期の1944年２月東部戦線で負傷し，ケーニヒスベルクの野戦病院で死亡した。そして，ライプチッヒのライヒ大審院の裁判官の多くも，戦後ソ連による逮捕後，強制収容所で死亡している。そのうち34人は，エルベ河畔の Mühlberg 収容所で死亡した。生存して帰還した者は，わずか４人であった(133)。

このハウプトとのちのナチス政治家の Joachim Haupt（1900. 4 . 7 –1989. 5 . 13）との親族関係が推察されるが，詳細は不明である。政治家のハウプトは，1930年代，キール大学において，自由キール学生団（Freie Kieler Studentenschaft）の議長となり，法学部において，ユダヤ系法学者を追放し，新たな法学者が就任するきっかけをなしたから，いわゆるキール学派の成立に寄与している。のちに，HJ の指導者ともなった。キールは，全国の大学でも，ナチスが学生団の議長となった最初の例であった(134)。

（d）ハウプトは，もっぱら事実的契約関係（faktische Vertragsverhältnisse）で著名である。事実的契約では，総論に続いて（I, II），まず III（S. 16fff.）で，会社と労働関係の２つのグループが（後者では，ジーベルトが引用されている。S. 20, Siebert, Das Arbeitsverhältnis in der Ordnung der nationalen Arbeit, 1935, S. 42ff.），また，IV(S. 21ff)で，鉄道のような社会的給付義務(kraft sozialer Leistungsverpflichtung）が，おもに扱われている（ほかに，水，ガス，電気の供給，あるいは郵便，電信なども）。そこでは，Nipperdey の締結強制(Kontrahierungszwang）の理論も理由づけに引用されているが，すべての契約関係が双方的な意思表示の合致によるものではないとして，合意（Einigung）のない事実的契約が肯定されたのである（S. 33）。そして，これは，高権的割当（hoheitliche Zuordnug）により正当化されている。また，ヘーデマンの diktierter Vertrag（命令的契約）の概念（Hedemann, Das bürgerliche Recht und die neue Zeit, 1919, S. 17）によって根拠づけられている（S. 33）。これらが，第一次および第二次世界大戦前後の統制経済の時代に発展し，またそれを前提としたことはいうまでもない。

戦後のものでは，ジーベルトの Faktische Vertragsverhältnisse（Abwandlungen des Vertragsrechts in den Bereichen der Daseinsvorsorge, des Gesellschaftsrechts und des Arbeitsrechts），1975がある。これは，1975年6月21日にカールスルーエで行われた Juristische Studiengesellschaft での講演である。

その参考文献には，ハウプトの業績として，上記のもののほか，ドイツ法アカデミーに掲載された Vertragsfreiheit und Gesetz, ZAkDR 1943, 84ff.; Anmerkung zu OLG Danzig, DAkDR 1943, 238ff. が引用されている。

早世したハウプトの戦後の活動はないことから，事実的契約関係の理論は，もっぱらこのジーベルトやラーレンツなど他の者によって受け継がれた。事実的契約関係論は，社会類型的な行為にもとづく契約関係（Vertragsverhältnisse aus sozialtypischem Verhalten）などの概念とともに，民法典のもつ伝統的な意思理論を修正するものとして主張された。ラーレンツは，必ずしも創造者ではなかったが，それを発展させたのである(135)。周知のとおり，この事実的契約関係の理論は，戦後，判例にも採用され（BGH 21, 319も採用），ジーベルト，ヴィアッカー，エッサー，ニキッシュ，ジミテスなどによって支持された(136)。

しかし，私的自治への制限を意味するとして，とりわけ自己決定と自己責任の泰斗フルーメが強く反対し(137)，フルーメは，ラーレンツの行為基礎論をも否定した(138)。事実的契約関係論については，レーマン，ニッパーダイ，ヴォルフなどの有力学者も反対した(139)。

事実的契約関係では，いくつかの類型が問題とされる。

第1は，契約締結上の過失，準備段階の過失に関係するものであり，これらは，相手方に対する信頼責任としても処理されるものであり，別の理論によっても処理は可能である。好意同乗や瑕疵ある継続的契約関係についても，同様である。第2は，事実上の会社，組合や，事実上の労働関係などであるが，これらも，当事者の推定的な意思によることができ（あるいは強行法規の類推など），必ずしも当事者と無関係な意思の必要性は乏しい。第3は，電気，ガスなどの供給契約や，駐車場契約の例であり，本体的な部分である。一面では，推定的な意思の理論でいくことも可能であるが，事実的契約関係論でいくと，合意の存在を前提とした関係が覆滅されないとの利点がある。たとえば，無能力，無効・取消の場合である。また，責任や賠償義務の確保が容易になり，有効な契約が成立したと立証することをも緩和できるとの利点もある。

そこで，これらの利点と，当事者の意思を無視して，契約外の法適用者の（後発的な）意思を押しつける弊害とのバランスを考慮することになろう。卑見では，従来おおむね後者の欠点の方が大きかったように思われる。

(e)　ハンブルクの駐車場のケースのように，駐車場の利用者が契約の成立を明確に否定する場合には（無償で使用しようとする場合），侵害利得であり，返還するべき利得の軽減はないが，無料の駐車場と誤信した時には，利得が軽減される（703条，ド民818条3項）。契約の瑕疵の場合には，給付利得として，契約があるのと同じく返還される（704条）。これに対し，事実的契約関係論では，つねに他人の利得の侵害として，軽減の余地はない。そして，それは，共同体的，場合によってはナチス的な財産秩序によって理由づけられるにとどまるのである。

BGH は，1956年の判決において，事実的契約関係を肯定した。ハンブルク市の駐車場事件において，Y は，支払わないことを明言しながらこれを利用していた。これに対する X の不当利得ないし損害賠償の請求が主題である。裁判所は請求を肯定した（Vgl. BGHZ 21, 319)。ほか，いくつかの裁判例がある。

(f)　従来の意思理論と事実的契約関係は，まっこうから対立するようにみえるが，必ずしも全部対立するわけではない。

たとえば，契約の清算の場合である。給付利得構成は，正常な契約における意思を，契約の無効・取消などの清算においても重視する。これは，意思の尊重という面では伝統的な意思理論に従うが，半面で，それが本来の意思そのものではない点では，事実的契約に比せられる。すなわち，事実的契約関係に対するラーベル学派の回答といえる(140)。事実的契約と給付利得は，現象的には類似するが，事実的契約論は，意思理論の否定から出発し，給付利得の構成は，意思理論の補充なり拡大に帰結しているのである。

同様の現象は，それ以前にもなかったわけではない。ニッパーダイの締約強制の理論も，いちおう意思理論から出発し，しかし，場合によってそれを法的な強制という構成で，補充しているのである。すなわち，事実的契約関係論は，ナチス的な理論において破綻しているが，これに意思理論の復権という理論を盛り込めば，通用可能なものとなる。

もっとも，まったく違いがないわけではない。事実的契約関係論は，契約外の法適用者の高権的割当を重視し，すなわち契約者の意思は否定される。これに対し，給付利得論では，契約者の意思の態様は，なお重視されるのである。近時では，一般平等法（Allgemeine Gleichbehandlungsgesetz, 2006. 6. 18）による実質的な締約強制機能が問題となっている(141)。

(g)　また，法理論には，団体理論と意思理論が関連する場合がある。必ずしも意思によらなくても，団体法的な規制が加えられる場合がある。これも，従来は，たんに共同体的な規制として説明されてきた。たとえば，区分所有でも，本質は所有権であるから，構成員の使用・収益・処分の自由を確保することが必要であるが，権利の性質上，共有・団体的な拘束を認める必要がある。その場合に，高権的な割当てだけを重視するか，当事者意思を重視するかである。建替えの必要性からすれば，政策的な割当てでもたりようが，意思をより重視すれば，多数決の要件を高めたり，手続的保障を補充することが必要となる。多数決によれば，権利を侵害してもいいのかとの根本的疑問もあるが，議会と同じで，団体の意思決定は，最終的には多数決原理による必要があり，財産権に関する場合には，これが高められるのである。当事者意思と（自然的な意味で）基本権的な制限との関係が問題とされる(142)。

さらに，団体の責任に対する構成員の責任についても，従来は，人格があれば当然，団体の責任は構成員の責任と別であり，逆に，なければ，原則として，構成員にも及ぶとされた。しかし，後者については，団体の実質があれば構成員の責任を制限する法理が発達し（権利能力なき社団や非法人団体の理論である(143)），たとえば，LLP の制度は，組合についても責任制限を認めた。これはたんなる法による政策とだけみるべきものではなく，合手財産の形成とか事業への関与，出資割合などからも正当化される(144)。事実的契約関係論で理由づけるのが容易であるが，もっときめ細かく，当事者意思と基本権的な制限とその代償といった観点で見直す必要があろう。

(h)　なお，2002年のドイツの債務法現代化法には，法律行為類似の債務関係として，必ずしも意思によらない法律関係の発生を採用した部分がある。

311条（法律行為および法律行為類似の債務関係）は，以下のように定める。

「(1)　法律行為による債務関係の発生および債務関係の内容の変更は，この法律に別段の定めがないかぎり，当事者間の契約を要する。

(2)　241条２項の義務を伴う債務関係は，次の各号のいずれかによっても発生する。

1　契約交渉の開始

2　当事者の一方が，不時の法律行為上の関係の発生を考慮して，相手方に，自己の権利，法益および利益に影響を及ぼす可能性を与えまたはそれを委ねる契約交渉の準備

3　これと類似する取引上の接触

(3)　241条２項の義務を伴う債務関係は，契約当事者以外の第三者に発生することもある。この債務関係は，とくに当該第三者がみずからへの特別の信頼を引き起こし，これによって契約の交渉または契約の締結に重大な影響を及ぼしたときに発生する」(145)。

(2)　ミハエリス（Karl Michaelis, 1900. 12. 21–2001. 8. 14）

(a)　補充されるべきもう１人は，ラーレンツ（Larenz, 1903. 4. 23–1993. 1. 24）のゲッチンゲン時代からの友人であるミハエリスである。ほぼ同時代人であり，両者の親交は，1993年のラーレンツの死亡まで続いた。

ミハエリスは，1900年に，ドイツ西部のNordrhein-Westfalen州のBielefeld（Gadderbaum）のBethelで生まれた。この年は，亡命法学者のラインシュタイン（Rheinstein, 1899–1977）の生年の翌年であり，同じキール学派のエックハルト（Karl August Eckhardt, 1901. 3. 5–1979. 1. 27）より２か月ほど年長である。ミハエリスは長命で，100歳を超えた点では，多くの点でキール学派とは対立する意思自治論者のフルーメ（Flume, 1908. 9. 12–2009. 1. 28）にも匹敵している。

ミュンスター，ミュンヘン，ゲッチンゲンの各大学で，法律学，国民経済学，哲学を学んだ。1925年に，ゲッチンゲン大学で，学位をえて（Die Staatstheorie des Karl Rodbertus und ihre Stellung in der Sozialphilosophie des 19. Jahrhunderts), 1931年に，同大学で，民法，法制史で教授資格をえた（Der Feststellungsprozeß, Eine Untersuchung über den Gegenstand und die Grenzen der Rechtskraft des Feststellungsurteils)。ラーレンツも，ゲッチンゲン大学で，学位と教授資格をえている。

1933年にナチスが政権を獲得した後，1934年から38年に，キール大学で，員外教授となり，1938－1946年，ライプチッヒ大学で，民法，訴訟法，法制史の正教授となった。この間の1942/44年，1945/46年に，ライプチッヒ大学の法学部長であった[146]。つまり，大戦終結前の最後の時期と戦後最初の時期の法学部長である。なお，戦争前，ナチスのドイツ法アカデミーに属し，とくにその土地法委員会に所属していた。キール学派の１人であるが，ラーレンツとは異なり，実際にキール大学に在籍した年月は短い[147]。

ミハエリスは，ハウプトの事実的契約関係論が出たライプチッヒ大学の記念論文集(Festschrift der Leipziger Juristenfakultät für Dr. Heinrich Siber zum 10. April 1940, Bd. II, 1943）にも寄稿している。この論文集には，３論文が収録されており，第１がハウプトの事実的契約関係論であり（１－37頁），第２は，de Boor（Hans-Otto, 1886. 9. 9-1956. 2. 10, Zur Lehre vom Parteiwechsel und vom Parteibegriff, 38-183）であり（同人も，ドイツ法アカデミーのメンバーであり，戦後ゲッチンゲン大学に移った。戦後は著作権法学者であった），第３が，Michaelis, Beiträge zur Gliederung und Weiterbildung des Schadensrecht, 185-370であった。

(b)　1901年に生まれたラーレンツと同様，召集されなかったようである(ちなみに，ナチスに反対したクンケルは，1902年生まれであるが，召集された)。キール学派では，1905年生まれの Siebert（1905. 4. 11-1959. 11. 25）も召集されなかった（NDB, 24, S. 325)。

戦後，ザクセン（ライプチッヒ）が東ドイツに属したことから，ヴィアッカーと同様に，西側に逃れ，戦後の1949－1951年，ミュンスター大学で非常勤講師となった。さらに，1951－1956年に，ミュンスター大学で，ドイツ法史，民法，民訴法の正教授となった。1956－1969年に，民法，法制史，教会法史で，ゲッチンゲン大学の正教授となった。この時期の弟子に Hans-Martin Pawlowski（1931. 10. 30-）がいる（Der Rechtsbesitz im geltenden Sachen- und Immaterialgüterrecht, Diss. 1961；Rechtsgeschäftliche Folgen nichtiger Willenserklärungen, Habil. 1966)。この間の1960/61年，ゲッチンゲン大学の法学部長をし，1969年に定年となった。ラーレンツのような学問的な功績は乏しい。2001年に，ゲッチンゲンで亡くなった。キール学派の最後の1人であった(148)。長命であったことから，戦後を乗り切っただけではなく，1990年のドイツ再統一をも見とどけることができた。

おもな業績には，以下がある。

Beiträge zur Gliederung und Weiterbildung des Schadenrechts, Leipzig 1943.

Die Universität Münster 1945–1955. Ihr Wiederaufbau im Zusammenhang mit der Entwicklung ihrer Verfassung, Münster 1988.

Das abendländische Eherecht im Übergang vom späten Mittelalter zur Neuzeit, Göttingen 1990.

2歳ほど年少のラーレンツの記念論文集には，2度とも寄稿している。

70歳の時の，Paulus, Diederichsen, Canarisによる祝賀論文集(Festschrift für Karl Larenz zum 70. Geburtstag, 1973, 1078 S.)に所収のものは，Zur Rechtswidrigkeit als Haftungsgrund bei der Amtshaftung und beim sog. enteignungsgleichen Eingriff, S. 927–960.

80歳の時の，Canaris, Diederichsenによる祝賀論文集（Festschrift für Karl Larenz zum 80. Geburtstag am 23. April 1983, 749 S.）に所収のものは，Der materielle Gehalt des rechtlichen Interesses bei der Feststellungsklage und bei der gewillkürten Prozeßstandschaft, S. 443–486. この時に，ミハエリスは，すでに83歳であった。

1972年には，ミハエリスに対する記念論文集も，発刊されている(Vorwortは，ラーレンツである。かつてのキール学派では，Schaffstein, Wieackerも寄稿している)。Pawlowski, Hans-Martin/Wieacker, Franz（hrsg.）, Festschrift für Karl Michaelis. Zum 70. Geburtstag am 21. Dez. 1970, Göttingen 1972. 362 S. ラーレンツはその序文において，40年来の親交と，かつてゲッチンゲンにおいてビンダーのセミナーをともにしたことを懐古している。

18世紀の，神学と刑法で著名なミハエリス（Johann David Michaelis, 1717–1791）との関係は，明確ではない(149)。

ライヒ大審院判事のRichard Michaelis（1856. 6.27–1941. 4.10）との関係も不明である(彼は，Otto Fischer, Unmöglichkeit als Nichtigkeitsgrund bei Urteilen und Rechtsgechäften, 1912/13. に対する書評，DJZ 1913, S. 1146. を書いている)。

(3)　ジーバー（Heinrich Bethmann Siber, 1870. 4 . 10–1951. 6 . 23）

(a)　ジーバーは，ラーレンツの師である法哲学者のビンダー（Julius Binder, 1870. 5 . 12–1939. 8 . 28）や，民法学者のハイマン（Ernst Heymann, 1870. 4 . 6 –1946. 5 . 2 ）と同年の生まれであり，ハウプトなどより一世代前の世代に属する。ナチスに迎合することなく，迫害をうけ，戦後じきに亡くなった。戦争中は国内にとどまったものの，亡命法学者と同様に，厳しい人生を歩んだ。

彼は，1870年に，建築主事（Regierungsbaurat）の Karl Siber（1836–1903）と，その妻 Mathilde（1844–1911, geb. Bethmann）の息子として，マグデブルク近郊の Ihleburg で生まれた。プロテスタント（evangelisch-uniert）であった。伯父の Siber は，高裁判事であった。1888年に，両親とともに，バルト海岸のシュトラールズント（Stralsund）に引っ越し，そこのギムナジウムで，アビトゥーアに合格した。

チューリヒ，ミュンヘン，ケーニヒスベルク，ベルリン，ライプチッヒの各大学で，法律学を学んだ。ライプチッヒでは，Windscheid, Sohm, Wach, Binding などの講義を聴いた。1892年に，ライプチッヒ大学で第一次国家試験に合格して，修習生となり，1893年に，学位をえた（Die Rechtsnatur der Selbsteintrittsbefugnis des Kommissionärs)。1896年に，第二次国家試験に合格し，短期間 Ostritz（Lausitz）で，補助裁判官（Hilfsrichter）となった。1896－97年には，ケーニヒスベルク大学で研究し，その後，ライプチッヒのラント裁判所で裁判官となった。1899年に，ライプチッヒ大学で，ハビリタチオンを取得し（Kompensation und Aufrechnung)，私講師となった。1901年に，エルランゲン大学で，員外教授となり，1903年に，正教授となった。このエルランゲンの時期は，上述のエルトマンと重なっている（1901年から)。1904年に，シュトラールズントの衛生官（Sanitätsrat）の娘，Marie（geb. Piper）と結婚した。

1911年に，Strohal（1844. 12. 31–1914. 6 . 6 ）の後任として，ライプチッヒ大学の正教授となった。1917/18年には，兵役に服した。1915/16年，1921/22年，1929/30年，1933/35年に，法学部で学部長となり，1926/27年には，学長ともなった。ライプチッヒの，ザクセン学術アカデミーの会員，1940年からは，ベルリンの，プロイセン学術アカデミーの会員でもあった。

リベラル（nationalliberal）な性格とナチスと距離をとる態度のために（ヴィアッカーによれば，不法に反対し法治国家理念を貫いた），1935年に，ナチスの大学政策によって退職を強いられ名誉教授とされた。彼が学部長をやめた1935年には，ライプチッヒ大学は，おおむねナチスの影響下におかれたと考えられる（後任の1935/36年，1936/37年は，国法学の Hans Gerber が学部長であった。ちなみに，1937/38年，1938/39年は，ドイツ法の Hans Oppikofer，1939/40年，1940/41年は国法学の Rudolf Huber，1941/42年は Günter Haupt，1942/43年，1943/44年は Michaelis，1944/45年は Hans de Boor であった）。1943年には，ライプチッヒの爆撃のために（1943年12月4日），財産や蔵書，原稿を失った。第二次世界大戦後，1946年2月5日のライプチッヒ大学の再開後，あらためて大学で教え始め，1948年，正式に旧職に復した。1950年に，80歳で名誉教授となり，1951年に，ライプチッヒで亡くなった(150)。同じ月，かつての同僚であるコシャカーも亡くなっている。

ザクセンとプロイセンの学術アカデミーの会員のほか，ハーグの比較法アカデミーの会員（Académie du Droit comparé）となった。1940年の70歳のおりには，ライプチッヒ大学の記念論文集が献呈され，80歳の時には，Zeitschrift der Savignystiftung 誌の第67巻が献呈されている。81歳にさいして，かつて在籍したエルランゲン大学の哲学部は，名誉博士号を授与した。

(b) ジーバーは，法の理論家であり，実証主義の継承者であった。多数のモノグラフィー，論文，民法のテキストを書いている。ヴィアッカーによって，「最後の偉大なパンデクテン法学者」（letzter großer Pandektenjurist）といわれている。法史学者としては，19世紀のライプチッヒの先任者であるL・ミッタイスによって基礎づけられたローマ法研究（Romanistik）の手法を受け継いだ（1920年代から）。しかし，実定法学者としては，必ずしも定型的でなく，オリジナリティーに富む考え方が特徴である。信義則に富んだ法学をも目ざしていた。ライプチッヒにあったライヒ大審院の判例に関心が深く，それに触発された研究に特徴がある（たとえば，Deutsches Bürgerliches Recht, 2 Bde., 1928/31；Grundrisse zu Vorlesungen über deutsches bürgerliches Recht, Erbrecht. 1928；Grundriß des deutschen bürgerlichen Rechts, Schuldrecht, 1931）。プランクのコンメンタールの改定をも行った。

また，とくに晩年は，ローマの国法学の研究をもしていたが（東ドイツの成立は，1949年），それは，T・モムゼン（1848－1851年に，ライプチッヒ大学員外教授，その後，チューリヒ，ブレスラウ，ベルリンの各大学）の先行業績を批判するものとなった。その研究は，没後の1952年に，Römisches Verfassungsrecht in geschichtlicher Entwicklungとして公刊された。個別の分野の研究では，相殺に関する歴史的研究である上述のハビリタチオン論文が有名である。Compensation und Aufrechnung, Ein Beitrag zur Lehre des Deutschen Bürgerlichen Rechts, 1899は，相殺の当然消滅主義から意思表示を要件とする主義への転換に関する大作である。Leipzig の Hirschfeld 社から公刊された（148 S.）。

そのほかの業績も多い。

Das gesetzliche Pfandrecht des Vermieters, des Verpächters und des Gastwirts. 1900.

Der Rechtszwang im Schuldverhältnis nach deutschem Rechte. 1903.

Die Passivlegitimation bei der rei vindicatio als Beitrag zur Lehre von der Aktivlegitimation. 1907.

Das Buchrechtsgeschäft nach Reichsgrundbuchrecht. 1909.

Die Frage der Verfügungsgeschäfte zu fremdem Recht. Festgabe für R. Sohm. 1915, Bd. 3, S. 1 ff.

Die Prozeßführung des Vermögensverwalters nach dem deutschen BGB. Festschrift für A. Wach, Bd. 3, S. 1 ff.

Römisches Recht in Grundzügen für die Vorlesung, 2 Bde., 1925/28.

Auslegung und Anfechtung der Verfügungen von Todes wegen. in: Die RG-Praxis im deutschen Rechtsleben. Bd. 3, 1929, S. 350 ff.

Zur Entwicklung der römischen Prinzipatsverfassung. 1933.

Analogie, Amtsrecht und Rückwirkung im Strafrecht des römischen Freistaates. 1936.

Haftung für Nachlaßschulden nach geltendem und künftigem Recht. 1937.

Das Führeramt des Augustus. 1940.

Eigentumsanspruch und schuldrechtliche Herausgabeansprüche vom Standpunkte der Rechtsordnung. Bericht an die Ausschüsse für Boden- und Fahrnisrecht der ADR. In: Jherings Jb., Bd. 89 (1941), S. 1-118.

(1)　法学上の概念について，その「発見」を述べた例は種々あるが，そのうち，Dölle, Juristische Entdeckungen, 1958, B, 1 ff.（Festvortrag, Verhandlungen des 42. DJT, 1957）は，ややまとめて，形成権や二重効など，いくつかの法概念の事例に言及している。なお，vgl. Der 42. Deutsche Juristentag, JZ 1957, 725.

ほかにも，たとえば，債務と責任の峻別ように重要なものがあるが，提唱者に関連して個別に検討するにとどめる（ゲルマニステンの部分など）。また，Hoeren, Zivilrechtliche Entdecker, 2001は，Johann Apel（債権法と物権法の区別），Savigny（物権行為の独自性），Jhering（契約締結上の過失），Laband（代理と原因関係の区分），Staub（積極的契約侵害）などの古典的発見のほかに，Caemmerer（類型論），Ernst Wolf（現実法論 Reale Rechtslehre），Bernd Rüthers（無限定の解釈），Canaris（信頼責任），Zimmermann（ヨーロッパ私法におけるローマ・カノン法の意義）などの比較的新しい概念を扱っている。

創作の理由づけが異なるのは，法や権利だけではなく，文学でも同じであり，中世の昔話には，特定の作者がなく，民衆の長期間にわたる集団創作の産物である。言語や慣習，伝統薬や祭と同じである。普通法が補充法であるというのは，今日とは異なり，むしろ基本法との意味を含んでいる。拙稿「先端技術と法」民法における倫理と技術（2006年）20頁参照。

また，以下のガルブレイスの言は，法律学についても，かなりの程度あてはまる（経済学の歴史（鈴木哲太郎・都留重人・1988年）44頁），「経済学の偉大な自明の理は，誰が見ても明白なことであるから，はっきりした発見者がいるわけではない」。しかも，そうしたものは，すでにローマ法の時代にまとめられており，それがローマ法がしばしば言及される所以でもある。

(2)　いわゆる民法典論争であり，これについての文献は限りがない。いちいち立ち入らないが，古くは，たとえば，穂積陳重・法窓夜話（1915年，1980年復刻）344頁参照。また，ロマニステンとゲルマニステンについては，加藤新平・法思想史（1953年）94頁以下参照。

法学上の発見は，特定人に結びつくことが多いが，サヴィニーのように複数の概念の発見者である場合は例外である。むしろ，1つでも業績が残れば成功である。細々した紹介などは，1つも残らぬことが多い。また，業績は，学問的なものだけが残るのであって，人的なコネや世間的な成功は残らない。最終的には，書いたものだけが残ってそれだけで評価されるから，死後は，業績がそれ自体で自立できるかどうかだけに意味がある。

また，「発見」と「発明」の区別については諸説がある。発見は，おもに自然の普遍的真理が明らかにされることであるが，発明は，既存の知見を用いて社会的に有用なものを作ることであり，もっと技術的なものである。したがって，法思想上の原理には「発見」が，実定法上の技術に関しては「発明」の方が妥当であろうが，実定法上の原理にも，思想的なものから，ごく技術的なものまである。本稿は，このうち，応用可能性の高い基礎的なものを対象とすることから，「発見」を用いたのである。もっとも，実定法上の概念の多くは，必要から用いられるものであるから，必要性がある場合に，知識を用いてこれに応えるのが発明とする考え方に近い（需要が先にある)。たとえば，ある種の事件には，二重譲渡の考え方を用いればうまく説明できるという場合である。しかし，発見でえた知識を応用に結びつけるのが，発明であるとの考え方もあり（需要が後から生じる)，たとえば，契約が私法だけではなく，社会関係の説明にも応用できるという場合には，意思の自由や私的自治の原理が近代の発見にあたり，その応用理論は発明に相当することになる。

森鷗外「大発見」(1909年）は，発見（discover）と発見（invent）の区別として，後者は，新しいものを創意するものとしている。

なお，技術的な「発明」のもたらす法理論への影響は別に検討する必要がある。たとえば，科学技術上の発明，たとえば電信，無線の発明が無体財産法に与えた影響である。民法においても，蒸気機関や電気の発明が鉄道や自動車をもたらし，危険責任の概念の契機になっている。飛行機や原子力についても同じである。Vgl. Gareis, Vom Einfluß der Erfindungen auf die Rechtsentwicklung, DJZ 15 (1910), S. 35. 法学者では，コーラーがこうした新技術についての概念を法に採り入れることに積極的であった。第1部第3篇参照。

(3)　拙著「不完全履行と積極的契約侵害」司法の現代化と民法（2004年）176頁参照。ラーベルについては，拙稿「比較法（国際的統一法）の系譜と民法－ラーベルとケメラー」民事法情報282号22頁参照。第3部第1篇所収。「Werner Flume とドイツ民法学の発展」国際商事法務37巻11号1511頁。第3部第4篇所収。

(4)　Oertmann, Rechtsordnung und Verkehrssitte, S. 201. なお，法制史上の著名人の詳細については，以下を参照されたい。Vgl. Stinzing und Landsberg, Geschichte der deutschen Rechtswissenschaft, I, 1880 (bis zur ersten Hälfte des 17. Jh)；II, 1880 (2. Hälfte des 17. Jh), III-1, 1898 (Das Zeitalter des Naturrechts : Ende 17. bis Anfang 19. Jh.), III-2, 1910 (19. Jh. bis etwa 1870), III-3, 1910 (Noten). 簡単には，Kleinheyer und Schröder, Deutsche und Europäische Juristen aus neun Jahrhunderten, 1996, S. 504 (Rabel).

1900年までの古い人名については，Allgemeine Deutsche Biographie (ADB；Die Historische Kommission bei der Bayerischen Akademie der Wissenschaften unter der Redaktion von Rochus Freiherr von Liliencron). その後の人名については，Neue Deutsche Biographie (NDB，ただし，現在 Bd. 1 (1953)-Bd. 24 (2010), S の項目までである。時代により書き方には相当の変化があり，書き手による相違もかなり大きく，具体的記述よりも賛辞や形容詞ばかりの Nachruf のようなものもある)。Kürschners deutscher Gelehrten-Kalender 1996: bio-bibliographisches Verzeichnis deutschsprachiger Wissenschaftler der Gegenwart, 1. Aufl. 1925, 17. Aufl., 1996 (たとえば，Marschall である。S. 901)。これは生存者のみしか記載しないから，死者についてはより古い版をも参照する必要がある。また，Allgemeines Gelehrten-Lexikon, hrsg. Jöcher, Bd. 1-4, 1750-51 (Neud. 1960)；Fortsetzung und Ergänzungen zu Jöchers Allgemeinem Gelehrten-Lexikon, Bd. 1-7, 1784-1897 (Neud. 1960/61). また，Neuer Österreichischer Juristen-Kalender, 1912/13など。さらに，

Marschall und Kim, Zivilrechtslehrer deutscher Sprache, 1988. ごく新しい者について，Who's who im deutschen Recht, 2003, S. 178（Flume）. ただし，これも生存者のみしか記載しないから，死者については他の文献を参照する必要がある。

中世の人名については，Savigny, Geschichte des Römischen Rechts im Mittelalter, 1833/51（Neud. 1961）.

オーストリアでは，Österreichisches biographisches Lexikon, 1815–1950, hrsg. Österreichischen Akademie der Wissenschaften unter Leitung von Leo Santifaller, Bd. 1 ff.（1957 ff.）. スイスでは，Historisch-biographisches Lexikon der Schweiz, hrsg. v. Türler, Bd. 1－7, 1921–34. フランスでは，Dictionnaire de biographie française, t. 1 et s., 1933 et s.（t. 17, 1987）; Biographie universelle anciene et moderne, t. 1－45, 1854–65（reimp. 1966/70）. イギリス，アメリカでは，Dictionary of National Biography, Vol. 1－63, 1885–1900（new ed. 1959/60）, Dictionaly of American Biography, vol. 1－20, 1928–36（new ed. 1944/58）など。さらに，マイクロフィッシュで，部分的にオンライン化されているが，ドイツ関係で包括的なものとして，Deutsches Biographisches Archiv（DBA, hrsg. Gorzny, 1982ff.）は，254の重要な人名事典の集成版である。分野別のものには，いちいち立ち入りえない。

ほかに，American Biographical Archive; British Biographical Archive; Archives biographiques francaises; Archivio biografico Italiano; Archivo biografico de Espana, Portugal e Iberoamerica などがある。

テキストでは，Wieacker, Privatrechtsgeschichte der Neuzeit, 1967（2. Aufl）が詳しく，種々の辞典もある（Biographisches Wörterbuch der deutschen Geschichte; GD, Die großen Deutschen, Deutsche Biographie, 1956/57, 2. Aufl.; HDSW, Handwörterbuch der Sozialwissenschaften; HRG, Handwörterbuch zur deutschen Rechtsgeschichte）など。モノグラフィーでは，Deutsche Juristen jüdischer Herkunft, hrsg. v. H. Heinrichs, 1993; H. Sinzheimer, Jüdische Klassiker der deutschen Rechtswissenschaft, 1953（2. Aufl.）がまとまっている。

また，各大学の法学部の記録，たとえば，Loos（hrsg.）, Rechtswissenschaft in Göttingen, Göttinger Juristen aus 250 Jahren, 1987; Klaus-Peter Schroeder, Eine Universität für Juristen und von Juristen, Die Heidelberger Juristische Fakultät im 19. und 20. Jh., 2010;（hrsg. v. Mitgliedern der Juristenfakultät der Universität Leipzig）Festschrift der Juristenfakultät zum 600jährigen Bestehen der Universität Leipzig,, 2009; Schröder, Die Geschichte der Juristischen Fakultät zwischen 1810 und 1945,（hrsg.）Grundmann, Kloepfer, Paulus et al.）, Festschrift 200 Jahre Juristische Fakultät der Humboldt-Universität zu Berlin, Geschichte, Gegenwart und Zukunft, 2010（S. 3 ff.）; Schröder, Klopsch, Kliebert（hrsg.）, Die Berliner Juristische Fakultät und ihre Wissenschaftgeschichte von 1810 bis 2010, Dissertationen, Habilitationen und Lehre, 2010 なども比較的まとまっている。
Bücherverzeichnis zur deutschen Geschichte, 1990, S. 48.

〔フランスでは，その後，Arabeyre, Halpérin, Krynen, Dictionnaire historique des juristes français IIe–XXe siècle, 2015が出された。〕

(5)　Oertmann, Die Geschäftsgrundlage - Ein neuer Rechtsbegriff, S. 124ff. なお，行為基礎論一般については，五十嵐清・契約と事情変更（1969年）72頁以下，拙稿「不能・行為基礎の喪失と反対給付」反対給付論の展開（1996年）155頁参照。

(6)　これは，紡績工場の売買契約で貨幣価値の下落を考慮するVigognespinnerei判決である（RGZ 103, 328, 332）。

(7)　Windscheid, Die Lehre des römischen Rechts von der Voraussetzung, 1859では，契約関係には，条件でもたんなる動機でもない前提，すなわち意思の制限（Willensbeschränkung）があり，ある事情の存続や発生の前提のもとにある当事者は，その期待が満たされない場合には，意思表示に拘束されないとするのである。こうしたヴィントシャイトの理論は，1900年の民法典には採用されなかった。しかし，前提論は，ヴィントシャイトの女婿であるOertmannの行為基礎論の重要な先駆となっているのである。

(8)　キール学派については，クレッシェル「ナチズム下におけるドイツ法学」ゲルマン法の虚像と実像（1989年・石川武訳）339頁以下，359頁。五十嵐清「ファシズムと法学者」比較民法学の諸問題（1976年）1頁。拙著・契約における自由と拘束（2008年）104頁，注45参照。なお，キール学派については，とくに，ヴィアッカーとラーレンツを検討したことがある（一橋法学9巻2号参照，本書第3部第3篇所収）。

(9)　Flume, Allgemeiner Teil des Bürgerlichen Rechts, Bd. 1, Teil 1. Die Personengesellschaft, 1977；Bd. 1, Teil 2, Die juristische Person, 1983；Bd. 2, Das Rechtsgeschäft, 4. Aufl. 1992.

Flumeについては，前掲注(3)論文「Werner Flumeとドイツ民法学の発展」1511頁参照。ケメラーとウィルブルクについては，後述する（第3部第1篇および第1部第1篇第2章6参照）。

(10)　Vgl. Schmelz, Die Lehre von den Doppelwirkungen im Recht, JA 2006, 21f. キルヒマンについては，拙稿「キルヒマン（Julius Hermann von Kirchmann, 1802. 11. 5–1884. 10. 20）と法律学の学問としての無価値性」民事法情報284号27頁参照。キップについてはいくつかの記述はあるが，内容は重複しており，NDBにも記載がない。後注(11)。なお，185頁注(8)，324頁参照。

(11)　Kleinheyer und Schröder, a. a. O., S. 520. 債権法と同じシリーズのDas Familienrechtも，M・ヴォルフによって改訂されている（1912年，1931年には7版）。

Vgl. Wittern, Die Professoren und Dozenten der Friedrich-Alexander-Universität Erlangen 1743–1960, Teil 1: Theologische Fakultät, Juristische Fakultät, 1993, S. 133；Levy, Teodor Kipp,†, Zeitschrift für Rechtsgeschichte, Bd. 51 (RA), 1931, S. 609ff: Rabel, Theodor Kipp, †, Forschungen und Fortschritt, Korrespondenzblatt der deutschen Wissenschaft und Technik, Bd. 7, 1931, S. 207；M. Wolff, Theodor Kipp, 1932.

(12)　Kipp, Über Doppelwirkungen im Recht, insbesondere über die Konkurrenz von

Nichtigkeit und Anfechtbarkeit, Festschrift der Berliner Juristischen Fakultät für Ferdinand von Martitz zum fünfzigjährigen Doktorjubliläum am 24. Juli 1911, S. 211ff. 拙稿「二重効－契約の終了と解除－」法学部50周年記念論文集（2001年）367頁。なお，二重効についての文献は多数あるが，本稿は，それ自体の検討を目的とするものではないので，立ち入らない。Vgl. Kersting, Wilhelm-Christian, Probleme der sog. Doppelwirkungen im Recht, Diss. 1964.〔さらに，Herbert, 100 Jahre Doppelwirkungen im Recht, JZ 2011, 503.〕

2011年は，二重効の論文から100年のために，これを記念する論文がいくつか出されている。Würdinger, Doppelwierkungen im Zivilrecht, Eine 100-jährige juristische Entdeckung, JuS 2011, 769； Schreiber, Nichtigkeit und Gestaltungsrechte, Zur Dogmatik der Doppelwirkungen im Recht, AcP 2011, 35.

(13) M. Wolff, Theodor Kipp, Ein Vortrag, 1932, S. 13f.； Dölle, a. a. O., B. 13f. このM・ヴォルフについては，拙稿「比較法（国際的統一法）の系譜と民法－ラーベルとケメラー」民事法情報282号22頁参照。以下の第2篇でもユダヤ系法学者の検討をしているが，とりあえず，Medicus, Martin Wolff(1872-1953), Ein Meister an Klarheit, Deutsche Juristen jüdischer Herkunft, hrsg. v. H. Heinrichs, 1993, S. 543ff.； L. Raiser, AcP 172（1972), S. 489ff.

(14) 105条によれば，行為無能力者の意思表示は無効（nichtig）である。ただし，無能力の内容は，その後1990年の後見法（Betreuungsgesetz）によりかなり変更された)。

(15) Kipp, a. a. O., S. 226f.（VIII).

(16) Kipp, a. a. O., S. 226f.

(17) 二重効が著名なことから，いわば押し退けられた感があるが，法解釈の自然的把握の克服こそが，むしろキップの論文の主題ともいえるものであった。

このような民法体系における概念の自然的（natürlich）把握と規範的（normative）把握については，かねて簡単にふれたことがある。不能を例にとると，これを物理的な「滅失・毀損」とするのが18世紀的な把握であるが，これをより広義の「不能」とする事例などである。この克服は，19世紀の課題であり，場合によっては，20世紀以降にもちこされたのである。cf. Ono, The Law of Torts and the Japanese Civil Law(1), Hitotsubashi Journal of Law and Politics, vol. 26（1998), p. 51.

ほかにも，「規範」は，不当利得法では，「利得の消滅」（ド民818条3項，日民703条相当）を克服する概念として，また損害賠償法において差額説を修正する概念としてしばしば登場する（シュトルの規範的損害論，後述第3部第5篇参照)。

また，法律概念の自然的把握は，原始的な障害事由に関し，無効（nichtig, unwirksam）と取消（anfechtbar）の概念的な区分にもみられる。民法典の起草者は，たんなる普通法の整理という範囲を超えて（法の単純化はすべての法典編纂の主要な動機である(Ono, Comparative Law and the Civil Code of Japan, (2), Hitotsubashi Journal of Law & Politics, vol. 25, 1997, p. 34¬e 19)，リステイトメントなどを作成するのも同様の動機による。法を見通しのよいものとする必要があるからである)，自然的見地から，契約解消方法（無効か取消か）にも一種の典型強制（numerus clausus)

を行った。これが将来に問題を残すことになったのである。つまり，無効の効果は，公序良俗違反でも，錯誤（ドイツ法では取消）でも同一とすることから，後者に関する第三者や相手方による主張の「信義則」による制限の理論を必要とすることになったのである。これらが，もともと多元的なものであるとの普通法的観念からすれば，内容が異なることは，信義則により個別に導かれる結果ではなく，むしろ当然の前提となる。たとえば，第三者による無効の主張の制限である。

(18) Kipp, a. a. O., S. 226ff.; Larenz, Allgemeiner Teil des BGB, 1983, §20 IV c (S. 395); vgl. Flume, Allgemeiner Teil des BGB, II, 1979, §31. 6 (S. 566ff.).

(19) ド民2340条1項によれば，相続欠格は，相続財産取得の取消によって主張すべきものとされる。日本のような当然喪失ではなく，取消によるのである。また，第2項によれば，取消は，財産の帰属後においてのみ主張できる。

(20) これは，2002年の債務法現代化法以前の構成である。現代化法では法定解除が原則とされたが（346条でも併存），必ずしも以下の論拠を否定するものではない。

(21) Kipp, a. a. O., S. 228. つまり，効果の競合を判断するにさいし，時間的要素を廃して，訴訟法との一致を説くキップの理論は，本文のこれらの制限を認める範囲で，必ずしも一貫していないのである。

(22) Kipp, a. a. O., S. 229. すなわち，当事者の責に帰せられる場合には，全額返還義務があるが，帰責事由がないと，不当利得の返還の場合と同じに返還義務は軽減されるのである。これにつき，小野「ドイツ債務法改訂草案における清算」給付障害と危険の法理（1996年，【給付障害】）214頁以下参照。

(23) Kipp, a. a. O., S. 229-230.

(24) Kipp, a. a. O., S 230-232.

(25) Vgl. Peter, Die Möglichkeit mehrerer Gründe derselben Rechtsfolge und mehrerer gleicher Rechtsfolgen, AcP 132 (1930), S. 1; Hubernagel, AcP 137 (1933), S. 105; 138 (1934), S. 224.

(26) Vgl. Kipp, a. a. O., S. 214.

(27) Ib. 前注(23)(24).

(28) Kleinheyer und Schröder, a. a. O., S. 509f. Genzmer, Emil Seckel, ZRG (RA) 46 (1926), S. 216ff.; Dölle, a, a, O., S. 10f. なお，ゼッケルの蔵書は，東北大学に収蔵されている（ゼッケル文庫）。

(29) Nehlsen, Karl August Eckhardt, SZ (Ger), 104 (1987), 497.

(30) Seckel, Die Gestaltungsrechte des Bürgerlichen Rechts, 1903 (Neud. 1954), S. 5. これにつき，Genzmer, a. a. O., S. 231f.

(31) それからほぼ半世紀後に，同じベルリン法曹協会で行われた講演が，ゼッケルの講演の歴史的な意義づけを行っている。Vgl. Bötticher, Gestaltungsrecht und Unterwerfung im Privatrecht, Vortrag gehalten vor der Berliner Juristischen Gesellschaft am 8. November 1963, (Schriftenreihe der juristischen Gesellschaft e. V. Berlin, Heft 17), 1964, S. 1 ff.

(32) 拙稿「形成権の発展と私権の体系」一橋法学3巻3号1頁以下。諸学説については，石坂音四郎「形成権（私権ノ新分類）」京都法学会雑誌2巻10号参照。これは，わがくにで，形成権を詳細に紹介したもっとも早い研究である。ドイツの諸学説（チーテルマン，エンネクツェルス，ベッカー，クローメ，エンデマンなど）についても言及し，また，永田真三郎「形成権概念の成立過程」関法23巻4・5・6合併号185頁は，ゼッケルの引用した者をも含めて，トーンの権能（1878年），ベッカーの消極権（1886年），エンネクツェルスの取得権（1888年），チーテルマンの可能権（1898年），クローメの反対権（1900年）などを検討している。

(33) ハイデルベルク大学は，アルプス以北の神聖ローマ帝国の領域では，プラハ，ウィーンについで，第3に古い大学であったが（1385年創設），ナポレオン戦争で荒廃した。ハイデルベルクは，中世にはファルツ選帝侯国に属したが，1803年の帝国再編（Reichsdeputationshauptschluss）により，バーデン王国に編入され，その財政的支援と新人文主義的立場から，多くの教授と学生を引きつけた。ワイマール期には，自由な校風で知られた。1933年に，法学者のラートブルフ，レーヴィ，歴史家のL. Perelsが追放されたが，戦後の復興は比較的早かった。Vgl. Schroeder, a. a. O（前注(4)），S. 2 ff.; Vgl. Eine Universität für Juristen und von Juristen; Die Heidelberger Juristische Fakultät im 19. und 20. Jahrhundert, 2010.

(34) Kunkel: Ernst Levy zum Gedächtnis, SZ（RA）86（1969）, S. XIII-XXII; ders. Jb. d. Bayer. Akd. Wiss, 1969, S. 206ff.; Simon, Ernst Levy, NDB Bd. 14, S. 403 f.; ders, Levy,（Stolleis hrsg.）, Juristen an der Universität Frankfurt am Main, 1995, S. 94; Dorothee Mußgnug（hrsg.）: Ernst Levy und Wolfgang Kunkel: Briefwechsel 1922-1968, 2005. 後者は，レーヴィとクンケルの往復書簡である。Vgl. Ernst Levy zum 70. Geburtstag, am 23. Dez. 1951, 1952.

(35) たとえば，危険負担でも，古典ローマ法の買主負担主義が，西ローマの卑俗法，ビザンチン・ローマ法に受け継がれたことが明らかにされている。拙著・危険負担の研究（1995年）284頁，288頁注33。Levy, Weströmisches Vulgarrecht, Das Obligationenrechts, 1956, §§36, 92.

また，古典ローマ法については，ゼッケルとの共著，Seckel und Levy, Die Gefahrtragung beim Kauf im klassischen römischen Recht, SZ（Röm.）47（1927）, 117は，買主負担主義につき現物売買遺物説をとっている。前掲・危険負担の研究・286頁注25参照。

レーヴィの例にもみられるように，亡命法学者の英米法に対する影響は大きい。これは，ユダヤ系法学者の系譜の部分で詳述するが，とくに基礎法や法史学，国際私法など，国境の壁の低い分野で大きかった（第2篇参照）。

また，大陸法の過失責任主義と，英米法の厳格責任が図式的に対比されることが多く，前者では，損害賠償と解除を過失責任主義でとらえ，近時では，解除から過失要件を除外しつつあるのに対し，伝統的な英米法理論は，いずれをも厳格責任として肯定してきた。しかし，19世紀以降，不可抗力による免責の制度が拡大してきて，損害賠償法が実質的に過失責任主義化しつつある点が無視されるべきではない。CISG 79条の免責は，英米法の厳格責任と大陸法の過失責任主義の妥協である（Ono, Die

Entwicklung der Leistungsstörungslehre in Japan aus rechtsvergleichender Sicht, Hitotsubashi Journal of Law and Politics, Vol. 30, p. 15-34（2002））。

一面的な英米法追随は避けるべきである。近時，民法改正論議で，グローバル化を根拠に，損害賠償につき厳格責任の採用を主張する見解があるが，一面的である。2008年9月のリーマン・ブラザーズの破綻後に明らかになったアメリカ型の強欲資本主義のように，模倣しないほうがよいものがある。経済学では反省が行われているが，法律学では，いまだに遅れてきた規制緩和のみが主張されている。一部のみを切り出した模倣には危険性が大きく，特定の債権者の便宜だけを追及するべきではない（拙稿「比較法（国際的統一法）の系譜と民法」前掲注(3)IV34頁参照，本書第3部第1篇所収）。

(36) Kleinheyer und Schröder, a. a. O., S. 491 ; Coing, In memoriam Wolfgang Kunkel †, ZRG（RA）98（1981）. S. III-XVI. Dieter Nörr : Wolfgang Kunkel 20. 11. 1902-8. 5. 1981, Dieter Nörr und Dieter Simon（hrsg.）: Gedächtnisschrift für Wolfgang Kunkel. 1984, S. 9 ff.

また，Fritz Sturm（1929. 6. 13-）によれば，クンケルは，裁判官として「多くの不法」を防止した。なお，クンケルの蔵書は，その没後にクンケル文庫として日本に渡った（九州大学）。

1933年の改正公務員法による公職の制限は，ユダヤ系にもっとも厳しく，それ以外には，やや統一性を欠いていたから，クンケルには亡命する必要もなかったのである。著名人では，ニッパーダイ（Hans Carl Nipperdey, 1895. 1. 21-1968. 11. 21）は，曾祖母がユダヤ系であったが，職務を継続することができただけではなく，ドイツ法アカデミー（Akademie für Deutsches Recht）の積極的なメンバーであり，そこで行われた民法改正作業では，損害賠償法の担当者でもあった（戦後は，連邦労働裁判所長官となった）。ヤコビ（Jakobi, 1884. 1. 5-1965. 4. 5）は，ユダヤ系であり免職になったものの，国内にとどまることができた（戦後1947年に，ライプチッヒ大学の学長）。ただし，後述するように，多数のユダヤ系教授が亡命している（第2篇第2章参照）。

(37) 拙稿「Werner Flume とドイツ民法学の発展」国際商事37巻11号参照。これは，ケメラーが，師であるラーベルが亡命したことから，戦後ハルシュタイン（Walter Hallstein, 1901. 11. 17-1982. 3. 29）のもとで，ハビリタチオンを取得したのと似ている。ちなみに，Hallstein は M. Wolff のもとでハビリタチオンを取得した。

(38) 同書は，危険負担の現物売買説を採っている（Jörs-Kunkel-Wenger, Römisches Recht, 1935, §141（S. 228））。前掲・危険負担の研究・286頁注25参照。

(39) オーストリアやスイスの大学は，同じドイツ語圏に属することから，ドイツの法学者や学生にとって，国内の大学との違いはそう大きくはない。これにつき，拙稿（「キール学派と民法」（前掲注(8)）347頁参照。グラーツ大学の関係では，ほかに不当利得で著名なヴィルブルク（Walter Wilburg, 1905. 6. 22-1991. 8. 22）がおり，また，ローマ法学者のカーザー（Max Kaser, 1906. 4. 21-1997. 1. 13）は，グラーツ大学でこのウィルブルクと同期であった。ただし，師は，Leopold Wenger（1874. 9. 4-1953.

9.21）であった。

(40) Kleinheyer und Schröder, a. a. O., S. 490f.; Streck, Michael P. und Dolezalek, Gero, Paul Koschaker. Zu 125. Geburtstag am 19. April 2004, Rektor der Universität Leipzig (hrsg.), Jubiläen 2004. Personen-Ereignisse, 2004, S. 31ff.

なお，この記念祭の成果の一部として，Leipzig大学のサイトにも（Professorenkatalog der Universität Leipzig| catalogus professorum lipsiensis, http://uni-leipzig.de/unigeschichte/professorenkatalog/fak/Juristenfakultaet/seite 6.html），簡単な経歴があり，また，Leipzig大学の学長，学部長についても，Rektoren und Dekane der Universität Leipzig 1409-1947がある（http://uni-leipzig.de/unigeschichte/professorenkatalog/upload/rektoren-und-dekane.pdf）。

(41) Selb, Ludwig Mitteis, NDB Bd. 17, S. 576f.; Rabel, In der Schule von Ludwig Meitteis, Gesammelte Aufsätzes, III, 1967, S. 376f.; Kleinheyer und Schröder, a. a. O., S. 498. には，子のHeinrich Mitteis（1889-1952）ともども詳しい。NDBにも，親子の解説が並んでいる（Bd. 17, S. 567, 577f.）。ミッタイスについても，Leipzig大学の上記のサイトに簡単な経歴がある（前注(40)参照）。自伝もある。Ludrig Mitteis, Autobiographie, DJZ. 14(1909), S. 1037. 回想録として，Leipziger Juristen-Fakultät, Gedenkschrift für Ludwig Mitteis, Leipzig 1926; Weiß, Egon, Erinnerungen an L. Mitteis, 1922.

なお，移住による大学創設は，ボローニャ大学からパドヴァ大学が，オックスフォード大学からケンブリッジ大学が，パリ大学からオルレアン大学が生まれた例などがある。ライプチッヒ大学については，Ulbrich, Der Prager Universitätsstreit und das Kuttenberger Dekret 1409, DJZ 14 (1909), S. 843. これは，その500周年記念号の一部である（Festnummer zum 500jährigen Jubiläum der Uinversität Leipzig, DJZ 14 (1909), 842.）。プラハ大学の民族別の分割は，1882年である。

(42) Rabel, Wieackerについては，それぞれ前注(3)，(8)の拙稿参照。

ラーベルより若干遅く生まれたが，ほぼ同時代人では，経済学者のシュンペーター（1883. 2. 8-1950. 1. 8）がおり，1901年に，ウィーン大学に入り，1906年に，法学博士の学位をうけている（シュンペーター（伊東光晴・根井雅弘・1993年）12頁）。

(43) Lenel, Josel Partsch †, SZ 45, S. III.

(44) Ib（前注(40)）．また，ライプチッヒ大学のサイトにも簡単な言及がある（Bildquelle: Universitätsarchiv Leipzig, U00020-15a）。Bund, Fritz Pringsheim (1882-1967), Ein Großer Ronanistik, Deutsche Juristen jüdischer Herkunft, hrsg. v. H. Heinrichs, 1993, S. 733ff., S. 736.

(45) BMJ, Samuel Hermann Staub, Pionier des Schuldrechts Berlin, 02. 09. 2004; Henne/Schröder/Thiessen, Anwalt, Kommentator, „Entdecker“: Festschrift für Hermann Staub zum 150. Geburtstag, Berlin, 2006; Kleinheyer und Schröder, a. a. O., S. 513.

Heinrichs, Hermann Staub (1856-1904), Kommentator des Handelsrechts und Entdecker der positiven Vertragsverletzung, (hrsg. v. H. Heinrichs) Deutsche Juristen jüdischer Herkunft, 1993, S. 385ff. シュタウプの出自につき，前述の連邦司法省の解説（前注(45)）では，中流の家系となっているが，その他のものには，貧しいという記述もある。本稿では前者によったが，一般に，19世紀のユダヤ系法学者には，デルンブルクやプリングスハイム，レーヴィなど，どちらかというと豊かな家系の者が多いから，それらとの比較では，貧しいという評価になるのであろう。

シュタウプの死後10年に，Hachenburg, Zu Hermann Staubs zehnjärigem Todestage, DJZ 1914, 1090. これには，Otto Liebmann の追記もある。HGB コンメンタールや DJZ への貢献が中心の記述となっている。

(46) キルヒマンについては，前注(10)参照。

(47) ユダヤ人の解放については，Rürup, Die Emanzipation der Juden und die verzögerte Öffnung der juristischen Berufe, (hrsg. v. H. Heinrichs) Deutsche Juristen jüdischer Herkunft, 1993, S. 1 ff.

(48) Heinrichs, a. a. O., S. 388 ; vgl. Krach, Jüdische Rechtsanwälte in Preußen, Bedeutung und Zerstörung der freien Advokatur, 1991, S. 59.

(49) Göppinger, Juristen jüdischer Abstammung im Dritten Reich, 1990, S. 170. ただし，ライヒ大審院判事版コンメンタール（Reichsgerichtsräte-Kommnentar, 1939–1943）の変名で出版された。また，1938年のオーストリア併合まで，オーストリアでは，なおウィーン体制後の1815年のドイツ連邦法である ADHGB が適用されていたから，ウィーンでは，Kommentar zum Allgeminen Deutschen Handelsgesetzbuch, 3. Aufl., 1938が出版されている（Manz 書店）。

(50) 五十嵐清「亡命ドイツ法学者のアメリカ法への影響」現代比較法学の諸相（2002年）141頁参照。

(51) Kommentar zur Wechselordnung, 10. Aufl., 1923 ; 13. Aufl. 1934.

(52) Staub, Die positiven Vertragsverletzungen und ihre Rechtsfolgen, Festschrift zum Deutschen Juristentag, 1902. 種々の復刻版がある。Vgl. Schmidt, Eike, Jhering Culpa in contrahendo & Staub Die positiven Vertragsverletzungen, mit einem Nachwort von Schmidt, 1969, S. 131. その Nachwort にも簡単な紹介がある。

(53) BGHZ 11, 80ほか。

(54) Vgl. Rabel, Zur Lehre von der Unmöglichkeit der Leistung nach österreichischen Recht, Gesammelte Aufsätze, I, 1965, S. 79. 近時のものでは，vgl. Ditrich und Tades, ABGB, 2007, S. 593ff.

(55) Vgl. Ono, Die Entwicklung des Leistungsstörungsrecht aus rechtsvergleichender Sicht, Hitotsubashi Journal of Law and Politics, vol. 30, p. 15 (2002).

また，シュタウプの論文で触れられた諸事例については，拙稿・司法の現代化と民法（2004年）176頁以下参照。

(56) 統一的給付障害法の構造は，実質的にウィーン統一売買法（CISG）にも合致している。Huber, CISG (hrsg. v. Caemmerer und Schlechtriem), 1990, Art. 45, Rn 1 ff.; CISG (hrsg. Schlechtriem und Schwenzer), 2004, Art. 45, Rn. 1 ff. (S. 503ff.).

(57) Stinzing- Landsberg, a. a. O., III-2, S. 493f. ; III-2 Noten, S. 220f. ; Saß, Frie-

drich Mommsen, ADB, Bd. 52, S. 462ff.

(58) F. Mommsenとは異なり，ローマ法学者のT. Mommsen（1817. 11. 30–1903. 11. 20）は著名であり，彼についての文献も多い。Vgl. Kleinheyer und Schröder, a. a. O., S. 286ff. 後者は，SchleswigのGardingの生まれである。

T. Mommsenは，プロイセン議会の議員（1863－66年，1873－79年），ライヒ議員（1881－84年）をしているが，政治的には自由主義左派であり，御用学者の多い法学系議員とは異なり，ビスマルクの与党には属さなかった。Georgi, Theodor Mommsen, DJZ 14（1909), S. 972.

(59) Titze, Die Unmöglichkeit der Leistung nach deutschen bürgerlichen Recht, 1900, §8（S. 149ff.）; Kisch, Die Wirkungen der nachträglich eintretenden Unmöglichkeit der Erfüllung bei gegenseitigen Verträgen, 1900, §3（S. 18ff.）; Kleineidem, Unmöglichkeit und Unvermögen nach dem Bürgerlichen Gesetzbuche für das Deutsche Reich, 1900, S. 94ff., S. 24ff.)。拙稿「遅滞の危険・不能の危険」給付障害と危険の法理（1996年）249頁，263頁注5参照。

(60) 本書第3部第1篇参照。

(61) イェーリングについての文献は多い。本稿が詳細に立ち入る必要は乏しいであろう。以下にみられるように，多くの法学史や人名録の類では，必ず対象とされる。Vgl. Kleinheyer und Schröder, a. a. O., S. 220ff.; Stinzing und Landsberg, a. a. O., III－2（1910), S. 788ff.; III－2 Noten, S. 335ff.（一橋法学10巻1号注(4)参照）. ADBにも記述がある（Ludwig Mitteis, Jhering, Rudolf, ADB, Bd. 14（1905), S. 652ff.)。Vgl. Nachrufauf Rudolf von Jhering, Rudolf von Jhering gestorben, Jherings Jahrbücher für die Dogmatik des bürgerlichen Rechts. Bd. 32＝N. F. 20（1893）; Wieacker, Rudolph von Jhering, SZ（RA）86（1969), S. 1 ff.. Rümelin, Rudolf von Jhering, 1922は，84頁にもなるかなり大部のものである。また，Behrends, Rudolph von Jhering（1818–1892), Rechtsweissenschaft in Göttingen, Göttinger Juristen aus 250 Jahren（hrsg. Loos), 1987, S. 229ff. 邦文のものでは，戒能通孝（木村亀二編著・近代法思想史の人々・1968年）53頁。シーグル・西洋法家列伝（西村克彦訳・1974年）275頁以下，小林孝輔監訳・ドイツ法学者事典（1983年）135頁（福岡博之)。これは，Kleinheyer und Schröderの旧著であるDeutsche Juristen aus fünf Jahrhunderten, 1976, a. a. O., S. 113ff. の翻訳である。Kleinheyer und Schröderの当該部分の内容は同一である。勝田有恒＝山内進・近世・近代ヨーロッパの法学者たち（2008年）336頁（平田公夫）など参照。Chambers, Biographical Dictionary, 1974のような簡約なものにも言及がある（p. 705)。

また，Trier大学のサイトに（Rechtshistorischer Podcast, http://www-neu.uni-trier.de/index.ph 4 p?id＝1623），Windscheidについての講演のオーディオデータ（Audiodatei）がある（MP 3形式で，12分39秒)。

(62) イェーリングの理論的変遷については，学問的というよりも，躁鬱性の気質によるものとのヴィアッカーの指摘がある（後注(66)の村上訳の解説142頁参照)。また，ヴィアッカー・近世私法史（鈴木禄弥訳・1961年）538頁以下も参照。

(63) Scherz und Ernst in der Jurisprudenz, 1884, S. 247, S. 337. その訳である真田芳憲・矢沢久純訳・法学における冗談と真面目（2009年）281頁，367頁。

イェーリングの転向（とくに1860年ごろの概念法学から目的法学への転向，ローマ法の精神第1巻（初版・1852年）（二版・1866年））については，文献が多い。前掲のヴィアッカーの見解のほか，思想史的なカントロヴィッチの見解もある（後述第2篇第2章3），近時のものとしては，高須則行「イェーリングの法学方法論について」日本大学法学紀要52巻（2011年）169頁参照。

(64) メッテルニヒ（1773–1859）のウィーン体制が，1848年に崩壊した後，19世紀中葉のウィーン大学は，比較的自由な校風であり，公法学者のシュタイン（1846–1925）も，1852年に，シュレースヴィヒ＝ホルシュタインのデンマークからの独立運動による政治活動を理由としてキール大学教授を罷免され，1855年から，ウィーン大学教授となった。シュタインは，わがくにでは，伊藤博文との関係から，君主主権論でのみ著名であるが，当時のシュタインは，ヘーゲルや社会主義の影響から，階級闘争の市民社会を中立的な君主が抑制し，労働者階級を保護する社会君主制論を唱えた（ナポレオン三世（1852–1870皇帝位）の後期の政治形態でもある）。

(65) 後注(66)の村上訳にも，イェーリングみずからが作成した諸外国語のリストがある。

(66) 権利のための闘争（Der Kampf ums Recht, Vortrag, Wien, 1872, 最近では，Schutterwald/Baden, 1997, Frankfurt am Main, 2003 などがある）。Jhering, Der Kampf ums Recht, Sächsisches Archiv für bürgerliches Recht und Prozeß. 2（1892）. 邦訳には，村上淳一訳「権利のための闘争」（1982年）をおもに参照した。日沖憲郎「権利のための闘争」（1941年改版）もある。

(67) こうした法に対する態度は，一面では，現代のような国家法万能の時代には古い感もあるが，他面では，中世的な古きよき法の伝統を彷彿させる。権利はたんに国家から与えられたものであるだけではなく，権利者自身の中に存在するのである。そして，その自覚が，権利の倫理的な秩序をもたらすのである。村上・前掲解説146頁以下参照。

こうした自律的契機が倫理の重要な動機をなすことは，CSR などの現代的な課題の解決にあたっても重視される必要がある（拙稿「契約における自律とスタンダード」鈴木禄弥先生追悼論文集（2008年）425頁参照）。19世紀以降，経済関係に関する国家法の規制の重みが増し，規律がもっぱら他律的になったことから，いくつかの問題が生じた。第1は，法の改正が経済関係の進展に追いつかないことから，後追いの現象が生じたことであり，第2は，経済がグローバル化したことにより，国家法の規制が及ばなくなったことである。グローバリズムは，社会福祉国家による拘束を免れようとするものにほかならない。国民国家の規制に代わるべき普遍的な規制は，国際条約にも乏しく，当面のところ EU 指令などの地域法にみられるだけである。実定法の解釈にあたっては，当事者の地位や基本権，公序などにより重きをおく必要が生じる契機ともなる（拙稿「契約の自由と当事者の地位」一橋法学7巻1号52頁以下参照）。

(68) いわゆる構成法学（Konstruktionsjurisprudenz）である。加藤新平・新版法思想史（1973年）109頁以下参照。

(69)　戒能・前掲書（前注(61)参照）58頁は，シュトラスブルク大学に転任したとするが，招聘を断っている。ちなみに，同大学の建物の1つの外壁には，Goethe, Gauss, Mohler, Savigny が学んだという表示がある。

(70)　前注(61)の諸文献参照。なお，イェーリングには，3度結婚歴があるほか，「権利のための闘争」序では，アウグスタ・フォン・リトロウ・ビショフ夫人を Freundin と呼ぶ関係があった。この語は，たんなる「女友だち」以上のものを含んでいるが，その詳細は必ずしも明確ではない。

(71)　イェーリングの思想的変遷については，前述の躁鬱気質のほかに，矛盾を含むとする見解，方法論上の転向があったとするカントロヴィッチの見解がある。前注(63)参照。

(72)　Beiträge zur Lehre von Besitz, JherJb 9 (1868), 1 ff.; Der Besitzwille, 1889; Ueber den Grund des Besitzesschutzes, 2. Aufl., 1869.

(73)　サヴィニーの見解は，24歳の時の著作である「占有論」(1803年）に詳しい。第2部第1篇第2章1参照。

(74)　稲本洋之助・注釈民法（7・1968年）12頁参照。サヴィニーの所有者の意思（animus domini）のほか，ヴィントシャイトの支配の意思（animus dominandi）があり，デルンブルクは，自己のために所持する意思（animus rem sibi habendi）とした。そこで，客観説といっても意思を不要とするものではなく，これが意思理論を基礎とするパンデクテン法学の主流であった。これに対し，ベッカー（Bekker）は，純客観説といわれる。

(75)　Culpa in contrahendo oder Schadensersatz bei nichtigen oder nicht zur Perfection gelangten Verträgen, (Jhering-Jahrbuch), 4. Bd., 1861, 1; Gesammelte Aufsätze aus den Jahrbüchern für die Dogmatik des heutigen römischen und deutschen Privatrechts, Bd. 1 (1881) S. 327 ff.

(76)　ローマ法では，使者としては，家族や奴隷を，代理が必要な場合には，むしろ後見人などの身分的・包括的な受任者を用いたのである。

(77)　於保不二雄・注釈民法（4・1967年）4頁以下。また，ドイツにおける沿革については，遠田新一「代理権の抽象性と表見代理」代理法理論の研究（1984年）161頁，174頁を参照されたい。〔原論文後のものとして，代理の諸説について，椿寿夫「民法学余滴『だれが代理行為をするか』をめぐる考え方」書斎の窓608号14頁が，サヴィニー以降の諸説に簡潔にふれている。ただし，代理人行為説では，おもにヴィントシャイトが扱われており，イェーリングにはふれられていない〕。

(78)　委任と代理の区別については，後述ラーバント参照第2篇第2章1参照)。

また，ローマ法では，代理や代表は私法の範囲に限定されていた。たとえば，訴訟代理で，代理人や法律専門家が委託をうけることはあった。そして，中世では，この原則が公法に適用され，代表制集会の基礎となった。ただし，現代的な意味よりは，はるかに制約されており，王権や教皇権は，なおその権威において当然に共同体の公権を代表していたのである（J・モラル・中世の刻印（城戸毅訳・1972年）218頁。

しかし，代理の公法への援用は，たんに中世法の進歩を示すものではなく，中世国家が封建法の下にあり，家産国家だったことによるところが大きい。公法と私法が未分化であり，容易に私法理論を公法にも転用することが可能だったのである。そこで，たとえば，都市の歳入を担保に入れる帝国担保なども行われた。国債も窮極的には同様な国家の保証といえなくもないが，現行法が公法と私法の区分を前提にしていることはいうまでもない。こうした私法理論の転用は，ほかにも，社会契約説，国家法人論などにもみられる。

(79) Scherz und Ernst in der Jurisprudenz, a. a. O., S. 337. 前掲注(63)・訳367頁。

(80) たとえば，統計の虚構などである。すべてが演繹で出てくるとするのが，概念法学であるが，19世紀は自然科学の時代であるから，法律学も概念による計算のようなフィクションによらなければ，その正当性を主張できなかったのである。この逆立ちした関係を理解できなければ，当時の理論への批判は的をえないものとなる。自然科学にも，社会にかかわる範囲では，正当化が必要であるというのは，20世紀の観念である（たとえば，原爆や巨大構造物など）。もっとも，概念法学といっても，じつは概念操作が万能であるという姿勢をとることによって，利益衡量をしているのである。これは，わがくにで顕著な司法消極主義などにもあてはまる。

(81) Vgl. Bürgerliches Recht, 3. Aufl. 1928; Allgemeine Lehren und Personenrecht, 1910などで著名である。von Tuhr は，意思自治論者であり，民法は，個人の法律関係は，みずから決定することがもっとも目的に適うとの基本的立場をとっており，それゆえ法律関係の決定をおもに当事者に認めているものとする。Der Allgemeine Teil des deutschen Bürgerlichen Rechts, II-1, 1914, S. 143f.（法律行為の概念の部分）。

なお，この von Tuhr の蔵書は京都大学にある。Vgl. Katalog der Andreas von Tuhr Bibliothek in der Juristischen Fakultät der Universität Kyoto, 1976.

ドイツ系ロシア人という点では，ヘックは，哲学者として日本に来たケーベル博士（Raphael Koeber, 1848. 1.15-1923. 6.14）に近い。ケーベルの父グスタフは，ロシアで枢密顧問官であったからである。ケーベル博士随筆集（久保勉編訳・1928年）203頁以下（解説）参照。

(82) ヘック利益法学（津田利治訳・1985年）440頁以下参照。同書は，Das Problem der Rechtsgewinnung, 2. Aufl., 1932; Gesetzesauslegung und Interessenjurisprudenz, 1914; Begriffsbildung und Interessenjurisprudenz, 1932の翻訳であり，それぞれ，「法獲得の問題」（1頁），「法律解釈と利益法学」（69頁），「概念形成と利益法学」（395頁）とされている。

(83) ドイツの大学の学長や学部長の任期は1年だけであり（10月開講であるから，1911年の冬学期と1912年の夏学期の1年である）。次期に継続ということはほとんどないが（戦後の東ドイツには継続の例も多かった），数年後に再任という場合はある。事務体制がしっかりしているので，多分に名目的であり，営業にいそしむアメリカの大学や，雑用に追われる日本の大学の管理職とは異なる。

Heck のベルリン大学での Habilitation については，vgl. Schröder, Klopsch, Kliebert (hrsg.), Die Berliner Juristische Fakultät und ihre Wissenschaftgeschichte von 1810 bis 2010, Dissertationen, Habilitationen und Lehre, 2010, S. 173ff.（付録の DVD に一覧表がある）。

(84)　von Marietta, Methodenkritik und Interessenjurisprudenz. Philipp Heck zum 150. Geburtstag, ZEuP. Bd. 16 (2008) S. 517; Falk, Juristen, (Ein biographisches Lexikon, hrsg. Stolleis), 1995, S. 275; Schoppmeyer, Juristische Methode als Lebensaufgabe, Leben, Werk und Wirkungsgeschichte Philipp Hecks, 2001; Kleinheyer und Schröder, a. a. O., Heck, S. 183ff. 小林孝輔監訳・ドイツ法学者事典（1983年）113頁以下（伊藤進）など参照。

また，Trier大学のサイトに（Rechtshistorischer Podcast, http://www-neu.uni-trier.de/index.ph 4 p?id=1623)，Heckについての講演のオーディオデータ（Audiodatei）がある（MP 3形式で，16分44秒))。

フリースラントでは，ドイツ民法典発効時まで，なお独自の法が行われていた。Vgl. Deutsche Rechts- und Gerichtskarte, mit einem Orientierungsheft neu hrsg. und mit einer Einleitung versehen von D. Klippel, 1896 (1996). 普通法時代のドイツにおける法の分裂については，拙著・専門家の責任と権能（2000年）158頁をも参照。一般的な法域による人口の区分（1890年）は，つぎのとおりであった。

法域による人口区分

プロイセン法	21,053,000人
普通法	14,416,000
ライン・フランス法	8,199,000
ザクセン法	5,382,000
ユトランド法	354,000
デンマーク法	16,000
フリースランド法	9,000
合計	49,429,000人

(85)　裁判官の立法機能については，その後も，ヘックや，近時では，Esser, Grundsatz und Norm in der richterlichen Fortbildung des Privatrechts, 1956, S. 242ff. にみられる。法の欠缺の場合だけではなく，法規に反する解釈も存在する。S. 259ff.

なお，自由法論と利益法学の相違については，最近，近江幸治「法学研究と法律実務統合をめざして」（早稲田大学教育改革支援プログラム・2008年）27頁以下は，日本では，これを一緒にとらえる傾向があるものとする。また，アメリカのリアリズム法学の方法は，利益法学の実用化（判決の予測）であって，たんなる利益衡量だけではないとする。

(86)　我妻栄「ナチスの契約理論」民法研究Ⅰ（1966年）389頁，393頁は，契約理論に関して，ラーレンツとジーベルトをキール学派とし，ヘックとシュトルをチュービンゲン学派として，両者の間には相当の隔たりがあるとする。なお，Heck, AcP 112, 174に関して，Vorwort (Säcker), Säcker (hrsg.), Recht und Rechtslehre im Nationalsozialismus-Ringvorlesung der Rechtswissenschaftlichen Fakultät der Christian-Albrechts-Universität zu Kiel, 1992, S. 37ff.

(87)　Kleinheyer und Schröder, a. a. O., S. 184. (伊藤訳・114頁)。

(88) ラレンツ・現代ドイツ法哲學（大西芳雄＝伊藤満訳・1942年）186頁以下，および同186頁以下，および299頁以下の大西「後記」参照。同書によれば，カール・シュミットの具体的秩序思想は，なお未完成であり，ラーレンツによって形成のモメントを補完され，完成されているとされる。カール・シュミットは，法の規範主義と決定主義を排し，第3の方法としての具体的秩序を唱えたが，ラーレンツのそれは，より決定主義に引き寄せられた変形ともいえる。

(89) また，Müller-Erzbach, Reichsgericht und Interessenjurisprudenzがあり，これについては，司法省調査部訳・一般條項への逃避及び獨逸大審院と利益法學（司法資料第246号，1938年）がある（133頁以下）。ただし，その前半は，Hedemann, Die Flucht in die General-klauseln, 1933の翻訳である。

(90) 加藤・前掲書（前注(68)）103頁。Vgl. Wiethölter, Begriffs- oder Interessenjurisprudenz, Festschrift für Gerhardt Kegel, 1977, S. 213ff.

(91) Grundriß des Schuldrechts, §76 S. 234. „Der Gläubiger ist gewissermaßen ein juristischer *Pascha*."

(92) Ib., S. VIf.

(93) そして，詩人・評論家のハイネ（Heinrich Heine, 1797-1856）は，20年ほど早く，デュッセルドルフで生まれた。イェーリングとヴィントシャイトの親交については，Jherings Briefe an Windscheid：1870-1891/hrsg. von Kroeschell, 1988がある。

(94) Windscheidの人と業績については，多数の著作がある。ADB(Landsberg), 43(1898), S. 423；DBA I, Fiche 1377, S. 284f.；DBA II, Fiche 1412, S. 258ff.(Deutsches Biographisches Archiv, München, 1999-2002)；DBE, Bd. 10, 2008, S. 665f.（Deutsche Biographische Enzyklopädie）；Kleinheyer und Schröder, Bernhard Windscheid, Deutsche und Europäische Juristen aus neun Jahrhunderten, 1996. S. 442；Stinzing und Landsberg, a. a. O.（Geschichte der deutschen Rechtswissenschaft), III-2（1910), S. 854f.；III-2 Noten, S. 361ff.；Planck, Windscheid als Mitarbeiter am Bürgerlichen Gesetzbuche, JZ 1909, S. 951. 田山輝明・前掲ドイツ法学者事典319頁（Windscheid)。赤松秀岳「ベルンハルト・ヴィントシャイト」前掲書（前注(61)近世・近代ヨーロッパの法学者たち）323頁。その後の文献として，Klein, Bernhard Windscheid 26.6.1817-26.10.1892, Leben und Werk（Schriften zur Rechtsgeschichte 168), 2014がある。記念論文集としては，Festgabe zu Bernhard Windscheids Fuenfzigjaehrigem Doktorjubilaeum： 2 Abhandlungen / Rudolf Stammler；Theodor Kipp, Halle, 1888（Neud. 1979).これについては，キップの所で前述した（第2章1）。

以下も，博士論文の50周年記念である。

Festschrift zum fünfzigjährigen Doctorjubiläum von Bernhard Windscheid am 22. December 1888/hrsg. von der Rostocker Juristenfakultät, Rostock, 1888.

Festgabe der Leipziger Juristenfakultät für Bernhard Windscheid zum 22. Dezember 1888/Universität/Juristenfakultät, Leipzig, 1888.

Zur Feier des Gedächtnisses von B. Windscheid und Rudolf von Ihering：Vortrag gehalten in der Juristischen Gesellschaft zu Berlin am 17. December 1892/ von Ernst Eck（1838–1901），Berlin, 1893.

著名人であるから，関連する文献は多い。Rückert, Bernhard Windscheid und seine Jurisprudenz als solche im liberalen Rechtsstaat（1817–1892），JuS 1992, 902；Jakobs und Schubert, Die Beratungen des Bürgerlichen Gesetzbuches in systematischer Zusammenstellung der unveröffentlichten Quellen, Materialien zur Entstehungsgeschichte des BGB, 1978，S. 86f.； Wolf, Grosse Rechtsdenker, Der Deutschen Geistesgeschichte, 4. Aufl. 1963，S. 588. Vgl. Eck, Zur Feier des Gedächtnisses von B. Windscheid und R. v. Ihering, Vortrag, gehalten am 17. Dez. 1892, 1893.

また，Trier大学のサイトに（Rechtshistorischer Podcast, http://www-neu.uni-trier.de/index.ph 4 p?id＝1623），Windscheidについての講演のオーディオデータ（Audiodatei）がある（MP 3 形式で，17分27秒）。

Leipzig大学のサイト（Professorenkatalog der Universität Leipzig| catalogus professorum lipsiensis, http://uni-leipzig.de/unigeschichte/professorenkatalog/fak/Juristenfakultaet/seite 6 .html）にも，簡単な経歴がある。

(95)　これにつき，Jherings Briefe an Windscheid（前注(93)参照）。

(96)　枢密顧問官の称号については，後述する（5(2)(d)参照）。

(97)　ヴィントシャイトのパンデクテン・テキストの意義については，多数の文献があるが，ヴィアッカー・前掲書（近世私法史）533頁以下。vgl. Wieacker, a. a. O.（PR），S. 446f.

(98)　ヴィアッカー・前掲書533頁。

(99)　前注(61)参照。

(100)　奥田昌道・請求権概念の生成と展開（1979年）8頁，244頁。Landsberg, a. a. O.（前注(94)），S. 855.

(101)　前提論は，19世紀の通説のいれるところとはならなかった。もっとも著名なのは，レーネルの反対である（レーネルについては，第2篇第2章2参照）。Vgl. Lenel, Die Lehre von der Voraussetzung（im Hinblick auf den Entwurf eines bürgerlichen Gesetzbuches），AcP 74（1889），S. 213（216）. 民法典が前提論をとらなかったことについては，同論文の影響が大きいといわれる。Vgl. Fikentscher, Die Geschäftsgrundlage als Frage des Vertragsrisikos, 1971, S. 5. 邦文のものでは，五十嵐清「事情変更の原則と不当利得」谷口知平先生還暦記念論文集(3)（1972年）87頁参照。なお，vgl. Windscheid, Pandekten, I, 1900（Neud. 1997），§97　Anm. 1.（S. 435f.）. ただし，学界でも，必ずしも全面否定ではなく，コーラー，ベッカー，ブリンツなど有力学者からの支持もあった。

(102)　エルトマンについては，次の5(2)で後述する。行為基礎論についても，そちらに譲る。Vgl. Braun, Wegfall der Geschäftsgrundlage BGH, WM 1978, 322, JuS 1979, S. 692（694）.

(103)　DJZ 1909, S. 966f. 同稿は，ライプチッヒ大学の500周年記念号である（Festnummer zum 500jährigen Jubiläum der Uinversität Leipzig, DJZ 14(1909), 842)。Erinnerung an Windscheid, DJZ 14 (1909), S. 961において，Leonhard, Jhering, Conrat, Siber, Brentano, Wenck にヴィントシャイドの記憶が語られている。

Schmidt, R., Windscheid, DJZ 14 (1909), S. 948；Rede Windscheids zum 50 jährigen Dienstjubiläum des Oberlandesgerichtspräsidenten Albrecht, DJZ 14 (1909) をも参照。

(104) このLeibburschとFuxの関係は，ドイツの大学やギムナジウムにおける上級学生と新入生の特別な関係をいい，いわばマイスター＝徒弟制度の大学版である。新入生(Fuchs)は，とくに信頼できる上級生を選び，兄貴分(Leibbrusch)とする。Biervater, Biersohnともいう。女子学生では，Weinmutter, Weintochterである。兄貴分は，指導者となり，勉学から生活にわたって種々の助言を与える。この関係は，初年度や在学中だけではなく，ときには一生涯続くこともある。弟分にさらにFuchsがつくこともある。そうすると，後者は，もともとの兄貴分とは，孫の関係になる(Bieropa, Bierenkel)。兄貴分は，複数の弟分をもちうるから，あたかも家族のような関係が生じる（Bierfamilie)。また，弟分相互は，兄弟関係（Leibbruder）となる。さらに，大学では，Doktorarbeitの作成にあたって，指導教授（Doktorvater）との擬似的家族関係が生じる。ただし，学生は数学期で大学を移動するのが通常であるから，卒業まで同じ大学で固定し学閥を形成する日本とは異なり，遍歴を行う徒弟制度の流動性がとり入れられている。なお，ハビリタチオンの指導教授との間では，Habilitationvaterとはいわない。これは，ドクターに比して，ハビリタチオンの歴史が短いからであろう（その歴史は18世紀以降である)。

もっとも，こうした関係を，みずからもベルリンやボンで学生生活をしたヴィントシャイトが知らなかったはずはないから，酒場行きを断念したのは，もっと地域社会的な影響を考慮したからであろう。

(105) DJZ 1909, S. 967. つまり，ここでは，「愛」と「誠」という名前がかけられているのである。あるいは，イェーリングの著作Scherz und Ernst in der Jurisprudenz, 1884のもじりともみるのは行き過ぎであろうか。Vgl. Drosdowski, Lexikon der Vornamen, S. 139には，Liebの変形である名前として，Liebegard, Liebetraud, Liebfried, Liebhard, Liebwinなどがみられる。

ただし，最初の近代的な女性の法学博士となったEmilie Kempin-Spyri（1853. 3. 18-1901. 4. 12）が，スイスの法学部最初の女性としてチューリヒ大学に入学したのが，1883年であり（もっとも，中世のボローニァには，Bettisia Gozzadini(1209-1261)がいた。最初の女性の大学教授である。近代以降では，イタリアのLaura Bassi(1711. 10. 31-1778. 2. 20）が，近代のヨーロッパ最初の女性の大学教授といわれる。専門は物理学である)，また，ドイツで最初の女性弁護士となったMaria Otto（1892. 8. 6 -1977. 12. 20）が，1912年に，アビトゥーアに合格し，ヴュルツブルク大学で法律学の勉学を始めたのが1913年であるから（司法研修は拒否された)，当時，女子学生が講義室にいたわけではない。女性に法律職につく道が開けたのは，ワイマール期の1919年であり，この年から司法修習が可能となった。拙稿「法曹養成制度と世紀の転換点の大学」（契約における自由と拘束・2008年）同書第3部第2篇第2章3参照。

(106) Ib. 悪い女と結婚すれば，哲学者になれるといったのはソークラテース（ca. BC. 469-BC. 399. 4. 27. その妻がクサンティッペ）であるが，これと対照的である。

(107) Ib.

(108) Ib. 1909, S. 967.

(109) fiduciaは，一種の信託であり，たとえば，後見人や保佐人が，被後見人や被保佐人に対して有する地位は，これにもとづいている。近代法のような法定の機関ではない。法人の管理者も，近代法のような機関ではなく（実在説），受託者にすぎない。また，物の譲渡の形式である握取行為と結合した信託は，一種の担保であり，信託者たる債務者から，受託者たる債権者に物が譲渡され，被担保債権が消滅したときには，受託者は，その物を再譲渡することを約束するものである（fiducia cum creditore contracta，債権者と締結された信託）。古代版の譲渡担保といえる。これに対し，友人と締結された信託（fiducia cum amico contracta）は，一種の保管に伴う管理義務，再譲渡しない義務を生じる。カーザー・ローマ私法概説（柴田光蔵訳・1979年）111頁，122頁，243頁以下参照。

(110) エルトマンについても，文献は多い。Vortmann, Oertmann, ADB Bd. 19, S. 451；Kleinheyer und Schröder, Deutsche und Europäische Juristen aus neun Jahrhunderten, 1996, S. 501；Niedermeyer, Paul Oertmann, ZHR 106（1939），1；Niedermeyer, Paul Oertmann, ZRG（RA）59（1939）729；Diederichsen, Paul Oertmann（1865-1938），Loos（hrsg.）Rechtswissenschaft in Göttingen（前注(61)参照），S. 385.

(111) 行為基礎論については，文献が多い。いちいち立ち入らない。Braun, Wegfall der Geschäftsgrundlage-BGH, WM 1978, 322, JuS 1979, 692（694）.

邦文のものでは，五十嵐清・契約と事情変更（1969年）72頁以下，拙稿「不能・行為基礎の喪失と反対給付」反対給付論の展開（1996年）155頁参照。

(112) 【研究】181頁，183頁。Vgl. Oertmann, Kommentar, II, 1928, zu §297；Rosenberg, Der Verzug des Gläubigers, JherJb 43（1901），S. 202. 立法者は，ド民297条を言語上の提供（295条，296条）がなされても債務者の現実の履行が不能のときには受領遅滞にならないことを意図して規定したが，これを，現実の提供（294条）がなされれば，債権者の事情で現実の履行はなされなくても不能にならないことを前提としたと制限的に解するのである。使用者の一身的事由による障害では，被用者が提供するのは可能であることを重視するものである。Vgl. Oertmann, Leistungsunmöglichkeit und Annahmeverzug, LZ 1927, 1177ff.（S. 1183）. そして，領域説についても，Oertmann, a. a. O., zu §293 Anm. 3 b.；Soergel-Schmidt, Kommentar, zu §297 Anm. 2（S. 332）；Enneccerus-Lehmann, Recht der Schuldverhältnisse, 1958, §57 II 1 b；Heck, Grundriß des Schuldrecht, 1929, §39（S. 118）など参照。

伝統的な不能の通説によったTitzeも，最後には不能説を修正した。Vgl. Titze, Zur Risikofrage im Arbeitsverhältnis, JW 1922, S. 548.（当初は不能説によっていた。【研究】3章1節(2)，およびその注(1)参照））。

(113) また，給付行為と給付効果の峻別については，早くに，Oertmann, Leistungshand-

lung und Leistungserfolg, ZHR 1929, 356ff.; ders. Beiträge zur Lehre von der Erfüllungspflicht des Verkäufers, LZ 1927, 9 ff. が主張したが，あまり学説の注目するところとはならなかった。しかし，その後，Wieacker, Leistungshandlung und Leistungserfolg im Bürgerlichen Schuldrecht, Fest. f. Nipperdey z. 70. G., 1965, S. 783ff. によってふたたび区別の必要性が主張され，現在ではかなりの賛同を集めつつある。

1930年代のベルリン大学の民法の担当は，Ernst Heymann,（1870. 4. 6-1946. 5. 2), M. Wolff, Rabel, Titze であり，ユダヤ系の Wolff, Rabel が追放された後は，1936年に，イエナ大学から Justus Wilhelm Hedemann（1878. 4. 24-1963. 3. 13）が赴任し，1938年に，キール学派の Wolfgang Siebert（1905. 4. 11-1959. 11. 25）が赴任したのである。これらについては，後に敷衍して述べる予定である。

(114) たとえば，第一次大戦の戦費に対する公債比率は，ドイツで94%，フランスで100%，イギリスで80%である。木村元一・近代財政学総論（1973年）261頁参照。ちなみに，第二次大戦時では，戦費に対する公債比率はドイツで50%，イギリスで46%，アメリカで36%であった。

(115) ドイツのハイパーインフレに関する経済学的・統計学な文献は多い。Cf. Graham, Exchange, Prices, and Produciton in Hyper-Inflation: Germany, 1920-1923, 1930; Schacht, The Stabilization of the Mark (1927); Mitchell, European Historical Statistics 1750-1975, 1980およびその翻訳，11（卸売利物価指数）774頁。Holtfrerich, Die deutsche Inflation 1914-1923. Ursachen und Folgen in internationaler Sicht, 1980; Ostwald, Sittengeschichte der Inflation. Neufeld & Henius, 1931, 1951.

ちなみに，フランス・フランも，第一次世界大戦中に減価し，大戦終了時に戦前の価値の70%に，1926年までにおおむね40%となった。

なお，レンテンマルクの奇跡については，我妻栄・近代法における債権の優越的地位（1953年）110頁をも参照。

(116) 啓蒙思想家のヴォルテール（1649-1778）は，神聖ローマ帝国は，神聖でもローマでも帝国（ライヒ）でもないとして，その実質性を嘲笑したが，反面，その形式的・外交上の優越にも言及している。ヴォルテール・ルイ14世の世紀（丸山熊雄訳・1・1958年）15頁，107頁。

(117) カノン法は，1918年のカノン法の法典化（Codex iuris canonici，その後，1983年に全面改正）まで，私法をも含むそれ自体が完成された独自の体系であった。Corpus iuris canonici は，ローマ法＝Corpus iuris civilis と並ぶ法体系であったからである。皇帝位に関する理論は本来は俗法域に属するが，カノニステンは，しばしばカノン法の独自性，中世においてはその優越性をも主張したのである。拙稿「私法におけるカノン法の適用」利息制限法と公序良俗（1999年）17頁注15，18頁以下参照。

(118) 中世のイギリスは，ヨーロッパにおいては王国であり，「帝国」を称するのは，インド帝国の保持者としてであり，近代以降の概念である。1858年に東インド会社が解散され，インドは，イギリス王領に移管された。1876年に，ヴィクトリア女王が，インド女帝（Empress）を称した。これは，ムガール帝国の後継としての意味をもっている。Stein, Der Grosse Kultur Fahrplan, 1987, S. 936. なお，簡単には，Fuchs und Raab, dtv Wörterbuch zur Geschichte, Bd. 2. 1992, S. 681f.

(119) 中世の職名については, vgl. Kinder und Hilgemann, dtv-Atlas zur Weltgeschichte, Bd. 1, 1984, S. 122f.). なお，Rat が民間人にも付与されることから，この語は，必ずしも「官」を意味しない。俗に用いる教官が教員と同義であるのと同じである。同様の用語としては，Amt があり，これも辞書的には「官庁」であるが，ビザを発給する警察の外人局も，大学の留学生課も Ausländeramt である。ほとんど「部局」を意味するにすぎない。

「枢密顧問官」の濫用は，他の分野にもみられ，とくにプロイセンで顕著であった。たとえば，コレラ菌を発見した Robert Koch（1843-1910）やジフテリアなどの研究の Paul Ehrlich（1854-1915）なども，「枢密医療顧問官」Geheimer Medizinalrat の称号をえている。Pönicke, Ehrlich, Paul Friedrich Ernst, NDB 4（1959), S. 364.

(120) これに対し，人名に同化されている称号である von は，現在でも存続している。たとえば，Ernst von Caemmerer や Marschall von Bieberstein である。2011年５月に，学位論文の剽窃問題から国防相を辞任した Karl-Theodor zu Guttenberg（CDU）の zu も同様である（バイロイト大学は博士を取消した)。そのあと，教育相の Shavan（CDU), Scheuer（CSU）なども，同様の問題を起した。

(121) Kegel, Ernst Rabel, Werk und Person, RabelZ 1990, S. 1.

(122) ケーゲルの人と業績については，Krüger, Gerhard Kegel（1912-2006), RabelsZ. 71（2007), S. 1; Heinz-Peter Mansel, Gerhard Kegel†, NJW 2006, S. 1109; Lüderitz, Gerhard Kegel, Juristen im Porträt, Verlag und Autoren in 4 Jahrzehnten; Festschrift zum 225 jährigen Bestehen des Verlags C. H. Beck, 1988, S. 454ff. Schurig, JZ 2006, S. 355.

(123) 1977年と1987年に，彼に対する大部の記念論文集が出されている。90歳の時にも，NJW 2002, S. 1931に，祝賀文が寄せられている。

Internationales Privatrecht und Rechtsvergleichung im Ausgang des 20. Jahrhunderts-Bewahrung oder Wende?; Festschrift für Gerhard Kegel hrsg. v. Lüderitz und Schröder, 1977, 484S.

Festschrift für Gerhard Kegel zum 75. Geburtstag, hrsg. v. Musielak und Schurig, 1987, 662S.

(124) 同論文に関しては，以下の書評がある。Bucher, ZEuP 12(2004), 854ff, Westerhoff, RabelZ 68（2004), 563ff.

(125) レーザーについては, vgl. Who's who im deutschen Recht, 2003, S. 406. Von der Saldotheorie zum faktischen Synallagma, 1956の末尾にも，自作の年譜がある。たびたび来日しているので，そのおりに翻訳された論文も多数ある。たとえば，「今日のドイツ不当利得法に関する覚書」（川村泰啓訳）判時1131号３頁，判時1132号３頁である。

(126) G・ハウプトについては，一橋法学９巻２号52頁注(68)参照。Professorenkatalog der Universität Leipzig catalogus professorum lipsiensis, http://uni-leipzig.de/uni-

geschichte/professorenkatalog/fak/Juristenfakultaet/seite 6 .html（前注(94)参照）。

(127)　拙稿「ドイツ再統一と連邦裁判所の再配置―ライヒ大審院，連邦裁判所，連邦行政裁判所」国際商事31巻法務２号188頁，司法の現代化と民法（2004年）にも所収。また，本稿でも，連邦上級商事裁判所などの最高裁判所については，別稿で扱う（一橋法学12巻３号75頁以下参照）。

(128)　ドイツは，1912年に，航空研究所を設立した。第一次世界大戦前には，各国が飛行機研究を開始し，1909年に，フランスが気体力学研究所を，イギリスが航空技術諮問委員会を設置した。廣重徹・科学の社会史（上・2002年）95頁。

(129)　Rektoren und Dekane der Universität Leipzig 1409-1947; http://uni-leipzig.de/unigeschichte/professorenkatalog/upload/rektoren-und-dekane.pdf

Vgl. Schumann, Von Leipzig nach Göttingen. Eine Studie zu wissenschaftlichen Netzwerken und Freundschaften vor und nach 1945, Festschrift der Juristenfakultät zum 600jährigen Bestehen der Universität Leipzig, (hrsg. v. Mitgliedern der Juristenfakultät der Universität Leipzig), 2009, S. 633ff. が，1945年前後のライプチッヒ大学の一般的状況を知るのに有用である。

(130)　ヴィアッカーについては，前掲論文「キール学派」42頁以下参照。

(131)　ライプチッヒ大学の公職については，前注(129)参照。

(132)　前掲（前注(127)）「ドイツ再統一と連邦裁判所の再配置」188頁参照。

(133)　Fischer, Zur Geschichte der höchstrichterlichen Rechtsprechung in Deutschland, JZ 2010, S. 1077ff. S. 1086; Buschmann, 100 Jahre Gründungstag des Reichsgerichts, Zur Entwicklung der Höchstgerichtsbarkeit in Deutschland, NJW 1979, 1966, S. 1973. シェーンフェルダーについては，拙稿「シェーンフェルダー，ザルトリウスとドイツ法令集」国際商事法務38巻２号222頁。

ほかにも，たとえば，行為基礎に関する著述で著名なクリュックマン(Paul Krückmann, 1866. 10. 25-1943. 10. 10）は，1943年10月に，ミュンスターに対する空襲のために亡くなった。事情変更の原則（Clausula rebus sic stantibus, Kriegsklausel, Streikklausel, AcP 116（1918), S. 157）の研究で著名である。内容的には，いわゆる経済的不能論に近い（【研究】212頁，215頁参照)。彼は，1866年，バルト海沿岸のNeukloster（メクレンブルク）で生まれた。父親は，医師で衛生官（Sanitätsrat）であった。1886年に，Güstrowの聖堂付属のギムナジウムで，アビトゥーアに合格した。フライブルク，ライプチッヒ，ミュンヘン，ベルリンの各大学で学び，さらにロシュトック大学で学んだ後，1890年に，第一次国家試験に合格した。1890年４月に，メクレンブルク・シュヴェリン大公国で修習生となった。1891年11月に，博士の学位をえて，1894年に，ゲッチンゲン大学でハビリタチオンを取得し，ローマ法の私講師となった。1898年に，グライフスヴァルト大学の員外教授となり，1902年に，ミュンスター大学に移り，生涯そこにとどまり，ここが終焉の地となった。77歳の誕生日目前であった。Justizratの称号をうけた。Vgl. Institutionen des Bürgerlichen Gesetzbuches, 5. Aufl., 1929; Fiktionen und Bilder in der Rechtswissenschaft, Annalen der Philosophie und philosophischen Kritik, Bd. 3, Nr. 1, 1921.

売買における危険負担や，ローマ法の保管責任custodia，過失論に関する論文もある（Krückmann, Periculum emptoris, SZ（Rom）40（1940），1；ders. Custodia, SZ（Rom）64（1944），1．なお，SZ 63, 45）。Krückmann, Gewährschaft, Gefahrtragung und er Entwurf eines einheitlichen Kaufgesetzes, 1936；Gewährschaft und Gefahr bei demnKauf, 1938；Unmöglichkeit und Unmöglichkeitsprozess, 1907.

彼は，正法理論で知られるシュタムラー（Rudolf Stammler, 1856. 2.19-1938. 4. 25）とともに，法律学の講義の学問化，教育学化（juristische Pädagogik）を提唱したことでも知られている（vgl. Tatarin-Tarnheyden, Festgabe für Rudolf Stammler zum 70. Geburtstage am 19. Februar 1926, 1926）。従来の職人芸からの科学化を目ざしたのである。また，営業危険の受領遅滞説についても論文がある（Unmöglichkeit der Leistung und Annahmeverzug, LZ 1926, 9）。【研究】192頁，195頁参照。

(134)　Eckert, Was war die Kieler Schule?,（hrsg. v. Säcker）Recht und Rechtslehre im Nationalsozialismus, 1992, S. 37-70, S. 41-43. これは，キール大学法学部におけるシンポジウムのさいの報告である（Ringvorlesung der Rechtswissenschaftlichen Fakultät der Christian-Albrechts-Universität zu Kiel）。

(135)　Vgl. Larenz, Die Begründung von Schuldverhältnissen durch sozialtypisches Verhalten, NJW 1956, 1897f.；ders., Sozialtypisches Verhalten als Verpflichtungsgrund, DRiZ　1958, 245f.

(136)　その概念の賛同者の多くがナチス私法学者であった点に特色がみられる。森孝三「事実的契約関係」現代契約法体系1（1983年）216頁，五十嵐清「ファシズムと法学者」比較民法学の諸問題（1976年）8頁。日本でも，神田博司「公益事業における法律関係の一考察－いわゆる事実的契約関係」上法1号289頁，私法19号109頁。五十川直行・注釈民法（13・2006年）358頁以下など参照。Vgl. Wieacker, Zur rechtstheoretischen Päzisierung des §242 BGB, 1956；Siebert, Faktische Vertragsverhältnisse, Abwandlungen des Vertragsrechts in den Bereichen der Daseinsvorsorge, des Gesellschaftsrechts und des Arbeitsrecht,（Vortrag gehalten vor der Juristischen Studiengesellschaft in Karlsruhe am　21. Juni 1957, 1958.

(137)　Flume, Allgemeiner Teil des BGB, Bd. 2, 4. Aufl.（1992）, S. 95ff., S. 100. フルーメは，事実的契約関係の理論は，大量取引の給付関係の上にあるものとして，その一般的拡張に反対した。

(138)　Flume, a. a. O., S. 497ff. Frassek, a. a. O., S. 301. フルーメは，たんにラーレンツについてだけではなく，エルトマンの，いわゆる主観説的な行為基礎論にも，積極的ではない。イギリス法由来の戴冠式事件（Krell v. Henry 1903 LR　2　KB 740のような客観的行為基礎については，ドイツ法では不能の問題とする。A. a. O., S. 498 ff.

(139)　Lehmann, Faktische Vertragsverhältnisse, NJW 1958, S. 1 ff., S. 5. 原爆のように（als eine Atombombe）法的な思考を破壊するとする。

(140)　これにつき，拙稿「キール学派と民法」一橋法学9巻2号50頁注(65)参照。また，もともと契約には，意思のみではなく，信頼関係や履行（cause），外観など多様な発生原因があるとみるべきであり，一元的に意思のみで理由づけようとしたのは，自然法的な意思理論であり，19世紀の理論は，その承継である(いわゆる隠棲自然法である)。

(141) Vgl. Schäfer, Kontrahierungszwang nach § 211　1　AGG?, Jus 2009, 206; Watzenberg, Die Rechtsprechung zum Allgemeinen Gleichbehandlungsgesetz, NJ 2008, 433.

(142) 拙著・契約における自由と拘束（2008年）56頁以下，95頁参照。

(143) 自己決定論者のフルーメの理論であり，意思理論と対立するものではないことは明らかであろう（なおフルーメについては，第3部第4篇参照)。

(144) たとえば，K・シュミットの割合的責任論である。Vgl. K. Schmidt. Gesellschafsrecht, 1997, § 9 S. 224ff. いわゆる透過理論（Durchgriffstheorie）によって，法人と構成員を峻別し，一方的な有限責任をも認めない代わりに，無限責任をも限定するものである。

(145) ただし，この規定は，たんなる事実的契約関係を認めたのではなく，契約締結上の過失（cic）や，相手方に対する信頼を責任の基礎としたところに特徴がある。

(146) Rektoren und Dekane der Universität Leipzig 1409-1947がある(http://uni-leipzig.de/unigeschichte/professorenkatalog/upload/rektoren-und-dekane.pdf)。

(147) ドイツ法アカデミーは，雑誌(Zeitschrift der Akademie für deutsches Recht, Bd. 1 ff, 1934ff.)を出しており，例年，立法大臣であるFrankの巻頭言(Zum Jahreswechsel）が付されており，ナチスの理念やヒトラー礼賛が述べられている（vgl. Bd. 4., 1937)。包括的な文献として，Schubert, Akademie für Deutsches Recht, 1933-1945, Protokolle der Ausschüsse, 1986.

(148) DBA II, Fiche 895, 277-278; DBA III, Fiche 626, 116（a. a. O., 前注(94)参照, Deutsches Biographisches Archiv）; Schumann. a. a. O.（前注(129)), S. 633-678.

Dreier und Sellert（hrsg.), Recht und Justiz im „Dritten Reich", 1989, S. 359. また,同書には,彼自身の終末期のライヒ大審院に関する叙述もある。Die außerordentliche Wiederaufnahme rechtskräftig abgeschlossener Verfahren in der Praxis des Reichsgerichts 1941-1945, S. 273ff.

(149) 18世紀のミハエリスは，ゲッチンゲン大学教授で，モーゼの律法に関する著作(Das Mosaische Recht, 1770-1775）を著し，それが現行法として拘束力がないことを述べ，刑法的な啓蒙主義に影響を与えた。ドイツ法学者事典187頁（猪股弘貴)。

第一次世界大戦中のドイツ帝国首相で，来日したこともあるGeorg Michaelis, 1857. 9. 8-1936. 7. 24との関係も不明である。

(150) Avenarius, Siber, NDB Bd. 24, S. 303ff. Nachruf Heinrich Siber, SZ（Röm）68 (1951), XIX(Wieacker). 同じ号に，KoschakerのNachrufも載っている(Below und Falkenstein)。

ライプチッヒ大学のサイトにも，簡単な略歴がある（Professorenkatalog der Universität Leipzig)。前注(40)参照。

Behne, Heinrich Siber und das Römische Staatsrecht von Theodor Mommsen. Ein Beitrag zur Rezeptionsgeschichte Mommsens im 20. Jahrhundert, 1999. ただし，

必ずしも，ジーバーの説を評価するものではない。

法学者の系譜（本稿第2章後半）

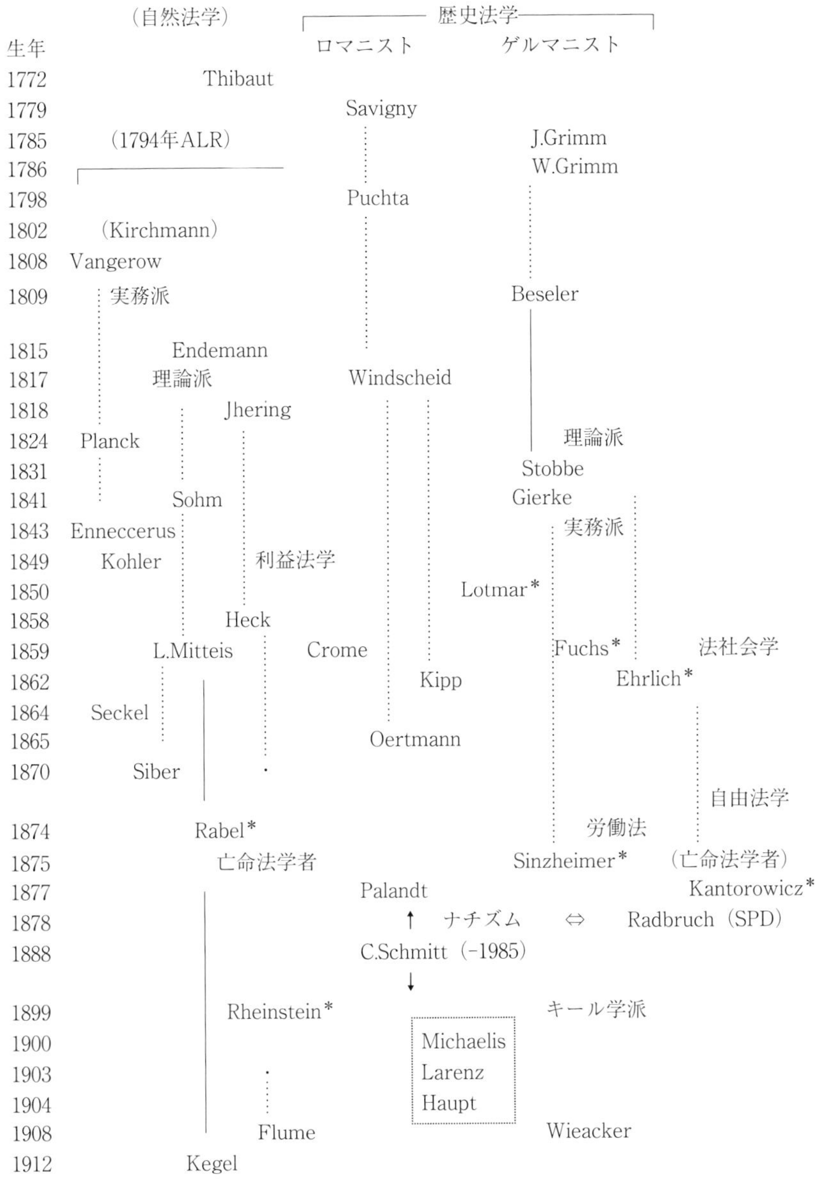

法令集の編纂者ザルトリウス（Carl Friedrich Sartorius, 1865. 1. 29–1945. 10. 24）

シェーンフェルダー（Heinrich Schönfleder, 1902. 7. 16–1944. 7 ?）

（＊ユダヤ系法学者）

第2篇　ユダヤ系法学者の系譜，亡命法学者

第1章　総論，ユダヤ系法学者の概観

1　はじめに

(1)　その位置づけ

(a)　欧米，とくにドイツの学術において，ユダヤ系学者の占める位置は大きい。法律学においても同様である。そして，彼らについて個別に言及されることは多く，とくにドイツでは事柄の性質上，多数検討が行われているが，わがくにでは，翻訳のほか，従来必ずしもまとまった検討が行われたことはない。彼らの功績や，19世紀まで種々の迫害が繰り返され，また1930年代に大規模な迫害の行われたこともしばしば言及されるが，そうした言及も，日本法の観点や理論的な検討というにはほど遠いことが大半である。とくに，私法の観点からの分析は少ない。本稿では，他の多くの分野と同様に，法学，とくに私法の分野においても，19世紀以降，ユダヤ系法学者が地歩を占めるにいたった原因や実態，その後の経緯，わがくにへの影響などについて検討するものである。彼らの業績は多方面にわたっており，私法理論に与えた影響も大きいからである[(1)]。なお，19世紀のパンデクテン法学上の地位，ドイツ民法典制定への態度と影響を中心とし，附加的に，その成立後の変遷への影響について検討する。また，本稿は，ユダヤ系法学者のみを検討するわけではないから，本稿の他の部分との関連づけも必要である。すでにふれたシュタウプ，ラーベル，レーヴィなどについては，繰り返さない（第1篇第2章2，3）。さらに，2000年以降，ドイツにおいても新しい観点から多数の検討が行われていることから，それについても言及することにしたい。

もっとも，ユダヤ系のカテゴリーは，当然に学派を意味するものではないから，それによって，特定の学問傾向や理論的特徴が一刀両断に明らかになるといった性質のものではない。理論的には，種々の者がおり，一括することはむずかしい。必ずしも対立概念ではないが，筆者は，すでに彼らに対応

するキール学派の法学者について検討したことがある[2]。1930年代に，ユダヤ系法学者が追放された後を，キール学派が占めたことから，戦後の法律学における両者の影響を考慮する上で，意味があるためである。また，おおまかには，ゲルマニステンに連なる系譜もかなり顕著にみられるが，実際には，ロマニステン系の者も多数輩出した。

ユダヤ系法学者には，種々の特性がみられる。早くから，歴史法学の正統派をつぐ位置におりながら（Dernburg, L. Goldschmidt など），その外側には，しだいに新たな分野を形成し（Ehrlich, Kantorowicz, Lotmar, Sinzheimer など），民法でも，新しい概念を構築し，積極的契約侵害や不履行概念の統一に貢献した（Staub, Rabel など）。つまり，2002年の債務法現代化にも貢献しているのである。おおまかにみれば，キール学派が，法の技術的革新に向かったのに対し，法の思想的側面を推進した点に特徴がある。彼らも，債務法現代化の真の勢力の一つだったといえる。共通する特徴として，彼らは，小手先の技術というよりは，つねにすぐれた思想家でもあった[3]。とくに，創造的概念や体系，新たな分野の構築に寄与している。キール学派に分類されるヴィアッカー（Wieacker）は，唯一，法史学に新たな分野を構築しえたが，そこには，師であるユダヤ系法学者のプリングスハイム（Pringsheim）の影響も考慮しなければならない。もとよりこうした考察は，部分的な位置づけにとどまり，全体的な総括は，本稿のような小稿でよくなしえるわけではない。

戦後70年近くを経て，近時，ドイツの法学界では，ユダヤ系法学者の検討と，戦前のキール学派，広くはナチス法学者への反省が盛んである（前注(1)に引用の文献参照）。また，連邦司法省や外務省の組織の学術的再検討が行われるなど，実務的観点からの見直しも行われている。一面では，実務がようやく歴史の段階に入って，客観的検討が可能になったのであるが，反面では，今の時期を逃すと，資料散逸などの制約が生じるおそれがあるからである。本稿では，あわせて，それらの紹介も行うことにしたい（後述2(1)参照）。

(b)「ユダヤ系」の意味については争いがあり，もっぱら宗教的な意味でいう場合と，人種的な意味で用いられる場合とがある。宗教的な意味では，ユダヤ教徒かどうかである。しかし，いわゆるユダヤ系法学者のほとんどは，19世紀以降，キリスト教に改宗しており，宗教的な意味では，大半がプロテスタントである（オーストリア系の Rabel, Ehrlich は，カトリック。Stahl はバイエルンであるが，プロテスタントである）。差別は，宗教とはかかわりなく行われたから，この意味で言及することには，あまり意味はない。日本人でもユダヤ教に改宗すれば，ユダヤ人たりうるかは疑問であり，その場合には，むしろユダヤ教徒というべきであろう。

また，ヘブライ語の使用者という意味でも，同様の問題があり，日本人がいかにうまくヘブライ語を使用してもユダヤ人とはなりえないようである。逆に，かつての東ヨーロッパのユダヤ人には，ドイツ語の変形であるイーディシュ語の使用者が多かった。そして，地域的な意味では，イスラエルに住む者を意味するが，そこには多くのアラブ系住民も含まれ，他方，諸外国にもいわゆるユダヤ人が多数いることも疑問とされていない。

差別や迫害は，人種や習俗的な理由にもとづくことが大半である。しかし，厳密な意味で，人種を問題にできるかも疑問であり，いわゆるユダヤ人には，白人系の者からアフリカ系の者まで広く存在する。1933年のナチスの公務員法や迫害立法であるニュルンベルク法（Gesetz zum Schutz des deutschen Blutes und der deutschen Ehre, および Das Reichsbürgergesetz, 1935, RGBl. I, S. 1146. わずか7条と3条の法律である）ですら(4)，対象とするユダヤ人の血統の濃淡を問題にし，実際にはかなり不明確なものであった。広狭各種の定義があり，あまり意味はない。とりわけ日本人にはわかりにくく，人種的な意味では，ユダヤ人と他のヨーロッパ人種との相違など，ほとんど無意味である。戦時中の日本人にも，よくわからなかったことが多いようである。あえて指摘されれば，ようやく服装や習俗という違いがわかるというぐらいである(5)。

本稿で必要なことは，ユダヤ系法学者の定義ではなく，ユダヤ系法学者とされた者がどのような不利益や迫害をうけたかという結果だけである。そして，不利益や迫害をうけた者が実際に種々の法学上の功績があったこととの関連である。したがって，一般にユダヤ系といわれ，またそれによって迫害をうけた者を広く対象とすることでたりる。おそらく厳密な定義を求めることは，ニュルンベルク法の繰り返しにすぎず，不毛であり，かえって有害でもあろう。

(2)　時代区分

(a)　ユダヤ系法学者に関しては，19世紀の30年代までの初期(6)，1850年代までの中期，1870年代以降の亡命法学者の3期に分けることができる。全体を採り上げるのは膨大になりすぎることから，本稿（第2章まで）では，初期の者の一部のみをとりあげる。

初期の者として，デルンブルクとL・ゴールトシュミットがいる。彼らは私法学者であり，L・ゴールトシュミットについては，弟子のヘックとの関係で，簡単にふれたことがある。ラーバント（Laband, 1838-1918）は，わがくにでは，もっぱら公法学者としてのみ著名であるが，やはりこの時期の者である。L・ゴールトシュミットと同様に，もともとは商法が専門であり，わがくにへの影響も大きい。ラーバントを採り上げるのは，代理と委任の区別についてなど，民法上の功績もあるからである。また，公法には，わがくにとも関係の深い法学者がいることも関係している。

初期のユダヤ系の者には，中世と同じく，王権との強い結合関係に特徴がみられる。この関係から，しばしば立法や政策など国政の中枢にまで関与している。公法学者のグナイスト（1816-1895）も，講壇社会主義（Kathedersozialist）や社会政策の立場から社会政策協会（Verein für Sozialpolitik）の会長となり，ビスマルク（Otto von Bismarck, 1815-1898, 1862年にプロイセン首相，ドイツ首相在任は1871-1890）の政策に近く信認された。そして，彼らは，プロイセン議会やライヒ議会において，おおむねビスマルク与党の自由国民党（Nationalliberale Partei）に属していた（グナイスト，ゴールトシュミットとも。ユダヤ系には属さないエンネクツェルス（Ludwig Enneccerus, 1843. 4. 1-1928. 6. 1）やプランク（Gottlieb Karl Georg Planck, 1824. 6. 24-1910. 5. 20）もそうである）。ビスマルクは，積極的に，これらの者をベルリン大学に招聘したから（エンネクツェルスはマールブルク大学。プランクは裁判官と政治家），その後，ベルリン大学は，ユダヤ系法学者の堅固な牙城となったのである(7)。ラインラントでは，ボン大学にユダヤ系法学者が多くみられるが，これも，同地がプロイセン領ラインラントの大学政策の中心と位置づけられ，ライン沿岸と西地域におけるベルリンとしての地位が期待されたからである(8)。

(b)　中期の者として，エールリッヒとレーネルがいる。シュタウプも，この時期の者であるが，彼については，かつて積極的契約侵害に関してふれたことがあるので，繰り返さない(9)。また，エールリッヒは，法社会学の創始者として著名であり，種々のその伝記もあるので，本稿ではあまり立ち入らない。さらに，民法・労働法のロートマール（Lotmar）がいる。そして，国家法人説で名高いイェリネック（Georg Jellinek, 1851. 6. 16-1911. 1. 12）やワイマール憲法の起草者であるプロイス（Hugo Preuß, 1860. 10. 28–1925. 10. 9）なども重要人物であるが，ともに著名な公法学者なので，採り上げる必要はないであろう。中期の者には，権力者との特殊な関係はみられず，この点は，一般の法学者とさほど異ならない。むしろ反権力的な者もみられる。

中期と後期のもっとも大きな相違は，フックス（Ernst Fuchs, 1859. 10. 15–1929. 4 . 10）のように，1930年代より前に亡くなった者と異なり，後期の者は，1930年代の迫害をうけた点にある。85歳まで生きたレーネルは，こうした運命に遭遇した。

(c) 1870年代以降，法学界へのユダヤ系法学者の進出はいちじるしく，多数の者がみられる。著名な変革者が多く含まれている。これらの者は，シュタウプのように早世した者を除くと，おおむね1930年代に国外に亡命をよぎなくされることとなった。こうした亡命法学者として，プリングスハイム，M・ヴォルフ，シュルツ，カントロヴィッチ，ラインシュタイン，ハイマンなどがいる。プリングスハイムについては，すでに弟子であるヴィアッカーとの関係で，M・ヴォルフについては，同僚であったラーベル，あるいはキップとの関係でもふれたことがあり，シュルツについても，弟子のフルーメとの関係でふれたことがある(10)。19世紀の後期は，亡命法学者の検討では，もっとも重要な時期であり，多数の民法学者が包含されている。

この時期の者でとくに重要なのは，ラーベルであるが，彼についても，すでに検討したことがある。レーヴィについても，二重効のゼッケルとの関係でとりあげたことがある。J・ゴールトシュミットは民法学者ではないが，L・ゴールトシュミットやラーベルとの関係で意味があり，また，労働法学者であるジンツハイマーもこの時期の者である。憲法のケルゼン（Hans Kelsen, 1881–1973），民事訴訟法のローゼンベルク（Leo Rosenberg, 1879–1963）は，今日でもあまりにも著名なことから，深くふれる必要はないであろう。

ユダヤ系法学者には，そのほかにも著名な者が多数いる(11)。しかし，あまりにも膨大となることから，本稿では採り上げえない。なお，民法の理論に特化した部分は，おもに各論にあることから，総論の部分では必ずしも民法に限定されない広い対象が含まれている。

(3) 地域区分

(a) ドイツにおけるユダヤ系学者の出身地は，西部であれば，フランクフルト・アム・マイン（Lotmar, Haymann）やマインツ（Dernburg），マンハイム（Lenel）など，ライン河畔かその支流の比較的狭い領域を中心とする。とくにフランクフルトには，戦前までかなり大きなユダヤ人街があった(12)。著名な詩人・評論家であるハイネ（Heinrich Heine, 1797. 12. 13–1856. 2. 17）も，デュッセルドルフで生まれ，ボン，ゲッチンゲン，ベルリンの各大学で学んだ。ボン大学で，文学者のシュレーゲル（August Wilhelm von Schlegel, 1767–1845）の教えをうけるまで（vgl. Geschichte der deutschen Sprache und Poesie, 1819），法律家を目ざした時期もあったようである。ハイネの生年である1797年は，パンデクテン法学者のヴェヒター（Carl Georg Waechter, 1869年以降は，von Wächter, 1797. 2. 24–1880. 1. 15）の生まれた年でもあり，翌年には，Puchta（Georg Friedrich Puchta, 1798. 8. 31–1846. 1. 8）が生まれている。

(b)　東部であれば，シレジアの出身者（Laband, Pringsheim, Schulz, Staub, Rosenberg）が多い（なお，ドイツ語の「シュレジィエン」はなじみが薄いので，「シレジア」と英語読みにする。また，以下の地名は，おおむねドイツ民法典の発効した1900年を基準としている）。ほかに，東部では，ポーゼン（Kantorowicz），ダンチヒ（L. Goldschmidt）の出身者もみられるが，東部ではおしなべて，プロイセン領であることが多かった。ベルリン（M. Wolff, J. Goldschmidt, Levy）が代表的である。プロイセンは，富国強兵・殖産興業の観点から，17世紀以来，ユグノー（プロテスタントに寛容であった1598年のナントの勅令が，1685年に廃止され，多くのユグノーがプロイセンに亡命した）やユダヤ人の受け入れ（スペインにおけるユダヤ人の追放は，1492年に遡る）に積極的であったからである(13)。

ベルリン系のユダヤ人法学者には，初期において，しばしば権力者，とくに上述のビスマルクとの密接な関係がみられることが特徴的である（Dernburg, L. Goldschmidt, Laband など）。ある意味では，1871年のドイツ統一の勢力に属したのである。民法典の制定にも積極的にかかわることが多かった。ビスマルク帝国の最初のライヒ大審院長シムソン（Eduard von Simson, 1810. 11. 10–1899. 5. 2）もユダヤ系であった（Königsberg の出身）。ただし，上述のように，中期以降は，むしろ反権力的な立場のものも目立つようになった（Lotmar, Kantorowicz）。

ウィーン（Rabel）やオーストリア領のチェルノヴィッツ（Ehrlich）は，東欧系ユダヤ人出身地の領域に属している。多民族国家であったオーストリアは比較的外国系の者に寛容であったから，ユダヤ系の学者も多い。ケルゼン（Hans Kelsen, 1881. 10. 11–1973. 4 . 19）も，プラハ生まれで，1930年に，ケルン大学に招聘されるまでウィーンがおもな活動舞台であった。法学者ではないが，オーストリア領の出身者では，プラハで生まれたカフカ（Franz Kafka, 1883–1924）も，ドイツ語系のギムナジウムを卒業した後，1901年，プラハのドイツ大学に入学し，1806年法学博士の学位をえている。「審判」(Der Prozess)，「判決」（Das Urteil)，「流刑地にて」（In der Strafkolonie）など，法律系の題目がみられるのは，その影響ともいえる(14)。

1900年（民法典発効時）の地域区分によるユダヤ系法学者

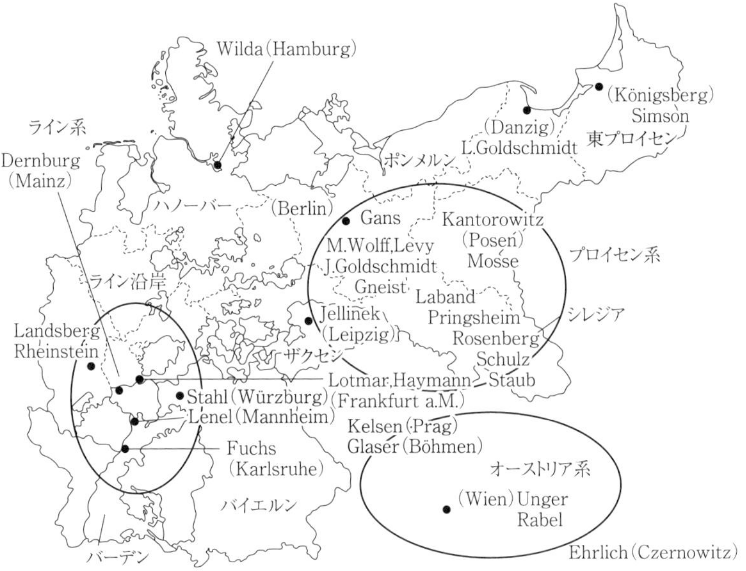

おもに，Hübner, Grundzüge des deutschen Privatrecht, 1908の付図により，文字情報は筆者が作成した。

2　その他の背景と迫害

(1)　裁判官と検察官

(a)　1933年のナチスの政権掌握後（Machtergreifung)，ユダヤ系として弾圧をうけ追放されることは，法学者だけではなく，裁判官や検察官など司法職にある者にも及んだ。彼らについての研究は，まだ緒についたばかりであるが，2010年10月6日に，ドイツ連邦司法相のLeutheuser-Schnarrenberger（FDP）は，ナチス期に追放された裁判官と検察官に対する記念碑の除幕式において，1000人以上のユダヤ系の裁判官と検察官が，1933年以降，公職から追放されたとしている(15)。行政職の官吏にも同様な追放があったが，本稿では立ち入りえない（後述(d)参照）。

公職追放の根拠は，ラートブルフやカントロビッチが罷免されたのと同じく，1933年の公務員職の回復法（Gesetz zur Wiederherstellung des Berufsbeamtentums, 1933）であった(16)。そこで，司法官だけでなく，政府のあらゆる部署に追放された者がいるのは，不思議ではない。連邦司法省は，同法の制定から70周年にあたる2003年に，ユダヤ系の裁判官と検察官のその後の運命を探る研究プロジェクトを開始し，そこで確認された名前を記念板に刻んだのである。歴史を忘れずに，将来に生かすためである。

1933年に，ナチスの政権掌握からわずか5週間後には，SS（Scutztaffel, 親衛隊），SA（Sturmabteilung, 突撃隊）が，各地の裁判所に配属され，ユダヤ系法律家が攻撃をうけた。こうした方法は，わがくにで，学校や政府の諸機関に軍の配属将校や憲兵が配属されたのと形式的には異なるが，干渉や暴力，密告による介入が行われたことは異ならない。ユダヤ系法律家への弾圧は形式的には法律に基づいていたから，その他の裁判官と検察官の多くは，その従順な執行者となり，消極的ながらナチスの共犯ともなったのである(17)。ベルリンの高裁は，かつてプロイセン王国の上級裁判所がおかれた伝統から，今日でも，宮廷裁判所（Kammergericht）と称されるが，そこには，ナチスの最高裁である民族裁判所（Volksgerichtshof）が設置され，国家転覆罪の裁判権は，ライヒ大審院（RG）から剥奪された。また，ベルリンのPlötzensee刑務所（Justizvollzugsanstalt）では，不法な裁判によって3000人以上が死刑にされたのである（現在は，記念館Gedenkstätteとなっている）。ベルリン高裁裁判官の最初の犠牲者，Friedrich Nothmannは，ラント裁判所勤務を経て，1929年以来，高裁の刑事2部に勤務していたが，1933年3月31日にSAに襲撃され，路上に引き出されて暴行をうけ，1939年に，オランダに亡命した。その後，Westerbork, Theresienstadt, Auschwitzの各収容所を経て，1944年10月18日に，57歳の誕生日に殺害された(18)。

(b)　こうした弾圧は，下級裁判所だけではなく，最上級審であるライヒ大審院に対しても行われた。1935年までに，ライヒ大審院のユダヤ系の全判事は，追放された。その中には，部長判事の Alfons David（1886-1954）もいる。彼は，1918年にライヒ大審院判事となり，1929年には部長であったが，1933年3月16日に，ライヒ大審院の中で，ザクセンとチューリンゲンのナチスの法務部門の長の訪問をうけ，ユダヤ教に関する尋問をうけ，ライヒ大審院における，弁護士のための名誉裁判所（懲戒裁判所，大審院民事第8部）の部長の職を解かれた（アメリカに亡命し，1954年に亡くなった）。他の現職裁判官への圧力もあった。1933年3月末までに，彼らは，辞任をよぎなくさせられたが，これに対する大審院当局からの保護はなかった。院長の Erwin Bumke（1874-1945，最後のライヒ大審院の院長である）自身がナチスの協力者だったからである。ほかに6人の裁判官が追放された。また，1933年4月6日までに，ライヒ大審院のただ1人の社会民主党員，54歳の Hermann Großmann も免職となった。1933年5月には，1929年に任命された院長 Bumke は，大審院の大講堂にあった初代院長シムソン（Martin von Simson, 1810. 11. 10-1899. 5. 2）の肖像画を，彼がユダヤ系であったことからはずさせたのである。ちなみに，この肖像画は，現在，カールスルーエの連邦裁判所にあるほか，その画像は，Bundearchiv にも所蔵されている（Bild 183-R01056）。

ライヒ大審院の動向は，ライヒ国会放火事件（1933年2月27日。厳密には，ライヒ議会＝帝国議会であるが，わがくにでは「国会」と呼ばれることが多いので，それによる。この議会建物＝Reichstaggebäude は，再統一後，丸屋根で改築され外観が変更している）を通して注目された。大審院は，当時まだ反逆事件の初審かつ最終審であった。大審院刑事第4部が，部長 Wilhelm Bünger（1870-1937，のち刑事5部長）のもとで，1933年9月21日から12月23日まで，証拠手続を行い，起訴された4人の共産主義者が無罪となったことから，ナチスからは欠陥判決と攻撃された。同時に係属した被告人たるリュッベ（Lubbe）に対する死刑判決は，事後立法によるものであった。1933年3月29日に出された特別法によって，放火犯に死刑を課したのである。しかし，事件の結末が，必ずしもナチスの思い通りにはならなかったことから，新たに反逆罪については，ベルリンに上述の民族裁判所が設立されたのである(19)。また，政治的には，この事件が，授権法（後述2(3)参照）成立の契機になったことは，歴史上，知られているとおりである。

(c)　ユダヤ系の法律家は政治的にはしばしば保守的であったから，第一次世界大戦では兵役に服し，中には勲章をうけた例も少なくなかったが（Pringsheim），そうした功績もほとんど考慮されることはなかった（Hindenburg,〔1847-1934〕の死亡の1934年以降。とくに1935年の前掲のニュルンベルク法。功績を否定することに対し，Hindenburgは軍人としては反対したといわれる）。こうしたユダヤ系法律家の追及は，国家による「市民への裏切り」ともいわれる。他方，多くの者は，独裁者に従順であり，ドイツ裁判官連盟（Deutsche Richterbund）は，ナチス法律家連盟（NS-Juristenbund）に加入し，また，1933年10月に，1万人の法律家が，ライプチッヒのライヒ大審院の前で，ヒトラーへの忠誠を誓ったのである(20)。

ワイマール時代の末期に，裁判官の多くは，デモクラシーの理念から遠ざかり，わずかな法律家のみが共和国に忠誠であったにすぎない。上述のHermann Großmannはその1人である。ライヒ大審院の裁判官であった彼は，共和国裁判官連盟（Republikanisches Richterbund）に属していた。1932年に，彼は，法治国家と民主主義のための集会をもち，独裁者を警戒するよう述べたことから，1933年に，職を追われた。

また，ブランデンブルクの区裁判官のLothar Kreyssigは，ナチスの優性保護政策や精神病者の殺害に反対した。Ernst Straßmannは，ラント裁判官として，リベラルな反対グループを作った。ミュンヘンの検察官Josef Hartingerは，1933年に，ダッハウ（Dachau）の強制収容所の犯行に加担することなく，調査を行った。しかし，これら硬骨の法律家の存在は，まれな例外であった(21)。

(d)　こうした迫害に関する調査も，緒についたばかりであるが，法律家に限られるわけではなく，他の政府機関にもある。たとえば，2010年10月28日のドイツ外務省の調査報告書「外務省と過去ー第三帝国と連邦共和国のドイツ外交官」によれば，ユダヤ人弾圧やホロコーストに同省も加担していたとの結果となり，外務省がナチスに抵抗していたとの従来の定説はくつがえされた(22)。ちなみに，これは，後述（第3章2参照）の日本における亡命ドイツ人に関する記述からも，かなりの程度は推察されてきた。

(e)　2012年1月11日，連邦司法省は，過去のナチス犯罪の再検討のための学術的な独立委員会を設立し，ポツダム大学のManfred Görtemaker（現代史教授，近代ドイツ史の多くの著作があり，軍事史の専門家でもある）とマールブルク大学のChristoph Safferling（刑法・刑訴法，国際刑法，国際法教授，多くの学術的著作のほか，戦争犯罪訴訟，ニュルンベルク原則の研究でも知られる）に対し，ナチスの過去犯罪の再検討を委嘱した。彼らは，独立委員会として，戦後の1950年代と60年代に連邦司法省の中で，人的，専門的，政治的なナチスの継続性があったかについて歴史的な研究を行う(23)。

この独立委員会の対象は，1945年以前だけではなく，むしろ戦後の影響の検討にある。成立初期の連邦共和国へのナチスの影響の問題は，従来の研究が欠けており，これからの包括的な研究の対象である。連邦司法省は，内部担当者の Hans-Jochen Vogel と Hans Engelhard の下で，これらの予備調査を行った。そして，この予備調査をうけて，新たな独立委員会の設置が決定されたのである。

独立委員会は，とくに戦後の初期 Rosenburg（Bonn の首都機能のあった Bad Godesberg の近郊である。1949–1973）に連邦司法省がおかれた時代，すなわち1950年代と60年代における，ナチスの影響の人的な継続性を検討することを課題とする。委嘱された研究者は，みずから司法省内の資料にあたり，現状を把握するものとされる。2012年４月に，専門家の学術的シンポジウムが行われ，詳細な研究の必要性が明らかにされる予定である。この会議とその後の作業は，学術的専門家の部会によるだけではなく，公の討論にも供され一般にも公開される(24)。

この背景には，戦前と戦後の人的，物的な継続性がいわれることによる。たとえば，戦後の刑法の改正にさいしても，どこまで戦前のイデオロギーの影響があったかが検討される必要がある。そして，戦後の連邦司法省は，1945年よりも以前にナチスに関わった多くの法律家に種々の作業を行わせている。また，関連の学術的公刊物にも，以下の司法省高官の名前で出されたものがある。Franz Maßfeller（1942年のホロコースト計画の再編に関する Wannsee 会議のさいに司法省から参加。同じく司法省からの参加者であった Roland Freisler は，1945年に，自分が長官をしていた民族裁判所への爆撃により死亡した。パーラント（Otto Palandt, 1877. 5. 1–1951. 12. 3）は，彼によってライヒ司法試験委員会の委員長に任じられた），Eduard Dreher（1907–1996，戦前，検察官，戦後は司法省の高級官僚となり，Beck の Kurzkommentar zum Strafgesetzbuch で著名である），Ernst Kanter（デンマークの占領軍の戦時裁判官として，100以上の死刑判決に関与し，戦後，司法省参事官），Josef Schafheutle（戦前・戦後の司法省で，政治犯の刑法上の問題に関与した），Walter Roemer（1902–1985，戦前に検察官であり，映画でも著名な白ばら事件（Weiße Rose）のSophie Schollの死刑判決にも関わったが，戦後，司法省の参事官），Heinrich Ebersberg（1911-？，戦前は，ライヒ司法省の参与，戦後も連邦司法省の高官であった）などである(25)。

連邦司法省の管轄する連邦裁判所にも，同様の問題がある。1945年以前にナチス司法に関わった多くの裁判官がおり，その割合は，1962年まで，77％にもなっていた。そして，1949年と1954年には，2回の恩赦があり，とくにナチス犯罪を対象としたわけではないが，ナチス犯罪者にも利益となった。この場合に，どこまでこうしたナチス協力者の側からの影響があったのかは，現在では不明となっている。1969年のナチス犯罪者の時効問題（連邦共和国の成立から20年目の同年，謀殺の時効が完成することから，公訴時効が10年延期され，さらに1979年には，一部の時効は廃止された）への介入，指導的な刑法学者の存在や，上述の司法省参事官Eduard Dreherの役割が示唆された小説も注目されている(26)。そうした蓋然性は，かなり高いものと考えられている。

また，連邦司法省（戦前はライヒ司法省）では，1945年前に類似の領域で仕事をしていた官吏を戦後も使用しており，これは，法治国家としては問題があったとされている。たとえば，ナチスの血統保護法の専門家であり，Wannsee会議についてのコンメンタールの共著者であったFranz Maßfeller（上述）は，戦後も，連邦司法省で，家族法，身分法の改正問題の担当をして，民法にも影響した1957年の男女平等法（Gleichberechtigungsgesetz）の立法にも関与したのである(27)。

(2)　大　　学

(a)（i）1933年以降，大部分の大学も沈黙し，むしろキール大学やブレスラウ大学などでは，積極的なナチスへの傾倒がみられた。稀有な例外は，ニッパーダイ（戦後，連邦労働裁判所長官）の主導のもとに，ケルン大学の法学部がケルゼンの免職（定年の強制適用，zwangsemeritiert）に反対しただけである（1933年。そのさいに，C・シュミット（Carl Schmitt, 1888-1985）はほぼ1人この免職に賛成し，同年，自分はベルリン大学に移籍した）。個別には，師のシュルツの追放に反対したフルーメ，師のレーヴィの追放に反対したクンケル，師のM・ヴォルフの追放に反対したライザーなどの例があるが，声をあげた例は稀である。

1934年12月31日のライヒ・ハビリタチオン法（Reichshabilitationsordnung）

は，従来大学とラントの権限であった大学の教授資格審査をライヒ政府の権限に移し，統一した。その手続は，第1に，学部による論文と口述試験であり，第2は，ライヒ学術相による講義権限の付与であった。これによって，学問的資質よりも，教授資格者の思想や人的要素が重視されることとなったのである。また，国家試験と司法研修にも，ナチス的思想や人格が重視されるようになった。この変更には，民法コンメンタール(Kurzkommentar, Beck)で著名なパーラントの影響が大きい（Otto Palandt, 1877. 5. 1-1951. 12. 3）[28]。ワイマール時代に可能となった女性の弁護士職も禁止された[29]。

(ii)　1933年以降の諸大学を概観すると，以下のようであった。1933年以降，もっとも早くにナチスの影響下におかれたのは，キールやブレスラウ，ケーニヒスベルクのような周辺・小規模大学であるが[30]，大規模大学でも，ベルリン大学（1810年設立）のような政治中枢の近くに位置する大学は，早くに影響をうけた。1933年5月10日には，ナチスのドイツ学生連盟（Deutsches Studentenbund）は，ベルリン大学で，ユダヤ系著者の本の焚書を敢行した（2万冊以上の焚書)。こうして，フンボルト(Wilhelm von Humboldt, 1767-1835)によって基礎づけられ，サヴィニーやヘーゲルで著名な同大学の伝統は失われた。1935年3月までに，全学で234人の教授が追放された[31]。1933年10月には，C・シュミットのようなナチスに忠実な者が着任した。私法研究所を設立したラーベルと対になる公法研究所を設立したブルンス（Bruns, 1884-1943）が1943年に亡くなると，ビルフィンガー（Carl Bilfinger）が着任し，エックハルト（Karl August Eckhardt）は，ナチスのドイツ法アカデミーの設立に貢献した。キール学派の時代が到来した。政権に忠実である同大学の伝統が災いしたのである。

ナチスの理論的支柱の1人であったC・シュミットは，1922年から26年まで，1810年に再建されたボン大学にいた[32]。ナポレオン戦争中に廃止され，遅れて1920年に再建されたケルン大学では，Stier-Somlo がワイマール秩序の擁護者であったが，同人は，1930年に亡くなり，ケルゼンと，1932年にC・シュミットが招聘された。そして，ケルゼンは，1933年に追放されたのである。フライブルク大学（1460年創設）は，人文主義法学者ツァシウス（Zasius, 1461-1535）によって中世から著名であるが[33]，20世紀初頭には，ユダヤ系のカントロヴィッチ（Kantorowicz）とプリングスハイム（Pringsheim）が長く在籍した。彼らはそれぞれキール大学とベルリン大学に移籍したあと，ともに追放され，亡命法学者となった。

1544年以来の伝統とカント（1724–1804）を誇るケーニヒスベルク大学では，公法・税法学者のヘンセル（Hensel, 1895–1933）が，1933年に休職となり，イタリアに逃れたが，1週間後，パヴィアで亡くなった。ブレスラウ大学は，ベルリン大学が創設されたおりに，フランクフルト（オーデル）大学（Viadrina）が移転して1811年にできた大学である。かつて，モムゼン（Theodor Mommsen, 1817. 11. 30–1903. 11. 1）とギールケ（Otto von Gierke, 1841. 1. 11–1921. 10. 10）によって著名であったが，キール大学とともに，ナチスの前衛大学（Frontuniversität）と位置づけられ，早くからユダヤ人のいないこと（judenfreie Uni.）を誇ったのである。

(iii) 伝統ある大学では，ゲッチンゲン大学（1737年創設）は，戦後，ヴィアッカーを獲得した(34)。かつてラーレンツは，ここで学位をえて，キール大学に赴任した。ゲッチンゲン大学は，戦後，東側からの逃亡教授を多数受け入れたが，その中には，もとのキール学派のものも多く含まれていた。ハイデルベルク大学では（1386年創設），トーマ（Thoma）が1928年にボン大学に移動した後，1929年に，イェリネック（Walter Jellinek）が赴任したが（1913–1919，キール大学の員外教授，1919年に正教授，1929年に移籍），1935年には，追放された。さらに，ラートブルフ，H・ミッタイス，レーヴィなども追放された(35)。

1409年に創設されたライプチッヒ大学は，19世紀のパンデクテン法学者では，ヴェヒターやヴィントシャイトによって著名であるが，公法では，R・シュミット（Richard Schmidt, 1862–1944）が著名である。その学部の変容については，すでに述べたとおりである(36)。

エルランゲン，イエナ，ロシュトック，チュービンゲン，ヴュルツブルクの各大学には，もともとユダヤ系の者はいなかった。もっとも多かったのは，ベルリン，フランクフルト，ハンブルク，ハイデルベルクの各大学であり，こうした差は，おおむねユダヤ人解放とラントの特質によるものである。ほかに，ブレスラウ，ゲッチンゲン，キール，ケルンの各大学でも多かったから，追放者も多数にのぼったのである(37)。

(b) (i) ドイツ法曹会議（Deutsche Juristentag）は，法律家の団体であり，1860年からの伝統を有する（第1回大会は，1860年に，ベルリンで，ヴェヒターによって開催された）。近時の2010年に150周年となった（この年の68回大会では，協会の150周年の祝賀が行われた)(38)。わがくにの私法学会と公法学会を統合したようなものであり，現在では，２年に１度，かつては数年ごとに大会を開いている。その時々の重要事項を検討してきたが，第一次世界大戦中，中断し（31回大会は，1912年に，ウィーンで Heinrich Brunner によって開催され，中断後の32回大会は，1921年の Bamberg 大会であった），戦後，33回大会（1924年）Heidelberg，34回大会（1926年）Köln，35回大会（1928年）Salzburg，36回大会(1931)Lübeck と続いた。しかし，München で予定された37回大会(1933年）は，ナチスの圧力で中止となった（37年に解散)。ドイツ法アカデミーを中心とするナチスの法曹連盟がこれに代わったからである。第二次世界大戦後の37回大会（1949年）Köln まで，18年も開催されなかったのである(39)。

1935年10月12日，13日に，Ｃ・シュミットの主導の下で，民法・労働法学者のジーベルト（Wolfgang Siebert, 1905. 4 . 11–1959. 11. 25）ほかを実行委員として，ナチス法曹連盟(Bund Nationalsozialistischer Deutscher Juristen, 1936年からは，法の守護者同盟＝Rechtswahrerbund と改称。ナチス法律家連盟 NS-Juristenbund ともいわれる）の大会が行われた。ジーベルトと Ulrich Scheuner (1903. 12. 24–1981. 2 . 25，国法学者である。ワイマール憲法の法治国家論でハビリタチオン論文を書いたが，ナチスの台頭後，1934年には，ナチスの人民革命と授権法を肯定する論文を書いた）は，法の下の平等に反対する種々の決議を行い，なかんずくドイツ民法典１条の「人」(Mensch）や，「自然人」(Natürliche Person）概念が，民族共同体，市民，ユダヤ人といった多様性を無視しているとし，これらの語が，民族的に定義された概念に代替されるべきとの決議を行った。これは，1935年11月14日の反ユダヤ法に反映され，人種差別のニュルンベルク法（同年９月15日，前注(4)参照）を強化するものとなった(40)。

(ii)　ベルリン法曹協会（Juristische Gesellschaft zu Berlin）は，かつて，キルヒマン（Julius Hermann von Kirchmann, 1802. 11. 5 –1884. 10. 20）が，1847年に，著名な「法律学の学問としての無価値性」(Die Werthlosigkeit der Jurisprudenz als Wissenschaft）の講演を行い，ほかにも多くの著名な講演が行われている(41)。1859年に現在の形態で，新たに設立され，Heinrich Dernburg, Otto von Gierke（1909－1921年に会長），Rudolf von Gneist, James Goldschmidt, Eduard Lasker, Hugo Preuß, Franz von Liszt など，著名な法学者が参加している。のちに二重効で著名なキップ（Theodor Kipp, 1862. 3 . 7 –1931. 7 . 24）が，1929年から1931年には，会長となっている。また，1931－1933年の会長

は，民法学者の Ernst Heymann（1870. 4. 6-1946. 5. 2）であった。しかし，1933年のナチスの政権掌握によって，戦後の1958年まで中断した。

主要な大学の創設と継続（おおむね民法典発効の1900年ごろまでの推移）

	1800　1900
Heidelberg	1386 ――――――――――――――――→
Leipzig	1409 ――――――――――――――――→
Wien	1365 ――――――――――――――――→
Göttingen	1737 ――――――――――――→
Jena	1558 ―――――――――――――→
	1810 Berlin ――――→
	1786←→1797　1818 Bonn ――――→
Köln	1388 ―――――――― 1798　1919 ――→
Freiburg	1457 ―――――――――――――――→
Kiel	1665 ―――――――――――――→
Breslau	1811 ――――――→
Königsberg	1544 ―――――――――――――→

(3)　授権法と独裁

ナチスが政権を掌握したのが，1933年１月30日（組閣。３月５日に第１党。プロイセンでは1932年４月に第１党になっていた）であり，３月23日に，いわゆる授権法（Ermächtigungsgesetz; Gesetz zur Behebung der Not von Volk und Reich）により，ワイマール憲法を停止した。2008年に，その75周年を契機に，当時の連邦司法相 Zypries の談話が出されている(42)。

授権法のためのワイマール憲法の変更には，ライヒ議会３分の２の多数が必要であったが，ナチスは，中間政党をひきよせ，２月の国会放火事件を口実に共産党を排除した結果，SPD の反対のみで，この法律を成立させたのである。５条からなる法律であり，第１条で，ライヒ政府の立法権を，第２条で，憲法からの逸脱可能性を定めていた。1937年４月までの時限立法であったが，ナチスの崩壊まで存続した（当時の政府が変更した時にも終了するものとされていた。５条参照）。

「１条　ライヒの法律は，憲法の予定する手続外で，ライヒ政府によっても定められる。憲法85条２項，87条の定める法律〔予算に関するもの〕についても同様とする。

2条　ライヒ政府によって定められた法律は，憲法から逸脱することができる。ただし，ライヒ議会（Reichstag）とライヒ参議院（Reichsrat）の権限内のものに限る。ライヒ大統領の権利は変更されない」(Das Gesetz zur Behebung der Not von Volk und Reich, Ermächtigungsgesetz, vom 24. März 1933, RGBl. S. 141)。

Art. 1（Gesetzgebungsrecht der Reichsregierung）Reichsgesetze können außer in dem in der Reichsverfassung vorgesehenen Verfahren auch druch die Reichsregierung beschlossen werden. Dies gilt auch für die in den Artikeln 85 Abs. 2 und 87 der Reichsverfassung bezeichneten Gesetze.

Art. 2（Abweichung von der Verfassung）Die von der Reichsregierung beschlossenen Reichsgesetze können von der Reichsverfassung abweichen, soweit sie nicht die Einrichtung des Reichstages und des Reichsrats als solche zum Gegenstand haben. Die Rechte des Reichspräsidenten bleiben unberührt.

同法によって，ライヒ議会はみずから立法権限を喪失し，法治国家と議会制民主主義は終焉し，独裁への道が開かれたのである。大規模なユダヤ人弾圧事件である水晶の夜は，1938年11月9日であった。

その反省から，戦後，現行の基本法79条には，法治国家の原則を保全するために，濫用に対する永久禁止条項(*Ewigkeitsklausel besonders vor Missbrauch*)がおかれており，人権，デモクラシー，連邦国家，社会国家，法治国家，共和制の各条項からの逸脱は禁じられる(Die Menschenwürde, das Demokratie-, Bundesstaats-, Sozialstaats- und Rechtsstaatsprinzip sowie die Staatsform der Republik)。

第2章　各　　論

1　各論1（初期）

各論では，初期のプロイセン系の法学者を中心に検討する(Dernburg, Levin Goldschmidt, Laband)。対象は多数になるので，オーストリア系では，ウンガー（Josef Unger, 1828. 7. 2-1913. 5. 2）のみを扱い，裁判官では，初代大審院長のシムソン（Eduard von Simson, 1810. 11. 10-1899. 5. 2）を検討する。法学者の簡単な一覧は，138頁の表を参照されたい。

(1)　デルンブルク（Heinrich Dernburg, 1829. 3. 3-1907. 11. 23）

(a)　デルンブルクは，1829年に，ライン河畔のマインツで，ユダヤ系の家系に生まれた。父親（Jakob Heinrich Dernburg, 1795-1878）は，マインツの弁護士であり，のちに高等控訴裁判所付の検察官（Hofgerichtsadvokat, Obergerichtsprocurator），ファルツ大公国の顧問官（Großherzoglicher Geheimrat）であった。1845－1849年には，ギーセン大学の教授となり，最後は，ダルムシュタットの上級審判事であった（Rath am Darmstädter Oberappellations- und Kassationshof）。

デルンブルク家の興隆は，祖父のZebi Hirsch（1758-1836）に始まる（のちに，Hartwig Dernburgと改名。祖母は，Helene Gundersheim）。この祖父は，古着屋から商人になったのであるが，ユダヤ教の法典タルムードの教師でもあり，子どもを大学に入れたのである。その息子の1人Josef Naftalie Derenbourg（1811-1886）は，ヘブライ学とオリエント学を学び，フランスにおける家系の始祖となった。デルンブルクの父，Jakob Heinrichは，ボン大学とギーセン大学で，法律学を学んだ。ほかに，オリエント学のHartwig Derenbourg（1844-1908）やライプチッヒ大学の歴史学者Heinrich Sproemberg（1889-1966）などの親戚がある。また，法史学者のランズベルク（Ernst Landsberg, 1860. 10. 12-1927. 9. 29）も，親戚である。

母親Rosa（1811-1886）は，Jakob ReinachとJudith Bechenbachの娘であった。デルンブルクは，母のRosa Reinach（1811-1886）の家系を通して，法律家のEdgar Loening（1843-1919，ハレ大学の国法学・教会法教授），Richard Loening（1843 od. 1848-1913，イエナ大学の刑法教授）兄弟やGierkeとも姻戚関係がある。両親は，ともにユダヤ教徒であったが，1841年に，息子Heinrichと Friedrichとともに，一家でプロテスタントに改宗した。

デルンブルクは，Levin Goldschmidt（1829. 5. 30-1897. 7. 16）と同年の生まれであり，ユダヤ系の法学者としては初期の者に属する。1812年に，プロイセン王国でも，ユダヤ人解放が行われ，改宗すれば，公職につくことが可能となった時期である（フランスのユダヤ人解放は1791年，アメリカで1776年，イギリスでは1858年であった）。ただし，改宗しない場合には，弁護士職だけが可能であった。ドイツ全体で，ユダヤ人が解放されたのは，統一後の1871年（ビスマルク憲法）である。

政治家であり出版業者のFriedrich Dernburg（1832-1911）は，彼の弟であり，その息子の Bernhard Dernburg（1865–1937）は，金融業者であり政治家，ライヒ植民省の次官（Staatssekretär）であり，1919年には，シャイデマン（Philipp Scheidemann, 1865–1939. 1918年のドイツ革命をうけ，1918年11月9日に共和国を宣言し，ワイマール共和国初代の首相となった。1933年に亡命）内閣の財務大臣となった。

デルンブルクは，教授となった父親とともにギーセンにいき，そこで大学入学資格・アビトゥーアを取得した。ギーセン大学では，法律学を学び，1849年に，第一次国家試験に合格した。1848年に，ギーセンの学生団体 Corps Teutonia に入った。ウィーン体制に反対する1848年の三月革命（パリの二月革命でオルレアン朝が追放されたことに呼応して，1848年3月中ごろベルリン，ウィーンなどで発生）に呼応する政治活動をしたが，挫折した。

1850年に，善意の売買（emptio bonorum）に関する学位論文により，ギーセン大学で学位をえたが，その指導教授は不明である。彼自身の父は，すでにダルムシュタットの裁判官となっていた。学位をえた後，デルンブルクは，ベルリン大学で半年学び，サヴィニー・プフタの後継であるスイス人のケラー（Friedrich Ludwig Keller, 1799. 10. 17–1860. 9. 11）の影響をうけた。その後，ハイデルベルク大学に移り，1851年に，相続分たる単独訴訟上の地位（erbschaftliche Singularklage）と Hereditatis Petitio の関係に関する論文（Über das Verhältnis der hereditatis petitio zu den erbschaftlichen Singularklagen）により，ハイデルベルク大学で教授資格をえて，私講師となった。当時そこでは，ファンゲロー（Vangerow）が著名な教授であったが，そのローマ法源への純粋主義には，デルンブルクは，賛同しなかった。

デルンブルク自身の講義は，必ずしもファンゲローのような名講義との評判をとることはなかったが，わかりやすい著述を準備し学生の便宜を図った。テキストは，事例を多用し，わかりやすい説明が多い。パンデクテン法学者にありがちな形式論理よりも実務的観点を重視し，法文に忠実でありながら，必ずしも概念的でなく，実務と社会の要請に答えるものであった。ローマ法の適用からドイツ法の構築の時代に入ったのである。

ここで，彼は，法律雑誌(Kritische Zeitschrift für die gesamte Rechtswissenschaft）の共同創刊者となった。1854年に，彼は，ケラーや友人の仲介により，法史家T・モムゼンの後任としてチューリヒ大学の員外教授となり，その後，正教授となった。こうして，デルンブルクは，19世紀中庸以降，大量に生まれたユダヤ系法学者の最初の人物となり，かつ民法上，もっとも著名な者の１人となった(43)。

1862年に，彼は，イェーリングの推薦により，ザクセン・アンハルトのハレ・ヴィッテンベルク大学に招聘された。そして，1865年には，ハレ大学から推薦されて，プロイセンの上院の議員となった。南ドイツのチュービンゲン大学の招聘を断り，1873年に，ロマニストのAdolf August Friedrich Rudorff（1803.21-1873.２.14）の後任として，ベルリン大学に招聘された。担当講座は，ローマ法とプロイセン法，民法であった。

講座の当初の候補は，イェーリングとヴィントシャイトであったが（ただし，政府の干渉に対抗するためのあて馬であった可能性が高い），政府もこれを拒否した。デルンブルク自身の自薦運動（パンデクテン講座の候補者のうち，プロイセン法に造詣の深いのは自分のみであること）やビスマルクの干渉（上院での彼の活動に注目していた）が原因だったとされる。第２次の候補は，Ｌ・ゴールトシュミット，ベッカー(Bekker)，デルンブルク(ほかに，Adolf Schmidt, Brinz）であり，大臣のファルク（Falk）は，ビスマルクの希望を考慮したのである。同じ1873年，デルンブルクは，上院において，国王が「特別の信頼をよせる」勅撰の終身議員ともなった。こうして，彼は，司法関係の委員会において重要な役割を果たすことになった(44)。

1884年から85年に，彼は，ベルリン大学の学長となった。その講座の後継となったのは，二重効で名高いキップ（Theodor Kipp, 1862.３.７-1931.７.24）であった。そして，キップの後継は，実質的にユダヤ系のＭ・ヴォルフ（Martin Wolff）であった。必ずしもユダヤ系だけではなく交互に承継が行われている点では，のちにフライブルクで生じた独占の問題を回避している（そこでは，1907年にレーネル，1922年にレーヴィ，1928/29年にプリングスハイムと，ユダヤ系法学者が続いた）。

デルンブルクは，1907年に，78歳で亡くなり，その墓は，ベルリンのBerlin-Westend（Luisenfriedhof III）にある。箕作麟祥の墓（多摩霊園）を彷彿させるような大きな墓である。ほかにも，デルンブルクを記念した広場（Dernburgplatz)や(その後改称)，道路(Charlottenburg-WilmersdorfにDernburgstraße)がある。

ほぼ同じ時期に亡くなったシュタウプ（Samuel Hermann Staub, 1856.３.21-1904.９.２）は，1893年に，商法のコンメンタール（Kommentar zum Handelsgesetzbuch）を出版した。これは，実務で高い評価をえたことから，新しい改訂者を加えて，1933年までの40年間に14版を重ねたが，同年のナチスの政権獲得のもとで，ユダヤ人法律家への反感から絶版となった。もっとも，そのコンメンタールは，戦後，7冊の大コンメンタールとして新たに出版され，今日なお，商法の基礎的な文献となっている（Handelsgesetzbuch：Großkommentar，5．Aufl.，2008，hrsg. Canaris）(45)。しかし，デルンブルクのテキストは，よい改訂者をえなかったために，こうした曲折を重ねることもなかった。キップは，ヴィントシャイトのテキストの改訂者となったからである(46)。

なお，没後，その蔵書であるデルンブルク文庫は，日本に渡ったが，コーラー文庫（Josef Kohler，1849．3．9－1919．8．3）とともに，1923年9月1日の関東大震災による東大の図書館の火災で焼失した。

わが民法の起草者である穂積陳重，梅謙次郎は，ベルリン大学に留学もしくは立ち寄っており（1880年と1890年），1873年にベルリン大学に招聘されたデルンブルクの講義や謦咳に接したことがある（後述第3章3注(146)参照）。

(b) デルンブルクの業績は多く，とくにそのパンデクテン・テキストは，ヴィントシャイト（Bernhard Joseph Hubert Windscheid，1817．6．26－1892．10．26）のテキスト(47)と並んで広く参照された。3巻のテキストである（Pandekten，1884 ff.）。

また，プロイセン法のテキストであるLehrbuch des preußischen Privatrechts，1871－80，3 Bde.；4．Aufl. 1884 ff. は，19世紀を通じて行われたプロイセン法のパンデクテン解釈を体系化した著作である。プロイセン一般ラント法典（1794年）は，自然法理論によって成立したが，これがパンデクテン法学によって解釈し直されたのである。1900年のドイツ民法典は，こうしたパンデクテン法学と隠棲の自然法理論（Kryptonaturrecht）との結合の産物であった。ドイツ民法典の法典審議やその後の比較法では，しばしばローマ法のほかにゲルマン法が語られるが，その多くは，実質的に自然法理論である(48)。デルンブルクはゲルマニストには数えられないが，プロイセン法をローマ法的に体系化し，パンデクテンの解釈に採り入れた点では，ギールケの先駆者ともいえる。

1871年に，デルンブルクがテキストを書いたときには，プロイセン法については，実務家の本があるだけであった。たとえば，Bornemann（1833），Koch（1845），Förster（1865年，1880年の4版からはEccius の改定），Rehbein（Rehheke

の改定版，1889年）などである。デルンブルクは，ALR に，学問的な観点（wissenschaftliches Erkenntnis）を入れたのである。「学問的」とは，パンデクテン的ということでもある。Eccius の法典への忠実主義に対し，経済的，社会的，倫理的な考慮の必要性を指摘した(49)。同様の考慮は，彼のパンデクテン・テキストにも働いている。なお，プロイセン法に対する関心は，ハレ大学時代からのものであった(50)。

さらに，民法典に関する5巻のテキストがあり（Das bürgerliche Recht des Deutschen Reichs und Preußens, 1898ff.），すなわち，パンデクテン法，プロイセン法，1896年に成立した民法と，3種類の大部のテキストを書き上げたのである。それらは，しばしば改定され，講義だけではなく，裁判実務にもしばしば利用された。もっとも，体系的，内容的に，本来異なるべき素材につき，類似性が高いことは否めない。

個別の業績としては，以下がある。物権では，プロイセンの抵当権と質権に関するものがある。

Das preußische Hypothekenrecht（Hinrichs との共著），1877, Abt. 1.

Das Pfandrecht, 1860–64, 2 Bde.

相殺に関する以下のものは，ローマ法からの詳細な研究であり，ローマ法的な当然消滅主義から，意思重視のドイツ法的相殺を基礎づけたものである。

Die Kompensation, 1854, 2. Aufl. 1868.

ほかに，ローマ法の簡潔な解説本とプロイセンの後見法に関するものがある。

Die Institutionen des Gajus, 1869.

Das Vormundschaftsrecht der preußischen Monarchie, 1875, 3. Aufl. 1886.

(2)　L・ゴールトシュミット（Levin Goldschmidt, 1829. 5. 30–1897. 7. 16）

(a)　商法学者の Levin Goldschmidt は，1829年5月30日に，バルト海沿岸のダンチヒで生まれた。父親は，大商人の David Goldschmidt，母親はその妻の Henriette（geb. Laser）であった。1847年から51年，最初，ベルリン大学で，医学を学び，ついで，当時ユダヤ人も法律職につくことができるようになったことから，法学部に転じた。デルンブルク（Heinrich Dernburg, 1829. 3. 3–1907. 11. 23）と同年の生まれであり，ユダヤ系の法学者としては初期の者に属する。

さらに，ボン大学，ハイデルベルク大学で法律学を学び，再度ベルリン大学に移り，1851年には，ハレ大学にも転じた。ベルリン大学では，学生団体のLandsmannschaft Normanniaに属し，1851年に，ハレ大学で，学位をえた。テーマは，合資会社（De societate en commandite specimen I）であった。1855年に，ユダヤ教の信仰によるとプロイセン王国では職業上の障害があることから，バーデン王国のハイデルベルク大学で，ローマ法の学説類集の研究によりハビリタチオンを取得した（Untersuchungen zur l. 122§1 D. de V. O.［Dig. 45, 1, 122, 1］）。

1856年に，ハイデルベルクで，Adele Herrmannと結婚した。そして，1860年に員外教授となり，1866年には，正教授となった。1870年に，ライプチッヒにあった（北ドイツ連邦の）連邦上級商事裁判所（のちのライヒ上級商事裁判所，さらにライヒ大審院の前身である）判事となり（1875年まで），連邦上級商事裁判所の判決では，しばしば重要な役割を果たした。ハイデルベルク大学のある南ドイツのバーデン王国は，当時まだ北ドイツ連邦（1866年のプロイセン・オーストリア戦争の結果成立）に加入していなかったが，例外として，構成国外から裁判官に任命されたのである。こうした実務との関連は，商法学を現実の取引を基礎とした帰納的方法によって基礎づける方法にも貢献した。そして，1871年のドイツ統一後には，1875年にライプチッヒ市から推薦され，ライヒ議会の議員にも選ばれた。

1875年には，新たに創設されたベルリン大学の商法講座に招聘された。これは，ドイツで最初の商法の講座であった。商法雑誌（Zeitschrift für das gesamte Handelsrecht）を創設し（1858年に改称，Zeitschrift für das gesamte Handelsrecht und Wirtschaftsrecht，改称は，当時の特別法領域の発展を反映している），商法テキスト（Handbuch des Handelsrechts, Erlangen, 1864-68, Bd. 1；2. Aufl. 1874-83）などによって，彼は，商法の国際的な研究に貢献した。当時，連邦上級商事裁判所は，公式判例集をもたなかったことから，この商法雑誌は，公式判例集の代わりの意味も有していたのである。

彼は，ロマニステンとして，中世の商取引の歴史的な研究，とくに，イタリア商人の海商法や取引の研究に貢献した。現代的商法の起源を中世の商人法に求める点に特色がある。商法の形成において，ゲルマン法的な起源を探っている。民法学者のハイマン（Ernst Heymann）は，L・ゴールドシュミットのベルリン大学における講座の後継者であり，ナチス期には，ドイツ法アカデミーに属し，法学におけるユダヤ系法学者の影響を否定するにいたるが，彼によっても，ゴールトシュミットは，「ドイツ，さらにおそらく世界で，19世紀の商法学における最大の権威である」(51)。ゴールトシュミットの商法史に対する貢献も大きい(52)。ゲルマン法との関連づけも，ゴールトシュミットに由来する。ちなみに，ナチス法学者は，ローマ法的法革新に，しばしばゲルマン法思想を援用したが，ユダヤ系法学者には，ゲルマン法思想に親和的な者が多いのは，皮肉である。それもまた，法革新の19世紀的な表現だったからである。

L・ゴールトシュミットには，ベーゼラー（Georg Beseler, 1809. 11. 2-1888. 8. 28），ビンディング（Karl Lorenz Binding, 1841. 6. 4-1920. 4. 7），モムゼン，シュトッベ（Johann Ernst Otto Stobbe, 1831. 6. 28-1887. 5. 19），ヴィントシャイトなどとの交友関係がある(53)。

(b)　ゴールトシュミットは，立法作業にも関心をもち，古くは，1857年に，プロイセンの商法草案を批判している（Kritik des Entwurfs eines Handelsgesetzbuchs für die Preßischen Staaten, Kritische Zeitschrift für die gesammte Rechtswissenschaft, 4 (1857), S. 105ff, 289ff.）。また，1861年の一般商法典（ADHGB）草案の鑑定も行っている（Gutachten über den Entwurf eines Deutschen Handelsgesetzbuchs nach den Beschlüssen zweiter Lesung, ZHR, Beilageheft, Bd. 3 (1860)）。ドイツ民事訴訟法典（1877年公布）の起草にも関与した。さらに，ドイツの民商法典の必要性をも強調している（Die Codification des Deutschen bürgerlichen und Handelsrechts, Neueste Handelsrechtsquellen, Beilage zur ZHR, Bd. 23, 1878, S. 1 ff.）。政治的には，オーストリアを排除した，ビスマルクによるドイツ統一の強い支持者であった（小ドイツ主義）。1875年にライヒ議会の議員となったときには，自由国民党（ビスマルク与党である）のメンバーとして，破産法の委員会の副委員長となった。のち，枢密顧問官となり，連邦参議院に設けられた委員会で，参与として法典を計画した。多くの立法作業の面で，ドイツの法統一に参画したといえる。1897年7月16日に，Bad Wilhelmshöhe（現在カッセルの一部）で，亡くなった(54)。Dernburgよりも，10年先だっていた。

法曹養成に関心をもち，いくつかの論文を書いている。Das dreijährige Studium der Rechts- und Staatswissenschaften, 1878； Rechtsstudium und

Prüfungsordnung, 1887; Noch einmal Rechtsstudium und Prüfungsordnung mit besonderer Rücksicht auf den praktischen Vorbereitungsdienst, 1888, in Vermischte Schriften, I, 1901, 575ff.

1892年に彼が病気になったときに，その商法講座の代講をしたのは，少壮の私講師のM・ウェーバー（Max Weber, 1864. 4. 21-1920. 6. 14）であった（M・ウェーバーは同年，エルトマン・Oertmannとともに，ハビリタチオンを取得した）。ウェーバーには，ゴールトシュミットの後任を期待されたが，フライブルク大学（経済学の正教授），ついでハイデルベルク大学に就任したのである(55)。また，利益法学のヘック（Philipp Heck, 1858. 7. 22-1943. 6. 28）は，彼のもとで，1889年に，共同海損のハビリタチオン論文を書いた。

ゴールトシュミットには，民法でも，利息制限法の発展に関する論文がある。Goldschmidt, Gutachten über die Aufhebung der Wuchergesetze, Verhandlungen des Sechten Deutschen Juristentages（DJT Bd. 6）, 1865, S. 227ff. 同書は，19世紀半ばまでの諸国の利息制限法について詳しい。ドイツ法曹大会での報告にもとづくものである(56)。

以下は，業績の一部である。

System des Handelsrechts, 1887（4. Aufl. 1892）.

Kritik des Entwurfs eines Handels-Gesetzbuchs für die preußischen Staaten, 1857.

Der Lucca-Pistoja-Aktienstreit, 1859（Nachtrag 1861）.

Gutachten über den Entwurf eines deutschen Handelsgesetzbuchs nach den Beschlüssen zweiter Lesung, 1860.

Encyklopädie der Rechtswissenschaft im Grundriß, 1862.

Handbuch des Handelsrechts, Bd. 1, Teil 1, 1864.; Bd. 2, Teil 2, 1868.

Vermischte Schriften, 2 Bde., 1891.

Universalgeschichte des Handelsrechts, 1891.

(3)　ラーバント（Paul Laband, 1838. 5. 24-1918. 3. 23）

(a)　ラーバントは，1838年，シレジアの中心であるブレスラウで，ユダヤ系の家系に生まれた。1855年に，ブレスラウ大学で法律の勉学を始め，ハイデルベルク大学では，著名なパンデクテン法学者ファンゲローの講義を聴き，感銘をうけた。ところが，後に専門とした国法学の分野では，モール（Robert von Mohl, 1799. 8 . 17–1875. 11. 5）の講義には，それほどには感銘をうけなかったという（Laband, Lebenserinnerungen, 1918, S. 27）。ベルリン大学では，シュタール（Julius Stahl, 1802. 1 . 16–1861. 8 . 10）の講義を聴いた。

1858年に，ローマ法に関する学位論文を書き，ついで修習生となった。第二次国家試験の前に，法学者となることを志した。1861年に，ハイデルベルク大学で，シュワーベン・シュピーゲルに関する論文でハビリタチオンを取得し（Beiträge zur Kunde des Schwabenspeigels），私講師となった。1863年には，法制史に関する論文を書いた（Das Magdeburg-Breslauer systematische Schöffenrecht aus der Mittel des 14. Jahrhunderts）。1864年に，ドイツ東端のケーニヒスベルク大学で員外教授となり，1866年に，正教授となった。1872年に，今度は，ドイツ西端のシュトラスブルク大学に移った。1880年に，ライヒ領であるエルザス・ロートリンゲンの枢密顧問官（Staatsrat）となった。また，ラント議会の第一院の議員となった(57)。

初期の研究は，ゲルマン法の法源論であり，その後，商法を研究したが，その後は，公法関係が中心となり，今日では，公法学者として知られている。

最初の研究は，ゲルマン法の法源批判に関するものであり（Beiträge zur Kunde des Schwabenspiegels, 1861；Magdeburger Rechtsquellen, 1869），1869年の法史的研究（Die vermögensrechtlichen Klagen nach den sächsischen Rechtsquellen des Mittelalters）は，その延長にある。当初は，商法の専門家であり，1864年からは，商法雑誌（Zeitschrift für das gesamte Handelsrecht, Zeitschrift für das gesamte Handelsrecht und Wirtschaftsrecht）の編者でもあった（1898年まで）。これは，ゴールトシュミット（Levin Goldschmidt）に誘われたものである。この雑誌に，1864年に，アマルフィ海法（Das Seerecht von Amalfi），1866年に，法律行為の締結時の代理（Die Stellvertretung beidem Abschluß von Rechtsgeschäften nach dem Allgemeinen Deutschen Handelsgesetzbuch），1885年に，商事会社の理論（Beiträge zur Dogmatik der Handelsgesellschaften, 1885）などを掲載した。この代理の論文は，それまで明確ではなかった代理と委任の関係を明確化し，分離したことに功績がある。後者は，法人と会社に関する基礎理論を扱っている(58)。

委任からの代理の独立性や無因性（Verselbständigung der Vertretungsmacht, Abstraktion der Vertretungsmacht）は，民法ではなく，普通商法典（ADHGB）の研究に由来する。ただし，方法論的には，サヴィニーの債権行為と物権行為の区別に類似するものであり，売買契約と所有権の移転が区別されたように，債権関係である委任と授権関係である代理が区別された(59)。その利点の1つは，本人と代理人の間の内部関係の指図や義務違反が，ただちに代理権に影響しないことである。これは，現在のドイツ民法典でも同様であり，外部関係に関する代理権は，内部関係とは独立とされるのである(60)。

オーストリア法（ABGB）1029条1項では，授権が書面によって行われない場合には，代理権の範囲は，目的の範囲から（aus dem Gegenstande），また取引の性質から（aus der Natur des Geschäftes）判断されるとした。相手方がその行為を信頼した場合には，代理権が制限されていても，行為の性質上必然的に結合した授権が行われたもの（1009条）と推定されるものとしている。わがくにでは，権限踰越に関する110条の適用に関し，正当の理由の立証責任については，法律要件分類説によれば，相手方にあるが(61)，学説では，109条，112条と同じく，本人負担説が一般である。また，正当な事由の立証は困難であり，本人に相手方の過失を立証させることが証明責任の分配上適切であり，また3種類の表見代理を統一的に判断する必要がある。ABGBの場合には，代理権の存在を信頼した相手方がいちおう挙証責任をおう（推定まで）ことになる。しかし，ラーバントは，プロイセン法（ALR13章1節85条以下参照。踰越の場合の無責任，90条）に従い，代理権の無限責任性から（一般的授権，118条），制限を厳格にし，代理権の有無は，本人が証明するものとした（150条以下参照）。

サヴィニーにおける物権行為の，契約からの独立が，売買契約の無効にさいしても所有権の移転の効果を保存し取引の安全に資するように，代理の委任からの分離も，契約の瑕疵が代理権に影響しないとの効果をねらっている。無限に連なる因果を直接の関係に限定するとの，こうした個別化の方向は，近代の自然科学に由来するものであり，その利点は，これによって直接の因果律を発見し，法則を定立しやすいことにある(62)。法学では，こうした限定が取引の安全に役立つことにもつながっているのである。同様のことは，サヴィニーに由来する錯誤の二分法にもみられる。複雑な原因からなる動機の錯誤を，効果意思のルールから放逐することは，取引の安定にも寄与した。法律関係が基本的に2当事者の関係に還元されることも，同様の趣旨による（二体問題）。ただし，その長所は同時に，欠陥ともなっており，伝統的な法律学は，3面関係や多数当事者の関係の処理に弱いのである(63)。自然科学でも同様である（多体問題）。

(b)　ケーニヒスベルク時代に国法学に興味をもち，講義をも引き受けたことが，ラーバントの研究に転機をもたらした。当初は，必ずしも学問的な興味からではなく，1860年以来のプロイセン憲法論争（Preussischer Verfassungskonflikt, 1860）と1867年の北ドイツ連邦の成立がその契機であった(64)。

国法学上の最初の本格的な論文は，Das Budgetrecht nach den Bestimmungen der preußischen Verfassungsurkunde, 1870であった。タイトルのとおり，憲法論争をテーマとしたものである。プロイセンの軍拡案を契機とする対立，すなわち軍と統帥権の独立性か，議会による統制（軍事予算の決定）かの対立に関して，彼は，ビスマルクの主張する議会の統制権限の欠缺（Lücke）説に従わなかったが，最終的には，形式的法と実質的法の区別という構成によって，ほぼ同じ結論に至ったのである。すなわち，プロイセン憲法（Die Verfassungsurkunde für den Preußischen Staat, 1850. 1. 30，Preruß. Ges. Samml. S. 17）62条の，立法権（Gesetzgebernde Gewalt）は，国王と2院によって共同して（gemeinschaftlich）行使されるとの規定そのものは実質的意味で理解され，すなわち，法秩序の変動は，国民代表との共同によって行われると解した。ただし，この規定も，司法権に関する99条も，予算論争を直接解決するものではなく，国王と国民代表とが合意にいたらないときには，憲法条文（Verfassungs-Urkunde）には，形式的には欠缺があるとする。しかし，それは憲法秩序（Staatsverfassung）そのものの欠缺ではないとして（つまり，法律＝Gesetz に欠缺があっても，それは法秩序＝Rechtsordnung の欠缺をもたらさない），これを王権の絶対性から補充したのである（absolutistische Theorie）。ここには，さらに，国家権力の確定に関する王権の最高性という観念がある（unbeschränkte königliche Gewalt in betreff der Feststellung des État）(65)。

もっとも，この論争そのものは，1866年のプロイセン・オーストリア戦争の勝利によって軍備拡張の効果が示されたことにより，政治的に決着した。ライヒ議会には，ビスマルク与党の自由国民党（Nationalliberale Partei）が結成され，かなり多数の法学者がこれに参加した（上述のグナイスト，ゴールトシュミット，エンネクツェルス，プランクなど）。

ラーバントの予算法に関する初期の論文 Das Finanzrecht des Deutschen Reichs（1873）は，著作 Das Staatsrecht des Deutschen Reichs（1876–1882, 4

Bände； 5. und letzte Auflage, 1911）の基礎となっている。また，1886年に，Felix Stoerk（1851–1908, Greifswald 教授）とともに，公法雑誌（Archiv für öffentliches Recht）を創刊した。シュタウプとともに，1896年から，著名な法律雑誌（DJZ, Deutsche Juristenzeitung）をも創刊した(66)。また，イェーリング雑誌の復刊に貢献した（1897年から，Neue Folge）。ラーバントは，1918年，シュトラスブルクで亡くなった。

(c) 代理と委任の問題だけではなく，学際あるいは領域外の理論の応用が得意であり，公法に対するラーバントの影響は，私法上の問題に触発されたところがある。彼は，国法学においても，すでに民法で発展していた法学方法論を展開した。すなわち，理論を狭い国家哲学の観点から解放し，論理的な原則の上に基礎づけたのである。とくに，国法学テキスト（Lehrbuch zum Staatsrecht）において，国法を法実証主義の概念から発展させた。「憲法の変遷」の提唱者の1人でもあり，この概念は，イェルネックによって引き継がれた。

もっとも，その方法論には，法の目的によって判断する目的論的な解釈であり狭いとの批判がある。基本権の理論も，国家の実力によって限界づけられ，権利として十分ではないといわれる。しかし，今日の見地では，不十分であっても，当時の法の理解には合致し，ワイマール期のライヒ大審院の判例などにも影響したのである(67)。

Das Budgetrecht nach den Bestimmungen der preußischen Verfassungs-Urkunde unter Berücksichtigung der Verfassung des Norddeutschen Bundes, 1871.

Das Staatsrecht des Deutschen Reichs, 3 Bde, 1876/1882； 4 Bde., 5. Aufl, 1911/14.

Deutsches Reichsstaatsrecht, 7. Aufl., 1919（bearb. v. Otto Mayer）.

Verkürzte Darstellung des Staatsrechts des Deutschen Reiches（Marquard, Handbuch des öffentlichen Rechts der Gegenwart）, 1883.

Die Wandlungen der deutschen Reichsverfassung, 1895.

Abhandlungen, Beiträge, Reden und Rezensionen, 4 Bde, 1980.

⑷　ウンガー（Josef Unger, 1828. 7 . 2-1913. 5 . 2 ）と ABGB

(a)　ウンガーは，オーストリアの法律家，政治家であり，大臣やライヒスゲリヒトの長官（Reichsgerichtspräsident, PND 118763725）を歴任した。19世紀のオーストリアの民法学の創始者であり，ABGB の理解と適用にさいし，19世紀のドイツ法律学の方法をもちこんだことに功績がある。1811年の ABGB は，自然法思想の下で，ツァイラー（Franz Anton Felix Edler von Zeiller, 1753. 1 . 14-1838. 8 . 23）やマルティニ（Karl Anton von Martini, Freiherr zu Wasserberg, 1726. 8 . 15-1800. 8 . 7 ）によって編纂されたが，これを学問化し，とくにパンデクテン法学の成果を採り入れることに功績があったのである[68]。

ウンガーは，1828年にウィーンでユダヤ系の家系に生まれ，1850年に，図書館の補助員をした後，1852年に教授資格・ハビリタチオンを取得し，私講師となった。1853年に，プラハ大学でオーストリア民法の員外教授となった。1853年10月８日の就任演説は，オーストリア私法の学問化(die wissenschaftliche Behandlung）を主題としていた。それは，個々の条文を個別にではなく，全体の一部とみる調和的な解釈方法をとるべきことを主張していた。彼は，事物の本質から生じる法の理性（ratio iuris）を求める体系的な方法を支持している。

オーストリアでは，Leopold Graf von Thun und Hohenstein（1811. 4 . 7-1888. 12. 17）が，1849年に，文化・教育相となり，1860年まで，教育改革を行った。Franz Serafin Exner（1802. 8 . 28-1853. 6 . 21）の提案にもとづくものであるが，これにより，オーストリアの大学自治（Hochschulautonomie）が認められ，ウィーンに学術アカデミーが設立された。寛容の精神にもとづく改革によって，プロテスタントとユダヤ教の学者も大学に職をもてるようになり，外国人の学者も招聘できるようになった。1855年には，公法学者のシュタイン（Lorenz von Stein, 1815. 11. 18-1890. 9 . 23）や民法学者のアルント（Karl Ludwig, von Arnesberg（seit 1871） Arndts, 1803. 8 . 19-1878. 3 . 1 ）などが，ウィーン大学に招聘されている。ウンガーも，1855年に，ウィーン大学に移った（1855－1874年）。

(b)　1855年に，ウィーン大学に招聘された後，1857年に，正教授となった。上記の von Thun によって，法律学の教育改革も行われ，ドイツ諸国に通用するパンデクテン法学を基礎とする道が開かれたことから，その作業に貢献した。そして，1868年に，大著である3巻の「オーストリア私法の体系」を書いた。第1巻，第2巻は，私法の一般理論にあてられ，第3巻は，相続法を扱っていた。このウンガーの仕事は，その他の分野については完成しなかったが，これによって，オーストリア私法の歴史的・システム的な記述が可能になったのである(69)。また，1860年にベルリンで開かれた第1回のドイツ法曹会議（DJT, Der Deutsche Juristentag）では，当時のドイツ連邦の法の統一の方法，とくに債権法の統一を提案し，ラントの政府に建議することを発議した。会長のWächterもこれに賛同し，提案は，法曹会議の見解となり，のちのドイツ民法典の制定の契機となった。

彼は，1867年に，下オーストリアのラント議会に，ついでオーストリア議会にも選出された。しかし，健康上の理由から，翌年辞した。1869年に，皇帝（Franz Josef, 1830. 8. 18–1916. 11. 21, 位1848–1916）から，終身の貴族院議員に任命された(70)。ウンガーは，貴族院では，比較的リベラルな活動をした。1871年から1879年には，Adolf Carl Daniel von Auersperg（1821. 7. 21–1885. 1. 5）内閣の無所任大臣となり，雄弁家として高く評価された。大臣の間に，行政裁判所の設立をした（Verwaltungsgerichtshof, 1875）。1881年から1913年には，オーストリアのライヒスゲリヒトの長官となった（この裁判所は，憲法裁判所の役割も果たした。のちに，ウィーン大学のExnerも，ライヒスゲリヒト裁判官となった）(71)。1913年に，ウィーンで亡くなり，旧市内中心部のステファン教会で葬儀が行われた。

ハンガリー王国の聖ステファン（Sankt Stephans-Orden）大十字章，オーストリア帝国のレオポルド（Leopold-Orden）大十字章，ペルシアの太陽獅子勲章（Sonnen- und Löwenorden）をうけた。ボローニァ，ブダペスト大学の名誉博士号，オーストリア・ハンガリーの学術賞をうけた。作家連盟（Concordia）の会員や，オーストリア学術アカデミー会員となった(72)。

おもな業績として，上述のパンデクテン体系に従ったABGBの解説であるSystem des Oesterreichischen Allgemeinen Privatrechts, 1856–64がある。

また，ザクセン民法典草案の解説がある。Der Entwurf eines Bürgerlichen Gesetzbuches für das Königreich Sachsen, 1853. Der Revidierte Entwurf eines Bürgerlichen Gesetzbuches für das Königreich Sachsen, 1861. ザクセン民法典は，諸ラントの中では，19世紀後半に最初に成文化された法典となった。

オーストリア諸地域の私法の発展やウィーン大学の改革に関して，Über

Wissenschaftliche Behandlung des Österreichischen Gemeinen Privatrechtes, 1853；Zur Reform der Wiener Universität, 1865；Zur Lösung der Ungarischen Frage, 1861；Die Verlassenschaftsabhandlung in Österreich, 1865がある。

個別の私法理論としては，Die Rechtliche Natur der Inhaberpapiere, 1857；Die Verträge zu Gunsten Dritter, 1869；Schuldübernahme, 1889；Handeln auf Eigene Gefahr, 1891；Handeln auf Fremde Gefahr, 1894；Die Ehe in ihrer Welthistorischen Entwicklung, 1850などがある。

(5)　シムソン（Eduard Sigismund（Martin）von Simson, 1810. 11. 10–1899. 5. 2）とライヒ大審院

(a)　シムソンは，1871年のビスマルク帝国の最初のライヒ大審院長として著名である。彼は，1810年に，バルト海奥地のケーニヒスベルクで，生粋のユダヤ系の家庭に生まれた。父 Zacharias Jacob は，商人であり，学校教育をうけたことはなく，のちに金融，手形仲買を業としていた。父は，1876年に，92歳で亡くなった。母の Marianne の親戚には，ユダヤ人の市民的権利の解放を唱える運動家がいた。5人の子どもがあり，Eduard は長男であった。

ギムナジウムの間の1823年にキリスト教に改宗し（13歳，その後両親も改宗した），1826年に，ギムナジウム（Collegium Fridericianum）で，15歳の時に大学入学資格・アビトゥーアを取得した。ケーニヒスベルク，ベルリン，ボンの各大学で，法律学と財政学を学んだ。ケーニヒスベルク大学では，Johann Jacoby による，1827年の学生団体（Dritte Littauer-Kränzchen）の創設を助けた。この団体は，1829年に，学生団体 Corpslandsmannschaft Littuania）となった。シムソンは，1829年に学位をえた。

ヨーロッパの各地に修学旅行をした後，プロイセンの兵役に服した。1831年に教授資格・ハビリタチオンを取得し，私講師となった。1833年に，員外教授となったが，1834年に，プロイセンの裁判官となった。1836年に，ケーニヒスベルク大学（Albertina）から招聘された。1846年には，裁判所理事官となった。

ケーニヒスベルク市の代表として，1848年5月から1849年5月，フランクフルトの国民議会の議員となり，まず書記，1848年10月から副議長，12月から議長となった。この最初の議会の憲法起草者でもある。1849年4月に，フ

リードリッヒ・ウィルヘルム（Friedrich Wilhelm）四世をドイツ皇帝に推戴する代表団の長となった。国王の拒絶により，この試みが挫折した後，シムソンは議長を辞した。弟の Georg Bernhard Simson も，法律家であり，フランクフルト国民議会の議員であった。1849年8月に，ケーニヒスベルク市代表として，プロイセンの下院議員となった。エルフルトでは，いわゆるエルフルト同盟議会（Erfurter Unionsparlament，これは，フランクフルト国民議会の挫折の後，1850年3月から5月に，プロイセン主導による小ドイツ主義の憲法の制定を試みた議員の集まりである）の議長となった。

(b) 1852年から，政治から手をひき，裁判所とアカデミックな活動に専念した。しかし，1858年に，また政治活動を始め，1860年に，フランクフルト（Oder）の高裁の副長官ともなった。同年と翌年，プロイセン下院の議長となり，1867年に，北ドイツ連邦の制憲のための連邦議会の議長となった。彼は，翌年，北ドイツ連邦の議会と，関税同盟議会でも主導的な役割を果たした。

1867年に，彼は，プロイセンのウィルヘルム一世を北ドイツ連邦の最初の連邦議会に伴い，普仏戦争中の1870年には，ベルサイユに代表団長として伴った。1871年に，ドイツは統一され，国王は，ドイツ皇帝となったのである。

ドイツ帝国のライヒ議会でも，シムソンは，議長に選出された。1874年に，彼は，病気を理由に再選を断った。1877年に，ライヒ議会の議員をも辞した。1869年から，フランクフルト（Oder）高裁の長官となり，ライプチッヒのライヒ大審院の設立とともに，1879年，その院長，また（院長の兼ねる）懲戒裁判所長となった。1891年に引退し，ベルリンに居を構えた。1888年に，フリードリッヒ三世（位1888年，早世。ウィルヘルム一世と二世の間である）は，彼に，シャルロッテンブルク城で，黒鷲勲章（Schwarzer Adlerorden）を与えた。1888年，紋章免許状によって，貴族とされ，プロイセンの世襲貴族となった。1899年に亡くなり，真正の枢密顧問官（Wirklicher Geheimar Rat）の称号を授与された(73)。

生前の1883年に，ライプチッヒ市の名誉市民となった。その名にちなんだ道路や橋がある。1893年に，付与の例の稀なバーデンの勲章（Großkreuz mit Brillanten des Badischen Ordens vom Zähringer Löwen）をもうけ，ベルリンにも，ブランデンブルク門とライヒ議会建物の間の道に，彼にちなんだ道路がある。

中世ゲルマン法源の集成であるMonumenta Germaniae Historicaの共同編集者の1人であるBernhard von Simsonは，シムソンの子である(74)。

(c)　ライヒ大審院の長官の在任期間は，一般的にかなり長い。10年以上にもなる例が多く，最初のSimsonは，12年，最後のBumkeは，16年にもなる。そこで，ライヒ大審院には，憲法，行政の裁判権がなく，司法権は限定されていたものの，長官の権威はかなり高かったものと思われる。在任期間2年内外の者が2人いるが，それは死亡したからである（3代のGutbrodと5代のDelbrück)(75)。

歴代のライヒ大審院の長官の在任期間は，以下のとおりであった。

1．　Eduard von Simson（1810-1899）は，1879. 10. 1～1891. 2. 1で，在任期間は12年。

2．　Otto von Oehlschläger（1831-1904）は，1891. 2. 1～1903. 11. 1で12年。

3．　Karl Gutbrod (1844-1905) は，1903. 11. 1～1905. 4. 17で，1年半であった。

4．　Rudolf Freiherr von Seckendorff（1844-1932）は，1905. 6. 18～1920. 1. 1で15年。

5．　Heinrich Delbrück（1855-1922）は，1920. 1. 1～1922. 7. 3で，2年半。

6．　Walter Simons（1861-1937）は，1922. 10. 16～1929. 4. 1で，7年。

7．　Erwin Bumke（1874-1945）は，1929. 4. 1～1945. 4. 20で，16年。第二次世界大戦末期，彼は，ライプチッヒへのアメリカ軍の進攻前に自殺した。

(d)　その後継である連邦〔通常〕裁判所の歴代の長官の在任期間は，以下のとおりである。概して，ライヒ大審院長官よりも短い。また，50歳後半から60歳で就任することが多い。

1．　Hermann Weinkauff（1894-1981）は，1950. 10. 1～1960. 3. 31で，10年。

2．　Bruno Heusinger（1900-1987）は，1960. 4. 1～1968. 3. 31で，8年。

3．　Robert Fischer（1911-1983）は，1968. 4. 1～1977. 9. 30で，9年。

4．　Gerd Pfeiffer（1919-2007）は，1977. 10. 1～1987. 12. 31で，10年。

ユダヤ系法学者の関係図（かっこ外の者）

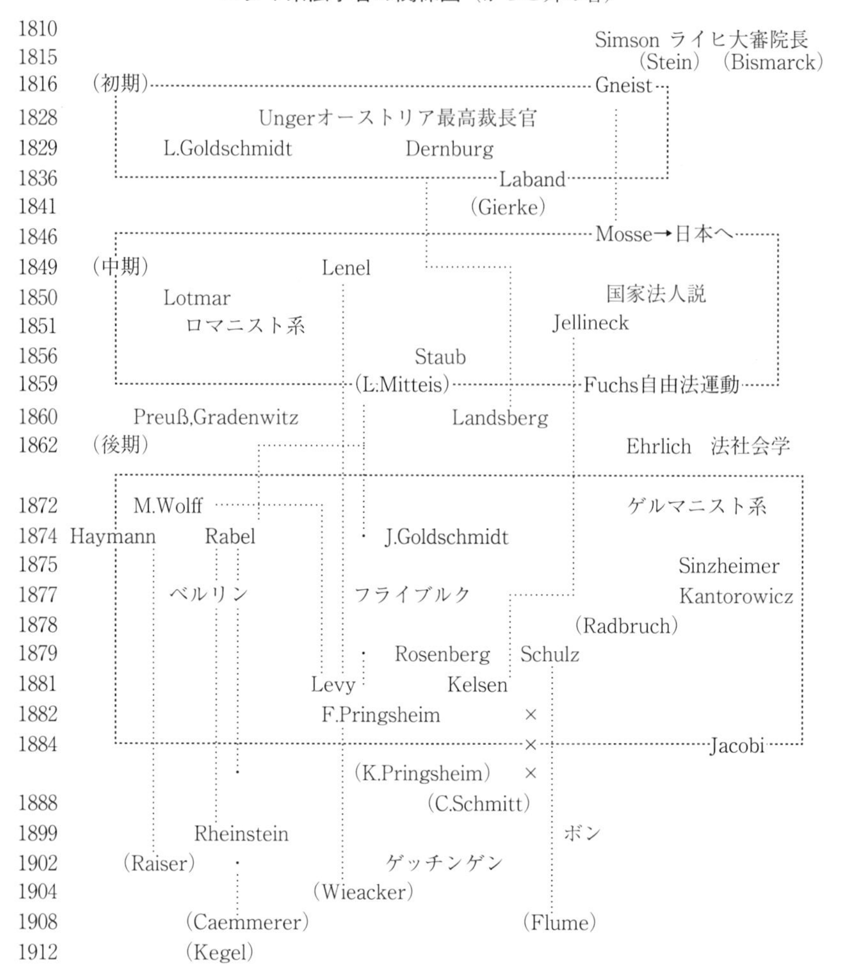

5．　Walter Odersky（1931-　）は，1988. 1. 1～1996. 7. 31で，８年。
6．　Karlmann Geiß（1935-　）は，1996. 8. 1～2000. 5. 31で，４年。
7．　Günter Hirsch（1943-　）は，2000. 7. 15～2008. 1. 31で，８年。
8．　Klaus Tolksdorf（1948-　）は，2008. 2. 1～。(76)(77)

2　各論２（中期 Lenel, Lotmar, Ehrlich, Fuchs）

ユダヤ系法学者の各論は，19世紀の30年代までの初期，1850年代までの中期，1870年代以降の亡命法学者の３期に分けた。全体を採り上げるのは膨大になりすぎることから，以下では，各論の一部のみをとりあげている(78)。

初期のユダヤ系法学者には，デルンブルク（Heinrich Dernburg, 1829. 3. 3-1907. 11. 23），L・ゴールトシュミット（Levin Goldschmidt, 1829. 5. 30-1897. 7. 16），ラーバント（Paul Laband, 1838. 5. 24-1918, 3, 23）などがいたが，彼らは，その出身地や活動地からプロイセン系に属し，オーストリア系ではウンガーがいた。これら初期のプロイセン系の者は，王権や権力者，とくにビスマルク（Otto von Bismarck, 1815-98, 1862年に，プロイセン首相，ドイツ首相在任は，1871-1890）との関係が特徴である。本稿で扱ったシムソン（Eduard von Simson, 1810. 11. 10-1899. 5. 2）は，法学者というより裁判官であるが，やはりこの特徴を帯びていた。

しかし，中期においては，ユダヤ系法学者と王権や政府との特殊な関係は消え，中世的な庇護もなくなったことから，種々の困難に直面することもみられるようになった。人数が増えたことから，法学者の立場も一般化したといえる。学問的にも，いわゆる御用学者的な性格は薄れ，前代までのように立法や政策に関与したり，パンデクテン法学の主流を歩むだけではなく，新たな分野を開拓することが多くみられるようになった。新たなテキスト批判や法社会学，自由法運動への関与（Lenel, Landsberg, Ehrlich, Fuchs），あるいは労働法領域の設定などである（Lotmar）。積極的契約侵害論のシュタウブ(79)も，この時期に誕生した者である。

中期の者としては，エールリッヒとレーネルが著名である。また，民法・労働法のロートマール（Lotmar）がいる。そして，国家法人説で名高いイェリネック（Georg Jellinek, 1851. 6. 16-1911. 1. 12）やワイマール憲法の起草者であるプロイス（Hugo Preuß, 1860. 10. 28-1925. 10. 9）などが重要人物である。エールリッヒは，民法というよりは，法社会学者として著名である。

1870年代以降，法学界へのユダヤ系学者の進出はいちじるしく，多数の者がいる。著名な理論家や変革者が多く含まれている。これらの者は，シュタウプのように早世した者を除くと，おおむね1930年代に亡命をよぎなくされることとなった。こうした亡命法学者として，プリングスハイム，M・ヴォルフ，シュルツ，カントロヴィッチ，ラインシュタイン，ハイマンなどがいる。この時期の者でとくに重要なのは，ラーベルであるが，彼については，すでに検討したことがある(80)。レーヴィについても，二重効のゼッケルとの関係でとりあげたことがある(81)。J・ゴールトシュミットは，民法学者ではないが，L・ゴールトシュミットやラーベルとの関係で意味があり，また，労働法学者であるジンツハイマー（1875. 4. 12–1945. 9. 16）もこの時期の者である。憲法のケルゼン（Hans Kelsen, 1881–1973），民事訴訟法のローゼンベルク（Leo Rosenberg, 1879–1963）は，今日でもあまりにも著名なことから，深く立ち入る必要はないであろう。

ユダヤ系法学者には，そのほかにも重要な者が多数いる。しかし，あまりにも膨大となることから，本稿では採り上げえない。さらに，日本法との関係を考察した。

(1)　レーネル（Otto Lenel, 1849. 12. 13–1935. 2. 7）

(a)　レーネルは，1849年，バーデンのマンハイムで生まれた。両親は，Moritz Lenelとその妻Caroline（geb. Scheuer）である。同じ年に生まれた法学者としては，ほかに，コーラー(1849–1919)と1912年のスイス民法の起草者のフーバーがいる（1849–1923）。

ハイデルベルク，ライプチッヒ，ベルリンの各大学で学んだ。その師は，Vangerow, Wächter, L. Goldschmidtなどであった。1870年の普仏戦争では，志願兵として参加した（1. bad. Dragoner-Rgt）。1871年には，第一次国家試験に合格し，1871年末までに，ハイデルベルク大学で，博士の試験に合格し学位をえた。1874年に，第二次国家試験のあと，学問を志し，1876年に，ライプチッヒ大学で，教授資格・ハビリタチオンを取得し（1880年に，ザクセン政府は，員外教授への任命を拒否した），1882年に，キール大学に，1884年には，マールブルク大学に招聘された。

1886年に，シュトラスブルク大学に移り（当時，Brunner, Sohm, Labandがいた），1907年には，フライブルク大学に招聘された。その声望にもかかわらず，大学外の公職にはつかず，また終生ここにとどまった。ローマ法史とローマ私法の研究によって，著名な法史家・民法学者となった。古典ローマ法に対する後代のインテルポラチオ（Interpolatione）の研究の先駆者であり（vgl. Interpolationenjagd, SZ（Röm.）45, 1925, S. 17 ff.），なかでも，永久告示録（Edictum perpetuum）と再告録（Palingenesia）の研究で名高い。これらに関して，1878年に，Beiträge zur Kunde des prätorischen Ediktsが，1883年には，Das Edictum perpetuumが出された。現代的なテキスト批判の先駆者ともいえる。

現行法に関しては，ドイツ民法典（草案）への批判に加わり，法律行為，代理を中心とした検討を行った(vgl. Der Irrtum über wesentliche Eigenschaften, JheringsJb. 44, 1902, S. 1ff. これは，同名の論文（AcP 123（1925），161）によって改説されている。Cf. Revista de derecho privado, 1924, S. 97ff.; Stellvertretung und Vollmacht, 1896)。現実的観点と法史的観点が生かされている。また，ヴィントシャイトの前提論に対する批判は著名である（Die Lehre von der Voraussetzung, im Hinblick auf den Entwurf des bürgerlichen Gesetzbuches, AcP 74（1889），213ff.)。独自の学派は形成しなかったが，法律の授業において，今日では自明なケース研究や演習の重視など先駆的な方法を採り入れ，若い世代に大きな影響を与えた(vgl. Praktikum des bürgerlichen Rechts, 1901)。

オスロ，ブレスラウ，ミラノの名誉博士号をうけ，ミュンヘン，ゲッチンゲン，ハイデルベルク，ライプチッヒ，ローマ，ボローニア，パレルモ，ロンドンなどの学術アカデミーの会員であった。1929年の生誕80周年には，20以上の国の，100を超える大学から祝賀状をうけ，フライブルク市の名誉市民ともなった。1931年12月16日は，彼がハイデルベルク大学で，博士を取得した60周年であり，AcP誌には，これを記念するHeinrich Stollによる業績の回顧がある（Otto Lenel, zum 60 jahrigen Doktorjubilaum, AcP 135（1932），I)。また，1930年の80歳のときの祝賀には，20か国以上の100以上の大学，700人にも昇る学者が参加した（DJZ 1930, Sp. 83)。

(b)　しかし，1933年に，ナチスが政権を掌握すると，プロテスタントに改宗していたにもかかわらず，人種政策の影響をうけた。娘のBertaも，看護婦の職を失った。こうした運命から精神的打撃をうけ，死亡する1年半前からは，学問に没頭することが困難になった。1935年に，失意のうちに亡くなり，フライブルクの墓地に埋葬された。85歳であった。

この碩学の葬儀には，その希望により，親族以外の会葬者もなく，ドイツでは，追悼文も書かれなかった。80歳を超えた妻の Luise と，娘 Berta は，1940年10月22日に，フランスの de Gurs の収容所に移された。妻は，同年11月7日にそこで死亡したが，Berta は生き残り，戦後の1973年8月13日まで生存した。レーネルの死亡から50年を経た1985年2月7日に，彼の最後の住居のあったフライブルクの Holbeinstraße 5 に，記念板がとりつけられた(82)。

レーネル自身は，ローマ法学者のパルチュ（Joseph Aloys August Partsch, 1882. 9. 2-1925. 3. 30）の追悼文を書いている（Josel Partsch †, SZ 45, S. III）。1911年に，パルチュがフライブルク大学に赴任し（～1920年まで），親密になったからである。

以下の業績がある。

Über Ursprung und Umfang der Exceptionen, 1876.

Parteiabsicht und Rechtserfolg, 1881, Jherings Jb. 19（1881）, S. 154 ff.

Das Edictum perpetuum. Ein Versuch zu seiner Wiederherstellung, mit dem für die Savigny-Stiftung ausgeschriebenen Preise gekrönt, 1927（erst 1883）.

Palingenesia juris civilis, 2 vols., 1887-1889.

Ueber die Reichsverfassung, 1920.

Das interdictum Quod legatorum utile, 1932, S. 282 ff.

Zur Lehre von der actiones arbitrariae, Festgabe f. Rud. Sohm, 1914, S. 200 ff.

(2)　ロートマール（Philipp Lotmar, 1850. 9. 8-1922. 5. 29）

(a)　ロートマールは，1850年に，フランクフルト・アム・マインで生まれた。父親の Heinrich Löb（1832年に Lotmar に改名，1814-1857）は，ユダヤ系の商人で金融業者であり，母親は，Rosette（1822-1866）であった。彼は，パンデクテン法学者として著名なだけではなく，ドイツ労働法学の創始者の1人でもあった。法哲学的な研究がその基礎にあった。労働法では，ジンツハイマー（1875-1945）の先駆者にあたる。

1869年に，ハイデルベルク大学と，ゲッチンゲン大学でイェーリングのもとで学び，1871年からは，ミュンヘン大学のブリンツ（Geyer Aloysius von

Brinz, 1820. 2.25–1887. 9.13）のもとで学んだ。1873年に，第一次国家試験に合格し，1875年に，ミュンヘン大学で学位を取得し（Über causa im römischen Recht, Diss. München 1875），1876年には，教授資格・ハビリタチオンを取得した（Zur Legis actio sacramento in rem, 1876）。この時期に，Loewenfeld と K. v. Amira と知り合い，生涯の友となった。この時期のミュンヘン大学には，ブリンツのほか，Seuffert, Pölz, Roth, Maurer Planck(83)などがいた。12年間，ミュンヘン大学で私講師として，おもにローマ私法と訴訟法，ほかに商法と手形法，ローマ法史を教えた。

彼の主たる研究は3方面に及び，第1に，ローマ法に関するものがある。1883年ごろから，錯誤（Error）に関する研究を始めた。第2には，法哲学に関するものがあり，錯誤論の副産物でもある意味の平明性（Allgemeinverständlichkeit）に関する講演が最初である（1880/81年，印刷されたのは，1893/98年），第3に，労働法的な研究がある（1902年以降）。

ビスマルクによる社会主義者〔鎮圧〕法（Sozialistengesetz, 1878―90年）の公布後，SPD（社会民主党）に入党した。そのため，ドイツ国内では大学に就職することができなかった。同法は，しだいに実効性を失ったが，1885年には，キール大学への就職に失敗した。それは，当時，すでにユダヤ系法学者がおり，キールのような小規模大学において，3人のユダヤ系正教授の採用は，むずかしかったからである（1880年のベルリン大学でも，法学部の正教授は11人だけである）。つまり，19世紀の中庸以降においても，なおユダヤ系による差別はみられたのである。

(b)　スイスの大学は，ドイツ系の学者に対して，しばしば招聘や昇進の機会を与えている。イェーリング（Rudolf von Jhering, 1818. 8.22–1892. 9. 1. 1845年に就任）やヴィントシャイト（Bernhard Joseph Hubert Windscheid, 1817. 6.26–1892. 10. 26. 1847年に就任），ゲルマニストのベーゼラー（1809. 11. 2–1888. 8.28）も，最初に正教授の職をえた場所は，バーゼル大学であり，デルンブルク（Heinrich Dernburg, 1829. 3. 3–1907. 11. 23. 1854年に就任）の最初の赴任地も，チューリヒ大学であった。ただし，在任期間はごく短いことが多い。

ロートマールも，1888年に，ロマニストであり講壇社会主義者の Julius Baron の後任として，ベルン大学に招聘された。そして，彼は，34年間，死ぬまでここにとどまった。市民国家であるスイスは，彼の気に入ったからである。1889/90年，1899/1900年，1905/06年，1912/13年の４回，学部長となり，1897/98年には，学長ともなった。当時のベルンには，Gretener, Hilty, König, Zeerleder, Rossel, Marcusen，1892年からは，1907年の民法典の起草者であるE. Huberや，のちにはMax Gmürなどがいた。ロートマールは，1922年，短期間心臓病を患ったのち，ベルンで亡くなった(84)。

彼は，鋭いロマニストであり，重要な労働法学者，法政策者（債務法典草案1911年に関するもの，ZGB Entwurf. 当初は民法典に統合される予定であった）となった。長くスイスに居住したが，ドイツの国籍を保持し，第一次世界大戦では，ドイツの戦時公債を購入した。国民的，リベラルでありながら，社会主義的でもあり，ヒューマニストと自覚していた。

ロートマールの研究は，エネルギッシュかつ分析的な形成力の産物である。多くのモノグラフィーや論文を書いた。代表作に，上述の錯誤論のほか，1800頁にもなるDer Arbeitsvertrag nach dem Privatrecht des Deutschen Reiches（２ Bde., 1902/08）がある。後者は，労働協約をも含む労働契約に関する最初の包括的な法律上の業績であり，一時代を画した(85)。

ドグマと立法の分裂を克服し，重要な法哲学的な論文の中で，彼は，独自の，規範的・楽観的な立場を表明している（Vom Rechte, das mit uns geboren ist, 1893；Die Gerechtigkeit, 1893；Unmoralischer Vertrag, 1896；Freiheit der Berufswahl, 1898）。彼の研究は，正確性に富み，法規に忠実で，建設的な思想に富んでいる。

彼の考察の前提は，ロマニストの私法的方法であり（Romanistik），その立場は，リベラリズム，政治的な実証主義であった。道徳と政治と法の完全な分業は，彼にとって必ずしも理想的ではなく，人間的に豊かであり批判的であることによって統合されていたのである(86)。Der unmoralische Vertrag, Insbesondere nach Gemeinen Recht, 1896によって，現代労働法学の父といわれている。新たな分野の開拓ではあるが，20世紀の初頭近くまで，パンデクテン法学の有用性があったことを示している。

以下の業績がある。

Krit. Stud. in Sachen d. Contravindication, 1878；Rez. zu Leonhard, Irrtum, in：Krit. Vjschr. 25, 1883, S. 368-431 u. 26, 1884, S. 220ff.

Über plus est in re ..., in：Festgabe J. W. Planck, 1887, S. 57ff.

Die Verteilung d. Dosfrüchte nach Auflösung der Ehe, Jherings Jb. 33

(1894), S. 225ff.

労働法関係のものは，

Der Dienstvertrag des zweiten Entwurfs, Archiv für soziologische Gesetzgebung und Statistik 8 (1895), S. 1 ff.

Die Tarifverträge, id. 15 (1900), S. 1 ff.

Lohnabzüge f. Wohlfahrtseinrichtungen, id. 36 (1913), S. 735ff.

Der Dienstvertrag im künftigen schweizer. Civilrecht, Zeitschrift für schweizer. Recht43 (1902), S. 507ff.

Der Dienstvertrag im Entwurf des ZGB, Schweizer. Bll. für Wirtsch.- und Soz. pol. 13 (1905), S. 257ff.

Zur Geschichte des interdictum quod legatorum, ZSRR 31 (1910), S. 89ff.

Die Idee e. einheitl. Arbeitsrechts, Gewerbe- u. Kfm. gericht 18 (1912/13), Sp. 277ff.

Streikbruch und Streikarbeit, Arbeitsrecht 2 (1915), S. 265ff.

Die Litiskontestation im röm. Akkusationsprozeß, Zeitschrft für Schweizer Strafrecht 31 (1918), S. 249ff.

(3) エールリッヒ（Eugen Ehrlich, 1862. 9. 14–1922. 5. 2）と法社会学

(a) エールリッヒは，法社会学上の業績によって現在でも著名であり，本稿で，あまり立ち入る必要はないであろう。

1862年に，オーストリア帝国の東の辺境であるブコヴィナのチェルノヴィッツで生まれた（Чернівці, Czernowitz)。同地は，辺境であったが，ハプスブルク家直轄領であり，大学も，皇帝の名（Franz Josef, 1830–1916, 位1848–1916）にちなんでいた。現ウクライナの西方，ルーマニア国境に位置しており，1986年の原子力事故で著名なチェルノブイリとは異なる（事故地は，現ウクライナ北部で，キエフの北である。Чорнобиль, Chornobil)。

父親のSimon Ehrlichは，チェルノヴィッツの弁護士であり，母親は，Eleonore (geb. Donnerfeld) であった。ガリツィアのSamborのギムナジウムに通った。Lemberg大学と，1881年から1883年まで，ウィーン大学で学んだ。1886年に，ウィーン大学で，学位をえて，さらに1895年に，ハビリタチオンを取得した。ウィーン大学で私講師となったのち，1897年から，チェルノヴィッツのFranz-Joseph大学の員外教授となり，1900年に，正教授となった。なお，

著名人では，刑法学者のエックスナー（Franz Exner, 1881–1947）が，1912年から1916年の間，このチェルノヴィィッツ大学にいた（のち，プラハ，テュービンゲン，ライプチッヒの各大学，1933年からは，ミュンヘン大学教授である）。民法学者のエックスナー（Adolf Exner, 1841. 2. 5–1894. 9. 10）は，その親である。さらに，前述のウンガーと関係するFranz Serafin Exnerは，その民法学者の親である。

チェルノビッツ大学の民法学者では，ほかにEmil, Schrutka von Rechtenstamm（1852–1918）が著名である（PND 117106984）。Stein, Hellwigとともに，Seckelの形成権概念を早くに承認した(87)。辺境とはいえ，ドイツ系住民の多い場所であり，講義もドイツ語で行われていたのである。

また，古くは，ローマ法・カノン法学者のフェーリング(Friedrich Heinrich Theodor Hubert Vering, 1833–1896)がいた(Geschichte und Pandekten des römischen und heutigen gemeinen Privatrechts, 4. Aufl., 1875が知られている)。

ヘーデマンは，1910年に大著Die Fortschritte des Zivilrechts im XI Jahrhundert, Ein Überblick über die Entfaltung des Privatrechts in Deutschland, Österreich, Frankreich und der Schweiz, Bd. 1, 1910の緒言において，エールリッヒのほか，チェルノビッツ大学のJosef Mauczka, Adolf Lastに謝辞を捧げている(ほかに，ベルン大学のEugen Huberとナンシー大学のGény)。チェルノビッツ大学では，伝統的に法社会学や法史への研究が盛んだったのである。

エールリッヒは，1913年の「法社会学の基礎理論」(Grundlegung der Soziologie des Rechts）により，パウンド（Nathan Roscoe Pound, 1870. 10. 27–1964. 6. 30）などから国際的に評価されたが，第一次世界大戦の開始時の1914年に，チェルノヴィッツにロシア軍が侵攻したために，エールリッヒは，町から脱出しなければならなかった。その後，ウィーンに移り，スイスにも住んだ。スイスでは，大戦のためにドイツに入国できない日本人の学者に対して，ドイツ法や語学を教えた。戦後，故郷のブコヴィナが，ルーマニアに併合されたことから，彼は，故郷に帰ることを望まなかったが，ベルンでも職をえることができなかったことから，1921年に，帰国の決意をした。しかし，ルーマニア語で講義を準備するために，研究休暇をとる必要があり，ブカレストに向かった。そして，糖尿病（Diabetes）にかかったために，チェルノヴィッツで実際に教育活動をすることはなかった。彼は，ユダヤ教からカトリックに改宗し，生涯結婚しなかった。1922年に，ウィーンで亡くなった(88)。

(b)　わがくにとの関係では，第一次世界大戦の結果，1918年にヨーロッパに渡航できずに，アメリカに留学した末弘厳太郎（1888–1951）が，大戦後の1920年にベルンで，エールリッヒに会って，大きな影響をうけたことが注目される。当時，ベルンには，戦争のためにドイツに入国できなかった日本の法律家が多くいて，ドイツの本を読んでいたといわれる。エールリッヒも，スイスでは貧困に苦しんでいたことから，法律だけでなく，ドイツ語をも教えたのである(89)。

エールリッヒは，最初は，ローマ法学者として出発したが，やがて，当時支配的であった概念法学に反対し，1903年以降，現実の法を観察するべき法のシステムを構築しようとした。その生涯は，生きた法（Lebendes Recht）の研究に捧げられた。法律学に社会学的な方法を応用するという発想がなかった時代に，法律学に科学的な方法を用いることが説得力を与えたのである。上述の「法社会学の基礎理論」が主著であり，M・ウェーバーに影響をうけている（4. Aufl., 1989, durchges. u. hrsg. von Manfred Rehbinder）。法律学に社会学的な方法をもちこみ，法社会学の創始者とされる(90)。これによって，中央ヨーロッパだけではなく，英米法国にも影響を与えた。しかも，社会学的な法の考察をしたにとどまらず，概念法学的な構成と対抗できる統一的な方法で対象としたところに意味があった。これに関しては，最後の研究である Die juristische Logik（1918）がある。第31回ドイツ法曹大会（1912年に，ウィーンで開催され，会長は，Heinrich Brunner であった。第32回大会は，第一次世界大戦のため中断し，1921年の Bamberg 大会まで延びた）の前に，すべての法学部に，こうした生きた法の講座を設けることを主張している(91)。

現在でも参照される種々の業績があり，解釈学的論文と異なり，しばしば復刻されている。Die stillschweigende Willenserklärung, 1893；Zwingendes und nichtzwingendes Recht im BGB für das Deutsche Reich, 1899；Beiträge zur Theorie des Rechtsquellen, 1902；Freie Rechtsfindung und freie Rechtswissenschaft, 1903；Tatsachen des Gewohnheitsrechts, 1907；Grundlegung der Soziologie des Rechts, 1913,（engl. 1938, mit. Einl. v. R. Pound）；Die Aufgabe der im österreichische Osten（Juden- u. Bauernfrage）, 1916；Bismarck und der Weltkrieg, 1920.

(4)　フックス（Ernst Fuchs, 1859. 10. 15-1929. 4. 10）

(a)　フックスは，南ドイツのカールスルーエ近郊の Weingarten（バーデン王国。現在でも人口1万人に満たない）で，1859年に生まれた。父親は，厳格なユダヤ系の家畜商人で，子だくさんであった。1871年に，家族は，カールスルーエ（バーデン王国の首都）に引っ越した。彼は，そこの王国のギムナジウムに通った。飛び級するために Heilbronn のギムナジウムに移った。

1876年から1880年の間，ハイデルベルク大学とシュトラスブルク大学で法律学を学んだ。1884年に，カールスルーエ・ラント裁判所から弁護士資格を取得した。ビスマルクの社会主義者〔鎮圧〕法の時代であったが，社会主義者を弁護した。1894年には，カールスルーエ高裁で，弁護士になった。彼は，改革派ユダヤ人に属した（Reformjudentum）。そこで，ドイツ社会への同化に肯定的な態度から，1899年に，ファーストネームを，Samuel から Ernst に改めた。ほぼ同年の生まれのシュタウプ（Samuel Hermann Staub, 1856. 3. 21-1904. 9. 2）が，Samuel を用いなかったのと同様である。1929年に，カールスルーエで亡くなった(92)。1929年に，ハイデルベルク大学から，名誉博士号をうけた。

(b)　彼は，法によって，安息日を日曜に移すべきとの意見を有していた。当時の民法の規定によれば，厳格な安息日の定めは，法取引のための，期間の終期と衝突するからである。ただし，現行民法は，1965年の改正で，こうした日曜日と祝日のそごを回避している（1965. 8. 10, BGBl. I, S. 753）。

民法193条によれば，特定の日または期間内に，意思表示をなし，または給付を履行することになっており，その特定の日または期間の最後の日が日曜日，意思表示をする地または給付地において国家により認められた一般的な祝日または土曜日の場合には，これらの日の代わりに，次の最初の労働日を応答日とする(93)。

自由法運動は，一般的には，ドイツ民法典の制定には反対であった。立法が実務を規定するのではなく，法はもっと自由法運動に適合するものでなければならないからである。エールリッヒやカントロビッチと同じく，法の欠缺の認識を基礎とする。欠缺の補充（Lückenfüllung）は，たんなる類推や反対解釈（Analogie oder Umkehrschluss）によるのではなく，社会学的方法によらなければならず，そのさいに，判例も有用な素材となりうる。ただし，裁判官は，個別の取引慣行をも判例の基礎におかなければならないとする。

こうして，フックスも，狭い法実証主義を克服することを試みたのである[94]。

息子は，Albrecht Fuchs（Foulkes, 1893–1972）は，1939年にアメリカに亡命し，自由法学派に関する著作を著した。娘の Edith（1897–1942）は，アウシュヴィッツで亡くなった。

3　各論3（後期）

以下の著名な法学者は，ナチスの政権獲得後に国外に亡命した点で共通している。ヤコビ（Erwin Jacobi, 1884. 1. 15–1965. 4. 5）のように，ドイツ国内で生き延びた者もいるが，亡命の機会もなく，ホロコーストの犠牲となった者もいる。当時すでに，著名であった者には亡命の機会があったが，必ずしもこういう機会のあった者ばかりではないからである。

(1)　プリングスハイム（Fritz Robert Pringsheim, 1882. 10. 7–1967. 4. 24）

(a)　プリングスハイムについては，別稿において，ヴィアッカー（Franz Wieacker, 1908. 8. 5–1994. 2. 17）の師として，かなりふれたことがある[95]。本稿は，正面からこれを採り上げるものである。

プリングスハイムは，1882年に，シレジアの Hünern（Kr. Trebnitz）で生まれた。州都ブレスラウの北方約8km に位置していた。父親は Hugo，母親は Hedig（geb. Heymann）であった。多数の学者や芸術家を輩出したユダヤ系の豊かな家系であった。ブレスラウのギムナジウムに通い（Realgymnasium zum Zwinger, Gymnasium zu St. Maria Magdalena），1902年に大学入学資格をえた。1902年の冬学期から，ミュンヘン大学に入学し，法律学を学んだ。その後，ハイデルベルク大学，ブレスラウ大学に移った。その在学期間は，おおむね民法典の成立時期であった。

ブレスラウ大学の Otto Fischer（1853. 3. 30–1929. 12. 1）のもとで，相続分の譲渡と担保に関する学位論文を書いた（Zur Lehre von der Abtretung und Pfändung des Erbteils）。1905年に，ブレスラウ高裁で，第一次国家試験に合格した。翌1906年3月に博士の口述試験（Rigorosum）をうけた。1906年から，上シレジアの Falkenberg 区裁判所で司法研修をしたが，1906－1907年は，ロートリンゲンの Colmer と Mülhausen の龍騎兵連隊で兵役についた。1911年に，ブレスラウ高裁で，第二次国家試験に合格し，ライプチッヒで判事補となった。

その後，ライプチッヒ大学で，法史学の研究に入り，ローマ法学者のPetersやPartschと親しくなった。この若手研究者らは，研究サークルを形成したが，その関係はあまり長続きしなかった。第一次世界大戦が勃発し，Petersが東部戦線にいき，Partschも病気になったからである。1916年に，プリングスハイムは，L・ミッタイスのもとで，売買法に関するハビリタチオン論文を書き（Kauf mit fremdem Geld），1920年に，フライブルク大学で私講師となった。フライブルク時代には，レーネルと懇意になった。L・ミッタイスとの関係では，ラーベルとは兄弟弟子となる。

プリングスハイムは，1911年に，Katharina（geb. Rosenheim）と結婚し，6人の息子が生まれた。彼も，第一次世界大戦では，志願し少尉となった。戦後，1921年に，員外教授となり，1923年に，ゲッチンゲン大学に，Fritz Schulz（1879. 6. 16–1957. 11. 12）の講座の後任として招聘された。1928年に，Levyがハイデルベルク大学に移ったことから，1928/29年には，フライブルク大学に戻った（この講座は，かつてLenelが占めた講座である）。この時代の弟子が，FelgentraegerとWieackerである。

(b)　しかし，1933年に，ナチスが政権を掌握し，1935年には，ユダヤ系教授を教職から追放する一連のニュルンベルク法が成立した。彼は，ベルリンのプロイセン学術アカデミー（Preußischen Akademie der Wissenschaft）に地位をえて，東ローマ法のバシリカの出版計画に携わった。また，1933年から1939年の間に，外国で出版された彼の著作は多数に上った。しかし，1939年には，もはやドイツにとどまれず（1939年に，いったん逮捕され，Sachsenhausenの収容所に送られた），要路の弟子の助けをうけて，ようやくイギリスに亡命した。オックスフォードで授業を行いながら，研究を続けた。たとえば，1950年に出されたモノグラフィー「ギリシア売買法」（The Greek Law of Sale）である。戦後，彼は，フライブルクに戻ったが，当初は，オックスフォードとフライブルクに半年ずつ暮らし，完全にオックスフォードの家を去ったのは，1958年であった。

多くのアカデミーの会員となり，アテネ，グラスゴー，フランクフルト，パリの名誉博士を授与された。1966年から，健康を害して，1967年に，フライブルクで亡くなった。その墓は，Friedhof in Günterstal（vor den Toren Freiburg）にある(96)。

(2)　M・ヴォルフ（Martin Wolff, 1872. 9. 26-1953. 7. 20）

(a)　M・ヴォルフは，ラーベルの好敵手として，ラーベルとの関係でしばしば登場している。本稿では，ラーベルについては対象としないが，種々の点で，対照的であった。性格もそうであったし，当初専門としたところが物権法であったこと，ロマニストの出身で債権法を得意分野としたラーベルに対し，ゲルマン法的な概念を重視する傾向なども異なっていた。

M・ヴォルフは，1872年に，ベルリンで，ユダヤ系の商人の家に生まれた（両親は，Wilhelm Wolff と Lehna Wolff（geb. Ball））。彼は，ベルリンでフランス系のギムナジウムに通い，ついでベルリン大学で法律学を学んだ。1884年に，Das beneficium excussionis realis によって学位をえた。ローマの皇帝法に由来し，財産への強制執行の前に，特別担保からの満足を求める債務者の権利に関するものである（日民394条参照）。

民法典の発効した1900年に，彼は，ゲルマニストのギールケの下で，ハビリタチオン論文「他人の土地上の建物，とくに越境した場合」（Der Bau auf fremdem Boden, insbesondere der Grenzüberbau nach dem Bürgerlichen Gesetzbuche für das deutsche Reich auf geschichtlicher Grundlage）によって，ベルリン大学で教授資格をえた。これは，地上の定着物を土地と切り離す権利である地上権（superficies solo cedit）の厳格な適用に反対するものである。ただし，建物の保護を述べている。そのさいには，ドイツ法的な法観念（Rechtsgedanken）が重要な役割を果たしており，その他の場合にも，ゲルマン法的傾向がみられる。ゲルマン法の重視は，ベルリン大学では，すでに Heinrich Brunner と Otto von Gierke によって主張されたところである。Ernst Wilhelm Eberhard Eck（1838-1901. 1. 6）の影響もみられる(97)。

1903年に，ヴォルフは，ベルリン大学で員外教授となった。この時期から，Enneccerus-Kipp の物権法テキストを改訂し，これは，Enneccerus-Kipp-Wolff, Sachenrecht（Lehrbuch des Bürgerlichen Rechts）として，長らく標準的なテキストとなった（1910年。1932年に9版，さらに，Raiser による改定で1957年に10版）。同じシリーズの家族法の改定も行った（Das Familienrecht, 1912, 1931年に7版）。このころ結婚し，1907年には，のちにピアニストとなった息子の Konrad Wolff が生まれた。

1914年に，マールブルク大学で正教授となった。1919年に，ボン大学に招聘され，1921年には，ベルリン大学に招聘され，民法，商法，国際私法の講座についた。ヴォルフは，ハイデルベルク大学のファンゲロー以来の天才的な教師といわれ，その講義はいつも満員であった(98)。1924年に，民法ケースブック（Zivilrechtsfälle），商法や手形法の論文も書き，1933年には，シュプリンガー百科の「国際私法」が公刊された（これは1937年に，スペイン語に翻訳され，また，物権法も1935年に翻訳された）。1922/23年に，学部長となった（その後任は，公法学者の Viktor Bruns，1923/24年。ラーベルは学部長にならなかった）。

(b)　1933年のナチスの政権掌握によって，講義が妨害されるようになった。大学や裁判所には，SA（Sturmabteilung，突撃隊）が配置され，1933年５月４－５日，SA は，彼の講義を妨害し，出席する学生を脅した。妨害の一時的な緩和も行われたが，結局，1934年に，職を追われた。同僚のラーベルとの仲は，必ずしもよくはなかったようである。1900年から1932年のベルリン大学の教授資格取得者の審査員では，Wolff は，二重効の Kipp の息子の Karl Theoder Kipp（1927年），Helmut Rühl（1929年），Eduard Wahl（1932年）の主査，Walter Hallstein（1929年）の副査（主査は Heymann）をしており，Rabel は，Wahl の副査をしている。ちなみに，Wolff 自身に対する主査は，Gierke であった（1900年）(99)。

1938年に，ヴォルフは，イギリス人の妻のあとを追って，イギリスに亡命した。そして，ラーベルやプリングスハイムとは異なり，戦後もドイツに戻ることはなかった。オックスフォードの All Souls College で，フェローとなり，1945年には，イギリスの国際私法の本である「国際私法」を公刊した（Private International Law, 1945, 1950）。1947年に，イギリスの市民権をとり，1953年に，オックスフォード大学から，名誉博士号を授与された。戦後，1952年に，ドイツの大功労賞をうけた（Großes Verdienstkreuz mit Stern der Bundesrepublik Deutschland）。1952年の80歳の時に，ケメラーなどから記念論文集が発刊されている（Festschrift für Martin Wolff, 1952, hrsg. v. Caemmerer, Hallstein, Mann, Raiser）。また，同年，RabelsZ 誌からも祝賀をうけた。彼は，1953年に，ロンドンで死亡した(100)。

M・ヴォルフは，多数の商法，手形法，家族，物権，保険法，国際私法の論文を書いた。とくに，家族法と相続法のテキストは，版を重ねた。彼の物権法は，弟子のライザー（Ludwig Raiser, 1904. 10. 27–1980. 6. 13）によって，改訂されている。前述のハルシュタイン（Walter Hallstein）も，ヴォルフのもとでハビリタチオンを取得した（審査員としては副査である）。Schmitthoff も，M・ヴォルフのもとで学位をえている。同人は，イギリス契約法の大家となった[101]。しかし，Krawielicki は，ほぼ完成していたハビリタチオン論文の提出を政治的理由から妨げられた。

物権法は，1910年に公刊され，じきにこの分野の標準的テキストとなった。1910年から23年の間に，３万7000冊も売れたといわれる。ドグマ的に厳格であり，システムとしての完結性が高かった。1937年にはスペイン語にも翻訳された。しかし，経済的および歴史的な記述は十分ではなく，公法との関係も十分ではないといわれる。彼は，抽象的・方法論的な議論も，あまり得意ではない。ドイツ系法学者としては，英米法に親しみやすい素地があったのである。

ヴォルフの国際私法は，イギリスで積極的に評価され，受容された。しかし，イギリス人には，大陸法の厳格な体系は疎遠であり，とくに，問題の詳細な検討，イギリスの判例法に十分でないことが批判をあびた。しかし，法の欠缺にかかわるときには，イギリスの裁判所にとっては，有用なものであり，ヴォルフの本は，上院の判例にも引用されている[102]。

(c)　シュミットホーフ（Clive Max Schmithoff）（1903. 3 . 24-？）は，1903年に，ベルリンで古いドイツのユダヤ系法律家の家庭に生まれた。父は，ベルリンの著名な弁護士であり，先祖は，オルデンブルク公国の農民であった。父方の伯父には，法律顧問官（Justizrat）の Eduard Goldmann（BGB のコンメンタールで著名である）や HGB のコンメンタールの著述者の Samuel Goldmann がいる。

1921年に，Friedrich-Gymnasium で，アビトゥーアを取得し，ボン大学とベルリン大学で法律学を学んだ。第二次国家試験に合格後，M・ヴォルフの下で学び，株式会社の管理に関する論文で，1927年１月22日に，ベルリン大学で学位をえた（Maximilian Schmulewitz, Die Verwaltungsaktie. Herrschafts- und Vorratsaktie. Ihre rechtl. u. wirtschaftl. Grundl.）。1929年から33年，おもにベルリン高裁の管轄区内で弁護士をした。1929年には，ヴォルフや Flechtheim とともに，株式会社法に関する論文を書き（Satzungen der deutschen Aktiengesellschaften），これは，Düringer-Hachenburg の商法コンメンタールの補完版として公刊された。また，1932年株式管理会社に関する論文を書いた（Beitrag über die Kapitalverwaltungsgesellschaft）。

ナチスの政権掌握の1933年8月に早くもイギリスに亡命し，ロンドンの経済大学（London School of Economics）で，1936年に修士をえたが，同時にイギリスの弁護士資格の取得の準備をしており，試験には，1年半で合格したが，バリスターの資格をえるには，3年のディナーの期間が必要であり，これを経て，やはり1936年にバリスターの資格をえた。1948年に，ロンドン市立大学（City of London College）の Lecturer，1958年に，Senior Lecturer，1963年に，Principal Lecturer となり，1971年に退職するまで，この地位にとどまった。教職の間に，イギリス法の大家として著名となった。イギリス，オーストラリア，カナダなどの多数の大学の招聘を断り，世界貿易の中心であるロンドンにとどまった。

主著は，モノグラフィーでは，The English Conflict of Laws, 3 rd ed. 1954；The Export Trade, the Law and Practice of International Trade, 5 th ed., 1969；The Sale of Goods, 2 nd. ed., 1966；Legal Aspects of Export Sales, 2 nd ed., 1969などがある。

売買法に関するテキストは，標準的なテキストとなった。

共編著では，Palmer's Company Law（1968年に，21版），Charlesworth's Mercantile Law, 12th ed., 1972；The Sources of the Law of the International Trade, 1964などがある。

記念論文集としては，Fabricius による論文集 Festschrift für C. M Schmitthoff, 1973がある[103]。

(d)　ほかに，M・ヴォルフの弟子には，約款法で著名なL・ライザー（Ludwig Raiser, 1904. 10. 27–1980. 6 . 13）がいる。ライザーは，1904年に，南ドイツのシュトットガルトで市民の家に生まれた。ライザー自身は，とくにユダヤ系というわけではない。父親は，ヴュルテンベルグの火災保険会社の社長であった（Privat-Feuer-Versicherungs-Gesellschaft）。1923/24年の冬学期から，ミュンヘン，ジュネーブ，ベルリンの各大学で法律学を学び，1927年に，第一次国家試験をうけた。M・ヴォルフ（Martin Wolff, 1872. 9 . 26–1953. 7 . 20）の勧めで，1927年に，ラーベルの創設したベルリン大学の Kaiser-Wilhelm-Institut の外国法・国際私法研究所（Institut für ausländisches und internationales Privatrecht）の助手となった。1930年まで，そこにとどまった。1931年に学位をうけた（Die Wirkungen der Wechselerklärungen im internationalen Privatrecht）。約款法に関する論文は，その2年後に書かれ，それによってハビリタチオンを取得した（Das Recht der Allgemeinen Geschäftsbedingungen）。ナチスの政権掌握の1933年に教授資格をえたが，ユダヤ系および政治的嫌疑のある教授の追放に反対したことから，私講師とはならなかった。弁護士として開業し，保険会社に就職した（Magdeburger Versicherungsgruppe）。こうした経歴は，Flume や Caemmerer と類似している(104)。

1942年に，彼は，反政府的であるにもかかわらず，エルザスのシュトラスブルク大学に招聘された。もっとも，兵役についたことから，ほとんど講義をする機会はなかった。そして，戦争中，ベルリンの管理部門ですごした。つまり，ほとんど大学には赴任しなかったのである。

戦後の1945年に，ライザーは，国法学と教会法学者の Rudolf Smends（1882. 1. 15-1975. 7. 5）の推薦により，ゲッチンゲン大学に招聘され，のち1955年にチュービンゲン大学に移籍した。そして，チュービンゲン大学で，1973年に名誉教授となった(105)。

(e)　ベルリン大学の学位取得者の数は，他の主要大学（ライプチッヒ，イエナ，ゲッチンゲン，ハイデルベルクなど）に比して少なく，19世紀の末には，年に10人前後にすぎず，第一次大戦後にはより減少し，５人前後であった。これは，学生数が少なかったからである。1930年代以降は増加し10人を超えるようになったが（年によっては50人にもなった。とくに第二次世界大戦開始の1939年），それでも伝統的には数が少なく，戦後の大量生産の学位論文（Dissertation）とは比較にならない。1933年から1945年の間，334であった。ちなみに，1810年の開学から1932年の間には，総数はわずか600である。

ハビリタチオン論文は，1930年代以降も少なく，1933年から1945年の間，わずかに19を数えるのみである。なお，1900年から1932年の間は，総数で36である。1811年から1898年には，82である（1899年にはゼロ）。年間おおむね１人にすぎないのである。一般的に，大学のマスプロ化した現在でも，ハビリタチオン論文は，なお稀少である(106)。

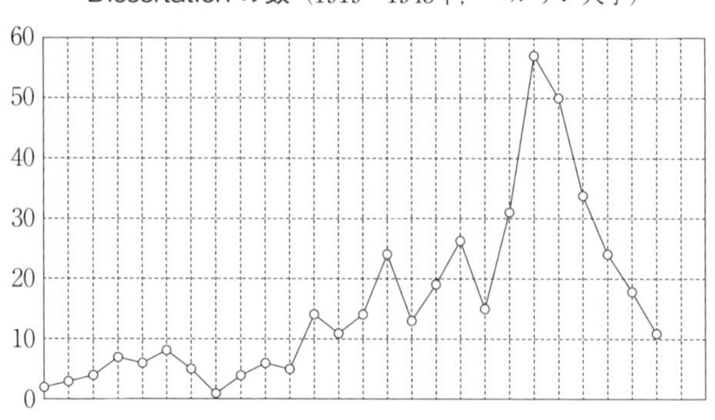

(3) シュルツ（Fritz Schulz, 1879. 6 . 16–1957. 11. 12)

(a) シュルツは，シレジアのBunzlauで，ユダヤ系の裕福な家系に生まれた。父親はプロテスタントであったが，母親は，彼が子どものころに，キリスト教に改宗したのである。

1889年から1902年，シュルツは，ベルリン大学とブレスラウ大学で法律学を学んだ。1902年に，第一次国家試験をうけ，1905年に，不当利得の論文(Die actiones in id quod pervenit und in quantum locupletior factum est）で，ブレスラウ大学から学位をうけた。同年，フライブルク大学で，ハビリタチオンを取得した。

1909年に，シュルツは，イエナ大学とインスブルック大学から招聘された。いったんイエナ大学にいく決心をしたが，オーストリアの大学の方が正教授になるのが早いとの予想から，結局，インスブルック大学を選択した。スイスやオーストリアの大学は，ドイツの教授の正教授としての出発点となることが多く（たとえば，ヴィントシャイトにおけるバーゼル大学である。前述第1篇第2章5参照)，昇進も比較的早いからである。そして，1910年に，インスブルック大学のローマ法の正教授となった。そして，1911年には，早くも他の大学からの招聘をうけた。1912年にキール大学，1916年にゲッチンゲン大学，1923年にボン大学に移った。のちの民法学者のフルーメ（Werner Flume, 1908. 9 . 12–2009. 1 . 28）は，このボン時代の弟子である。ゲッチンゲン大学の時代に，自由左派のドイツ民主党に参加し，民主的なワイマール共和国を支持した。1928年に，ウィーン大学の招聘を断った（オーストリア併合は1938

年)。1931年に，シュルツは，ベルリン大学に招聘された。

(b)　しかし，この平穏な時期は長くは続かなかった。わずか2年後の1933年に，ナチスが政権を掌握したからである。まず，1934年に，フランクフルト大学に強制移籍され，1935年には，退職をよぎなくされた。まだ56歳であった。ベルリン大学の関係では，ほかにも James Goldschmidt, Ernst Rabel, Martin Wolff, Arthur Nussbaum, 名誉教授の Max Alsberg, Julius Flechtheim，私講師の Max Rheinstein や非常勤講師の Julius Magnus などが亡命している。

職を剥奪された後，1939年まで，シュルツはドイツにとどまった。しかし，1939年，まずオランダに逃れ，ついでオックスフォードに亡命した。戦争中，オックスフォード大学やロックフェラー財団などの多くの組織の経済的支援をうけた。1947年に，イギリスの市民権をえて，1957年に，オックスフォードで亡くなった。

シュルツは，戦後もドイツに戻らず，ドイツの大学で客員講師をしたにとどまる。1949年に，フランクフルト大学の名誉博士号をうけ，1951年には，ボン大学の名誉教授の称号をうけた。1952年には，ローマの Accademia dei Lincei の会員となった。1951年に，フルーメほかによって，彼に対する記念論文集が発行されている（Hermann Niedermeyer, Werner Flume, Festschrift Fritz Schulz. 2 Bde., 1951）[107]。

今日では，シュルツは，ローマ法とローマ法史で著名である（Classical Roman Law, 1951. Prinzipien des Römischen Rechts, 1934，その英訳である Principles of Roman Law, 1936；History of Roman Legal Science, 1953，その独訳である Geschichte der römischen Rechtswissenschaft, 1961など)。最初の文献では，たとえば，ローマ法の買主危険負担主義について，いわゆる注意義務説を採用している（532頁)。これは，沿革的な理由づけの中でも，とくに支持者の多い考え方である[108]。

また，現行法に関しても，たとえば，Eingriffserwerb に関する論文が，AcP 105(1909), S. 1 ff. にあり，のちに，モノグラフィーとなっている(System der Rechte auf den Eingriffserwerb, 1909)。これは，今日まで不当利得法において影響力がある文献となっている。

(4)　カントロヴィッチ(Hermann Ullrich Kantorowicz, 1877. 11. 18–1940. 2. 12)

(a)　カントロヴィッチは，その積極性と政治性から，ラートブルフと並んで，もっともナチスから目の敵にされた。友人であるラートブルフとは，大学時代からの親交があり，キール大学に前後して就職したが，ラートブルフがハイデルベルク大学を追われたのと同様に，ナチスの台頭により免職となったのである。

彼は，1877年に，東部のポーゼンで生まれた。のちにナチスに傾倒するパーラント（Otto Palandt, 1877. 5. 1–1951. 12. 3）と同年の生まれである。父親は，アルコール工場を有していた。1884年に，ベルリンに引っ越した。

ジュネーブ大学，ミュンヘン大学，ベルリン大学で法律学，哲学，国民経済学を学び，とくにギールケとＦ・リストの講義を聞き感銘をうけた。刑法学者のリスト(Franz von Liszt, 1851–1919. このリストは，音楽家の Franz Liszt, 1811. 10. 22–1886. 7. 31とは従兄弟の関係である)のゼミでは，ラートブルフ(Gustav Radbruch, 1878. 11. 21–1949. 11. 23）と親交を深め，両者の友情関係は生涯続いた。1900年に，ハイデルベルク大学で学位を取得し，1907年に，フライブルク大学で，刑法史と哲学に関する論文でハビリタチオンを取得した（Albertus Gandinus und das Strafrecht der Scholastik, 1. Bd, 1907； 2. Bd, 1926)。この間，ユダヤ教徒のままでは，アカデミック・キャリアの形成に障害があることから，1905年に，プロテスタントに改宗した。

フライブルク大学で，私講師となり，1913年からは予算外の員外教授になり，1923年から1929年まで，予算内の員外教授(etatmäßiger außerordentlicher Professor）となった。比較的古くからの伝統から，フライブルク大学は，ユダヤ系教授に寛容であったが，この当時，1907年にレーネル，1922年にレーヴィがユダヤ系正教授としてすでに在職していたことから，長らく正教授になる機会はなかった。1928年に，レーヴィがハイデルベルク大学に移ったことから，カントロヴィッチも後任の候補たりえた。しかし，カントロヴィッチはラートブルフの後任として，キール大学に移ることになり，1928/29年に，ユダヤ系のプリングスハイムがゲッチンゲン大学から赴任した（かつてフライブルク大学で私講師をしていた)。ベルリン大学以外のユダヤ系教授のポストは比較的限定されていたから，こうした講座の承継の現象がみられるのである。のちに，フライブルク大学に赴任したケメラーは，その師ラーベルがユダヤ系であったにもかかわらず，必ずしもこうした承継には肯定的ではなかったようである。

カントロヴィッチは，のちにはコスモポリタンとして知られたが，第一次世界大戦中の1915年には，志願して兵役についた。また，1927年には，コロンビア大学で，客員教授をした。その研究対象は広く，刑法や憲法だけではなく，民法や法制史，法学方法論から国際法をも包含していた。わがくにでは，エールリッヒが著名なわりには，カントロヴィッチは，あまり言及されることがない。

1928年に，ラートブルフがハイデルベルク大学に移ると，キール大学のラートブルフの後任として推薦されたが，プロイセンの州当局，シュトレゼーマン（Stresemann）は，その任命を躊躇した。カントロヴィッチは，戦後の債務問題などの政治的問題についても積極的に発言していたからである。1929年に，41歳でようやく正教授となった。しかし，1933年にナチスが政権を掌握すると，ただちに罷免され，アメリカに亡命した。ユダヤ系教授としては，最初の罷免であった(109)。

アメリカでは，ニューヨーク大学のCity Collegeで，1934年まで教え(Social Research)，その後，イギリスに渡った。ロンドン経済大学（London School of Economics）とオックスフォードのAll Souls Collegeと，オックスフォード大学でも教えた（1937年まで)。1937年から1940年までは，ケンブリッジの法律研究所の所長代理であった（Assistant Director of Research in Law)。亡命先のケンブリッジで，1940年に亡くなった。カントロヴィッチの死後，以下の2巻の論文集がまとめられるにあたり，妻Hilda Kantorowicz（1892-1974)の功績があった。法社会学に関するものと，法史に関するものである(110)。
Rechtswissenschaft und Soziologie.（Würtenberger hrsg.)，1962；Rechtshistorische Schriften.（Coing und Immel hrsg.)，1970.

なお，著名な亡命法学者は，1930年代に亡命に成功しているが，無事に亡命した者ばかりではない。たとえば，フランクフルト大学の法律および社会教育学のErnst Kantorowicz（1892-1944）は，1944年に，アウシュビッツで亡くなった。

(b)　カントロヴィッチは，エールリッヒ（Eugen Ehrlich）と並ぶ自由法学派の代表者である。この理論は，帝政期の概念法学的な法実証主義に反対して，国家法と社会の乖離に対処しようとした。社会を律するルールは国家法に限られないことから，カントロヴィッチや自由法学派は，国家法だけではなく，社会的な実態の機能を重視するのである。法令集に含まれない生きた法を自由法と呼ぶことができ，法は，こうした生きた法なくして完結せず，その無欠缺性（Lückenlosigkeit des Gesetzes）は満たされないのである。

自由法学の創始者が誰であるかについては，争いがあり，とくに，エールリッヒとの関係が問題となる。後者によれば，こうした考え方は，1888年にすでに提示されていた。Gnaeus Flavius というペンネームで，カントロヴィッチも，自由法学のパンフレットを書いている。「このパンフレットは，新たな挑戦者の，法律学の解放闘争のためのテーゼであり，スコラ学からの最後の堡塁への突撃である」(111)。

カントロヴィッチと自由法学派は，法律学だけではなく，他の分野，たとえば，法社会学の領域に大きな衝撃を与えた。19世紀は，自然科学の発展の時期であり，進化論など，種々の自然科学的概念が社会科学にも応用された。法律学を直接に他の社会科学のもとにおこうとしたこと自体は驚くにあたらない。しかし，それでは，伝統的な Soll と Sein の区別があいまいになり，法律学と他の社会科学との区別もあいまいなものとなる。そこで，法が社会に同化されるような法の相対化は，一般の法律家からは，法的な関係を不安定なものとするとして，完全な賛意をえることはできなかったのである。ドグマは，たんなる社会の分析とは異なり，むしろこれに対立するからである。

(c) 多様な業績がある。量的に多いだけではなく，対象も多彩である。第1は，法の歴史に関するものであり，オリエント，ローマ，ギリシアをも対象とする。第2は，法哲学や方法論に関するものであり，第3は，現代法に関するものである(112)。以下では，著名なものにのみふれる。

Aesthetik der Lyrik. Das Georgesche Gedicht (mit H. Goesch), 1902, unter dem Pseudonym Kuno Zwymann Goblers Karolinen-Kommentar und seine Nachfolger, 1904.

Der Kampf um die Rechtswissenschaft, (unter dem Pseudonym) 1906. カントロヴィッチは，ローマ風の Gnaeus Flavius のペンネームでいくつかの文章を公刊しており，その1つである。イェーリングの「権利のための闘争」のパロディー的なタイトルである。

Schriftvergleichung und Urkundenfälschung, 1906.

Cino da Pistoja ed il primo trattato di medicina legale, 1906.

法哲学や法史学に関するものも多いが，ほとんど省略する。

Zur Lehre vom richtigen Recht, 1909.

Über die Entstehung der Digestenvulgata, 1910.

Die contra-legem-Fabel, 1910.

Was ist uns Savigny ?, 1912.

Volksgeist und historische Rechtsschule, 1912.

Ausgabe von Max Conrats Schrift, Römisches Recht im frühesten Mittelalter, 1913.

Zu den Quellen des Schwabenspiegels, 1913.

第一次世界大戦後の債務問題に関する以下の著作は，復刻されている。これら一連の著述は，保守派の怒りをうけた。

Gutachten zur Kriegsschuldfrage 1914, mit einer Einführung von Imanuel Geiss, 1967.

Der Offiziershass im deutschen Heer, 1919.

Bismarcks Schatten, 1921.

Verteidigung des Völkersbundes. 1922.

Der Völkerbund im Jahre 1922.

Fechenbachurteil und Kriegsschuldfrage, 1925.

Studien zur Kriegsschuldfrage, 1925.

Pazifismus und Fascismus, 1925.

刑法関係もほとんど省略する。

Probleme der Strafrechtsvergleichung, 1907.

Die Freiheit des Richters bei der Strafzumessung, 1908.

Wider die Todesstrafe, 1912.

Die Zukunft des strafrechtlichen Unterrichts, 1920.

Der italienische Strafgsetzentwurf und seine Lehre, 1922.

Tat und Schuld, 1933.

1930年代以降，英語の論文が多いのは，国外的な活動が増えたからである。

English Politics through German eyes, 1930.

Praestantia Doctorum, Festschrift für Max Poppenheim, 1931.

1933年の亡命後のものは，おもに英語の論文である。これらも，ほぼ省略する。

A medieval Grammarian on the sources of the law, 1936.

Savigny and the Historical School of Law, 1937.

Studies in the Glossators of the Roman Law（W. W. Bucklandとの共著）, 1938. 大英博物館の新たに発見された文書の研究である。

The Quaestiones disputatae of the Glossators, 1939.

Bractonian Problems, 1941.

(5)　ラインシュタイン（Max Rheinstein, 1899. 7. 5–1977. 7. 9）

(a)　ラインシュタインは，1899年に，ラインラント（Rheinland-Pfalz）のBad Kreuznachで生まれた。当時，そこはバイエルン領のファルツに属していた。両親は，ワイン農場主のFerdinand（1842–1904）とその妻Rosalie（1858–1928）であった。1904年から，ミュンヘンで育った。亡命法学者の中では，もっとも若年の層に属し，学生として亡命しており，戦後も帰国しなかった。

アビトゥーアを取得した後，1917年から1918年，第一次世界大戦の兵役に服し，戦後，ミュンヘン大学で法律学を学んだ。Max Weberの最後の授業を聴き，当時ここにいたラーベルの講義も聴いた。1922年に，第一次国家試験，1925年に第二次国家試験に合格し，1922年に，助手となり，1924年にミュンヘン大学で，イギリス法に関するテーマで学位をえた。1926年に，ラーベルに従って，ベルリン大学に移り，外国法・国際私法研究所で，その助手となった。1929年に，Lillyと結婚し，1930年に息子が生まれた。

彼は，1931年に，民法学者のHeymannのもとで，英米法の契約的債務関係の構造に関する論文で，ハビリタチオンを取得した（Das vertragliche Schuldverhältnis im anglo-amerikanischen Recht. 副査は，Titzeであった。公表時のタイトルは，Die Struktur der vertraglichen Schuldverhältnisse im anglo-amerikanischen Recht, 1932）。同じユダヤ系法学者のRabelやWolffでない点が興味深い。Hallsteinの主査がHeymann，副査がWolffであったのに近い。ちなみに，Kippの息子のKarl Theodor Kippのハビリタチオンの主査はWolff, 副査がHeymannであった。

しかし，1933年に，ナチスが政権を掌握し，人種差別をうけることになった。そこで，ロックフェラー財団の2年間の奨学金をえて，アメリカに亡命し，コロンビア大学とハーバード大学で学んだ。そのまま，アメリカにとどまり，1935年から，シカゴ大学のロースクールで教えた。1942年から1968年に名誉教授となるまで，同大学で，比較法のMax Pam講座の教授職にあった。この組織は，アメリカでは，民事法の比較法で草分け的存在となった（Einführung in die Rechtsvergleichung, (hrsg. v. Borries), 1974)。1940年にアメリカ市民権を取得し，1945年から1947年には，ドイツにおけるアメリカ占領軍の法務部に属した。シカゴに帰ってから，ヨーロッパとアメリカの若い法律家の交換プログラムを組織した。これは，外国人に簡易に修士号を与えるための，今日のLL. M. 制度のモデルとなった。この制度によって，外国法の中でも，ドイツ法は，アメリカの比較法学の中で，確固たる地位を占めるようになったのである。多くの交換教授をヨーロッパに送り，彼も，ほぼ毎年ドイツを訪れた。レーザーなど，ラーベル学派との交流が盛んであった。

(b)　ラインシュタインの学問的中心は，比較法，国際私法，法社会学，家族法である。ハビリタチオン論文も，契約法について，法秩序の歴史的，文化機能的，発展的な研究を比較法的観点から行っている。コモンローでは，現行法と沿革や社会的効果の過程との結合に意味を見出した。彼の制度理解には，ウェーバーの影響が大きく，その法社会学とEdward Shilの社会学を1954年に英語に翻訳し，注釈を付している（Max Weber on Law in Economy and Society, 1954)。Hans Zeisel（1905-1992)，Karl Llewellyn（1893-1962）などとともに，シカゴ大学ロースクールを学際的研究の中心地とした。比較法的，法社会学的な問題設定の適用領域としては，とくに家族法が対象とされている。家族法や物権法は，各国の個性が強く，伝統的には比較の困難な領域である。それによって，家族法の限界領域や，種々の法秩序における離婚の効果の分析をした。外国の法秩序をも大胆に評価したが，比較法学者として，一面的な方法論に固執することはなく，つねに，多数の法文化に根ざす法社会学的な比較を試みた。

1953年に，フランスの勲章（Ordre des Palmes Juridique）をうけ，また，多くの大学の名誉博士となった（Stockholm 1956, Basel 1960, Löwen 1964, FU Brüssel 1965, Aix-Marseille 1968)。1962年には，フライブルク大学の名誉教授となった。1977年に，Schwarzach（Pongau）で亡くなった。プロテスタントであった(113)。

早くにドイツを離れたことから，業績の多くは，英米法関係のものである。

Law of Descendent Estates 1947, (mit Glendon).

Marriage Stability, Divorce and the Law, 1972.

Gesammelte Schriften, Collected Works, (hrsg. v. Leser), I：Rechtstheorie u. Soziol., Rechtsvergleichung und Common Law（USA), 1979, II.

Kollisionsrecht, Fam. recht, Anhang u. W-Verz. (S. 431-71), 1979.

(6) J・ゴールトシュミット (James Goldschmidt, 1874. 12. 17-1940. 6. 28)

(a) 刑法, 民訴法, 刑訴法学者のJ・ゴールトシュミットは, 1874年に, ユダヤ系の家系からベルリンで生まれた。民訴法のローゼンベルク (Leo Rosenberg, 1879. 1. 7-1963. 12. 18) よりやや年長である(114)。

父のRobertは, 金融業者であり, 母は, Emilie (geb. Bressler) であった。著名な商法学者のL・ゴールトシュミットとの関係は明確ではない。ちなみに, ゴールトシュミットという姓は, 著名な家系であり, 多くの知識人を生んでいる。誕生の年には, 同じくユダヤ系の比較法・民法学者ラーベルが生まれている (Ernst Rabel, 1874. 1. 28-1955. 9. 7)。

J・ゴールトシュミットは, 1892年にフランス系のギムナジウムでアビトゥーアを取得し, ベルリン大学とハイデルベルク大学で, 法律学を学んだ。1895年に, 第一次国家試験に合格し, 同年, 学位をえた (Die Lehre vom unbeendigten und beendigten Versuch)。1900年に, 第二次国家試験に合格し, 1901年に, ベルリン大学の, 刑法学者のリスト (Franz von Liszt, 1851. 3. 2-1919. 6. 21) と, コーラー (Josef Kohler, 1849. 3. 9-1919. 8. 3) とのもとで教授資格をえた。ハビリタチオン論文は, 行政刑法(Das Verwaltungsstrafrecht)であった(Das Verwaltungsstrafrecht: eine Untersuchung der Grenzgebiete zwischen Strafrecht und Verwaltungsrecht auf rechtsgeschichtlicher und rechtsvergleichender Grundlage)。F・リストとの関係からは, カントロヴィッチやラートブルフの兄弟子にあたる。

彼は, 1906年に, Margarete (geb. Lange) と結婚し, 1908年に, ベルリン大学で員外教授となり, 1919年に正教授となった。さらに, 1919年に, 彼は, ライヒ司法省の参与となり, 刑事訴訟法の改革に参加した。1920/21年, 1931/32年に, 学部長となった。戦前では, 最後のユダヤ系学部長である。

1933年からのナチスの時代に, J・ゴールトシュミットは, ベルリン大学から追放された最初のユダヤ系の教授となった。まず, 講義を禁止され, 1934年から短期間, フランクフルト大学に移籍されたのち, 1935年に, 退職をよぎなくされた。1933年から, 客員講師として, スペインで多数の講演をし(Madrid, Barcelona, Valencia, Sevilla, Zaragozaなど), それらは, スペイン語, イタリア語, フランス語で出版された。その関心は, しだいに法哲学のテーマに傾いていった。

1938年に，彼は妻とともに，まずイギリスに亡命し，ついで南米のウルグアイに行った。首都のあるモンテビデオ大学で教え，1940年に，モンテビデオで亡くなった。彼に続いて，ベルリン大学では多くのユダヤ系教授が追放された。Martin Wolff（1872-1953, 1938年にイギリスに亡命），Fritz Schulz（1879-1957，1939年にイギリスに亡命），Arthur Nussbaum（1877-1964，1934年にアメリカに亡命），Julius Flechtheim（不明），Max Rheinstein（1899-1977，1933年にロックフェラー奨学生としてアメリカに渡る），Julius Magnus（1867-1944, 1939年にオランダに亡命），Max Alsberg（1877-1933，1933年にスイスに亡命）などである(115)。

(b) 弟のHans Walter Goldschmidt（1881-1940）も，法律家であった。彼は，ケルン高裁の裁判官であり，ケルン大学の員外教授ともなった。このHans Walter Goldschmidtも，兄と同様に亡命した。まずイギリスに向かい，イギリスで収容され，その後カナダに向かう途中，乗船が撃沈されたことによって亡くなった（1940年7月2日）。

(c) 刑法，民訴法，刑訴法などへの多くの功績がある。パビリタチオン論文の行政刑法の研究において，彼は，いわゆる規則違反（Übertretungen，今日ではOrdnungswidrigkeiten）の問題に取り組んだ。これは，当時，ライヒ刑法では，犯罪（Verbrechen und Vergehen）と同様に扱われていた。J・ゴールトシュミットは，規則違反を真正の刑法犯罪と区別することを試み，規則違反を行政刑法に振り向けた。

また，刑法と刑訴法の改正に関与した。刑訴法では，彼は，イギリスの刑事手続の一部の継受に努力した。検察に，訴訟当事者の役割を求め，ドイツの刑事手続から，まだ残されていた古い糾問手続の遺物を否定しようとしたのである。

民事訴訟法への功績もある。1925年に，彼のモノグラフィー（Der Prozeß als Rechtslage）は，ブルンス（Rudolf Bruns）によって，ドイツ訴訟法学の構造上最大の成果といわれた。J・ゴールトシュミットは，この本で，すでに公にしていた理論「実質的民事司法法」（materiellen Ziviljustizrecht）を敷衍し，国家に対する市民の権利保護請求権（Rechtsschutzanspruch des Bürgers）の存在を擁護した。

J・ゴールトシュミットが公けに追悼されたのは，ドイツではようやく戦後の1950年であり，没後すでに10年であった（Eberhard Schmidt, James Goldschmidt zum Gedächtnis, Süddeutsche Juristenzeitung 1950, S. 447；Wolfgang Sellert：James Paul Goldschmidt（1874-1940），Helmut Heinrichs u. a. (hrsg.), Deutsche Juristen jüdischer Herkunft. München 1993. S. 598, ハインリヒス（森勇訳）889頁）。しかし，J・ゴールトシュミットは，スペインとラテンアメリカにおいて，ドイツ文化上の多大な影響を与えた。最大の訴訟法学者ともいわれている(116)。

J・ゴールトシュミットの弟子は少なく，わずかに，Adolf Schönke（1908-1953）がいるだけであり，戦後，フライブルク大学で刑法と訴訟法の教授となった（Eserは，その弟子）。また，Friedrich Karl Kaul（1906-1981）は，東ベルリンの出身ではあるが，冷戦期に西側で弁護士資格を取得した(117)。

その他の業績として，以下がある。

Die Lehre vom unbeendigten und beendigten Versuch. 1897, Neud. 1977.

Der Prozeß als Rechtslage, 1925, Neud. 1986.

Das Verwaltungsstrafrecht, 1902, Neud. 1962.

Problemas generales del derecho, 1944. 亡命後に，アルゼンチンで出版された。

(7)　ハイマン（Franz Karl Abraham Samuel Haymann, 1874. 8. 25-1947. 8. 26）

(a)　ハイマンは，1874年に，フランクフルト・アム・マインで生まれた。ラーベルと同年の生まれである。父親はユダヤ系の商人 Victor（1836-1984），母親は，Hermine（geb. Neumann）であった。ローザンヌ，シュトラスブルク，ベルリンの各大学で，法律学と哲学を学んだ。1896年に，修習生となり，マールブルク大学で哲学を学んで，1897年に学位をえた（Begriff der volonté générale als Fundament der Rousseauschen Lehre von der Souveränität des Volkes）。

法哲学では，ルソー研究を主にし，最初の論文でも，1947年の最後に公刊した論文においても，ルソー時代の自然法概念から，社会契約と一般意思（contrat social und volonté générale）を研究した（ほかに，フィヒテ，カント研究）。民法学者としては，ロマニストであり，危険負担の研究をおもに行った。このテーマにつき，原典批判的な研究を行った。債権者主義（pericuium emptoris）は，古典期の原則ではなく，ユスティニアヌス期の産物（インテルポラチオ）とする[118]。彼の原典批判は，つねに哲学的，歴史的な観点を備えたドグマの考察であった。売主の瑕疵担保責任（Die Regelung der Haftung des Verkäufers für die Beschaffenheit der Kaufsache, 1912）のルールについて，ハイマンは，錯誤からの保護，履行保護の制度と把握する。これは，債務者の善意保護に関する研究にも関係している。保険契約の双務性に関する研究も，法史的な観点によっている。

1923年に，ロシュトック大学で正教授になり，ついで，同年ケルン大学に招聘された。担当は，ドイツ民法，ローマ法，法哲学であった。1924年に，法学部長となった。プロテスタントに改宗していたが，1935年に，ユダヤ系であることから停職となり，1939年には，イギリスに亡命した（1940年に，マン島で抑留）。戦後の1947年にオックスフォードで亡くなった[119]。

なお，ベルリン大学のハイマン（Ernst Heymann, 1870. 4. 6-1946. 5. 2）は，ナチスのドイツ法アカデミーで，法哲学部会のメンバーとなり，1939年に，ヒトラー（1889-1945）の50歳誕生日の記念論文集の著者となった。出生時，死亡時とも近似しているが，両者の立場は反している。

(b)　解釈論では，より実務的であり，ワイマール期における最大の労働争議である1929年のルール鉄鋼争議（Ruhreisenstreit）の対立に影響を与えた。この争議には，多数の法学者が関与しているが，裁判所の理由づけや論争において，彼の論文（Die Mehrheitsentscheidung, ihr Sinn und ihre Schranken, Festgabe für Rudolf Stammler, 1926）は，労働者側からも使用者側のいずれからも参照された。この争議には，ラインラントの工業地帯の24万人の労働者がかかわり，第一次世界大戦後のインフレ終息後の好景気を背景に，金属労働組合が，時間あたり15％の賃上げ要求をしたことに発する。経営側はこれを拒否し，ライヒ労働省は仲裁案（Wilhelm Joetten）を提示した。労組側はこれをいれたが，経営側は拒否し，大量の解雇を行った。政府の閣議でも対立が生じた（経済相のJulius Curtius（DVP）は経営側，労働相のRudolf Wissell（SPD）は仲裁案を支持）。政治的なだけではなく，法律的な闘争も行われた。デュイスブルクの労働裁判所は仲裁案を肯定し，デュッセルドルフのラント労働裁判所は否定した。そこで，内務大臣のCarl Severing（SPD）が，新たに仲裁案を出し，１から６ペニヒの賃上げと60時間から57時間ないし52時間への労働時間の短縮を提案したが，最初の仲裁案よりは労働側に不利であった。ライヒ大審院は，1929年１月22日に結審し，最初の仲裁条項は違法，無効とされた。この紛争のプロセスにおいて，ライヒ労働省は権威を失墜し，労働裁判所の下で形成され，第一次世界大戦中の1918年から続いた労組と経営団体との労働協約システムの破棄がもたらされた。ワイマール共和国における経営政策の協和から一面的な対決への曲がり角となり，ひいてはナチスの台頭への道が開かれたのである(120)。

ハイマンの業績には，以下がある。

Der Begriff der Volonté générale als Fundament der Rousseauschen Lehre von der Souveränität des Volks, Leipzig (Veit & C.) 1897 (Halle, Juristische Dissertation vom 4. Oktober 1897).

Freilassungspflicht u. Reurecht, 1905.

Zuwendung aus fremden Vermögen, Jherings Jb. 77 (1927), S. 188-296.

Haben d. Römer d. Gattungskauf gekannt?, id. 79 (1928/29), S. 95-128.

Früchte u. Zinsen beim Kauf, AcP 130 (1929), S. 129-168.

(買主が，目的物の引渡時から代金の利息を支払うとのローマ法の検討である。ALR やコードシヴィルに遡って，多数の比較法的検討を行っている。これにつき，拙稿「双務契約と果実収取権の移転」給付障害と危険の法理（1996年）418頁，424頁注5参照)。

Leistung u. Gegenleistung im Versicherungsvertrag, 1933.

Weltbürgertum und Vaterlandsliebe in der Staatslehre Rousseaus und Fichtes, Berlin (Pan-Verlag) 1924.

(8)　ライヒ大審院判事（Bumke, David）

(a)　ライヒ大審院判事では，初代のシムソンがユダヤ系であったことは，すでにふれた。これと対照的なのが，最後のライヒ大審院長のブムケである。彼は，ナチスの協力者であり，個人的にも，ユダヤ系判事を迫害した。彼と，大審院部長判事であったダヴィットを簡単に概観する。その他のライヒ大審院判事については，別稿に委ねる。

ビスマルク帝国（1871年の統一時から）の歴代のライヒ大審院の長官とその在任期間は，前述（第2章1(5)）のとおりであるので，初代のシムソンと最後のブムケのほかは繰り返さない。

1　Eduard von Simson (1810-1899) は，1879. 10. 1～1891. 2. 1で，在任期間は12年。

7　Erwin Bumke（1874–1945）は，1929. 4. 1～1945. 4. 20で，16年。

ライヒ大審院は，当初7部の構成であり（のちに8部），最初，その部長判事は，ライヒ上級商事裁判所の副長官から横滑りしたAugust Drechsler(1821. 3. 14–1897. 8. 10)とKarl Hocheder(1825. 8. 22–1913. 2. 5)の2人ほか，Henrici(1816. 4. 18–1891. 10. 1)，Ukert(1811. 12. 15–1884. 7. 1)，Drenkmann(1826. 6. 6–1904. 5. 8)，von Beyerle（1824. 2. 20–1886. 3. 14)，Bingner（1830. 9. 26–1902. 5. 8）の5人であった。その後の構成や変遷については，立ち入りえない[121]。

(b)　ブムケ（Erwin Konrad Eduard Bumke, 1874. 7. 7–1945. 4. 20)は，1874年に，バルト海沿岸のポンメルンのStolpの市民の家に生まれた。父は，医者であり，母は，工場主の娘であった。兄弟のOswald Bumkeは，精神病学者として知られている。ブムケは，Eva von Merkatzと結婚した。エヴァは，のちに連邦大臣となったHans-Joachim von Merkatzの伯母にあたる。息子が2人おり（ErwinとWolfgang Bumke)，1942年と1945年に，出征した。

フライブルク，ライプチッヒ，ミュンヘン，ベルリン，グライフスバルトの各大学で法律学を学び（Hat die erfüllte Resolutivbedingung dingliche Kraft ?, Greifswald, Diss. 1896)，1907年に，ライヒ司法省（Reichsjustizamt，のちのReichsministerium der Justiz）に勤めた。第一次世界大戦には，大尉として従軍した[122]。

復員後，刑法や刑訴法に関する著述を著した。

Verordnung über Gerichtsverfassung und Strafrechtspflege v. 04. 1. 1924, 1924.

Deutsches Gefängniswesen. Ein Handbuch, 1928.

Gerichtsverfassungsgesetz und Strafprozeßordnung. Mit Nebengesetzen in der vom 13. Januar 1927 geltenden Fassung; Textausgabe mit einer Einführung in die Vorschriften der Novelle vom 27. 12. 1926, 1927.

1919年から1929年の間，ブムケは，国民人民党（DNVP, Deutschenationale Volkspartei）のメンバーであったが，ナチスの政権獲得後，1933年7月には，SSのメンバーとなり，1937年からは，ナチスの党員となった。

ライヒ司法省の第二部（刑事局）の長として，ブムケは，1927年のライヒ議会提案の新刑法典の準備をしたが，この草案は，成立にいたらなかった。1930年に，国際刑法，監獄法委員会の委員長となった。また，ブムケは，ナチスの差別法である血統法のための第3委員会の長であり，1941年4月には，ベルリンの最高法律家会議（Konferenz der höchsten Juristen）の参加者でもあった。ここでは，「不要な生命」の抹殺を肯定する優性保護法の病人殺人（Krankenmorde）が立法化された。

ブムケは，第6代のライヒ大審院長 Walter Simons（1861-1937，任期は，1922. 10. 16～1929. 4. 1で，7年）のあとをうけ，1929. 4. 1から1945. 4. 20まで，16年の間，ライヒ大審院長となった（7代のライヒ大審院長中で最長である）。任命されたのは，ナチス政権の時代ではなかったが，一貫してナチスに協力的であり，ナチスの時代に，一連の不法判決にも関わった。ワイマール憲法48条（安全秩序の破壊における対策，おもにライヒ大統領の権限に関する）の改正に関するみずからの論文もある(123)。

そして，ブムケの主導の下で，ライヒ国家裁判所は，1932年10月25日の判決において，プロイセンの領域における公的安全と秩序の回復に関するライヒ大統領の緊急令（Not-Verordnung, 20. Juli 1932, RGBl. I, S. 377）の合憲性を表明した。これは，ライヒ首相に，プロイセンのライヒ委員（Reichskommissar für Preußen）の機能を与え，後者に，プロイセンのラントの大臣から一時的に権能を奪い，みずからが行使するか，他のライヒ委員に移譲する権限を与えるものである。なお，1933年にも，ラントの権限をライヒに移譲する法律が出されている(124)。

また，1932年12月17日に，ライヒ議会は，ワイマール憲法を修正し（Gesetz über Änderung der Reichsverfassung v. 17. 12. 1932），その51条1項によると，ライヒ大統領に障害があったときには，従来のようにライヒ首相（Reichskanzler）ではなく，ライヒ大審院長が代理をするものとされた。51条2項によると，新たな選挙まで大統領職の一時的な処理をすることについても同様とされた（RGBl. I S. 547）。1933年のナチスの政権掌握まで，ヒトラーの政権基盤は必ずしも確実ではなかったからである。しかし，1933年のナチスの政権掌握とともに強化され，1934年8月1日の命令によって，大統領職が首相と統合されるものとされた。そして，1934年8月2日のヒンデンブルクの死亡によって，大統領と首相が兼任されるいわゆる総統体制ができあがったのである(125)。

憲法51条2項「ライヒ大統領は，その障害のある場合に，ライヒ大審院長によって代理される。

ライヒ大統領の一時的障害の場合も，新たな選挙が行われまで同様とする。」

Artikel 51 § 1(2)：

Der Reichspräsident wird im Falle seiner Verhinderung durch den Präsident des Reichsgerichts vertreten.

Das gleiche gilt für den Fall einer vorzeitigen Erleidigung der Präsidentschaft bis zur Durschführung der neuen Wahl.

こうして，ブムケは，司法行政と裁判所の双方において，ナチスの協力者となったのである。そこで，アメリカ軍のライプチッヒへの進行の２日後，1945年４月20日に，ライヒ大審院のあったライプチッヒで自殺した。第三帝国の崩壊によって，ライヒ大審院は解体したことから，彼は，最後のライヒ大審院長となった。

戦後の連邦裁判所（カールスルーエ）は，実質的にこのライヒ大審院の承継であることから，ホールには，歴代のライヒ大審院長の肖像画が掲げられているが，こうした経歴から，ブムケだけは除外されている(126)。

(c)　ダヴィット（Alfons David, 1866. 6. 13-1954. 6. 11）は，1866年に，スパイエル（ファルツ）のユダヤ系の家系に生まれ，1888年に，第一次国家試験に合格し，1892年に，第二次国家試験に合格した。ケルン区裁，Elberfeld ラント裁判所，トリエル区裁，ケルンのラント裁判所で補助裁判官となり，1901年に，Opladen 区裁の区裁判官，1906年に，ケルン・ラント裁判所のラント裁判官（Landrichter）となった。1907年に，ラント上席裁判官（Landgerichtsrat）。1909年に，デュッセルドルフ高裁で，高裁判事となった。ユダヤ系であることから，その昇進は遅かった。BGB コンメンタールで著名なパーラント(127)と比較すると以下のようになる。

David　1866生 → 1892補助裁判官 → 1902区裁判官 → 1906ラント裁判官 → 1909高裁裁判官 → 1918ライヒ大審院裁判官 → 1933亡命 → 1954死亡

Palandt　1877生 → 1906補助裁判官，区裁判官 → 1912ラント裁判官 →（1914にワルシャワの上級帝室裁判所）→ 1916高裁裁判官 →（行政職）→ 1951死亡

区裁判官となったあとはあまり差がないことから，とくに補助裁判官の期間が長いようである。これは，後述のモッセでも同じであり，ラント裁判官になるまで11年かかっている。そして，高裁判事になったのは，ダヴィット

は，43歳，パーラントは，37歳，モッセは，日本からの帰国後で，44歳であった（在日期間は3年）。

ダヴィットは，1918年1月2日に，ライヒ大審院判事，1929年1月1日に部長判事，新たに創設された民事第8部の裁判長，また弁護士懲戒裁判所（Ehrengerichtshofs für Rechtsanwälte）の長官となった。しかし，1933年3月に，ライヒ大審院長のブムケから，休職を命じられた。ブムケは，私的にザクセンとチュービンゲンのナチスの法務部門の長として，ダヴィットのユダヤ教信仰を問題としたのである。ナチスは，ダヴィットが懲戒裁判所の長官を辞任することも求めた。1933年4月には，ダヴィットは，公務員職の回復法によって休職を命じられた。院長のブムケは，これらのナチスの干渉を排除することなく，むしろ積極的にこれに協力した。彼は，路上で顔をあわせても同僚に対する挨拶もしなかったという。これと対照的に，ライプチッヒ市長のGoerdelerは，臆することなくダヴィットと挨拶を交わしナチスの忌避にふれた[128]。

多くのライヒ大審院の判事には，彼らが帝政時代に職歴を開始していたことから，公務員職の回復法3条2項1の例外規定が適用されたはずであるが（帝政主義者のヒンデンブルク（Hindenburg, 1847–1934）の主張による），唯一のユダヤ系の部長判事のダヴィットも，他の6人のライヒ大審院判事（Citron, Koehne, Hoeniger, Königsberger, Metz, Cohnの6人。Baumgartenは，1933年10月7日に死亡），ライヒ検事（R. Neumannなど当時の基準で完全ユダヤ人とされた者）も，1933年4月に休職にされた。ダヴィットは，アメリカに亡命し，帰国しないまま，1954年にカリフォルニアで亡くなった[129]。Cohnもアメリカに亡命したが，Hoenigerは隠棲した。他の者の運命は，必ずしも明らかではない[130]。

(d)　ダヴィットをライヒ大審院判事として任命したのは，第4代院長Seckendorff（任期1905. 6. 1–1920. 1. 1）であり，第8部部長として任命したのは，第6代院長Simons（任期1922. 10. 16–1929. 4. 1）であった。ブムケ（Bumke）は，1929年4月1日から第7代のライヒ大審院長となったから，ダヴィットの就任は，これよりわずかに早かったのである。ブムケの就任後であれば，ダヴィットの任命はなかった可能性が高い。

第3章　むすび，日本との関係

1　法典編纂期

(1)　はじめに

(a)　法典編纂期には，お雇い外国人の中にも，ユダヤ系学者がいた。というより，その比率はかなり高かったと思われる。また，1882年に憲法事情の研究のためにヨーロッパを訪れた伊藤博文（1841-1909）などが，ユダヤ系法学者であるグナイストらの意見を聞いたことからも，日本との関係が生じている。

日本との関係で，もっとも著名な者は，このグナイストであり，その弟子であるモッセは，来日している。憲法，行政法の関係から言及されることが多い。ともに公法学者であるが，私法上の功績もあり，(2)以下に概観しよう。その他の分野でも，日本に関係した者は多く，また留学した日本人による見聞記もみられる(131)。同じく伊藤が教えをうけたシュタイン（Lorenz von Stein, 1815. 11. 18-1890. 9. 23）は，シュレスヴィヒの貴族の出であり，ユダヤ系学者ではない。イエナ，ベルリンの各大学で学び，1846年にキール大学教授となるが，シュレスヴィヒ・ホルシュタインのデンマークからの独立運動に参加し，政治活動を理由に1852年に罷免された。1855年から，ウィーン大学教授となった(132)。市民社会の対立を階級中立的な君主が抑制し，弱者である労働者階級を保護するという社会君主制論をとった。伊藤には，グナイストよりもシュタインの手法が親しみやすかったようである。グナイストに傾倒したのは，山県有朋であった。

(b)　わが民法の起草者である穂積陳重，梅謙次郎は，ベルリン大学に留学もしくは立ち寄っており（1880年と1890年），1873年にベルリン大学に招聘されたデルンブルクの講義や謦咳に接したものと思われる。当時，L・ゴールトシュミットは，商法講座の担当であり，ギールケ（Gierke, 1841. 1. 11-1921. 10. 10）とコーラー（Kohler, 1849. 3. 9-1919. 8. 3）は，1887年と1888年に招聘されたが，それぞれゲルマン法と法学講座であり，1881年に招聘されたペルニス（Pernice, 1841. 8. 18-1901. 9. 23）も，ローマ法講座だったからである。もっとも，ヨーロッパの学者の専門は広く，グナイストも，パンデクテンと相続法の講義を16回もしており，それには総計1549人の学生がいた。

ただし，年によってかなり異なり，1839/40の冬学期の学生は15人であったが，1853年の夏学期には514人であった[133]。

ちなみに，19世紀のベルリン大学は，ライプチッヒ，ゲッチンゲン，ハイデルベルクなどの伝統的な大規模大学に比して，比較的小規模であり，正教授の数は，1880年，1890年，1900年，1910年でも，それぞれ11人，10人，13人，８人にすぎなかった。また，学生数も少なく，以下の表のように，出される学位の数もそう多くはなかったのである[134]。

19世紀のおもな大学の法律学の学位数

<table>
<tr><th></th><th>年</th><th>1887/88</th><th>1888/89</th><th>1889/90</th><th>1890/91</th><th>1891/92</th></tr>
<tr><td rowspan="6">プロイセンの大学（*19世紀以降の取得地である）</td><td>Berlin</td><td>7</td><td>11</td><td>14</td><td>7</td><td>10</td></tr>
<tr><td>Bonn*</td><td>1</td><td>0</td><td>2</td><td>2</td><td>2</td></tr>
<tr><td>Breslau</td><td>2</td><td>2</td><td>5</td><td>3</td><td>2</td></tr>
<tr><td>Göttingen*</td><td>41</td><td>31</td><td>21</td><td>31</td><td>45</td></tr>
<tr><td>Königsberg</td><td>1</td><td>1</td><td>1</td><td>1</td><td>0</td></tr>
<tr><td>Marburg*</td><td>0</td><td>3</td><td>0</td><td>2</td><td>0</td></tr>
<tr><td colspan="7">プロイセンには，ほかにGreifswald, Halle, Kielの各大学があるが，それぞれの数はKönigsberg程度である。ハノーバー王国のGöttingen（大学は1734年創設）は，普奥戦争後，1866年にプロイセンに帰属した。軍事国家であるプロイセンには，かつて顕著な大学はなかったのである。</td></tr>
<tr><td rowspan="6">プロイセン以外の大学</td><td>Freiburg</td><td>1</td><td>3</td><td>1</td><td>1</td><td>1</td></tr>
<tr><td>Heidelberg</td><td>89</td><td>85</td><td>102</td><td>73</td><td>79</td></tr>
<tr><td>Jena</td><td>81</td><td>61</td><td>66</td><td>62</td><td>62</td></tr>
<tr><td>München</td><td>9</td><td>8</td><td>5</td><td>2</td><td>4</td></tr>
<tr><td>Strassburg</td><td>3</td><td>6</td><td>5</td><td>7</td><td>6</td></tr>
<tr><td>Tübingen</td><td>4</td><td>3</td><td>3</td><td>1</td><td>7</td></tr>
<tr><td colspan="7">そのほか，有力大学のLeipzig（ザクセン王国）は，Heidelberg級と推察される。</td></tr>
</table>

＊　ゲッチンゲンは元ハノーバー王国に，マールブルクは元ヘッセン侯国に属した。前者は，1737年に創設され，ドイツ語による講義をしたこと，1873年のゲッチンゲン七教授事件（アルブレヒト，ダールマン，エワルト，ゲルビヌス，グリム兄弟，W・ウェーバーの追放）で著名であり，後者は，1527年にドイツ初のプロテスタント大学として創設されたことで著名である。

⑵　グナイスト（Heinrich Rudolf Hermann Friedrich von Gneist, 1816. 8. 13-1895. 7. 22）

(a)　グナイストは，1816年にベルリンでユダヤ系の家系に生まれた。ザクセン・アンハルトのEisleben（Lutherstadt Eisleben）のギムナジウムを卒業して，1833年からベルリン大学で法律学を学んだ。そこでは，学生組合のAlte Berliner Burschenschaftのメンバーとなった。1838年に学位をえて，1839年に，教授資格・ハビリタチオンを取得した。さらに，ベルリン大学の私講師となり，1844年から公法を教えた。1844年に，彼は，員外教授となった。1848年の三月革命（メッテルニヒの失脚，ウィーン体制の崩壊）のおりには，私講師や若年教授のリーダーとなり，急進的リーダーとして大学改革を求めた。その結果，正教授への昇進は遅れ，ようやく1858年に，正教授となった。その後も，法学部当局との確執は続いた。市議会（Stadtverordnetenversammlung）の議員ともなった（1845－49年，1858－75年）。1847年には，プロイセンの高等行政裁判所の判事も兼任した。のちに，プロイセンの下院議員となり，またライヒ議会議員ともなった。

グナイストは，1867年から，自由国民党のメンバーとなった。初期の他のユダヤ系法学者と同じくビスマルク与党に属する。のちのウィルヘルム2世（1859－1941年，皇帝位1888－1918年）にも憲法を講義している。プロイセンの憲法国家としての構築や裁判権の独立を擁護した。とりわけ知られているのは，行政裁判権の独立と自立の擁護者でもあった。行政の非党派性・専門性を重視し，法治主義を形式的で法技術的な原理に転化しようとした。彼は，1873年の社会政策学会（Vereins für Sozialpolitik）の創設者の1人であり，最初の会長でもあった（Kathedersozialisten，講壇社会主義）。反ユダヤ主義防止協会の創設者の1人でもある。

彼は，ドイツ法曹会議（Deutscher Juristentag, DJT）の長を多数回しており，第7回（1868年，Hamburg），9回（1871年，Stuttgart），10回（1872年，Frankfurt a. M.），11回（1873年，Hannover），12回（1875年，Nürnberg），13回（1876年，Salzburg），14回（1878年，Jena），16回（1882年，Kassel），17回（1884年，Würzburg），18回（1886年，Wiesbaden），20回（1889年，Straßburg），22回（1893年，Augsburg）の大会は，彼の下で開催された。このように，多数の回数を主宰した例は，ほかにない（Wächterにつき，後述290頁）。

グナイストは，1888年に，貴族の称号をえた。また，同年に，労働者階級に対する社会政策への貢献から，リューベックで，公共活動の推進協会（Gesellschaft zur Beförderung gemeinnütziger Tätigkeit）の名誉会員におされた。1895年にベルリンで亡くなり，その墓は，St.-Matthäus-Kirchhof in Berlin-Schöneberg にある(135)。

グナイストは，政治的に有力なだけではなく，晩年まで多数の業績がある。

Die formellen Verträge des neueren römischen Obligationenrechts in Vergleichung mit den Geschäftsformen des griechischen Rechts, 1845.

ローマ法，ギリシア法における詳細な方式契約の研究であり，515頁にもなる大著である。

Die Bildung der Geschworenengerichte in Deutschland, 1849.

Adel und Ritterschaft in England, 1853.

Budget und Gesetz, 1867.

Freie Advocatur, 1867.

Verwaltung, Justiz, Rechtsweg, 1869.

Die confessionelle Schule, 1869.

Die Selbstverwaltung der Volksschule, 1869.

Vier Fragen zur Deutschen Strafprocessordnung, 1874.

Die Eigenart des Preussischen Staats, 1878 ［8］

Der Rechtsstaat und die Verwaltungsgerichte in Deutschland, 1879.

Englische Verfassungsgeschichte, 1882.

Die nationale Rechtsidee von den Ständen und das preussische Dreiklassenwahlsystem, Eine sozial-historische Studie, 1894.

(b)　グナイストにみられる政治への接近は，ビスマルク与党の自由国民党（Nationalliberale Partei）との関係にみられる。1867年のプロイセン・オーストリア戦争の終結後，ビスマルクは，ナポレオン三世との戦争を予想して，寛容を方針とした。そこで，強行派をかかえる進歩党は分裂し，自由国民党が結成されたのである。同党は，統一後初の1871年の選挙で，30. 8％を獲得し，第1党となった。以下のグラフは，そのさいのライヒ議会の政党の議席割合である。自由国民党は，国民主義とプロテスタントを支持基盤とし，自由主義者も呼応した。組織性は強くなく，むしろ利益団体の権益により結合した。多くの法律学者が参加しているように（ゴールトシュミット，エンネクツェルスなど。プランクなど裁判官にもみられる。ほかに，Struckmann, 1829.

3.23-1899. 5.12である)，ビスマルクによる一本釣りの性格もある。法史学者エンデマン（Samuel Wilhelm Endemann, 1825. 4.24-1899. 6.13）も同党に属していた。1890年のビスマルクの退陣後は，しだいに衰退し，内部対立が激化した。1918年の革命後に，分裂し，右派はドイツ国民人民党(Deutschnationale Volkspartei, DNVP, シュトレーゼマン，Gustav Stresemann, 1878-1929)，左派は，ドイツ民主党（Deutsche Demokratische Partei, DDP）を結成した(136)。

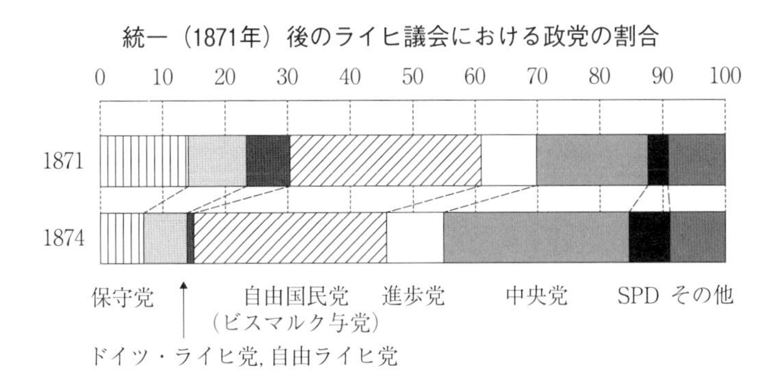

(3)　モッセ（Isaac Albert Mosse, 1846.10. 1-1925. 5.31）

モッセは，1846年に，プロイセン東部のポーゼン州のGrätz bei Wollsteinで，ユダヤ系の家系から生まれた。父(Markus)は医師であった(母は，Ulrike)。その生涯は，ラーバント（Paul Laband, 1838. 5.24-1918, 3,23）とほぼ同年代である。ポーゼン州のLissaとGobenのギムナジウムに通い，1865年からベルリン大学で，法律学を学んだ。グナイストが師であった。1868年に第一次国家試験に合格し，1870年の普仏戦争に志願兵として参加した。1873年に第二次国家試験に合格し，同年に，裁判官試補となった。

1875年に，ベルリンの郡（Kreis）裁判所の補助裁判官（Hilfsrichter）となり，1876年に，Spandauの群裁判所に移り，1879年に，ベルリンの市(Stadt)裁判所の裁判官(区裁判官Amtsrichter相当)，1886年に，ラント裁判官となった（1886年に，Landrichterに，1888年に，Landgerichtsratとなった)。彼の地位は，当時，プロイセンの法律職では，洗礼をうけないユダヤ人としては最高のものであった。この間，グナイストの推薦によって，日本の調査団（伊藤博文ら）に，公法の講義をした（1882/83)。伊東巳代治（1857-1934）によるモッセの講義の筆記がある(『莫設氏講義筆記』未定稿[137])。このころ，Caroline Meyer と結婚した。彼女は，ビスマルク帝国では最初のユダヤ系の公証人の娘であった。

その後，日本政府の招聘により，1886年から90年，3年の契約で，法律顧問であるお雇い外国人となった。お雇い外国人には，すでに，ドイツ人のロエスレル（Karl Friedrich Hermann Roesler, 1834–1894，日本に滞在したのは，1878–1893）がおり，ともに，憲法の起草にあたった井上毅（1844–1895）らを助けた（なお，ボアソナードは，1825–1910，日本に滞在したのは，1873–1895）。公法については，モッセの影響が大きく，ロエスレルは私法が中心であった。明治憲法の制定に携わったことのほか，日本の条約改正にもかかわった。また，モッセは，日本の市町村制を定め，地方自治制度の基礎を作った。憲法に対する意見は，（軍事）予算に対する議会の発言権や信教の自由をも重んじるが，おおむね君主主義的である。

1890年に，日本から帰国後に，ケーニヒスベルク高裁で裁判官となった。ユダヤ系では，1871年のドイツ帝国で最初の（通常任用かつ洗礼をうけていない者の）高裁判事であった。より高い裁判官職を望んだが（高裁部長やベルリン高裁，ライヒ大審院である），果たさなかった。プロイセンの王権との特別な関係なしにライヒ大審院判事が出るには，ワイマール共和国の成立を待たねばならない（Simson などはいわば政治任用である）。1901年には，法律顧問官（Justizrat）の称号をえた。

モッセは，ケーニヒスベルク大学で，民訴法と商法を教えたことから，1903年に名誉学位をえて，1904年に同大学の民訴法と商法の名誉教授の称号をうけた。ユダヤ系として昇進が望めないことから，1907年には，61歳の時に退職し，年金をえて裁判所の職を辞した。ベルリンに帰って，市参事会(Stadtrat)の無給の参事や防火や交通などの地域活動，市の法律顧問をし，またドイツ・ユダヤ人協会の副会長，ベルリン・ユダヤ学術学校の理事会の長などを歴任した。モッセの功績は，日本での法に関与したことのほか，Litthauer の商法コンメンタールの改定をしたことである（第一次世界大戦中に15版）。ドイツでは商法上の業績の方が著名であった。1925年に，ベルリンで亡くなった[138]。

2　亡 命 期

⑴　亡　　命

1933年のナチスの政権掌握後，法学者に限らず，一般的に多くのユダヤ系市民の亡命が行われた。移住先は，当初は，ザール州（Saarland）が多かった。これは，第一次大戦後のヴェルサイユ条約によりドイツの主権が制限されていたこと（1935年まで国際連盟の委任統治，その後，住民投票によってドイツに復帰），言語的，経済的な事情から比較的移動が容易であったからである。オーストリアも1938年の併合までは，おもな亡命目的地とされた。亡命には，「自主的」に行われた場合のほかに，1933年７月の国籍剥奪法によって出国が強制された場合もあり，同法が適用されたのは，３万5000回にのぼった。

亡命ユダヤ人の数は，1933年に３万8000人，1934年に２万3000人，1935年に２万5000人と毎年数万人の規模となった。1936年はベルリン・オリンピックの年であり減少したが，1937年に２万3000人，1938年に３万3000人から４万人（1938年11月９日が大迫害である水晶の夜），1939年に７万から８万人となった。当初は出国が奨励されたが，1940年からは，逆に出国が制限された結果，同年には１万5000人に減少し，1941年には禁止された（同年8000人）。そして，1933年からの総計は，およそ25万人から27万人にも達する。出国のさいには，財産の５％が費用として徴収され，それ以外の財産も，外貨管理があって，実際には，もちだせないことが多かったといわれる[139]。

受け入れ先では，オーストリアが多く，1938年の併合まで，在住者と合わせて19万人のユダヤ人がいたが，1939年には，そのうち11万人が脱出した。イギリスには，1938年までに１万5000人，それ以後，４万人が亡命し，アメリカには，13万人が亡命した。東アジアでは，最大の亡命先は，ビザの不要な上海であり，２万人が移住したといわれる。この時期の訪問者としては，日本では，建築家のB・タウト（1880－1938年，1933年に来日し36年まで滞在。1925年の作品である集合住宅，Hufeisensiedlung, Berlin-Britz は，のちに世界遺産となった）が著名である[140]。もっとも，タウトの場合には，ユダヤ系というよりは，ロシア訪問がより直接の原因であったようである。労働者の集合住宅であるジードルングの設計者が，共産主義的であると考えられたことによる。そして，来日する多くの場合には，神戸が一時亡命先となった。おもに第三国に向かうための中継地であり（5216人），その後，アメリカやオーストラリアにいくのが通常であった。

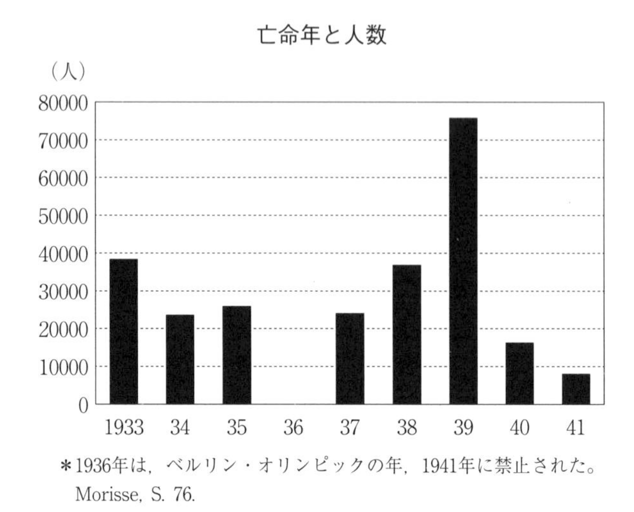

＊1936年は，ベルリン・オリンピックの年，1941年に禁止された。
Morisse, S. 76.

(2) 日　本

国境のある学問である法律学の分野では，日本が亡命先となることはなかった。おもな亡命先は，イギリスとアメリカであり，とりわけ，後者は，著名な法学者，たとえば，ラーベル（Ernst Rabel, 1874. 1. 28-1955. 9. 27）などを受け入れることによって，その学問水準を高めることに成功した。亡命の成果は，自然科学ではより顕著であり，たとえば，プリンストン高等研究所は，1930年にアインシュタインらを受け入れて開設されたことによって，世界的な名声を獲得したのである(141)。

国境のない音楽や文化では，亡命先は多様であり，日本も必ずしも無関係ではなく，音楽家のKlaus Pringsheim（1883-1972）が著名である。同人は，ミュンヘン近郊のFeldafingで生まれ，Berlinの大邸宅（Palais Pringlheim）に暮らし，リヒャルト・シュトラウスやマーラーに学んだ。1931－1945年の間，東京音楽学校(東京芸大)の教師として招かれた。双子の姉妹Katia Pringsheimは，トーマス・マンの妻となった。クラウスは，戦後カリフォルニアに渡り，1951年に再度来日し，1972年に，東京で亡くなった(142)。

このKlaus Pringsheimと，法史学者ヴィアッカーの師であるプリングスハイム（Fritz Robert Pringsheim, 1882. 10. 7-1967. 4. 24）は，必ずしも無関係ではない。いずれも，18世紀のベルンのユダヤ系実業家 Mendel (Menachem) Chamim Pringsheim の子孫であり，一家は，シレジアで財をなした。Rudolf Pringsheim（1821-1901）は，その曾孫であり，鉄道や炭鉱の経営者であった。音楽家の Klaus は，その孫である。

法学者のプリングスハイム（Fritz）の父，Hugo Pringsheim（1845-1915）も，鉄道経営者であり，金融業者であった。上シレジアの Oppeln に世襲地（Rittergut）を有していたのである(143)。

3　その他

(1)　学問的影響

学問的な影響のうち，ユダヤ系法学者に由来すると思われるものは少なくない。とくに，公法では，法典編纂期の影響のためであろうが，グナイストやモッセの系譜に連なる影響が大きい。しかし，これとは独立に，イェリネックや，エールリッヒなどは，早くから翻訳された。比較的日本人のメンタリティーに適合するものがあったものと思われる。

もっとも，これは，自由法運動や法社会学の性格自体によるものである。継受された西欧法について，法典と社会の乖離の大きい日本において，とくに意味があったことによっており，たんにその担い手がユダヤ系法学者であったというにすぎないともいえる。日本には，中国ほどではないとしても，法を技術（支配の道具）とだけみなすアジア的な意識があり，概念法学の伝統も，それに対処する必要性もなかったからである。ギールケやジンツハイマーなどのゲルマニスト系の紹介もかなり早くから行われている。これも，日本の法形成の時代が比較的遅かったというだけではなく，概念法学（日本の場合には継受した外国法）への批判を容れやすい下地があったからであろう(144)。ジンツハイマーは，法社会学的方法にもとづいて新たな労働法学を提唱し，ギールケの団体法論を援用し労働法を団体法としてとらえた。そして，等しくパンデクテン法学者であっても，ヴィントシャイトではなく，デルンブルクのテキストが早くに翻訳されている点は，興味をひくところである。デルンブルクの方が，ローマ法に対して固有法への執着が強いからである。

(2)　若干の例

より新しい時代の影響の検証は，よりむずかしい。海外留学先の決定は，ある意味では偶然の要素が大きく，古い時代にユダヤ系法学者のもとにいくことが多かったのは，官費留学生の多くが国策上ベルリン大学を選択し，そのベルリン大学にユダヤ系法学者が多かったことによるものである。お雇い外国人には，モッセにみられるように，本国でも有能な者が多く，不遇だったことが来日の原因の1つとなっており，学問的な意味ではわがくにには幸いしている。ナチスの時代まで，日本人には，ユダヤ系か否かの区別はほとんど意識されなかったであろうし，その後も，ほとんど意味はなかったと思われる。また，研究対象として，ユダヤ系法学者の業績が多かったとすれば，それも，その業績自体の大きさによるものである（Lenel, Staub, Rabel, Rosenberg, Kelsen, Rheinstein など）[145]。以下の若干の翻訳や紹介が注目される（初期のものだけでなく，戦後の新しいものや復刻版は多数になるので，いちいち立ち入らない）。

デルンブルヒ・独逸民法論（副島義一・中村進午・瀬田忠三郎・古川五郎訳・山口弘一・1899年以降，1998年復刻）（いくつかの版や分冊がある）[146]

カルネル（カール・レンナーの匿名）については，

我妻栄「カール・ディール『資本主義の法律的基礎』」近代法における債権の優越的地位（1953年）423頁以下所収。この Karl Renner（1870–1950）は，オーストリアの社会民主党の理論家，指導者の1人であり，ハプスブルク帝国崩壊後の初の首相（1919–1920），第二次世界大戦後，臨時の首相（1945）や大統領（1945–1950）などをしている。

エールリッヒ・権利能力論（川島武宜・三藤正訳・1942年），法社会学の基礎理論（川島武宜訳・1952年）

イェルネク・法・不法及刑罰の社会倫理的意義 （大森英太郎訳・1936年）

イエルネック・一般国家学（大西邦敏ほか訳・1932年），戦後の版もある（芦辺信喜訳・1974年）

ケルゼン・純粋法学（横田喜三郎・1973年），ケルゼンの純粋法学（大沢章ほか訳・1942年）

ジンツハイマー・労働法原理（楢崎二郎・蓼沼謙一訳・1977年）

(1) ユダヤ系法学者については，種々の文献があり，近時もまとまった研究が行われている。古いものでは，労働法学者のジンツハイマー（1875–1945）が，カール・シュミットのユダヤ人排斥（「ドイツ法学におけるユダヤ人」講演，Das Judentum in der

Rechtswissenschaft, 1936）に反論した著作がある。H. Sinzheimer, Jüdische Klassiker der deutschen Rechtswissenschaft, 1937, 2. Aufl., 1953）. 同書には，著名学者の Friedrich Julius Stahl, Levin Goldschmidt, Heinrich Dernburg, Josef Unger, Otto Lenel, Wilhelm Eduard Wilda, Jurius Glaser, Paul Laband, Georg Jellinek, Eugen Ehrlich, Philipp Lotmar, Eduard von Simson が対象とされている。まとまった研究が，迫害を契機に行われたことは皮肉である。

近時では，(hrsg. v.）Heinrichs, Franzki, Schmalz, Stolleis, Deutsche Juristen jüdischer Herkunft, 1993（最近，同書の翻訳が出された。ハインリッヒス・フランツキー・シュマルツ・シュトレイス・ユダヤ出自のドイツ法律家（森勇監訳・2012年)。以下では，翻訳は，ハインリヒス（翻訳者）頁の形式で引用する）; Henne, Jüdische Richter am Reichs-Oberhandelsgericht und am Reichsgericht bis 1933, Ephraim-Carlebach-Stiftung (hrsg.), Antisemitismus in Sachsen im 19. und 20. Jahrhundert, 2004, S. 142ff.; Göppinger, Juristen jüdischer Abstammung im „Dritten Reich": Entrechtung und Verfolgung, 2. Aufl., 1990; Krach, Jüdische Rechtsanwälte in Preußen, Bedeutung und Zerstörung der freien Advokatur, 1991.などがまとまっている。

また, Gutmann, Hermann, Rückert（hrsg), Festschrift für Hermann Nehlsen, Von den leges barbarorum bis zum ius barbarum des Naionalsozialismus, 2008 にも，ややまとまった記述があり，さらに，各大学の記念論文集にも，かなりの言及がある。たとえば，Grundmann, Kloepfer, Paulus, Schröder (hrsg.), Die Geschichte der Juristischen Fakultät zwischen 1810 und 1945, Festschrift 200 Jahre Juristische Fakultät der Humboldt-Universität zu Berlin, Geschichte, Gegenwart und Zukunft, 2010; Schroeder, „Eine Universität für Juristen und von Juristen", Die Heidelberger Juristische Fakultät im 19. und 20. Jahrhundert, 2010; Schröder, Klopsch, Kleibert (hrsg.), Die Berliner Juristische Fakultät und Ihre Wissenschaftsgeschichte von 1810 bis 2010, Dissertationen, Habilitationen und Lehre, 2011. ほかに, vgl. Beck, Juristen im Portrait, Verlag und Autoren in 4 Jahrzehnten, Festschrift zum 225 jährigen Jubiläum des Verlages C. H. Beck, 1988.

なお，法制史上の著名人の詳細については，以下を参照されたい。Vgl. Stinzing und Landsberg, Geschichte der deutschen Rechtswissenschaft, I, 1880 (bis zur ersten Hälfte des 17. Jh); II, 1880 (2. Hälfte des 17. Jh), III-1, 1898 (Das Zeitalter des Naturrechts: Ende 17. bis Anfang 19. Jh.), III-2, 1910 (19. Jh. bis etwa 1870), III-3, 1910 (Noten). 簡単には，Kleinheyer und Schröder, Deutsche und Europäische Juristen aus neun Jahrhunderten, 1996, S. 504 (Rabel). 1900年までの古い人名については，Allgemeine Deutsche Biographie (ADB; Die Historische Kommission bei der Bayerischen Akademie der Wissenschaften unter der Redaktion von Rochus Freiherr von Liliencron). その後の人名については，Neue Deutsche Biographie (NDB，ただし，現在 Bd. 1 (1953) -Bd. 24 (2010)，S の項目までである。).

(2) 拙稿「キール学派と民法」一橋法学9巻2号315頁以下。第3部第3篇所収。

(3) キール学派にとって，思想や体系の構築は，ナチスのイデオロギーの枠が強く，必ずしも自分たちのなしうるところではなかったのである。こうした傾向は，戦後，ナチスの理論を脱却した後も継続したのである。逆に，ユダヤ系法学者は，すぐれた解釈学者であっても，サヴィニーの無批判の信奉者であったことはない。古くはGansがそうであり，Dernburgやのちの Rabel などもそうである。これは，彼らが，歴史法学の技術は会得したが，精神は必ずしも受け継がなかったからである。

(4) これら2法と同時に，ライヒ国旗法（Reichsflaggengesetz, 1935. 9. 15）が制定され，黒・白・黄の三色旗のほかに（1条），いわゆるハーケンクロイツを国旗とした（2条）。

(5) ユダヤ人について一般的に論じたものは多いが，邦文のものでは，ロス・ユダヤ人の歴史（長谷川真・安積鋭二訳・1966年），ハレヴィ・ユダヤ人の歴史（奥田暁子訳・1990年），ザハル・ユダヤ人の歴史（滝川義人訳・2003年）など参照。

近時のものでは，Stinzingの大作（前注(1)参照）の改定者Landsbergについて，Siebels, Ernst Landsberg (1860–1927); Ein jüdischer Gelehrter im Kaiserreich, 2011. また，注目するべきものとして，ALRの注釈者であるコッホ（Christian Friedrich Koch, 1798. 2. 9–1872. 1. 21）による Die Juden im preußischen Staate, 1833がある。ただし，これは，法学者の検討ではなく，ユダヤ人の沿革的・地域的な法的地位に関する考察である。また，みずからもユダヤ系であったH・ハイネの「ドイツ古典哲学の本質」（伊東勉訳・1973年）には，かなり詳細な言及がある（たとえば，スピノザ Spinoza, 1632–77やヤーコビ Jacobi, 1743–1819，メンデルスゾーン Mendelssohn, 1729–86などである。106頁，123頁，144頁以下参照）。社会史関係では，阿部謹也「ヨーロッパ中世の宇宙観」（1991年）にも若干の言及がある（189頁以下，「ユダヤ人と賤民」ほか）。

また，法曹のうち，公証人職とユダヤ人の関係について，Braden, Juden im Hamburgischen Notariat 1782–1967, S. 59, Ancker und Postel, 1811–2011 Das Hamburgische Notariat in Geschichte und Gegenwart, 2011. ハンブルクでも，19世紀半ばまで，公式には，公証人職からは除外されていた（A. Meldola, M. I. Bresselau, G. Riesserのような例外はいる。彼らについては，別個に検討する予定である）。

(6) もっと早くには，法哲学者のガンス（Eduard Gans, 1798. 3. 22–1839. 5. 5）がいる。彼は，裕福なユダヤ系の金融業者の息子であった。1819年に，ハイデルベルク大学で，ローマ債務法で学位をえた（成績は，優等 summa cum laude であった）。師は，ティボー（1805年からハイデルベルク大学教授）とヘーゲル（1816年から）であった。ベルリン大学でも（ヘーゲルは，1818年からベルリン大学に移籍），ヘーゲルに学び，1820年に，ベルリン大学で私講師となった。プロイセンのユダヤ人解放令（Emanzipationsedikt, 1812）にもかかわらず，ユダヤ人の公職は制限されていたが（Koch, a. a. O.＝前注(5)による1812年前後の区別参照。地域による差異もあった），例外として，1822年の王令によって，とくに能力ある学識者が正式の教授職につけるものとされたのである。彼は，そのきっかけとなっている（Lex Gans）。ただし，1825

年に，プロテスタントに改宗した。1826年に，ベルリン大学の員外教授，1828年に教授となった（1832年に学部長）。

プロイセン領ラインラントには，ナポレオン戦争中，コード・シヴィルが適用され，ユダヤ人も解放されたが，1814年のナポレオンの没落以後，ユダヤ人の公職や弁護士職からの排除が行われたのである。

(7)　M・ウェーバーは，当時，就職の相談をうけた時の対処法について，その者がユダヤ人であったならば，「すべての希望を捨てよ」であるとする。ウェーバー「職業としての学問」（尾高邦雄訳・1936年）20頁参照。これが，1919年の作であるから，19世紀のベルリン大学はおそらく希有な例外といえよう。

(8)　拙著・大学と法曹養成制度（2001年）153頁（以下，【大学】と略する）。また，のちの皇帝ウィルヘルム二世（1859–41）もボン大学の法学部で学んでいる（1877–79）。Rheinische Friedrich-Wilhelms-Universität Bonn, 1987, S. 188.

ベルリン大学のデルンブルク（Heinrich Dernburg, 1829. 3. 3–1907. 11. 23）の民法講座の後継は，二重効で著名なキップ（Theodor Kipp, 1862. 4. 10–1931. 4. 2）であった。しかし，さらにその後継は，ユダヤ系のM. Wolff（後述）であった。キップの追悼論文を3人のユダヤ系法学者が書いており興味深い。Levy, Teodor Kipp, †, Zeitschrift für Rechtsgeschichte, Bd. 51 (RA), 1931, S. 609ff: Rabel, Theodor Kipp (Gedenktage), †, Forschungen und Fortschritt, Korrespondenzblatt der deutschen Wissenschaft und Technik, Bd. 7, 1931, S. 207; M. Wolff, Theodor Kipp, 1932.

なお，キップ自身は，ユダヤ系ではなく，1862年に，ハノーバー王国のハノーバーで生まれた。父親は，保険を扱う官吏であった。ハノーバーのLyzeumギムナジウムを出て，ライプチッヒ大学とゲッチンゲン大学で学んだ。

1883年に，ゲッチンゲン大学で学位を取得し，1887年に，ライプチッヒ大学でハビリタチオンを取得した。1887年に，ライプチッヒ大学で私講師となり，同年にハレ大学で員外教授となり，1889年に，キール大学で正教授となった。まだ，27歳であった。1894年に，Else Hornと結婚し，子どもが1人生まれた。その前年の1893年に，エルランゲン大学のローマ法・民法講座の教授，1898年に，ドイツ民法とローマ私法の講座の教授となった。1895年，大学の副理事と管理委員会のメンバーとなり，1899/1900年に，副学長となった。1901年に，ベルリン大学の教授となり（1902/03年，1912/13年，1926/27年，学部長），1914/15年には，学長にもなり，30年後の1930年に，名誉教授となった。1931年，心臓麻痺（Herzschlag）で亡くなった。

キップには，ほぼ同名の息子がおり（Karl Theodor Kipp, 1896–1963），同人は，1922年に，ベルリン大学の刑法のKohlrauschのもとで学位をえて（Die Lehre von der Teilnahme nach dem Strafgesetzentwurf von 1919），さらに，M. Wolffの下で，1927年に，ハビリタチオンを取得した（Rechtsvergleichende Studien zur Lehre von der Schlüsselgewalt in den romanischen Rechten）。Vgl. Gesamtliste der Dissertationen 1810–1990 & Zustande gekommene Habilitationen an der Juristischen Fakultät der Friedrich-Wilhelms-Universität zu Berlin zwischen 1900 und 1932.

同名であることから，キップの情報には，しばしば親子が錯綜している（息子は，1895年に，バイエルン王国のエルランゲンで生まれ，上述のハビリタチオンを取得した後，私講師となり，1932年に，ボン大学の員外教授，1934年に学部長，1935年に正教授となった。同年に学長ともなったが，家族のユダヤ人との交流から学長職を免職となった（ナチスによるユダヤ人に対するボイコット違反）。ナチスに入らなかったからである。大学には慰留され，1938/39にふたたび学部長をした。ナチスに抵抗し，入党は形式的であったが，戦後の1946年に免職となり，1948年にそれは誤解によるものとして撤回された。Höpfner, Die Universität Bonn im Dritten Reich, 1999, S. 72, S. 237)。ベルリン大学のハビリタチオン取得者一覧参照（vgl. Schröder, Klopsch, Kliebert（hrsg.）, Die Berliner Juristische Fakultät und ihre Wissenschaftgeschichte von 1810 bis 2010, Dissertationen, Habilitationen und Lehre, 2010の付属のCD rom）。

二重効のキップは，1901年に，ミハエル勲章をうけ，1904年に，枢密顧問官（Geheimer Justizrat）にもなっている。キップは，1932年に，イタリアのOspedalettiで亡くなった。

2011年は，二重効の論文から100周年のために，これを記念する論文がいくつか出されている。Würdinger, Doppelwirkungen im Zivilrecht, Eine 100-jährige juristische Entdeckung, JuS 2011, 769；Schreiber, Nichtigkeit und Gestaltungsrechte, Zur Dogmatik der Doppelwirkungen im Recht, AcP 2011, 35.

(9)　拙稿「法学上の発見と民法(1)」一橋法学10巻1号94頁，第1篇2章参照。

(10)　拙稿「比較法（国際的統一法）の系譜と民法－ラーベルとケメラー」民事法情報282号22頁，「Werner Flumeとドイツ民法学の発展」国際商事法務37巻11号1511頁。

(11)　たとえば，労働法学者のジンツハイマーである。彼が，ユダヤ系法学者の業績をまとめたことは前述した（前注(1)参照）。彼については，久保敬治・ある法学者の人生　フーゴ・ジンツハイマー（1986年）がまとまっている。vgl. Benöhr, Sinzheimer, (Stolleis, hrsg.), Juristen an der Universität Frankfurt am Main, 1995, S. 67.

ほかに，Pagenstecher, Levy, Beyerle, Hallstein, Schiedermairなども参照（S. 57 f.；S. 94f.；S. 148f.；S. 268f.；S. 292f.）。

(12)　旧ロスチャイルド邸を利用したフランクフルトのユダヤ人博物館にはその記録がある。12世紀からの定住や歴史，ゲットーの形成と廃止，日常生活の展示などもあり，興味深い。http://www.frankfurt.de/sixcms/detail.php?id=727839&__ffmpar%5B_id_inhalt%5D=617439

ハイネについては，たとえば，ハイネ・散文作品集（5巻・木庭宏編・1995年）94頁（ユダヤ人の金貸業について），182頁（ユダヤ人とゲルマン人の親和性について）。

(13)　Kinder und Hilgemann, Atlas zur Weltgeschichte, I, 1964, S. 154. 絶対主義国家のユダヤ人政策は，おおむね重商主義にもとづき，とくに1648年のウェストファリア条約によって実質的に主権をえたドイツ諸侯は，常備軍と外交権の確立のために，富の蓄積を目指した（独占，産業振興など）。宮廷のユダヤ人は王権と結合して特権を獲得し，中古品売買や行商，両替，質などで生活する他のユダヤ人とは異なる富と影響力を獲得したのである。なお，Eduard von Simsonについては，Sinzheimer, a.

a. O.（前注(1)）, S. 225ff。

(14) カフカの主著「城」（Das Schloss）において，主人公の測量技師Ｋの不安定な地位は，城＝支配階級でも，一般の農夫でもなく，ユダヤ人を象徴している。翻訳には，「城」（原田義人訳「世界文学大系58 カフカ」筑摩書房，1960年）を参照した。また，Franz Kafka zur (Un-) Möglichkeit kollektiver Selbstreflexion des Rechts, S. 277.; in Marc Amstutz zum 50, Geburtstag, 2012.

(15) BMJ, Rede der Bundesjustizministerin bei der Enthüllung der Gedenktafel für während des Nationalsozialismus verfolgte Richter und Staatsanwälte jüdischer Herkunft. Berlin, 6. 10. 2010.

(16) 前掲（前注(2)参照）「キール学派と民法」318頁。

(17) BMJ, ib.（前注(15)）. 厳しい表現であるが，連邦司法省の反省である。

SSやSAは，補助警察として働いた。Vgl. Azzola, Die rechtliche Ausschaltung der Juden aus dem öffentlichen Leben im Jahre 1933, in Dreier/Sellert (hrsg.), Recht und Justiz im Dritten Reich, 1989, S. 104ff. S. 106.

(18) Ib. 国家の不法（Unrecht）は，ナチスに限られるものではなく，再統一後に，旧東ドイツによるもの（東ドイツの秘密警察であるStasiによる不正事件，壁近傍における銃殺，各種の不正な収用など）が追及されている。形式的な合法性の問題ではなく，基本的人権や人道に対する罪が念頭におかれている。基本的には，戦後の戦犯裁判と同様である。拙著・土地法の研究（2003年）130頁，157頁参照（ナチスや旧東ドイツによって不法に収用された財産権の回復に関する）。

(19) Fischer, Zur Geschichte der höchstrichterlichen Rechtsprechung in Deutschland, JZ 2010, 1077ff.; S. 1085.

(20) 「市民への裏切り」は，国法学・法哲学者のErnst-Wolfgang Böckenförde（1930-, 1983－1996年に，連邦憲法裁判所の裁判官をした。ハイデルベルク大学，フライブルク大学教授）の用語であり，連邦司法省もこれによっている（前注(15)）。また，裁判所の上司や同僚が，こうした弾圧を沈黙したことは，同僚への裏切りであったともいわれる。なお，簡単な司法省の歴史は，そのHPにもある（Vgl. Geschichte des Bundesministeriums der Justiz: http://www.bmj.de/DE/Ministerium/GeschichteBMJ/_node.html）。

ヒンデンブルク（1847-1934）は帝政賛美の観点から，第一次世界大戦への従軍者への差別には反対であった。そこで，1933年４月７日の弁護士法の改正では，ユダヤ系の者が排除されたが，第一次世界大戦への従軍者と，すでに職についている者は例外として排除されないとされた。ヒンデンブルクの死亡後，1935年にニュルンベルク法にも，官吏にはこの例外があった。この例外をなくしたのは，1938年の改正法であった。そして，同年11月９日には，財産の喪失が定められ，1943年７月には，すべての法的保護が停止されたのである。Redeker, Erinnerung und Gedenken - Schicksale deutscher Juristen jüdischer Herkunft nach 1933, NJW 2005, 564.

(21) ブランデンブルク高裁の中のLothar Kreyssigへの記念板では，「沈黙という名の不法」（Unrecht beim Namen genannt als andere schwiegen）が述べられている。

Vgl. BMJ, ib（前注⒂）.

なお，一般的状況は，Henne, a. a. O.（前注⑴），Göppinger, a. a. O.（前注⑴）参照。後者には，裁判官のほか弁護士も言及されている（S. 219ff.）。近時では，Köckrits, Die deutschen Oberlandesgerichtspräsidenten im Nationalsozialismus（1933–1945），2011の研究がある。

㉒ Historikerkommission Auswärtiges Amt, Das Amt und die Vergangenheit, Deutsche Diplomaten im Dritten Reich und in der Bundesrepublik Deutschland, 2010. この歴史家委員会は，2005年に，当時のフィッシャー外相（緑の党。SPDとの連立・シュレーダー政権）によって設置された。Conze教授を委員長とする独立委員会である。前注⒂の司法省の調査とともに，戦前の国家的な不法に関する検証の一環である。

1938年2月には，リッベントロップ（Ribbentrop, 1893–1946）が外相となり，ライヒ外務省のナチス化が進行したので，外交官の抵抗に限界があっただけではなく，積極的に協力する者も少なくなかったのである。組織としてもナチスの機関として協力した。さらに，ナチスに関与した外交官を多く抱えたことから，戦後も，過去のナチスとの関係は隠蔽された。

㉓ BMJ, Einsetzung einer unabhängigen wissenschaftlichen Kommission beim Bundesministerium der Justiz zur Aufarbeitung der NS-Vergangenheit, 11. 01. 2012.

なお，首都がBonnの時代に連邦司法省がおかれたのは，Rosenburg地区であった。当時の官庁街は，Bonnの駅からライン川沿いのAdenauerralleeに沿って南下するBad-Godesbergであったが，Rosenburgは，かなり西よりのVenusberg近くに位置している。

㉔ 2012年1月に設立された独立委員会の第1回シンポジウムは，2012年4月26日に，ベルリンの高裁（Kammergericht）で，第2回シンポジウムは，2013年2月4日に，ニュルンベルク・ラント裁判所の誓約法廷（Schwurgerichtssaal des Landgerichts Nürnberg-Fürth）で，開催された。報告は，翌日HP上にも公表された。Norbert Frei, Lore Mari Peschel Gutzeit, Thomas Darnstädt, 元司法相のKraus Kinkel, Hans-Jürgen Papierなどの発言がある（Livestreamの形式で，約45分。Die Rosenburg-Der Umgang des Bundesjustizministeriums mit seiner NS-Vergangenheit）。その成果の詳細は，2013年4月に公表された。BMJ, 2. Symposium zur NS-Vergangenheit des Bundesjustizministeriums, 2013. 2. 4.

この委員会には，Görtemaker, Safferlingの2教授のほか，歴史的証人として，幼年期にドイツから亡命し，のちにアイヒマン事件の訴追者となったG. Bach，もとフランクフルトのアウシュヴィッツ裁判の裁判官Düx，もと連邦裁判所長官のHirsch，歴史家Thamer，歴史家のKüspert，市長のFörtherなどの陳述があった。また，1945年以降の司法省関係の多くの法律家の人的ファイルが明らかにされた。たとえば，刑法コンメンタールで知られるE. Dreherの例がある。司法省の個人調書から，Dreherが，インスブルックの特別法廷で，軽罪事件でも検事として死刑を求刑したことが明らかにされた。また，彼は，秩序違反法の施行法（Einführungsgesetzes zum Ordnungswidrigkeitengesetz）の改革で，「冷たい〔一律の〕時効」（kalte Verjährung）によって自分にも有利になる改正をしたことも明らかになった。彼に対するナチ活動の刑事告発は，この法によって導入された時効により，免訴となった（BMJ, Erste Einblicke in die Arbeit der unabhängigen Historikerkommission, Datum, 06. 02. 2013）。さらに，Kinkelの言によれば，Freislerは，95件のナチスの不法な死刑判決に責任があるとされる。

第3回のシンポジウムは，2013年6月8日に，ミュンヘンの現代史研究所で行われた（BMJ, Die Rosenburg, Das Bundesministerium der Justiz und die NS-Vergangenheit- Eine Bestandsaufnahme）。歴史家のGötemakerやRalph Giordanoの報告と討論が行われた。

〔その後，2016年6月までに，6回のシンポジウムが行われ，内外の専門家が討論に加わっている。BMJ, 6. Rosenburg-Symposium, Bundesjustizminister Heiko Maas hat am 29. Juni an dem 6. Rosenburg-Symposium, 2016。第6回は，ハンブルクのBucerius Law Schoolで，行われた。従来の経過については，別稿を予定している。〕

(25)　Ib. Vgl. Ingo Müller, Furchtbare Juristen, 1987, S. 206. また，前注(20)の司法省の歴史にも若干の言及がある。2008年6月17日から，国内43か所で，移動の展示，またベルリンの行政裁判所でも特別展示（Ausstellung Justiz und Nationalsozialismus）が行われた。2012年2月28日から同年9月まで，Rotenburg a. d. Fuldaの財務・司法研修所でも行われた。

BMJ, Die Rosenburg - Der Umgang des Bundesjustizministeriums mit seiner NS-Vergangenheit, 2013. 2. 5にも，彼らに対する言及がある。

(26)　弁護士であるFerdinand von Schirachの手によるDer Fall Collini（2011）が，こうしたテーマを扱っている。Eduard Dreherの手による法律（EGOWiG, Einführungsgesetz zum Gesetz über Ordnungswidrigkeiten）を主題とし，ナチス時代のSS（Schutzstaffeln, 親衛隊）による殺人の時効を扱っている。ちなみに，ドイツでは，謀殺には時効が廃止されているが，同書のSSの従犯には時効が適用され（Verjährung an der Beihilfe zum Mord），タイトルでもある登場人物のイタリア人の犯人（Collini）には，戦時中のSSの行為に対する報復という動機があったというものである。

(27)　Ib.（vgl. 前注(23)）. 1957年の男女平等法では，3条2項のMänner und Frauen sind gleichberechtigt. が著名である。

最近では，憲法擁護庁（Bundesamt für Verfassungsschutz）が，検察から提出を求められたネオナチの関係の書類の隠蔽工作（破棄）をして，長官（Fromm）が辞表を提出した例がある（Die Welt, 2012. 7. 2）。

(28)　これについては，別稿「パーラント（Otto Palandt, 1877. 5. 1-1951. 12. 3）と法曹養成，民法コンメンタール（Kurzkommentar）」国際商事法務40巻4号604頁参照。

(29)　同・604頁参照。

(30)　前掲「キール学派と民法」320頁。

(31)　現在，大学の構内には，焚書に対する批判のモニュメント（本のない書架だけの地下室）と記念碑がおかれている（Denkmal zur Errinnerung an die Bücherverbrennung)。記念碑には，焚書がたんなる前奏曲であり，最後には人の焚殺が行われたとのH・ハイネの詩が付されている(Das war ein Vorspiel nur, dort wo man Bücher verbrennt, verbrennt man am Ende auch Menschen, Heinrich Heine 1820)。

1933年後の法学部の人的構成の変化は急激であった。M. Wolff, J. Goldschmidt, Rabel, Kaufmann, Smend, Schulz が追放され，戦争前に，Hedemann, Carl Schmitt, Höhn, Graf von Gleispach, Koschaker などが招聘され，1938年には，キール大学から，Sieber が，1941年には，Ritterbusch も招聘されたのである。Liebs, Habilitationen in der Zeit des nationalsozialismus, Schröder, Klopsch, Kleibert (hrsg.), Die Berliner Juristische Fakultät und ihre Wissenschafsgeschichte von 1810 bis 2010, 2010, S. 215ff.

(32)　カール・シュミットとボン大学については，拙稿「大学と社会変革」【大学】（前注(8)135頁。また，カール・シュミット自身については，松本尚子「カール・シュミット」近世・近代ヨーロッパの法学者たち（勝田有恒＝山内進編・2008年）394頁が詳しい。

ナチス時代のボン大学については，Höpfner, Die Universität Bonn im Dritten Reich, 1999. とくに法学部については，S. 219ff. 当初属していた Rudolf Huber, Eckhard, Heckel の3人は，じきにキール，ベルリン，ミュンヘンに移動した。

(33)　勝田有恒「ウールリッヒ・ツァジウス」前掲書（前注(32)参照，近世・近代ヨーロッパの法学者たち)65頁，同「フライブルクのツァジウス」一橋論叢48巻4号。拙稿「ツァシウスとフライブルク市法の改革」【大学】275頁以下所収。

(34)　戦後，ゲッチンゲン大学は，Michaelis, Schaffstein, Siebert などかなり多数のキール学派の者を受け入れた。「キール学派と民法」326頁参照。中には，かなり疑問とするべき人事もみられた。

(35)　前掲・一橋法学（前注(9)），第1篇2章2参照。

(36)　同2章6参照。他の公法学者については，J. Henkel. H. Henkel, G. A. Walz, K. Larenz, Bericht über die Lage und das Studium des öffentlichen Rechts, 1934 ; Schürmann, Volk und Hochschule im Umbruch, 1937を参照されたい。

(37)　Göppinger, a. a. O., S. 206ff.

(38)　DJT（Deutscher Juristentag）については別個に検討する予定である。

(39)　久保・前掲書（前注(11)のジンツハイマー・1986年）306頁によれば，1933年に，バイエルンの州司法相となったフランクが，ナチス法曹連盟の第4回大会を，法曹大会と同日にミュンヘンで開催することとし（つまり忠誠の選択を強要することで），法曹会議の大会を妨害したのである。

(40)　Vgl. Christoph Müller, Das Freund-Feind-Theorem Carl Schmitts, Gegen Barbarei. Essays Robert W. Kempner zu Ehren, 1989, S. 168f.

(41)　Seckel, Die Gestaltungsrechte des Bürgerlichen Rechts, 1903（Neud. 1954), S.

5．これにつき，Genzmer, a. a. O., S. 231f. それからほぼ半世紀後に，同じベルリン法曹協会で行われた講演が，ゼッケルの講演の歴史的な意義づけを行っている。Vgl. Bötticher, Gestaltungsrecht und Unterwerfung im Privatrecht, Vortrag gehalten vor der Berliner Juristischen Gesellschaft am 8. November 1963, (Schriftenreihe der juristischen Gesellschaft e. V. Berlin, Heft 17), 1964S. 1 ff.

(42) BMJ, 75 Jahre Ermächtigungsgesetz : Erinnern an die parlamentarische Kapitulation vor Hitler, 20. 3. 2008.

(43) Luig, Heinrich Dernburg (1829–1907), Ein „Fürst" der Spätpandektistik und des preußischen Privatrechts, Deutsche Juristen jüdischer Herkunft,hrsg. v. H. Heinrichs, 1993, S. 231ff. ハインリヒス（坂本恵三訳）359頁，ドイツ法学者事典（根森健訳）64頁；Süss, Heinrich Dernburg, Ein Spätpandektist im Kaiserreich, 1991；Sinzheimer, a. a. O.(前注(1)), S. 73; Seckel, Gedächtnisrede auf Heinrich Dernburg, 1908；Kipp, Theodor, Heinrich Dernburg, 1908.

(44) Luig, a. a. O., S. 234f.；Süss, a. a. O., S. 113f. 中世以来の伝統を有する他の大学とは異なり，ベルリン大学では人事権は，プロイセン政府にあった。これは，1810年の開学以来であり，これによってユダヤ系学者の大量採用が行われたのである。潮木教授は，この人事権のあり方を全ドイツ的なものとするが（潮木守一・ドイツ近代科学を支えた官僚（1993年），同「フンボルト理念とは神話だったのか」広島大学高等教育研究開発センター大学論集38集・2006年度181頁），各ラントの教育権が強いことから，むしろプロイセン，その中でも政治に癒着するベルリン大学に特有の現象である。法律の分野でも，その他の大学や他のラントの大学の人事に，中央政府はさほど興味はなかったのである（日本でも，かつて助教授以上の任命権は文部省にあったが，だからといって，いちいち干渉したわけではない）。ただし，プロイセン政府によって，ボン大学の法学部と経済学部が統合されたことについては，【大学】132頁参照。

(45) Staubについては，前掲・一橋法学（前注(9)）本書第1篇第2章3所収。

(46) 同・一橋法学参照（第1篇第2章1，5所収）。

(47) Windscheidのパンデクテンテキストは，Lehrbuch des Pandektenrechts in drei Bänden. Mit Anmerkungen von Theodor Kipp, 9. Auflage, Leipzig 1906 (1. Aufl. 1862–1870).

(48) 自然法的法典のパンデクテン解釈について，拙著・危険負担の研究（1995年）9頁，326頁，332頁参照)。【大学】52頁をも参照。

(49) Luig, a. a. O., S. 237；Preuß, Privatrecht, I, S. 53.

(50) Luig, a. a. O., S. 237, S. 241；Preuß, Privatrecht, I, S. 26 (§15).

(51) Sinzheimer, Levin Goldschmidt, Jüdische Klassiker der deutschen Rechtswissenschaft, 1953 (2. Aufl), S. 51；Pappenheim, Goldschmidt, Levin, ADB. Bd. 49, 1904, S. 438；Dietz, Goldschmidt, Levin, NDB 6 (1964), S. 617f.；Weyhe, Levin Goldschmidt, ein Gelehrtenleben in Deutschland；Grundfragen des Handelsrechts und der Zivilrechtswissenschaft in der zweiten Hälfte des 19. Jahrhunderts, 1996, 583 S.

(52) Sinzheimer, ib.(前注(51)参照), S. 52ff.

(53) Karsten Schmidt, Levin Goldschmidt (1829–1897), Der Begründer der modernen Handelsrechtswissenschaft, Deutsche Juristen jüdischer Herkunft, hrsg. v. H. Heinrichs, 1993, S. 327ff. ハインリヒス(藤嶋肇訳)337頁, ドイツ法学者事典(根森健訳)104頁; Sinzheimer, a. a. O.(前注(1)), S. 51ff.; Kronstein, Levin Goldschmidt, Handwörterbuch zur deutschen Rechtsgeschichte, I, 1971, S. 51ff. 彼の弟子の Pappenheim も, ZHR 4 (1898), 1 ff. に追悼文を書いている。

(54) Schmidt, a. a. O., S. 223ff. なお, J. Goldschmidt については, Heger, James Goldschmidt (1874–1940), S. 477ff.; Sellert, James Paul Goldschmidt (1874–1940), Ein bedeutender Straf- und Zivilprozeßrechtler, Deutsche Juristen jüdischer Herkunft, hrsg. v. H. Heinrichs, 199 3, S. 595ff. ハインリヒス(森勇訳)889頁, ドイツ法学者事典(根森健訳)104頁。

(55) 尾高邦雄・ウェーバー(中公パックス・1979年)18頁。

(56) 拙著・利息制限法と公序良俗(1999年)117頁参照。

Vgl. Karsten Schmidt, Levin Goldschmidt (1829–1897), Festschrift 200 Jahre Juristische Fakultät der Humboldt-Universität zu Berlin, (前注(1)参照), S. 327ff.

利息制限については, vgl. Endemann, Studien in der Romanisch-kanonistischen Wirtschafts- und Rechtslehre bis gegen Ende des 17. Jahrhunderts, 1883, S. 243 ff.; Flume, Allgemeiner Teil des Bürgerlichen Rechts, II, 1965, S. 379f.; Hedemann, Die Fortschritte des Zivilrechts im XIX Jahrhundert, 1910, S. 7 ff.; Dawson, Economic Duress and the Fair Exchange in French and German Law, Tul. L. Rev. 11, 345; 12, 42 (1937))。さらに, 本稿にとっても有用な文献として, Goldschmidt, Gutachten über die Aufhebung der Wuchergesetze, Verhandlungen des Sechten Deutschen Juristentages (DJT Bd. 6), 1865, S. 227ff. 同書は, 19世紀半ばまでの諸国の利息制限法について詳しい。

(57) Friedrich, Laband, Paul, NDB, Bd. 13, S. 362; Ganslmeier, Laband, Paul, Bibliographisches Kirchenlexikon, Bd 25, 2005, S. 761.; Sinzheimer, a. a. O. (前注(1)), S. 145; Pauly, Paul Laband (1838–1918), Deutsche Juristen jüdischer Herkunft, hrsg. v. H. Heinrichs, 1993, S. 301ff. ハインリヒス(土屋武訳)頁, Sinzheimer, a. a. O. (前注(1)), S. 145, 室井力・ドイツ法学者事典163頁 (Laband)。なお, 日本との関係では, 穂積八束 (1860–1912) は, 1883年に, ドイツに留学し, Laband に師事した。

(58) Dölle, Juristische Entdeckungen, 1958, B, 1 ff. (Festvortrag, Verhandlungen des 42. DJT, 1957. 代理に関するラーバントの理論については, 遠田新一「代理権の抽象性と表見代理」代理法理論の研究(1984年)161頁, 192頁に詳しい。

(59) ALR I 13§5 ff. では, 代理は, 授権委任 (Vollmachtsaufträgen) の問題とされており, 明確には区別されていない。

(60) たとえば, vgl. Larenz-Wolf, Allgemeiner Teil des BGB, 2004, S. 863. 代理権とその基礎たる法律関係の独立性がラーバントに由来することも指摘されている。Ib.,

S. 863 Anm. 154. ただし，代理権濫用の場合について（Mißbrauch der Vertretungsmacht）例外がある。たとえば，代理人が着服するつもりで，取り立てる場合である。これは，日本の判例では，93条の類推適用によって処理される問題となっている（代理人の背任的意図に着目）。BGBでは，本人保護のためには，むしろ無権代理の構成がとられており（原則は，代理権の独自性から有効。相手方の悪意では，177条の無権代理の類推適用），代理権の客観的濫用でたりる。相手方の悪意が必要であり，Kennenmüssenではたりないが，代理権の客観的濫用があれば，代理人の有責な行為も必要ではない（本人が代理人の監督につき不十分な場合には，BGHでは，過失相殺的処理をする）。

(61) すなわち，正当な事由を立証しなければならない。最判昭和51・6・25民集30巻6号665頁はこの趣旨である。

(62) 物権法定主義や，無効の一元的解釈（普通法の整理）にも，自然科学的な影響がみられる。法を部分に分解し，また単純化することが目ざされたのである。典型契約にも，一定の法則に諸現象を押し込もうとする意図がみられる。

(63) 錯誤においても，保証はその債務の引受のみを目的としており，連帯保証人の存在は，動機にすぎないとされる（最判昭32・12・19民集11巻13号2299頁）。そして，クレジット契約における立替払債務の保証でも，保証契約を独立してとらえれば，主たる支払債務さえ動機にすぎなくなる（いわゆる二元説）。しかし，法律関係を個別の部分に切断せずに全体としてとらえれば，重要な部分の欠陥たることを免れえない（最判平14・7・11判時1805号56頁の空リースの事件）。経営権の維持のための全株式の売買（最判平16・7・8判時1873号131頁），財産分与のための贈与（最判平元・9・14判時1336号93頁）など，伝統的構成からの逸脱がみられる。裁判例が，動機が表示された場合に法律行為の内容にとりこまれるものとしたことは，動機と要素の分断の重大な例外である。「黙示の」表示とは，ほとんど言葉の正当な意味を逸脱している（上述最判平元・9・14）。

(64) Pauly, a. a. O.（前注(57)），S. 301f.; Das Recht des Abgeordnetenhauses zu Budget-Aenderungen, Neue Preußische Zeitung（Kreuz-Zeitung），1863. 2. 21. これは新聞の論説であった。

(65) この観念は，Heinrich Albert Zachariä（1806. 11. 20–1875. 4. 29）に由来する。Pauly, a. a. O.（前注(57)），S. 308f. 戦前の日本の統帥権論議を彷彿させる。

(66) シュタウプに関して，前掲・一橋法学10巻1号98頁参照。Straßburg大学には，2000年ごろまで，ラーバント文庫があった。

(67) また，1882年から1903年まで，シュトラスブルク大学は，O・マイヤー（Otto Mayer, 1846. 3. 29–1924. 8. 8）をも擁し，公法の最盛期であった。立ち入らないが，パンデクテン的な体系（これは基本的には私法の体系である）の行政法への導入や，フランス行政法の理論（Theorie des französischen Verwaltungsrechts），憲法は変わっても行政法は変わらず（Verfassungsrecht vergeht, Verwaltungsrecht besteht）の言で有名である。もともと民法を志望し公法に関心を移したこと，私法の方法論を採用したことなどに，ラーバントの影響をみることができる。ただし，O・マイヤーは，のち，ライプチッヒ大学教授で，晩年をハイデルベルクで過ごした。Vgl. Heyen, NDB, Bd. 16, S. 550. 自伝もある。Otto Mayer, Autobiographie, DJZ 14（1909），S. 1041.

当時の公法理論へのパンデクテン法学の影響は，ほかに，イェリネックの国家法人説など多数に及ぶ。法人学説の国家への応用であることはいうまでもない。わがくにでは，宮沢俊義博士が，シュトラスブルクに留学している。その前では，上杉慎吉（1878－1929年）が，ハイデルベルクで，イェルネック（1851－1911年）についている（1906－1909年）。

ただし，フランス行政法の体系は，基本的に，国家の干渉に対する市民的自由を擁護するためのものであり，市民と自由な法律家のための構造物であり，コンセイユ・デタの裁判実務を通じて樹立されたが，ドイツの行政法は，むしろ法学と官房学の構造物である。ツヴァイゲルト・ケッツ，比較法概論・原論（上・1974年）228頁参照。

(68) 自然法的法典であるABGBのパンデクテン解釈については，拙稿「ビドリンスキー（Franz Bydlinski, 1931. 11. 20–2011. 2. 7）とオーストリア民法学の発展」国際商事39巻10号1438頁参照。かねて，危険負担の研究（1995年）でもふれたことがある（10頁，326頁）。

(69) Sinzheimer, a. a. O.（前　注(1)），S. 83；Kleinheyer und Schröder, Deutsche und Europäische Juristen aus neun Jahrhunderten, 1996, S. 431ff. その翻訳である岩崎稜・ドイツ法学者事典（小林孝輔監訳・1983年）313頁（Unger）；Josepf Unger, Österreich－Lexikon, Encyclopeida；Joseph Unger als Lehrer der österreichischen Rechtswissenschaft, Neue Freie Presse, 1913. 5. 3, S. 2；Joseph Unger, Neue Freie Presse, 1913. 5. 3, S. 11；System des österreichischen allgemeinen Privatrechts, Joseph Unger, 1868；DB PND 118763725.

(70) Ib.

(71) なお，DB PND 118763725では，Reichsgerichtspräsidentとなっているが，1866年以来，オーストリアはドイツの裁判権から除外されているから，これはオーストリア最高裁を指している。

(72) 前注(69)参照。

(73) 枢密顧問官については，「法学上の発見と民法」(2)一橋法学11巻1号頁参照。枢密顧問官の称号が乱発されたので，「真正の」と肩書をつけたのであるが，死亡後に付与されたのであるから，顧問としては無意味である。

(74) Petersdorff, Simson, Eduard von, ADB, Bd 54, 1908, S. 348ff.；Blum, Die Präsidenten des deutschen Reichstags. Erinnerungen und Skizzen. I. Eduard Simson, 1896, S. 18ff.；Dr. Eduard von Simson†, DJZ（Deutsche Juristen-Zeitung）. Bd 4, 1899, S. 210.（Nachruf）；Hirsch, Eduard von Simson, Das Problem der deutsch-jüdischen Symbiose im Schatten Goethes und Bismarcks（Geschichte in Wissenschaft und Unterricht）Bd 16, 1965, S. 261ff.；Meinhardt, Eduard von Simson. 1981；Feldkamp, Der vergessene Präsident, Das Parlament Nr. 46–47 vom 15. November 2010, S. 3；Sinzheimer, a. a. O.（前注(1)），S. 225ff.；Heinrichs, a. a. O.（前注(1)），S. 101. ハインリヒス（榊原嘉明訳）155頁。

(75)　拙稿「ドイツの連邦裁判所の過去と現在」法の支配155号21頁，25頁注(15)参照。Vgl. Buschmann, 100 Jahre Gründungstag des Reichsgerichts, NJW 1979, S. 1966；Kelmmer, Das Reichsgericht in Leipzig, DRiZ 1993, S. 26；Fischer, Zur Geschichte der höchstrichterlichen Rechtsprechung in Deutschland, JZ 2010, 1077. 単行本では，Lobe, 50 Jahre Reichsgericht. 1929.

(76)　BGH のホームページ http://www.bundesgerichtshof.de/DE/BGH/Praesidenten/Praesidenten_node.html がある。

(77)　ライヒ大審院と BGH の裁判官，とくにその長官については，それぞれ別稿で扱う（商論83巻４号119頁および判時2265号３頁)。

〔本篇は，2011年度の一橋大学の萌芽的研究支援「亡命法学者と法」の成果の一部である。〕

(78)　ユダヤ系法学者については前注(1)参照。なお，一般的に若干追加すると，Kürschners deutscher Gelehrten-Kalender 1996: bio-bibliographisches Verzeichnis deutschsprachiger Wissenschaftler der Gegenwart, 1. Aufl. 1925, 17. Aufl., 1996（たとえば，Marschall である。S. 901.)。これは生存者のみしか記載しないから，死者についてはより古い版をも参照する必要がある。Allgemeines Gelehrten-Lexikon, hrsg. Jöcher, Bd. 1－4, 1750–51（Neud. 1960)；Fortsetzung und Ergänzungen zu Jöchers Allgemeinem Gelehrten-Lexikon, Bd. 1－7, 1784–1897(Neud. 1960/61). また，Neuer Österreichischer Juristen-Kalender, 1912/13など。

Ostler, Die deutschen Rechtsanwälte 1871 bis 1971, 1971；Bonner Anwaltverein, Jüdische Rechtsanwälte im Dritten Reich, Dokumentation über die Vertreibung jüdischer Rechtsanwälte, 1994；Morisse, Jüdische Rechtsanwälte in Hamburg：Ausgrenzung und Verfolgung im NS-Staat, 2003；Krach, Jüdische Rechtsanwälte in Preußen, 1971；Weber, Reinhard, Das Schicksal der jüdischen Rechtsanwälte in Bayern nach 1933, 2006；Höpfner, Die Universität Bonn im Dritten Reich, 1999.

一般的な文献として，Kim, Hyung-Bae und Marschall von Bieberstein, Zivilrechtslehrer deutscher Sprache：Lehrer, Schüler, Werke, 1988；Grundmann und Riesenhuber, Deutschsprachige Zivilrechtslehrer des 20. Jahrhunderts in Berichten ihrer Schüler：eine Ideengeschichte in Einzeldarstellungen, 2007. なお，かなり増頁した2010年版がある。Hadding(hrsg.), Festgabe Zivilrechtslehrer 1934–1935, 1999.

戦後の研究は多い。Redeker, Erinnerung und Gedenken -Schicksale deutscher Juristen jüdischer Herkunft nach 1933, NJW 2005, 564；Bonner Anwaltverein, Jüdische Rechtsanwälte im Dritten Reich：Dokumentation der Veranstaltungen des Bonner Anwaltverein vom 23. Oktober 1992 zum Gedenken an das Schicksal der Jüdischen Rechtsanwälte, 1994；Bergemann und Ladwig-Winters, Jüdische Richter am Kammergericht nach 1933, 2004；Pauli, Justiz und Judentum, 1999；Gruchmann, Justiz im Dritten Reich, 1988；Schiller, Das Oberlandesgericht Karlsruhe im Dritten Reich, 1997；Ministerium der Justiz, Rheinland-

Pfalz, Justiz im Dritten Reich, 1995； Dreier, Recht und Justiz im „Dritten Reich", 1989； Rüthers, Carl Schmitt im Dritten Reich, 2. Aufl., 1990； Breunung/Walther, Die Emigration deutschsprachiger Rechtswissenschaftler ab 1933, Ein bio-bibliographisches Handbuch, Bd. 1, 2012は，23人の亡命者についてに触れている。

(79) シュタウプについては，拙稿「法学上の発見と民法(1)」一橋法学 II 3 3a参照。本書第1部第1篇第2章3所収。Jellinekについては，Sinzheimer, a. a. O., S. 161. なお，いわば政治任用である初期の法学者（Eduard Gans, 1798. 3. 22–1839. 5. 5, Friedrich Julius Stahl 1802. 1. 16–1861. 8. 10）やその他の者については，別のテーマの下で扱う予定である（関係図・補遺，209頁参照）。

(80) ラーベルについては，拙稿「比較法（国際的統一法）の系譜と民法－ラーベルとケメラー」民事法情報282号22頁。本書第3部第1篇所収。

(81) レーヴィについては，前掲一橋法学10巻1号 II 2 2b参照。本書第1部第1篇第2章2所収。

(82) Bund, Otto Lenel, Freiburger Professoren des 19. und 20. Jh.（hrsg. v. J. Vincke, Beiträge zur Freiburger Wissenschafts - und Universitätsgeschichte, 13. Heft), 1957, S. 77 ff.；(15. Heft), H. J. Wolff (1957), S. 115ff.； ders. Lenel, Otto, NDB Bd. 14, S. 204 f； Kürschner 1931, 1935； Göppinger, Horst, Juristen jüdischer Abstammung im Dritten Reich, 1990, 2. Aufl., S. 225； E. Levy, Rivista di Diritto Privato 5, 1935, S. 69 ff.； Fritz Pringsheim, Römisches Recht in Freiburg nach 1900 (S. 126ff.)； ders., Studia et Documenta Historiae et Iuris 1, 1936, S. 466 ff.； Sinzheimer, a. a. O.（前注(1)), S. 97 ff. レーヴィは，フライブルク大学のレーネルの後任であり，その後任は，プリングスハイムであった。

(83) このプランクは，著名なコンメンタールの創始者のプランク（Gottlieb Karl Georg Planck, 1824. 6. 24–1910. 5. 20）とは別人である。

(84) Sinzheimer, a. a. O（前 注(1)), S. 207ff.； Gmür, Zeits. des berner Juristenverein 58 (1922), S. 263ff.； Rückert, Lotmar, Philipp, NDB Bd. 15, S. 241 f.； Rückert, Deutsche Juristen jüdischer Herkunft, hrsg. v. H. Heinrichs, 1993, S. 331ff. ハインリヒス（金井幸子訳（森勇監訳・ユダヤ出自のドイツ法律家））507頁； Isele, Philipp Lotmar und Hugo Sinzheimers Bedeutung für das moderne Tarifvertragsrecht, in, Festschr. L. Barassi, 1965, S. 245ff.

〔その後の文献として，Fargnoli, Philipp Lotmar und der Schweizerische Juristentag, (hrsg. Kunz, Weber, Lienhard, Fargnoli, Kostkiewicz) Berner Gedanken zum Recht, Festgabe der Rechtswissenschaftlichen Fakultät der Universität Bern für den Schweizerischen Juristentag 2014, 2014, S. 531.〕

(85) 受領不能，経営危険に関して，不能説が，パンデクテン法学の後期の学説の多数を占め，ドイツ民法典の成立後にまで主張された（Windscheid-Kipp, Pandekten, II, 1906, §345 (S. 444)； Titze, Die Unmöglichkeit der Leistung nach deutschen bürgerlichen Recht, 1900, S. 22； Rümelin, Dienstvertrag und Werkvertrag, 1905, S.

82f. Vgl. Kisch, Die Wirkungen der nachträglich eintretenden Unmöglichkeit der Erfüllung bei gegenseitigen Verträgen, 1900, § 3（S. 18ff.）; Kleineidem, Unmöglichkeit und Unvermögen nach dem Bürgerlichen Gesetzbuche für das Deutsche Reich, 1900, S. 94ff., S. 24ff.。拙著・危険負担の研究（1995年）158頁。

しかし，労働判例では，受領遅滞説が有力であった。つまり，立法者は，ド民297条を言語上の提供（295条・296条）がなされても債務者の現実の履行が不能のときには受領遅滞にならないことを意図して規定した（Oertmann, Kommentar, II, 1928, zu §297; Rosenberg, Der Verzug des Gläubigers, JherJb 43（1901）, S. 202.）。しかし，これを，現実の提供（294条）がなされれば，債権者の事情で現実の履行はなされなくても不能にならないことを前提とした，と解する（制限的に vgl. Lotmar, Der Arbeitsvertrag,II, 1908, S. 282f., S. 284）。後者は，使用者の一身的事由による障害では，被用者が提供するのは可能であることを重視するのである。同研究183頁。

(86) 前注(84)参照。

(87) 拙著・民法における体系と変動（2012年，以下【体系と変動】）10頁参照。

(88) Döhring, Ehrlich, Eugen, NDB. Bd. 4, S. 362 ; Manfred Rehbinder, Die Begründung der Rechtssoziologie durch Eugen Ehrlich., 2. Aufl., 1986; Markus, Ehrlich, Eugen, Biographisch-Bibliographisches Kirchenlexikon（BBKL）. Bd 32, 2011; Sinzheimer, a. a. O., S. 187. 上田理恵子「オイゲン・エールリッヒ」近世・近代ヨーロッパの法学者たち（勝田有恒＝山内進編，2008年）379頁，平松紘「エーアリヒ」ドイツ法学者事典64頁。ハインリヒス（野沢紀雅訳）701頁。

2013年は，エールリッヒの法社会学の基礎理論の発刊から100年であり，これを記念する論文, Röhl und Machura, 100 Jahre Rechtssoziologie: Eugen Ehrlichs Rechtspluralismus heute, JZ 2013, 1117がある。

(89) 六本佳平・吉田勇編・末弘厳太郎と日本の法社会学（2007年）25頁（末弘の言による），87頁以下参照。秦郁彦編・日本近現代人物履歴事典（2002年）275頁。

(90) 彼は，ウェーバー，ジンツハイマーと並び，法社会学の祖とされる。Vgl. Hubert Rottleuthner, Drei Rechtssoziologen, Eugen Ehrlich, Hugo Sinzheimer, Max Weber,（Erk Volkmar Heyen（hrsg.）, Historische Soziologie der Rechtswissenschaft, S. 227ff.）.

(91) 前注(88)参照。

(92) 前掲・ドイツ法学者事典87頁（伊藤進），GND: 116843659.

(93) 現行の193条は，日曜と祝日，土曜日について，以下の規定をおく。

Ist an einem bestimmten Tag oder innerhalb einer Frist eine Willenserklärung abzugeben oder eine Leistung zu bewirken und fällt der bestimmte Tag oder der letzte Tag der Frist auf einen *Sonntag, einen am Erklärungs- oder Leistungsorte staatlich anerkannten allgemeinen Feiertag oder einen Sonnabend*, so tritt an die Stelle eines solchen Tages der nächste Werktag.

1900年の原民法典では，日曜と祝日のみであった（Sonntag *oder* einen am Erklärungs- oder Leistungsorte staatlich anerkannten allgemeinen Feiertag,）。もっと

も，改正は，週休二日制の普及によるもので，ユダヤ教の安息日（土曜日）の趣旨ではない（イスラム教では金曜日）。

(94) Vgl. Fuchs, Schreibjustiz und Richterkönigtum, 1907, S. 57ff., S. 64, S. 96f., S. 109.

なお，Fuchsは，売買の危険負担については，いわゆる有責説をとっている。これは，一方的債務における帰責の存否を双方的な債務にもおよぼす点に特徴を有する。サヴィニーに発する見解である。すなわち，双務契約における給付の相互依存関係を認めながらも，履行不能が偶然による場合には現実に履行したとみなされる，という擬制にもとづいて買主の対価支払義務の存続を認めた。すなわち，買主がただちに目的物を受領していれば，偶然の滅失は同人に帰したはずであるし，売主には損失についての責がないから同人に不能についての責任をおわせることもできない，と主張する。この見解は，特定物を給付する債務に関する債務者の過失責任の有無（売主＝債務者に帰責事由がない）を，そのまま債権者＝買主の反対給付債務に延長した（売主は対価を請求することができる）ものであり，買主負担主義を，いわば消極的な過失責任によって基礎づけているのである（Fuchs, Beitrage zur Lehre von Periculum bei Obligationen, AcP 34（1851），112； Voigt, Das strictum jus und aequum et bonum der Römer, III－2, S. 650, 875f.； Puchta, Pandekten, 1853, §302, S. 462）。【研究】339頁参照。

(95) 拙稿「キール学派と民法」一橋法学9巻2号23頁，43頁。

(96) Elmar, Pringsheim, Fritz, NDB Bd. 20, S. 728f.； Wieacker, Fritz Pringsheim zum Gedächtnis, SZ 85（1968），602ff.； Troje, SZ 79（1962），221ff.； Bund, Fritz Pringsheim（1882‒1967），Ein Großer der Ronanistik, Deutsche Juristen jüdischer Herkunft,hrsg. v. H. Heinrichs, 1993, S. 733ff. ハインリヒス（川並美砂訳）1099頁。

Breunung/Walther, a. a. O.（Die Emigration deutschsprachiger Rechtswissenschaftler ab 1933），S. 406ff.

(97) Medicus, Martin Wolff（1872‒1953），Ein Meister an Klarheit, Deutsche Juristen jüdischer Herkunft,（hrsg. v. H. Heinrichs），1993, S. 543ff.； L. Raiser, AcP 172（1972），489, 491. ハインリヒス（坂本恵三訳）811頁。

Dannemann, Martin Wolff（1872‒1953），S. 561ff.（in Festschrift 200 Jahre Juristische Fakultät der Humboldt-Universität zu Berlin, Geschichte, Gegenwart und Zukunft, hrsg. v. Grundmann, Kloepfer, Paulus, Schröder, Werle, 2010）.

(98) これは，多くの追悼録の述べるところである。W. Hallstein, JZ 1953, 580； H. Lewald, NJW 1953, 1253； E. Koffka, JR 1953, 419. Kunkelも，その師Levyがかつて Wolffの講義に感銘をうけたことを述べている（SZ 86（1969），XIIIf.）。

(99) Schröder, Klopsch, Kleibert（hrsg.），a. a. O.（前注(1)の Die Berliner Juristische Fakultät），Daternträger, B Habilitationen（Zustande gekommene Habilitationen an der Juristischen Fakultät der Friedrich-Wilhelmes-Universität zu Berlin）.

(100) Medicus, a. a. O., S. 545； Dölle, Martin Wolff gestorben, RabelZ 18（1953），690； Kleinheyer und Schröder, a. a. O., S. 520； Raiser, Martin Wolf, 26. 9. 1872

–20. 7. 1953, AcP 172(1972), 489ff.; Medicus, Martion Wolf, Ein Meister an Klarheit, DJJH, 543–553; Ulrich Falk: Martin Wolff, (Michael Stolleis hrsg.), Juristen: Ein biographisches Lexikon, 2001, S. 676.

なお，Rheinische Friedrich-Wilhelms-Universität Bonn, 1987, S. 69では，ボン大学には，1918−21に在職となっている。

Breunung/Walther, a. a. O. (Die Emigration deutschsprachiger Rechtswissenschaftler ab 1933), S. 550ff.

Festschrift f. Martin Wolff, 1952.

Süss, Das Traditionsprinzip, Festschrift f. Martin Wolff, 1952, S. 141.

(101) 著書には，Das Sachenrecht (1910)，物権法は，ライザーによって，1957年に改定されている。Das Familienrecht (1912)。国際私法では，Internationales Privatrecht (1933); Private International Law (1945); Traité de droit comparé (3 Bde) (1950/52) などがある。

(102) Medicus, a. a. O., S. 547f, S. 549f.

(103) Göpplinger, a. a. O., S. 315; Fabricius (hrsg.), Festschrift für Clive M. Schmitthoff zum 70. Geburtstag, Law and International Trade Recht und Internationaler Handel, 1973 にも，簡単な略歴がある。Honnold, Mémoir in honour of Clive M. Schmitthoff, S. 10; Fabricius, Clive M. Schmitthoff - Leben, Beruf und Werk, S. 11ff.; Bibliograhpie Clive M. Schmitthoff, S. 421ff.

なお，この記念論文集には，多彩な比較法学者が寄稿しており (Honnold, Coing, Farnsworth, Ficker, Goldstein, Lando, Marschall, Tunc, Zweigert など)，比較法や売買法の統一は，亡命法学者が命をかけた成果であり，決してグローバリズムや強欲資本主義の道具となるためではないことがわかるのである。

また，ベルリン大学の Dissertation の取得者については，vgl. Schröder, Klopsch, Kliebert (hrsg.), Die Berliner Juristische Fakultät und ihre Wissenschaftgeschichte von 1810 bis 2010, Dissertationen, Habilitationen und Lehre, 2010, S. 173ff. (付録の DVD に一覧表がある)。

(104) いずれも，ハビリタチオン論文を提出せず学者としての就職を断念して，民間会社に就職したのである。学問的な出発は，戦後となった。

(105) Thomas Raiser, Raiser, Ludwig, NDB 21 (2003), S. 123f.; Festschrift für L. Raiser zum 70. G., Funktionswandel der Privatrechtsinstitutionen, (hrsg) Baur, Esser, Kübier, Steindorff, 1974; L. Raiser zum Gedächtnis, Tübinger Universitätsreden, 30, 1982. ただし，ライザーについては，その約款論を，Saleilles などとともに，別途検討する予定である。

(106) Schröder, Die Geschichte der Juristischen Fakultät zwischen 1810 und 1945, Festschrift 200 Jahre Juristische Fakultät der Humboldt-Universität zu Berlin, Geschichte, Gegenwart und Zukunft, hrsg. v. Grundmann, Kloepfer, Paulus, Schröder, Werle, 2010, S. 10.

学位論文の質は，千差万別である。一般的にいって，わがくにの学部の卒論程度のものも多い。これは，大学に卒業資格がなく，第一次国家試験がこれを代替していたことから，大学固有の資格としては学位のみがあり，卒業資格の代替的地位を占めていたからである。Dissertationの質については，法律だけではなく，つぎの中谷宇吉郎「地球の円い話」から理系でもうかがえる。すなわち，測定の精度について，有効数字3桁というのは「かなり精密な測定」であり，「非常に骨の折れる仕事なのである」が，学生実験の報告書とか，独逸の学位論文の或るものとかを見ると，六桁位の数字が平気で沢山並んでいることがあるが，そういうものは大抵は，計算の途中に割算で沢山桁数を出したもので，此処では問題とするまでもないものである。」「中谷宇吉郎随筆集」岩波文庫（1988年），初出は1940年）。

(107)　Ernst, Schulz, Fritz, NDB, Bd. 29, S. 714f.; ders. Fritz Schulz (1879–1957), (Beatson und Zimmermann (hrsg.), Jurists Uprooted. German speaking Emigré Lawyers in Twentieth-century Britain), 2004, S. 105–203; Schermaier, Fritz Schulz (1879–1957), S. 683ff. (in Festschrift 200 Jahre Juristische Fakultät der Humboldt-Universität zu Berlin, Geschichte, Gegenwart und Zukunft, hrsg. v. Grundmann, Kloepfer, Paulus, Schröder, Werle, 2010).

Breunung/Walther, a. a. O. (Die Emigration deutschsprachiger Rechtswissenschaftler ab 1933), S. 432ff.

2009年に亡くなったフルーメの文庫には，ドイツ時代のシュルツから受け継いだ蔵書が含まれており，2010年までは，ボンの自宅にあった。

(108)　拙著・前掲危険負担の研究282頁，287頁注26参照。注意義務説は，ほかにも，Lepointe et Monier, Les obligations en droit romain et dans l'ancien droit français, 1954, p. 360 et s.; vgl. Kaser, Römisches Privatrecht, §36 III (S. 148); Giffard et Villers, Droit romain, 1976, n°s 477 (p. 343) et s. によって支持されている。

(109)　前述・キール学派320頁注11参照。

(110)　Radbruch, Schweizer Zeits. für Strafrecht 60, 1946, S. 262ff.; Berger, SZ (Röm) 68, 1951, S. 624ff.; Würtenberger, NDB Bd. 11, S. 127f.; ders. Internat. E. nc of the Social Sciences VIII, 1968, S. 350ff.. 矢崎光圀・ドイツ法学者事典148頁（Kantorowicz），ハインリヒス（野沢紀雅訳）943頁。

Breunung/Walther, a. a. O. (Die Emigration deutschsprachiger Rechtswissenschaftler ab 1933), S. 219ff.

なお，カントロヴィッチとラートブルフに影響を与えた刑法学者のリストについては，清水裕樹「フランツ・フォン・リスト」近世・近代ヨーロッパの法学者たち（勝田有恒＝山内進編，2008年）365頁参照。

カントロヴィッチには，もう1人，中世史学の歴史家のカントロヴィッチ（Ernst Hartwig Kantrowicz, 1895. 5. 3–1963. 9. 9）がおり，彼は，フランクフルト大学から，アメリカに亡命し，カリフォルニア大学の教授となり，1949年，政府への忠誠宣誓問題（マッカーシズム）から辞職し，1951年，プリンストン高等研究所に移った。出身はポーゼンである。Schaller, Kantorowicz, Ernst Harwig, NDB 11 (1977), S. 126f.

(111)　ヘックの利益法学はこれに反対する。それは，もっと規範主義的なものであり，裁判官は，法規の解釈にさいして，立法者の決定を基礎とし，個別の事件の決定にさいしても，その衡量によって利益を考慮しなければならないとするからである。

(112)　前注(100)参照。

(113)　Lepsius, Rheinstein, Max, NDB Bd. 21, S. 493f.; Heldrich, NJW 1977, S. 1572f.; Leser, JZ (1977), S. 613ff.; Drobnig, Max Rheinstein (1899-1977), S. 627ff. (in Festschrift 200 Jahre Juristische Fakultät der Humboldt-Universität zu Berlin, Geschichte, Gegenwart und Zukunft, hrsg. v. Grundmann, Kloepfer, Paulus, Schröder, Werle, 2010.

記念論文集における略歴は，Ius Privatum Gentium (hrsg. E. v. Caemmerer, S. Mentschikoff u. K. Zweigert), Festschrift für Max Rheinstein zum 70. G., I, 1969, S. 1 ff.; Strauss, Max Rheinstein zum 70. G., RabelsZ 33 (1969), S. 409ff.; Zweigert, RabelsZ 42 (1978), S. 1 ff.

アメリカ法への影響については，Glendon, The Influence of Max Rheinstein on American Law, (hrsg. Lutter, Stiefel und Hoeflich), Der Einfluß der deutschen Emigranten auf die Rechtsentwicklung in den USA und in Deutschland, 1993, S. 171ff.; Frhr. v. Marschall, ib. S. 333ff.

(114)　ローゼンベルクは，1879年に，シレジアのFraustadtで生まれた。1896年から99年，ミュンヘン，フライブルク，ブレスラウの各大学で法律学を学んだ。1900年に，ブレスラウ大学で，証明責任論で学位をえて (Die Beweislast nach der Civilprozeßordnung und dem Bürgerlichen Gesetzbuche)，1904年に，ゲッチンゲンにおいて，「訴訟における代理」でハビリタチオンを取得した (Stellvertretung im Prozess)。「証明責任論」は，倉田卓次判事によって翻訳されている（判タ199号～246号・全42回。判タ社・全訂版は，2001年)。

1906年から12年は，ゲッチンゲン大学において私講師，1912年から16年は，ギーセン大学で，員外教授，1916年から32年に，正教授となった。1927/28学長。1932年から34年に，ライプチッヒ大学の正教授となった。しかし，1934年，ユダヤ人であることから，ナチスの立法である公務員職の回復法6条により追放された。自分は生き延びたが，19歳の娘と姉妹2人を失った。

戦後の1946年から52年は，ミュンヘン大学の教授となり，ミュンヘンのバイエルン学術アカデミーの会員にもなった。1963年，ミュンヘンで亡くなった。

民訴法では，権利保護請求権説 (Lehre vom Rechtsschutzanspruch)，訴訟的理解による訴訟物 (der prozessual verstandene Streitgegenstand) を唱えたことで知られる。Stellvertretung im Prozess. Auf der Grundlage und unter eingehender, vergleichender Darstellung der Stellvertretungslehre des Bürgerlichen Rechts nebst einer Geschichte der prozessualen Stellvertretung, 1908, 大著 Lehrbuch des deutschen Zivilprozessrechts, 1927などがある。受領不能に関する論文もある（前注(85)参照)。

Vgl. Rimmelspacher, Rosenberg, Leo, NDB Bd. 22, S. 64; Beiträge zum Zivilproßzerecht. Festgabe zum 70. G. v. L. Rosenbergh, 1949; Festh. zum 80. G., Zetis. für Zvilprozeß 72 (1959), H. 1/2; Gedächtnisgabe des Zeits. für Zivilprozeß, ib. 77 (1964), H. 1/2; K. Engisch, Jb. der Bayer. Akademie der Wissenschaft, 1964, S. 176ff.; Bötticher, Gießener Gel. II, 1982, S. 781; Schwab, Juristen im Portrait, (a. a. O., 12巻3号前注(1)). 1988, S. 650ff.; ders., Heinrichs (hrsg.), Deutsche Juristen jüdischer Herkunft, 1993, S. 667ff. ハインリヒス（本間学訳）997頁。

ライプチッヒ大学のProffesorenkatalogにも略歴がある（Professorenkatalog der Universität Leipzig| catalogus professorum lipsiensis, http://uni-leipzig.de/unigeschichte/professorenkatalog/fak/Juristenfakultaet/seite 6.html）。

なお，大阪市立大学には，ローゼンベルク文庫がある（「ローゼンベルク文庫目録」(1968年)，昭11～13年に購入，4906冊，当時の価格は2万4434円であった。裕正夫刊行会会長，小室直人教授の序文がある）。

(115) Rudolf Bruns, James Goldschmidt (17.12.1874–18.6.1940). Ein Gedenkblatt, ZZP 88 (1975) 122; Robert Goldschmidt, James Goldschmnidts letzte Werke, AcP 151 (1950/1951) 363; Heinitz, James Goldschmidt zum Gedächtnis, NJW 1950, 536 f.; Schmidt, James Goldschmidt zum Gedächtnis, SJZ (Süddeutsche Juristenzeitung) 1950, 447 f.; Schönke, Zum zehnten Todestag von James Goldschmidt, Deutsche Rechts-Zeitschrift 5 (1950) 275 f.; Sellert, James Paul Goldschmidt (1874–1940), (Heinrichs u. a. hrsg., Deutsche Juristen jüdischer Herkunft, 1993. S. 595ff. ハインリヒス（森勇訳）889頁。

Breunung/Walther, a. a. O. (Die Emigration deutschsprachiger Rechtswissenschaftler ab 1933), S. 131ff.

また，Heger, James Goldschmidt und der Strafprozess als Rechtslage, JZ 2010, S. 637は，ほぼ70年前に亡くなったGoldschmidtにつき，おもに刑法的観点からの検討である。

(116) Ib. J・ゴールトシュミットには，妻Margareteとの間に4人の子がいた。息子のWerner Goldschmidt (1910–1987) とRobert Goldschmidt (1907–1965) は，法律学の大学教授となった。Werner Goldschmidtは，ブエノスアイレスのいくつかの大学に勤め，Robert Goldschmidtは，アルゼンチンのコルトバ大学とヴェネズエラの大学に勤めた。その弟のVictor Goldschmidt (1914–1981) は，フランスで学び，フランスの大学で，哲学と歴史を教えた。娘のAda Goldschmidt (1919–？) の詳細は不明である。

(117) ほかに，Arthur Goldschmidt (1873.4.30–1947.2.9) は，1873年にベルリンで生まれ，1889年に，プロテスタントに改宗し，ハンブルクで国家試験に合格し，裁判官となった。ハンブルク高裁判事となり，ワイマール共和国の時代には，2回，ライヒスゲリヒトに招聘されたが，ハンブルク近郊のReinbek（行政上は，Schleswig-Holstein州である）にとどまるために，これを断った。1933年に公務員職の回復法によって免職になり，1938年には，2人の息子を国外に出し，1942年に，妻が亡くなった後，自分も Theresienstadt の収容所に収容されたが，生き延びて，戦後の1945年に，Reinbek に戻り，市長代理となり，1947年に亡くなった。J・ゴールトシュミットとの関係は不明である。

(118) 拙著・危険負担の研究，282頁注25，29参照。古典期の売買の危険負担の原則は引渡主義だったとするものである。Haymann, Periculum est emptoris, SZ（Röm.）41（1920），44；vgl. 40（1919），167 ff. ；42（1921），357 ff.

(119) Mayer-Maly, Haymann, Franz Karl Abraham Samuel, NDB Bd 8, 1969, S. 153 f.；Nipperdey, SJZ（Süddeutsche Juristenzeitung），1949, S. 586；Nolte, SZ（Röm.）67, 9 150, S. 615 ff.；Göppinger, a. a. O., S. 286.

(120) Ib.（前注(119)）. Die Mehrheitsentscheidung, ihr Sinn und ihre Schranken, Festgabe für Rudolf Stammler, 1926, S. 395.

Vgl. Breunung/Walther, a. a. O.（Die Emigration deutschsprachiger Rechtswissenschaftler ab 1933），S. 575ff.

(121) Lobe, 50 Jahre Reichsgericht, 1929, S. 348.

(122) Mothes, Bumke, Erwin Konrad Eduard, NDB Bd. 3（1957），S. 13f.；Kolbe, Reichsgerichtspräsident Dr. Erwin Bumke. Studien zum Niedergang des Reichsgerichts und der deutschen Rechtspflege, 1975, S. 222f.；K.-P. Schroeder, Vom Sachsenspiegel zum Grundgesetz, 2001, S. 177 ff. Vgl. Schwarz, Das zuküftige Finanzprogramm, DJZ 1932, 14 ff.；Schroeder, Klaus-Peter：Vom Sachsenspiegel zum Grundgesetz, Eine deutsche Rechtsgeschichte in Lebensbildern, 2001, S.177.

ブムケには，編集に協力した著作がある。たとえば，Die Rechtsentwicklung der Jahre 1933 bis 1935/36（hrsg. Volkmar, Elster, Küchenhoff）（Handwörterbuch der Rechtswissenschaft），1937.

Beiträge zum Recht des neuen Deutschland（hrsg. Bumke, Hedemann, Wilke），1936.

Handwörterbuch der Rechtswissenschaft（Mitberatung Bumke）；hrsg. Stier-Somlo, Elster, Bde. 1926/1931.

また，ブムケに対する祝賀論文集は，２つ出ている。Erwin Bumke zum 65. Geburtstage/hrsg. von Wolfgang Mettgenberg, 1939. および Zum 70. G., 1944. である。前者では，Schlegelberger, Hedemann, Freisler などが寄稿している。

(123) Zwei Entscheidungen zu Art. 48 der Reichsverfassung, DJZ 1932, S. 1 ff.

(124) Zweites Gesetz zur Gleichschaltung der Länder mit dem Reich,v. 7. 4. 1933；RBGl. I. 173.

(125) 大審院長がブムケとなることによって，議会は，一面ではヒトラーの権力掌握を妨害したが，最終的には協力したのである。大統領（ヒンデンブルク）と首相の兼任を否定しても，大統領を代行する大審院長が操り人形にすぎないからである。

ライヒ大審院長が大統領を代行することは，ワイマール共和国の時代に先例があり，初代大統領の Ebert（1919–1925）が1925年２月28日に急死したことから，大審院長のSimonsは，1925年5月に，ヒンデンブルク（1925–1934）が選出されるまで代行を勤めたのである（Gesetz über die Stellvertretung des Rechispräsidenten, 1925, 3, 10)。もっとも，この場合には，事前ではなく，死亡後の臨時立法によった。

(126)　Mothes, a. a. O.（前注（122））; Kolbe, a. a. O.（前注（122））.

ブムケは，本来，1939年7月4日に，65歳で定年になるところ，政治的にこれを延長し，死亡する1945年までその地位を保持したのである（Erlaß des Führers und Reichskanzlers über die Verlängerung der Amtzeit des Präsidenten des Reichsgericht v. 4. Juli 1939; RGBl. I, S. 1089)。定年は，当初3年延長され，その後,再度延長された。Vgl. Michaelis, Die außerordentliche Wiederaufnahme rechtskräftig abgeschlossener Verfahren in der Praxis des Reichsgerichts 1941–1945, Dreier/Sellert（hrsg.), Recht und Justiz im Dritten Reich, 1989, S. 274.

(127)　拙稿「パーラントと法曹養成，民法コンメンタール」【変動】443頁以下参照。

(128)　Goerdeler（1884. 7. 31–1945. 2. 2）は，戦前のドイツの法律家・政治家である。1930年に，ライプチッヒの市長になった。ナチスの人種政策に反対し，戦争末期に，ヒトラー暗殺計画に加担したとして処刑された（Freislerの人民裁判所での裁判)。彼は，Davidとの交際を否定せず，ナチスの忌避にふれた。

(129)　Göppinger, a. a. O., S. 84ff, S. 274f.; BVG, Grußwort der Präsidentin des Bundesverwaltungsgericht Marion Eckertz-Höfer zur Gedenkstunde 2008, Polenaktion 28. Oktober 1938; NDB, PND　139426027; Lobe, a. a. O.（前注(121)), S. 348; Friedrich Karl Kaul, Geschichte des Reichsgerichts. Band IV: 1933–1945, 1971.

(130)　Ib., S. 85f. Cohnは，1965年にシカゴで亡くなった（S. 273)。Hoenigerは，フライブルクで隠棲した（S. 340)。

(131)　たとえば，歴史の分野でも，東大に招聘されたリースも，ユダヤ人であった（林健太郎「ランケの人と学問」ランケ（1980年・世界の名著(47)32頁)。モッセと同様に，ドイツ本国では，不遇であったからである（このリースについては，原論文執筆後に，鈴木ハツヨ「『わが父はお雇い外国人』－文明開花の明治期に活躍したドイツ人，ルードビッヒ・リース」創文2014年夏14号7頁，秋15号4頁を，著者よりご教示いただいた)。

法律関係の明治初期のお雇い外国人と大学教授については，Bartels-Ishikawa, Deutsche Juristen in Japan in der Meiji-Zeit（Humboldt Stiftung, Symposium vom 3. Nov. 2011), Rechtstransfer in Japan und Deutschlandに詳しい（この研究は，明治期のドイツ系法学者の一般的な研究であり，ユダヤ系学者に特化しているものではない)。

また，寺田寅彦（1878–1935)「伯林大学」(1909–1910）には，留学当時のベルリン大学の様子が記載されており，ルーベンス，プランク（Max Planck, 1858. 4. 23–1947. 10. 4）などが出席する物理学輪講会（Ringvortrag）には，若手でプリングスハイム（Peter Pringsheim, 1881. 3. 19–1963. 11. 20. のちにゲッチンゲン大学教授を経て，1930年にベルリン大学教授）が出席していたとある（寺田寅彦全集，第5巻・1950年，293頁)。

このプリングスハイムは，数学者のプリングスハイム（Alfred Pringsheim, 1850-1941）の息子であり，音楽家の Klaus Pringsheim の兄にあたる。寺田の回想は，1905年のことであるから，ほぼ同世代である。アインシュタイン（1879-1955）がベルリンのカイザー・ウィルヘルム研究所に移ったのは，1914年であり，ゴールトシュタイン（1850. 9. 5-1930. 12. 25, Gasentladung ガス放電の研究，Kanalstrahlen 帯・管放電の発見者，シレジアの出身）など，他のユダヤ系学者の名前もみられる。

アインシュタインは，ラーベル（Ernst Rabel, 1874. 1. 28-1955. 9. 27）とほぼ同世代であった。物理学者では，ほかに Ernst Pringsheim（1859-1917）がいるが，寺田らより一世代前に属し，亡命の憂き目はみなかった。

(132) シュタインがウィーン大学に招聘されたのは，民法学者のアルント（Karl Ludwig, von Arnesberg（1871から）Arndts, 1803. 8. 19-1878. 3. 1）が招聘されたのと同年の1855年であり，Leo von Thun（1811. 4. 7-1888. 12. 17）のオーストリアの教育改革の結果である。Thun は，1849年に，オーストリアの文化・教育相となり，1860年まで，教育改革を行った。Franz Serafin Exner（1802. 8. 28-1853. 6. 21）の提案にもとづくものであるが，改革の結果，オーストリアの大学自治（Hochschulautonomie）が確立し，ウィーンに学術アカデミーが設立された。寛容を旨とし，プロテスタントとユダヤ教の学者も大学に職をもてるようになり，外国人の学者も招聘できるようになったのである。イェーリングが，ウィーン大学にいったのは，その後1868年であった。ユダヤ系で刑法学者のグレーサー（Glaser, Julius, 1831. 3. 19-1885. 12. 26）も，1855年に私講師となり，1856年に員外教授，1860年に正教授となった（のちオーストリア司法大臣）。

経済学者のカール・メンガー（Carl Menger, 1840. 2. 23-1921. 2. 27）は，1872年に，シュタインの下で，ハビリタチオンを取得し（Grundsätzen der Volkswirthschaftslehre, 1923），1879年に，ウィーン大学の員外教授，1879年に，正教授となった。

その弟で，法曹社会主義者のアントン・メンガー（Anton Menger, 1841. 9. 12-1906. 2. 6）は，クラコウと1860年からウィーン大学で学び，1865年に学位を取得した。1875年まで弁護士をし，1872年にハビリタチオンを取得し，私講師となった。1874年に員外教授，1877年に正教授となった（民訴法）。

(133) Schröder, Die Geschichte der Juristischen Fakultät zwischen 1810 und 1945, Festschrift 200 Jahre Juristische Fakultät der Humboldt-Universität zu Berlin（前注(106)），S. 22.

(134) Ib., S. 49. また，学位の比較については，ib., S. 28.

また，以下は，1810年から1945年までの，ベルリン大学におけるおもな教授資格の取得者のうち，おもに民法や日本関係の著名人である。Ib., S. 35.

以下で，（Berlin）とあるのは，学位もベルリン大学で取得した者である。

1825　Adolf Rudorff

1839　Rudolf von Gneist（Berlin）

1840　Ludwig Heydemann

1842　Rudolf von Jhering（Berlin）
1856　Herbert Pernice
1859　Leonhard Jacobi, Paul Hinschius
1864　Paul Krüger
1867　Otto von Gierke（Berlin）
1878　Rudolf Leonhard
1882　Conrad Cosack
1885　Karl Lehmann
1886　Friedrich Endemann
1889　Hugo Preß, Philipp Heck（Berlin）
1892　Paul Oertmann（Berlin）M. Weber と同年である。
1895　Emil Seckel 学位は，Tübingen
1900　Martin Wolff（1884, Berlin）
1901　J. Goldschmidt
1904　Heinrich Lehmann 学位は，Bonn
1912　Fritz Marschall von Bieberstein
1913　Kaskel（社会法）
1914　Arthur Nußbaum, Ernst Levy
1923　Hans Dölle
1927　Karl Theodor Kipp（子）学位は，Erlangen
1929　Hallstein
1931　Rheinstein
1936　Arwed Blomeyer

(135)　Hahn, Rudolf von Gneist 1816–1895. Ein politischer Jurist in der Bismarckzeit, 1995；Hatschek, Gneist, Heinrich Rudolf Hermann Friedrich von. ADB. Bd. 49, 1904, S. 403；Angermann, Gneist, Rudolf von, NDB. Bd. 6, 1964, S. 487. なお，Berliner Zustände, Politische Skizzen aus der Zeit von 18. März 1848 bis 18. März 1849, 1849（Gneist）. また，Festschrift 200 Jahre Juristische Fakultät der Humboldt-Universität zu Berlin, Geschichte, Gegenwart und Zukunft, hrsg. v. Grundmann, Kloepfer, Paulus, Schröder, Werle, 2010にも，Schönberger, Rudolf von Gneist（1816–1895）, S. 241ff. がある。邦文では，室井力・ドイツ法学者事典97頁（Gneist）。また，潮木守一・ドイツの大学（1992年）98頁にも，若干の言及がある。

記念論集としては，Festgabe für Rulolf von Gneist zum Doktor-Jubiläum am 20. November 1888, gewidmet von Brunner, Eck und a.（Neud. 1874）；Festgabe für Rudlof von Gneist zum 50 jährigen Doktor-Jubiläum am 20. November 1888

ほかに，ユダヤ系という観点からは，国法学者のシュタール（Friedrich Julius Stahl, 1802–1861）も，これに属する。1819年に，プロテスタントに改宗しているが，1840年に，ベルリン大学教授となり，神学的国家理論を提唱した。1849年から，プロイセンの議員となり，保守派の理論的指導者であった。Sinzheimer, a. a. O.（前注(1)）, S.

9 ff. 338頁参照。

日本との関係では，穂積八束(1860–1912)は，1883年に，ドイツに留学し，Labandに師事した。

なお，グナイストは，おもに国法学者として著名であるが，私法学者としての経歴にも関心をもつ研究として，近時，エッサー「私法学者としてのグナイスト」（一橋法学５巻１号，屋敷二郎訳）がある。Eßer, Gneist als Zivilrechtslehrer, 2004.

(136) Statistik des Deutschen Reichs,（Vierteljahreshefte, 1873 II－２，１）Die Volkssammlung im Deutschen Reichs v. 1871；Statistik des Deutschen Reichs, Vierteljahreshefte, 1874 VII－２）Die Reichswahlen v. 1874.

また，第一次世界大戦後のライヒ議会の得票率については，Atlas zur Weltgeschichte, II, 1984, S. 148f.；Der große Bildatlas zur Weltgeschichte, 1982, S. 520.

(137) ボアソナード答議３；モッセ答議・近代日本法制史料集／國學院大學日本文化研究所編；第10（1988）600以下（67頁以下，これは抜粋である），ほかにも，618番までの答議（215頁）や，モッセ氏訴訟法草案（獨逸文）・日本近代立法資料叢書／法務大臣官房司法法制調査部監修；24（1986年）などがある。

ちなみに，この講義の筆記をみると（これに限らないが），当時の高官の熱意が感じられる。近時の視察旅行がしばしば政治家の観光旅行となっているのとは異なる。

(138) H. Jaeger, Mosse, Albert, NDB 18（1997），S. 216；Kraus, Die Familie Mosse, deutsch-jüdisches Bürgertum im 19. und 20. Jahrhundert, 1999；Rott, Albert Mosse（1846–1925），deutscher Jude und preußischer Richter, NJW 58（2005），S. 563；Personalien, DJZ 21（1916），S. 973（70歳の記事），DJZ 30（1925），S. 954（死亡記事）；Albert und Lina Mosse (hrsg. Ishii, Sakai), Fast wie mein eigen Vaterland, Briefe aus Japan 1886–1889, 1995（本書の解題として，坂井雄吉「モッセ書簡集の刊行によせて」大東法学５巻２号261頁参照）。

モッセの兄弟に，ベルリンの出版者 Rudolf Mosse がおり（1843–1920），出版，新聞で大きな影響力を有した。また，娘の Martha Mosse は，プロイセンで最初の女性の警察理事官（Polizeirätin）となった。W・ゾルフ（Wilhelm Heinrich Solf）は，政治家であるが，ベルリン時代にモッセの教えをうけ，1920–1928年のワイマール時代に駐日大使となった。孫に，1930年代にアメリカに亡命した歴史・政治学者ジョージ・モッセ（George, Lachmann Mosse, 1918–1999）がいる（彼の母方の祖父は，上述の Rudolf Mosse である）。

W. E. Mosse, A. M., A Jewish Judge in Imperial Germany, Leo Baeck Institute Yearbook 28, 1983, S. 169ff. も，血縁者によるものと思われる。

モッセの在日は３年であったが，当時のお雇い外国人は，ボアソナードやロエスレルのように長期になる者を除けば，３年が普通であった。たとえば，陸軍大学校の教官に任じられたメッケルである（1842. 3 .28–1906. 7 . 6，Meckel)。Vgl. Körner, Meckel, Jacob, NDB 16（1990），S. 584f. なお，2006年に就任した首相は，メルケル（Angela Dorothea Merkel, 1954. 7 . 17–）である。

(139) Benz, Flucht vor Hitler, Das politische und das jüdische Exil ab 1933（2010年

9月18日に開催された日独シンポジウム「東アジアにおける亡命（1933-1945）」Exil in Ostasien（1933-1945）於ドイツ文化センター）は，1933年以降の亡命全体を対象とした報告である。

また，Röder, Emigration nach 1933, in Broszat und Möller, Das Dritte Reich: Herrschaftsstruktur und Geschichte: Vorträge aus dem Institut für Zeitgeschichte, 1983, S. 231ff. によれば，亡命の総数は，およそ50万人で，33万人がドイツから，15万人がオーストリアから，2万5000人がその他からとされる。

(140) ブルーノ・タウト・日本美の再発見（篠田秀雄訳・1962年・19刷改訳版）が著名である。

(141) 戦後の1949年に渡米したおりの記録である小平邦彦・怠け数学者の記（1986年）にも，アインシュタインなどが登場している（プリンストン高等研究所）。

(142) Hayasaki Erina, Ein deutsch-jüdischer Musiker in der Zeit des Zweiten Weltkriegs in Japan: Klaus Pringsheim). 早崎えりな「第二次世界大戦下の日本におけるドイツ系ユダヤ人音楽家，クラウス・プリングスハイム－日本におけるユダヤ人亡命者」（前注（139）の日独シンポジウムにおける報告）。また，上田浩二＝荒井訓・戦時下日本のドイツ人たち（2003年）119頁以下も，K・プリングスハイムについて言及している。同123頁。

なお，上述（第2篇第1章2）のドイツ外務省の調査報告書「外務省と過去－第三帝国と連邦共和国のドイツ外交官」によって，外交官によるナチスへの迎合が裏付けられた。もっとも，個人的な消極的抵抗はみられたようである。

(143) プリングスハイムについては，前述3(1)，およびその注(19)参照。

(144) 今日のゲルマン法への影響については，vgl. Kannowski, Germanisches Recht heute, JZ 2012, 321.

(145) オーストリア関係では，私法にもケルゼンの方法論の影響が大きい。拙稿「ビドリンスキー（Franz Bydlinski, 1931. 11. 20-2011. 2. 7）とオーストリア民法学の発展」国際商事39巻10号1438頁参照。ビドリンスキーは，ポーランド，ドイツ系のほかに，東欧ユダヤ系の血も入っていると自称していたようである。Vgl. Kramer, Franz Bydlinski 70 Jahre. Laudatio aus Anlass der Überreichung einer Festschrift am 17. November 2001, JBl. 2001, S. 710; Koziol und Rummel, Im Dienste der Gerechtigkeit. Festschrift für Franz Bydlinski, 2002.

(146) Pandekten, 3. Aufl., 1891. の翻訳である。穂積陳重の「序」があり，彼は，20年前にデルンブルクの講義に侍したとある。山口弘一は，付属のドイツ民法典の条文の過半の翻訳を担当した（山口弘一先生著作目録・一橋論叢18巻5・6号）。

ほかに，デルンブルヒ著・独逸新民法論（1911年，2005年復刻，上下）もある。これは，Das bürgerliche Recht des Deutschen Reichs und Preußens, 2. Aufl., 1902. の翻訳である。同書には，民法起草者である梅謙次郎，富井政章，穂積陳重の3人の「序」が付されており，梅は，デルンブルクの講義を聴くことができなかったとするが，穂積は，30年前に教えをうけた先師の手になるものを観ることの喜びを述べている。

ユダヤ系法学者の関係図（かっこ外の者）補遺

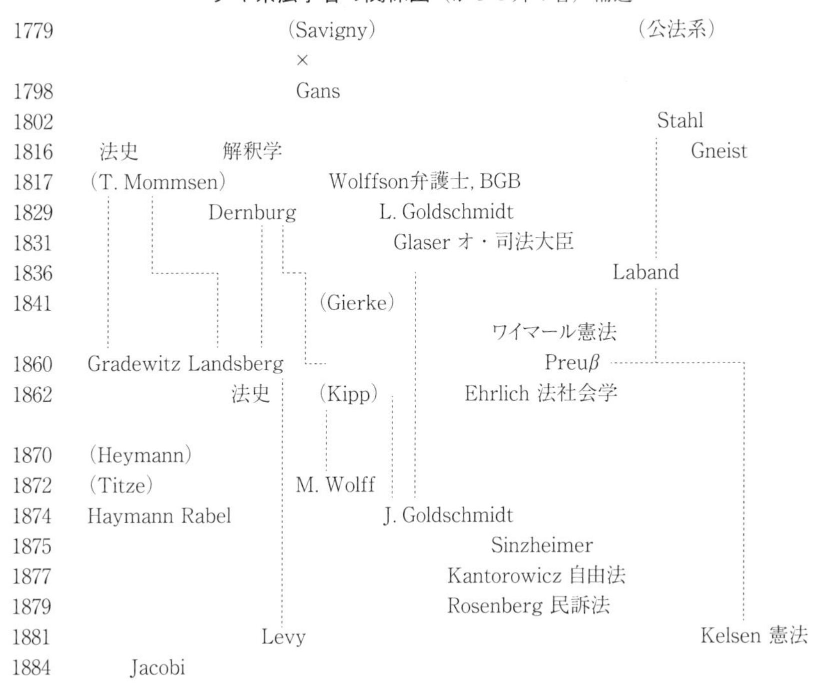

第3篇　郵政民営化と民法 —— 無記名債権とコーラー ——

第1章　はじめに

1　郵便事業の民営化

わがくにでは，旧三公社のうち，国鉄は，1987年に分割民営化され，日本専売公社と日本電信電話公社は，1985年に民営化された。また，旧五現業のうち，郵便，アルコール専売は，2007年，2006年に民営化され，銀行券や切手の印刷事業と硬貨の造幣事業は，2003年に独立行政法人に移管され，国有林野事業のみが残っている。最後のものは，慢性的な赤字業種のために，民営化のめどがたたないからである。

こうした変革は，20世紀末の世界的な構造改革の反映でもあり，民営化では，ドイツの鉄道と郵便の変革（1994年）が知られている。しかし，本稿で問題とする郵政については，諸外国でも，公営のままのところが比較的多い。たとえば，スイスでは，連邦政府によって運用されており（Schweizerische Post），オーストリアでも同様である（Österreichische Post und Telegraphenverwaltung）。アメリカでも，公共事業体によっており（US Postal Service），イギリスでは，形式的に民営化されても，株式はすべて政府の所有のままである。オーストリアでも，連邦政府が郵便会社（Australian Postal Corporation）の株式を独占する実質的な公社のままである(1)。

郵政民営化は，文字通りには，従来もっぱら国営事業として行われてきた郵便事業を民間会社に改めることである。しかし，郵政の対象が，必ずしも郵便事業に限定されないことから，国によって，民営化される対象は異なる。ドイツでは，文字通り，郵便事業の国際競争力を高めるために，連邦郵便（Bundespost）の民営化が行われたが，わがくにでは，郵便事業だけではなく，金融や保険事業の民営化に重点があり，郵便事業自体の比重は相対的に軽いものであった(2)。

わがくにの民営化は，段階的に行われた。まず，2001年1月に，中央省庁の再編により，従来の郵政省は郵政事業庁に格下げとなり，ついで，2003年4月には，特殊法人である日本郵政公社が誕生した。さらに，2005年10月14日に，いわゆる郵政選挙の結果をうけて，民営化法案が成立し，2007年10月に，日本郵政グループ（持株会社である日本郵政株式会社のほか，郵便事業会社，郵便局株式会社，郵便貯金銀行，郵便保険会社，簡易生命保険管理機構）が誕生した。しかし，2009年の政権交代をうけ，同年12月4日に，郵政株式の売却（2017年9月までの売却）の凍結法案が成立した。また，2010年4月30日に，郵政改革関連の3法案が閣議決定された。これは，5社を3社として，また各社間の関連づけを強化するものであった。その後も政局の膠着が続いたが，2012年4月の改正法では，金融2社（郵便貯金銀行，郵便保険会社）の株式売却は，持株会社の日本郵政の判断によることとなった（株式売却の凍結法の廃止）。論争の焦点は，郵便事業の性質に関するものよりも，金融や保険との関係，株式の払下げなどの政策と経済面にあったように思われる。したがって，民営化による郵便事業の性質変化に関する法的な議論は，ほとんど行われていない。そして，郵便事業株式会社法によると，郵便事業も，新会社に，郵便法による業務が一括して移転することとされ（3条），とくに，法的性質の変更を考慮する必要がないように設計されている。

民営化に関連することで一点だけ，世間の耳目を集めたのは，休眠口座の問題である。2012年2月ごろ，政府が，これを東日本大震災（2011年3月11日）の復興資金として活用することを提言した。10年以上の長期間，預け入れも払戻もされない預金口座が金融機関には多数存在し，年間で，全国の金融機関で，1300万口座，850億円にも達するといわれる(3)。日本の銀行は，時効期間が経過しても，債権の踏み倒しとしての時効の援用はしないことが通常である。そこで，期間経過後でも，4割程度は払い戻されるが，なお半分以上の額が金融機関に残る。民営化後の郵便貯金も，銀行並みということからは，同様になるはずである。しかし，2007年の民営化前の郵便貯金については，20年間の債権不行使によって（定額預金など），年間，最大234億円が国庫の収入となっていたことが明らかにされた。公営の方が，預金者保護が薄いという奇妙な結果となっていたのである。政府の主張は，民営化による不利益をうけたくないということである（その後，2014年度から，おおむね500億円規模で活用することとされた）。もっとも，本稿では，この問題には，立ち入りえない。

2　民営化と郵便切手

民営化と民法に関わる問題は多いが，本稿では，郵便切手の法的性質に関して立ち入るのみである。切手は郵便の中核的な制度であり，郵政の国営の時代から，大量の切手が発行されている。わがくにでは，従来ほとんど問題となったことはないが，発行主体の変更によって，その性質が変更する可能性がある。それにともない旧制度下で発行された大量の切手にも，何らかの法的変更が生じるかについても疑問のあるところである。しかし，こうした問題は，郵政民営化の政治的・経済的問題の影に隠れて，ほとんど検討されてこなかった。本稿は，おもに民営化による郵便切手の法的性質を検討するものであり，ここでは，郵便事業の性質変化を問題とするドイツの改革が参考となる。連邦裁判所（BGH）による裁判例もあることから，これを参照することにする。

ドイツの郵政改革では，郵便切手の一部は，いったん無効化され転換されるべきものとされている。これには，民営化だけではなく，2002年初頭の通貨統合の結果，ドイツマルクからユーロへの通貨の変換が行われたことが関係している。その意味では，切手の円表示に変化のないわがくにとは無関係の問題であるが，そこで惹起された論点は共通している。すなわち，民営化によって，切手の性格にどのような変化がありうるかである。この問題は，無記名債権の法的性質との関係を再考させる契機ともなる

第2章　郵便切手の法的性質

1　公営下の切手と民営化

⑴　切手には，金銭のような一般的な強制通用力はないが，伝統的に，国家を背景とした強い信用力，価値の安定性などがあった。郵便事業の対価がこれによって支払われるという意味では，強制通用力に類した効力が存在するともいえる。詳細な検討は比較法的にも少ないが，ドイツでは，郵便局での切手の償還が通常行われ，切手が簡易な少額の送金手段となっていたこともあり，こうした金銭代替的効力は，いっそう強くみられたのである。そこで，たとえば，第一次大戦後のインフレのさいの金銭価値の下落のメルクマールなどにも，切手が用いられることもある（同量の価値の送付にいくらの切手が必要であったか）。実務においては，金銭代替的効力が承認されていたので

ある。また，学説においても，いわゆる金銭代替説が有力であり，その初期の代表者が，コーラー（Josef Kohler, 1849. 3. 9－1919. 8. 3）であった(4)。

それによれば，切手は，所持人払い証券でも，たんなる領収書でも，証拠証券（Legitimationszeichen）でもない(5)。また，たんなる債権的な権利（Berechtigung）ではない。その票証は，価値代替物（Werthträger）であり，支払手段（Zahlungsmittel）である。こうした性格は，金銭の類推であり，異なるのは，価値代替物として絶対的ではなく，相対的な点だけである。つまり，特定の人に対してだけ価値の性質を有し，特定の関係でのみ，当該の者に対して価値代替物となるのである(6)。

また，切手は，票証の所持人が債権をもっているわけではないから，切手によって支払われて償還されるのではない。この切手はどんな送付に対しても任意に組み合わせて使用できるし，ある送付に対して他の切手を使用することもできる。つまり，切手は，郵便の送付に対して金銭と同じように用いられ，支払いに利用される。手紙に切手を貼った者は，手紙に相当額の紙幣を貼ったのと同じである。かつては，郵便物の引渡のさいに支払いが行われた。人的に配達人に支払われたのである(7)。今日では，郵便物に支払手段が付加されることによって支払われるのである。切手は，手軽さと，郵便物に適合したものとして他の支払手段とは区別される。目的物が，小包や電報のように，特殊な場合には，今日でも，切手の代わりに金銭によって支払うことが可能である。

こうして，民営化前には，国家の信用力・強制力が強調されたことから，金銭代替説，あるいは準金銭的性格が無理なく肯定された。こうした場合には，券面に権利が化体されているだけではなく，権利の内容としても，たんなる債権として効力を失う可能性は低い。そこで，短期の償還期限が設けられたり，一般の債権のような時効の適用の余地もない。

(2)　伝統的な二元論によれば，有価証券においては，譲渡に関する，いわゆる「証券上の権利」(Recht am Papier）は物権的に規律されるが（日民87条３項参照），権利の内容に関する,「証券からの権利」(Recht aus dem Papier）は債権的に規律される。しかし，金銭は，譲渡が物権的に規律されるだけでなく（価値支配権として占有が所有を現わし，物権以上の存在でもある），その内容自体も物権に近接せしめられている（実際に，兌換紙幣の場合には，同量の金貨と同等の価値を有した)。ここでは，個別の債権という意味は失われており（国家に対する包括的な権利だけ），財産価値そのものと化し，時効も考慮されないのである。逆に，そうした効力が金銭の万能性を支えている。

しかし，民営化後は，郵便事業は，一私企業に委ねられ，国家の関与が後退したことから，こうした，金銭にも似た切手の強い信用力はなくなり，たかだか商品券のような無記名債権としての性格が強まったのである。法的性質の差から，発行者が償還に期限を設けたり，引換えを拒否することが，どこまで正当とされるかに差が生じる余地がある。

(3)　コーラーの論文は，出版の当時すでに50年の歴史を有した郵便切手の最初の詳細な研究であり，民法上，刑法上の問題を検討していた。コーラーは，郵便切手の取得を，たんなる債権的請求権を化体する（das einen schuldrechtlichen Anspruch verbriefe）民法上の所持人払い証券（Inhaberpapier）ではなく，金銭代替物（Geldsurrogaten）の売買ととらえていた。刑法上は，郵便切手は，証券偽造（Urkundenfälschung）の対象となる(8)。コーラーの私法的な郵便切手理論は，ハンブルクの法律家の Oswald Lassally（Grundzüge des Hamburgischen Polizeirechts, 1931で著名である）によって，早くに援用され，ドイツの理論と実務上の通説となっている(9)。

これに対し，1995年の郵政の民営化後は，切手をもって，ドイツ民法典807条の所持人払いの票証とする立場が有力である(10)。この807条は，債権者が記載されていないカード（Karten，券），票（Marken）またはその他の証書（ähnliche Urkunden）が，所持人に給付する義務をおうことが明らかな事情で，発行者から交付されたときには，793条1項，794条，796条，797条の規定を準用する。そして，793条1項は，所持人に給付することを約した無記名債権証書の発行者の給付責任を，794条は，無記名債権が盗まれ，遺失して流通した場合にも，発行者の責任を定め，796条は，発行者は，所持人に対して，発行の効力に関する異議を対抗できるとし，797条は，発行者は，無記名債権の交付と引換えにのみ給付義務をおうとする。

連邦裁判所（BGH）も，郵政の民営化後，2005年の判決において，切手の法的性質につき，コーラーの論文を引用し，従前の法的状況につき，現在でも，それが「基礎的」見解であるとしている。他方で，民営化後の状況については，切手を，所持人払い証券（Inhaberpapier）としている。

2　連邦裁判所2005年10月11日判決(11)

(1)　郵便切手の性質が正面から争われたのが，2005年の連邦裁判所判決の事案である。連邦裁判所の民事第11部は，ドイツ郵便会社が，ユーロ導入(2002年1月から紙幣の流通) 以前の，いわゆるペニッヒ・マルク切手 (マルク表示) を，新しいユーロ切手 (ユーロ表示) に交換することに，2003年6月30日までの有効期間を設けたことを正当とした。

この事件は，2002年初頭に，EU の通貨統合の結果，ドイツマルクからユーロへの通貨交換が行われたことから，連邦財務省が，郵便法43条1項 (PostG, 43 I) によって，額面額がペニッヒ (100ペニッヒ＝1マルク。少額券の失効の趣旨である) でのみ示された郵便切手 (印紙を含む) は，2002年7月1日から効力を失うものとしたことに関する。なお，通貨は，2002年6月までが移行期間とされたが，ドイツなど多くの国では，中央銀行においては，なお無期限に交換することが可能である。

ドイツ郵便会社Yは，こうした切手を，2003年6月30日までに交換するよう公表した。切手販売業者のXは，この時点までに，30万マルクの切手を交換した。2003年7月にも，Yは，期間は徒過していたが，提出された切手を好意から交換した。その後，Xは，無効な切手を大量に額面額で取得し，Yに，2003年11月に，9万5000マルクの額面額の交換を求めた。ラント裁判所は，交換の請求を認めたが，控訴裁判所は，これを否定した。敗訴したXから上告した。

連邦裁判所は，上告を棄却した。その理由は，大略，以下のとおりである。すなわち，切手は，民法典807条の意味での所持人払いの票証(kleine Inhaber-papiere) であり，ペニッヒ・マルク切手に具体化された運送請求権は，無効の宣言によって正当性を失ったことから，もはや行使できない。それによって，法律にも契約にも規定されていない当事者に予見できない等価性の破壊が生じる。

この規定の欠缺は，補充的契約解釈によって解決されるべきである。善意かつ通常の当事者は，欠缺を知った場合に，契約目的と両当事者の利益の相当な衡量から，信義則に従って合意すべきものを探求する必要がある。こうした当事者は，郵政会社から，切手の売買代金の返還ではなく，切手所持人の交換権を認められたにすぎない。交換権の1年の期限は，ドイツ郵政会社の利益上，あまり長期間，偽造等の危険にさらされるべきではないからであり，交換権を時間的に限定することは正当化される。

そして，郵便の顧客は，2001年1月から，通貨転換を知らされており，切手を備蓄していても，2003年6月30日を超えて，これに交換権を認めるべき正当な理由を有しない。ドイツ郵政会社が，期限後の2003年7月にも古い切手の交換を認めた事実があっても，なお交換権の経過（交換の停止）を主張することを妨げない。2003年8月にそれ以上の交換をあらためて否定していたことから，Xは，2003年11月に，それ以上の交換がありうるものと信頼しうるものではない。

(2)　こうして，判決は，ドイツ郵便会社から出された郵便切手は，807条のいう「所持人払いの票証」にあたるとした。交換の対象となった切手には，民営化前のものもありうるが，直接の判断対象ではない。また，切手が，国家の高権によってその効力を失い，807条による運送給付の請求権が履行できない場合を，法律は直接には規定していないとし，それを補充的契約解釈（ergänzende Vertragsauslegung）によって補うものとした（通常の善意の契約当事者は，規定の欠缺を知った場合に，1年以内の交換権を合意したものとする）。

なお，判決のやや一般的な判断としては，一般の生活経験（allgemeine Lebenserfahrung）によって，契約当事者の一方が，相手方の最初の期間の徒過を厚意や同様の理由で甘受することがあるが，注意深い意思表示の受領者であれば，理由のない請求権が，将来も約束されたものと信頼することはできないのが通常であるとした判断が注目される。これは法律行為の解釈として興味深いが，本稿ではとりあげない。つまり，1回は機会を与えても，繰り返す必要はないということである。

3　判決の前提と諸見解

(1)　判決を理解するには，私法的側面と公法的側面の検討が必要である。ドイツ民法807条（無記名債権）については前述した（第2章1(3)）。ドイツ法には，わが民法87条3項のような「証券上の権利」（Recht am Papier）に関する包括的な規定がない代わりに，その債権的側面に関する「証券からの権利」（Recht aus dem Papier）の規定が，ここにまとめられているのである。

公営下の切手が，金銭代替説によっていたことは当然であるが(12)，民営化後のそれについても，これを807条の無記名の票証ではなく，金銭代替物（Geldsurrogate）とする見解もある(13)。しかし，民営化後については，この807

条の票証とする理解が，学説上も有力である(14)。

この両者には以下の相違がある。すなわち，切手が金銭の代替物であれば，銀行券に関する法的規定と同じく，時間的に限定されない交換権が認められるべきことになる。しかし，切手が，たんなる所持人払いの票証であれば，交換権への結合は否定されやすい。もっとも，ペニッヒ切手が，最終的には国家の高権によって効力を失ったことも考慮される必要がある。こうした法規がなければ，切手は，ユーロ導入後も，所持人払いの票証として効力をもちえたのである。この状況は，基本法14条（財産権の保護）からすると，ペニッヒ切手の所持人は，時間的に十分な交換権で補償される必要があるということになる。さもなければ，時間的には限定されない必要がある。連邦裁判所は，立法者の意思と所持人の利益上，１年の交換期間を定めることは相当とした。切手は，2001年１月１日に導入されたユーロを理由として，2000年末までに利用・交換されるべきところ，2002年７月１日から無効とされた。２年半もの期間があり，交換の時間は十分であったとする(15)。

(2)　第２は，公法的側面である。まず，憲法である基本法87f 条は，郵便について連邦の権限と義務を定める。それによれば，連邦参議院の同意を必要とする連邦法の基準により，連邦は，郵便と通信において，平均的かつ相当で，十分な給付をなす責任をおう（１項）。もっとも，この１項の給付は，ドイツ連邦郵便の特有財産から成立した企業によっても，また他の私企業によっても，私的経済的な活動としてすることができる。郵便と通信における高権的課題は，連邦固有の管理で行われる（２項）。そして，２項２文にかかわらず，連邦法の基準に従って，連邦は，連邦の公法的な直接機関の形態でも，ドイツ連邦郵便の特有財産からできた企業によって個別事項を遂行することができる（３項）。87f 条は，民営化に際して改正された条文である（G. v. 30. 8. 1994, BGBl. I S. 2245）。

そして，郵便の民営化法は，その43条において（Postwertzeichen），郵便切手について，特則をおいた。すなわち，切手に「ドイツ」と表示し，またその無効を宣言する権能は，連邦財務省に留保される。償還された〔過去の〕切手との混同を引き起こすような場合には，切手の肖像的再現も，許されない（１項）。ここで，とくに無効を宣言する権能が明示されたことが注目される。これを強調すれば，私法的性質にかかわらず，交換期間の制限を定めることが法律によって肯定されていることになる(16)。

かつて，連邦裁判所（BGH）は，ドイツ・テレコムの発行したテレフォンカードについて，約款（AGB）によって有効性を時間的に限定することや，カードの通話単位の減少を定めることを，等価原則の違反としたことがある（BGHZ 148, 74, Urt. v. 2001. 6.12）。しかし，ペニッヒ切手の無効は，たんにＹのした法律行為や約款の効力によるのではなく，法律的な規定によるのであり，これとは異なる。そして，連邦裁判所は，時間的に限定のない交換権は導けないとした。そこで，テレフォンカードの所持人に約款で期間を限定するのとは異なり，ペニッヒ切手の所持人には，交換を時間的に限定することも認められるのである(17)。

2001年のケースでは，連邦裁判所は，テレホンカードの残高が有効期限によって消滅することを，AGB法９条の規定によって，無効となるとした。事案において，ドイツ・テレコムＹは，テレホンカードを12DMと50DMで売却し，利用者は，カードの代金額に相当する公衆電話を利用できた。古いテレホンカードが，有効期限の制限を記載していなかったのに対し，Ｙは，1998年10月から，カード上に「○年○月まで有効」との記載をするよう変更した。そして，カードの発行後，３年３か月後に期限が経過し，カードは，使用できなくなり，かつ，この時点までに，使用されていない額の部分は，賠償なしに消滅するものとされた。この条項の使用に対しては，消費者の利益を代表して，消費者保護協会Ｘは，AGB法13条の不作為訴訟を提起した。原審においてＸが勝訴した。Ｙの上告に対して，BGHは，結論で，原審を支持したのである。

問題の条項は，内容規制をうけない自由な給付についての記述ではなく，旧約款規制法（AGB法）９条から11条の内容的コントロールをうける。そこで，テレホンカードの利用可能性を時間的に制限していることが問題となる。ここで，原審は，透明性規定の違反を理由とした構成をしたが，BGHによれば，条項によれば，利用されていない残額が消滅すること自体は明確である。そこで，透明性規定の違反はないが，問題の条項は，不相当な不利益を顧客に与えることで，AGB法９条に違反しているとする。約款利用者によるカード濫用の制限と同じく，カード使用の時間的制限をも正当化できないわけではない。しかし，事案においては，存在する残額の期限による消滅が無償で生じることの理由づけは十分ではないとされた。ここで，票証の法的性質にも立ち入る必要が生じたのである。ただし，事案は，直接には約款規制法違反に関するものであり，法律による制限（かつ切手）の場合は，より高度の考察が必要となり，先例としては十分ではない。

(3)　2005年の連邦裁判所判決は，郵便切手を民法807条の票証とした。しかし，この結論は，失権を認めるために，金銭代替的性質を否定した性格が強い。ユーロへの転換という技術的要請がないわがくにでは，むしろKohlerのいう金銭代替説がなお適合的である。無効とすることは，財産権の侵害として限定される必要がある。金銭と同様に，切手に有効期限を付することはなじまない。ただし，逆に，民間会社の発行した証書にこうした金銭代替としての効力を認めることの説明の問題は，なお残る。国家の高権行為の民営化がどこまで可能であるかは，高権行為の独占という近代国家の根幹にもかかわっている(18)。

第3章　コーラーと新領域の開拓

1　生涯と業績

J・コーラー（Josef Kohler, 1849. 3. 9-1919. 8. 3）は，1849年に，フライブルク近郊のオッフェンブルクで生まれた（当時バーデン王国）。現在，連邦裁判所（BGH），連邦憲法裁判所のあるカールスルーエからライン河にそって南下すると，フライブルク，バーゼルにいく途中の小都市である。同年に生まれた法学者には，スイス民法（ZGB, 1912年発効）の父，フーバー（Eugen Hubers, 1849. 7. 13-1923. 4. 23）や，ユダヤ系法学者のレーネル（Otto Lenel, 1849. 12. 13-1935. 2. 7）などがいる。わがくにでは，司法省法学校を出た岡村誠一（1849年生まれ），栗塚省吾（1850年生まれ）などとほぼ同年代であり，民法の起草者では最年長の穂積陳重（1855-1926）よりも少し年長である。

コーラーの父は，小学校の教師（Joseph, 1808-1874）であり，母は，Amalie (geb. Schmieder) であった。家族の宗旨は，カトリックであった。コーラーは，バーデン王国のハイデルベルク大学とフライブルク大学で学び，1871年に，第一次国家試験に，1873年に，第二次国家試験に合格し（優等，Auszeichung），同年，フライブルク大学で学位を取得した。1873年から78年，彼は，マンハイムの郡裁判所（Kreisgericht）の判事となった。1878年に書いた特許に関する著作（Das deutsche Patentrecht）によって，バイエルン王国のヴュルツブルク大学で教授となった。厳密な意味でのハビリタチオン論文はなかったが，著名な法学者ヴィントシャイト（Bernhard Joseph Hubert Windscheid, 1817. 6. 26–1892. 10. 26）の推薦により，これに代えたのである。ヴィントシャイトは，1874年から，ザクセン王国のライプチッヒ大学教授であったが，そのパンデクテン・テキストは，1860年代から全ドイツ的な影響力を有したのである。近代の大学のドイツ系の講座にハビリタチオン・教授資格論文なしで就任するというのは，例外的なことであり，ほかの例は，1906年に，ローマ法学者のJoseph Aloys August Partsch（1882. 9. 2–1925. 3. 30）が，ハビリタチオン論文なしでジュネーブ大学の員外教授となった場合など，わずかしか存在しない。

1880年に，コーラーの学位論文も，イェーリング雑誌に公表された（Das Autorrecht, eine zivilistische Abhandlung; zugleich ein Beitrag zur Lehre vom Eigenthum, vom Miteigenthum, vom Rechtsgeschäft und vom Individualrecht, Jahrbücher für die Dogmatik des heutigen römischen und deutschen Privatrechts, Bd. 18（N. F. 6, 1880), 129ff.）。近時の軽量化した学位論文（Dissertation）とは異なり，量的・質的にも，ハビリタチオン論文に匹敵するものであった（349頁）。イェーリング雑誌のこの号の掲載は，イェーリングのEin Rechtsgutachte, betreffend die Gäubahnとコーラーの論文の２本だけであった。そのいずれもが，著作権や鉄道という19世紀末の新たな事象を対象としていることが象徴的である。イェーリングも，コーラーも，必ずしも19世紀の概念法学を正面から否定することはしなかったが，その周辺に新たな領域を形成することが得意だったからである。無体財産法で新領域を開いたコーラーには，とくにこの性質が強くみられる。

ヴュルツブルク大学にいる間に，ベニスの商人に関する論説を著し，それにつき，イェーリングとの間に一種の論争があり，イェーリング（Rudolf von Jhering, 1818. 8. 22–1892. 9. 17）は「権利のための闘争」（1872年の講演，のち印刷）の序においてコーラーを批判している（1880年ごろ）(19)。コーラーは，シェイクスピアの結論を高く評価し，実体法ではなく，執行法上の理由によってシャイロックの主張を封じたポーシァ的解決を批判するイェーリングの立場と異なる(20)。コーラーは，1888年には，ベルリン大学（民法，商法，刑法，民訴法，法哲学講座）に招聘され，民法，商法，刑法，民訴法，法哲学などの多方面にわたる講座を担当した。多方面にわたる専門をもつことの多い欧米の学者の中でも，とくに間口が広かった。以後，1919年まで，32年間，その死亡まで，ベルリンにとどまった。

多様な業績のために，国際的な名声を博し，多くの大学の招聘をうけた。東京大学にも招聘されたが，1904年に，シカゴ大学は，名誉博士号を付与した。その授与のためのアメリカへの旅行では，大統領のセオドア・ルーズベルト（1858-1919，大統領職は1901-1908）にも会う機会があった。アメリカでは，著名な法律家のO・W・ホームズ（Oliver Wendell Holmes, 1841. 3. 8-1935. 3. 6）とも知り合い，その後，コーラーの尽力により，ホームズは，ベルリン大学から名誉博士号を授与された。ほかにも，アメリカでは，John H. Wigmore, Julian Mack とも知り合い，Roscoe Pound, Ernst Hocking などが，彼に私淑することになった(21)。アメリカ法とドイツ法の関係は，サヴィニーの著作が早くに翻訳されていたことなど，意外に緊密であり，1930年代の亡命法学者の時代の先がけとなっている。

コーラーは多作で，その論文は，2500にもなるといわれ，かつ論文の対象とする分野も広く，法の全分野にまたがっている。モノグラフィーも100を数える（息子である Arthur Kohler の分類による）(22)。

立法，判例，実務に目配りした解釈論を展開し，前述のように，とくに新しい領域に立ち入り，新たなシステムを付加することに得意であった。こうした手法も，利益を重視する点でも，イェーリングに近い。ファンゲローやヴィントシャイトの時代の概念法学，ゲルマニステンの非構成法学，法律実証主義などに疑問を呈した。また，極端な主張をする一部の自由法学にも反対した。そして，法と，文化，哲学，歴史，経済と社会状況との関係を強調している。法律学は，哲学的，歴史的，比較法的で，かつドグマ的でなければならないとした。ただし，民法解釈学の個別の理論で，今日影響力を与えているものは，もはや稀である。

解釈学だけでなく，比較法学（die vergleichende Rechtswissenschaft）のような基礎領域にも，関心を示した。その手法は，1878年の最初の業績にもみられる。研究は，ヨーロッパ以外の民族学的な法の考察にも及んだ。また，比較法雑誌（Zeitschrift für Vergleichende Rechtswissenschaft）の創設者の1人となった。1909年から，彼は，民法・比較法学者のラーベル（Ernst Rabel, 1874. 1. 28-1955. 9. 27）とともに，ライン民法・民訴法雑誌（Rheinische Zeitschrift für Zivil- und Prozessrecht）を編集した。これは，ドイツ法とライン・フランス法を中心とする比較法の雑誌であった。その関係から，コーラーの死に際し，ラーベルは同誌に追悼文を書いている[23]。

2 無体財産法と新領域の開拓

コーラーの業績のうち，とくに無体財産法への貢献が大である。特許法の領域で，彼は，今日でも重要な理論である消尽理論（Erschöpfungslehre）を提唱した。これによれば，特許による権利は，保護される目的物が特許権者の同意によって取引に使用されたときには消滅（消尽）する。消尽理論は，著作物にも適用されるが，今日のデジタル著作物において著作権の存続が問題となるのは，この消尽理論がデジタル著作物を予定していないからである。

さらに，研究対象は，著作権に向かっている。そして，無体財産権（Immaterialgüterrecht）の概念を創設し，これによって，従来，強調されていた人格権的側面に対し（たとえば，ギールケの一元論である），財産権的な側面を補完した（著作者人格権と財産権の多元論）。著作者人格権と異なる財産的側面の強調は，鉱山法学者のクロスターマン（Rudolf Klostermann, 1828. 11. 17–1886. 3. 10）にもみられるが，クロスターマンが，無体財産権（geistiges Eigentum）を自然法の上に基礎づけようとしたのとも異なる。コーラー以前は，ブルンチュリ（Johann Caspar Bluntschli, 1808. 3. 7–1881. 10. 21）の著作権理論にも，なお自然法的な考え方が有力であった。いまだこの分野の国家法が整備されていなかったからである[24]。コーラーの見解は，法実証主義への時代的な適合にも適っていたのである。

コーラーの興味は，法源論にも向けられ，文献批判的な版を刊行した。とくに1900年に，Willy Scheel（1869–1929）とともに，カロリーナ刑事法典（Constitutio Criminalis Carolina）を出版したことが有名である[25]。また，アッシリア，バビロニア，古ギリシアの法のテキストの出版にも携わったのである。こうした法律学の各分野への貢献から，「何でも屋のコーラー」（Aller Kohler）といわれる。

晩年には，その関心は，法哲学にも向かった。ヘーゲル（1770–1831）とショーペンハウエル（1788–1860）の理論のもと，法の文化学的（kulturwissenschaftliche）な解釈に至った。それを，彼は，個々の文化期間の自然法（Naturrecht der jeweiligen Kulturperiode）と構成した。新ヘーゲル学派の主導者でもある。法を文化の一環ととらえ，比較法的研究の基礎づけも行った（その成果は，Lehrbuch der Rechtsphilosophie, 1909にまとめられている。2. Aufl., 1917.

その3版は，息子 Arthur Kohler によっている。3. Aufl., bearbeitet von Arthur Kohler, 1923)[26]。無体財産法や実定法の論文にも，かなりの哲学的な言及がみられる。

1907年に，彼は，Fritz Berolzheimer（1869-1920）とともに，法および経済の哲学雑誌（Archiv für Rechts- und Wirtschaftsphilosophie）を創刊した。2年後，彼は，法および経済哲学のための国際協会（Internationale Vereinigung für Rechts- und Wirtschaftsphilosophie，1933年からは，Internationale Vereinigung für Rechts- und Sozialphilosophie）を設立した。

コーラーは，1919年に，ベルリンの Charlottenburg で亡くなった。法史学者のレーニング（Edgar Loening, 1843-1919）や刑法学者のリスト（Franz von Liszt, 1851-1919）の亡くなったのと同年であった。その死後，コーラー文庫は，日本に渡ったが，1923年9月1日の関東大震災による東大の図書館の火災で焼失した[27]。

コーラーは，文学への興味から，文学作品への法律的考察をしただけではなく（上述のシェイクスピア「ヴェニスの商人」の考察），自分でも文学作品を書き，Dante Alighieri と Francesco Petrarca の作品，Laotse の詩作の模倣作や劇作も作った。彼は，文化的テーマの論文も書いている[28]。コーラーに対する包括的な紹介は，死後，Franz von Holtzendorff（1829-1889）よる法律百科事典で行われている。1904年に初版が，1917年に2版が出ている。

コーラーは，新たな法領域を形成し法学の体系に付け加えることを得意としたことから，郵便切手の法的性質に関する研究も，こうした新しい領域に対する貢献の例としてあげられることが多い（„Briefmarken-“ Kohler）。近代的な郵便は，1892年当時，まだ発足まもなく（プロイセンが Taxis 家の郵便組織を買い入れたのが，1867年，万国郵便連合条約が1875年，イギリスで郵便切手が発明されたのも，ようやく1840年）であった[29]。

前述のように，業績は多い。しかも，いずれの分野でもかなりの大著なことが特徴である。

無体財産権関係のものとしては，Studien über Mentalreservation und Simulation, Jahrbücher für die Dogmatik des heutigen römischen und deutschen Privatrechts, Bd. 16（N. F. 4・1878）S. 91；Deutsches Patentrecht, systematisch bearbeitet unter vergleichender Berücksichtigung des französischen Patentrechts, 1878（862頁の大著である）；Handbuch des Deutschen Patentrechts in rechtsvergleichender Darstellung, 1900; Das Recht des Markenschutzes, 1884; Das literarische und artistische Kunstwerk und sein Autorschutz, Eine juridisch-ästhetische Studie, 1892; Das Recht der Azteken, 1892; Urheberrecht an Schriftwerken und Verlagsrecht, 1906; Kunstwerkrecht, 1908; Urheber-, Patent-, Zeichenrecht: Rechtsverfolgung, 1908.; Der unlautere Wettbewerb, 1914; Warenzeichenrecht, 2. Aufl. 1910などがある。

また，民法・民訴法では，Lehrbuch des bürgerlichen Rechts, 1906/19. 1997年に，復刻されている。Zwölf Studien zum Bürgerlichen Gesetzbuch, 1900–1909; Pfandrechtliche Forschungen, 1882; Grundriß des Zivilprozesses mit Einschluß des Konkursrechts, 2. Aufl., 1909, Lehrbuch des Konkursrechts, 1891.

国法学，国際法では，Grundlagen des Völkerrechts, 1918; Das neue Völkerrecht, Sonderabdruck aus Z. f. Völkerrecht, Bd. 9. H. 1. ほかにも，Das Commonwealth von Australien und seine rechtliche Gestaltungもある（Sonderabdruck aus Z. f. Völkerrechtで詳細は不明）。Staatenverbindung und Staateneinigung, Sonderabdruck aus Z. f. Völkerrecht, ca. 1900. これも別刷であり，年代不詳である。

古法に関するものとしては，Aus dem Babylonischen Rechtsleben(mit Felix Peiser), 1890; Altindisches Prozessrecht: mit einem Anhang: Altindischer Eigenthumserwerb, 1891; Darstellung des talmudischen Rechtes, 1907; Des Morgenlandes grösste Weisheit. Laotse, 1908; Aequitas gegen res judicata. AcP, Bd. 114 (1916), 270ff.

第4章 むすび――無記名債権と金券

1 86条3項の系譜

(1) わが民法には，無記名債権に関する特則は，ごく限定されている。86条3項が，「無記名債権は動産とみなす」とするのがややまとまっており，ほかに，473条が，無記名債権の譲渡において，債務者の抗弁が切断される（指図債権の抗弁の制限に関する472条の準用）だけである。前者は，いわゆる「証券上の権利」(Recht am Papier) に関する規定であり，後者は，「証券からの権利」(Recht aus dem Papier) についての規定である。この区別は，19

世紀のドイツ学説に由来し，前者については物権法の理論が，後者については債権法の理論が適用されるところに特徴がある(30)。ただし，日本法では，86条３項のほかは，個別の規定があるだけであるから，こうした構造は明確ではない。立法者の説明も明確なものではない。なお，民法施行法には，無記名債権は公示催告手続により無効とすることができる旨の規定がある（民施57条）(31)。

現86条に相当する原案87条には，「土地，建物及ヒ其定着物ハ之ヲ不動産トス。②此他ノ物ハ総テ之ヲ動産トス」との規定があるだけで，現３項に相当する文言はなかった（明27年２月23日民法主査会第20回議事）。議事では，87条と86条（現85条）が一括審議され，後者の削除案，87条２項の削除案や，文言の修正案などが提出されているが，大幅な修正はなかった。ただ，本野一郎の質問中に，「此87条ノ２項ニ『此他ノ物ハ総テ之ヲ動産トス』トアリマスガ，無論権利ハ此中ニ這入ラヌノデアリマスカ」との質問があり，これに対し，梅が「第86条ニ有体物ト書イテアツテモ然ウデアルカラ……」とあり，その後は，箕作麟祥の別の質問になっている部分があるにとどまる(32)。

民法修正案理由書には，「本条第３項ハ無記名債権ノ性質ニ基ク特例ナリトス」として，無記名債権は，証書の所持・授受によって行使・譲渡・質入され，無記名債権と証書が不可分であるから，証書は，無記名債権そのものの観があるから，無記名債権を動産とみなす規定が必要だとする(33)。

また，梅謙次郎によれば，ヨーロッパには，動産，不動産の区別を無体物にまで及ぼす例があり，わが民法ではこうした主義をとらなかったが，無記名債権（créance au porteur, Inhaberforderung）は例外であり，無記名債権は証書の占有者に属することから，「便宜ノ為メ其債権ヲ物ト見做」したとする。そこで，「凡ソ動産ニ関スル規定ハ当然之ヲ無記名債権ニ適用スヘキモノトセリ」とする(34)。ここでは，無記名債権の物権理論への言及があるだけである。

富井政章によれば，「無記名債権（例へハ無記名式ノ手形，公債，社債，乗車券又ハ商品切手ノ如キ）即チ是ナリ。蓋無記名債権ノ本質ハ債権ナルモ其債権ノ得喪及ヒ行使ハ証書ノ占有ト密接ノ関係ヲ有シ証書即チ債権ナル如キ観アルカ故ニ法律ハ直ニ之ヲ動産ト見做シ当然之ニ動産ニ関スル規定ヲ適用スヘキモノトシタルナリ」。ただし，これは，便宜的規定にすぎないから，無記名債権だからといって性質を一変するわけではなく，債権の譲渡，質入で動産の規定を適用するだけであり，債権の行使を怠るときには「時効ニ因リテ消滅スルコト勿論」とする。ここで，ようやく物権理論のほか，時効に関して，債権的制約の説明がふれられている(35)。

(2)　ドイツ民法典は，793～808条に，まとまった規律をおいている(36)。わが法上の規定の不備は，立法に由来するのであり，ドイツ法に相当する部分は，解釈にゆだねられている。学説も，おおむね二元論的に説明し，無記名債権の債権法的な側面について，個別に言及している。たとえば，林良平・前田達明編・新版注釈民法(2)総則（2・1991年）628頁以下（田中整爾）では，無記名債権の動産扱いは，有価証券理論の発展により，動産以上に保護されるようになったことから，実際的機能を失ったが，消滅時効については，債権の規定に従い消滅時効を認めるべきで，動産所有権は消滅時効にかからないという理論によるべきではないとする。

判例では，最判昭44・6・24民集23巻7号1143頁が，Yの発行した学校債券を無記名債権とする。Aから証券を譲受したXが，Yに対してその償還を求めた事件である。Yは，これがたんなる証拠証券または免責証券であるとして支払義務を争った。「原審の確定した事実関係のもとにおいては，本件学園債券は，所論のように単なる証拠証券ないしは免責証券にすぎないものではなく，無記名証券たる有価証券であると解すべきものとした原審の判断および右債券上に記載された質入禁止の文言をもってしては，いまだ本件債券の譲渡その他の処分を禁止することを表示したものと解することはできないとした原審の判断は，いずれも正当」とした。

「無記名債権とは，無記名公債・無記名社債・商品切手・乗車切符・劇場観覧券などのように，証券に債権者を表示せず，債権の成立・存続・行使などが悉く，原則として証券の存在を要件とする債権である」(37)。学園債券が無記名証券でなく，たんなる証拠証券にすぎないとすれば，権利の行使は，債権者でなければならないから，たんに，XがYの債券の発行と自分の債券の取得と所持を主張しただけではたりない。

古い裁判例では，大判昭2・5・21民集6巻399頁，大判昭2・12・27新聞2809号11頁がある。後者は，「券面上ノ給付ヲ為ス可キ旨記載シタル証券」が発行されることを要するが，特定の用語は必要でなく，「証券面ノ全体」から証券の所持人に給付をする趣旨がわかればたりるとする。権利が証券に化体して，所持人払いであることが必要である(38)。ただし，金銭代替の票証と無記名証券は，この点では同様であり，違いが生じるのは，その先である。

2　86条３項の位置づけ

⑴　86条３項が，無記名債権を動産とみなしたのは，譲渡など物権理論に関する点である。動産ではない債権が，動産である証券と法律的運命をともにすることであり，「証券上」の物権の変動を，証券に化体された債権の変動とどう関係させるかである。譲渡に証券の交付を必要とする点では，動産所有権の譲渡の方法によるのである。ドイツ民法では，即時取得（935条），動産の占有の推定力（1006条），占有回収の訴（1007条）などに特則をおく[39]。日本法でも，有価証券につき178条をたんなる対抗要件とするのは問題であるとされ，証券の交付が権利移転の効力発生要件となるなどの修正が必要となり，即時取得でも，特別の考慮が必要である。

これに対し，「証券からの権利」では，無記名債権に化体された債権に関するから，その内容は，債権自体に関する規律が必要となる。これについて，ドイツ民法典が（793～808条），まとまった規律をおいたのは前述の通りである。日本法には，なんらの規定がない。我妻博士は，わが立法者が「甚だ怠慢」だとするが，善意に解すれば，立法者は，理論上当然のことをいちいち規定しないとしたから，たんにその適用ということになるのであろう。

ただし，いずれにせよ理論は必要となる。第１に，紙の所有権によって，債権が生じる根拠が必要となる。これには，有価証券の，いわゆる契約説，発行説，創造説などがあり，争いのあるところである（ド民794条）。第２に，証券の譲受人に対する証券の債務者の抗弁権の問題があり（ド民796条，日民473条），第３に，債務者の弁済の保護の問題がある（ド民793条１項，日民では478条の解釈）。ドイツ民法典は，ほかに，797条（弁済と証券の引換え），801条以下（消滅時効），803条以下（利息）についての規定をおくが，とくに時効については，証券があっても，債権は時効にかかるとする。日本法の解釈でも，債権の規定に従い消滅時効を認めるべきであり，動産所有権は消滅時効にかからないという理論によるべきではないとするのが一般である（上述の田中整爾説，我妻説）。

⑵　このように，伝統的な二元論からすると，無記名債権の帰属は，物権法によって律せられるが，その中味は，債権法によって律せられる。さらに，附加すれば，郵便切手の法的性質という場合の問題は，郵便切手の財産権性

の強弱によって律せられる。ここには，時効による免責（それ自体ではなく，免責の相当性）や償還の制限が属する。信義則や憲法的な財産権の保護との関係である。金銭代替物であれば，その内容そのものが高権的・物権法的に決せられるのであり，私法的には，時効や償還の制限はありえない。つまり，「証券からの権利」を含めて，物権一元的に考えることが必要である。また，完全な種類物であることから，公示催告手続によって無効にするということもありえないであろう。最後の意味では，前述の連邦裁判所（BGH）の判例にも疑問が残るところであるが，民営化後の切手の理解は，こうした19世紀的な無記名債権の位置づけにも再考をせまるものである。

繰り返しになるが，私見によれば，民営化後にあっても，切手の金銭代替性は失われず，ドイツの判例は，ユーロ導入という超国家的行為にもとづく特別の制限とみることになる。マルクからユーロへの変更がなければ，民営化されたというだけであって，旧切手が使用不能になることはありえないからである。また，民営化と無関係の金銭は，ドイツにあっても，マルクからユーロへの変更後も，無期限に（中央銀行において）交換可能である。本来，郵便切手は，権利の内容の永続性が保障されており，債権としての特質を欠いている。ドイツの例では，これを債権的に限定するべき場合には，無記名債権類似の扱い（「証券からの権利」の限定）が可能というだけである。そして，償還期限の設定も，こうした債権類似の扱いの１つにすぎない。

(1) 1990年代には，ドイツ国鉄（DB）（Deutsche Bundesbahn, Deutsche Reichsbahn → Deutsche Bahn AG, Die Bahn）やポスト（Deutsche Bundespost → Post AG）などの民営化が行われた（1994年および95年）。Vgl. Won-Woo Lee, Privatisierung als Rechtsproblem, 1997； Gusy（hrsg.）, Privatisierung von Staatsaufgaben : Kriterien- Grenzen- Folgen, 1998.

2011年の，イギリスの Postal Services Act, 2011は，民営化のために，Royal Mail の株式を政府が売却することを可能にした。実際にどの程度売却されたかは不明である。

(2) ドイツ郵便は，1995年１月１日に民営化された（Postumwandlunggesetz, Gesetz zur Umwandlung der Unternehmen der Deutschen Bundespost in die Rechtsform der Aktiengesellschaft, 1994, PostUmwG ; BGBl. I S. 2325, 2339）。連邦郵便（Deutsche Bundespost）から，郵便会社，テレコム，郵便銀行（Deutsche Post AG, Deutsche Telekom AG, Deutsche Postbank AG）となったのである。なお，ドイツでは，1990年代に再統一後に，コール政権の下で，東ドイツ地域の不動産

や国営企業の私有化が行われ，民営化の先鞭をつけた。これについては，拙著・土地法の研究（2003年）12頁以下参照。

なお，1994年に民営化されたドイツ鉄道（DB）は，2008年10月27日に一部株式上場を予定していたが，同年夏ごろからの，アメリカのサブプライムローン問題が発生し，同年9月15日には，アメリカの証券大手リーマン・ブラザーズが破綻し（いわゆるリーマン・ショック），世界的な金融危機のために，中止された。

(3)　2012年2月15日，日経新聞，朝日新聞など報道各社による。おおまかには，毎年，金融機関全体で850億円が新たに休眠預金となるが，350億円程度が払い戻されることから，差額の約500億円が金融機関の利益となる。これには，法人税がかかり4割程度が払われ，300億円程度が残る。外国では，休眠預金を金融機関の利益とするのではなく，政府や州の国庫に移したり，専門の財団に寄付する例もある。2010年度は，郵便貯金やJA（農協）やJF（漁協）などの農漁協系統金融機関の分は含まなくても，882億円に達したという（2012年3月22日の報道）。

(4)　Kohler, Die Briefmarke im Recht, Zugleich ein Beitrag zur Lehre von den Wertpapieren, ArchBürgR 6 (1892), 316ff. なお，本稿では，このコーラー自身についても，多少立ち入って検討する。郵便切手という，やや特殊な領域につき，彼が19世紀の段階で研究したことにつき，その学問体系や方法論にも立ち入ることに意味があるからである。また，短縮されたものとして，Kohler, Recht an Briefen, DJZ 11 (1906), 51. おもに前者による。

(5)　Ib. S. 318ff.（§§3，4），S. 324（§5）.

(6)　Ib. S. 327ff,（§§6，7）.

(7)　Ib. S. 336ff.（§10, 11）.

(8)　Ib. S. 339f.（§12）. ほかに，コーラーは，手紙に張られた切手の所有権がいつから受領者に移転するかを検討している（ib., S. 344（§14））。また，Gerold Schmidt, NJW 1998, 200.

(9)　Vgl. Lassally, Die Rechtsnatur der Briefmarke in Deutschland, JR 1929, 95. ただし，金銭代替説は，現在では少数である。Vgl. Gehrlein, (Bamberger/Roth, BGB), §807 Rdn. 2. 民営化前には，vgl. Enneccerus/Lehmann, Recht der Schuldverhältnisse, 1958. §216 (S. 862)，印紙も同様に金銭代替物である。また，Soergel/Welter, BGB, 1985, §807 Rdn. 2 (S. 456)；RGRK-BGB (Steffen), 1978, §807 Rdn. 7 (S. 95). 給付への義務づけが欠ける点に特徴がある。

(10)　民営化後は有力である。Vgl. Hüffer, (Münchner Komm BGB), 2004, §807 Rdn. 12 f.; Marburger, (Staudinger Komm BGB, 2002, §807 Rdn. 5 (S. 299)；Gerold Schmidt, a. a. O..（前注(8)），S. 202 f., ders. ZStW 111 (1999), 388, 420 f. ただし，民営化前にも807条の所持人払い債権説はあった。Vgl. Enneccerus, Recht der Schuldverhältnisse, 1922, S. 604.（最終的には，状況と取引慣行によって判断する必要があるとするが，1958年版は，それに附加して，とくに切手と印紙は金銭代替物であるとしたのである）。

(11)　BGH Urt. v. 11. Oktober 2005. XI. ZR 395/04 (OLG Köln), NJW. 2006, S. 54ff.

＝JZ 2006, S. 368 mit Anm. Gehrlein. 原審は，OLG Köln, Urt. v. 25. November 2004. 14 U 15/04；Justiz-Ministerialblatt NRW. JG 2005 S. 117- 119. 一審は，LG Bonn, Entscheidung vom 08. 06. 2004-10 O 93/04である。

⑿ Karsten Schmidt, JuS 1990, 62は，民営化前の説であり，金銭代替説をとる。有効な切手は，連邦郵政との関係において，特別の方法の支払手段であるとする（Geldsurrogat）。しかし，807条，808条所定の場合にはそうではないとする。

OLG Frankfurt JuS 1990, 62（Urt. v. 1988. 10. 13）は，無効な切手に，証券としての善意取得はないとする。事案は，切手業者であるXが，記念のためのスタンプ（Andreaskreuz）をうけて切手としては無効となった記念切手の引渡を求めたものである。切手が有効であれば，金銭代替物として指図による占有をうければ（ドイツ・ポストの保管中），Xは切手を取得できるが，無効であれば，935条（日民193条相当）の適用がある。

⒀ たとえば，Jauernig BGB（Teichmann），§807 Rdnr. 1である。807条の下に入るのは，入場券，鉄道の切符，テレフォンカード，商品券，映画の入場券，商品券（Gutscheine），ビール券，食券などであり，Geldsurrogateである郵便切手，受取のような証拠証券，クロークや荷物の引換証のような証書は含まれないとする。Vgl. Weipert, Die Rechtsnatur der Briefmarke, Diss. Kiel 1996, S. 37, 40.

⒁ Gehrlein, JZ 2006, 368, S. 371.

⒂ そのことから，Gerold Schmidt, Verstößt die Ausgabe hoheitlicher „Postwertzeichen“ gegen Art. 87f GG?, NJW 1998, 200ff. は，こうした広範な留保が憲法上問題を生じるものとする。

⒃ 上述の基本法87f条，また，Postgesetz（PostG, 22. 12. 1997）§43（Postwertzeichen），Postumwandlungsgesetz（前注⑵参照），14. 09. 1994. Vgl. §2（Rechtsnachfolge, Vermögensübergang und Haftung）.

⒄ Gehrlein, ib.（前注⑽）。

⒅ 徴税請負人や貨幣鋳造権の質入れは，中世的な観念である。公法と私法が未分離なことの反映であり，国家の高権の私法的な把握である。たしかに，金券ショップで，完全な兌換が可能になると，有価証券も金銭化する面はあるが，その場合でも，仲介人は，手数料を稼ぐ必要があり，そのための一定の割引はあるから，完全な兌換ではなく，金銭代替票証と無記名債権の差異は，なお残るのである。

こうして高権的行為の民営化に疑問があることから，連邦財務省の関与がなお残されているのであるが，逆に，Schmidt（前注⑿）は，郵便切手は，民営化前，郵政省から高権的行為（Hoheitsaufgabe）の一部として発行されており，民営化後は，ドイツ郵便会社が私的な給付（privatrechtliche Dienstleistungen）の一部として発行している。そして，この効果は，基本法87f条によるのであるから，連邦財務省が広範な権原を留保していることに，かえって問題があるものとする。かつてのバスの回数券には期限がないのに，電車のそれにはあるように，形式的であり，かなり恣意的でもある。

⒆ 村上淳一訳「イェーリング・権利のための闘争」（1982年）序17頁以下参照。

(20) しかし，このことによって，両者の友好関係が害されるようなことはなかったようである。イェーリングは友好関係が広く，ヴィントシャイト(Bernhard Joseph Hubert Windscheid, 1817. 6 . 26–1892. 10. 26) とも親しい関係であった。Jherings Briefe an Windscheid: 1870–1891/hrsg. von Kroeschell, 1988.

(21) Vgl. Luig, Kohler, Josef, NDB, Bd. 12, 1979, S. 425 f.; Rabel, Josepf Kohler, †, Nachruf, Rheinische Zeitschrift für Zivil- und Prozeßrecht 10 (1919–20), 123ff. (Rabel, Gesammelte Aufsätze. Bd. I, 1967, S. 340ff.); Spendel, Josef Kohler (1848–1919), SZ (Germ.), 113 (1996), 434ff.; J. Kohler, Das Eigenbild im Recht, 1903; Osterrieth, Josef Kohler, ein Lebensbild, 1920; Festschrift 200 Jahre Juristische Fakultät der Humboldt-Universität zu Berlin, Geschichte, Gegenwart und Zukunft, hrsg. v. Grundmann, Kloepfer, Paulus, Schröder, Werle, 2010にも，Großfeld, Josel Kohler (1849–1919), S. 375ff. がある。

アメリカ関係の事情は，亡命法学者ケルゼンのH. Kelsen, Hundred Birthday of Josef Kohler, American Journal of International Law. Vol. 43, No. 2, Apr. 1949, pp. 346. に詳しい。ケルゼン (Hans Kelsen, 1881. 10. 11–1973. 4 . 19) は，1933年，ケルン大学に在籍中，ナチスに追放され，1940年に，アメリカに亡命し，ハーバード，ついでカリフォルニア大学に移籍した。邦文のものでは，ドイツ法学者事典158頁(猪俣弘貴) がある。

コーラーの個人写真，1899年のベルリン大学教授との集合写真(デルンブルクやギールケなど10人)が，連邦公文書館にあり，若干の情報も付加されている(Gruppenbild, Bundesarchiv, N 1381 Bild–21–01)。

(22) Arthur Kohler u. a., Josef-Kohler-Bibliographie. Verzeichnis aller Veröffentlichungen und hauptsächlichen Würdigungen. Mit einem Bild Josef Kohlers von Alfred Enke. Rothschild, 1931.

(23) 前注(21)参照。Vgl. Kreimer, Josef Kohler, (Bernhard Großfeld hrsg.) Rechtsvergleicher verkannt, vergessen, verdrängt, 2000, S. 145ff.

(24) 前注(21)の諸文献のほか，Adrian u. a. (hrsg.), Josef Kohler und der Schutz des geistigen Eigentums in Europa. 1996; Dölemeyer, Das Urheberrecht ist ein Weltrecht, Immaterialgüterrecht und Rechtsvergleichung bei Josef Kohler (Wadle, hrsg., Historische Studien zum Urheberrecht in Europa), 1993. (Schriften zur Europäischen Rechts- und Verfassungsgeschichte Band 10), S. 139ff.; Luig, Joseph Kohler, (Stolleis hrsg.), Juristen an der Universität Frankfurt am Main, 1995, S. 351ff.

(25) 刑法の法源論の関係では，ほかに，Das Strafrecht der italienischen Statuten vom 12.–16. Jahrhundert, 1890–1897; Die Peinliche Gerichtsordnung Kaiser Karls V. von J. Kohler und Willy Scheel, 1900; Internationales Strafrecht, 1917 (276S.) などがあり，最後のものは，2008年に，W. Schubertにより復刻されている。

(26) 法学一般，商法，法哲学などでは，Einführung in die Rechtswissenschaft, 1902; 5. Aufl. 1919; Recht und Persönlichkeit in der Kultur der Gegenwart. 1914;

Zur Urgeschichte der Ehe: Totemismus, Gruppenehe, Mutterrecht, 1897; Handels- und Seerecht und Binnenschiffahrtsrecht, 1896; Lehrbuch der Rechtsphilosophie. 1909, 2. Aufl. 1917, 3. Aufl, bearbeitet von Arthur Kohler, 1923があり，最後のものには英訳もある。Philosophy of Law (by Adalbert Albrecht), 1921. また，Technik der Gesetzgebung, 1905.

なお，邦文では，小野清一郎訳「J. コーレル著・法の一般的な歴史」(1953年) がある。同書は，Allgemeine Rechtsgeschichte, 1914. の翻訳である（前半Aの部分。後半Bのギリシア・ローマの法は，著名なローマ法学者のWenger, 1874–1953による)，日本についても，律令から封建法，民法までふれており，日本の近代化の成就には，長期の発展の基礎があったから，現在の世界的強国 (Weltmacht) になったとする (a. a. O., S. 150. 訳では，354頁)。ユニークではないが，それなりの水準は満たしている。

(27) 早くにドイツから日本に渡った著名な学者の文庫では，1907年のDernburg (Heinrich, 1829. 3. 3–1907. 11. 23) 文庫（約4000冊)，1919年のKohler (Jpsef, 1849. 3. 9–1919. 8. 3) 文庫（約4万冊）があったが，いずれも1923年9月1日の関東大震災のさいに東大・本郷の図書館で焼失した。そこで，当時，ベルリンで，ギールケ文庫（1921年，約1万冊。民法，国法が全体の半ばを占めている。哲学関係の文献は，遺言により息子Juliusに遺贈された）の買入交渉にあたった孫田秀春博士は，東大も，ギールケ文庫の獲得を意図していたが，その直後の震災の経緯をみると，ギールケ文庫が一橋に入ったのは幸いであったといっている。孫田秀春「ギールケ文庫入手のいきさつ」一橋大学附属図書館史（1975年）153頁。なお，文庫の規模からすると，コーラーが多方面の領域に興味をもったことが反映されている。

(28) 文学関係のものにも大部のものが多い。もっとも，多くの評伝でもさほど秀作という評価はみられない。Melusine: dramat. Dichtung in 3 Akten, 1896; Freie Nachdichtung der Divina Commedia: Dantes heilige Reise, 3 Bde. 1901. Aus Petrarcas Sonettenschatz: Freie Nachdichtungen, 1902; Aus vier Weltteilen: Reisebilder, 1908 (Shakespeare vor dem Forum der Jurisprudenz), 2. Aufl. 1919.

(29) Josef Kohler, a. a. O. (前注(4)), S. 316 ff.

(30) 我妻栄「無記名債権の動産性と債権性」民法研究II（1966年）87頁。ドイツの無記名債務につき，19世紀の学説は，債権的な要素と物権的な要素の併存を認める二元論をとった。諸学説についても，同書に詳しい。

(31) 切手は，物質的に滅失すれば，ただちに価値代替手段としても消滅する。除権はありえない。Kohler, a. a. O., S. 340 (§13).

(32) 法典調査会民法議事速記録（日本近代立法資料叢書13・1988年）593頁。その後，総会で修正されたものと思われる。

(33) 広中俊雄編・民法修正案理由書（1987年）132頁。

(34) 梅謙次郎・民法要義（第1巻，1911年復刻版，1984年）188頁。

(35) 富井政章・民法原論（第1巻総論・1922年合冊版・1985年復刻）341頁。

(36) BGB 807条の無記名の所持人払いの票証の規定が，793条以下の無記名の所持人払い債権の規定を準用することは前述した。

(37)　我妻・民法講義Ⅰ（1965年）218頁。

(38)　また，戦後の無記名定期預金証書が，無記名債権ではなく，指名債権の一種であることは，最判昭32・12・19民集11巻13号2278頁の判示したところである。氏名は券面上表記されないが，権利者は特定しており，政策的に氏名が表示されないだけである。ただし，そのさいに，出捐者と預入行為者のいずれが債権者となるかという客観説，主観説の問題が生じる。その他の指名債権では，債権者は，名義人である。

(39)　我妻・前掲書88頁，108頁参照。

第２部　大学と法学者

第1篇　19世紀の大学と法学者（付・20世紀の変遷）

第1章　はじめに

1　序

(1)　概　　観

本稿（第1篇）は，19世紀のドイツの大学の変遷を著名な法学者の人と業績の面から検討しようとするものである。イタリアの大学ほどではないものの（ボローニア大学は，1088年創設，その他の大学も，13，14世紀に遡る），ドイツの大学にも，1379年創設のエルフルト大学，1385年創設のハイデルベルク大学を嚆矢とし，その起原は中世に遡るものが多数ある。ほかにも，ケルン大学の創設が，1388年である。アルプス以北の神聖ローマ帝国の領域では，1348年創設のプラハ大学，1365年創設のウィーン大学などが早い創設の例である(1)。著名な大学では，ゲッチンゲン大学が比較的遅い（1737年）。

しかし，古い大学の中には，18世紀の啓蒙の時代に後れたことから荒廃し，あるいはナポレオン戦争時に，財政的基盤を失ったことから消滅した例もある（ケルン大学，ボン大学の中断）。しかし，19世紀の初頭には，国民的意識の高揚と自然科学の発展から，諸ラントは大学の整備に力を注いだ。とりわけプロイセンなどの大国では，多くの大学が設立された。小ラントには，新たな大規模大学を設立するほどの力は，もはやみられない。新たに設立されたうち，もっとも著名なものは，1810年のベルリン大学である。その影響力は，政治力学との関連から，プロイセンの発展とともに増大した。また，首都の利や政治との関連を生かした人材集めに努力したことから，著名な法学者も多い。彼らの事跡を通じて，19世紀の大学の特徴をもみいだしうるのである。本稿ではその創設時と（第2章），中葉（第3章），19世紀の末に焦点をあてる（第4章）。

もっとも，統一と近代国家への転回が遅れたドイツにあっては（1871年），地域の分権は強く，古い伝統をもった大学も有力である。また，大学人の移動も激しい。より広く，著名なパンデクテン法学者を検討する必要がある（第5章）。

(2) ベルリン大学とボン大学

20世紀のベルリン大学では，1930年代のナチスの影響がもっとも重要な変化である。しかも，戦後，東ドイツに位置するベルリン大学は，冷戦の東側陣営に組み込まれ，フンボルト大学として，再統一まで戦前の大学とは連続性が絶たれた。戦後に設立されたベルリン自由大学は，かなり人的には連続したものの，組織的には新設であり，戦前の大学の後継とはいえない。

そして，旧東ドイツでは，ナチス期の十分な反省が行われなかったことから，1930年代の大学の状況は必ずしも明確ではない。そこで，本稿では，詳細な検証が行われているボン大学によって，当時の大学の変遷を概観する（第6章）。1871年の統一前には，ボン大学は，西地域（プロイセン領ラインラント）におけるプロイセンの大学政策の中心であったからである(2)。アデナウアー（Konrad Adenauer, 1876–1967, 首相在任は，1949–1963）によるボンへの首都移転は，必ずしも僥倖によるものだけとはいえず，こうした歴史的位置づけの結果でもある。

(3) その創設

ベルリン大学の創設（1810年）の経緯そのものについては，かなり著名であるから，本稿では簡単にふれるにとどめる(3)。それがプロイセンの近代化の一環であったことは，しばしば指摘されるとおりである。すなわち，フランス革命とナポレオンの侵攻からプロイセンが滅亡の危機に陥ったことから（1807年のチルジットの和約），シュタイン（Freiherr vom Stein, Heinrich Friedrich Karl von, 1757. 10. 25–1831. 6. 29），ハルデンベルク（Karl August Fürst von Hardenberg, 1750. 5. 31–1822. 11. 26）が政治改革を，グナイゼナウ（August Wilhelm Antonius Graf Neidhardt von Gneisenau, 1760. 10. 27–1831. 8. 23），シャルンホルスト（Gerhard Johann David von Scharnhorst, 1755. 11. 12–1813. 6. 28）が軍事改革を行い，W・フンボルト（Friedrich Wilhelm Christian Karl Ferdinand Freiherr von Humboldt, 1767. 6. 22–1835. 4. 8）が教育改革を行ったのである(4)。

2　大学と法学者の社会的地位

(1)　給与の比較

ベルリン大学の初代の学長には哲学者のフィヒテ（Johann Gottlieb Fichte, 1762. 5 . 19–1814. 1 . 27）が，２代（1812/14）にサヴィニー（1779–1861）が就任し，ヘーゲル（1770–1831）も1830年から31年に学長となった。法学者以外の者や事跡にふれる余裕はないので，たんに，その創設当時に招聘された学者の待遇についてふれるにとどめる。

サヴィニーは，1810年に，ベルリン大学の創設にあたり，年俸2500ターラーをうけた。これは，全大学の構成員中でもっとも高給であり，学長のフィヒテの2000ターラーやヴォルフの2100ターラーをも超えていた。その額は，政府の高給官僚に近く，大学の一般構成員とはかけ離れていた。財政学者のSchmalz(1760. 2 . 17–1831. 5 . 20)の年俸は，わずか1400ターラーにすぎなかった。

それからほぼ半世紀後に，ゲルマニストのベーゼラーが，1859年にベルリン大学でうけた俸給は，2000ライヒ・ターラーであった。1871年の統一時の１マルクは，１/３ターラー（Vereinstaler）とされたから，マルクに換算すると6000マルクとなる。そして，1868年でも，大学での最高の年俸は，6000マルクであった。それから20年後の，1887/88年の冬学期でも，最高の年俸は9000マルク，最低は6000マルクであった(5)。

ちなみに，わが明治期の大学でも，人によりかなり顕著な差がみられる。お雇い外国人の給料は別格に高く，ボアソナードの年俸は２万円にも達した（ただし，初期の1873年〔明６年〕の契約では，月額700円で，年俸にすると，8400円である）(6)。ボアソナードだけが高かったわけではなく，同じお雇い外国人のロエスレルなども総理大臣よりも高給であった。総理大臣のそれは，1886年に9600円にすぎなかったのである(7)。教員についても，1890年ごろ，梅謙次郎（1860－1910年）などおもな教授の年俸は，1200円から最高でも2500円程度である。年齢が異なるとはいえ，穂積陳重（1856－1926年）は2500円で，富井政章（1858－1935年）は1800円，梅謙次郎は1200円である(8)。

(2)　平均値

ドイツの大学は，もともと各ラントの管轄であり（皇帝や教皇の設立許可状があっても，実質的な設立の主体は都市やラントである。中世の大学自治には，両者のそごを解決する意味もあった)，現在でも州立ものが大半である。ただし，人的な移動が激しいことから，ラントによる相違というよりは，属人的な相違がいちじるしく，これは，上述の開学当時（1810年ごろ）のベルリン大学にみえるとおりである。19世紀初頭の一般的な教員の年俸は，平均1000ターラー程度（700～1400ターラー）であったと推察される。

やや時期が後れて，1834年の平均は，正教授で1203ターラー(700～1500ターラー)，員外教授で368ターラーであった。ただし，中世の大学からの伝統をひく制度として聴講料の制度があり，その平均は554ターラーであった。そこで，正教授だと，合計して1757ターラーになったのである(9)。ベルリン大学は他大学に比して，比較的聴講料が高いことが特徴であるが，そこにはベルリン大学の学生の特権化があり，富裕層の子弟が集まったことが理由とされる。ただし，19世紀前半は，もっと広い階層からきたといわれる(10)。

さらに，1860年ごろは，正教授の給与は，1800ターラー（5400マルク）程度が標準であった。上述のベーゼラーの例をみても，さほど上昇していない。19世紀初頭のような精神の高揚期をはずれているからである。もはや初期のような政府高官の給与とは比較にならない(11)。

聴講料や聴講生については，以下のグナイストに関する記録が興味深い。もっとも，彼は，とくに聴講生が多かった部類に属する。彼は若年時に，大学当局に反抗的であったこともあり（後半生はどちらかというと御用学者である)，当時の学生から絶大な人気を獲得したからである。グナイストは，1845年に員外教授になり，1839年から1859年の間に，彼の講義を聴いた学生は，1万3000人になった。聴講者の多かったのは，刑事訴訟法の講義で2375人であり，民事訴訟法の講義では2058人であり，刑法では1902人であった。これらの講義は，総計およそ21回から23回行われた。23回で，単純に割ると，1回あたり，565人となる。かなりの大講義であり，マスプロ化の進んだ20世紀後半の大学の講義を彷彿させる規模である(12)。

(3)　変　　動

時代が下ると，大学の教授に対し，高級官僚や高等司法官の給与は，はるかに上昇した。しかし，下級審の裁判官も，一部を除くと一般の教授と大差はない。高い方では，1879年（ライヒ大審院設立時）と1927年の給与の比較で，ライヒ大審院（RG）では，院長が，2万5000マルクと2万1500マルク，部長判事で，１万4000マルクと１万5000マルクであり，一般の判事で，１万2000マルクと１万3000マルクであった。

ライヒ大審院の待遇は，各ラントの最高裁よりも高給であり，たとえば，バイエルンの最高裁では，長官が，１万2000マルクと１万6500マルク，一般の判事で，6500マルクと１万2000マルク，プロイセンの高裁では，長官が１万7000マルクと１万6500マルク，一般で6500マルクと9000マルクであった。

しかし，1879年には，他の高裁の一般の判事の給与は，おおむね6500～7000マルク程度であった。そこで，ライヒ大審院の一般判事の１万3000弱マルクとはかなりの差があったが（ほぼ２倍に近い），高給であったライヒ大審院ではその後ほとんど増額されなかったから，1927年では，他の高裁の一般の判事の１万マルク程度との差は小さくなった。これは，ライヒ大審院では，1879年と1927年の間に，ほとんど変化がなかったのに反し，他の裁判所の裁判官の給与がかなり上昇したからである。また。ライヒ大審院長の２万1500マルクと他の高裁長官の１万7000マルクの差も，1879年の差ほどではない。1879年には，他の高裁長官は，１万1000マルク程度だったからである。ライヒ大審院長は，1879年の方が高く，２万5000マルクであった。後代の方が額が減少した例は，ほかには，プロイセンの高裁長官の給与が微減した例があるだけである。すなわち，ワイマール共和国の時代には，給与は，全体として平準化したのである(13)。

なお，ライヒ大審院長の給与は，時によっては，２万マルクの給与と１万マルクの経費(Dienstaufwand)となったり，経費込みで２万6000マルクとなったが，最後は，２万5000マルク（RM）の給与と1500マルクの経費となった。また，ライヒ大審院判事の定年は，定年導入後は，68歳であった（院長の定年は，最後の院長ブムケが自分のために延長するまでは65歳）。

裁判官の給与の比較（年俸・1897年と1927年）

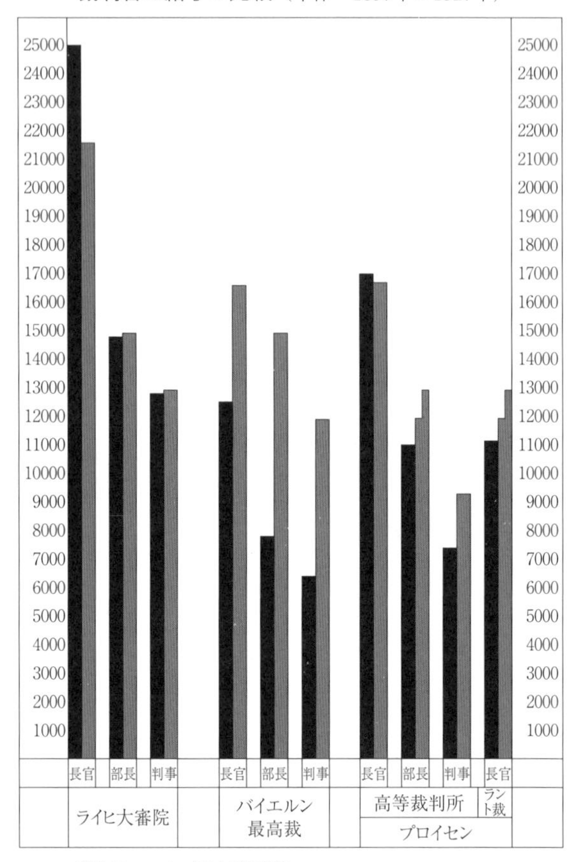

＊　単位はマルク（注⒀参照））

第2章　サヴィニーとその関係者（Savigny, Puchta, Thibaut）

1　サヴィニー（Friedrich Carl von Savigny, 1779. 2. 21-1861. 10. 25）

(1)　サヴィニーは，1779年に，フランクフルト・アム・マインで，ロートリンゲン系の家系に生まれた。祖先は第3回十字軍（1188年）にも参加したフランス騎士にまで遡るといわれ，17世紀にドイツに亡命したユグノーであった（1685年に，ルイ14世によって，1598年のナントの勅令が廃止され，新教への寛容が失われたことから，多数の商工業者や知識人がオランダやドイツに亡命した)(14)。

父は官吏（Regierungsrat）の Christian Carl von Savigny，母は Philipine-Marianne であった。名家であったが，12歳で父を失い，母も翌年に死亡，12人の兄弟も全員死亡している。そこで，遠縁の帝室裁判所（Reichskammergericht）の裁判官ノイラート（Johann Friedrich Albert Constantin von Neurath, 1739. 5.17–1816.10.30）に引き取られた。生母の勧めでフランス語を学び，育ての親の勧めで法律学を学び，16歳でマールブルク大学に入り（1795年，ヘッセン選帝侯国），その後ゲッティンゲン大学でも学んだ（1796年）。マールブルク大学でヴァイス（Philipp Friedrich Weiss, 1766–1808）と出会い，ローマ法研究を志した(15)。ヴァイスは，ドイツ・ローマ法史における最後の人文主義法学者とされている。サヴィニーは，バウアー（Anton Bauer, 1772. 8.16–1843. 6. 1）からは刑法を学んだ。1800年，彼はマールブルク大学で学位を受け（Die concors dektoren formari, この学位論文の主題は刑法であった），同大学の講師（刑法とパンデクテン）から翌年員外教授となった。グリム兄弟は，この時期の彼の講義をきいた。1804年に，クニグンデ・ブレンターノ（Kunigunde Brentano）と結婚した。夫人は，ブレンターノ兄姉妹（Clemens Brentano, 1778–1842, Bettina von Arnim, 1785–1859。後者は，Achim von Arnim, 1781–1831の妻となった）の1人である。4人の子どもが生まれた（1女，3男）。

1803年に「占有権論」（Das Recht des Besitzes）を発表し，翌年からヨーロッパ各地（ゲッチンゲン，ハイデルベルク，パリ，ランズフート，ウィーン）の研究旅行でローマ法の史料を収集した。このおりに，ヤーコプ・グリムとも親しくなった。中世ローマ法史（Geschichte des Römischen Rechts im Mittelalter, 1815～1831）はこの時期の研究の成果である。1803年に，ハイデルベルク大学の招聘を断り（1805年に，ティボーが招聘された），1808年に，ランズフート大学の正教授となり（ちなみに，ランズフート大学は，1800年創設，1826年にミュンヘンに移転し，ミュンヘン大学の基礎となった），1810年に新設されたベルリン大学に招聘され，2年後には，初代学長J・G・フィヒテの後を受け，わずか33歳で学長に任命されたのである。

(2)　1814年，サヴィニーは学長を辞したが（足かけ3年，2期。ドイツの学長，学部長の任期は通常，1年である），当時，ナポレオン時代にドイツ（ライン左岸，プロイセン領ラインラント）に導入されたナポレオン法典を排除すべきかどうか，また排除するとしても，その後に旧来の法を復旧させるのか新たな法制を導入するのかが論争となっていた。サヴィニーもこの論争に参加し，1814年には，「立法と法律学に対するわれわれの時代の使命について」(Vom Beruf unserer Zeit für Gesetzgebung und Rechtswissenschaft）を公表して，ドイツ普通法学は民法典を制定するほどには成熟しておらず，ローマ法の研究を進展させることが先決であると説き，ティボーとの論争を引き起こした（Kodifikationstreit)。

サヴィニーの立法に関する見解は，周知のように，法は国家の意思によって技術的に作られるのではなく，内的・自律的に生成するというものである。そこで，国民国家が神を代替するとする18世紀の自然法思想とは異なり，法は，制定法によって創設されるのではなく，民族精神によって慣習法的に生成するのである。神への回帰とはいえぬまでも，慣習や言語，普通法的な古き良き法への執着がみられる。また，法典化が成功するのは，法的な素材の研究が実現されているときにのみ可能であるが，ドイツではまだその時期ではないとして，みずからは，ローマ法研究に向かったのである。また，体系的法律学の構築という側面からは，指導原理や内部の関連性の検討という概念法学的な課題が生じたのである。

サヴィニーが統一民法典編纂に反対したのは，たんにティボーの自然法的な理性法に対する歴史法学からの反対という学問的な理由だけではない。実質的には，もっと政治的な意図，すなわちフランス革命の所産でもあるフランス民法典やその理念の阻止があった。他方，ティボーの主張（「ドイツ一般民法典の必要性について」，Über die Notwendigkeit eines allgemeinen bürgerlichen Rechts für Deutschland, 1814）にも，政治的意図がなかったわけではない。彼は，統一民法典の編纂によって，ナポレオン戦争後のドイツの復古主義（ウィーン体制）に対して，国民主義的・自由主義的運動を擁護しようとする意図があった。統一民法典は，こうした動きに資するものであったし，この場合には，基本的にその基礎はフランス民法典的な性格を帯びざるをえないことになる。

これに対し，サヴィニーは，多数のラントが併存する神聖ローマ帝国の国制と，また，ドイツにおいて従来通用してきたローマ法・普通法を前提としていた。そこで，その後も，民族精神の名の下で，彼が研究を進めたのはローマ法であった。また，当時の政治の下において，プロイセンやオーストリアのほか，バイエルンやザクセンなどの小ラントが存在する状況では，実際の法典成立のための合意を形成するのは不可能でもあった。そこで，サヴィニーは，ドイツの法の分裂状態がただちには克服できないとして，統一民法典の編纂に反対したのである。

(3)　1815年には，Eichhorn, Göschen らとともに，歴史的法律学雑誌（Zeitschrift für geschichtliche Rechtswissenschaft, 現在の Zeitschrift der Savigny Stiftung である）を創刊し，歴史法学の普及に勤めた。1817年に，プロイセンの枢密顧問官となったが，1820年ごろから病気となり，1826年には，その治療をかねてイタリアを旅行した。1842年に，Friedrich Wilhelm IV（1795-1861, 位1840-1861）から，立法担当の国務大臣に任命された。立法省は，司法省からは独立して，立法作業を行ったが，部分的には首相府に近い機能も備えていた。1848年の手形法，1851年の刑法などが制定された。1848年に勃発した3月革命のため（ウィーン体制の崩壊），大臣を辞した。1835年から執筆した System des heutigen Römischen Rechts（1849年まで），Obligationennrecht, 1851/53などの大著がある。1861年に，ベルリンで亡くなった(16)。

業績は多い。すでにふれた占有権論（Das Recht des Besitzes, 1803），立法と法律学（Vom Beruf unserer Zeit für Gesetzgebung und Rechtswissenschaft, 1814），中世ローマ法史（Geschichte des römischen Rechts im Mittelalter, 1815-1831），現代ローマ法体系（System des heutigen römischen Rechts, 8 Bände, 1840-1849），論文集（Vermischte Schriften, 1850），債務法（Obligationenrecht, 1853）など，いずれも大著である。彼の体系志向性は，その著書にもっともよく現れている。

(4)　実定法に対する影響は大きく，民法では，法人擬制説，物権的な無因行為の理論，双務契約，錯誤などへの影響が大きい。民法以外でも，System, Bd. 8の国際私法に関する影響は著名である。国民国家の時代である19世紀的な国家法の優越主義に対し，各国法の等価性を主張する国際主義は，その方法論とも親和的である（隠された自然法の一部でもある）(17)。ただし，サヴィニーにおいては，そのローマ法への志向が基礎となっていることが特徴的である。

法人擬制説は，19世紀前半に有力であった理論であり，法の主体が自然人であった時代を反映している。ただし，19世紀の後半以降，いわゆる実在説（たとえば，ギールケの有機体説）によって凌駕された(18)。

代理では，いわゆる本人行為説を採用し，行為者は本人であって，代理人は本人の機関にすぎないとする。代理人が，本人の意思を実現することを重視し，代理行為の主体を本人とみる。本人の意思を重視する個人主義的意思表示論に立脚したものである。ドイツ民法典165条は，代理人の行為能力を不要としている（日民102条相当）。ただし，意思の瑕疵については，代理人について決するものとしている（ド民166条1項，日民101条相当）。後者は，一般に，代理人行為説に近いものと解されている。代理人行為説は，ヴィントシャイトによっても支持され，一般化した(19)。

物権的な無因性は，1900年のドイツ民法典に受容された。これについても，後代の疑念がないわけではなく，有因主義か無因主義かは，立法政策の問題との見解が有力である(20)。また，物権変動の形式主義については，ローマ法，普通法の伝統であり，必ずしもサヴィニーだけの理論というわけでもない。ドイツ民法典への採否については，民法典の制定まで争いがあったのである(21)。

ドイツ民法典は，不動産所有権の取得には，物権的合意（Einigung）と登記が必要とし（873条），動産所有権の取得には，物権的合意（einig）と引渡（übergeben）が必要とする（929条）。普通法では，物権契約は性質上無因であるとし，これを踏襲した第1草案828条も，所有権の移転には，契約と登記が必要とした（1項）。契約は，登記簿に登記するための特別の契約であり，登記官の面前で行われることが必要とした（＝物権契約，dinglicher Vertrag。2項，3項）。この契約は，当事者が死亡したり能力を失っても影響されない（4項）。第2草案以降では，合意の内容については，学説に委ね，物権契約ではなく，合意（Einigung）に触れるのみである(22)。そこで，この合意について争いが生じ，通説は，これを債権行為＝原因行為とは無因であるとしたのである。もっとも，925条の原規定では，不動産所有権移転のための合意（Einigung）は，登記所に出頭して行うアウフラッスング（Auflassung）であるから，特種な物権的意思表示であることが前提とされている。

第1草 案828条 Zur Uebertragung des Eigenthums, sowie zur Begründung, Uebertragung oder Belastung eines anderen Rechtes an einem Grundstücke durch Rechtsgeschäften ist ein zwischen dem eingetragenen Berechtigten und dem Erwerber zu schließender *Vertrag* und *Eintragung* in das Grundbuch erforderlich, soweit nicht das Gesetz ein Anderes bestimmt.

Der Vertrag erfordert die Erklärung des Berechtigten, daß er die Eintragung der Rechtsänderung in das Grundbuch bewillige, und die Annahme der Bewilligung von Seiten des anderen Theils.

Der Vertrag wird für die Vertragschließenden mit dem Zeitpunkte bindend, in welchem er entweder vor dem Grundbuchamte egschlossen oder von den Vertragschießenden dem Grundbuchamte zur Eintragung eingereicht wird, oder in welchem die bewilligte Eintragung auf den Antrag auch nur eines der Vertragschließenden erfolgt.

Auf die Wirksamkeit des Vertrages ist es ohne Einfluss, wenn einer der Vertragschließenden stirbt oder geschäftsunfähig wird, bevor der Vertrag binden geworden ist.

占有の理論では，19世紀初頭の個人主義的な傾向を反映して，いわゆる主観説に立脚する。現代法では事実にすぎない占有についても，古典ローマ法では，意思が必要であるとし，古典後では，少なくとも善意の取得に必要とした（animus rem sibi habendi）。この主観説は，しだいに緩和され，所有者の意思から，支配の意思，所持の意思へと軽減された。所有者の意思（animus domini）を要件とするサヴィニーに対し，イェーリングは，客観説をとり，所持の中に意思があるものとする。ドイツ民法854条1項はこれに従い，文言上，心素（animus）は不要である[23]。もっとも，通説・判例では，少なくとも確定的な占有開始意思（Besitzbegründungswille）は必要としている。

双務契約の理論は，自然法，とりわけドイツ自然法の理論から受け継いだものである。同じ自然法思想といっても，ドイツのそれは，オランダやフランスの自然法論に比べると，双務性への固執が強い（たとえば，プーフェンドルフである）。いわゆるゲルマン法的な観点とも目される[24]。これは，隠棲ゲルマン法ともいえよう。

錯誤の理論も，ドイツ民法典に受容され，意思表示の錯誤と動機の錯誤の二分法にみられる（基本的には普通法を受け継いだものである）。前者は，意思の形成に関するものとして，意思の欠缺の問題を生じるが，後者は，意思の形成に影響しないとするものである。基本的には，わが判例にも受容されている。

ド民119条「(1)　意思表示のときに，その内容について錯誤に陥り，またはその内容の表示を望まなかった者は，状況を知っており適正な判断をしていればしなかったであろうような場合には，表示を取消すことができる。

(2) 取引のさいに本質的となる人または物の同一性に関する錯誤も，表示の内容について錯誤とみなす」。

119条1文が，表示内容の錯誤，2文が表示行為の錯誤といわれる。また，120条では，伝達の誤りを理由とする取消可能性が規定されている。

ただし，この理論に対しては，動機と意思の区別が心理的に不可能であるとの反対が生じ，判例も動揺した。とりわけ行為基礎の錯誤については，これを錯誤法の外に位置づけるか，内容の錯誤として位置づけるかとの争いが生じ，ライヒ大審院は，表示を形成し相手方に認識可能な場合に後者によるものとした(25)。他方，エルトマンは，共通錯誤，目的不到達，事情変更を行為基礎で再構成し，行為基礎の理論は，債務法の現代化の中で，313条に明文化された。錯誤論からの逸脱であり，意思表示論ではなく，給付障害論への組み換えと位置づけられる。

特定物の引渡はその物自体により定まり，それを対象とする効果意思も物により定まるとすることは，しだいに特定物のドグマによっても位置づけられるようになった。物の性状がすべて動機と分類されることはその帰結である。19世紀後半の不能論（とくに，第1部第1篇第2章3のモムゼン）は，瑕疵担保のほか，多様な効果を給付障害論に結合したのである。

2 プフタ（Georg Friedrich Puchta, 1798. 8.31–1846. 1. 8）

(1) プフタは，1798年に，ニュルンベルク近郊のCadolzburgで生まれた。プフタの父Wolfgang Heinrich Puchta（1769–1843）は，ラント裁判官，母は，Johanna Philippina Heimであった。彼は，7人兄弟の長男で，兄弟のうち2人は早くに亡くなった。弟のChristian Heinrich Puchta（1808–1858）は，エルランゲン大学で哲学と神学を学び，アウグスブルクで司祭となった。プフタ自身は，ルター派のプロテスタントであった。

プフタは，1811年から1816年の間，ニュルンベルクのÄgidienギムナジウムに通った。そこの教育は，創設以来，古典とヒューマニズムを特徴としていた。当時の校長のヘーゲル（1770. 8.27–1831. 11. 14）によって，彼は，哲学の基礎教育をうけた。当時（1808−1816年），ヘーゲルは，1801年に員外教授になったイエナ大学が，ナポレオン戦争の結果，1806年に閉鎖されたことから，この職にあったのである（その後，1816年にハイデルベルク大学の正教授，1818年にベルリン大学教授）。

プフタは，1816年から，エルランゲン大学で法律学を学んだ。そして，裁判官である彼の父は，彼に法律の実務の手ほどきをした。当時，エルランゲン大学では，著名な教授，グリュック（Christian Friedrich von Glück, 1755. 7. 1-1831. 1. 2）が教えていた。グリュックに対する敬意から，プフタは，エルランゲンでは，グリュックが唯一最大の人材であることを述べている。

大学での勉学後，プフタは，1820年に，エルランゲン大学で学位論文（De itinere, actu et via）を書き，同年，教授資格をもえた。

1821年，イエナ，ベルリン，ゲッチンゲン（Hugo, Göschen），ボン，ハイデルベルク（Thibaut）の各大学を回る長い研究旅行に出て，多くの教授たちと会った。この旅行の最後に，彼は，当時ベルリン大学教授のサヴィニーと知り合い，歴史法学の立場に賛同した。こうして，サヴィニーとは，1821年から定期的に手紙を交換し，86通の手紙が残されている（サヴィニーへの手紙の集成として，Vierzehn Briefe Puchtas an Savigny, (hrsg. Bohnert), 1979）。

プフタは，1822年に，最初の大きな論文で法学方法論に関するGrundriß zu Vorlesungen über juristische Encyclopädie und Methodologieを出した。1823年に，プフタは，エルランゲン大学で，ローマ法，教会法，ドイツ法の員外教授となった。1828年に，慣習法論の第1巻が出た。1824年に，Christiane (geb. Stahl）と結婚した。

彼は，1828年に，サヴィニーとの親交から，ミュンヘン大学に招聘され，正教授となった。この間，彼は，エルランゲン大学で知り合ったFriedrich Wilhelm Joseph von Schelling教授と会い，彼の講義Vorlesungen über Philosophie der Mythologie und Offenbarungから感銘をうけた。

1835年に，プフタは，サヴィニーの協力によって，マールブルク大学で，ローマ法と教会法の正教授となり，1837年までそこにいた。1837年に，プフタの慣習法論の第2巻が出された。

さらに，サヴィニーの推薦により，プフタは，1837年から42年，ライプチッヒ大学の正教授となり，そこで，彼は，1838年に，パンデクテン・テキストを公刊した。また，1841－42年，Cursus der Institutionenの最初の2巻が公刊された。1839年に，ライプチッヒ大学の法学部長となった。

またもサヴィニーの推薦により，プフタは，1842年に，ベルリン大学に招聘された。サヴィニーの信頼は厚く，すぐに，彼は，サヴィニーの講座の後継者となった。なぜなら，サヴィニーは，立法大臣になり大学を転出したからである。しかし，1861年まで生きたサヴィニーに比して，彼は1846年に早世したから，じきにその講座を受け継いだのは，スイス人の Keller であった（Friedrich Ludwig Keller（vom Steinbock), 1799. 10. 17–1860. 9. 11)。

プフタは，1844年からは，プロイセン上級裁判所(Preußisches Obertribunal)の判事を兼ねた。1845年に，国務参事官（Staatsrat）となり，立法委員会（Gesetzgebungskommission）の委員となり，枢密顧問官(Geheimer Justizrath, Sächsicher Hofrath)にもなった。1846年に，ベルリンでわずか47歳で亡くなった(26)。

(2) 彼は，パンデクテン法学の重要な学者であるが，同時に，長らく概念法学（Begriffsjurisprudenz）の典型とされてきた。しかし，彼の著作は，必ずしも世間知らずのロジックのみだったわけではない。しばしば，彼に対する批判は，サヴィニーを直接に批判することを避ける意味があった。プフタを含めて，19世紀の私法学者も，古代法の学問的な研究の中に，近代的な実務的必要への適合を注意深く行っていたのである。概念法学も，まったく価値の選択をしなかったというのは誤謬であり，ただその外形を欠いただけである。プフタは，とくにパンデクテン・テキストにおいて，裁判官に対して，理性的かつ適用可能な私法を示した。そして，古代法が不明確か変更の必要のある場合には，立法も補助的に用いられた。

すでに，1871年のドイツ統一の成立前から，国民国家のための私法を形成することが問題であった（サヴィニー・ティボー論争)。民族精神は，当初はティボーの統一法典論（当時であれば，そのモデルは必然的にフランス民法典となっていたであろう）を阻止するものであったが，1848年後は，国民国家のための学問的な立法プログラムに具体化され，1871年後には，政治的かつ法典編纂を目的とした私法によって代替されたのである(27)。

初期のパンデクテン・テキストとして，Lehrbuch der Pandekten（1838）があり，これには，後に多くの版がある。サヴィニーの著作がしばしば詳細・冗長に過ぎるのに対し，簡潔にまとまっているところに特徴がある。簡潔であるだけ，概念的な部分が目につくのである。しかし，ドイツ全土で，実務家を含め広く用いられた。実務的には，簡便なテキストとして使用しやすかったからである。また，Vorlesungen über das heutige römische Recht, Band 1.（1847), Band 2.（1848）がある。

以下の業績がある。

法学方法論に関する Grundriß zu Vorlesungen über juristische Encyclopädie und Methodologie, 1822.

慣習法に関する Das Gewohnheitsrecht, Band 1. (1828), Band 2. (1837)

ほかに，論文集である Kleine civilistische Schriften, 1851.

Einleitung in das Recht der Kirche, 1840.

Cursus der Institutionen, Bd 1. Einleitung in die Rechtswissenschaft und Geschichte des Rechts bey dem römischen Volk, 1841, Bd 2, 1842, Bd 3. 1847.

3　ティボー (Anton Friedrich Justus Thibaut, 1772. 1. 4–1840. 3. 28)

(1)　今日，ティボーは，おもにサヴィニーの対立者として記憶されている。ティボーは，1772年に，ニーダーザクセンのハーメルンで生まれ，1792年に，ゲッチンゲン大学，1793年に，ケーニヒスベルク大学，1794年から1796年に，キール大学(ここで法制史家の Niebuhr と親しくなり，博士の学位もえた)で勉学した後，イエナで短期間実務についた。1798年に員外教授，1801年に正教授となった。1802年にイエナ大学で，1805年にハイデルベルク大学で，ローマ法の教授として招聘された。

彼の主たる学問的活動の対象は，ローマ法・普通法であり，彼は，ローマ法を素材として，法律学の学問的な体系（現代ローマ法，すなわち，ドイツ法である）を樹立しようとしたのである。ドイツに民法典を制定するかとの論争，いわゆる法典論争 (Kodifikationsstreit) において，彼は，サヴィニーに反対して，肯定の立場に立った (Über die Notwendigkeit eines allgemeinen bürgerlichen Rechts für Deutschland, 1814)。サヴィニーは，そのような法典を創るべき時期になっていないとし，法律学を進展させるべきことを主張したのである(Vom Beruf unserer Zeit für Gesetzgebung und Rechtswissenschaft, 1814)。そして，今日では，サヴィニーの敵手として，この論争のみが著名である（後述(2))。上述の立法の必要性論のほか著名なパンデクテン・テキスト (System des Pandektenrechts, 1803) がある。解釈論においては，オーソドックスなパンデクテン法学者であった。

ティボーは，バーデン王国の枢密顧問官，ハイデルベルクの名誉市民となった。1805/07年と1821年には，ハイデルベルク大学の学長となった。1840年に，ハイデルベルクで亡くなった。ハッセ（Hasse, Johann Christian, 1779. 7. 24-1830. 11. 18）は，キール時代の彼の弟子である。

法律だけではなく，1824年の業績である「音楽における純粋性」(Über Reinheit der Tonkunst, 1824, 2. Aufl. 1826）において，彼は，教会音楽におけるいわゆる濫用(angebliche Missbräuche)に反対し，古典的な音楽家であるGiovanni Pierluigi da Palestrina, Tomás Luis de Victoria und Orlando di Lassoの立場に帰ることを求めた。この主張は，広く受け入れられ，ツェツィーリア主義（Cäcilianismus）の基礎となった(28)。

(2) 1804年のフランス民法典は，おりからナポレオン戦争によって，ヨーロッパ諸国に輸出された。被征服国には押しつけられたのである。1814年は，ナポレオンの没落の年であるが，この時期に，ドイツに民法典を導入しようとすれば，それは，必然的にその模倣の域を出なかったであろう。ドイツには，すでに，ライン左岸にナポレオン法典が直接適用され，それはライン・フランス法の領域として戦後も維持された。また，フランス民法典と実質的に異ならないバーデン民法典も施行されていた。他国でも，オランダやイタリア諸国，ポーランドのように，フランス民法典を微修正したり，そのまま利用している例も多かったのである。

サヴィニーの反対は，法典論争にある通りであるが，より実践的な理由としては，彼の貴族的な精神が，フランス革命の産物であるフランス民法典を受容しなかったのである。実際問題としても，プロイセン一般ラント法典(1794年)，オーストリア一般民法典（1811年）は制定後間もなかったし，政治的には，プロイセンやオーストリアによって，フランス民法典の精神を受容されるはずもなかったのである。法技術的な側面としては，フランス民法典には，フランス慣習法に由来する規定が多く，むしろゲルマン法的であり，その性格は必ずしもラテン的ではない。ローマ法に由来する普通法の性格に対立するものでもあり，法理による自由な体系の構築の道も狭くなるのである。

第3章 法学者の系譜
——19世紀の初頭（Hugo, Weiß, Gans, Goschenほか）

1 序

(1) 以下の第3章では，18世紀末から19世紀前半にかけての法学者を検討する。サヴィニー（Friedrich Carl von Savigny, 1779. 2. 21-1861. 10. 25）の師であるWeiß，その師であるHöpfner，あるいは，サヴィニー，広くは歴史法学の先駆者とされるHugoなどである。

サヴィニー自身の弟子については，間接的な者まで含めれば，歴史法学派の多数を占めるともいえるので，若干の者を検討するにとどめる。Göschen, Hasse, Böckhなどである。

ティボーやガンスは，サヴィニーの敵対者と位置づけられている。もっとも，その意味は異なり，前者は法典論争において，後者は，理論というよりも19世紀の大学政策と学内政治においてである。

また，ベルリン大学における彼の講座の後継者は，いずれも彼よりも早くに亡くなったが，Puchta, Kellerがいる。その後，その講座を引き継いだのは，Brunsであった。ほかに，ベルリン大学の教授のうち，他の場所でとりあげないRudorffをとりあげる。彼は，ゲッチンゲンのJheringの師であり，また，ベルリン大学では，Dernburgの先任者であった。Perniceは，今日では，ローマ法で知られている。Dernburg, L. Goldschmidt, Kohlerなどは，別の機会に紹介したことがあるので，以下ではとりあげない。また，より若い教授であるM. Wolff, Rabelや，Titze, Heymannなども，別にとりあげる。キール学派に属するSiebert, Hedemannなどについては，簡単にとりあげるにとどめる。

Ubbelohdeは，サヴィニーと直接関係はなく，Weißと同様に，マールブルク大学の教授であるが，歴史法学のうち，古い手法を受け継いでいる。やはりWeißと同じく，長くマールブルク大学にとどまった(29)。

(2)　この第3章で言及されるのは，以下の者である（第2章の者も一部含む）。

Bauer（1772. 8. 16-1843. 6. 1）は，Savignyの刑法の師である。

Bekker（1827. 8. 16-1916. 6. 29）は，ハイデルベルク大学で，Thibautの後継である。

Böcking（1802. 5. 20-1870. 5. 3）は，ベルリン，ボン大学教授。

Böckh（1785. 11. 24-1867. 8. 3）は，ハイデルベルク，ベルリン大学教授。

Bruns（1816. 2. 16-1880. 9. 10）は，ベルリン大学で，Kellerの後継。

① J. Göschen（1778-1837）は，②の父，神学者のAdolf Göschenの父でもある。サヴィニーの初期の弟子である。② Otto Göschen（1808-1865）は，①

の息子で，ハレ大学教授。

Gans（1798. 3 . 22–1839. 5 . 5 ）は，ベルリン大学教授で，サヴィニーの敵対者。

Hasse（1779. 7 . 24–1830. 11. 18）は，ベルリン，ボン大学の教授。

Hölder（1847. 11. 27–1911. 4 . 14）は，ライプチッヒで，Windscheid の後継である。本稿では立ち入らない。

Höpfner（1743. 11. 3 –1797. 4 . 2 ）は，ギーセンで，Weiß の師。ヘッセンの立法関係者でもある。

Hugo（1764. 11. 23–1844. 9 . 15）は，ハレ，ゲッチンゲン大学教授，Savigny の先駆者。

Keller（1799. 10. 17–1860. 9 . 11）は，Puchta の後継である。本稿では立ち入らない。

Pernice（1841. 8 . 18–1901. 9 . 23）は，ベルリン大学のローマ法教授。

Puchta（1798. 8 . 31–1846. 1 . 8 ）は，第2章で扱った。

Rudorff（1803. 3 . 21–1873. 2 . 14）は，イェーリングの師であり，ベルリン大学教授。

Savigny（1779. 2 . 21–1861. 10. 25）は，第2章で扱った。

Seuffert（1843–1920）は，ギーセン大学教授で，ドグマ史で著名。

Thibaut（1772. 1 . 4 –1840. 3 . 28）は，第2章で扱った。

Ubbelohde（1833. 11. 18–1898. 9 . 30）は，マールブルク大学教授。

Weiß（1776. 4 . 15–1808. 11. 23）も，マールブルク大学教授で，サヴィニーの師である。

Windscheid（1817. 6 . 26–1892. 10. 26）は，本稿では立ち入らない。

2　ヘプナー（Ludwig Julius Friedrich Höpfner, 1743. 11. 3 –1797. 4 . 2 ）

(1)　ヘップナーは，1743年，ギーセンで生まれた。ヘッセンの古い学者の家系であった。父は，ギーセン大学の法学教授の Johann Ernst Höpfner であり，母方の祖父も，法学教授 Johann Friedrich Wahl であった。彼の活躍した時代は，ちょうど理性法にもとづく立法の時代であり，ALR の刑法部分の起草者クライン（Ernst Ferdinand Klein, 1744. 9 . 3 –1810. 3 . 18）や，コード・シヴィルの起草者の1人ポルタリス（Jean- Etienne-Marie Portalis, 1746. 4 . 1 –1807. 8 . 25），ABGB の起草者のツアイラー（Franz Anton Felix Edler von Zeiller, 1751. 1.14–1828. 8.23）などと生年も近い。ただし，ヘップナー自身は，活躍地が小ラントであったことと，比較的早くに53歳で死亡したことから，あまり知られていない。

1767年に，カッセルのCollegium Carolinumの教授となり，1771年からは，ギーセン大学の自然法，法史の正教授であった。1786年ごろ，のちにサヴィニーの師となったヴァイス（Weiß, Philipp Friedrich, 1776. 4.15–1808.11.23）を教えた。1781年に，ダルムシュタットの上級控訴裁判所判事（Oberappellations-Gerichtsrat）となった。ダルムシュタットの枢密裁判所顧問（Geheimer Tribunalrat）ともなった。ただし，裁判官としての裁判実務に携わることはせず，もっぱらHessen-Darmstadt侯国の立法作業に従事し，ラント立法の統一に携わった。

卓越した著述家であり，ゲーテとも親交・文通があった。ゲーテは，彼を法律家としてみずからが要職にあったワイマール侯国に招聘しようとしたが，ヘップナーは，これを断った。1797年，ダルムシュタット（フランクフルトの近郊。ヘッセンの一部である）で亡くなった(30)。

(2)　19世紀初頭の民法学の状況を整理した著作がある。

Theoretisch praktischer Commentar über die Heineccischen Institutionen nach der neuesten Ausgabe, 8. Aufl.(berichtigt, auch mit Anmerkungen und Zusätzen vermehrt von Adolph Dietrich Weber), 1833.

近代のドイツの大学で，初めてドイツ語で講義をしたのは，ハレ大学のトマジウスであったが，ヘップナーの著作は，ドイツ語で書かれた最初の民法のテキストの1つとなった。まだ，ラテン語で書かれたものだけが学問的であるという時代であった。サヴィニーが初めて，ヘップナーの先見性を評価した。ちなみに，ローマ法をドイツ語に翻訳することを早くに主張したのは，マインツ侯国の法律顧問官であり哲学者のLeibniz（1646–1716）であった。

ヘップナーのテキストは，当時の学問水準からすると，民法学者のする最上の成果であり，その後も，歴史法学の登場するまで，最上の民法テキストとしての地位を保った。

ほかに，自然法に関する著作がある。Naturrecht des einzelnen Menschen, der Gesellschaften und der Völker（J. C. Krieger. 2, verbesserte Aufl., 1783).

3 フゴー（Gustav von Hugo, 1764. 11. 23–1844. 9. 15）

(1) フゴーは，1764年に，バーデンの南西Lörrach（Freiburgの南）で生まれた。父は，カールスルーエ（バーデン大公国）の枢密顧問官（Geh. Regierungsrat）Michael（1718–1799），母は，Sophie（1725–1784）であった。パンデクテンの詳細な体系を著したグリュック（Christian Friedrich von Glueck, 1755. 7. 1–1831. 1. 29）よりも，9年若い。

カールスルーエのギムナジウムに通い，1782年から，ゲッチンゲン大学で法律学を学んだ。1785年に，法学部の賞をうけた。Leopolds von Anhalt-Dessau（1676–1747）から王子の教育係に任じられた後，1788年に，ハレ大学で学位をえた。同年，ゲッチンゲン大学で員外教授となり，1792年に，正教授となった。

Beiträge zur civilistischen Bucherkenntniss（3 Bde., 1828/29/44）の序文に，ゲッチンゲンにおいて民法を教えた時代（1788－1817年の30年間）の状況が述べられている（Göttinger Gelehrten Anzeigen）。フゴーは，グリム兄弟と親交があり，友好的な通信文が残されている。1844年に，ゲッチンゲンで亡くなった(31)。

(2) 主著は，7巻からなる民法テキストLehrbuch eines civilistischen Cursus（7 Be., 1792–1821）であり，そこでは，彼の方法論が実現されている。全法律学に関する概観であり，自然法は，実定法の哲学と位置づけられている。そして，現存するローマ法の法文とゲルマン法の要素を，実用的な利用のために批判や区別もなしに織り込み，融合させることからは，歴史的な真実に達することはできず，こうした方法が人によって行われると，欠陥が生じざるをえないとする。すなわち，ローマ法の歴史的な位置づけを重視し，ゲルマン法との峻別をも述べたのである。こうして，フゴーは，歴史法学派，サヴィニーの先駆者と位置づけられるが，サヴィニーより1世代早く，サヴィニーの師であるヴァイス（Philipp Friedrich Weiss, 1766–1808）と，同時代人である。

ほかに，Lehrbuch der Geschichte des Römischen Rechts bis auf Justinian, 10. Aufl., 1826.（1. Aufl., 1790）.

Zivilistische Magazin（6 Bd., 1790–1837）.

Jus civile Antejustinianeum, 1815などがある。

最後のものは，ローマ法の著作であり，ユスティニアヌス期までの法源の総括であり，今日でも，法史的研究に不可欠のものである。

4　ヴァイス（Philipp Friedrich Weiß, 1766. 4. 15-1808. 11. 23）

ヴァイスは，1766年に，ヘッセン南部のダルムシュタットで生まれた。生年は，政治家でありベルリン大学の開設の功のあったフンボルト（Wilhelm von Humboldt, 1767-1835）と近い。ギーセン大学で，Koch と Höpfner から学び，フランス革命勃発の1789年に，マールブルク大学で員外教授，1798年に正教授となった。1808年に，そこで亡くなった。まだ，41歳であった。

彼は，18世紀の意味での最後の典雅（elegant）法律学者であった。業績は少ないが，正確であり，この学派の正確さのモデルとなっており，やや中世的な法律学の態度を現している。

主著は，Historiae Novellarum litsrariae Particula I periodum antehaloandrinam complexa（Marburg 1800）である。同書は，Fr. Aug. Biener の Geschichte der Novellen（Berlin 1824）に引用され，使用されている。もっとも，ヴァイスの名は，サヴィニーの師となったことで不朽のものとなった。歳はそれほど異ならないが，サヴィニーは，彼の中世的な法史研究によって少なからず影響をうけている。ただし，ヴァイスは，フゴー（Gustav von Hugo, 1764. 11. 23-1844. 9. 15）のような変革者ではなかったことから，サヴィニーの先駆者とはなりえなかった。また，Savigny の刑法の師は，Bauer（1772. 8. 16-1843. 6. 1）である（1812年に，ゲッチンゲン大学教授）(32)。

以下の業績がある。Sorgsame Lebensbeschreibung und genaues Schriftenverzeichniß v. Wachtler, Intelligenzblatt der Jenaischen Allg. Lit.-Ztg. v. 1809, Nr. 6, S. 41；Hamberger. Meusel, Gelehrtes Teutschland, (5. Ausg.) 8, 406；10, 806；16, 174；Haubold, Institutiones literariae, S. 367（Nr. 241b).

5　ガンス（Eduard Gans, 1798. 3. 22-1839. 5. 5）

ガンスは，サヴィニーとの関係では，従来むしろその敵対者としてとらえられている。彼は，1798年にベルリンで生まれた。父の Abraham Isaak（1770年ごろ－1825年以前）は，ベルリンの大商人で銀行家であった。大臣の Karl August Fürst von Hardenberg の財政顧問でもあり，改革派のユダヤ人であった。従兄弟に，化学者の Leo Ludwig Gans（1843-1935）がいる。

ベルリンの Grauen Kloster ギムナジウムを出て，1816年から，ベルリン，ゲッチンゲン，ハイデルベルクの各大学で学び，1819年に，ハイデルベルク大学でローマ債務法で学位をえた（成績は，トップクラスの優等Summa cum laude)。ティボー（1805年からハイデルベルク大学教授）とヘーゲルが師であった。同年，Leopold Zunz と Moses Moser とともに，ユダヤ人の文化・学術協会（Verein für Cultur und Wissenschaft der Juden）を設立し，1821年から24年はその長もした（1825年に解散)。1820年にベルリンに戻り，ベルリン大学でもヘーゲル（1818年にベルリン大学に移籍）に学んだ。

1812年に，プロイセンでユダヤ人の解放が行われたが（Emanzipationsedikt, 1812)，公職に就くことは制限されていた。例外的に，1822年の王令によって，とくに能力ある学者が正式に大学の教授職につくことが可能となった。ガンスの運動によるものであり，Lex Gans といわれる。1825年に，プロテスタントに改宗した。

この間，長くパトロンの援助と奨学金で生活したが，1825年，ベルリン大学の私講師，1828年に員外教授となり，じきに正教授となった。1832年には，法学部長となった。ヘーゲルの熱烈な支持者であり（のちにヘーゲル全集を公刊)，サヴィニーの痛烈な反対者であった。サヴィニーに反対する立場にもかかわらず，ベルリン大学に籍をおいたのである。この間の事情について，ウィーン体制による反動化が大学の学部人事の形骸化をもたらし，プロイセンの文化省の高官アルテンシュタイン（Karl Sigmund Franz Freiherr vom Stein zum Altenstein, 1770. 10. 1-1840. 5. 14）がヘーゲルをベルリン大学に押しつけ，さらに，法学部にもヘーゲルの弟子としてガンスを送り込んだとされる(33)。ガンスは，他の教授と衝突することも多かったが，講義は学生に好まれ，ときには1000人もの学生がつめかけた。1836年の聴講者の中には，Karl Marx もいた。

1839年に，ベルリンで亡くなり，その墓は，ベルリンの Dorotheenstädtischer Friedhof にある。ようやく40歳をすぎたばかりであった。その後半生は，フランス革命後の反動の時代（ウィーン体制，メッテルニヒの失脚が1848年）であった。

その著 Beiträge zur Revision der Preußischen Gesetzgebung, 1830/32. insgesamt 31 Beiträge においても，全体を通じて，サヴィニーの System des heutigen römischen Rechts を批判している。

私法関係でも，Ueber Römisches Obligationenrecht insbesondere über die

Lehre von den Jnnominatcontracten und dem jus poenitendi, 1819がある。無名契約の理論である。ハイデルベルク大学の学位論文である。

また，比較法学（Vergleichende Rechtswissenschaft）の創始者であり，その著 Das Erbrecht in weltgeschichtlicher Entwicklung（4 Bde. 1824/1835）は，未完であるが，外国語にも翻訳されている(34)。

6　ゲッシェン（Göschen）親子

①　J・ゲッシェン（Johann Friedrich Ludwig Göschen, 1778. 2. 16–1837. 9. 24）は，②の父，神学者の Adolf Göschen の父でもある。

J・ゲッシェンは，1778年に，バルト海奥地のケーニヒスベルクで生まれた。ハイゼ（Georg Arnold Heise, 1778. 8. 2–1851. 2. 6）と同年の生まれであり，サヴィニーより1年年長である。

マグデブルクの聖堂付属学校で学び，1794年から，ケーニヒスベルク大学（Albertina）で，1796年から98年には，ゲッチンゲン大学で法律学を学んだ。しかし，彼は，自然科学や経済学に興味をもった。Grafen von Veltheim bei Helmstädt の領地にとどまり，1800年には，ケーニヒスベルクの近郊に農場を買った。しかし，1804年に，農場を手離すことになり，マグデブルクにいって，司法研修をうけた。

1806年に，ベルリンにいったおりに，サヴィニーと法制史家の Niebuhr（1776. 8. 27–1831. 1. 2）から，また法律学を学んで刺激をうけた。サヴィニーの初期の弟子となった。1811年に，サヴィニーのもとで学位をえて（ハビリタチオンは，ベルリン大学の第3号である），同年員外教授，1813年に，正教授となった。1815年に，サヴィニーやアイヒホルンとともに，雑誌（Zeitschrift für geschichtliche Rechtswissenschaft）を出した。Niebuhr によって発見されたガイウスの手稿（1816年，ヴェローナで発見）の解明と公刊のために，サヴィニーの発案により，古典語学者でロマニストの Immanuel Bekker（1785–1871）などとともに1817年に，ベルリン・アカデミーを創設した。

その成果として，最初のガイウスの法学提要の版である Gaii Institutionum commentarii IV, 1820が出された。これは版を重ねている（2. Ausg. mit Benutzung von F. Bluhme's Revision 1824；3. Ausg. von K. Lachmann 1842）。

1822年に，法律学の正教授，および語学大学（Spruchcollegium, これは実質的には教養部である）の員外教授として，ゲッチンゲンに招聘され，1828年に，宮廷顧問官となった。1829年には，語学大学の正教授ともなった。1833年に，定年。1837年に，ゲッチンゲンで亡くなった。

彼の残した文書は，A. Erxlebenによって，Vorlesungen über das gemeine Civilrecht (1838-40), 3 Bde. in 5 Abtheilungen; 2. Aufl. 1843として公刊された(35)。

② O・ゲッシェン (Otto Göschen, 1808. 7. 10-1865. 9. 30) は，1808年に，ベルリンで生まれた。著名なパンデクテストのファンゲロー (Karl Adolph von Vangerow, 1808. 6. 15-1870. 10. 11) と同年の生まれである。① Johann Friedrich Ludwig Göschen (1778-1837) の息子である。ゲッチンゲン大学で法律学を学び，短期間，弁護士をしたが，ゲッチンゲン大学の図書館で助手をし，1832年に，学位をえた (De adquisitione per eum qui serviat zum Doktor des Rechts)。1833年に，ベルリン大学でハビリタチオンを取得し (ハビリタチオン第18号)，1839年に，員外教授となった。

バーゼル大学の招聘を断り，1841年に，ハレの語学大学 (Spruchcollegium), 1844年に，ハレ (Halle-Wittenberg) 大学でカノン法・ドイツ私法の正教授となった。管理職をし，1860/61年には，学長にもなった。

文献学的領域での功績が大きく，多くの手稿の公刊をし，また，プロテスタント神学事典 (Realenzyklopädie für protestantische Theologie und Kirche) 初版において，夫婦 (Ehe) の項目を執筆した。プロイセン文化大臣のアイヒホルン (Johann Albrecht Friedrich von Eichhorn) の娘Annaと結婚した。1865年に，ハレ (Saale) で亡くなった(36)。

以下の著作がある。

Die goslarischen Statuten, 1840.

Das sächsische Landrecht nach der Quedlinburger Pergamenthandschrift, 1853.

Doctrina de matrimonio ex ordinationibus saec. XVI. adumbrata, 1847.

Doctrina de disciplina eccles. ex ordinationibus saec. XVI. adumbrata, 1859 Art. „Ehe" in Herzog's Realencyklopädie III. 666 ff.

7　ハッセ (Johann Christian Hasse, 1779. 7. 24-1830. 11. 18)

ハッセは，1779年7月24日に，キールで生まれた。サヴィニー (Friedrich Karl von Savigny, 1779. 2. 12-1861. 10. 25) と同年である。キール大学で法律学を学び，その師は，ティボーであった。1805年に私講師となった。1811年に，学位を取得し，イエナ大学で正教授となった。また，同地の高裁判事（Oberappellationsrat）ともなった。

1813年に，ケーニヒスベルク大学に招聘され，1818年に，サヴィニーにより，ベルリン大学に招聘された。しかし，短期間とどまったのみで，1821年には，再建されたボン大学に移籍した。1830年11月18日に，ボンで亡くなった。

ハッセは，サヴィニーを「師であるとともに，友人」としている。サヴィニー雑誌の熱心な寄稿者でもあった。しかし，必ずしも歴史法学の信奉者ではなかった。そこで，ベルリンには長くとどまらなかったのである。また，キール時代の師であったティボーに親しかった。

その主著は，Die culpa des römischen Rechts, 1838. である。初版は，ベルリンでの活動の3年前に出た(37)。

8　ベッチュ（August Böckh, 1785. 11. 24–1867. 8. 3）

ベッチュは，1785年に南ドイツのカールスルーエで生まれた。家族の宗旨は，プロテスタントであった。J・グリム（Jacob Grimm, 1785. 1. 4–1863. 9. 20）と同年の生まれである。ハレ大学において，Schleiermacher から哲学を学んだ。1807年に，学位をえた。ハイデルベルク大学で，ハビリタチオンを取得し，員外教授となった。ハイデルベルクでは，古典主義者のサークルに入り，Brentano や Tieck などと知り合い，1809年に，ハイデルベルク大学で，正教授となった。1811年に，ベルリン大学に招聘され，サヴィニーと同僚となった。ベルリンでは，Wilhelm von Humboldt とともに仕事をした。学術アカデミーの必要性を主張した。ベルリンでは，作曲家のメンデルスゾーン（Felix Mendelssohn, 1809–1847）の家族とも親しくなった。彼は，ギリシア研究者（Gräzist）でもあり，当時盛んであった歴史・古典研究に積極的に携わった。今日では，古典学者として知られている。主著の1つが，アテネの国家予算に関するものである。

Die Staatshaushaltung der Athener, 2. Aufl., 1851. その中では，たんにアテネの予算管理だけではなく，アテネの全経済生活が検討されている(38)。

9　ベッキング（Eduard Böcking, 1802. 5. 20–1870. 5. 3）

ベッキングは，1802年に，モーゼルのTrarbachで生まれた。シュタール（Friedrich Julius Stahl, 1802. 1. 16–1861. 8. 10）やキルヒマン（Julius Hermann von Kirchmann, 1802. 11. 5–1884. 10. 20）と同年の生まれである。

1816年から，ハイデルベルク，ボン，ベルリンの各大学で法律学を学んだ。ベルリンではサヴィニーからも学んだ。1822年に，ゲッチンゲン大学で，Hugoの下で学位をえた。1826年に，ベルリン大学でハビリタチオンを取得し（ハビリタチオン第16号），私講師となった。1829年初頭に，員外教授となり，秋には，ボン大学に移籍した。1835年に，ボン大学で，ローマ法の正教授となった。1870年に，ボンで亡くなった。

おもな活躍地は，ボンであったが，歴史法学の重要な一員となった。主著は，パンデクテンに関する著作である。ただし，普通法の導入部と私法の要件論や法的主体までである(39)。

Pandekten des römischen Privatrechts aus dem Standpunkte unseres heutigen Rechtssystems oder Institutionen des gemeinen deutschen Civilrechts, 2. Aufl., 1853/55.

10　ルドルフ（Adolf August Friedrich Rudorff, 1803. 3. 21–1873. 2. 14）

ルドルフは，1803年に，ハノーバーのMehringenで生まれ，ベルリン大学ほかで，Karl Friedrich Eichhorn, Ribbentrop, Friedrich Carl von Savignyなどに学んだ。1825年に，ハビリタチオンを取得し（ベルリン大学の第13号である），私講師となった。1829年には，ベルリン大学の員外教授になり，1833年に正教授となった。イェーリングは，1843年に，ベルリン大学において，彼のもとで学位をうけた（遺産占有に関するDe hereditate possidente）。ちなみに，イェーリングの学位授与は，1843年であるが，Dissertationの授与番号はベルリン大学の法学部31号にすぎなかった。1811年の1号（Karl Mehring）から，32年もたっていたことから，当時のベルリン大学では，おおむね年に1人しか授与されなかったということになる。

ルドルフは，死の前年である1872年まで講義をした。1852年に，枢密顧問官となり，1860年には，ベルリン・アカデミーの会員となった。1873年に，ベルリンで亡くなった。デルンブルクはその講座の後継である。

多くの論文のほか，プフタやサヴィニーの著作の新版を出した。今日では，解釈学では，あまり知られておらず，イェーリングの師であることと，ローマ法関係の著作によって著名である[40]。

Das Recht der Vormundschaft. 2. Bde. 1832/34.

Römische Rechtsgeschichte. 2 Bde. 1857/1859.

Edicti perpetui quae reliqua sunt. 1869.

Friedrich Bluhme, Karl Lachmann, Theodor Mommsen とともに，ローマの測量師（Die Schriften der römischen Feldmesser, 2 Bde., 1848–1852）に関する著作を出した。1842年から，史的法律学雑誌（Zeitschrift für geschichtliche Rechtswissenschaft）を出した。1861年に，法史雑誌（Zeitschrift für Rechtsgeschichte, のちの Zeitschrift der Savigny-Stiftung für Rechtsgeschichte, 現在の Zeitschrift für geschichtliche Rechtswissenschaft）をも創刊した。

来日したお雇い外国人のルドルフ（Otto Rudolff）との関係は不明である。日本の裁判所構成法は，1890（明23）年に，ドイツの裁判所構成法をモデルに成立した（1877年裁判所構成法＝発効は1879年。1879年，ライヒ大審院の設立）。お雇い外国人 Otto Rudolff によるものである。

11　ブルンス（Karl Eduard Georg Bruns, 1816. 2.16–1880. 9.10）

(1)　ブルンスは，1816年2月26日に，Helmstedt で生まれた。国法学者のグナイストと同年の生まれである。父の Johann Georg Theodor Bruns も法律家であり，区裁判所部長，枢密顧問官，ヘルムステットやハレ大学の教授であり，旧約聖書のヘブライ語手稿の発見や刊行をなした。母は，Friederike（geb. Köppen）であった。

1834年に，ゲッチンゲン大学で法律学を学び，そこで，歴史法学派やサヴィニーの先駆者といわれるフゴー（Gustav Hugo）と知り合ったが，その学風はあまり評価しなかった。おもに実証主義者である Mühlenbruch の授業をとった。1836年に，ハイデルベルク大学に転じ，チュービンゲン大学でも学んだ。そこでは，法学部の賞をとり，1838年に，学位をえた。1839年に，ベルリン大学でも1年間サヴィニーやヘーゲルから学んだ。

1840年に，チュービンゲン大学で私講師となった。1844年に，員外教授となり，1849年に，ロシュトック大学で，正教授となったが，1851年に，ハレ大学の語学大学（Spruchkollegium）に移った。1859年に，チュービンゲン大学に招聘され，さらに，1861年に，Keller の後任として（つまり，サヴィニーの講座の後継である。Savigny → Puchta → Keller → Bruns)，ベルリン大学に招聘された。1880年9月10日に，ベルリンで亡くなった。

哲学的な教育をうけたおかげで，ローマ法と古典およびゲルマン法の包括的な知識を有しており，これは，彼の研究に役立った。哲学的な正確さや歴史的見地に裏付けられた明確なドグマで知られ，さらに実務の実体法にも訴訟法の問題にも配慮がゆきとどいたものと評された(41)。ラーベルと同時代人の公法学者 Bruns との関係は不明である。

以下の業績がある。

Das Recht d. Besitzers im MA u. in d. Neuzeit, 1848.

Die Besitzklagen d. röm. u. heutigen Rechts, 1874.

Fontes juris Romani antiqui, 1860（bearb. v. O. Gradenwitz), 1909.

Kleinere Schrr., 2 Bde., 1882（mit Vorwort seines Sohns Ivo).

Acta nationis Germanicae universitatis Bononiensis, 1887.

雑誌 Zs. f. Rechtsgesch.,（1880年に，ZSRG）や，Syr.-röm. Rechtsbuch aus d. 5. Jh., 1880を共同編集している。

(2)　公法学者のブルンス（Viktor Bruns, 1884. 12. 30–1943. 9. 18）は，1884年に，チュービンゲンで生まれた。父は，チュービンゲンの外科医(Chirurg) Paul であった。母 Marie は，大学理事 Carl Heinrich Weizsäcker の娘であった。ブルンスは，チュービンゲン大学とライプチッヒ大学で法律学を学び，1908年に第一次国家試験に合格し，1910年に学位をえた。1910年に，ジュネーブ大学で，員外教授となり，フランス語を学んだ。1912年に，ベルリン大学の員外教授となり，1920年には，正教授となった。第一次世界大戦では，シュトットガルトで，軍団司令部の非軍事部門員（Zivilreferent）として働いた。

1924年から，カイザー・ウイルヘルム財団の外国公法・国際法研究所（Institut für ausländisches öffentliches Recht und Völkerrecht）を創設し，所長となった。1933年以後は，ナチス法律家連盟(Bund Nationalsozialistischer Deutscher Juristen）に属した。1934年には，フランクの創設したドイツ法アカデミーでも国際法部会長となった。

彼は，国際仲裁裁判所（Internationaler Schieds- od. Gerichtshof）では，ドイツの代表となった。ハーグの常設仲裁裁判所の裁判官も勤め，多くの事件に関与した。第二次世界大戦の勃発後には，ベルリンの捕獲審判所(Oberprisenhof）の裁判官にもなった。1943年に，ケーニヒスベルクで亡くなった。プロテスタントであった。ベルリン大学の後継は，Carl Bilfinger である[42]。

12　ペルニス（Lothar Anton Alfred Pernice, 1841. 8. 18-1901. 9. 23）

ペルニスは，1841年に，Saale 河畔のハレで生まれた。その名からわかるように，1735/40年に，イタリアからドイツに移住した家族の出である（Marchesi Pernice de Penta de Casinca）。父の Ludwig（1799-1861）は，ハレ大学の国法学の教授であり，評議員でもあった。母 Auguste は，ハレ大学の学長もした神学部教授 August Hermann Niemeyer（1754-1828）の娘であった。

哲学と法学を，ハレ大学，ゲッチンゲン大学，チュービンゲン大学で学んだ。1862年に，ハレ大学で哲学博士となり，1863年に法学博士となった。1866年のプロイセンとオーストリアの戦争に参加したのち，ハレ大学で教授資格をえて（Bemerkungen zur lex Aquilia, 1867），1867年に私講師となった。ついで，そこで，1870年に員外教授，1871年にローマ法の正教授となった。ただし，刑法の講義負担があったことから，1872年，グライフスヴァルト大学の正教授となった。ブレスラウ大学の招聘を断り，1877年には，ふたたびハレ大学に移り，1881年には，T・モムゼン（Theodor Mommsen, 1817. 11. 30-1903. 11. 20）の近くにいくことを希望し，ベルリン大学に移った。1884年に，ベルリンの学術アカデミーの会員ともなった。1901年に，ベルリンで亡くなった[43]。

今日では，彼は，民法というより古典ローマ法学者として名高く，業績上もその分野のものが引用されるにとどまる。上述のハビリタチオン論文も，アクィリア法の研究である。

Zur Lehre von den Sachbeschädigungen nach römischem Rechte, 1867.

Labeo: Römisches Privatrecht im 1. Jahrhundert der Kaiserzeit, 5 Bde. [I. 1873; II. 1878; II/1. 1895; II/2. 1900; III/1. 1892], Halle 1873 1900 (ND Aalen 1963). 同書は，5巻にもなる詳細な古典ローマ法の研究であるが，民法の解釈学的問題をも扱っている。タイトルのラベオ（Marcus Antistius Labeo）は，元首制の初期の時代の法学者でり，アウグストゥスの時代に，コンスルの職を拒絶したと伝えられている。多数の著作を著し，プロクルス学派の祖ともいわれる。

また，名著 Geschichte, Alterthümer ud Institutionen des Römischen Rechts im Grundrisse. 2., umgearbeitete und mit einer Chrestomathie von Beweisstellen vermehrte Auflage. Halle, Gebauer, 1824. VI, 395 S. がある。

13　ウベローデ（August Ubbelohde, 1833. 11. 18–1898. 9 . 30）

ウベローデは，1833年に，ハノーバーで生まれた。父は，上級財務官（Oberfinanzrat）であった。ゲルマニストのホイスラー（Heusler, 1834–1921）の生まれた前年であった。

ハノーバーの実務ギムナジウム（Realgymnasium）を出て，1848年から51年，上級ギムナジウム（Lyzeum）にいった。1851年から，ゲッチンゲン大学，ベルリン大学，さらに，ゲッチンゲン大学で法律学を学んだ。1854年に，第一次国家試験に gut の成績で合格し，Lauenstein の区裁判所で，修習生（Auditor）となった。さらに，Lüneburg の区裁判所とゲッチンゲンの区裁判所にも勤務した。1856年に，ゲッチンゲン大学で学位をえて（mit Auszeichnung），1857年に，相殺に関する研究でハビリタチオンを取得し（Ueber den Satz : Ipso jure compensatur. Eine Untersuchung aus dem römischen Recht, 1858.），ローマ法と農業法の私講師となった。1862年に，員外教授となった。

1865年に，マールブルク大学で正教授となった。そこに，33年間勤め，その間，大学裁判官（Universitätsrichter）や1871年から1898年には，プロイセンの上院で，大学の代表となった。1898年に，マールブルクで理事（Senior）のまま亡くなった。1886年に，枢密顧問官となった。

彼は，古いローマ法を志向する歴史法学派の最後の代表者とされている（Stinzing-Landsberg）。歴史法学そのものは，しだいに古典ローマ法への重視の姿勢を失ったからである。ゲッチンゲン大学の師の Wilhelm Francke の影響が大きい。もっとも，のちには，ハルトマン（Otto Ernst Hartmann）の影響もうけている（歴史的見地への現代的な構成）。画家の息子が１人いた。

グリュックのパンデクテン・コンメンタールを継続し（Serie der Bücher 43 u. 44, 5 Bde, Erlangen, 1889年から1896年），また，ハルトマンの著作・ローマの裁判所構成法の出版もした（Römische Gerichtsverfassung, 1886）(44)。

主著は，不可分債務に関する以下である。

Die Lehre von den untheilbaren Obligationen, 1862である。19世紀の代表的な多数当事者論であるが，なお古典法への固執が強く，解釈論は付加的にのみ論じられている。以下の構成である。

(Quellenregister, Literatur)

Einleitung

Das Recht der Römer

Recht der classischen Zeit

1. Die Unteilbarkeit bei den obligationes stircit juris

Obligationen auf Bestellung eines Rechtes

Obligationes auf ein facere

Bedingte Obligationen

2. Die Unteilbarkeit bei den freien Obligationen

Obligationes arbitrariae

Obligationes bonei fidei

Das Recht Justinians

Das heutige Recht

ほかの著作にも，解釈論というよりは，古典法の研究の性格が強い。

Über die rechtlichen Grundsätze des Viehhandels, 1865.

Erbrechtliche Kompetenzfragen, 1868.

Zur Geschichte der benannten Realkontrakte auf Rückgabe derselben Spezies, 1870.

Über die Usucapio pro mancipato, 1870.

Grundriß zu Vorlesungen über die Geschichte des römischen Privatrechts, 1881.

Über Recht und Billigkeit, 1887.（Volltext-Digitalisat von Google Books）

第4章　ベルリン大学の変遷と法学者（19世紀の後半から，Eck, Titze, Heymann, Hedemann, Siebert）

1　序

(1)　サヴィニが立法大臣となったことから，1842年から，その講座は，プフタによって引き継がれた。プフタが短期で死亡したことから，1846年には，スイス人のケラーが，ついで，1861年に，前述のブルンスが引き継いだ。ブルンスとのちに赴任したデルンブルクとは，そりがあわなかったようである。

法学者の系譜（Savignyの関係者，19世紀前半）

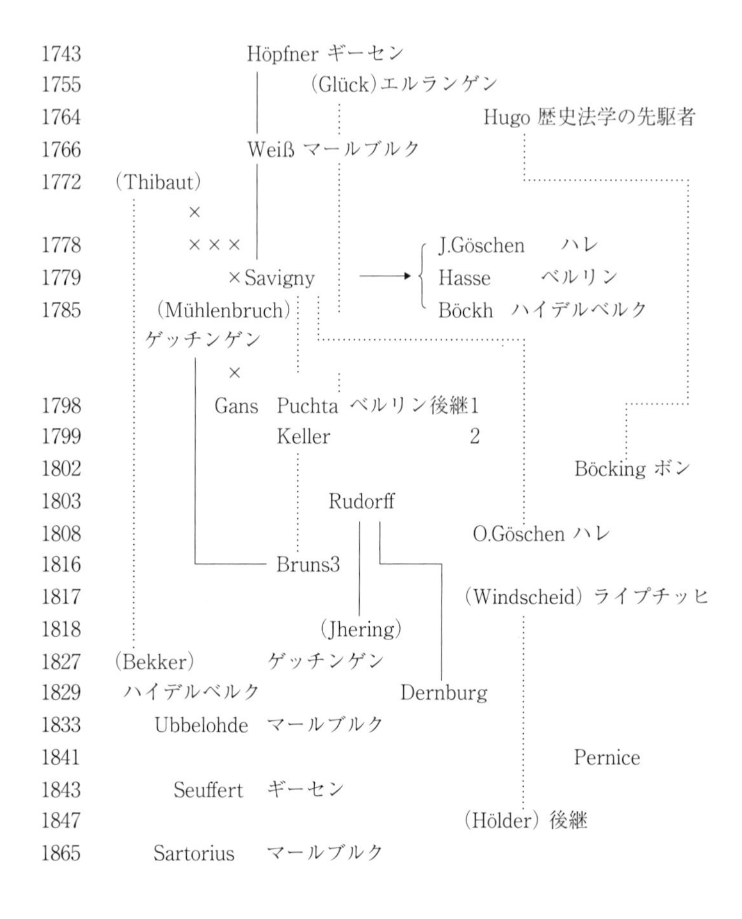

もう１つの民法講座では，1829年から，前述のルドルフがいる（正教授となったのは1833年から)。必ずしも著名ではないが，ルドルフの在任期間は長い。ルドルフの弟子には，ゲッチンゲンのイェーリングがいる。また，その後任は，1873年から，Heinrich Dernburg（1829. 3. 3-1907. 11. 23)(45)である。さらに，Theodor Kipp（1862. 4. 10-1931. 4. 2）が1901年から，Martin Wolff（1872. 9. 26-1953. 7. 20)(46)が1921年から亡命するまで，その講座を占めていた。

デルンブルクと同時代人であるLevin Goldschmidt（1829. 5. 30-1897. 7. 16）は，1875年から，新設の商法講座を占めた(47)。ドイツで最初の商法講座といわれる。前述のBrunsと同様に，Karl Eduard Georg（1816. 2. 16-1880. 9. 10）も1861年から，また，前述の，ローマ法のペルニスは，1881年から講座を占めている。

Otto Friedrich von Gierke（1841. 1. 11-1921. 10. 10）は1887年から，Josef Kohler（1849. 3. 9-1919. 8. 3）は1888年から，ベルリン大学で教えた。

1900年代の初頭に活躍した者では，民法学者のErnst Heymann（1870. 4. 6-1946. 5. 2）がおり，同人は1914年からである。不能論で名高いTitze(1872-1945)は，1920年ごろから40年ごろまでである。Joseph Aloys August Partsch（1882. 9. 2-1925. 3. 30）は，1921年からであるが，早くに亡くなった。

ユダヤ系法学者としては，前述のヴォルフのほか，James Goldschmidt（1874. 12. 17-1940. 6. 28）が，1908年から員外教授，1919年に正教授となり，ラーベル（Ernst Rabel, 1874. 1. 28-1955. 9. 27）は，1926年から教授（亡命)，シュルツ（Fritz Schulz1879. 6. 16-1957. 11. 12）は，1931年から教授（フランクフルト大学に強制移籍，亡命）であった(48)。ケメラーは，ヴォルフの下で博士論文を書き（タイトルはGesetzliche Erbfolge, 1931，成績はmagna cum laudeであった)，就職し，戦後，フランクフルト大学のHallsteinの下で，ハビリタチオン論文を書いた。Hallsteinは，ヴォルフの下で，助手をしハビリタチオンをも取得したから（Lebensversicherungsvertrag im Versailler Vertrag, Diss. 1925；Studien zum italienischen Aktienrecht, Habili. 1929)，兄弟弟子の関係にある。ただし，学位の形式上の主査（Gutachter）は，ハイマンで，ヴォルフは，副査（Korreferent）となっている(49)。時代の反映であろう。

1933年以降は，キール学派の全盛時代であり，Justus Wilhelm Hedemann（1878. 4. 24-1963. 3. 13）は，1936年から，Wolfgang Siebert（1905. 4. 11-1959.

11. 25）は，1938年から教授である[50]。

⑵ なお，第４章では，法学者個人よりも，大学全体の状況や関連する司法上の問題について，おもに言及する。個人では，エック，ティツェ，ハイマン，キール学派では，ヘーデマン，ジーベルトだけである。

2 エック，ティツェ，ハイマン，ヘーデマン，ジーベルト

⑴ エック（Ernst Wilhelm Eberhard Eck, 1838–1901. 1 . 6）は，1860年に，カノン法における刑罰の本質（De natura poenarum secundum ius canonicum, Über das Wesen der Strafen gemäß dem kanonischen Recht）に関する論文によって，ベルリン大学で学位をえて，1866年に，ハビリタチオンを取得した。

1887年に，行為基礎論で著名なエルトマンは，彼の下で，学位を取得した（Das Testamentum Mysticum, cum laude 60）。エックが，ベルリン大学教授となったのはこのころであろう。エックは，今日ではあまり知られていないが，弟子は多く，ほかにも，コーラーの息子（Kohler, Arthur, Die Resolutivbedingung, magna cum laude）や，ティツェ，ユダヤ系法学者の Nussbaum, Arthur（Haftung für Hülfspersonen nach gemeinem und Landesrecht, magna cum laude）の学位を指導している。学位の指導教授となっているのは，1899年までであり，1901年に亡くなっている。63歳にすぎず，まだ在職中であった。ルドルフと同じく，固有の研究よりも，後進の養成に貢献している。

BGB の発効前に，これに関する講演を行い，注目された（一橋法学12巻２号505頁）。ただし，発効直後に亡くなったことから，現行法の解釈論にはほとんど登場することがない[51]。

⑵ ティツェ（Friedrich Emil Heinrich Titze, 1872. 10. 23–1945. 4 . 7）は，1872年に，ベルリンで生まれた。M. Wolff, Demogue と同年の生まれである。両親とともにライプチッヒに越し（父 Adolf Titze は，出版業者），ライプチッヒ大学に入学した。Emil Strohal（1844. 12. 31–1912. 6 . 6）の影響をうけた。ほかに，Karl Binding, Wach, Bücher から影響をうけた。ハイデルベルク大学，ベルリン大学でも学び，1897年に，ライプチッヒ大学で学位をえた（Die Notstandsrechte im deutschen bürgerlichen Gesetzbuche und ihre geschichtliche Entwickelung, 成績は，magna cum laude）。1900年に，ゲッチンゲン大学で，ハビリタチオンを取得した。

1902年に，ゲッチンゲン大学で員外教授，1908年に，正教授となった。1917

年に，フランクフルト（マイン）大学に招聘され，1918年に学長となった。1923年に，ベルリン大学に招聘された。学風は，上述のStrohalのライプチッヒ学派に属する（317頁参照）。

1925/26年にベルリン大学の法学部長をしている。1929年から，ベルリン高裁（Kammergerichtsrat）の判事もしている。1938年に定年となった。第二次世界大戦終結時の1945年に73歳で亡くなった(52)。このころは，ベルリン大学でも，Siebert（1938–1945），Hedemann（1936–1946）といったキール学派全盛になっていたのである。ほかの民法学者も，Kohler（1888–1919）やKipp（1910–30, 1931年死亡）は，退職から久しく，Heymann（1914–1946）のみが残っていた。

法律行為，とくに錯誤論と債務法が主たる対象であった。今日では，不能論の大作で知られている（Die Unmöglichkeit der Leistung nach deutschem bürgerlichen Recht, Leipzig, 1900），ちなみに，この本は，父のVerlag von Adolf Titzeから出版されている。それは画期的なものではなかったが，詳細であり，当時の不能論の水準を網羅するものであった。1900年に出た，不能に関する3つのモノグラフィー，Titze（Leipzig），Kisch（Straßburg），Kleineidem（Jena）は，いずれも，内容的にはとくに革新的なわけではなかった。しかし，Titzeは必ずしも保守的というわけでもなく，それは文体や文字にも現れている。その著作はラテン文字で著され，文体も平明であったが，KischやKleineidemの著作は，いわゆるひげ文字（Fraktur）であった。

もっとも，この不能論の論文には，同時代のユダヤ系のベルリン大学教授（Rabel, M. Wolff）の著作と比較すると，これといった特徴がみられない。パンデクテン体系にそくして忠実に詳細化したにとどまり，ほぼ同年代の弁護士シュタウプ（積極的契約侵害）や，若年のラーベルの創造的役割には，遠く及ばない。たとえば，行為給付の危険負担では，古い不能説によっている。行為基礎論で名高いOertmannのような領域説や営業危険理論への貢献もみられない(53)。

また，錯誤論でも著名である（Die Lehre vom Mißverständnis. Eine zivilrechtliche Untersuchung, Berlin, 1910；Vom sogenannten Motivirrtum, 1940）。

1927年から，外国法・国際法雑誌（Zeitschrift für ausländisches und internationales Privatrecht）の共同編者となっている。

業績は多い。

Der Zeitpunkt des Zugehens bei empfangsbedürftigen schriftlichen Willenserklärungen, Jena 1904 (Iherings Jahrbücher für die Dogmatik des bürgerlichen Rechts, 47).

Familienrecht, E. de Gruyter, Berlin 1906 (Recht des bürgerlichen Gesetzbuches, Buch 4; Sammlung Göschen, 305)

Das Recht des kaufmännischen Personals, Leipzig 1918 (Handbuch des gesamten Handelsrechts, Bd. 2, Abt. 2).

Richtermacht und Vertragsinhalt, Vortrag, gehalten in der Frankfurter Juristischen Gesellschaft am 14. März 1921, Tübingen 1921.

Otto Fischer, Wilhelm Henle (Begr.): Bürgerliches Gesetzbuch. Handausgabe. Neu herausgegeben von Heinrich Titze, München, 14. Aufl., 1932.

Bürgerliches Recht: Recht der Schuldverhältnisse, Berlin 1923, 4. erw. Auflage 1932 (Enzyklopädie der Rechts- und Staatswissenschaft, Abt. Rechtswissenschaft, 8).

(3)　ハイマン (Ernst Heymann, 1870. 4. 6-1946. 5. 2) は，1870年に，ベルリンで生まれた。1889年に，ブレスラウのギムナジウムを出て，ブレスラウ大学で法律学を学んだ。F. Dahn や O. Fischer の影響をうけた。1894年に，学位を取得した(Wird nach römischem Recht die Verjährung von Amtswegen berücksichtigt?, 1895年に，改題して出版 Das Vorschützen der Verjährung)。1896年に，ブレスラウ大学で，Otto Fischer の下で，ハビリタチオンを取得した (Die Grundzüge des gesetzlichen Verwandtenerbrechts nach dem BGB für das Deutsche Reich)。当初，ゲルマニストでありながら，ローマ法の研究から出発した (たとえば，Das Mäklerrecht d. Stadt Breslau, in: Zs. d. Ver. f. Gesch. u. Altertum Schlesiens 33, 1899がある)。

1899年に，ベルリン大学の員外教授となり，1902年に，ケーニヒスベルク大学，1904年に，マールブルク大学，1914年に，ベルリン大学の正教授となった。1918年から，プロイセンの学術アカデミー会員，1926年から，哲学・歴史部会の部会長，のちにアカデミーの副会長代理，副会長 (1938年から42年) となった。ドイツ法律辞典委員会の会長もしている。1931年から1933年には，ベルリン司法協会の会長となった (Juristischen Gesellschaft zu Berlin)。解釈学では，今日残された研究は少ない。

1926年から，カイザー・ウイルヘルム協会の外国法・国際私法研究所の理事，1937年からは所長となった。ナチスに追放されたラーベルの後任であった。1944年に，研究所の疎開に従い，チュービンゲンに転居し，1946年に，チュービンゲンで亡くなった（ベルリン大学は，1938年に定年）。

ナチスの時代に，ナチスのドイツ法アカデミーにおいて法哲学部会の中心となった。1939年に，ヒトラーの50歳記念論文集の編者となった(54)。ヒトラー政権に近く，高官との交流を示す写真も残されている。

以下の業績がある。

外国法では，Englisches Privatrecht, 1904, Das ungarische Privatrecht, 1917.

商法では，Handelsgesetzbuch, 1926, Handelsrecht, 1938.

法曹養成については，Recht und Wirtschaft in ihrer Bedeutung für die Ausbildung der Juristen, Nationalökonomen und Techniker, Festgabe für Rudolf Stammler, zum 70. G, 1926, S. 205ff., S. 222f. がある。法と経済の関係につき，ローマ法，サヴィニー，イェーリングだけではなく，マルクスにも言及している。マルクの下落の時期を経ているためであろうが，概念法学への固執はみられない。20世紀の早い時期に，法律家の養成には経済学の要素が不可欠であることを主張している。逆に，国民経済学にとって法律学が，エンジニアにとって法律学と経済学が必要なことをも指摘している（S. 226, S. 228）。経済テクノクラートが念頭であろう。しかし，これらの要請が現実になるには，半世紀以上も遅れて，1990年代の経済専修法律家の養成を目的とした専門大学の設立が必要であった。

カイザー・ウイルヘルム協会の叢書の編者となっており，以下の本では，Heymann, Direktor des Kaiser Wilhelm-Instituts とあるので，Rabel の後任ということである。また，共同編者として，Hedemann, Pagenstecher, Schlegelberger, Titze がいた。

Studien zur Bedingungslehre 1. Teil Über bedingte Verpflichtungsgeschäfte, 1938.（Kaiser Wilhelm-Institut für ausländisches und internationales Privatrecht, Beiträge zum ausländischen und internationalen Privatrecht,（hrsg.）Heymann, Hedemann, Pagenstecher, Schlegelberger, Titze, Heft. 14）. 2. Teil, 1989.

記念論文集の献呈をうけている（Fests. zum 60. G, Beiträge zum Wirtschafsrecht, hrsg. v. Klausing, Nipperdey und Nußbaum, 1931； Fests. zum 70. G., 1940. いずれも２巻本）。Friedrich Klausing, Otto Prausnitz, Walter Erbe, Konrad Zweigert, Paul Neuhaus などの弟子がいる。

(4)　ヘーデマン（Justus Wilhelm Hedemann, 1878. 4 . 24–1963. 3 . 13）は，1878年にシレジアのBriegで生まれた。父は，Görlitzのラント裁判官のWilhelm（1835–1891），母は，Anne（1851–1928）であった。ライプチッヒ，ローザンヌ，ベルリン，ブレスラウの各大学で学び，1903年にブレスラウのOtto Fischerのもとで，推定に関する論文（Die Lehre von der Vermutung nach dem Recht des Deutschen Reiches）によって，ハビリタチオンを取得した。

1906年から，イエナ大学の員外教授となり，1909年には，正教授となった。また，1906年から13年には，そこの高裁の判事でもあった。1917年に，彼は，イエナ大学に経済法インスティテュート（Jenenser Institut für Wirtschafsrecht）を創設し，その所長となった。これは，Zeiss財団の援助によるものである（イエナには，Zeissの光学レンズ工場があった）。1913年の論文（Werden und Wachsen im bürgerlichen Recht）は，民法の比較法的，歴史的な研究であった。大著（Die Fortschritte des Zivilrechts im 19. Jahrhundert, I 1910, II, 1 1930, II, 2 1935）も，民法の諸制度の包括的，比較法的な研究であり，今日でも意義は大きい（パンデクテン法学上の先駆は，エンデマン（Samuel Wilhelm Endemann, 1825. 4 . 24–1899. 6 . 13）の「ローマ・カノン法における経済と法の理論の研究」（Studien in der romanistisch-kanonistischen Wirtschafts- und Rechtslehre Bd. I, 1874, Bd. II, 1883）である。別稿で扱う）。経済法や労働法の発展についても，鋭い観察をしている。1919年から，統一労働法準備委員会のメンバーとなった。

著作は多く，とくにそのテキストは，ハンディなことから広く流布した。解釈論への影響は大きい。

Schuldrecht d. bürgerl. Gesetzbuches, 1921.（のち1949年の3版がある）

Sachenrecht d. bürgerl. Gesetzbuches, 1924.

「一般条項への逃避」（Die Flucht in die General klauseln, 1933）は，ライヒ大審院の一般条項による法発展を検討したものである。

Einführung in d. Rechtswiss., 1919.

Reichsgericht u. Wirtschaftsrecht, 1929

Dt. Wirtschaftsrecht, 1939.

イエナ時代の弟子に，Hans Carl Nipperdey（1895–1968）がいる（1920年のハビリタチオン論文Kontrahierungszwang und diktierter Vertragが著名である）。

ただし，ナチスの時代の活動には疑義もあり，その影響をうける前の1920

年代までの著作の方が定評がある（上記のテキスト）。ナチスの時代に，彼は，フランク（のちポーランド総督）により創設されたドイツ法アカデミー（NS-Akademie für Deutsches Recht）において，人，社団，債務法委員会（Ausschusses für Personen-, Vereins- und Schuldrecht）の座長となった。

1936年から，ベルリン大学に移り，民法，経済法，私法史の教授となった。彼は，ここでも経済法インスティテュートの所長となった。彼は，1946年に名誉教授となり，1963年に，ベルリンで亡くなった。プロテスタントであった(55)。

1930年代のベルリン大学の民法の担当は，E. Heymann, M. Wolf, Rabel, Titzeであり，ユダヤ系のWolf, Rabelが追放された後は，1936年に，ヘーデマンが赴任し，1938年に，キール学派のジーベルト（Wolfgang Siebert, 1905. 4. 11-1959. 11. 25）が赴任したのである。ヘーデマンは，必ずしもキール学派というわけではなかったが，こうした経歴から，キール学派に接近したのである。好意的な評価では，ヘックやシュトルのチュービンゲン学派に近い。今日では，イエナ時代の業績の方が評価されている。

わがくにでは，松坂佐一・民法提要（債権総論・第4版・1982年）297頁が，Hedemann, Schuldrecht des BGB, 3. Aufl. 1949. を参考文献に掲げている。内容についても，かなりの影響がみられる。その目的不到達論は，ヘーデマンのそれに基づいている。

なお，17世紀のパンデクテン法学者のErich Hedemann（1567. 2. 22-1636. 2. 8）もいるが，両者の関係は不明である。

ナチスのドイツ法アカデミーの担当は，Hueckが一般契約法，Nipperdeyが損害賠償，Lehmannが債務法，Nikischは他人のための活動についての法，Schmidt-Rimplerは動産法，Felgenträgerは土地法，Blomeyerは抵当，土地債務，Boehmerは夫婦財産法は，Langeは相続法，Hedemannは民族法典の基本原則と第1編の草案（1942年）を，SiebertやLarenzも，担当している。

(5)　ジーベルト（Wolfgang Siebert, 1905. 4. 11-1959. 11. 25）は，1905年に，Meseritz（Neumark，当時の東ブランデンブルク，オーデル以東）で生まれた。

ライヒ青少年同盟（Reichsjugendführung）の幹部であり，HJ（青年同盟）の支部長となり，ナチスが政権を掌握した1933年には，ナチス党員となった。1935年に，キール大学の私法，労働法の員外教授となった。ナチスのドイツ法アカデミーにおいて，少年法委員会の部会長代理となった。また，彼は，法規の形式をとるヒトラーの決定に反するならば，国家試験法は無効であるとする。キール学派の代表者の1人であるが，実際にキール大学にとどまった期間は短く，1938年には，ベルリン大学の正教授となった。ラーベルなどのユダヤ系法学者が追われたポストをうめたのである。

1940年に，ドイツ法アカデミーの少年法の部会長となった。また，1941年に，少年法に関する著作の共著者となった。Vgl. Deutsches Judentum unter dem Nationalsozialismus. Band 1：Dokumente zur Geschichte der Reichsvertretung der deutschen Juden 1933-1939. S. 591. ベルリン大学では，1942/43年，1943/44年，1944/45年に学部長となった。

1935年10月12日，13日に，C・シュミットの指導の下で，ナチス法曹連盟（Bund Nationalsozialistischer Deutscher Juristen, 1936年 に，NS-Juristenbund）の大会を行った（Christoph Müller：Das Freund-Feind-Theorem Carl Schmitts, Gegen Barbarei. Essays Robert W. Kempner zu Ehren. Athenäum 1989, S. 168f.）。ジーベルトと Ulrich Scheuner（1903. 12. 24-1981. 2 . 25）は，法の下の平等に反対する以下の決議を行った。①民法1条の「人」（Mensch）は，民族共同体，市民，ユダヤ人といった多様性を無視している，②「自然人」（Natürliche Person）も同様である，とする。これらの語は，民族的に定義された概念に代替されるべきという。この主張は，すぐに，1935年11月14日の反ユダヤ法によって実現され，Hans Globke（1898. 9 . 10-1973. 2 . 13）の草案に従ったユダヤ人の定義がおかれ，混血の禁止を定めた。これらは，人種差別のいわゆるニュルンベルク法を基礎づけ，強化するものとなった。

ジーベルトと行動を共にした Scheuner は，ワイマール憲法の法治国家論でハビリタチオン論文を書いたが，ナチスの台頭後，1934年には，ナチスの人民革命を肯定し，ワイマール憲法を停止した授権法を肯定する論文を書いた。戦後は，ボン大学で，国法学と国家教会法を研究した。

この Globke は，人種差別法のニュルンベルク法のコンメンタールを書いている。戦後は，アデナウアー政権に参加した。Reichsbürgergesetz vom 15. September 1935. Gesetz zum Schutze des deutschen Blutes und der deutschen Ehre vom 15. September 1935や Gesetz zum Schutze der Erbgesundheit des deutschen Volkes（Ehegesundheitsgesetz）vom 18. Oktober 1935；Nebst allen Ausführungsvorschriften und den einschlägigen Gesetzen und Verordnungen, 1936などの著作がある。Larenz の民族理論がどちらかというと私法的

な性格をもつのに反し，公法的観点を重視したものである。

第二次世界大戦後，ジーベルトは，大学を追われ，西ドイツで，復習教師（Repetitor）となった。1950年から，ゲッチンゲン大学で講義をし，1953年には，そこの正教授となった。1957年からは，ハイデルベルク大学に招聘された。1959年に，ハイデルベルクで亡くなった。プロテスタントであった(56)。

ジーベルトは，Soergel の BGB コンメンタールの改定者として著名である。彼の下で，同コンメンタールは，２回改定され，６巻に拡大された。俗に，Soergel/Siebert といわれる(57)。

なお，上記のナチス法曹連盟の大会は，ナチスが，伝統あるドイツ法曹会議（DJT）を弾圧する契機となった。両者が競合することから，1860年に創設され，第一次世界大戦中に中断し，1921年に復活したドイツ法曹会議の37回大会（1933年）は，ナチスの圧力で中止となった（37年に解散）。第二次世界大戦後の1949年まで，長期の中断をよぎなくされたのである。再開に功のあったヴォルフ（Ernst Wolff, 1877. 11. 20-1959. 1. 11）は，ユダヤ系弁護士であり，戦後，イギリス占領地区で，その地の最高裁長官をした経歴の持主である(58)。

ドイツ法曹会議大会（DJT）

31回　1912　Wien　Heinrich Brunner

▲第一次世界大戦で中断。

32回　1921　Bamberg　?

33回　1924　Heidelberg　Wilhelm Kahl

34回　1926　Köln　Wilhelm Kahl

35回　1928　Salzburg　Wilhelm Kahl

36回　1931　Lübeck　Wildhagen

▲第二次世界大戦で中断。

37回　1949　Köln　Ernst Wolff

3　人的構成と学問領域の変遷

(1)　比較的遅くに設立されたベルリン大学では，19世紀の後半に至っても，法学部の正教授の数は，必ずしも多くはない。1880年に11人，1890年に10人，1900年に13人，1910年に８～10人であった(59)。

ベルリン大学の関係図（19世紀後半）

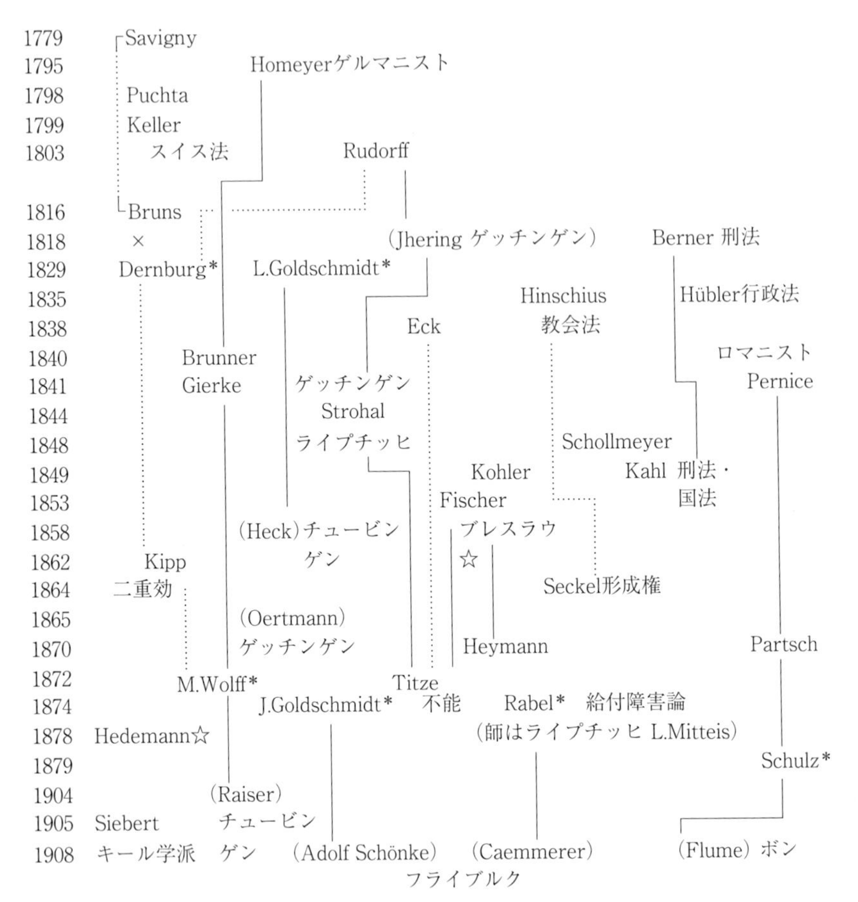

〔Hedemann の師はブレスラウの Otto Fischer である。Hedeman は，1906年からイエナ大学の員外教授，1909年正教授，1936年にベルリン大学〕
〔*ユダヤ系法学者と亡命法学者〕

ただし，その採用の方針はかなり他大学とは異なり，ガンスを初めとしてユダヤ系学者をも大胆に招聘した。こうした招聘には，伝統からの断絶，大貴族であるユダヤ系政治家とプロイセン王権との当初の結合，文部官僚アルテンシュタインの意向，大学行政への介入，ビスマルクによる一本釣りなど種々の理由があったが，人材を豊富にし，結果的には，ユダヤ系学者をドイツ統一の一勢力として組み込むことに成功したのである。

必ずしも網羅的ではないが，主要な学者として（ユダヤ系に限定しない），ローマ法では，Bruns（在任期間1860–1880），Pernice（同1880–1901），ドイツ法では，Beseler（同1858–1888），Brunner（同1871–1915），Gierke（同1886–1921）がいる。私法，ローマ法，プロイセン法では，Dernburg（同1871–1907），民法では，Schollmeyer（1848–1914, 在任期間1899–1905, GND 116901659），Kipp（在任期間1900–1930）がいる。公法では，Gneist（同1857–1895），教会法では，Hinschius（同1871–1898），法学の新領域では，Kohler（同1887–1919），刑法では，Liszt（同1898–1919）などが著名である(60)。後述のように，当初は学生数も必ずしも多くはない(61)。

比較的教授の人数が増加したのは，1920年代からである。もっとも，民法の講義といっても，狭く民法専門の学者のみによって行われたのではなく，Partschのようなローマ法学者，コーラーやカスケルのような特別法領域の者，グナイストのような公法学者によっても行われていた。欧米の学者の専門領域の広いことによるだけではなく，ローマ法・普通法と実定民法の分化がまだ未熟な段階であったことによる。たとえば，1922/23冬学期の教授のうち，民法の担当者は，Wolff, Nussbaum, Heymann, Kaskel, Partschであった。1930年代には，人員はいっそう増加したが，ナチスの政権獲得後には，その内容は，短期間に大幅に変化した。ユダヤ系教授が追放されたからである(62)。

1900年から，おおむね10年ごとに，民法の担当者の変遷をみると，次頁のようになる(63)。このうち，狭義の民法の教授は，Kipp, Heymann, Wolff, Rabel, Titzeである。1930年代後半からは，Siebertのようなキール学派全盛となった。

	1900	1910	1920	1930	1933	1936	1945	(年)
正教授の数	12	8～10	13	12	14	12	12	(人)
	....	....	....	Kipp				
	Dernburg			Heymann	.....	Heymann		
	Gierke.........			Wolff	Wolff			
	Kohler.........			Rabel	Rabel			
				Titze	Titze	Titze		
			Partsch		Schulz			
						Eckhardt	Eckhardt	
						Hedemann	Hedemann	(36年から)
							Siebert	(38年から)

(2) 19世紀は，複雑化の時代であり，法律の分野においても，多くの特別法領域が形成された。古いローマ法・普通法の伝統では，継受されたローマ法は基本的に私法の体系であり，公法はそれに付加されたものにすぎない。また，中世の家産国家思想の下では，公法もまた私法の概念によって理解されていたから，その学問的なモデルも，私法の体系であった(corpus juris civilis)。これに匹敵するものには，むしろカノン法の体系があったにすぎない(corpus juris canonici)。中世の「両法」は，ローマ法とカノン法である。そして，後者も，多くの私法規定を含んでいたのである(64)。

しかし，大学の大規模化は，複雑化に伴う新領域の開拓と独自の発展を可能とした。たとえば，商法や労働法の分化である。従来商人裁判所でのみ適用された分野が普遍化し，また労働者の発生に伴う分野も専門化したのである。L・ゴールトシュミットが，1875年には，新たに創設されたベルリン大学の商法講座に招聘され，この講座が，ドイツで最初の商法の講座であったことは広く知られている。また。さらに，19世紀は自然科学の時代であり，その発展に伴う多くの領域も形成された。著作権や無体財産権である(65)。鉱業法や農業法の専門化も生じた。そして，国民国家の形成に伴う公法領域の形成は，国法や行政法，租税法の発展をもたらした。19世紀の末には社会法なども分離した。行政や司法の複雑化は，手続法の領域をも豊富にしたのである。

学問領域の複雑化と細分化がこうした新領域を形成しており，この傾向は，20世紀を通じて継続し，大学の授業科目も多様化した。これに対し，国家試験は，なお19世紀的な六法を中心とした編成となっており，そのことから，ドイツの2002年の改革法は，国家試験の30％までの成績を大学の認定によるものとして，履修と試験の乖離を防止しようとしたのである(66)。

こうした傾向は，20世紀に入ると，大学の大衆化の結果，いっそう進展することになる。以下は，ベルリン大学における領域ごとの学位論文の割合である。民法典の発効した1900年から第一次世界大戦までの時期と，その後の時期との比較では，広義の民法領域の拡大，その中での細分化が顕著である(67)。こうした変化をうけて，著名な学者でも（ベルリンに限定しない），労働法のLotmar（ベルン），商法のL. Goldschmidt，民訴法のRosenberg，比較法のRabelなどが登場したのである。

もっと古くの大学創設期の1810－1820年には，ローマ法が６で，古ドイツ法１の合計７だけであった。また，1821年から1827年には，ローマ法が５で，古ドイツ法１，教会法１であり，初めて商法１が登場した(68)。

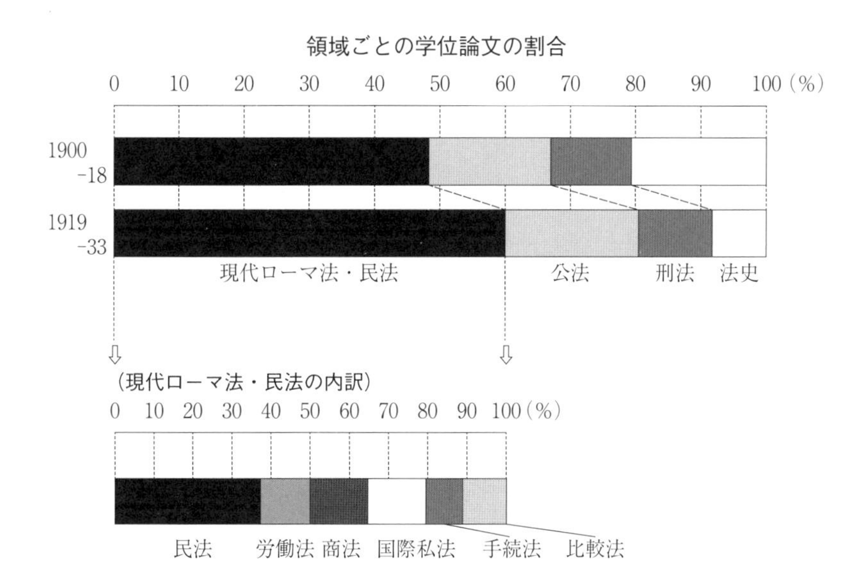

(3)　ドイツの博士論文（Dissertation）は，今日では，比較的取得が容易であり，大学の固有の卒業資格がないことから，一面では，大学の卒業資格の代用となっている面がある。わがくにの伝統的な論文博士とは異なる。もっとも，日本でも，近時は課程博士の取得はかなり容易になったが，Dissertation

の大部分のものは，内容的にはそれ以下であろう。ときには，わがくにの学部の卒論なみのものもみうけられる。取得にも，1～2年が通常であり，5年もかけるものとはなっていない。第一次国家試験に合格したあとですぐに取得する例も多い。

以下は，19世紀のベルリン大学におけるこの学位論文の成績割合である。博士論文の成績では，一般の学生と修習生を比較すると，後者の方が若干上位の成績の割合が高い。ただし，それほど有為な差ともいえず，むしろ決定的な差異はないというべきであろう(69)。

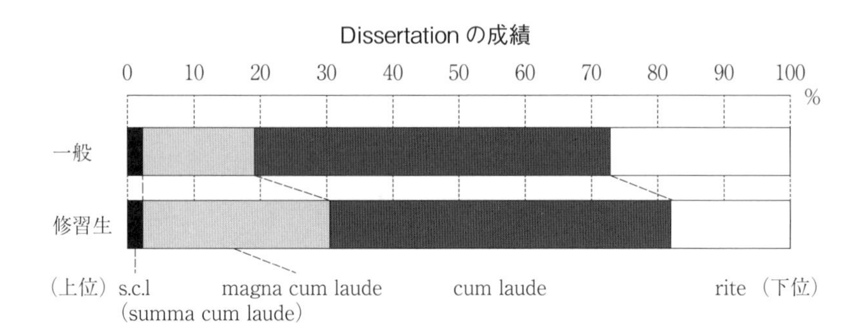

4　学生数の変遷

(1)　学生数の増大については，本稿では立ち入らない（次頁のグラフは，19世紀のベルリン大学の学生数の変化である）。また，1900年以降の増大，さらに戦後はいっそうの増大がみられるが，これについては，別稿に委ねる(70)。

一般的な学生数の変遷については，以下の数字がある。①18世紀の末には，人口が2000万人規模の当時，7000人の学生がいたにすぎない（そのうち法学部の学生は2000～3000人）が，②1850年には，3530万人の人口に対し，1万2220人の学生がいた（法学部の学生は4391人）。ついで，③1890年には，4920万人の人口に対し，学生は2万8883人（法学部の学生は6687人）。さらに，④1930年には，6510万人の人口に対し，学生は9万9577人（法学部の学生は2万2060人）であった。そして，⑤1963～64年の冬学期には，西ドイツに1万9000人の法学部の学生がいた。

これを，人口に対する法学の学生の割合で計算すると，①1万人に1人，②8000人に1人，③7357人に1人，④2951人に1人，⑤もほぼ同数，となる。

また，戦後の1952年の入学者数2829人を（卒業までほぼ5年間かかるとして学生の総数を推定するために）5倍しても，1万4145人にすぎないから，1930年の法学部の学生数2万2060人に比して増加しているとはいえない（減少分は，おもに東ドイツ地域の大学の統計がはずれたためである。ほぼ人口比で25%を附加しても，1万7681人にすぎない）。すなわち，20世紀にはいったあとでも，1960年代初めまでは，あまり変化していないのである(71)。もっとも，その後は，爆発的な増加がある。

(2)　また，以下の表では必ずしも明確ではないが（スペースの都合上，1880年と1890年のみに限定したことによる），夏学期と冬学期の学生数には，かなりの相違がみられる。ほぼ一貫して，夏学期の方が冬学期よりも，登録数がかなり少ない。その理由は必ずしも明確ではないが，冬の方が勉学に向いていたということであろう。

あるいは，冬学期に入学した学生が脱落して（科目適合性など），夏学期は減少するとも考えられる。少なくとも現在では，季節によるこれほど顕著な差異や傾向はみられないが，連邦統計庁の統計でも，勉学開始者の統計は，各年の冬学期の数によっている(72)。

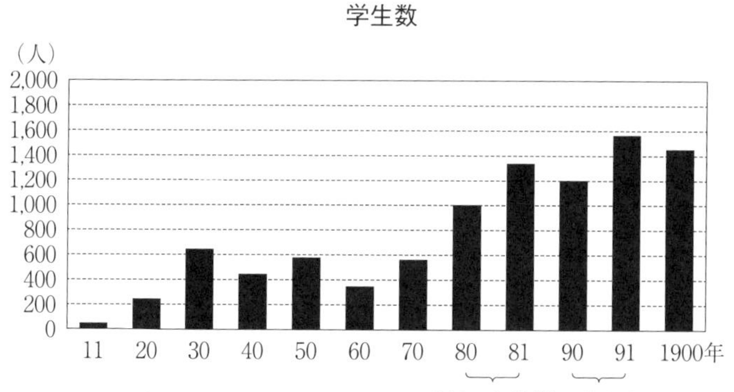

＊　ただし，1830年代のヴュルツブルク大学の数字では，夏学期と冬学期の相違は，そう大きくはない。Buchner(hrsg.), Festschrift zum 350 jährigen bestehen der Universität, Aus der Vergangenheit der Universität Würzburg, 1932, S. 634.

5　文献に対する支出

当時の大学やその図書館に関する支出については，必ずしも明確な数字がえられないので，ライヒ大審院の図書館支出の額をもって代用しよう(73)。予算規模や図書の種別にはかなりの相違があると思われるので，概括的な傾向や時代的な変化をみることができるだけである。とくに，理数系の学部では，まったく異なるはずであるが，法律関係に限定すれば，おおまかな傾向のみは読み取れるであろう。

1900年までは，ほぼ増額し，その後第一次世界大戦まで減少したのは，出版物が，1900年後も一貫して増加傾向にあったことにはそぐわない。1900年後に司法上の矛盾が増加したことは，BGBだけに限っても，積極的契約侵害論の展開(vgl. Staub, Die positiven Vertragsverletzungen und ihre Rechtsfolgen, 1902) などから明らかであるから，上述した給与額の停滞とともに，全体的な司法予算の停滞を反映するものと考えるほかはない。司法よりも政治，たとえば，ビスマルクの失脚（1890年）やウィルヘルム二世（位1888-1918）の世界政策による相対的な司法の地位の低下の一部とみるべきであろう。1915年は，第一次世界大戦による減少である。逆に，1920年には大幅な増加がみられるが，これは，第一次世界大戦後のマルクの価値の変動に起因するものであろう。レンテンマルクが回収されたのは，1924年８月であるから，1900年ごろからの延長としてみるには，1925年の数字が，もっとも相当であろう(74)。

図書館の支出

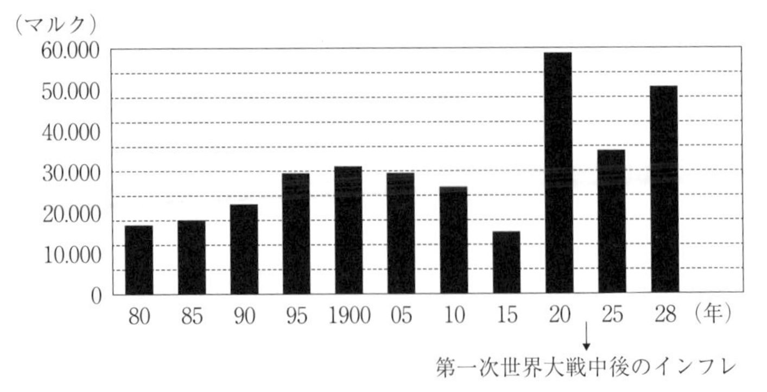

＊　1905年は推定。1920年は，インフレの影響とみるべきである。1925年は，レンテンマルク（1923年11月）後の新マルクである（1924年８月から）。1923年のハイパーインフレはグラフに出ていない。

第5章　諸大学のロマニステン（ゲッチンゲン，ライプチッヒなど）

1　序（19世紀前半の法学者）

(1)　第5章は，おもに19世紀前半の法学者の検討である。パンデクテン法学でも，19世紀後半に活躍した学者については，その詳細がかなり知られている。たとえば，ドイツ民法典に大きな影響を与えたヴィントシャイトや，「権利のための闘争」で著名なイェーリングなどである。

これに反し，19世紀前半に活躍した者は，サヴィニー（とその関係者）を除くと，必ずしも知られていない。大方の興味は，サヴィニーにのみ集中しているともいえる。パンデクテンといわれる著作は多数あるが，初期のものがドイツ民法典に直接影響を与えることはまれであり，また，プフタのように概念法学といわれたり，歴史法学のいわば亜流と考えられているからである。たしかに，法思想の上では，サヴィニーを除き，巨人といえる者はいない。しかし，19世紀の後半に，純粋のローマ法研究である法史が，解釈学と分かれるには，長い伏流が必要であった。実定法サイドから，19世紀前半の業績に遡るときには，この時代の人物にもっと立ち入る必要がある。

サヴィニーの歴史法学のテーゼには，一見したところ，かなり矛盾がある。純粋のローマ法の研究は，「民族精神」とも，現代ローマ法の研究，つまり民法の解釈学とも異なるからである。これをどう理解するかについて，19世紀の前半には，かなりの動揺があった。法学者の中でも，ユダヤ系法学者は，サヴィニーの精神的なテーゼよりも解釈学を重視したが，その他の者には，解釈学に法史的見地を持ち込んだ者もいた（たとえば，Wächterの危険負担論である）。実務家も，解釈学的傾向を貫いたことから，一部にはかなり不要な論争も生じた。こうした論争や，学説の意義を検討する上でも，法学者の個々の立場や系譜を理解する必要がある。学派よりも小さな影響や系譜はかなり錯綜した関係であるが，本稿は，その出発点をなすものである。

また，民法全体の理論として完成するのは，19世紀の後半まで遅れるが，19世紀中葉以降に，重要なドグマの進展をもたらしたモノグラフィーが，いくつかある。これらは，BGBの制定過程において，重要な役割を果たしたものと位置づけられる。本稿は，その一部に言及することをも目的としている。たとえば，モムゼンの不能論であるが（F. Mommsen, Unmöglichkeit der

Leistung, 1853), これについては，すでにふれたことがある[75]。

ほかにも，Schwanert, Die Naturalobligationen des römischen Rechts, 1861; Ribbentropp, Zur Lehre von den Correal-Obligationen, 1831; Francke, Das Recht der Notherben und Pflichttheilsberechtigten. 1831; Albrecht Erxleben, Über die condictiones sine causa, 1850/53; Girtanner, Die Bürgschaft nach gemeinem Zivilrecht, 1851; Rudolf Elvers, Die römische Servitutenlehre, 1856; E. Ruhstrat, Über negotiorum gestio, 1858; Hartmann, Ueber den rechtlichen Begriff des Geldes und den Inhalt von Geldschulden, 1868などである。なお，モムゼンとその不能論については，別にふれる機会があったので，本稿ではふれない。

また，法学者は多数にのぼるので，オーストリアやバイエルン関係の者は，本稿では扱わず，別稿でまとめて扱う。もっとも，移転先が多い者もいることから，必ずしも明確な分離はできない。

(2)　第5章で言及されるのは，以下の者である。

Albrecht（1800. 3. 4–1876. 5. 22）は，ゲッチンゲンを追われて，ライプチッヒ大学教授。

Baron（1834–1898）は，グライフスヴァルト大学教授。

Brinz,（1820. 2. 25–1887. 9. 13）は，ミュンヘン大学教授。おもにオーストリアに関する別稿で扱う。

Bechmann（1834. 8. 16–1907. 7. 1）も，ミュンヘン大学教授，Brinzの後継である。

Bekker（1827. 8. 16–1916. 6. 29）は，ハイデルベルク大学教授で，Thibautの後継である。

Fitting（1831. 8. 27–1918. 12. 3）は，ハレ大学教授。

Franke（1803. 7. 26–1873. 4. 12）は，ゲッチンゲン大学教授。

Girtanner（1823–1861. 7. 28）は，イエナ，キール大学教授。

Hölder（1847. 11. 27–1911. 4. 14）は，ライプチッヒ大学教授で，Windscheidの後継である。

Hartmann, 1835. 3. 31–1894. 11. 16）は，ゲッチンゲン，チュービンゲン大学教授で，金銭論で著名である。

Karlowa（1836. 2. 11–1904. 1. 8）は，ハイデルベルク大学教授。

Madai（1809. 5. 29–1850. 6. 4）は，エストニアのDorpat大学教授，遅滞

論で著名である。

Mandry（1832. 1 . 31-1902. 5 . 30）は，チュービンゲン大学教授。BGB 制定に係わる。別稿で扱う。

Mohl（1799. 8 . 17-1875, 11, 5）は，チュービンゲン大学教授。

Mühlenbruch（1785. 10. 3 -1843. 7 . 17）は，グライフスヴァルト大学教授。

Oertmann（1865. 7 . 3 -1938. 5 . 22）は，第1部第1篇で扱う。

Regelsberger（1831. 9 . 10-1911. 2 . 28）は，ゲッチンゲン大学教授で，Brinz の弟子。

Ribbentrop（1798. 5 . 2 -1874. 4 . 13）は，ゲッチンゲン大学教授。

Scheurl（1811. 1 . 7 -1893. 1 . 24）は，エルランゲン大学教授。Glück（1755），Puchta（1798）などの後任にあたる。

Schwanert（1823. 10. 22-1886. 8 . 18）は，ブレスラウ大学教授。

① Seuffert, Johann Adam（1794-1857）は，ヴュルツブルク大学教授。

② Seuffert, Lothar Georg Thomas von（1843-1920）は，ギーセン大学教授で，契約法の発展の研究で著名である。

Strohal（1844-1912）は，ゲッチンゲン大学でイェーリングの後任であり，のちライプチッヒ大学教授。

Unterholzner（1787. 2， 3 -1838. 3 . 25）は，ブレスラウ大学教授，Feuerbach の弟子。

Vangerow（1808. 6 . 15-1870. 10. 11）は，ハイデルベルク大学の名物教授である。

Vering（1833-1896）は，チェルノヴィッツ，プラハ大学教授。

Voigt（1826. 9 . 10-1905. 11. 6 ）は，ライプチッヒ大学教授。

Wächter（1797. 12. 24-1880. 1 . 15）は，チュービンゲン，ライプチッヒ大学教授で，危険負担論で著名である。

① Weber, Anton von（1817-1888. 2 . 8 ）は，ドレスデン高裁長官，BGB 制定の第1委員会。

② Weber, Adolf Dietrich（1753. 6 . 17-1817. 11. 18）は，キール，ロシュトック大学教授。

Zachariae von Lingenthal（1769. 9 . 14-1843. 3 . 27）は，別稿で扱う。

2　ヴェヒター(Karl Joseph Georg Sigismund Wächter, Carl Georg Waechter とも表示される。1869年に貴族に列せられ von Wächter, 1797. 12. 24-1880. 1. 15)

(1)　ヴェヒターは，1797年に，ネッカー河岸の Marbach で，ヴュルテンベルクの古い高級官僚の家系に生まれた。彼は，8人兄弟の6番目であり，息子は彼だけであった。父は，法律家であり，のちに，宗務院委員(Konsistorialdirektor) となった Johann Eberhard (1762-1839) であり，母は，その妻の Caroline Luise (geb. von Bühler, 1769-1833) であった。ヴェヒターの叔父 Karl Eberhard von Wächterは大臣であり，従兄弟の Karl Freiherr von Waechter-Spittler も大臣となった。ヴェヒターの父方の祖父母の家系には，Johann Eberhard von Wächter (1735-1807) がおり，彼はヴュルテンベルクの宮廷顧問官，財務官であった。また，公妃 (Maria Regina, geb. Sigel, 1733-1798) も親戚であり，母方には，Friedrich Gottlieb von Bühler (1736-1799)，公女 (Christine Regina, geb. Feucht, 1743-？) がいた。

ラテン語学校 (古い時代には，ラテン語が教育の中心をなしたからであり，聖堂付属学校も，聖書を読むためにラテン語を教えた。必ずしも宗教教育のみを意味するものではない。ラテン語は当時の基礎教育と同義語である。わがくにで，儒教 (とくに論語) 教育が教育の基本をなしていたのと同じである(76)) とギムナジウムに通った後，1815年に，法律の勉学を始めた。最初，彼は，医学を志したが，父は，彼が神学を志望することを望んだ。しかし，当時のヴュルテンベルクの王フリードリヒ一世は，学生の勉学の選択先を決定しており，ヴェヒターについては，法学と定められた。大学は，いわば官吏の養成機関だったのである。

ヴェヒターは，1815年から，ラントの大学であるチュービンゲン大学で学んだ。1817年には，他国や他のラントの大学で学ぶことも認められた。そこで，彼は，バーデンのハイデルベルク大学で学んだ後，チュービンゲン大学に戻った。1818年の12月に，彼は，第一次国家試験に，優秀 (Vorzüglich) の成績で合格した。

1819年に，彼は，ネッカー河岸の Esslingen 裁判所で，修習生となった。そして，1819年に，学位のないまま，チュービンゲン大学の員外教授となり，1822年には，学位をえて (Doctrina de conditione causa data causa non secuta in contractibus innominatis) 法学博士，正教授となった。この年，彼は，ハンブルク出身のJohanne Emilie Baumeister（1802-1880）と結婚した。2人の息子と2人の娘が生まれた。息子の1人は，法律家・政治家のOskar von Wächterであり，ヴュルテンベルクのラント議会の第二院の議員となった。

1825年から1833年の間，ヴェヒターはチュービンゲン大学の教授であり，1825年から1828年には，学長，その後副理事長（Vizekanzler）であった。1833年から1835年に，ライプチッヒ大学の正教授となったが，1836年に，またチュービンゲン大学に戻り，1835年から1851年には，大学の理事長（Kanzler）となった。ヴュルテンベルクのラント議会の議員，および議長（Kammerpräsident, 1839－48年）となり，チュービンゲン市の名誉市民ともなった。

1851年に，彼は，リューベックで，ハンザ自由都市の最高裁である上級控訴裁判所の第2代の長官となった。しかし，在任期間は短く，翌1852年には，またザクセンのライプチッヒ大学の教授となった。就任時の理由からチュービンゲンには戻らなかった。1855年に，ザクセン王から枢密顧問官（Staatsrat）とされ，1858年から60年には，学長となり，その間の1859年に，学長として，大学の450年祭を行った（1409年に創設）。ライプチッヒの名誉市民となり，1862年に，ライプチッヒ大学の「第一級教授」（Professor Primarius）。1862年，65年，66年には，ライプチッヒ市の議員（Stadtverordneter）となった。1867年には，北ドイツ連邦の制憲議会のライプチッヒ代表となった。1869年に，貴族に列せられ，高等枢密顧問（Geheimer Rat mit dem Titel Excellenz），1879年に，ザクセンの世襲貴族となった。1876年からは，健康上の理由から，学問的活動を制限せざるをえなかった。1880年，ライプチッヒで亡くなった。チュービンゲンとライプチッヒで，2つの人生を歩んだ。

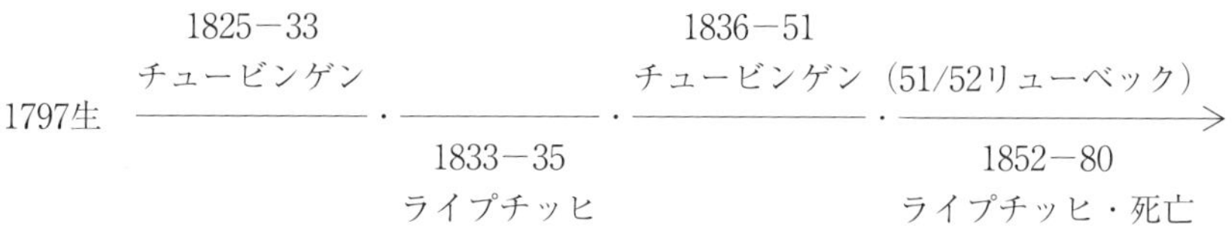

1825－33 チュービンゲン　　1836－51 チュービンゲン（51/52リューベック）

1797生 ――――・――――・――――・――――→

1833－35 ライプチッヒ　　1852－80 ライプチッヒ・死亡

ザクセン王国の大十字章（Großkreuz），バイエルンの学術章（Maximiliansordens für Kunst und Wissenschaft），オーストリアのフランツ・ヨーゼフ勲章（Franz-Josef-Orden），ロシアのスタニスラウス章（Stanislaus-Orden），ザクセン・エルネストの家章（Sachsen-Ernestinischen Hausorden），ザクセン王国の功労章（Verdiens-Orden）などをうけている。また，1854年からは，ザクセン王国のライプチッヒ学術協会（Königlich-Sächsischen Gesellschaft der Wissenschaften zu Leipzig）の会員であった(77)。

1860年に，彼は，ドイツ法曹会議（Deutscher Juristentag）の創設者の1人となり，最初の会長となった。5回，会長に選ばれた。このように多数回会長となったのは，ほかには，公法学者のGneistがいるだけである（前述175頁）。1869年に，ヴェヒターは，枢密顧問官となり，ザクセンの貴族となった。こうした経歴から，その生存中，全時代を通じてもっとも偉大なドイツの法律家の1人と考えられていた。彼の業績では，1880年に出版された，Pandekten, Band 1－2が著名である。その内容は，Karl Ludwig Arndts（1803. 8.19–1878. 3. 1）のPandekten(6. Aufl., 1868； vgl. 12. Aufl., 1883)や，Aloysius von Brinz（1820. 2.25–1887. 9.13）のPandekten（2. Aufl., 1873/1895）の影響をうけている（第2篇3章参照）。

法曹会議大会

回数	年	場　所	会　長
1	1860	Berlin	Karl Georg von Wächter
2	1861	Dresden	Johann Caspar Bluntschli
3	1862	Wien	Karl Georg von Wächter
4	1863	Mainz	Karl Georg von Wächter
5	1864	Braunschweig	Karl Georg von Wächter
6	1867	München	Karl Georg von Wächter

ヴェヒターの墓は，1872年に息子のKarl Alfredが取得した騎士領（Rittergut）のRöcknitz（今日は，ライプチッヒのThallwitzの一部）にある。彼の死後，1884年に，ライプチッヒの郊外（Musikviertel）南西の通りに，彼の名がつけられ，1897年に，ライプチッヒ市では財団(Karl-Georg-von-Wächtersche Stiftung）を設立した。その利息によって，毎年129金マルクの奨学金が支出された。

(2)　ヴェヒターには，上述のパンデクテン・テキストのほか，以下の業績がある（出版元もチュービンゲンとライプチッヒである）。

Lehrbuch des Römisch-Deutschen Strafrechts, 2 Bde., Stuttgart, 1825/26.

Handbuch des im Königreich Württemberg geltenden Privatrechts, 2 Bde., Stuttgart, 1839-1851（未完）.

Gemeines Recht Deutschlands, insbesondere Gemeines Deutsches Strafrecht, Leipzig, 1844.

Beiträge zur Deutschen Geschichte, insbesondere zur Geschichte des Deutschen Strafrechts, Tübingen, 1845.

Der Entwurf eines bürgerlichen Gesetzbuches für das Königreich Sachsen. Ein Beitrag zur Beurteilung desselben, Leipzig, 1853.

Handbuch des Sächsischen und Thüringischen Strafrechts, Leipzig, 1856-1858.

とくに危険負担の領域では著名な論文がある。19世紀の初頭の危険負担論では，なお自然法理論が支配的であり，その採用する所有者主義(casum sentit dominus)そのものは，現象的には，物権変動の相違にもとづく異同があったとはいえ，なお一般に認容されていた。ところが，歴史法学の台頭とともに，ロマニステンによる，売買における危険負担理論を特徴づける見解が現れ，買主負担主義の擁護が始まったのである(78)。Wächterの学説には，ティボー・サヴィニーの法典論争が，少なくともローマ法の研究に関する方法論としては影響していたとみるよちがある(79)。

無名契約における目的不到達による不当利得に関して，Dissertatio de condictione causa data causa non secuta in contractibus innominatis. Respondente Friedrich Klüpfel, 1822, 133 S.

ほかに，まとまったものとしては，

Commentationis de partu vivo non vitali pars I-V, Lipsiae 1863-1866. Bde. I, II, III, IV, V

Die bona fides, insbesondere bei der Ersitzung des Eigenthums, 1871.

Erörterungen aus dem römischen, deutschen und württembergischen Privatrechte, Bde. 1-3, 1845-1846.

Geschichte, Quellen und Literatur des Württembergischen Privatrechts, 1839, 1842 Bde. 1-2,（Neud. 1985）.

Handbuch des im Königreiche Württemberg geltenden Privatrechts, 1842 Bde. 1-2,（Neud. 1985）.

Pandekten, Bde. 1-2, 1880.

3 リッペントロップ (Georg Julius Ribbentrop, 1798. 5. 2-1874. 4. 13)

リッペントロップは，1798年，ブレーメン近郊のBremerleheで生まれた。ブラウンシュヴァイクの家系であり（Niedersachsen），父は，ハノーバーの税務所長であり，祖父Ph. Chr. Ribbentropは，ブラウンシュヴァイクの宮中顧問官（Kammerrath）であった。プフタ（Georg Friedrich Puchta, 1798. 8. 31-1846. 1. 8）と同年の生まれである。

ブラウンシュヴァイクとカッセルの学校を出て，1814年から，ゲッチンゲン大学とベルリン大学で学んだ。ベルリンでは，サヴィニーから学んだ。古いタイプの歴史法学派（ältere historische Schule）に属する。1817年に，ゲッチンゲン大学の図書館で助手（Accessist）となった。1819年に博士となり，1820年，私講師となった。1822年に，語学大学（Spruchcollegium）で，員外教授となった。1823年に，ゲッチンゲン大学の員外教授，1832年に正教授となり，生涯そこにとどまった。ゲッチンゲン大学では，最初の歴史法学派のローマ法教授であった。1844年には，宮廷顧問官（Hofrath），1854年には，枢密顧問官（Geheimer Justizrat）となった。

専門は，ローマ法であったが，著作は多くはない。法源解釈に関する著作（Zur Lehre von den Correal-Obligationen, 1831）がある。同書は，Kellerの見地によるところが多いが，法律学のドグマ史では，新しい区分を提示することによって注目され，論争や概念の深化の機会となった。彼は，古い歴史法学派の立場を厳格に貫いた。1874年に，ゲッチンゲンで亡くなった(80)。

なお，Ribbentropの名は，Lippe郡（Nordrhein-Westfalen）の農場（Gut Ribbentrup）に由来し，この名前の家系に属する者は，Lippeの近郊，ブラウンシュワイク，プロイセンに多数いる。もっとも著名なのは，ナチス政治家，外相のJoachim von Ribbentrop, 1893-1946である(81)。法学者のリッベントロップとも無関係とはいえないが，直接の関係はない。

4 フランケ (Wilhelm Franz Gottfried Franke, 1803. 7. 26-1873. 4. 12)

フランケは，1803年に，Lüneburgで生まれた。ブラウンシュワイクとリューネブルクで初等教育をうけ，ブラウンシュワイクのCollegium Carolinum（名前とは異なり，実質的にギムナジウムに相当）に通った。1821年から，ゲッチンゲン大学で法律学を学んだ。1824年に，同大学で学位をうけ，1825年に，ハビリタチオンを取得し，Spruchcollegiumで員外教授となった。

1831年に，イエナ大学の正教授となり，上級高等裁判所（Oberappellations-gericht）の判事ともなった。さらに，1844年に，ゲッチンゲン大学に移籍した（Christian Friedrich Mühlenbruch の後任であった）。宮廷顧問官（Hofrath）にもなり，傑出したパンデクテン法学者となった。1873年に，事故で亡くなった(82)。

フランケは，歴史法学派の1人であり，包括的なモノグラフィーによって法ドグマを進展させ，法の解釈学的な研究によって，BGBへの道を開いた。マールブルク大学のウベローデ（August Ubbelohde, 1833. 11. 18–1898. 9. 30）は，彼の弟子である。

主著として，

Civilistische Abhandlungen, 1826.

Beiträge zur Erläuterung einzelner Rechtsmaterien, 1828.

Das Recht der Notherben und Pflichttheilsberechtigten. 1831.

Exegetisch-dogmatischer Commentar über den Pandectentitel: De hereditatis petitione, 1864.

1837年からは，AcP 誌の共同編集者となっている。

なお，ドレスデン草案の編者 B. Francke, Entwurf eines allgemeinen deutschen Gesetzes über Schuldverhältnisse, 1866. との関係は明らかではない。こちらは，ザクセンの地区裁判所判事（Bezirksgerichtsrath）である。

5　ファンゲロー（Karl Adolph von Vangerow, 1808. 6. 15–1870. 10. 11）とパンデクテン・テキスト，私講師

(1)　ファンゲローは，1808年6月15日に，オーバーヘッセンの Schiffelbach の農場で生まれた。彼の母の Friedrika Wilhelmina は，農場主の娘であった。父の Wilhelm Franz von Vangerow は，ポンメルンの古い貴族の子孫であり，将校であった。父は，故郷を離れて，ナポレオン軍の敵としても，味方としても戦ったことがあった。1838年に，その父は，戦争とは無関係に亡くなった。

ファンゲローは，少年時代をその農場ですごし，ヘッセン州のフルダとマールブルクのギムナジウムを卒業し，16歳の時に，大学入学資格・アビトゥーアをえた。1824年に，ファンゲローは，マールブルク大学に登録した。6年後の1830年1月23日に，法学博士の学位をえた。また，復活祭に際して，教

授資格・ハビリタチオンをえて，法学部の私講師となった。

19世紀の私講師の収入は，生活のために十分なものではなかったので，彼は，講義の傍ら学生に対するチューターとして生活資金をえた。彼は，講義の傍らの復習授業（Repetitorien）によって，ほとんど人間性に反するほど多くの仕事をこなし，これは，のちに彼が述べたところでは，ローマ法学や古ローマ法の法源に関するパンデクテンの素材に通暁する契機となり，結果として，彼は，正規の講義にも熟練したのである。

３年後の1833年９月６日に，彼は，25歳でマールブルク大学の員外教授となり，その４年後の1837年６月14日には，正教授となった。その後も，彼は，通常の教授のしないような特別講義（außergewöhnliche Lehrbegabung）をも担当したのである。もっとも，３年の私講師はとくに長いわけではなく，Dernburg や Seckel でも３年であった。ラートブルフのように，７年にもなる例もあるが，これには政治的理由が大きい。

1840年３月に，ハイデルベルク大学のローマ法の教授職があき，彼はそこに招聘された。ファンゲローは，そこで30年間，ローマ法を教えた。彼の講義は名高く，ハイデルベルク大学は全ドイツから学生を集めた。そこで，講義室はつねに満員であり，時としてより大きな講義室と交換されたほどである。

ファンゲローは，1834年５月15日に，マールブルクで，Dorothea Christiane Graf と結婚した。２人の間には，３人の息子と，３人の娘ができたが，そのうちの息子の２人と１人の娘は幼くして亡くなった。他の子らは，両親よりも長生きをしたが，子孫はいない。彼の妻も，1857年に，長患いのあと51歳で死亡した。ファンゲローは，その後13年間生きた。晩年のファンゲローは，肺病と糖尿病を患っていたが，死の直前まで講義をし，1870年10月11日に，ハイデルベルクの自宅で死亡した。62歳であった。ちなみに，ハイデルベルク大学における彼の後任は，ヴィントシャイトであったが，留まったのはごく短期であった（ライプチッヒに転出）。

彼の家は，ハイデルベルクの Märzgasse 18にあり，20世紀にいたるまで，ファンゲローハウスと呼ばれていた。ハイデルベルク大学は，彼をもっとも功績のある教授として讃えた。ハイデルベルク市は，彼を名誉市民とし，ハイデルベルクの通りの１つにその名をつけた。彼は，枢密顧問官（geheimer Hofrat）ともなった。

ファンゲローの最大の業績は，その講義である。同時代人は，ファンゲローは，包括的な知識をあやつるだけではなく，普通法の無味乾燥な素材をも，流暢な言葉で生き生きと講義することのできる能力の持主であったとしている(83)。

(2)　主著であるパンデクテンテキストは，7版まで改訂されている（一橋大学のメンガー文庫には，この最終版が所蔵されている。ギールケ文庫のものは，6版である（1851-56)。フライブルク大学には，各種のものが存在する)。

Lehrbuch der Pandekten, 7., verm. u verb. Aufl, Marburg

Band 1-1863（7. Aulf.)

Band 2-1867（7. Aufl.)

Band 3-1869（7. Aufl.)

また，Pandekten-Vorlesungen, Marburg

Band 1, 1:（1. Buch: Allg. Lehren）-1843

Band 1, 2:（2. Buch: S. g. Familienrecht; 3. Buch: Dingliche Rechte）-1843

Band 2:（4. Buch: Das Erbrecht）-1843

Band 3:（5. Buch: Die Obligationen）-1849

(3)　ファンゲローの弟（Karl Julius August von Vangerow, 1809. 7. 26-1898. 12. 10）は，Groß Wesseln bei Elbingで生まれ，1832年に，修習生となり（Auskultator)，1837年に，裁判官試補となった（Assessor)。1849年に，検事となり，1850年には，高裁判事となった。1864年に，ベルリンの上級裁判所判事（Obertribunalsrat)，プロイセン司法省の役人にもなった。1870年に，ライプチッヒの連邦上級商事裁判所の判事となった（この裁判所は，1871年の北ドイツ連邦の最高裁である)。1879年に，裁判所の改編により，ライヒ大審院判事となった。1883年に引退し，1898年，ライプチッヒで亡くなった(84)。

(4)　ここで，ドイツの法曹における私講師（Privatdozent）について簡単に触れる。ドイツの私講師（PD oder Priv.-Doz.）は，教授資格をもっているが，まだ教授にならない大学の研究者をいう。この肩書は，大学だけではなく，教育学の専門大学でも用いられる。私講師は，大学教師として，独立してみずから講義をする資格である。ドイツでは，講義の義務はないが，ドイツ以外の国では，講義の義務をおい，これを満たさない場合には，資格を失うことがある。

オーストリアでは，大学は，2003年まで，ハビリタチオンによって，大学講師（Universitätsdozent, Univ.-Doz.）としての教職の資格を与えていた。これは，公務員の地位の名称と同じであったので，2004年に初めて，私講師の名称がオーストリアにも導入された。これによって，公務員の地位としての大学講師（Univ.-Doz.）は，資格としての私講師と，概念的にも分離されたのである。

大学は州（もとのラント）の管轄であるから，国だけではなく，州による相違もある。ドイツの若干の州では，私講師の名称は，ハビリタチオンの手続を終了すると，アカデミックな資格・タイトルとして（教職の段階 Grad ではなく）与えられた。

しかし，他の州では（バーデン・ヴュテンベルク州やバイエルン州），このタイトルと義務が結合し，大学の講義は義務とされた。これを満たさないと，ハビリタチオンをえても，私講師のタイトルを維持できなかった。

また，他の州（バイエルン州）では，講義の能力のあることと，講義の権利があることが区別された。ハビリタチオンは，講義の能力のあることを認めるものであったが，これと，私講師のタイトルをもって講義の権利のあること（venia legendi）および教授陣に属することは，分離していた。講義の権利には，ハビリタチオン以外に，学部により，教会の許可が必要であったから，神学部では，この区別は重要であった。

州によっては（ブランデンブルク州），ハビリタチオンをえた者は，より広く，博士の資格をもえた（Dr. iuris；Dr. iuris habil.）。また，ノルトライン・ヴェストファーレン州では，博士の資格は，ハビリタチオンに付属するものとされた（Dr. iuris habil.）。バーデン・ヴュルテンベルク州では，Dr. habil. は，現在与えられていない。ハビリタチオンと博士は別個の資格だからである。

ラインラント・ファルツ州では，2003年から08年の間，私講師のタイトルはなかった。2008年2月27日の州議会の決定によって，この名称は，大学法の改正により復活した。

ハビリタチオンと講義能力は，雇用契約を基礎づけるものではない。私講師は，ほぼ1947年から1959年の間，大学で，試用関係の公務員（Beamter auf Probe）としての雇用関係で，日当による講師（Diätendozent）であった。私講師は，現在でも，学術補助者（Wissenschaftlicher Mitarbeiter）となったり，アルバイト的に，働くことができる。1960年代に，従来の日当による講師の代わりに，大学講師や公務員としての講師（Universitäts-Dozenten, beamtete Privatdoezenten）が導入された。1970－75年から，俸給表のAH（教育職）5か6とされた。（学術領域の）員外教授や正教授は，AH6となる。

私講師は，もともとすべてのラントにおいて，現在でも若干は，大学の教師の一員であった。私講師は，学位やハビリタチオンの手続において，審査員や試験官となることができ，アカデミックな地位に立つにさいし，教会と国家の試験を免除されていた。ただし，現在では，州法によって差異がある。

学部ないし分野からの発議と，対応する手続にもとづき研究と教育のすぐれた成果が証明されると，員外教授のタイトルが与えられる。若干の州では，私講師としての教職の最短期間がある（4～8年）。員外教授の資格によっても，雇用関係は発生しないとされる。

1960年代の大学紛争をうけて，1970年代の始めに，州の大学関係法において，ハビリタチオン取得者に，その取得時にただちに，教授職の下位の地位（報酬表AH3-5）を与えることが行われた時期があった。この扱いは，若干の州（ハンブルク，ノルトライン・ヴェストファーレン州）では，争いを生じた。すべての講義をしている助手は教授とされるべしとする連邦助手会（BAK, Bundesassistentenkonferenz）の運動が起こり，ベルリン（自由）大学では，1970年と75年の間，学位のある上級助手と上級技手（Oberingenieure, AH5），学位のある助手で，最低4年経過した者，学位のない上級技手と学術員（Akademische Rat）は，AH4（のちにC2）の教授と扱われた。そこで，ベルリンの俗語では，これを4月の教授あるいはディスカウントの教授（Aprilprofessor od. Discountprofessor）といわれた。

この時期に雇用関係に入った学位のない上級技手と学術員は，AH4（のちにC2）の教授と扱われた。もっとも，1976年1月1日の新しい大学基本法では，教授職の下位の地位を与えることを否定した。学術補助員（Wissenschaftlicher Rat），大学私講師（Universitäts-Dozent），分野長（Abteilungs-Vorsteher），公務員としての私講師（beamteter Privatdozent）といった中間的地位のなくなることは，その後のハビリタチオン取得者の不利益となったが，これらは，新しい大学基本法にはみられない。

大学と継続的な労働関係にない私講師の収入の方途は，多様である。1965年ごろまで，私講師は，教授と同様に，授業に参加する学生の数に応じた聴講料（Hörergeld）をえていた。員内教授には，雇用関係から付加収入があったが，私講師にとっては，これが唯一の収入であった。若干の私講師には，たいていは期限のある雇用関係，あるいは公務員としての関係があり，その間は収入があった。あるいは第3の方法として，研究プロジェクトから報酬をうけることもあった。招聘手続の完了するまでの代講（教授職の代理 Die Vertretung einer Professur）もあった。これは，理論的には，報酬は，相当するクラスの教授と同等であったが，実際には，雇用関係から第1に報酬をうけることから限定され，第2に，W-Besoldung（特別の報酬表）の導入以来，追加手当なしに報酬表W2に位置づけられることも多かった。実際には，ギムナジウム教師の純収入より下に位置づけられたのである。とくに精神(社会）科学では，多くの私講師は，非常勤教師（Lehraufträgen）の地位にある。純粋の私講師では，出費の賠償（通勤費，材料）のみが予定され，全体として最低生存費（Existenzminimums）以下の報酬とされたのである(85)。

6　アルブレヒト（Wilhelm Eduard Albrecht, 1800. 3. 4-1876. 5. 22）

アルブレヒトは，1800年，Elbingで生まれた。プフタ（Georg Friedrich Puchta, 1798. 8. 31-1846. 1. 8）の生まれた2年後であった。

1818年から，ベルリン，ゲッチンゲン，ケーニヒスベルクの各大学で学んだ。ケーニヒスベルク大学でハビリタチオンを取得し，1825年に，員外教授，1829年に，正教授となった。1830年に，ゲッチンゲン大学に移動した。1837年に，ゲッチンゲン七教授事件で（ハノーバー王家のジョージ1世は，1714年に，イギリス王位を承継したが，1837年に，イギリス王位を承継した王女 Victoriaは，女系を認めないハノーバーでは王位を承継しえず，同君連合は解消した。ハノーバー王 Ernst August が憲法を破棄したことに対し，J・グリムなどが抗議運動をし追われた)，ゲッチンゲンを追われて，ライプチッヒにいき，私講師となった。同年の論文，Grundsätze des heutigen Staatsrechts は，国家を法人と構成している。これによって，制憲主義の根拠が明らかにされたのである。君主は，主権が自分にあるとし，国民は，支配権の共同行使を求めたが，そのプロセスで，彼は国家みずからを法人と構成したのである。君主と国民の関係は，頭と身体に例えられた。ただし，その法人概念は，擬制説的である（juristische Fiktion)。その後に有力となった説（ギールケ）によれば，国家は，それ自体，実在の団体による人格である（Verbandsperson)。アルブレヒトの概念では，君主は，無能力者の後見人と同じく，職務を行使するにすぎない。

1840年に，教授となり，宮廷顧問官（Hofrat）となった。1847年に，リューベックで，ゲルマニスト大会（Germanistentag）を催した。1848年に，3月革命に賛同して，予備議会（Vorparlament）に参加し，ライヒ憲法を作る17人委員会（Siebzehnerausschuss）の委員となった。1848年5月から8月まで，フランクフルト国民議会で，Harburg（Elbe）選出の議員となった。Casino派に属した。1863年に，枢密顧問官となった。1868年に，引退し，1869年に，ザクセンのラント議会の第一院の議員となったが，翌年には辞めた。1876年，ライプチッヒで亡くなった。Astronom Christian Ludwig Idelerは，義父である。

民法関係ではゲルマニストであり，ゲヴェーレに関する著作（Die Gewere als Grundlage des älteren deutschen Sachenrechts, 1828）がある(86)。

7　レーゲルスベルガー（Ferdinand Regelsberger, 1831. 9. 10–1911. 2. 28）

レーゲルスベルガーは，1831年に，Gunzenhausen（Mittelfranken，バイエルン）で生まれた。父は，Heidenheimのラント裁判官のFriedrich Michael Regelsbergerであった。ゲルマニストのシュトッベ（Otto Stobbe, 1831. 6. 28–1887. 5. 19）と同年の生まれである。

同地のラテン語学校を出て，1843年には，Alumneum（Ansbach）ギムナジウムに通い，1849年に，アビトゥーアに合格した。1849/50の冬学期から，エルランゲン大学で法律学の勉学を始めた。その後，ライプチッヒ大学に転じたが，当時ライプチッヒ大学に員外教授でいたT・モムゼンが，1852年に，チューリッヒ大学の正教授に転出する事態に遭遇した（モムゼンは，その後，1854年にブレスラウ大学，1858年にベルリン大学の正教授）。

レーゲルスベルガーは，アルブレヒト（6参照）の講義を聞き，1852年に，エルランゲンに戻った。1852年から，エルランゲンの学生団体Corps Onoldia Erlangenの会員となった。1853年に，司法研修をして，Heidenheimのラント裁判所，Ansbachの郡裁判所，市裁判所で働いた。1855年に，第二次国家試験に合格した後も，Ansbachで働いた。1857年に，エルランゲンのラント裁判所，同年半ばからは，質に関する訴訟formula hypothecariaの研究をして，エルランゲン大学で学位を取得した。

1858年には，Alois von Brinzのもとで，質権の順位に関する研究でハビリタチオンを取得した（Zur Lehre vom Altersvorzug der Pfandrechte, 1859）。1858年からは，私講師となった。1862年に，チューリッヒ大学で，デルンブルクの後任として，ローマ法の員外教授となった。また，チューリッヒで，ドイツ国民協会（Deutsche Nationalverein）のメンバーともなった。1868年に，学長となった。しかし，同年，イェーリングの後任として，ギーセン大学に招聘された。1860年に，Anna Wislicenusと結婚し，3人の子どもができた。

1872年に，ヴュルツブルク大学に，1881年には，ブレスラウ大学に，1884年には，イェーリングから，ゲッチンゲン大学に招聘された。1888年に，ボン大学の招聘を断り，1890年に，ゲッチンゲンの離婚裁判所（Schiedsgerichts für Invaliditäts- und Altersversicherung）の長官となった。1892年からは，病気のためあまり講義ができなくなった。1907年には，週に2時間の講義を負担したのみである。1911年に，故郷のGunzenhausen（Mittelfranken）で亡くなった。

ミハエル勲章（Ritterkreuz des Michaelsordens I. Klasse, 1879）をうけ，プロイセンの枢密顧問官となり，クラカウ大学の名誉博士をうけている。1893年から，イェーリング雑誌の共同編集者（Iherings Jahrbüchern für die Dogmatik des bürgerlichen Rechts）をした。ブリンツの弟子として，彼は，つねに，時代の実際的な問題に関わり，必ずしも法史的な研究には関わらなかった(87)。

著作としては，

Vorverhandlungen bei Verträgen, 1868.

Beiträge zur Lehre von der Haftung der Behörden und Beamten der Aktiengesellschaften. Ein Rechtsgutachten, 1872.

Studien im bayerischen Hypothekenrechte, mit vergleichender Rücksicht auf andere neuere Hypothekengesetzgebungen, 1872.

Bayerisches Hypothekenrecht, 1. Aufl. 1874 Band 1, 1877 Band 2, 2. A. 1895, 3. A. 1897.

Lehrbuch des Pandektenrechts, 1893.

このパンデクテン・テキストは，多くのパンデクテン・テキストの中でも最後の時期のものであり，鋭い考察により完成度の高いものである。BGB制定の第2委員会も，しばしば検討の対象としている

8 ハルトマン（Gustav Hartmann, 1835. 3. 31–1894. 11. 16）

ハルトマンは，1835年に，ブラウンシュワイクのBecheldeで生まれた。ゲルマニストのホイスラー（Heusler, 1834–1921）の翌年の生まれである。

1853年から，ゲッチンゲン大学で法律学を学んだ（当時の教授は，Francke, Thöl）。同地で，1857年に学位をえて，1860年には，ハビリタチオンを取得し（Zur Lehre von den Erbverträgen und von den gemeinschaftlichen Testamenten, zwei Abhandlungen aus dem gemeinen Rechte. Braunschweig, 1860），1864年まで，私講師として勤めた。

1864年に，バーゼル大学の正教授となった。1872年に，フライブルク大学に移り，1878年に，ゲッチンゲン大学，1885年に，チュービンゲン大学に移った。1894年に，チュービンゲンで亡くなった。1886年から，AcP誌の共同編者をした。

あまり大きくはないが，金銭に関するモノグラフィーで著名である。イェーリングを彷彿させる感性のある学者であった(88)。

Ueber den rechtlichen Begriff des Geldes und den Inhalt von Geldschulden, 1868, 139 S.

Internationale Geldschulden, Beitrag zur Rechtslehre vom Gelde, 1882.

また，以下は，売買のような物給付における偶然について，普通法的な「偶然」を現代的な帰責事由に整理したものである。

Juristischer Casus und seine Prästation bei Obligationen auf Sachleistung insbesondere beim Kauf, 1884 (Jherings Jahrb. Bd. 22, S. 417ff.; Neud. 1970).

債務の本質論や，英米法とドイツ法の契約理論の相違について論じたものがある。英米契約法との詳細な比較は，のちのユダヤ系法学者（たとえば，Rheinstein）まで行われたことはなく，先駆的な研究である。

Die Obligation, Untersuchungen über ihren Zweck u. Bau, 1875.

Die Grundprincipien der Praxis des Englisch-Amerikanischen Vertragsrechts gegenüber der Deutschen gemeinrechtlichen Vertragsdoktrin, 1891.

ほかに，Über Begriff und Natur der Vermächtnisse im römischen Rechte. Akademische Antrittsschrift, 1872.

Werk und Wille bei stillschweigendem Konsens, 1888.

無意識の哲学で著名な哲学者のハルトマン（Karl Robert Eduard von Hartmann, 1842–1906）とは，生年，没年ともに近いが，関係は明確ではない。

9 ミューレンブルッフ(Christian Friedrich Mühlenbruch, 1785. 10. 3 –1843. 7 . 17)

ミューレンブルッフは，1785年に，Gunzenhausen (Mittelfranken) のロシュトックで生まれた。父は，外科医の Gottlieb（？–1826）で，母は，Dorothea (geb. Wendt）であった。ゲルマニストのＪ・グリム（Jacob Grimm, 1785. 1 . 4 –1863. 9 . 20）と同年の生まれである。

Güstrow とロシュトックの高校を出て，1800年から，ロシュトック，グライフスヴァルト，ゲッチンゲン，ハイデルベルクの各大学で法律学を学んだ。1805年に，国家試験に合格して，弁護士となった。ローマ法とドイツ私法の講義をうけると同時に，方法論（Methodologie）の講義をうけた。歴史的方法としては，St. Pütter とゲッチンゲンの歴史学派に依拠している。1808年に，ロシュトック市の顧問（Rat）に選ばれたが，1810年に，教授職に転じることを希望し，1813年に，ロシュトック大学で，ハビリタチオンを取得した。

1815年に，グライフスヴァルト大学の招聘をうけた。グライフスヴァルトの時代には，債権譲渡に関する小論があるだけであるが（Die Lehre von der Cession der Forderungsrechte nach den Grundsätzen des römischen Rechts, 1817)，先駆的な研究であった。ローマ法は，債権譲渡を知らないわけではなかったが (hereditate vel actione vendita)，法源上，当然のものではなかった（法鎖理論)。これをモノグラフィーで包括的に扱ったのは，彼が最初である。そこには，将来のモノグラフィーの基礎が包含されていた。すなわち，譲渡人に選択された actio utilis は，債権に対する全権利ではなく，取得者に対し，債権を自分の権利の行使者（代理人である，procurator in rem suam）として自分の利益のために主張する権利だけを付与するというものである。

譲渡によって形式的な通知をうけない債務者は，ローマ法の理論では，譲渡債権者への支払により免責されるが，実務的には不十分であり，理由がないとしていた。彼は，実務的観点と，ローマ法源を歴史的・哲学的方法で扱うことを心がけていた。

Die Lehre von der Cession der Forderungsrechte, Nach den Grundsätzen des römischen Rechts, 3. Aufl., 1836. これは，631頁の大作である。法源のほ

か，中世の著者（Cujacius, Donellus, Giphanius, Antonius Faber），Johann von Sande（1623），Alph. de. Olea（1650）Johannes Brunnemann（1662），彼の時代までの小さな論文までフォローされている。

1. Begriff der Cession
2. Erfordernisse der Cession
3. Wirkungen der Cession

ローマ法からの特異性から，債権譲渡は，その後，デルンブルクなどによっても研究された。

1818年に，彼は，政府からケーニヒスベルク大学での講義を求められ，1819年には，ハレ大学において多くの講義を行った。そして，学部の正式な講義ではなかったが，ALRの講義をも行った。また，当時まだ一般的ではなかった演習（Übungen）の形態による授業も行った。この時期には，著作を現し，雑誌（Hallische Literaturzeitung と Archivs für die civilistische Praxis）の編集も行った。

1833年に，ゲッチンゲン大学に移った。以後，ここにとどまり，彼は，グリュックのパンデクテン・コンメンタールの継続（グリュックは1831年に死亡）を行った。Ausführl. Erl. d. Pandecten nach Hellfeld, e. Commentar v. C. F. Glück, fortgesetzt v. Mühlenbruch, 35.-3. T., 1832/43. 1832年から43年の間に，遺言法に関する35－43巻を著した。

当初，パンデクテン・テキストをラテン語で書いたが（Doctrina pandectarum, 1823-25, 3 Bde.; 4. Aufl. 1838-40），みずから，それをドイツ語に訳した（Lehrbuch des Pandectenrechts nach der Doctrina Pandectarum deutsch bearbeitet. 3 Bde., 1835/37, 4. Aufl., 1844は，Madaiにより公刊）。

1843年に，ゲッチンゲンで亡くなった（後任は，Franke）。

1837年のゲッチンゲンの七教授事件（同年ハノーファー国王の違憲行為に抗議し罷免される）については，法律への拘束に賛同し，憲法停止に反対する行動を違法であり，大学に損害を与えるものとした。そこで，追放されたJ・グリム（Jacob Grimm, 1785. 1. 4-1863. 9. 20）は，彼を従順な「農民の馬」と評した。ミューレンブルッフの学風は，個別の事件よりも，法や概念に志向するものであった。Landsbergは，彼を，早咲きの歴史法学派の実証主義者としている(89)。

著作としては，

Lehrbuch der Encyklopädie und Methodol. d. positiven in Deutschland geltenden Rechts, z. Gebrauch academ. Vorlesungen, 1807.

De iure eius cui actionibus cessit creditor, 1813.

Entwurf d. gemeinrechtl. u. preuß. Civilprozesses, 1827.

Lehrbuch der Institutionen des römischen Rechts（1842, 2. Aufl. 1847).

10 バローン（Julius Baron, 1834-1898）

1860年に，ベルリン大学で，ハビリタチオン（第41号）を取得した。1834年に生まれたバローンは，自分のテキストの中で，パンデクテンの体系をドイツの現行の実定民法として初めて性格づけをした。

Pandekten, 3. Aufl.（unter Berücksichtigung der Civilgesetzgebung des neuen deutschen Reichs), 1879.

ロマニストであり講壇社会主義者であることから，ベルン大学に赴任したが（のちの1888年に，彼の後任となったのはロートマールである）1879年に，グライフスヴァルト大学の正教授となった。彼のテキストは，しばしば改定された。テキストは，サヴィニーとヴィントシャイトの影響を強くうけており，また，ファンゲローの影響をうけたことにより，実務にも耐えうるものとなっている。脚注は，おもに引用するローマ法法文の原典参照箇所となっている。しかし，現行の実定法の参照も行われている。ローマ法法文も，特別な位置づけをうけるのではなく，他の現行法と同列に位置づけられたのである(90)。

11 ベッヒマン（August Bechmann, 1834. 8.16-1907. 7.11）

ベッヒマンは，バイエルン王国のニュルンベルクで，1834年に生まれた。わがくにと縁のあるロエスレル（Karl Friedrich Hermann Roesler, 1834-94）や，ゲルマニストのホイスラー（Heusler, 1834-1921）と同年である。

チューリンゲンの家系であり，啓蒙思想家のChristian Thomasius（1655-1728）の曾孫にあたる。ミュンヘンとベルリン大学で法律学を学び，1860年に，ベルリンで学位を取得し，1861年に，ヴュルツブルク大学でハビリタチオンを取得した。1862年に，バーゼル大学から正教授として招聘された。1864年に，マールブルク大学，同年秋にはキール大学，1870年にエルランゲン大学，1880年に，ボン大学に移った。1888年に，ミュンヘン大学において，ブリンツの後継となった。1888年に，バイエルンの王立アカデミーの会員となった。1892年に，ヴィントシャイトの後継として，ライプチッヒ大学に招聘されたが，断った。

彼は，大きなモノグラフィーや売買法のテキストを書くことによって，来るべき民法典の準備をしたのである。モノグラフィーでは，持参金（Mitgift）と売買に関する大作を著した。これらにおいては，法の素材を包括的に扱い，ドグマによって選別している。ただし，狭い実定法主義者ではなかった。1876年のエルランゲン大学の副学長講演では，権利のための闘争（Vom Kampf ums Recht，イェーリングのそれは1872年刊）にふれている。政治家ではなかったが，1868年から70年，プロイセンの衆議院で議員となり，1891年から死亡まで，ライヒ参議院のバイエルン王国議員となった(91)。

Das Römische Dotalrecht, 2 Bde., 1863–67.

Der Kauf nach Gemeinem Recht, I～VIII, 1876～1884. 分冊のほか，結合された版がある（1908）。Paul Oertmannが索引を作成している。

12　ショイル（Scheurl von Defersdorf, Christoph Gottlieb Adolf Freiherr（bayerischer Freiherr 1884），1811. 1. 7–1893. 1. 24）

(1)　ショイルは，1811年に，ニュルンベルクで生まれた。初代ライヒ大審院長のシムソン（Martin（Eduard Sigismund）von Simson, 1810. 11. 10–1899. 5. 2）の生まれた翌年であった。父は，Christoph Wilhelm Friedrich v. Scheurl（1776–1841）であり，郵政顧問官であり，母は，Wilhelmine Freiin（geb. Löffelholz, 1772–1863）であった。ニュルンベルク市で，法律顧問を出す資格のある家系であった。

1827年に，エルランゲン大学で法律学を学び，とくにプフタの影響をうけた。1828年に，ミュンヘン大学にいき，1831年に，国家試験に合格し，エルランゲンとニュルンベルクの裁判所に勤めた。1834年に，ローマ法の研究で学位をえて，同年，私講師の資格もえて，エルランゲン大学で，ローマ法の私講師となった。1840年に，員外教授となった。シュタール（Friedrich Julius Stahl, 1802–61, 1840年からベルリン大学）の転出後，エルランゲン大学で，教会法の講義をも担当した。1837年に，Marie Kleinknecht（1815–68）と結婚した。1845年に，教会法とローマ法の正教授となった。さらに，1845年から49年，バイエルンのラント議会の議員をし（旧リベラル派），報道法や刑訴法の制定にかかわった。

法律以外の活動では，1865年から89年には，バイエルンにおけるプロテスタントの会議（Generalsynode）のメンバーとして働いた。バイエルン以外でも，国家に対抗するルター派のラント教会の自立の擁護者として，「ルター教会の法律顧問」との異名をとった。1881年に定年となって後は，BGBの家族法の起草作業にかかわった。

ローマ法では，Lehrbuch der Institutionen, 1850で著名である。

また，Beiträge zur Bearbeitung des Römischen Rechts, 1853/71. 前半は，小論の集成である。付随給付や免除といった19世紀ではマイナーな論題が扱われているのが特徴である。

1, （I–XII）12 Abhandlungen.

2, 1. XIII. In iure cessio tutelae

XIV. Erlaßvertrag

XV. Zur Usucapionslehre

2, 2. Zur Lehre von den Nebenleistungen bei Rechtsgeschäften

教会法でも功績があり，サヴィニーやプフタの歴史法学派の原理と，ルター派の教義を結びつける体系を展開した。エルランゲンの神学理論（Adolf v. Harleß, Wilhelm Höfling, Reinhold v. Frankによる）を扱い，教会の慣習法の解釈に，歴史法学の手法をとりいれたのである。歴史法学派は，国家法における法的確信のために「民族精神」を重視するが，彼は，この概念を「教会の全意識」（Gesamtbewußtsein der Kirche）によるものとした。国家に対する教会法の自律によって，彼は，彼の弟子のWilhelm Kahl（1849–1932）を通して，間接的にはワイマール憲法の国家と教会法の体系にも影響を与えている。1893年に，ニュルンベルクで亡くなった(92)。

その自然債務論（Naturalobligationen）は，Hermann Schwanert, 1823. 10. 22–1886. 8 . 18によって批判されている（Krit. Vierteljahrschrift Bd. 6 [1861], S. 489 ff.）。

(2) 17世紀の法律家，Christoph Scheurl von Defersdorf in Heuchling（1666–1740）はその先祖である。同人は，ニュルンベルクの貴族の家系であった。1566年に，先祖のAlbrecht Scheurl VIは，ニュルンベルク近郊のDefersdorfに農場を取得し，その子孫も土地を集め，家族の世襲財産（Familienfideikomiss）とした。その後，Sebastian ScheurlがHeuchlingの領主館を取得し，世襲財産に加えたが，直系の男系の子孫がなく，1652年に亡くなった。ショイルの家系は，市の顧問となりうる家系（ratsfähig）であり，彼も，ニュルンベルクの法律顧問（Ratkonsulent），Schwarzenbergの大公の顧問となった。

13　ウンターホルツナー（Karl August Dominikus Unterholzner, 1787. 2. 3-1838. 3. 25）

ウンターホルツナーは，1787年に，Freisingで生まれた。弟グリム（Wilhelm Grimm, 1786. 2. 24-1859. 12. 16）の翌年の生まれである。父のCasparは，宮廷顧問（Hofraths-Canzlist）であった。

生地のギムナジウムを出たあと，1803年から，（16歳で）Landshutの大学（これは，のちのミュンヘン大学である）で，哲学と法律学を学んだ。とくに，1804年に同大学に来た刑法学者のフォイエルバッハ（Anselm Feuerbach, 1775-1833）は，彼の法律学への興味をかき立て，学者の道を選ばせた。1807年に，彼は，フォイエルバッハに勧められた奨学金をうけて，ゲッチンゲン大学に転じた。そこでは，Hugo, Herbartの講義を聞いた。1809年初めに，故郷に帰り，論文（Dissert. inaug. jurid. pertractans historiam doctrinae jur. roman. de collationibus, Altorf 1809, 72 Seiten）を書いた。1809年秋に廃止されたニュルンベルク大学で，同大学最後の学位をえた（Juristische Abhandlungen, München 1810, 406 S. フォイエルバッハの序文がある）。

Landshut大学で私講師となり，サヴィニーとも知り合った。サヴィニーは，Hufelandの後任として，1808年に，Landshutに来たのである。そして，サヴィニーがすぐにベルリンに転じたことから，ウンターホルツナーは，その穴をうめた。ただし，彼もマールブルク大学に招聘された。しかし，サヴィニーの紹介で，1811年に，ブレスラウ大学に転じた。同年，結婚した。外国の大学から2回招聘をうけたが，ここにとどまり，1838年3月25日に，同地で亡くなった。

1821年と，1834年に，学長となった。勲章（Rother Adlerorden 4. Classe）をうけた。

多くの著作があるが（vgl. K. G. Nowak, Schlesisches Schriftsteller-Lexikon, H. 2., S. 151），時効についての著作がとくに著名である。後者は，2巻でそれぞれ500頁以上にもなる。

Die Lehre von der Verjährung durch fortgesetzten Besitz nach den Grundsätzen des römischen Rechtes, Breslau 1815, 47 S.

Ausführliche Entwickelung der gesammten Verjährungs-Lehre aus den gemeinen in Deutschland geltenden Rechten, Leipzig 1828, 539 u. 548 S.（36頁もの索引がある）

1858年に，Schirmer による改訂版が出されている。異なった種類の時効に，統一的な法制度としての性格を付与しようとするものである(93)。

14　シュヴァネルト（Hermann Schwanert, 1823. 10. 22–1886. 8. 18）

シュヴァネルトは，1823年，ブラウンシュワイクで生まれた。父は，商人の Johann Schwanert であった。ゲルマニストのゲルバー（Karl Friedrich Wilhelm Gerber, 1823. 4. 11–1891. 12. 23）と同年の生まれである。

1843年に，同地のギムナジウムを卒業し，ゲッチンゲン大学で法律学の勉学を始めた。1846年に，ゲッチンゲン大学の法学部で，賞をとった論文 Enumeratio per universitatem successionum, quae exstant in iure Romano praeter hereditatem et bonorum possessionem, 1846で，博士の学位をえた。すぐに，Wolfenbüttel で，国家試験に合格した。1848年に，ハビリタチオンを取得し，ゲッチンゲン大学でローマ法・教会法の私講師となった。

1851年に，プラハ大学から，ローマ法の正教授として招聘された。プラハでは，Burkard Wilhelm Leist の後任であり，さらに Leist がロシュトックからイエナに移動したことから，1853年に，ロシュトックにも招聘された。担当は，ローマ法と民訴法であった。1863年から，第一次国家試験の委員会に属した。1866年からは，大学の顧問（Syndikus），懲戒裁判所（Disciplinargericht）に属し，1871/72，1872/73の2回，学長をも勤めた。学長の時に，1870/71の統一戦争に加わった学生の記念碑の除幕をする機会をもった。Friedrich Franz II 大公から，騎士勲章（Ritterkreuzes der Wendischen Krone）をうけた。Caroline（geb. v. Stein）と結婚した。

1874年に，ブレスラウ大学に招聘された。ここでは，枢密顧問官の肩書と，赤鷲勲章（Rother Adlerorden IV. Classe）をうけた。1886年にシレジアの Bad Flinsberg で亡くなった。

19世紀の中葉の例にもれず，彼も歴史法学派に属する。Die Naturalobligationen des römischen Rechts, 1861；Die Compensation nach römischem Recht, Festschrift für P. E. Huschke, 1870がその代表作である。Scheurl の自然債務論（Naturalobligationen）を批判している（Krit. Vierteljahrschrift Bd. 6 [1861],

S. 489 ff.)。

彼自身は，どちらかというと実務的な活動の傾向があったが，歴史的な手法についても擁護する立場をとった。1872年の学長就任講演 Das neue Reich und die Rechtswissenschaft において，固有法の欠陥と法典編纂の必要性，新たな課題に対する法律学の共同作業について論じた。19世紀の末に，重要なモノグラフィーによって，民法のドグマを進展させた(94)。

15　フィティング（Heinrich Hermann Fitting, 1831. 8.27–1918.12. 3）

フィッティングは，1831年，ライン・ファルツの Mauchenheim で生まれた。17世紀まで遡る，ライン・ファルツの家系であった。父は Johannes，母は Katharina Christina（geb. Haumann）である。著名なゲルマニスト Otto Stobbe（1831. 6.28–1887. 5.19）と同年の生まれである。

ヴュルツブルク，ハイデルベルク（Karl Adolph von Vangerow に学ぶ），エルランゲンの各大学で法律学を学んだ。1852年に，エルランゲン大学で，学位をえた（Über den Begriff von Haupt- und Gegenbeweis und verwandte Fragen, Erlangen 1853）。1852－54年，バイエルンで司法研修をうけ，1855年には，フランスの訴訟実務を学ぶために，パリに滞在した。

1856年に，ハイデルベルク大学でハビリタチオンを取得した（Über den Begriff der Rückziehung, 1856）。ハイデルベルク大学で私講師となり，1857年に，バーゼル大学で員外教授となり，翌年，ローマ法の正教授となった。ここで，モノグラフィーを書いた（Die Natur der Korrealobligationen, 1859および Über das Alter der Schriften römischer Juristen von Hadrian bis Alexander, 1860）。1862年に，ハレ大学に招聘された。AcP に多くの論文を書き，編集にも関与し，ミッターマイールの死後は（Karl Joseph Mittermaier, 1867），その中心となった。ハレでは，1902年まで，ローマ法の，その後は，民訴法と破産法の教授となった。

主著は，ローマ法に関するものであり，歴史的，包括的な文献的作業をなした（Das castrense peculium, Halle 1871）。民訴法のテキストも広く受け入れられたが（Lehrbuch des Zivilprozesses, 1878），ローマ法の法史と文献史が，最大の専門領域である。彼は，ユスチニアヌスの皇帝法とボローニア学派のグロサトーレンの発生までのローマ法の継続的な適用を肯定する見解に立っている。ここで，彼は，Max Conrat の見解との間で対立し，この対立は現在にいたるまで解決されていない[95]。

Alter und Folge der Schriften Römischer Juristen von Hadrian bis Alexander, 2. Aufl., 1908.

Glosse zu den Exceptiones legum Romanorum des Petrus, 1874.

Zur Geschichte der Rechtswissenschaft am Anfang des Mittelalters, 1875.

Juristische Schriften des frühern Mittelalters, 1876.

Über die Heimat und das Alter des sogenannten Brachylogus, 1880.

実定法にも関心があり，以下は，民事訴訟法と破産法のテキストである。

Der Reichs-Zivilprozeß, 6. Aufl., 1884.

Das Reichs-Konkursrecht, 2. Aufl., 1883.

16　マダイ（Karl Otto von Madai, 1809. 5. 29–1850. 6. 4）

マダイは，1809年，ハレ（Saale）近くのZscherbenで生まれた。その名にもかかわらず，ハンガリーの出身ではなく，トランシルバニアのドイツ系貴族の一部がハンガリーに進出した家系の末裔である。ゲルマニストのベーゼラー（Beseler, 1809. 11. 9–1888. 8. 28）と同年の生まれである。

Thornとポツダムのギムナジウムを出て，1828年に，ハレ大学で，最初神学を学んだが，じきに法律学に転じた。ローマ法学者ペルニスの影響であった。1830年に，ベルリン大学に移り，サヴィニーの講義を聞いた。懸賞論文（De vi publica et privata, Halle 1832）で，金メダルを取得した。

1832年に，ハレ大学で学位をえた（De stellionatu）。ハビリタチオンを取得した後，ハレ大学の私講師となり，モノグラフィー（Die Statuliberi des Römischen Rechts, Halle 1834）を書いて，員外教授となったた。1837年に，エストニアのDorpat大学の正教授となった（Clossius講座）。1843年に，大臣のOuwaroffとの意見の相違から，他の教授とともに免職となり，ベルリン大学で私講師となった。なお，このDorpat大学に赴任した先例としては，1819年のダベローがいる（Christoph Christian Dabelow, 1768. 7. 19–1830. 4. 27）。また，ローマ法法文の翻訳で名高いKarl Eduard von Ottoも，1832年から1858年，同大学の教授であった（後述389頁）。

ロシアの大公女（Großfürstin）Heleneの勧めで，マダイは，ナッソーの若い公女の私設秘書をし，Wiesbadenの宮廷に仕えた。1845年に，公女が死亡した後，キール大学の招聘をうけた。イエナ大学とロシュトック大学からの招聘は断った。デンマーク統治下のシュレスヴィッヒの支配権に関する論文（Staats- und Erbrecht des Herzogthums Schleswig, Hamburg 1846）がある。

1848年に，国民運動の勃発により，フランクフルトに赴き（Vorparlament の議員），フランクフルト国民議会（Nationalversammlung）で，ホルシュタインの代表となった。シュレスヴィッヒを連邦に統合する立場をとった。制憲議会において，連邦議会の改革も提案したが（Principien der Oeffentlichkeit und Verantwortlichkeit），失敗した。ライヒ摂政（Reichsverweser）による議会の解散後は，ホルシュタインの代表として，フランクフルトに派遣された。

1849年，フライブルク大学（バーデン）で，教職に戻った。1849年，バーデンの五月革命で，臨時政府に宣誓をしなかったことから，その地を追われた。スイスとチロールに逃れたが，ギーセンに向かう途中，病気になり，1850年に，ギーセンで亡くなった。まだ，41歳であった(96)。

遅滞に関する論文が今日でもが著名である。Die Lehre von der Mora, 1837.

普通法の民法やクールラントの債権法の著作がある。

Beiträge zur Dogmengeschichte des gemeinen Civilrechts, 1839.

Das Obligationenrecht Esth-, Liv- und Curlands（1. Lieferung, 1841）.

Sammlung der Rechtsquellen Liv-, Esth- und Curlands, 1842 ff.

Theoretischpraktische Erörterungen aus den in Liv-, Esth- und Curland geltenden Rechten, 1839 ff.（F. G. v. Bunge と共著）

ミューレンブルッフ（Christian Friedrich Mühlenbruch, 1785. 10. 3–1843. 7. 17）のパンデクテン・テキスト（Lehrb. d. Pandectenrechts nach d. Doctrina Pandectarum, 3 Bde., 1835）の公刊に寄与した（hrsg. v. Madai）。

17　ジルタナー（Wilhelm Girtanner, 1823–1861. 7. 28）

ジルタナーは，1823年に，Schnepfenthal で生まれた。ゲルマニストのゲルバー（Karl Friedrich Wilhelm Gerber, 1823. 4. 11–1891. 12. 23）と同年の生まれである。父は教師であった。

1841年から43年，ボン大学とイエナ大学で，哲学と文献学を学び，のちに法律学を学んだ。1844年から1847年には，ベルリン，ロシュトック，ハイデルベルクの各大学に移り，ハイデルベルク大学で，1847年に学位をえた。1848年に，ゴータで，国家試験に合格し，同年，イエナ大学で，ハビリタチオンを取得し，私講師となった。1850年に，員外教授，1851年に，陪審人（Schöffenstuhl）となった。1853年に，キール大学で正教授となった。1861年に，キールで亡くなった。保証や契約の拘束力に関する以下の著作がある。また，全ドイツで使われていたプフタのパンデクテン・テキストを事例によって説明する試みをしている(97)。

Die Bürgschaft, 1850/51, 2 Abth.

Die Stipulation und ihr Verhältniß zum Wesen der Vertragsobligation, 1859.

Rechtsfälle zu Puchtas Pandekten, 1852,（4. Aufl. 1869).

18　ベッカー（Ernst Immanuel Bekker, 1827. 8. 16-1916. 6. 299）

ベッカーは，1827年にベルリンで生まれた。ハイデルベルク大学で法律学を学んだ。そこでは，学生団体 Corps Saxo-Borussia に属した。その後，裁判官となったが，1853年に，ハレ・ヴィッテンベルク大学において，ローマ法で教授資格・ハビリタチオンを取得した。1855年に，そこで員外教授となった。1857年に，正教授としてバルト海沿岸のグライフスヴァルト大学に招聘された。

1874年に，彼は，かつてティボー（Anton Friedrich Justus Thibaut, 1772. 1. 4-1840. 3. 28）のいた講座の後任として，ハイデルベルク大学に招聘された。1886年に，ハイデルベルク大学の学長代理となった。ローマ法の研究とともに，法哲学と自然法に関する論文を書いた。バイエルンの学術アカデミーの会員となった。1899年に，ハイデルベルクの名誉市民となった。1908年に，名誉教授となり，1916年に，ハイデルベルクで亡くなった(98)。

以下の業績がある。

Die prozessualische Konsumption, 1853.

Von deutschen Hochschulen Allerlei: was da ist und was da sein sollte, 1869.

Das Recht des Besitzes bei den Römern, 1880.

System des heutigen Pandektenrechts, 1886-1889.

Recht muss recht bleiben, 1896.

Die Reform des Hypothekenwesens als Aufgabe des norddeutschen Bundes, 1867.

Das Völkerrecht der Zukunft, 1915.（Sitzungsberichte der Heidelberger

Akademie der Wissenschaft - phil.-historische Klasse, 3).

ベッカーは，形成権概念の発展には一役をかっており，チーテルマンのrechtliches Können，クローメのGegenrechtに対し，消極的権利（negatives Recht）という語を提唱している。いずれも実体を表わすには適切ではない。形成権という命名をしたのは，周知のとおり，ゼッケルであった(99)。

Die Aktionen des römischen Privatrechts, 1871/1873, S. 1ff.

System des heutigen Panektenrechts, Bd. 1, 1886, S. 76ff.

System und Sprache des Entwurfes eines BGB, 1888 (Neud. 1974), S. 29ff.

19　カルロヴァ（Otto Karlowa, 1836. 2. 11-1904. 1. 8）

カルロヴァは，1836年に，Bückeburgで生まれた。コンメンタールで著名なシュタウディンガー（Julius von Staudinger, 1836-1902. 1. 1）と同年の生まれである。

Wolfenbüttelのギムナジウムに通い，ゲッチンゲン大学で，法律と歴史を学んだ（Franke, Briegleb, Hermann Thöl, Waitz)。ベルリンとイエナ大学でも学んだ。1859年に，第一次国家試験に合格し，1862年に，ボン大学で学位とハビリタチオンをえた。1867年に，グライフスヴァルト大学で正教授となった。1872年に，ハイデルベルク大学に移籍。1902/03に定年となり，1904年に，ハイデルベルクで亡くなった。

歴史法学派の末裔であるが，19世紀の解釈学の論争に参加し，その主著も，解釈学を対象としている。そのテーマは，新しい解釈学の論点を扱っているが，比較的保守的な立場をとっている。彼によれば，ローマ法と現代法の関係はきわめて密接とされる(100)。次の法律行為に関する著作が有名である。

Das Rechtsgeschäft und seine Wirkung, 1877, 282 S.

1. Der Begriff des Rechtsgeschäfts, 2. Die Vertragserrichtung, 3. Prüfung verschiedener Arten von Rechtsgeschäften in Bezug auf die Erfordernisse ihrer Existenz und ihrer Wirkungskraft, 4. Stellvertretung und Rechtsgeschäfte im eigenen Namen, die in eine fremde Rechtssphäre eingreifen, 5. Einfluss von Bedingung und Zeitbestimmung auf Existenz und Wirksamkeit des Rechtsgeschäfts, 6. Ungültigkeit der Rechtsgeschäfte, 7. Die Kriterien des rechtsgeschäftlichen Willens.

法史学者としても著名であり，Römische Rechtsgeschichte, I. Staatesrecht

und Rechtsquellen, II. Privatrecht, Civilprozess, Strafrecht und Strafprozess, 1885/92がある。

20 ヘルダー（Eduard Otto Hölder, 1847. 11. 27–1911. 4 . 14）

ヘルダーは，1847年，バーデン王国のシュトットガルトで生まれた。南ドイツの生まれであるが，プロテスタントであった。のちに，ライプチッヒ大学で同僚となる Otto Mayer（1846. 3 . 29–1924. 8 . 8）の生まれた翌年であった。

チュービンゲン大学で法律学を学んだ。私講師となることなく，1872年に，チューリッヒ大学で，ローマ法の正教授となった。1874年に，グライフスヴァルト大学，1888年に，エルランゲン大学，1893年に，ライプチッヒ大学の教授となり，最後までそこにとどまった。ライプチッヒ大学では，ヴィントシャイトの講座を引き継いだ。その法学部では，3回，学部長をした（1897/98, 1902/03, 1910/11）。1909/10には，学長となった。1911年に保養地の Baden-Baden で亡くなり，その墓は，ライプチッヒの Südfriedhof にある(101)。

パンデクテンや人に関する業績は，今日でも意味をもっている。

Pandekten. Allgemeine Lehren, mit Rücksicht auf den Civilgesetzentwurf, 1891.

Natürliche und juristische Personen, 1905.

2002年には，著書 Kommentar zum allgemeinen Theil des Bürgerliches Gesetzbuchs, 1900が復刻された。

21 モール（Robert von Mohl, 1799. 8 . 17–1875, 11, 5 ）

モールは，1799年，南ドイツのシュトットガルトで生まれた。国法学者であり，また，政治家でもあった。1848年のフランクフルト国民議会の議員，ライヒ議会の議員をした。1827年から1846年の間，チュービンゲン大学で，国法学の教授であった。法治国家（Rechtsstaat）の概念を体系化し，広く一般化した功績がある。専制君主が恣意的な支配をするアリストテレス的な警察国家（Polizeisttat）に対し，統治権の行使に法秩序の制限を課し，国家の目的を国民の生活の発展に向けるものとする。

その後，シュタール（Friedrich Julius Stahl, 1802–61）は，「法治国家」概念をもって，国家の活動の制限手段とした。ドイツでは，この方向が一般的となり，とくに行政権の法律による拘束を意味するものとなった。たとえば，O・マイヤーである。イギリス的な法の支配や基本権の保護よりは，形式的な意味のものとなっている。議会による国家法のみが国家機関を拘束し，国民の権利の侵害も，行政権ではなく，立法と法律に留保されるとする(102)。

著名な公法学者であり，本稿では，あまり立ち入る必要はないであろう。なお，その息子は，O・モール（Ottmar von Mohl, 1846. 1. 17-1922. 3. 23）は，1846年に，チュービンゲンで生まれ，チュービンゲン大学で法律学を学び，1868年に，第一次国家試験に合格，ハイデルベルク大学で学位をえた。1887年から3年，日本のお雇い外国人となった。帰国後は外交官であった。孫（Waldemar Arthur von Mohl, 1885. 9. 6-1966. 3. 1）は，内務省の高官や地方長官となった。

22　マンドリー（Johann Gustav Karl von Mandry, 1832. 1. 31-1902. 5. 30）

法実務家に関する別稿（一橋法学12巻2号47頁参照）を参照。

23　フェーリング（Friedrich Heinrich Theodor Hubert Vering, 1833-1896）

フェーリングは，1833年に生まれた。わがくにで著名なロエスレル（Karl Friedrich Hermann Roesler, 1834-94）の生まれた前年の生まれである。

ボン，ハイデルベルクの両大学で学んだ。1856年に，ハイデルベルク大学で学位をえて，講義を開始した。ローマ法とカノン法で講義資格（venia legendi）を取得し，Czernowitz 大学で正教授となった（エールリッヒは1897年から同大学教授)。同大学の民法学者では，エールリッヒのほかに Emil, Schrutka von Rechtenstamm（1852-1918）が著名である（PND 117106984)。その後，プラハ大学に移った。1896年に亡くなった。

ローマ法の内的および外的な歴史（äussere und innere Geschichte）を統一し，ローマ法の歴史とドグマを記述し，民訴法と訴権についてもふれた。全体を概観しながら，それに反する個別の論争やヴィントシャイトの著作についてもふれている。著作の順序は，ザクセン式である。今日では，カノニストとして著名である(103)。

Geschichte und Pandekten des römischen und heutigen gemeinen Privatrechts, 4. Aufl., 1875. 815 S.

1. Allgemeine Lehren

2. Dingliche Rechte

3. Das Obligationenrecht

4. Das Familienrecht

5. Das Erbrecсht

なお，Carl Vering（1871. 2. 6-1955, 6. 15）との関係は，明確ではない。

24　フォイクト（Moritz Voigt, 1826. 9. 10-1905. 11. 6）

(1)　フォイクトは，1826年にライプチッヒで生まれた。同じローマ法学者の Valentin Puntschart（1825. 2. 7-1904. 4. 7）の生まれた翌年であった。1845年に，ライプチッヒの Thomasschule を卒業し，1845年から1852年まで，ライプチッヒ大学で，法律学を学んだ。ライプチッヒの学生団体 Corps Saxonia に属した。1852年に，学位をえた（De fetialibus populi Romani quaestionis specimen）。1853年に，論文 De caussa hereditaria inter Claudios Patricios et Marcellos acta, quam commmemorat Cic. de orat. I, 39によって，ハビリタチオンを取得した。

1853年に，ライプチッヒで，弁護士と公証人となった。1853年から1862年の間，ローマ法の私講師をして，1862年から1876年の間，員外教授，1876年から1894年は，正教授であった。ライプチッヒの，ザクセン王国の学術協会の会員となった（Königliche Sächsische Gesellschaft der Wissenschaften zu Leipzig）。また，アルブレヒト勲章騎士会員（Ritter des Albrechts-Ordens），ザクセンの功労勲章をうけた。1905年に，ライプチッヒで亡くなった(104)。

以下の，ローマ法に関する業績がある。

Die Lehre vom jus naturale, aequum et bonum und ius gentium der Römer（1856）.

Über das legis regiae（1876/77）.

Über die Clientel und Libertinität（1878）.

Über das Vadimonium（1881）.

Römische Rechtsgeschichte（1892 1902）.

Das ius civile und ius genitium der Römer/Moritz Voigt.

Aallen：Scientia, 1966.-（Das ius naturale, aequum et bonum und ius gentium der Römer/Moritz Voigt；Bd. 2）.

危険負担では，履行擬制説によっている（債権者主義）。Voigt, Das strictum

jus und aequum et bonum der Römer, III-2, S. 650, 875f. 類似の見解は，プフタやモムゼンの初期の主張にもみられる（Mommsen, Die Unmöglichkeit der Leistung, Beitrage zum Obligationenrecht, I, 1853, S. 331.）。これにつき，危険負担の研究（1995年）339頁注24参照。

(2) なお，地域史家のヴォイクト（Albin Ernst Voigt, 1845. 3. 1-1886. 2. 21）は，1845年に，ザクセンのZwickauで生まれた。ここは，音楽家のR・シューマン（1810-1856）の生地でもある。1862年から66年の間，ライプチッヒ大学で，法律学を学んだ。1866年に，第一次国家試験に合格して，司法研修を行った。1871年に，第二次国家試験に合格し，1872年からは，試補として，ライプチッヒの区裁判所で勤務した。1875年から1881年まで，Mittweidaの市長となった。ここで，工業学校や公園施設の設置をした。1887年8月に，市民は，ヴォイクトの顔を刻んだ石造の記念碑を建てた。これは，今日でも，Alfred-Udo-Holtz-Bauの専門大学にある。その後，彼は，死ぬまで，鉱山町であるAnnabergの市長であった。ここで，1885年に，地域の歴史協会（Geschichtsverein）を創設し，中心的活動も行った。今日では，こちらの業績で知られている。死亡まで，ザクセン・第2ラント議会の19選挙区の代表をした。1886年に，ドレスデンで亡くなった(105)。

25　ストローハル（Emil August Strohal, 1844. 12. 31-1912. 6. 6）

ストローハルは，1844年に，インスブルック近郊のBirgitzで生まれた。グラーツのギムナジウムを出て，グラーツ大学とウィーン大学で学び，1867年に，グラーツ大学で学位をえた。弁護士となり，実務のかたわら，研究者となった。1875年にハビリタチオンを取得し（Zur Lehre vom Eigentum an Immobilien, Graz 1876, オーストリアの不動産登記法の研究である。Eintragungstheorie），1877年に，グラーツ大学で員外教授，1881年に正教授となった。1892年に，イェーリングのあとをうけて，ゲッチンゲン大学の後任となったが，1894年に，ライプチッヒ大学に転じた。Johann Emil Kuntzの後継であった。ベルリン大学のTitzeは，この時代の弟子である。

ライヒ大審院のあるライプチッヒでは，法実務と密接な関係をもった。1892年から，イェーリング雑誌の共同編者となった。プランクのコンメンタールの編者もしている。1914年に，ライプチッヒで亡くなった(106)。

1900年に発効したBGBの相続法に関する初めての包括的，体系的なモノグラフィーを著した。Das deutsche Erbrecht auf Grundlage des Bürgerlichen Gesetzbuches, 3. Aufl., 1903/04.

オーストリアの登記法の編纂に係わり，所有者抵当（Eigentümerhypothk）の研究で知られた。

Transmission pendente conditione (Graz 1879).

Die Prioritätsabtretung nach heutigem Grundbuchrecht (Graz 1880).

Die Eigentümerhypothek im österreichischen Recht 1883.

Succession in den Besitz nach röm. und heutigem Recht (Graz 1885).

Der Sachbesitz nach dem Bürgerl. Gesetzbuch (Jena 1897).

26　ウェーバー

(1)　法律家で著名なウェーバーは，歴史上，３人いる。ドイツ民法典制定に関しては，民法制定の第一委員会において，ザクセンを代表したAnton von Weber（1817-1888. 2. 8；Dresden高裁判事）がいる。ザクセン法の専門家であり，1888年に死亡した。法実務家に属する。

このウェーバーは，1817年に，ドレスデンで生まれた。父も，ザクセンの法律家で，教会法の権威であり，のちに宗務局長（Konsistorialpräsident, Karl Gottlob von Weber）となった。ライプチッヒ大学とベルリン大学で法律学を学んだ。裁判官となり（Bautzen と Tharandt），ドレスデン控訴裁判所（Appellationsgericht）の裁判官となり，長官ともなった。さらに，ドレスデンの上級控訴裁判所（Oberappellationsgeticht，これは，1879年の司法改革で，高裁となった）の長となった。彼は，長くザクセンで立法にも携わったことから，1874年に，民法典制定の準備委員会，第１委員会の委員となった。1888年に，ベルリンで亡くなった。後任は，Rügerであった(107)。

(2)　さらに，２人いる。

①　I・ウェーバー（Immanuel Weber, 1659. 9. 23-1726. 5. 7）は，トマジウス（Christian Thomasius, 1655-1728）とほぼ同年の生まれである。

②　A・ウェーバー（Adolf Dietrich Weber, 1753. 6. 17-1817. 11. 18）は，1753年に生まれた。アルント（Friedrich Arndts, 1753. 9. 22-1812. 2. 8）と同年の生まれである。

イエナとロシュトック大学で学び，1784年に，キール大学で員外教授となった。1786年に，正教授となった。1791年に，ロシュトック大学に戻った。

彼の著作は，ローマ法とゲルマン法，さらには法実務にも詳しいものとして，著名であった。ちょうど18世紀の古い民法と19世紀のパンデクテン法学の中間に位置している(108)。

Systematische Entwicklung der Lehre von der natürlichen Verbindlichkeit und deren gerichtlichen Wirkung, 4. Aufl., 1811. 600 S.

ヘップナー（Ludwig Julius Friedrich Höpfner, 1743. 11. 3-1797. 4. 2）の著作を改定し，注をつけた（1803年）。

Theoretisch praktischer Commentar über die Heineccischen Institutionen nach der neuesten Ausgabe, 8. Aufl.(berichtigt, auch mit Anmerkungen und Zusätzen vermehrt von Adolph Dietrich Weber), 1833.

ほかにも，以下のものがある。

Systematische Entwickelung der Lehre von der natürlichen Verbindlichkeit und deren gerichtliche Wirkung. Mit einer vorläufigen Berichtigung der gewöhnlichen Theorie der Verbindlichkeit überhaupt. 3 Teile (in 1 Band), 1784/87.

Versuche über das Civilrecht und dessen Anwendung. Der kleinern Schriften des Verfassers zweite durchgängig verbesserte und vermehrte Ausgabe, 1801. 3 Bl., 399 S.

Ueber die Prozeßkosten, deren Vergütung und Compensation, 1788. 121 S.

27　フィッシャー（Otto Fischer, 1853. 3. 30-1929. 12. 1）

(1)　フィッシャーは，1853年に，ドイツ西部のLüdenscheid（Nordrhein-Westfalen, Sauerland）で生まれた。弁護士の父の影響をうけて，ライプチッヒ，ボン，ハイデルベルク，マールブルクの各大学で法律学を学んだ。マールブルク大学で，1873年に，第一次国家試験に合格し，1875年に，学位をえた。プロイセンで実務研修を行い，グライフスヴァルトで区裁判官，ついでシュテッティンの高裁の補助裁判官となった。1881年に，グライフスワルト大学で，民訴法，プロイセン民法でハビリタチオンを取得し，1883年に員外教授となった。1890年に，シレジアのブレスラウ大学に招聘された。1909/10年，学長となった。1895年から1918年，ブレスラウ大学で，裁判官のための学術顧問(akademischer Rat)となった。初期の弟子に，民訴法のLeo Rosenberg(1879–1963)がいる（Die Beweislast nach der Civilprozeßordnung und dem BGB, 1900. ただし，ハビリタチオン論文は，ゲッチンゲンである。Stellvertretung im Prozeß, 1906)。

1878年に，Katharina（geb. Hörling, 1853–1926）と結婚し，2男3女をえた。1929年に，ブレスラウで亡くなった。ベルリン大学のHeymann, Titzeは，彼の弟子である。イエナ大学からのちにベルリン大学に移ったHedemannも，ブレスラウ時代に，彼の教えをうけている。

民法，ローマ法，ローマ民訴法などをおもな対象とし，その手法は，ヴィントシャイト的な19世紀後半のパンデクティスティークを受け継いでいる。ただし，一面的な概念法学に陥ることなく，実務的な感覚を維持している。宗教的にはカトリック，政治的には，官僚国家主義であり，ワイマール共和国の議会制民主主義とは対立的であった(109)。彼自身は，ナチスの時代の前に亡くなったが，その弟子には，ナチスの思想に流される者が続出した。

以下の業績がある。

Lehrbuch des preußischen Privatrechts, 1887.

Lehrbuch des deutschen Zivilprozeß- und Konkursrechts, 1918.

Bürgerliches Gesetzbuch, Handausgabe, 1896； 14. Aufl. 1932,（hrsg. von Heinrich Titze). Wilhelm von Henleなどとの共著である。

Selbstbiographie, Die Rechtswissenschaft der Gegenwart in Selbstdarstellung I, 1924, S. 124 ff.（詳細な業績一覧がある)。

(2) フィッシャーは，民法・民訴法叢書を編集し，その中には，かなりの重要文献が収録されている（Abhandlungen zum Privatrecht und Zivilprozeß des Deutschen Reiches = APZ in zwanglosen Heften hrsg. von Otto Fischer)。出版は，おもにBeck書店であり，彼は，今日では，この叢書の編者として知られている。

たとえば，以下のものがある。

Ungerechtfertigter Vollstreckungsbetrieb：ein Beitrag zur Lehre von den Vollstreckungsgrundlagen/von James Goldschmidt, 1910.（APZ Bd. 20, Heft 3).

Die Theorie der Willenserklärungen/von Ernst Jacobi, 1910.（APZ Bd. 20, Heft 2).

Die Rechtswidrigkeit：mit besonderer Berücksichtigung des Privatrechts/

von Hans Albrecht Fischer, 1911. (APZ Bd. 21, Heft 2).

Der Prozeßvergleich/von Heinrich Lehmann, 1911. (APZ Bd. 22, Heft 1).

Zwangsvollstreckung gegen fremde Staaten und Kompetenzkonflikt : im Anschluss auf den Fall Hellfeld / rechtsgutachten von Brie, O. Fischer, Fleischmann, 1910. (APZ Heft 23).

Entgeltliche Geschäfte/von Paul Oertmann, 1912. (APZ Bd. 23 ; Hft. 3).

Die Rechtshandlungen im engeren Sinne : Eine Untersuchung auf dem Gebiete des deutschen bürgerlichen Rechts/von Peter Klein, 1912. (APZ Bd. 25, Heft 2).

Urteilswirkungen außerhalb des Zivilprozesses/von Georg Kuttner, 1914. (APZ Bd. 26, Hft. 3).

Schuld und Haftung im geltenden Recht/von Georg Buch, 1914. (APZ Bd. 28 ; Heft 1).

28　ゾイフェルト

ゾイフェルトという法学者には，2人の著名人がいる。

(1)　ゾイフェルト（①Johann Adam Seuffert, 1794-1857）は，ヴュルツブルク大学で学び学位を取得した。そして，Heise と Hugo のもとでハビリタチオンを取得した。ヴュルツブルク大学で，1817年に員外教授となり，1819年に正教授となった。

ゾイフェルトは，彼のパンデクテン・テキストにおいて，パンデクテン法学を法実務に適合させようとした。そのテキストは，明確性と簡潔，実務的な利用可能性と学問的な明白性の結合に成功している[110]。

Praktisches Pandektenrecht, 3 Bde,, 3. Aufl., 1852., Gesammelte rechtswissenschaftliche Abhandlungen. Erlangen, Palm & Enke, 1837. IV, 180 S.

(2)　もう1人のゾイフェルト（②Lothar Georg Thomas von Seuffert, 1843-1920）はギーセン大学教授で，ドグマ史の業績がある。契約法の諾約性と発展の研究で著名である[111]。Zur Geschichte der obligatorischen Verträge, 1881. 個別の研究では，Über die Wirkung eines vertragsmäßigen Cessionsverbotes, AcP 57 (1874), 105.

また，ドイツ民法典草案の債権法の研究がある。

Die allgemeinen Grundsätze des Obligationenrechts in dem Entwurfe eines Bürgerlichen Gesetzbuches für das Deutsche Reich, 1889.

(3) ほかにも，③ Johann Michael von Seuffert (1765–1829) は，ヴュルツブルク司教領の大臣をした法律家であり，④ Georg Karl von Seuffert (1800–1870)，⑤ Ernst August Ritter von Seuffert (1829–1907) は，ミュンヘン大学の民法学者，⑥ Walter Seuffert (1907–1989) は，法律家，政治家，財政専門家，⑦ Hermann Seuffert (1836–1902. 11. 23) は，刑法学者である(112)。

なお，Seuffert Archiv という雑誌もある。J. A. Seuffert's Archiv fur Entscheidungen der obersten Gerichte in den deutschen Staaten. Register über Bd. XXI–L(113).

第6章　むすび——大戦時のボン大学の変遷・ユダヤ系法学者の補遺——

1　ボン大学の法学者

(1) ボン大学とその位置づけ

前述のように，20世紀初期のベルリン大学では，1930年代のナチスの影響がもっとも重要な変化であるが，ベルリン大学の当時の状況は，現在必ずしも明確ではないことから，以下では，かなり詳細な検証が行われているボン大学によって，当時の大学の変遷を概観する。ナチス期の検証は，東地区ではむしろ遅れているからである。

1871年のドイツ統一後においても，ボンには，いわばベルリンで行われる諸政策の，西側の実験場としての意味があった。東西冷戦の時代に，西ベルリンが西側のショーウインドーであったのとは対照的に，1871年のドイツ統一まで，ラインラントは，エルベ以東のプロイセンのショーウインドー（あるいは西欧的知見の取り入れ口）であった。戦後，ボンが臨時の首都となったのは，たんなる僥倖や偶然ではなく，こうした伝統にもとづくものである。戦後の分裂の時代においては，連邦共和国（西ドイツ）が，旧ライヒの正当な承継者であることをも示していたのである。

以下で扱うのは，キップ，デレ，クンケルとボン大学の若干の教授と執行部である。なお，C・シュミット（Carl Schmidt, 1899–1980）が一時ボン大学にいた（1922–28）ことについては，すでに簡単に扱ったことがある(114)，彼は，公法，政治学や哲学が専門であり，本稿で立ち入る必要はないであろう。

法学者の系譜—諸大学

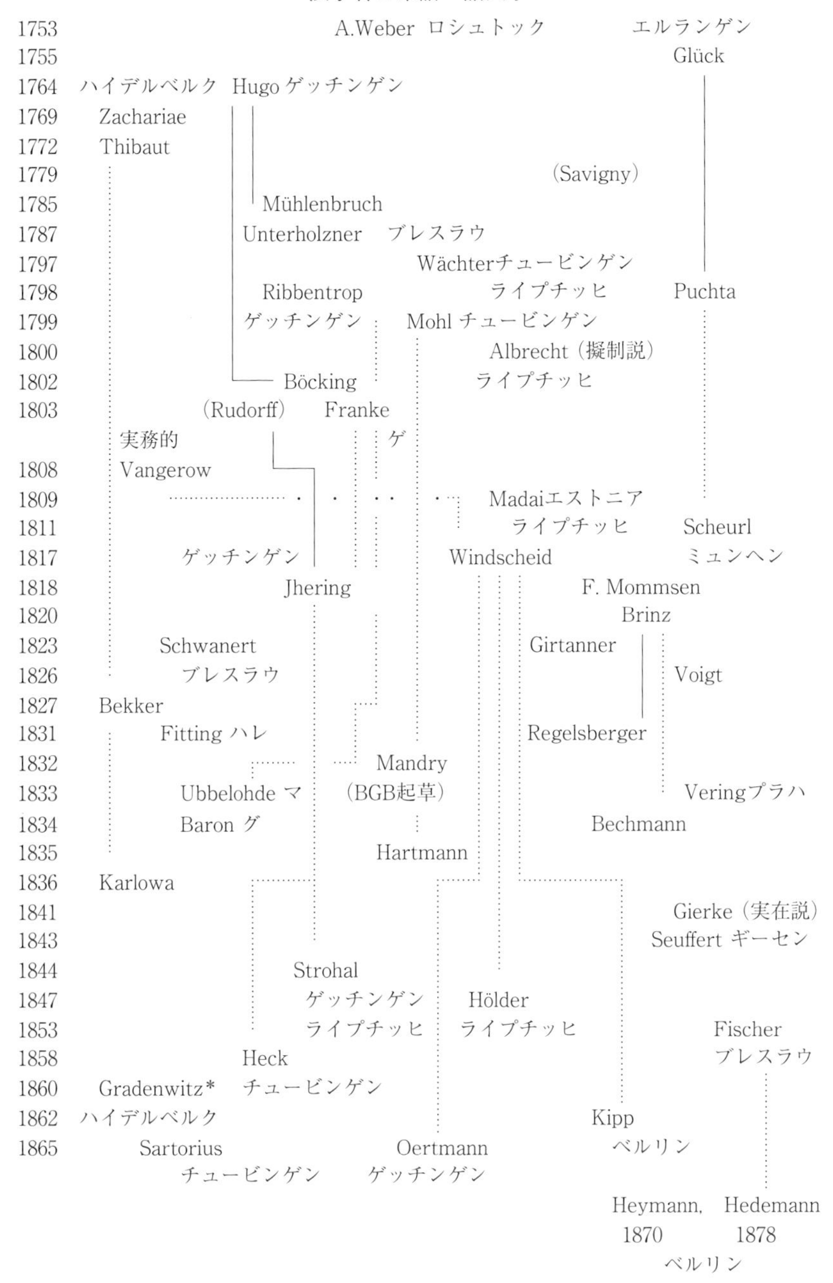
1753 A.Weber ロシュトック エルランゲン
1755 Glück
1764 ハイデルベルク Hugo ゲッチンゲン
1769 Zachariae
1772 Thibaut
1779 (Savigny)
1785 Mühlenbruch
1787 Unterholzner ブレスラウ
1797 Wächterチュービンゲン
1798 Ribbentrop ライプチッヒ Puchta
1799 ゲッチンゲン Mohl チュービンゲン
1800 Albrecht(擬制説)
1802 Böcking ライプチッヒ
1803 (Rudorff) Franke
実務的 ゲ
1808 Vangerow
1809 Madaiエストニア
1811 ライプチッヒ Scheurl
1817 ゲッチンゲン Windscheid ミュンヘン
1818 Jhering F. Mommsen
1820 Brinz
1823 Schwanert Girtanner
1826 ブレスラウ Voigt
1827 Bekker
1831 Fitting ハレ Regelsberger
1832 Mandry
1833 Ubbelohde マ (BGB起草) Veringプラハ
1834 Baron グ Bechmann
1835 Hartmann
1836 Karlowa
1841 Gierke(実在説)
1843 Seuffert ギーセン
1844 Strohal
1847 ゲッチンゲン Hölder
1853 ライプチッヒ ライプチッヒ Fischer
1858 Heck ブレスラウ
1860 Gradenwitz* チュービンゲン
1862 ハイデルベルク Kipp
1865 Sartorius Oertmann ベルリン
チュービンゲン ゲッチンゲン
Heymann, Hedemann
1870 1878
ベルリン

⑵ キップ（Karl Theodor Kipp, 1896-1963）

ここで扱うキップは，二重効で著名なキップ（Theodor Kipp, 1862. 4 . 10-1931. 4 . 2）の息子である。父とほとんど同名のことから，ときに混同されることがある。父のキップは，1862年に，ハノーバー王国のハノーバー(ニーダーザクセン）で生まれ，ライプチッヒ大学とゲッチンゲン大学で学んだ。1883年に，ゲッチンゲン大学で学位を取得し，1887年に，ライプチッヒ大学でハビリタチオンを取得した。1887年に，ライプチッヒ大学で私講師となり，同年にハレ大学で員外教授となり，1889年に，キール大学で正教授となった。1894年に結婚し，1896年に生まれたのが，子のキップである。

父キップは，1893年に，エルランゲン大学の教授，1899/1900年に，副学長となったが，1901年に，ベルリン大学の教授となり（1902/03年，1912/13年，1926/27年，学部長），1914/15年には，学長にもなり，赴任からほぼ30年後の1930年に，名誉教授となった。1931年，心臓麻痺（Herzschlag）で亡くなった(115)。

息子のキップは，父のエルランゲン時代に生まれたが，5歳の時に，父がベルリン大学に移籍したことから，ベルリン大学で学び，1922年に，ベルリン大学の刑法の Kohlrausch のもとで学位をえた（Die Lehre von der Teilnahme nach dem Strafgesetzentwurf von 1919）。さらに，ユダヤ系法学者 M. Wolff の下で，1927年に，ハビリタチオンを取得した（Rechtsvergleichende Studien zur Lehre von der Schlüsselgewalt in den romanischen Rechten）(116)。主査の M. Wolff のほか，副査は Heymann であった(117)。

キップの家系はユダヤ系ではないが，父キップは，ユダヤ系法学者 Dernburg の講座の後継者であり，父キップの後継者は Schulz であり，父キップが改訂した Enneccerus の物権法テキスト(Enneccerus-Kipp)は，のち M. Wolff (Enneccerus-Kipp-Wolff）により改訂が継続された。ちなみに，このエンネクツェルスの民法シリーズは，戦後の国家試験のさいのもっとも人気ある基本書であり，標準的なテキストとなった（民法総則，債権法とも）(118)。父キップの追悼論文を，Rabel, Levy, M. Wolff という3人の著名なユダヤ系法学者が書いていることは偶然ではない。こうした環境から，一家は，当時の社会的な差別感からは遠くにいたのである。

子キップは，ベルリン大学で私講師をした後，1932年に，ボン大学の員外教授，1934年に学部長，1935年に正教授となったが，すでに，ナチスの時代であった。師のM. Wolffは，1934年にベルリン大学の職を追われ，1938年にはイギリスに亡命した。子キップは，1935年のケーニヒスベルク大学の招聘を断った（以下のキップは子キップを指す）。

1933年に，ボン大学の学長は，法制史家のAdolf Zycha（1871. 10. 17–1948. 11. 19）であった。ナチスの政権掌握時から，執行部の刷新が求められた（大学で最初のナチス党員であり，強烈な支持者のPoppelreuterを代表とする運動である。同人は心理学者であった）。その結果，Friedrich Pietrusky（1893–1973）が選任された。同人は，当初は必ずしもナチスの党員ではなかったが，早くからその傾向のある者とみなされていたのである。ボンにおいても，1933年以降，学生団を通したナチス的な主張が強く（Paul Kahle），私講師のボイコットや反対運動が行われた。また，ナチス的世界観による教育コースの導入も行われた（nationalsozialistische Schulungskurse）(119)。

1934年当時の学長は，Hans Naumann（1886–1951）であった。彼は，上記のコースを主導した人物である。しかし，同人も，学生団のボイコット運動に対しては，必ずしもナチス側に立った解決をしなかったことから，長くその職のとどまることはなかった(120)。

翌1935年に，司法省参与であったEckhardtの推薦により，キップは，ボン大学の学長となった（5月1日）。ナチスの党員ではなかったが，研究者として優秀であるだけでなく，プロイセン的な義務感や名誉感情に富む誠実な人柄であると評価されていたようである。学長職にとどまったのは，1年半にすぎなかったが，これはドイツの学長としては（当時も今も）必ずしも短いわけではない。ただし，その解任が当時の状況を反映している。

1935年8月に，ユダヤ人の肉屋Grünebergが，やみ取引の疑いで逮捕され，その顧客リストに，多数のボン大学の教授が記載されていた。その中に，キップの名もあった。これを契機として，家族のユダヤ人との交流と，ユダヤ人に対するナチスのボイコット運動への違反を理由として学長職を免職となったのである。実質的には，ナチスに入らなかったからであるとされる（後任は，前述のPietruskyが再任）。大学には慰留され，1938/39にふたたび学部長となった。

キップはナチスに抵抗的であり，その後の入党も形式的であった。こうして，党員となり管理職にもいたことから，戦後の1946年に免職となったが，1948年に，彼を積極的ナチ主義者とみることは誤解によるものとして取消された[121]。

(3) デレ (Hans Dölle, 1893. 8 . 25-1980. 5 . 15)

デレは，1893年にボンで生まれ，ベルリン大学で法律学を学んだ。ベルリン時代のパルチュ (Joseph Aloys August Partsch, 1882. 9 . 2-1925. 3 . 30) に学び (1921-25)，1921年には，M・ヴォルフについて，1923年に，その下でハビリタチオンを取得した (Das materielle Ausgleichsrecht des Versailler Vertrages unter besonderer Berücksichtigung der Rechtsbeziehungen zu England und Frankreich)。主査はPartsch，副査はKippであった。第一次世界大戦では，予備役将校 (Reserveoffizier) となった。

デレは，1924年に，ボン大学の員外教授，31年に正教授となった。当初は，国際法，比較法，手続法を教えたが，1933年から，世襲農場法(Erbhofrecht)をも教えた。1934年に，学部長となった。前述の1935年のGrüneberg事件では，ナチスの機関紙 (Westdeutscher Beobachter) が公表した肉屋の顧客リストの中には，多数の大学教授の名があり，学長のキップのほか，デレの名もあった。彼も学部長の職を辞し，ナチスに入ることをよぎなくされた。その後，1941年に，シュトラスブルク大学に，戦後の1946年に，チュービンゲン大学に移籍した。

チュービンゲン大学の時代に，彼は，戦争中に疎開してきたマックス・プランク (もとのカイザー・ウィルヘルム研究所) の所長となり，戦後帰国したラーベルを受け入れた。1956年に，マックス・プランク研究所がハンブルクに移転するさいに，正教授としてハンブルク大学に移動した。マックス・プランク研究所の所長を定年まで勤めた。比較法学会 (Gesellschaft für Rechtsvergleichung) の創設メンバーであり，会長となり，1950年から1961年までの間，8回の大会を主催した。1980年に，ミュンヘンで，87歳で亡くなった。70歳の時に，記念論文集 (Vom deutschen und europäischen Recht, 1963) の献呈をうけた。

デレが1941年にボンを離れるにあたり，ボン大学の後任として，Karl Blomeyer (München)，Hans de Boor (Leipzig)，Friedrich Lent (Erlangen) を推薦したが，de Boorは55歳，Lentもすでに59歳であり，Blomeyerも，ミュンヘンから動かなかった。

そこで，若手では，Erich Bley(Graz)，Theodor Süss(Berlin)，Karl Michaelis

(Leipzig) が候補となったが，結局，Bley (1890–1953) が着任したのである。Bleyは，積極的なナチス党員であった。ほかに，デレの弟子で，ケーニヒスベルクに赴任していたGerhard Schiedermairも候補になった。1941年当時の学部長は，Eckhardtであった（のちベルリン大学に移籍）(122)。

なお，ボン大学の卒業生の関係では，ほかに，父シュトル（Heinrich Stoll, 1891. 8. 4–1937）がいる。同人は，1821年に，ボン大学で学位をえて，1923年に，ハイデルベルク大学でハビリタチオンを取得した（後述第6章3(4)のGradenwitz参照）。1927年に，チュービンゲン大学で，民法とローマ法の教授となった。同大学には，1901年から1929年まで，利益法学で著名なヘック（Philipp Heck, 1858. 7. 22–1943. 6. 28）がおり，民法の有力な一派をなした。シュトルは，給付障害法の大著を著している（Die Lehre von den Leistungsstörungen）。パンデクテン法学の不能・遅滞の二分体系を統合する概念を提唱した。債務不履行の統一概念を早くに提唱し，それを「給付障害」と表した。この本は，ドイツ法アカデミーの委託をうけて発展させた債務法改正のための考察を具体化したものである。

こうした統一概念は，戦後も生き続け，2002年の債務法現代化法にも採用された。もっとも，その前提には，Staubによる積極的契約侵害論やRabelによる不能概念の批判もあるから，統一概念が，必ずしもナチス的な性格を有するというわけではない(123)。

シュトルは，1937年に，わずか46歳で早世した。Hans Stollは，その息子である。この親子については，別稿で扱ったことがある(124)。

(4)　クンケル（Wolfgang Kunkel, 1902. 11. 20–1981. 5. 8）

ローマ法学者のクンケルについては，すでに師のレーヴィとの関係で若干ふれたことがある。1927年に，ライプチッヒ大学の員外教授となり，1928年からは，フライブルク大学のローマ法の正教授となり，その後，1929年に，ゲッチンゲン大学で，プリングスハイムの後継となった。その後，1936年にボン大学，1943年にハイデルベルク大学に移り（勤務についたのは1946年からである），さらに，1956年には，ミュンヘン大学教授となった。ここで扱うのは，ボン大学時代の経歴である。

ワイマール期のボンには，M. Wolff (1918–1921)，F. Schultz (1922–1931)，Eberhard F. Bruck (1932–1936, 1877–1960)，Adolf Zycha (1923年以降) などが

おり，刑法では，リストの弟子の Alexander Graf zu Dohna, Hellmuth von Weber（1937年から），Hans Welzel（1952年から）がおり，公法では，Rudolf Smend（1914–1922），Carl Schmitt（1922–1928），Richard Thoma（1928年から）などがいた(125)。

このうち，M. Wolff, Schultz は，移転先のベルリン大学の時代に，ユダヤ系ということから亡命したが，Bruck も，祖父母の1人がユダヤ系であったことから，1935年に，定年を強制され，1939年にオランダ，ついでアメリカに亡命した。ハーバードで教えて，戦後，ボン大学でも教え，名誉教授となった。このように，ボン大学が伝統的にユダヤ系法学者に寛容であったのは，ベルリン大学と同様に，プロイセンの王権との結びつきからである。ちなみに，皇太子時代のウィルヘルム2世（1859–1941，位1888–1918）も，ボン大学で学んでいる（1877–1879）(126)。彼だけではなく，ホーヘンツォレルン家の王子・皇子は，みなボン大学でも学んだのである。

クンケルは，この Bruck の後任である（この時に後任の候補になったのは，クンケルのほか，Max Kaser, Wilhelm Felgenträger であった）。クンケルは，当時すでにナチスの影響の強いゲッチンゲンを望まなかった。ユダヤ系教授との関係から，1933年以降，ゲッチンゲンには居づらくなっていたからである。もっとも，ボンも，もはや安住の地ではなかった。ナチス法曹連盟（NS-Juristenbund）が，ユダヤ系に寛容な者の追放を求めていたからである。彼は，わずかな期間とどまったのみである。その後任には，ハンブルク大学の Erich Genzmer の名があがったが，戦争末期の混乱により，交渉は妥結するに至らなかった(127)。

(5) その他の者

Adolf Zycha（1871. 10. 17–1948. 11. 19）は，1871年に，ウィーンで生まれた。1889年から，ウィーン大学で学び，1895年に，学位をえて，ウィーンで政府の職についた。1898年に，スイスのフライブルク大学で員外教授（サヴィニーの甥であり著名な Leo von Savigny, 1863. 6. 19–1910. 5. 10の後任であった），1903年に，プラハのドイツ大学の員外教授，1906年に，正教授となった。1915/16年には，学長となった。1919年に，ギーセン大学に招聘され（法制史），1923年には，M. Wolff の後任として，ボン大学に招聘され（ドイツ法），1932年に学長となった。大学の学則を問題視したナチスの攻撃に反対したことから解任された。妻が非アーリア人であるとの人種論も原因といわれる。1937年に名誉教授となった。1948年に，87歳近くで，亡くなった。墓は，ボンの近郊ポッペルスドルフ（現在でも，近くに大学の生物学研究所と公開されている植物園がある）にある。ナチス期の6人の学長のうち在任中に党員とならなかったのは，彼とキップ（学長職の間）だけである(128)。

以下の業績がある。鉱山法と法制史というやや特異な専門領域をもっているのが特徴である。このうち，鉱山法では，

Das böhmische Bergrecht des Mittelalters auf Grundlage des Bergrechtes von Iglau, 1900.

Die Quellen des Iglauer Bergrechts, 1900.

Die Geschichte des Iglauer Bergrechts und die böhmische Bergwerksverfassung, 1900.

また，法制史では，

Grundriss der Vorlesungen über deutsche Rechtsgeschichte, 1910； 5. Aufl., 1929.

Über den Ursprung der Städte in Böhmen und die Städtepolitik der Premysliden, 1914.

Zur neuesten Literatur über die Wirtschafts- und Rechtsgeschichte der deutschen Salinen. Vierteljahrschrift für Sozial- und Wirtschaftsgeschichte. 14（1918）, S. 88ff. und S. 165ff.

Deutsche Rechtsgeschichte der Neuzeit, 1937,（2. unveränd. Aufl. 1949）.

Über die Anfänge der kapitalistischen Ständebildung in Deutschland. VSWG 31（1938）, S. 209ff.

Kampf der Deutschen um ihr Recht in Böhmen, 1940.

Zur neuesten Literatur über die Wirtschafts- und Rechtsgeschichte des deutschen Bergbaues. VSWG 34（1941）, S. 41ff.

(6)　ナチス法律家

ナチス的な法学者には，上述のC・シュミットと多数のキール学派の者が属している。個別には立ち入らず，フランクのみをとりあげる。彼は，学界への影響は大きいが，学者や実務家としてよりも政治家として著名である。彼は，ボン大学との関係はなく，また実務家であったが，ナチスのドイツ法

アカデミーを創設し，多数の学者を組織し，ナチス的法体系の樹立を目ざした。他の学者との関係からその影響力は無視できない。

フランク（Hans Frank, 1900. 5. 23–1946. 10. 16）は，1900年に，バーデン王国のカールスルーエ（現在，連邦憲法裁判所，連邦裁判所がある）で生まれた。父は弁護士であった。1918年に，第一次世界大戦で志願兵となり，戦後の1919年に，ミュンヘン，ウィーン，キールの各大学で法律学と経済学を学んだ。1923年に，SA（ナチスの突撃隊）に参加した。短期間，外国にいったのち，1924年に，キール大学で，法学の学位をえて，ミュンヘンに戻り，弁護士となった。1925年に結婚（Brigitte Herbst）した。

1927年に弁護士として独立し，ナチスに入党し，その法律顧問となった。この立場から，ナチスの関係する多くの訴訟を行った。1928年に，ヒトラーの指示によりナチス法曹連盟（Bund Nationalsozialistischer Deutscher Juristen, のちに NS-Rechtswahrerbund）を創設した。1930年に，ライヒ議会議員，1933年に，バイエルン州の司法次官，のち同司法大臣となった。その行動は，ナチスの活動と密接に関連していた。ライプチッヒのドイツ法曹大会（DJT）を妨害し，ドイツ法アカデミー（Die Akademie für Deutsches Recht）を創設した。この団体は，多数の著名学者を集めて，ナチスの国家秩序による包括的な法改革を目ざしていた。1934年から，ライヒ大臣として，州の司法行政をライヒに一元化することに努力した。第二次世界大戦勃発後，短期間兵役に服したが，1939年から，ポーランド総督（Generalgouverneur）となった。以後の政治的な活動については，ここで立ち入る必要はないであろう。側近のヒムラーとの権限争いやその言説がヒトラーの不興をかったことから，ドイツ国内での演説を禁じられ，アカデミー総裁や法曹連盟の長，法律顧問などの地位を失った。戦後，戦犯として，ニュルンベルク裁判の結果，絞首刑となった(129)。

法律家としての重要な活動は，上述のドイツ法アカデミーの創設であるが，みずからが総裁となったことから，ドイツ法アカデミーでは，たびたび寄稿している。Zs. d. Ak. f. Dt. Recht, 1934–42；Jb. d. Ak. f. Dt. Recht, 1934–42.

ほかにも，かなり多数の論文がある（Nat. soz. Hdb. f. Recht u. Gesetzgebung, 1935；Rechtsgrundlegung d. nat. soz. Führerstaates, 1938；Recht u. Verwaltung, 1939；Die Technik d. Staates, 1942；Im Angesicht d. Galgens, 1953；(hrsg.) Dt. Verwaltungsrecht, 1937)。

2　ボン大学の変遷

(1)　一般的な政治状況の変化

(a)　1920年と10年後の1930年のライヒ議会の構成は，以下のようであった。ライヒ議会は直接選挙によることから，州の代表からなる連邦参議院よりも，直接に時期ごとの政治勢力を反映している。すなわち，第一次大戦終結時にはゼロであったナチスの勢力は，10年間に2割近くなり（ただし，1928年の選挙でも，わずか2.6％である），1933年の政権把握につながるのである。1932年7月31日の選挙で，37.4％，1933年3月5日の選挙で，43.9％となった(130)。

ライヒ議会の構成

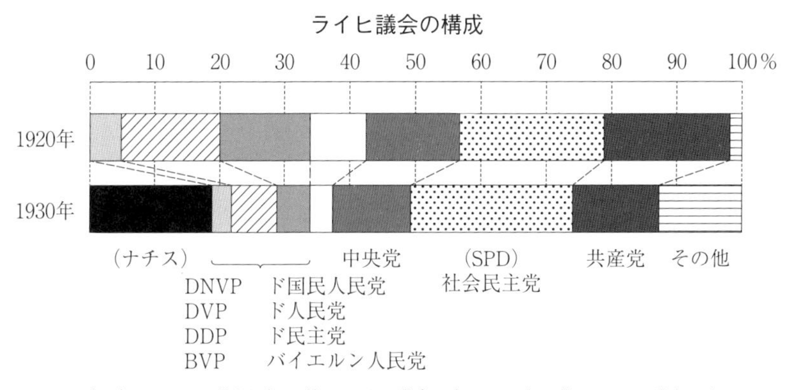

＊1920年（ワイマール共和国）が第1ライヒ議会の年，1930年が第5ライヒ議会である。

(b)　本稿では，ユダヤ人解放に関する一般的な叙述は行わない。法的な状況の変遷についてのみ若干ふれるにとどめる。プロイセンにおいて，ユダヤ人解放が行われたのは，ナポレオン戦争中の1812年であった（Emanzipations-edikt, 1812）。フランス革命の影響である（フランスでは1791年）。ドイツ全体では，1871年である（ビスマルク憲法）。オーストリアで1866年，イギリスで1858年であるから，時期的にはさほど異なるものではない(131)。

解放後，ゲットーへの居住制限などが撤廃されたことから，形式的なユダヤ人人口は減少した。すなわち，一般の統計によれば，1871年に，人口の1.05％，1925年に，0.9％，1933年に，0.76％とされる(132)。ゲットーなどでは把握できない相当数の人口がいるのは，その実態が不明だったからである。

ドイツでも，ユダヤ人の多くは，大都市に住んでおり，自由業（商人，医者，弁護士）に携わる者が多かった。金融や商業以外の伝統的な職業には事実上の制限があったからである。顧客との関係から，ユダヤ系弁護士も大都市に集中した。たとえば，ベルリンでは，1933年に，弁護士の54％がユダヤ系またはそれと関係ある者といわれた。郊外も含むベルリン高裁（Kammergericht）の管轄区域では，48％とされ，ライン沿岸のフランクフルト高裁の管轄区域では，45％，シレジアのブレスラウ高裁の管轄区域では，35％とされた。

伝統的にユダヤ人に寛容であったプロイセンでは，その地域全体で，弁護士の28％がユダヤ系とされ，バイエルンでも，大都市のミュンヘンでは半分を占めた。もっとも，統一前の1869年には，バイエルンの330人の弁護士のうち，18人がユダヤ系であったにすぎない。統一後に，かなり急激な増加があり，ワイマール時代には半分にまでいたったのである(133)。

なお，バイエルンでも，ユダヤ系の者の公職への参入があり，1901年には，ユダヤ系裁判官は31人，検事は10人，事務官は７人，公証人は３人であった(134)。

もっとも，バイエルンでもかなり多数となった弁護士も，収入は必ずしもよくはなく，一般的な弁護士の過剰もあって，1929年に，弁護士の13％は，年に5000DM の収入をえていたにすぎない。これは，北ドイツの弁護士よりも悪く，1931年に，44％の者は，3000DM にも満たなかった。さらに，そうした低所得の弁護士の割合は，1932年には46％に増加した。6000DM 以下の者が72％とされるから，およそ25％の者は，3000～6000DM ということになる(135)。

弁護士の収入を裁判官と比較すると，弁護士の収入の中間値は5000DM となる。1920年代のラント裁判官の年俸が9000～１万2000DM 程度の場合が多いことから（州により異なる），この額では，収入はおおむね裁判官の半分程度ということになる(136)。属人的な差異があるのは，いうまでもない。

(c) ナチスが政権を掌握した1933年には，ドイツ在住のユダヤ人は，実数でおよそ50万人であったが，これは，ユダヤ人の共同体に属した者だけの概数で，そこからはずれた者の数は明らかではない。それを加えると，10万人ほどがプラスされるといわれ，およそ当時の人口6000万人の１％を占めていた。そのうち30％は，ベルリンに住み，ほかに，フランクフルト（マイン）とブレスラウに人口の重点があった。西側では，ライン周辺，東側では，ベルリンとシレジアが中心地であった(137)。

1933年から極端な迫害が行われた結果，人口は急激に減少し，1939年には，ユダヤ人の40%（20万人）のみがドイツに残っていた。そして，1941年5月に，約17万人となった。しかし，1944年には，わずか1万5000人にすぎなかった。

ユダヤ人の多くは，商業に携わっており，1933年には，約半数が，商業と金融に，20%が工業と手工業に，10%が自由業に携わっていた。そこで，全人口との割合では，商業と金融では，ユダヤ人が5%を占め，自由業と公務員では1.6%であった。工業でも，多いのは，被服業で，2.3%であった。ただし，商業に対しては，1933年以降，大規模なボイコットが行われた。これは，前述のキップのうけた経験からも推察できる(138)。

また，公務員に対しては，公務員職の回復法（1933. 3. 7）は，アーリア人でない公務員は停職させられるものとした（3条1項）。恩給は，10年以上勤続していたことを要件とした（8条）。祖父母の1方がユダヤ教を信仰していた場合には，アーリア人でないとされる（15条）。ただし，1914年8月1日に，すでに公務員であった者，みずから従軍し，父や息子が第一次世界大戦に従軍した者は例外とされたが（3条2項），この例外は，しだいに縮小された(139)。

ユダヤ系公務員の処遇の実態は必ずしも明らかではない。Kregelによる Celleの高裁地区の研究によれば，全国の574人のユダヤ系裁判官と検察官は，停職を命じられたとされる（その4分の3はプロイセンの領域）。しかし，公式のDeutsche Justizの計算では，717人の非アーリア人の公務員のうち，47%は職にあったという。しかし，後者はあまり信用できず，Celle地区の地域研究とも一致しないとされる。すなわち，近時の地域研究によれば，回復法によって，18人のユダヤ系の高官のうち15人が停職となり，3人のみが残ったにすぎない。その3人のうち2人も，のちに停職となり，1945年まで職にとどまったのは，血統4分の1ユダヤ系とされたMeyerhoffのみであり，彼は，戦後，ゲッチンゲンのラント地裁の所長となった(140)。

弁護士になることも制限された。1933年4月7日法（Gesetz über die Zulassung der Rechtsanwaltschaft）は，新規の許可を制限するだけではなく，資格の停止も含んでいた。資格の停止は，ただちに訴訟代理権を喪失させたことから，弁護士職の継続も困難になったのである(141)。

(2)　ボン大学におけるナチス加入者の割合

ナチスの政治運動は，たんに反ユダヤ主義であるだけではなく，それ自身の運動の拡大をも目ざしていたから，大学においても，加入者の拡大をもたらした。以下は，ボン大学のナチスへの加入者の割合である。基本的には若年者から支持を拡大した。正教授では，11％にとどまるのに対し，私講師では，37％にもなる。また，1933年には，全体の23％にとどまったが，終戦時の1945年には，59％に達した。

ただし，学部によってかなりの相違があり，カトリック神学部（ボン大学には，カトリック神学部とプロテスタント神学部があった）では，ナチス加入者の割合は，きわめて低かった。カトリック教会は，ナチスに対する抵抗勢力の1つだったからである。さらに，注目するべきことに，大学全体でも，1945年の私講師の加入は，73％にとどまり，27％は加入しておらず，正教授では，47％にとどまり，半分以上はなお加入していなかったのである(142)。もっとも，キップやデレの例をみると，役職者や何かの事件によって目立った場合は，加入しないことはむずかしかった。定年を強制されるか，クンケルのように他に去らねばならなかったのである。

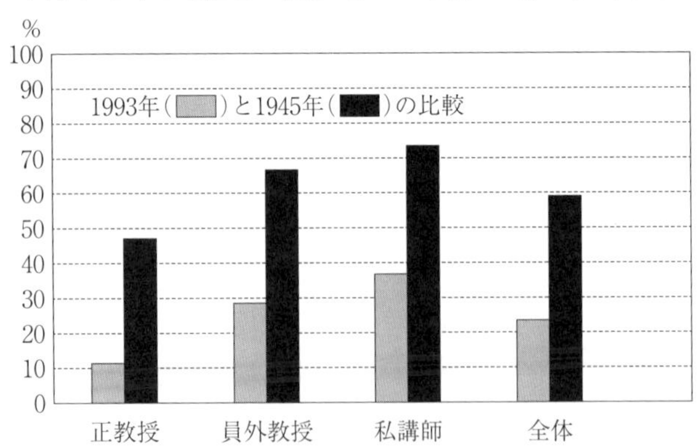

Höpfner, Die Universität Bonn im Dritten Reich, 1999.
Rheinische Friedrich-Wilhelms-Universität Bonn, 1987, S. 188.

若手に比較的加入者が多いのは，以下の生年ごとの区分でも同じである(143)。1933年に，生年が1890年から1909年の者が37％と38％である。たとえば，1900

年生まれであれば，1933年には，33歳であり，1890年であれば，43歳ということであり，1945年に，彼らは，それぞれ45歳と55歳である。1910年から1919年生まれの者では，加入率は82％にもなるが，1910年に生まれた者は，1945年に35歳であるから，45歳以下では，８割を超えていたことになる。こうした大学の雰囲気から，戦後の碩学ケメラー（von Caemmerer, 1908-1985）やフルーメ（Flume, 1908-2009）のように，戦争中，民間企業に就職した例もあったのである。

なお，1933年に，1910年代に生まれた者は，まだ学生であったから，教授陣の構成員としては現れていない。また，1860年に生まれた者は，1945年には，すでに85歳を超えているから，これも構成員には現れてこないのである。

年齢との関係（ナチス組織への加入者）

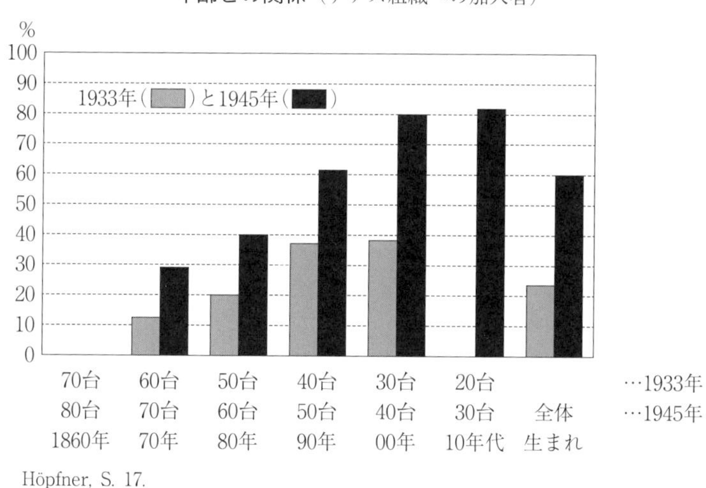

Höpfner, S. 17.

⑶　19世紀末からのユダヤ系法曹の変遷

(a)　ドイツ全土におけるユダヤ系法曹の詳細は，必ずしも明確ではない。西地域で，戦後の検討が進んでいるが，東地区では遅れており，西地域でも，ラントや小地域ごとの研究の段階にとどまっているからである。また，算定の基礎となる要素自体（たとえば，ユダヤ系の意味や集計方法）が必ずしも確定しえないことから，単純に合算することもできないからである。

プロイセンでは，伝統的にユダヤ系法曹の割合が高かった。ベルリンとシレジアに大きな人口の集団があったからである。ドイツ統一の翌年の1872年において，各10万人の人口あたり，ユダヤ系の弁護士は，23.95人であり，プロテスタントの10.28人や，カトリックの9.96人を凌駕していた。もっとも，公職につくには，法律上よりも，事実上の制約があったことから，裁判官は，それぞれ2.87人，20.29人，11.53人と逆転した。しかし，法曹志望者であるレフェレンダーでは，36.4人，6.39人，4.82人であったから，ユダヤ系法曹は，将来的にはいっそう拡大することが予想されたのである(144)。

実際に，この傾向は，連邦弁護士法（RAO, Rechtsanwaltsordnung, RGBl. 1878, 177）の制定後，いっそう強まり，1870年から1880年には，ユダヤ系弁護士は，7.3%から27.4%になり，裁判官でさえも，3.8%から4.2%になったのである。その結果，1904年に，ユダヤ人共同体に属する者だけでも，プロイセンの裁判官では，191人，弁護士で287人を超えた。弁護士には，共同体外の者も多数おり，この弁護士の中には，積極的契約侵害で著名なシュタウブもいた。とりわけ，大都市に集中する傾向があったことから，1879年でも，ベルリン高裁の管轄区（Kammergerichtsbezirk）の弁護士の半分がユダヤ系もしくはその関係者であったともいわれる(145)。

ワイマール期には，法律上の障害だけではなく，事実上の障害も減少したことから，1933年当初に，プロイセンの裁判官の7％，401人がユダヤ系であった。この割合は，ベルリンではもっと高く15%，フランクフルトとブレスラウでも10%弱であった(146)。

弁護士は全体的な過剰傾向から，一時減少したが，それでも，1925年には，26.6%がユダヤ系弁護士であり，2208人となった。さらに，1933年には，28.5%で3370人となった。

(b) このように，法曹は，医者と並んでユダヤ系職業人の多い分野であり，ドイツ弁護士会の会員でもほぼ半分は，ユダヤ系もしくはその関係者であったとされる。こうして，ユダヤ系の司法関係者は，学界，裁判官と検察官にもかなりの割合を占めていたのである。ワイマール期には，ライヒ大審院にも進出した。さらに，ナチスが彼らを敵視するには，もう1つ理由があった。彼らは，政治的にも文化的にも積極的であり，多くは，社会民主党かドイツ人民党の支持者であった(147)。

もっとも，地域による差異も大きく，バイエルンの地域研究では，そこでのユダヤ系司法官（裁判官と検事その他）は，ワイマール期を通じてさほど増加していない。すなわち，その前の1901年と1919年の間では，あまり変わらない。51人程度であった。もっとも，1920年に，62人，1921年に69人，1922年に，69人と，微増している。しかし，1925年に，2.85％で51人，1932年に，2.72％で46人と，かえって減少している。反ユダヤ主義的な反動によるものとされる。ただし，1933年前であり，それが直接ナチスの影響によるものかどうかは必ずしも明らかではない(148)。

(4)　法曹の亡命

1933年のナチスの政権獲得後，国外に亡命する者が増大した。その概数については，前述したことがあるので繰り返さない。ただ，その全容や詳細は，いまだ明確ではない。地域ごとの研究が行われており，以下では，ハンブルクの弁護士の亡命についてふれるにとどめる(149)。地域ごとに異なる場合があることはいうまでもない。

全国規模では，1936年は，ベルリンで行われた第11回オリンピック開催の時期であり，亡命数は減少したとされているが，ハンブルクでは，むしろ1935年よりも増加している。公式の亡命数には，政策による増減が反映されている。1934年，1935年は，亡命の抑制策が強化された時期であり，1938年以後増加したのは，追い出しの方向に政策が転換されたからである。1940年以降は，再度，抑制策が強化された(150)。

亡命先では，ヨーロッパ以外では，1933年まで，パレスチナが多かった。他国は，亡命者をあまり受け入れなかったからである。1933年の段階では，フランスが多かった。これは，弁護士となるための国家試験の関係からである。フランスでは，必須となる３年の実務を１年でし，資格(licence en droit)がとれたからである(151)。また，ビザが不要で，語学が近いことから，オランダも好まれた。スカンジナビアは少ない。スイスも，人種は，亡命（Asyl）の理由にはならないとされたことから，多くはない。1938年には，オーストリアが併合され，1939年９月には，第二次世界大戦が勃発し，1940年には，フランスも占領された。しかし，当初イギリスも制限的であり，その他の国も必ずしも多くはない。アメリカは，比較的遅く亡命先となった。すなわち，ヨーロッパでの亡命先が減少するにつれて，南北アメリカやその他（南アフリカ，上海）への亡命が増えたのである(152)。

さらに，戦後の帰国については，ドイツに帰国したのは，132人の弁護士のうち，14人（6.5%）にすぎなかった。定着がうまくいった場合には帰国する必要はなく，精神的にも帰国は望まれなかったからである（Land der Mörder）。高齢で亡命し，また亡命期間が長かったことから，亡命先で死亡した例もある。また，ドイツ側からも，帰国のための努力はされなかったのである[153]。著名な亡命法学者でも，ラーベルは，戦後に帰国したが，プリングスハイムは，イギリスとドイツに半分ずつ暮らした。M・ヴォルフは帰国しなかった。帰国した弁護士では，イギリス占領地区の最高裁の長官となった Ernst Wolff がいる[154]。

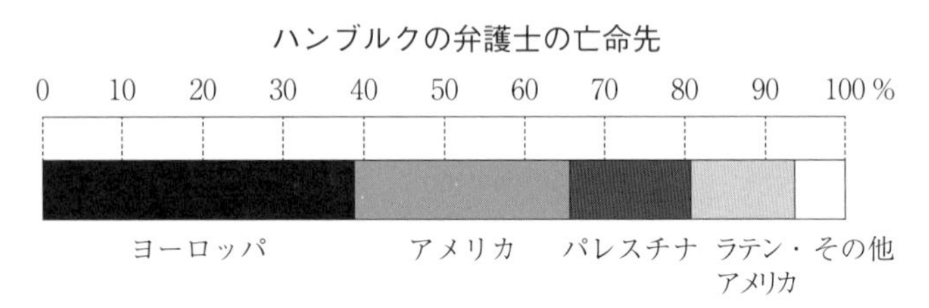

Morisse, S. 78.

亡命年と人数（ハンブルクから）

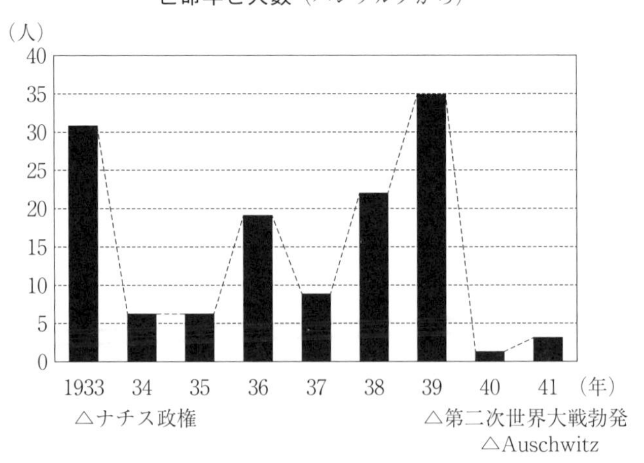

Morisse, S. 76.

3　ユダヤ系法学者の補遺ほか

以下は，別稿「ユダヤ系法学者」(一橋法学11巻3号，本書第1部第2篇所収)の補充を目的としている。別稿では，おもに19世紀後半から20世紀の前半に活躍した法学者を扱った。以下では，もっと古い19世紀の前半から中葉の法学者をおもに対象としている（Gans, Glaser, Gradenwitz, Landsberg などである)。ただし，19世紀後半の法学者も包含されている（Jacobi)。

19世紀は，歴史法学の時代であったが，その展開には曲折がある。サヴィニーは，ローマ法の把握と民族精神という一見矛盾した主張を行い，その理解については，多様なものがあった。一端は，法史の研究に向かい，他の一端は，解釈学に向かった。「現代ローマ法」という矛盾した用語がこれを示している（Savigny, Das System des heutigen römischen Rechts, 8 Bde, 1840/1849)。矛盾を統合することは，技術的にはむずかしかったのである。

ユダヤ系法学者は，すぐれた解釈学者であっても，サヴィニーの思想への無批判の信奉者であったことはない。Gans のように強烈ではなくても，Dernburg やのちの Rabel などもそうである。いたずらに，法史的研究を現代法に混在させることはなく，実務にそくして解釈学の体系を構築するか，あるいはローマ法の古典的概念を批判した。こうした態度は，彼らが，歴史法学の技術は会得したが，その精神は必ずしも受け継がなかったからである。また，彼らは，みずからが思想家であることが多く，どちらかというと法の技術者であろうとしたキール学派と対照的である。もっとも，歴史法学もその末期には，ほとんどが解釈学となり，純粋ローマ法の探求である法史学とは分裂した（古典ローマ法と現代ローマ法の決別)。「民族精神」も，たんなる建前に化した。しかし，ユダヤ系法学者は，そうした傾向を先取りしており，ドイツ民法典の成立時期には，歴史法学を追い越したのである。彼らの中から，ドイツ民法典の体系批判者が出たことは不思議ではない(Rabel, Staub など)[155]。

なお，19世紀後半に活躍したヴォルフゾーン（Wolffson, 1817. 1. 19–1895. 10. 12）は，シュタウプと同様に，ユダヤ系弁護士であり，法学者ではない。BGB 制定の第二委員会に属し，この委員会では，唯一の常任の弁護士代表となったことから，別に扱う。

19世紀のベルリン大学は，プロイセン王権との結合（およびその伝統）から，ユダヤ系法学者の牙城であり，彼らの多くは，ここを目ざした（古くは Dernburg, L. Goldschmidt, のちには，Rabel, Schulz, Pringsheim など)。他の法学者，たとえばゲッチンゲン大学のイェーリングやライプチッヒ大学のヴィントシャイトが必ずしもそうでなかったのとは異なる。ドイツはラントによって分権的であり，大学においても，必ずしも直線的な上下の関係はないからである。

3で扱うのは，以下の者である。

① Friedrich Julius Stahl（1802. 1.16-1861. 8.10）は，公法学者で，ベルリン大学教授である。

② Glaser（1831. 3.19-1885.12.26）は，ウィーン大学教授で，のちオーストリア司法大臣，検事総長などを歴任した。

③ Friedberg（1837.12.22-1910. 9. 7）は，法史，教会法学者であり，文化闘争でビスマルクを支えた。

④ Gradenwitz（1860. 5.16-1935. 7. 7）は，法史，パピルス学者であり，ハイデルベルク大学教授。

⑤ Landsberg（1860.10.12-1927. 9.29）は，著名な法史学者であり，ボン大学教授である。

⑥ Preuss（1860.10.28-1925.10. 9）は，公法学者で，ワイマール憲法の起草者である。

⑦ Jacobi（1884. 1.15-1965. 4. 5）は，ライプチッヒ大学教授。

⑧ Engländer（1880. 1.25-1933. 1. 8）は，ライプチッヒ大学教授。

⑨ Mendelssohn Bartholdy（1874.10.25-1936.11.29）は，ハンブルク大学教授で，ワイマール時代に，国際連盟などで活躍した。

さらに，ユダヤ系というわけではないが，ボン大学との関係で，ほぼランズベルクと同時代人の⑩チーテルマンにふれる。

(1) シュタール（Friedrich Julius Stahl, 1802. 1.16-1861. 8.10）

1802年に生まれ，当初の名はJulius Golsonであった。1819年に，ルター派のプロテスタントに改宗するとともに改姓した。

1827年からミュンヘン大学私講師，ヴュルツブルク，エルランゲン各大学の教授を歴任し，1840年以降ベルリン大学教授となった。おもな分野は，法哲学であり，著書に「法哲学」2巻（1830/37）がある。当時なお有力であった自然法論の合理主義的思考を排して，観念論的ロマン主義哲学者のシェリング（Schelling, 1775-1854）の影響を受けて，非合理主義哲学，キリスト教的世界観にもとづく国家理論を展開したとされる。法治国家概念では，モール（Robert von Mohl, 1799. 8.17-1875. 11. 5）とO・マイヤー（Otto Mayer, 1846. 3.29-1924. 8. 8）の中間をなしている（前述第1篇第5章21参照）。

その神学的国家理論は，長くプロイセン保守派の理論的な基礎となり，さらに19世紀後半のドイツの立憲政治にも大きな影響を与えた。1849年以降，プロイセンの第一院の議員や貴族院議員を歴任した(156)。著名な公法学者であり，本稿であまり立ち入る必要はないであろう。

(2)　グレーザー（Julius Anton Glaser, 1831. 3.19-1885. 12. 26）

グレーザーは，ボヘミアのPostelberg（Saazer郡）で，1831年に生まれた。彼の父は，両親から商人になるように定められたが，妻の持参金によって商売をすることを望まず，同じボヘミアの都市Leitmeritzにいった。そこで，息子のユリウスも，同地のギムナジウムに通った。少年時代に，カトリックに改宗した。

ウィーン大学，チューリヒ大学（1848/49）で，哲学と法律学を学び（Geibの指導），学位論文（Vergeltung und Strafe）を書いて，1849年に哲学博士となった。1851年に，イギリスに旅行し，論文（Das englisch-schottische Strafverfahren übersichtlich dargestellt zur Vergleichung mit der französisch-deutschen, namentlich der österreichischen Legislation）を書いた。この年，ベッカーリアの「犯罪と刑罰」（Ueber Verbrechen und Strafen）を翻訳した。1854年には，論文（Geschichte des Schöffenwesens im deutsch-österreichischen Strafprozeß）によりハビリタチオンを取得した。ウィーン大学で，私講師となり，1856年に，員外教授，1860年に，正教授となった。

ちょうどオーストリアでは，Thunによる改革の時期であった。このThunは，1849年に，オーストリアの文化・教育相となり，1860年まで，教育改革を行った。改革は，Franz Serafin Exner（1802. 8.28-1853. 6.21）の提案にもとづくものであるが，これにより，オーストリアの大学自治（Hochschulautonomie）が認められ，ウィーンに学術アカデミーが設立された。寛容の精神により，プロテスタントとユダヤ教の学者も大学に職をもてるようになり，広く外国人の学者も招聘できるようになった。1855年には，公法学者のシュタイン（Lorenz von Stein, 1815. 11. 18-1890. 9.23）や，私法学者でユダヤ系のウンガーも，ウィーン大学に招聘されている（ウンガーはのちオーストリア最高裁の長官)。

グレーザーは，オーストリアの司法省で，出版法や刑訴法の草案作成に関与しただけでなく，種々のラントの８つ以上の草案を作成した。下院の委員会でも，活動した。その成果の一部は，1868年の著作（Zur Reform des Strafprocesses）に現れている。また，刑事実体法の改革にも関与した（Hye, Rizzy などとの共同作業)。1866年には，チューリヒ政府の要請で，Benz のカントン刑法草案の鑑定も行っている。1871年の著作に，Studien zum Entwurf des österreichischen Strafgesetzes がある。

同年，Adolf Auersperg 内閣から，司法大臣に任命された。種々の法改正に貢献したが，1879年に，Auersperg と Unger が閣外に去った後も，Stremayer の臨時政府にとどまった。Taaffe の政権から，破棄院の検事総長（General-procurator am Cassationshof）に任じられた。1883年には，Beiträge zur Lehre vom Beweis im Strafproceß を著した。1885年12月26日に，８日間，肺炎を患った後亡くなった。オーストリアのレオポルド勲章をうけ，ウィーン大学は，記念のレリーフを建てた。墓碑には，ウンガーによる銘が掘られた(157)。1872年に，ウィーン大学で，彼の後継となったのは，Adolf Merkel（1836. 1. 11–1896. 3. 30）であった（1874年にシュトラスブルク大学)。

(3) フリードベルク（Emil Albert Friedberg, 1837. 12. 22–1910. 9. 7）

フリードベルクは，1837年に，西プロイセンの Konitz でキリスト教に改宗したユダヤ系の家系に生まれた（ルター派プロテスタント)。1856年にベルリン大学で，1857年にハイデルベルク大学で法律学を学んだ。1861年に，ベルリン大学で国家と教会に関する法史的論文で学位をえて（De finium inter ecclesiam et civitatem regundorum judicio quid medii aevi doctores et leges statuerint, 1861)，1862年にハビリタチオンを取得し（Nr. 50)，ベルリン大学で私講師となった。1865年に，ハレ大学で員外教授となった。

1868年に，フライブルク大学で正教授となり，1869年には，ライプチッヒ大学に移籍した。生涯そこにとどまり，教会法の研究で世界的に著名となった。カノン法大全(Eine neue kritische Ausgabe des Corpus Iuris Canonici, 1879/81, 改訂1955/59）の批判的テキストを編纂し，これは今日でも標準テキストとなっている。多数回学部長となっている（1873/74, 1881/82, 1886/87, 1891/92, 1895/96, 1906/07)。1874年に，ヴュルテンベルクの貴族となり，1881年に，枢密顧問官の称号を取得し，1896/97年ライプチッヒ大学の学長となった。1897年に，ライプチッヒの名誉市民となった。

国家と教会の闘争にさいし，彼は，国家の側に立って重要な役割を果たした。文化闘争（Kulturkampf）は，統一への障害と反政府運動への危惧から行われたカトリック教会に対するビスマルクの弾圧政策であるが，彼はビスマルクの側に立ったのである。そして，このテーマでは，多くの著作を著し，とくにDie Gränzen zwischen Staat und Kirche und die Garantien gegen deren Verletzung, 1872が著名である。1872年のプロイセン教会法の制定に関与し，影響を与えた。1864年から，Richard Wilhelm Doveとともに，教会法雑誌（Zeitschrift für Kirchenrech）の編集をした（1890年まで）。

彼は，ライプチッヒ大学，とくに法学部の歴史を書くことに貢献し，これは，1909年に，大学の500年祭に役立った。Die Leipziger Juristenfakutät: ihre Doktoren und ihr Heim, 1409-1909（Festschrift zur Feier des 500jährigen Bestehens der Universität Leipzig). 単著もある。Das Collegium Juridicum. Leipzig 1882.

祝賀論文集Festschrift Emil Friedberg zum 70. Geburtstage, 1908が出されている。1910年に，ライプチッヒで亡くなった[158]。初代のライヒ司法部長のフリードベルク（Friedberg, 1813. 1. 27-1895. 6. 2）も，西プロイセンの出身であり，縁戚と思われる。

業績は多い。学位論文の時から，教会法を専門としている。夫婦関係の論文もこれに関するものである。

Ehe und Eheschließung im deutschen Mittelalter, 1864.

Das Recht der Eheschließung in seiner geschichtlichen Entwickelung, 1865.

Die evangelische und katholische Kirche der neu einverleibten Länder in ihren Beziehungen zur preußischen Landeskirche und zum Staat, 1867.

Die preußischen Gesetzentwürfe über die Stellung der Kirche zum Staat, 1873.

Der Staat und die Bischofswahlen in Deutschland, 1874.

教会法に関するテキストは，広く用いられた。

Lehrbuch des katholischen und evangelischen Kirchenrechts, 1879. 2. Aufl. 1884.

Quinque compilationes antiquae, 1882.

Die geltenden Verfassungsgesetze der evangelischen deutschen Landeskirche, 1885.

一般法史学的なものとして，

Aus deutschen Bußbüchern, 1868.

Die Geschichte der Zivilehe, 1870.

Johannes Baptista Baltzer, 1873.

プロイセン法の発展に関する著作もある。

Zum Gedächtniß an Ferdinand Wilhelm Ludwig Bornemann: Vortrag gehalten in der juristischen Gesellschaft zu Berlin am 20. Februar 1864.

Suarez, Bornemann und Koch, 1875.

解釈学にも通じ，普通商法典や手形法の解説もある。

Allgemeines deutsches Handelsgesetzbuch- Allgemeine deutsche Wechselordnung - Nebst den ergänzen Reichsgesetzen - mit ausführlichem Sachregister, 1890.

(4) グラデンヴィッツ（Otto Gradenwitz, 1860. 5. 16–1935. 7. 7）

(a) グラデンヴィッツは，1860年に，シレジアのブレスラウでユダヤ系の家庭に生まれた。ワイマール憲法の起草者であるプロイス（Hugo Preuss, 1860. 10. 28–1925. 10. 9）と同年の生まれである。父は，金融業者であった。ブレスラウのMaria-Magdalenenギムナジウムでは，数学に興味をもった。教師から数学を学ぶように勧められたが，彼は法律学を選んだ。

ブレスラウ，ベルリン，ハイデルベルク，ライプチッヒの各大学で，法律学を学んだ。1879年に，第一次国家試験に合格し，1880年に学位をえた。シュトラスブルクで兵役を果たし，ハイデルベルク大学のベッカー（Ernst Immanuel Bekker）の勧めをうけ，1885年に，ベルリン大学のペルニスの下でハビリタチオンを取得した。1887年に，ハビリタチオン論文（Interpolationen in den Pandekten）が公刊され，法史学の大家T・モムゼンの興味をひいた。モムゼンは，彼にローマ法源の包括的な語彙索引であるVocabularium iurisprudentiae romanaeの準備作業を任せ，彼は1896年まで，この作業に携わった。

1890年に，グラデンヴィッツは，ベルリン大学で員外教授となった。しかし，従来の辞書的なローマ法の教育に不満をもち，また，昇進の見込みがないことから，1895年に，ケーニヒスベルク大学の予算内の員外教授となり，1896年には，そこで正教授となった。もっとも，そこの講義では，ローマ法の研究から離れ，現行法としての民法のみを対象としたことから，ケーニヒスベルクでの10年は，流罪のようであったと回想している。彼の興味は，古典ローマ法にあったのである。

1907年に，シュトラスブルク大学に移籍し，翌年，ハイデルベルク大学に招聘された。1910年に，ハイデルベルクの学術アカデミーの創設会員となった。パピルス文書の法律的解釈では，碩学モムゼンと対立することもあった。1918年に，彼は，パピルス協会（Papyrus-（Rechtshistorische）Institut）を設立し，1925年に，テオドシウス法典（Codex Theodosianus）の目録を作成した。また，ギリシア語のパピルス文書の逆引き目録（eidelberger Konträrindex）も作成した。Laterculi vocum latinarum をまとめる作業は，文献学者の Hermann Diels（1848-1922）により称賛された(159)。

1929年に，Regula Sancti Benedicti（６世紀のベネディクト修道院の規則集）をパンデクテンの批判的方法により扱った成果を公刊した（Die Regula Sancti Benedicti nach d. Grundsätzen d. Pandektenkritik, 1929）。多くの学問領域に貢献したが，今日では，ローマ法の領域の業績の方が著明である。ハイデルベルク時代の弟子に，シュトル（Heinrich Stoll, 1891. 8. 4-1937. 6. 19）がいる。解釈学では，以下がある。

Ungültigkeit obligatorischer Rechtsgeschäfte, 1887.

Anfechtung und Reurecht beim Irrtum, 1902.

Wörterverzeichnis zum Bürgerlichen Gesetzbuch, 1902.

Natur u. Sklave b. d. naturalis obligatio, in : Festgabe J. Th. Schirmer, 1900., 奴隷の債務の自然債務性に関するものである。

(b) 1928年にハイデルベルク大学を定年となり，ベルリンに引っ越したが，その後もパピルス学者として研究を進めた。その方法や技術は，今日でもローマ法の研究と法律的なパピルス学に貢献している。80年代から盛んになったインテルポラチオ研究とテキスト批判にもとづいている。多くの旅行をし，外国の学者とつきあった。その死亡まで，ベルリンとローマを往復した(160)。

ケーニヒスベルク大学の法学部と，ベルリン大学の哲学部は，1930年に，名誉博士号を与えた。1935年に，ベルリンで亡くなった。

Einführung in die Papyruskunde, 1900.

Index zum Theodosianus, 1925.

Interpolationen in d. Pandekten, 1887.

Volksspruch u. Kunstregel b. d. Konsumption, Aus röm. u. bürgerl. Recht, Festgabe E. I. Bekker, 1907.

Die Stadtrechte v. Urso-Salpensa-Malaca, in Urtext u. Beischr, SB d. Heidelberger Ak. d. Wiss., 17. Abh., 1920.

(5) ランズベルク (Ernst Landsberg, 1860. 10. 12–1927. 9. 29)

ランズベルクは，1860年に，ラインラントのStolbergで生まれた。父Elias (1820–1888) は，ユダヤ系の商店主（その父も商人で，Lazarus，母は，Caroline Derenburg)。母は，Clara（その父は，マインツの銀行家，August Bamberger (1790–1858)，母は，Amalie Bischoffsheim)，父方の親戚に，著名な民法学者のデルンブルク (Heinrich Dernburg, 1829. 3. 3–1907. 11. 23) がいる。また，ドイツ銀行の創設者の1人であるLudwig Bamberger (1823–1899) は，その伯父である。

20歳になる前に，法律学の勉学を終え，その後は，ドイツ法史を学び，国法学の私講師となった。ボン大学において，ハビリタチオンを取得した最初のユダヤ人である。1877年に，員外教授，1899年に，ボン大学において，正教授となった。法学部長に複数回なり，1914/15には，学長ともなった。19世紀後半に，ボン大学は，ベルリン大学と並んでユダヤ系法学者の牙城となった。ランズベルクは，自分の専門だけではなく，フランスの文化，語学にも秀でた。1911–1918年には，ボンの市議会でも議員となった。

1896年3月に，36歳の時に，17歳年下のAnna Silvergergと結婚した。息子Erichは，志願して第一次世界大戦に参加し，亡くなった。1927年に，ランズベルクは，ボンで亡くなった。66歳であった。ワイマール共和国の初代ライヒ司法大臣のランズベルク (Otto Landsberg, 1869. 12. 4–1957. 12. 9) との関係は不明である。

最大の功績は，Johann August Roderich von Stintzing (1825–1883) の著作Geschichte der deutschen Rechtswissenschaft, 2 Bände, 1880–1910を改定したことである。これは，現在Stinzing und Landsberg, Geschichte der deutschen Rechtswissenschaft, I, 1880として知られている（1978年に復刻版が出ている)。

法学史上の人と業績を検索するためには，現在でも不可欠の文献となっている。

また，解釈学では，Das Recht des bürgerlichen Gesetzbuchs, 1904がある。

妻の Anna は，ナチスのテロで倒れた（1878-1938）。息子の Paul Ludwig は，著名な哲学者であり，1928年から1933年の間，ボン大学に勤めたが，ナチスの政権掌握後，ユダヤ人であることから，追放された。パリとバルセロナで仕事を再開したが，スペインの内乱にさいし，フランスに戻り，1943年に逮捕された。1944年に，ザクセンハウゼンの強制収容所で亡くなった(161)。

(6)　プロイス（Hugo Preuss, 1860. 10. 28-1925. 10. 9）

プロイスは，1860年に，ベルリンでユダヤ系の穀物商の家庭に生まれた。父は，Levin（Louis, ca. 1821-62），母は，Minna（geb. Israel, 1826-99）であった。1879年から，ベルリン大学とハイデルベルク大学で，法律学を学んだ。1883年に，ベルリン高裁（Kammergericht）で，第一次国家試験に合格し，同年，ゲッチンゲン大学で，ローマ法の論文で学位をえた（Eviktionsregreß des in possessorio unterlegenen Käufers）。1886年に，学者になるために，司法修習を辞した。1889年に，ベルリン大学で，国法学の論文によりハビリタチオンを取得した（Gemeinde, Staat, Reich als Gebietskörperschaften, Nachdr., 1968）。論文は大きな反響をえたが，彼が，洗礼をうけず，リベラルなジャーナリズムや政治に関与したことから，ベルリン大学では，長く公法の私講師にとどまった。1891年に，ベルリンのユダヤ協会（Berliner jüdischer Verein）の会員となった。1906年に，新設のベルリン商科大学（Handelshochschule Berlin）の教授となり，1918年に学長となった。この大学は，ベルリンの商人組合（Berliner Kaufmannschaft）により設立された。

ギールケの影響をうけ，有機体的な国法理論（organische Staatstheorie）を唱え，ゲノッセンシャフトの理論を支持した。自律的行政（Selbstverwaltung）の概念では，ナポレオン戦争後の改革者のシュタイン（Heinrich Friedrich Karl Freiherr von Stein, 1757. 10. 25-1831. 6. 29）の影響をうけた。シュタインは，1807年に，農奴の解放を行い，営業の自由，行政改革，教育の刷新などに功があり，その自由主義的な改革は，ハルデンベルク（Karl August Fürst von Hardenberg, 1750. 5. 31-1822. 11. 26）に引き継がれた。

1895年に，ベルリンの都市議会の議員となり，1910年から18年の間は，ベルリン市の名誉参事会員（Berliner Magistratsmitglied, 社会民主党の推薦）であった。1918年に，自由DDP党の創設メンバーとなった。1919年から25年の間は，プロイセンのラント議会の議員となった。

1918年の11月，ライヒ内務省の次官（Staatssekretär）となり，新たなライヒ憲法の起草を委託された。同じく委託をうけたM・ウェーバーは，これを固辞した。1919年2月に完成した憲法は，1848年の憲法（Paulskirchenverfassung）に酷似しているとの批判をうけたが，大きな修正を経ることなく，ワイマール憲法となった。彼の出自から，ナチスは，後にワイマール共和国と憲法が非ドイツ的であると主張することになったが，ワイマール憲法48条の非常事態条項（Maßnahmen bei Störung von Sicherheit und Ordnung）は，1933年のナチスの政権獲得後に，ワイマール憲法の破壊に利用された。

シャイデマン内閣の中で，1919年2月から6月まで，ワイマール共和国の初代内務大臣となった。1925年に，ベルリンで亡くなった。家族の墓は，Urnenfriedhof Gerichtstraße（Berlin-Wedding）にある。エルフルトの連邦労働裁判所の場所は，彼にちなんでプロイス広場（Hugo-Preuß-Platz）と呼ばれている[162]。

なお，のちにC・シュミットは，プロイスを評価したことが原因の1つとなって失脚した。

業績は多い。

Gesammelte Schriften. Im Auftrag der Hugo-Preuß-Gesellschaft e. V. 5 Bde., (hrsg. von Detlef Lehnert), Bd. 1 : Politik und Gesellschaft im Kaiserreich, 2007 ; Bd. 2 : Öffentliches Recht und Rechtsphilosophie im Kaiserreich, 2009 ; Bd. 3 : Verfassungsentwürfe, Verfassungskommentare, Verfassungtheorie [noch nicht erschienen] ; Bd. 4 : Politik und Verfassung in der Weimarer Republik, 2008 ; Bd. 5 : Kommunalwissenschaft und Kommunalpolitik, 2012.

Franz Lieber, ein Bürger zweier Welten, 1886.

Gemeinde, Staat, Reich, 1889.

Das städtische Amtsrecht in Preußen, 1902.

Die Entwicklung des deutschen Städtewesens. Bd. 1 : Entwicklungsgeschichte der deutschen Städteverfassung, 1906.

Stadt und Staat, 1909.

Zur preussischen Verwaltungsreform, 1910.

Das deutsche Volk und die Politik, 1915.

Deutschlands republikanische Reichsverfassung, 1921.

Vom Obrigkeitsstaat zum Volksstaat, 1921.

Um die Weimarer Reichsverfassung, 1924.

Staat, Recht und Freiheit. Aus vierzig Jahren deutscher Politik und Geschichte, 1926.

(7)　ヤコビ（Erwin Jacobi, 1884. 1. 15-1965. 4. 5）

ヤコビは，1884年に，ボヘミアのZittau（Görlitz郡）で生まれた。父親は，ユダヤ系の商店主であった。ミュンヘン，グライフスヴァルト，ライプチッヒの各大学で学び，1907年，学位をえた（Einfluß der Exkommunikation und der delicta mere ecclesiastica auf die Fähigkeit zum Erwerb und zur Ausübung der Patronatstätigkeit)。1912年に，ライプチッヒ大学でハビリタチオンを取得した（Patronate juristischer Personen)。そこで，私講師となり，1916年に，員外教授，1920年に，グライフスヴァルト大学で正教授となったが，同年，早くも，ライプチッヒ大学で，正教授となった（公法，教会法，労働法)。1925年に，学部長をした。

おもな活動は，国家教会法（Staatskirchenrecht）であった。さらに，ワイマール共和国の公法をも対象とした。憲法の破棄（Verfassungsdurchbrechung）の概念を提唱したことで著名である。1924年に，C・シュミットとともに，国法学大会（Vereinigung der Staatsrechtler）で，「ワイマール憲法48条のライヒ大統領の独裁権」（Diktatur des Reichspräsidenten nach Art. 48 WRV）に関する講演を行った。ここで，彼らは，「シュミット・ヤコビ」理論といわれるものを提唱した。これは，ライヒ大統領は，その緊急命令権（Notverordnungsrecht）によって法律を制定することはできないとするものである。これによって，彼らは，当時の通説（Gerhard Anschützなど）に対し，ライヒ大統領がライヒ立法に代わる緊急命令権を有することに反対したのである。しかし，その理論は，少数説にとどまり，彼ら自身も，のちにこれから逸脱した。

ヤコビがもっとも注目されたのは，いわゆるプロイセン問題（Preußenschlag）にさいし，国家裁判所で，プロイセン対ライヒの訴訟で，公法学者のＣ・シュミットやビルフィンガー（Carl Bilfinger）とともに，ライヒ政府の代理をした時であった。

1933年，ナチスの政権掌握後，ユダヤ系であることから公務員職の回復法によって追放された。彼は，プロテスタントであった。多くのユダヤ系法学者が国外に亡命したのとは異なり，国内にとどまった。

第三帝国の崩壊後は，1945年，ライプチッヒ大学の教職に復帰した（1958年まで)。1947年に，ハイデルベルク大学の招聘を断り，1949年までライプチッヒ大学の学長となった。1949年には，法学部長となった。しかし，学部がマルキシズムに変容しつつある時代に，市民的な立場をとったことから対立も生じた。1959年の定年の前から，研究の対象は，教会法に戻っていた。

戦後，ライプチッヒ大学（ザクセンは東ドイツに編入された）から，西側に逃亡した者は多いが（たとえば，Wieacker, Michaelis など。また，労働法のニキッシュ＝Arthur Philipp Nikisch, 1888. 11. 25-1968. 6 . 17も，1947－1949年に学部長をしたが，1950年に西側に逃れ，定年までキール大学で教えた。1968年に，キールで死亡)，とどまった民法学者のジーバー（Heinrich Bethmann Siber, 1870. 4 . 10-1951. 6 . 23）と同様に，戦後も厳しい人生を歩んだ。生年，没年ともに，ジーバーよりもおおむね14年遅い。

彼は，ザクセンのルター派教会に属しており，教会会議のメンバーでもあった。1956年からは，Wurzen 財団の参事会員でもある。1954年に，ライプチッヒ大学の神学部の名誉博士号をうけた。1965年に，ライプチッヒで亡くなった(163)。

おもな業績に，以下がある。

Der Rechtsbestand der deutschen Bundesstaaten, 1917.

Einführung in das Gewerbe- und Arbeiterrecht. Ein Grundriss, 1919.

Einheitsstaat oder Bundesstaat, 1919.

Grundlehren des Arbeitsrechts, 1927.

(8)　エングレンダー（Konrad Engländer, 1880. 1 . 25-1933. 1 . 8 ）

エングレンダーは，1880年に，ライプチッヒで生まれた。シュペングラー（Oswald Arnold Gottfried Spengler, 1880. 5 . 29-1936. 5 . 8 ）と同年，アインシュタイン（1879－1955 Einstein）や，ローゼンベルグ（Leo Rosenberg, 1879. 1 . 7 -1963. 12. 18）の生まれた翌年であった。

父は，ライヒ大審院判事 Bernhard Engländer（1832. 10. 25–1905. 11. 27），母は，ユダヤ系の名門プリングスハイムの家系（Rosa Pringusheim）であった。父は，シレジアの Oppeln で生まれ，24歳でプロテスタントに改宗し，1866年に，ブレスラウの都市裁判官，1878年に，控訴裁判所判事，1879年に高裁判事となった。1885年から1895年，ライヒ大審院判事となった。

子の Konrad は，1899年から1904年，ローザンヌ，ベルリン，ライプチッヒの各大学で，法律学を学んだ。1906年に，ライプチッヒ大学で学位をえた（Gebot der Nachlaßgläubiger）。1915年，ライプチッヒ大学で，ドイツ民法の私講師となった。1920年に，ライプチッヒ大学で，ドイツ民法，国際私法，著作権の教授（plaoProf）となった。1933年に，ライプチッヒで亡くなった。52歳になる直前であった。ユダヤ教の信仰を守った(164)。

ナチスの政権獲得は，ほぼその死亡時と同時であった。早世したことから彼自身は迫害を免れた。彼の亡くなったのと同月の末の1933年１月30日に，ヒトラーが大統領のヒンデンブルク（1847–1934）によって首相に任命され，同年３月５日のライヒ議会選挙でナチスは647議席のうち288議席を獲得し，同年３月23日に授権法が成立した。

著作権法上の業績で著名である。

Zur Theorie des Patentrechts, 1921.

Die Angestelltenerfindung nach geltendem Recht. Vorträge（＝Schriften des Instituts für Arbeitsrecht an der Universität Leipzig, Heft 6），1925.

弟は，著名な音楽家であった（Richard Engländer, 1889. 2. 17–1966. 3. 16; GND: 116533099）。父のライヒ大審院判事の Bernhard Engländer（1832. 10. 25–？）のほか，姻戚には法曹関係者が多い。

(9)　メンデルスゾーン（Albrecht Mendelssohn Bartholdy, 1874. 10. 25–1936. 11. 29）

メンデルスゾーンは，1874年にカールスルーエで生まれた。この年には，ラーベル（Ernst Rabel, 1874. 1. 28–1955. 9. 27）や，コービン（Arthur Linton Corbin, 1874–1967），ヴェンガー（Leopold Wenger, 1874. 9. 4–1953. 9. 21）など，著名な学者が生まれている。

1892年から97年，ハイデルベルク，ミュンヘン，ライプチッヒの各大学で法律学を学んだ。1898年に，ライプチッヒ大学で学位をえた（Beiträge zur

Auslegung des § 72 der Civil-Prozess-Ordnung)。1901年に，同大学で，既判力の限界に関する論文でハビリタチオンを取得した(Grenzen der Rechtskraft)。1901年に，同大学で，私講師となり，1904年に，員外教授，1905年から，ヴュルツブルク大学で正教授となった。1905年には，Dora Mendelssohn Bartholdy, (geb. Wach) と結婚した。1919年に，ヴェルサイユの政府顧問 (Berater der Reichsregierung in Versailles)。1920年には，ハンブルク大学で，正教授となった。ドイツとイギリスの協調委員会の会員 (Verständigungskommission 1912)。1923年から34年，外交政策研究所長(Institutes für Auswärtige Politik)。1925年から，ハーグ仲裁裁判所の裁判官，1931年，国際連盟の代表委員となる。1933年に，シカゴ大学から名誉博士号をうけた。宮廷顧問官の称号をえている。プロテスタントであったが，イギリスに亡命し，1936年に，オックスフォードで亡くなった(165)。

音楽に造詣が深く，音楽祭の主催者をしている (1914 Veranstalter des 1. Mainfränkischen Musikfestes, 1916/1917 Veranstalter der Würzburger Reger-Gedächtniskonzerte)。なお，著名な作曲家のメンデルスゾーンは，Felix Mendelssohn(1809-1847)，啓蒙哲学者のメンデルスゾーンは，Moses Mendelssohn (1729-1786) である。

以下の著作がある。

(hrsg.) Die große Politik der europäischen Kabinette 1871-1914 : Sammlung der diplomatischen Akten des Auswärtigen Amtes.

Englisches Richtertum im Court of Criminal Appeal, 1909.

Bürgertugenden in Krieg und Frieden, 1917.

Vom Völkerbund und der öffentlichen Meinung, 1923.

Diplomatie, 1927.

(10) チーテルマン (Ernst Otto Konrad Zitelmann, 1852. 8. 7-1923. 11. 28)

(a) チーテルマンは，1852年に，政府顧問官の Otto Konrad Zitelmann (1814-1889) の息子として，オーデル河口のシュテッティンで生まれた。著名なゲルマニストのギールケ (Otto von Gierke, 1841. 1. 11-1921. 10. 10) も，同じ土地の生まれである。同地のギムナジウム (Marienstiftsgymnasium) に通い，その後，ライプチッヒ，ハイデルベルク，ボンの各大学で学んだ。彼は，1873年に，法人に関する論文(Begriff und Wesen der juristischen Person, 1873)

によって，ライプチッヒ大学で学位をえた。19世紀の後半の理論として，ギールケと同じく法人実在説に依っている。1876年に，シュテッティンで実務研修を終え，ゲッチンゲン大学でハビリタチオンを取得した。

彼は，意思表示や錯誤に関する論文（Die juristische Willenserklärung, 1878 ; Irrtum und Rechtsgeschäft, 1879）で著名である。1879年に，バルト海岸のロシュトック大学のローマ法・民法の教授となった。そして，1881年にハレ大学に，1884年にボン大学に移籍した。なお，この時期，ボン大学には，法制史で著名な Ernst Landsberg（1860. 10. 12–1927. 9 . 29）がいた。

チーテルマンは，1921年に定年となるまで，ボンにとどまった。ボン大学では，複数回，学長を勤めた。また，法律学の教育過程の改革を行い，ボン大学の支援団体（Gesellschaft der Freund und Förder der Universität Bonn）の創設者の１人でもある。1922年から，彼は，ミュンヘン大学の客員教授となった。法律顧問官の肩書を有する（Geheimer Justizrat）。1923年に，ボンで，手術後に亡くなった。

チーテルマンは，民法，とくに，家族法，相続法と，租税法，経済法の研究で著名である。彼は，今日でも，民法のドグマに関する業績で重要である。また，判例における価値判断（Werturteil）の役割や法の欠缺の問題を研究した。Lücken im Recht, 1903 ; Die Kunst der Gesetzgebung, 1904 ; Richterliche Gebundenheit und Freiheit, 1905などが著名である。そのことから，19世紀的な実証主義者というよりも自然法的性向を有する者ととらえられている。第二次世界大戦後の自然法の復活を先取りする面がある。また，法曹養成の改革案を提示している。Die Neugestaltung des Rechtsstudiums, 1921. すなわち，２年の基礎教育と，それに続く実務教育と，目的とするコースに従った発展教育である[166]。

また，形成権の発展過程では，「法的な可能性の権利」（Recht des rechtlichen *Können*）という用語を使用していたが，その用語は，形式的には長すぎるとの欠点があり，実質的には，法的な可能性はすべての権利に共通して存在するとの疑問があった。可能性は「形成権」についてだけではなく，チーテルマンのいう法的な *Dürfen*（＝absolutes Herrschaftsrecht）についての権利と，法的な *Sollen*（＝relatives Herrschaftsrecht）についての権利（つまり絶対権と相対権）にも共通した性質である。支配権や請求権にも，「可能」（Können）という契機は含まれているからである。形成権概念の功績は，ゼッケルに帰せられる(167)。

(b) 姉の Katharina Zitelmann（1844. 12. 26–1926. 2. 4，ペンネームとして Katharina Rinhart）は，文筆家であり，遠隔地にも旅行し，インド，中国，アメリカにいき，印象記を書いている。日本にもきて，養子に関する著述を残している。Ein Adoptivkind, Die Geschichte eines Japaners, 1916.

チーテルマン自身も，多作であった。ほかにも，Die Möglichkeit des Weltrechts. 1888；Verschulden gegen sich selbst. 1900；Das Recht des Bürgerlichen Gesetzbuches. 1900；Internationales Privatrecht. 1897,（1912）などがある。

また, 法的論文のほかに, Gedichte, 1881; Memento vivere, 1894; Capri. Gedichte, 1901；Radierungen und Momentaufnahmen, 1904；Aphorismen, 1908；Totentanz und Lebensreigen, 1908などの文学的著作がある。ADB では，彼を Jurist のほか，叙情詩人（Lyriker）としている（GND 117006742）(168)。

(1) これらの大学の変遷について，北村和之・大学淘汰の時代（1990年）31頁以下参照，小野・大学と法曹養成制度（2001年）128頁以下。

(2) これにつき，前掲書（大学）154頁。

(3) ベルリン大学の創設について, Schröder, Die Geschichte der Juristischen Fakultät zwischen 1810 und 1945, Festschrift 200 Jahre Juristische Fakultät der Humboldt-Universität zu Berlin, Geschichte, Gegenwart und Zukunft, hrsg. v. Grundmann, Kloepfer, Paulus, Schröder und Werle, 2010.

(4) 自然学者, 科学的探検家である Friedrich Heinrich Alexander, Freiherr von Humboldt (1769. 9. 14–1859. 5. 6) は，その弟である。軍事改革については，パレット・クラウゼヴィッツ（白須英子訳・1991年）207頁以下。

(5) Schröder, a. a. O., S. 3–113, S. 20.

(6) 大久保泰甫・ボワソナアド（1977年）38頁。1882年に，年俸１万5000円（同書139頁）。ロエスレルも同じ水準である。ただし，お雇い外国人がすべてこの水準であったわけではない。分野と時代により異なり，初期の1870年代のお雇い外国人（ボアソナードは1873年，ロエスレルは1878年，ベルツは1876年，モースは1877年）は，1880年代から90年代のお雇い外国人に比して高い（ラフカディオ・ハーン（Lafcadio Hearn, 1850–1904）は，1890年）。日本の西欧化に格段の違いがあるからである。それ以後は，お雇い外国人の制度は廃止になる（ハーンは，松江中学で，月俸100円，熊本第五高等中学で，月俸200円，帝国大学文科大学講師で，月俸400円＝1896年。1903年に解雇，1904年に早稲田大学で年俸2000円。東大の後任は，夏目漱石であった。ロエスレルは，1893年に帰国，ボアソナードは，1895年に帰国）。ハーンについては，太田雄三・ラフカディオ・ハーン（1994年）78頁以下，山田太一・日本の面影（2002年）363頁以下など参照。美術のフェノロサ（Erenest Francisco Fenollosa, 1853-1908）は，1878年から1890年で，帰国時の年俸は6000円であったから，法学者だけがとくに高給だったわけではない。

ただし，外務省顧問のデニソンは，1881年に傭聘され，30年も勤続したが，その給与は，外相当時の小村寿太郎の6000円よりも高く，1万円にもなったといわれる。デニソンについては，幣原喜重郎・外交五十年（1987年）246頁が興味深い。

(7) 週間朝日編・値段史年表（1988年）113頁，同・戦後値段史年表（1995年）122頁による)。総理大臣の給料は，明治19年に9600円，同43年に1万2000円，大正9年に1万2000円（月額1000円），昭和6年に，9600円（月額800円），同21年に，月額3000円，同24年に，月額4万円，戦後の同27年に月額11万円であった。

(8) 明治宝鑑（1892年，1970年復刻，明治百年史叢書）1680頁。後注(13)をも参照。

ほかの著名人でも，夏目漱石（1867-1916）が1895年に松山中学に赴任するときの月給が80円（年俸960円），東大を辞めるときの年俸が1800円（講師としては800円），1907年の朝日新聞との専属契約（1907年）で，年俸2800円といわれている。官費留学生の時期の留学費年額は180ポンドであった。

(9) 潮木守一・ドイツの大学（1992年）102頁。学生の1年の生活費が300ターラーであった時代に，グナイストの講義は学生に人気で，1840年に聴講料600ターラー，1848年に2000ターラーをえたという（ただし例外的に多額な例である）。

(10) 潮木・前掲書（注(9)参照）105頁，189頁。

(11) さらに，潮木・前掲書は，当時，法学博士の学位が乱発されており，実質的には金しだいであった例として，日本にもきたことのあるミハエリスをあげる。彼が博士号をえたさいには，ゲッチンゲンのイェーリングが，「権利のための闘争」の日本語訳を期待して手心を加えたとしている（潮木・198頁）。その前提として，1880年代のプロイセンで，年間900人の博士が誕生し，そのうち，法学博士は，年間50人であったとする。試験料は，459マルクで，当時の学生下宿の代金が1か月，15マルク程度であったことから，その30か月分にも相当したとする（同・200頁〜204頁参照）。

もっとも，別に示したように，ドイツの博士は，学士の制度の代替になっているところがあり，日本の論文博士ほど稀少なものではない。【大学】190頁。日本でも，近時の課程博士は，「学士」に近くなりつつある。

(12) Schröder, a. a. O.（前注(3)），S. 22.

(13) Lobe, 50 Jahre Reichsgericht, 1929, S, 8f.

明治時代の日本の裁判官と大学関係者の給与を比較すると，以下のようになる。

司法省高等官任命及俸給令によると，大臣は，年俸6000円，次官で，4000円，総務局長で，3000円である。明治宝鑑（前注(8)参照）1989頁。

これに対し，判事検事俸給令によると，大審院長は，年俸5000円，部長で，3500円，判事は，3000円から1600円，また，大審院検事局，検事総長は，4000円で，それ以外の検事は，判事と同じく3000円から1600円とある。明治宝鑑2010頁。

旧憲法下の大審院は，司法省の監督をうけたから，優劣は給与にも反映されている。

行政優位である。控訴院長は，東京，大阪のみが4000円，他は，3500円であり，判事は，1200円から900円である。地裁所長では，東京，大阪のみが2500円で，他は，2200円から1400円であり，判事は，800円から600円であり，区裁判所でも，判事は，800円から600円である。

これに対し，帝国大学は1つしかなかったこともあり，総長が4000円で，検事総長なみである。加藤弘之が法科大学長のときには，年俸4000円で同額である。他の教授については，かなり差が激しい。穂積陳重（36歳）は，2500円，木下広次（41歳）は，2000円，富井政章（33歳）は，1800円，和田垣謙三（31歳）も同額であるが，穂積八束（32歳）と梅謙次郎（31歳）は，1200円であり，土方寧も同額である。ほかに，1400円の者が1名，1200円の者が2名，1000円の者が1名である。年齢は関係なく，穂積兄弟でもかなりの差がみられる。明治宝鑑1680頁。

お雇い外国人の給与は不記載であるが，エッゲルト，ルビリヨー，チゾン，レーンホルム，ボアソナードの名があり，ボアソナードは，8000円から，のちには2万円近くに達したことが知られており，日本人の数倍に達することが通常であった。

教育職でも意外に高額なのは，大学が少ないこととお雇い外国人の給与から切り下げて計算したことから，日本人の平均よりも結果的に高くなったのであろう。明らかに判事よりも高い。もっとも，これは帝大のみで，高等商業学校などでは，半分に下がり，校長（矢野次郎・47歳）でも，年俸2000円である。明治宝鑑1742頁。

19世紀のドイツと同じく，新体制の発足時には，理想の点から教育を優遇しても，しだいに切り下げられる点は共通している。もっとも，豊かになったはずの21世紀の高等教育費が世界的に低いのに比すると，意外に教育に支出を費やしている。

(14)　ナントの勅令の廃止は，民法上も種々の影響を与え，たとえばプロテスタントによる秘蹟を否定したことから（婚姻の無効），子どもがすべて非嫡出子となることから，これに対処するために，身分占有といった無理な構成が登場するきっかけとなったのである。

(15)　ノイラートについては，別稿・12巻3号参照。

また，ヴィントシャイトは，サヴィニーがレフェレンダー試験（第一次国家試験）に落ちたことを指摘する（DJZ 1909, S. 967）。ただし，マールブルク（ヘッセン選帝侯国）がプロイセンに併合されたのは，1866年であり，それ以前は，プロイセン型の二段階法曹養成制度が確立されていたわけではないから，現在のような大学卒業資格としての国家試験を意味するわけではない。中世的な大学の性格からすれば，学位がより重要である。

(16)　サヴィニーについての論考は多い。法制史上の重要人物であることから，法律関係の人名禄には必ず記述される。Wieacker: Privatrechtsgeschichte der Neuzeit. 2. Aufl, 1967, S. 348ff. また，Kraus, Hans-Christof, Savigny, Karl Friedrich Georg von, NDB 22（2005）, S. 473ff.; Wippermann, Savigny, Karl Friedrich von, ADB Bd. 30（1890）, S. 425ff.; Erik Wolf, Grosse Rechtsdenker der deutschen Geistesgeschichte, 3. Aufl. 1951, S. 464ff.; Denneler, Friedrich Karl von Savigny. 1985; Rückert, Friedrich Carl von Savigny（1779–1861）, S. 133ff.

邦文のものでは，河上倫逸「フリードリヒ・カール・フォン・サヴィニー」近世・近代ヨーロッパの法学者たち（勝田有恒＝山内進編・2008年）299頁，佐藤節子・ドイツ法学者事典242頁（Savigny）など。

サヴィニーの法学に果たした役割は，しばしば論点となっている。著名なものでは，Kantorowicz, Was ist uns Savigny ?, 1911がある（法制史上のUnsterblischer Meisterとするが，サヴィニー自身は当時の法学へのGegnerであり変革者だったのであるとする）。

法典との関係では，19世紀には，各ラントの法の分裂が統一的法典の妨げであった。今日的な意味では，各国の法の分裂がEUや世界的な法の統一（大陸法とコモンロー）の妨げとなっている。歴史法学の手法は，まったくの過去のものとはいえない。別の選択肢である自然法の手法は，フランス民法典が実際には理性ではなく，ナポレオンの武力を背景に普及（挫折も）したことを考慮するべきであろう。

ちなみに，もっと後の数字であるが，ドイツ民法典成立時（1896年）の法域ごとの人口は，プロイセン法（2105万3000人）がもっとも多く，ついで，普通法（1441万6000人），ライン・フランス法（819万9000人），ザクセン法（538万2000人）などが多く，少ない方では，Jütisch Low（35万4000人），Dänisches Recht（1万6000人），Friesisches Recht（9000人）であり，合計は，4942万9000人であった。Vgl. Deutsche Rechts- und Gerichts-karte, Eine Eintheilung des Deutschen Reichs, 1896, mit einem Orientierungsheft neu hrsg. und mit einer Einleitung versehen von D. Klippel, 1996.

なお，Meder, Urteilen. Elemente von Kants reflektierender Urteilskraft in Savignys Lehre von der juristischen Entscheidungs- und Regelfindung, 1999；D. Nörr, Savignys philosophische Lehrjahre, 1994；Klaus-Peter Schroeder, Vom Sachsenspiegel zum Grundgesetz - eine deutsche Rechtsgeschichte in Lebensbildern, 2002, 85ff.（Thibaut，後注(28)参照）。

(17) Wieacker, Die Ausbildung einer allgemeinen Theorie des positiven Rechts in Deutschland im 19. Jahrhundet, Festschrift für Karl Michaelis zum 70, G., 1972, S. 354. 18世紀には，私法の一般理論や哲学としては，自然法があった（オーストリアでは，19世紀半ばまで）。19世紀に，歴史法学は，自然法を否定したことから，これに代わる一般理論を構築することが必要となった。これが，ロマニスト的な原理やゲルマニスト的な原理であった。サヴィニーには，思想家としての意味がある。しかし，非近代法への回帰はありえなかったから，結局，全面的な変革はありえず，法律行為論や意思の理論は，自然法から受け継いだのである。これが，隠棲自然法である。

(18) Vgl. Motive, I, S. 395ff., S. 397f.

また，サヴィニーについては，Trier大学のサイトに（Rechtshistorischer Podcast, http://www-neu.uni-trier.de/index.ph4p?id=1623），講演のオーディオデータ（Audiodatei）がある（MP3形式で，17分56秒）。

(19) 於保不二雄・注釈民法（4・1967年）4頁以下。また，ドイツにおける沿革については，遠田新一「代理権の抽象性と表見代理」代理法理論の研究（1984年）161頁，174頁を参照されたい。さらに，代理の諸説について，椿寿夫「民法学余滴『だれが代理行為をするか』をめぐる考え方」書斎の窓608号14頁が，サヴィニー以降の諸説に簡潔にふれている。

(20) わがくにで，ときにみられる見解〈無因主義をとっても，債権的意思表示に瑕疵があれば，通常物権的意思表示にも瑕疵があり，無因主義には取引保護の意味はない〉との反対論には，疑問がある。ドイツの無因主義は，物権行為の独自性を前提としているから，物権的意思表示は，登記官に対する別個の意思表示（アウフラッスング，ド民925条１項，311b 条１項）である。取引相手方に対するものではないから，そうした反対は，ドイツ法の構造を見過ごしている。ただし，形式主義にも，韓国のように，独立のアウフラッスングの制度をもたないものもあるから，そうした場合にはあてはまるというだけである。拙著・民法の体系と変動（2012年）134頁。

わが民法では，物権行為＝処分行為を債権行為＝原因行為と明確に区別している32条１項但書がまれな例外である（560条や576条も当然その区別を前提としている）。原因行為の取消のさいの物権行為の存続を述べているからである。これを区別しないと，フランス民法のように，他人の物の売買は無効ということになる（1599条１文，なお，同1626条。旧民法でも同様である。財産取得編42条１項。ただし，売主は，売買の時に物が他人に属することを知っていたときには，その無効を主張できないとする）。物権行為の無効が債権行為の無効をもたらすのである。

(21) ドイツ民法典制定時の議論によれば，所有権のシステムについて意思主義を採用するか形式主義を採用するかには，必ずしも疑問のよちがないというものではなかった（Schubert, Die Entstehung der Vorschriften des BGB über Besitz und Eigentumsübertragung, 1966, S. 95ff.）。そこで，ドイツは形式主義，フランスは意思主義という対立は，必ずしも普遍的な原理によるというわけでもない。また，フランス民法典には，ほとんどその翻訳にすぎないバーデン民法典を通して，あるいはライン左岸へのその直接の適用もあり，意思主義は，部分的にはドイツにも妥当したことがあるのである（シューベルトによれば，1880年の段階で，プロイセンなどの土地登記システムのもとにいる，北，中央，東ドイツの住民は，3050万人であったのに反し，フランス式の土地法システムのもとの住民も，南ドイツと西ドイツに約1500万人を数えたのである。Vgl. Schubert, a. a. O, S. 99–100. 拙著・危険負担の研究（1994年）313頁注１参照。

(22) Vgl. Motive, II, S. 87ff. S. 88（dinglicher Vertrag）.

もっとも，今日では，アウフラッスングの必要性は減少している。このプロイセン型の意思表示は，原則として双方当事者の登記所への出頭を必要とし，必ずしも機能的なものではない。そこで，公証人のもとでも行うことが可能とされているからである（925条１項２文）。また，1953年のドイツ民法典の改正によって，不動産取引に公証人を利用する南ドイツ・ローマ型の不動産取引を考慮して，ドイツ民法典311b 条（原313条。ただし，原規定では，公正証書のほか，裁判所での公証でもたりるとされていた。ドイツの登記官は，登記裁判官である）では，土地の所有権の移転には，公正証書の作成を必要とする（１項１文）。ただし，方式が欠けている場合でも，Auflassung と移転登記がある場合には，契約は有効とする（同条１項２文）。すなわち，物権的な意思表示が優先するものとされているのである。【変動】134頁参照。

(23) Motive, II, S. 43ff., S. 45. 稲本洋之助・注釈民法（7・1968年）12頁参照。サヴィニーの所有者の意思（animus domini）のほか，ヴィントシャイトの支配の意思（animus dominandi）があり，デルンブルクは，自己のために所持する意思（animus rem sibi habendi）とした。そこで，客観説といっても意思をまったく不要とするものではなく，これが意思理論を基礎とするパンデクテン法学の主流であった。これに対し，ベッカー（Bekker）は，純客観説といわれる。

(24) 双務性の起原を教会法に帰する考え方もある。拙著・危険負担の研究（1995年）26頁，312頁参照。もっとも，サヴィニーの危険負担論は，いわゆる履行擬制説によっており，必ずしも双務性は貫徹されていない。【研究】330頁，および334頁の注4，338頁の注23参照。

1804年からのヨーロッパ旅行中，サヴィニーは，シュトラスブルクにもよっている。そこで，大学の建物の1つには，Kant, Gauss, Mohler, Savigny が学んだという表示がある。なお, Hausmann, Die Kaiserliche Universitäts- und Landesbibliothek in Strassburg, Festschrift zur Einweihung des euen Bibliotheksgebäudes, 1895.

(25) ティツェやウールマンなどの有力説も同じく内容の錯誤の拡大による。Titze, Vom sogenannten Motivirrtum, Fest z. 70. G. Ernst Heymann, 1940, 72. シュニツァー，ルドルフも性質錯誤の再構成によって拡大を認める。他方で，トゥールは，779条の類推を用いた。詳細については，磯村哲「ドイツ錯誤法前史」（法論88巻4・5・6号33頁），同「動機錯誤と行為基礎」（法論76巻3号，77巻1号，79巻1号）。村上淳一・ドイツの近代法学（1964年）のうち，ドイツ普通法学の錯誤論（Puchta Savigny の前後の錯誤論）1頁以下など参照。近時では，半田吉信「錯誤立法の基礎」千葉大法学論集27巻4号参照。

(26) Haferkamp, Georg Friedrich Puchta (1798-1846), S. 229ff.; Die Professoren und Dozenten der Friedrich-Alexander-Universität Erlangen, 1743-1960, 1993, Teil 1, S. 118 (Glück), S. 151 (Puchta); Schermaul, Georg Friedrich Puchta - Leben und Werk, 2009. DBA I, Fiche 985, 75-87; DBA II, Fiche 1031, 106; DBA III, Fiche 720, 38-45, 46-47. また，Bekker, Puchta und Waechter, DJZ 14 (1909), S. 943.

Leipzig 大学のサイトにも（Professorenkatalog der Universität Leipzig| catalogus professorum lipsiensis, http://uni-leipzig.de/unigeschichte/professorenkatalog/fak/Juristenfakultaet/seite6.html），経歴がある。

邦文のものでは，松尾弘「ゲオルグ・フリードリヒ・プフタ」近世・近代ヨーロッパの法学者たち（勝田有恒＝山内進編・2008年）309頁，岩崎稜・ドイツ法学者事典217頁（Puchta）。

(27) Haferkamp, a. a. O.（前注26）; ders. Georg Friedrich Puchta und die „Begriffsjurisprudenz“ 2004; Landau, Puchta, Georg Friedrich, NDB 20 (2001), S. 757 ff. Eisenhart, August Ritter von, Puchta, Georg Friedrich, ADB 26 (1888), S. 685 ff.

(28) Landsberg, Thibaut, Anton Friedrich Justus, ADB 37 (1894), S. 737ff.; Polley, Anton Friedrich Justus Thibaut (AD 1772-1840) in seinen Selbstzeugnissen und Briefen, Bd. I: Abhandlungen; Bd. II: Briefwechsel; Bd. III: Register zum Briefwechsel,, 1982; Klaus-Peter Schroeder, a. a. O.(前注(16), Vom Sachsenspiegel), S. 85ff.; Joachim Rückert, Thibaut, Anton Friedrich Justus, Stolleis (hrsg.), Juristen. Ein biographisches Lexikon, 1995, 610ff. 近時のものでは，Schroeder,„Thibaut hat eine Schandschrift geschrieben!" - Thibaut, der Kodifikationsstreit vor 200 Jahren und die Liebe zur Musik, NJW 2014, 734.

邦文では，井上琢也「アントン・フリードリヒ・ユストゥス・ティボー」近世・近代ヨーロッパの法学者たち（勝田有恒＝山内進編・2008年）287頁，半田正夫・ドイツ法学者事典302頁（Thibaut)。

(29) 近時の学者では，Leserがマールブルク大学にとどまった。マールブルクは小さな大学町であるが，その雰囲気を好む学者は多い。坂の上のサヴィニーの家も保存されている。グリム兄弟(Jacob Ludwig Karl Grimm, 1785. 1. 4-1863. 9. 20; Wilhelm (Karl) Grimm, 1786. 2. 24-1859. 12. 16）もここで学んだ。大学は，1527年ドイツ最初のプロテスタントの大学として創立され，のち新カント学派の中心となった。

(30) Ritter von Eisenhart, Höpfner, Ludwig, ADB. Bd. 13 (1881), S. 109 ff.; Plohmann, Ludwig Julius Friedrich Höpfner (1743-1797), Naturrecht und positives Privatrecht am Ende des 18. Jahrhunderts, 1992; Bibliotheca iuris (Werner Flume), 282.

(31) Otto Mejer, Hugo, Gustav, ADB Bd. 13 (1881), S. 321ff.; Klaus, Hugo, Gustav, NDB 10 (1974), S. 26f.; Nissen, Prauss und Schütz, Göttinger Gedenktafeln, 2002, S. 115f.

(32) Landsberg, Weiß, Philipp Friedrich, ADB (1896), S. 581f.

民法，労働法の専攻であり，フランクフルト，ハンブルク大学教授であったManfred Weiss (1940-) との関係は不明である。

(33) 河上倫逸「フリードリヒ・カール・フォン・サヴィニー」勝田＝山内編，304頁。

アルテンシュタインは，1817年から文化省の高官であり，20年間職にとどまり（フリードリヒ・ウィルヘルム三世，位1797－1840年の時代であった)，プロイセンの教育システムに根本的な変革を加えた。中世的なギムナジウムや大学の教養主義を近代的なものに置き換え，教育のシステムの統一も行った（初等，中等，高等教育のシステムやそのさいの履修義務の内容など)。プロテスタント教会の変革もしたことから，教育を教会から独立させることにも尽くした（カトリックでは国家を超える存在であった教会も，国家に従属することになった)。ただし，そのシステム化は，大学に対しては，しばしば中世的な特権の剥奪だけではなく，自治の破壊のような作用をも伴っていたのである。Vgl. Gollwitzer, Altenstein, Karl Sigmund Franz Freiherr von Stein zum Altenstein, NDB Bd. 1 (1953), S. 216f.; Paul Goldschmidt, Stein zum Altenstein, Karl Freiherr von. ADB Bd. 35 (1893), S. 645ff. ボン大学の再建にも功があった（1818年)。Vgl. Rheinische Friedrich-Wilhelms-Universität Bonn,

1987, S. 11ff.

(34) Lübbe, Gans, Eduard, NDB 6（1964）, S. 63； Steffenhagen, Gans, Eduard, ADB Bd 8（1878）, S. 361； Waszek (hrsg.), Eduard Gans（1797–1839）. Hegelianer Jude Europäer. Texte und Dokumente, 1991, Waszek, L'émergence d'une théorie de l'opposition dans l'école hégélienne, Revue française d'histoire des idées politiques 25. 1, 2007, p. 89 et s.

(35) Steffenhagen, Göschen, Friedrich Johann Ludwig, ADB Bd. 9（1879）, S. 403； Gerrit, Barthold Georg, NDB 19（1998）, S, 219f.

(36) Teichmann：Göschen, Otto, ADB Bd. 9（1879）, S. 403.

(37) Stinzing-Landsberg, III–2, S. 289；Bibliotheca iuris（Werner Flume）, 279.

(38) Bibliotheca iuris（Werner Flume）, 212.

(39) Ib., 213.

(40) Landsberg, Rudorff, Adolf Friedrich, Bd 29（1889）, S. 580ff.

(41) Landsberg, Bruns, Karl Georg, ADB Bd. 47（1903, Neud. 1971, Nachträge bis 1899）, S. 306ff.； H. Degenkolb, AcP 64, 1881, S. 476ff.； Bruns, Rudolf, Bruns, Karl Eduard Georg, NDB 2（1955）, S. 685. デルンブルクは，ブルンスやその前任者をあまり評価していない。

(42) Bilfinger, Bruns, Viktor, NDB Bd. 2（1955）, S. 687.

(43) Wacke：Pernice, Alfred, NDB 20（2001）, S. 194 f.

著名なベルリン大学の集合写真がある。Friedrich Berner（刑法，1818. 11. 30–1907. 1. 13）, Heinrich Dernburg, Paul Hinschius, Bernhard Hübler（1835–1912 行政法，教会法）, Heinrich Brunner（1840. 6. 21–1915. 8. 11，ドイツ法史）, Ernst Eck, Otto von Gierke, Alfred Pernice, Wilhelm Kahl（1849. 6. 17–1932. 5. 14，刑法，国法）, Josef Kohler が一堂に会している（Gruppenbild der Mitglieder der Juristischen Fakultät der Uni Berlin von ca. 1899, Quelle：Bundesarchiv, N 1381 Bild–21–01）。

(44) Landsberg, Ubbelohde, August, ADB Bd. 54（1908）, S. 724 f.； Meyers Konversations-Lexikon, Band 15, S. 961f. なお，本文中の大学裁判官は，中世において大学が独立の裁判権をもっていた時代の名残であり，19世紀においても，多少の権威は残されていたようである（潮木・前掲書（注(9)参照）167頁，169頁）。

(45) Dernburg については，一橋法学11巻３号26頁。

(46) M. Wolff については，一橋法学12巻１号47頁。

(47) L. Goldschmidt についても，一橋法学11巻３号31頁。

(48) ベルリン大学のユダヤ系法学者のうち，Rheinstein, J. Goldschmidt については，一橋法学12巻１号60頁，62頁。

(49) ベルリン大学の学位論文やハビリタチオン論文については，一覧がある。Schröder, Klopsche, Kleibert (hrsg.), Die Berliner Juristische Fakultät und ihre Wissenschaftsgeschichte von 1810 bis 2010, 2010, Dadenträger（Dissertationen, Habilitationen und Lehre）.

(50) キール学派については，一橋法学９巻２号23頁。

(51)　エックについては，一橋法学12巻2号49頁。

(52)　Heymann, Heinrich Titze zum 23. Oktober 1942, Zeitschrift für ausländisches und internationales Privatrecht, 14（1942/43）, S. 5f.；Isele, Zur Erinnerung an Heinrich Titze, AcP 172（1972）, S. 392f.（写真が付されている）。Annemarie Titze, Heinrich Titze. Verzeichnis seiner Schriften, 1938.

Personalien, DJZ 1932, S. 1276.

(53)　立法者は，ド民297条を言語上の提供（295条・296条）がなされても債務者の現実の履行が不能のときには受領遅滞にならないことを意図して規定した（Oertmann, Kommentar, II, 1928, zu §297；Rosenberg, Der Verzug des Gläubigers, JherJb 43（1901）, S. 202.）。しかし，これを，現実の提供（294条）がなされれば，債権者の事情で現実の履行はなされなくても不能にならないことを前提とした，と解するのである（制限的に vgl. Lotmar, a. a. O.（Arbeitsvertrag, II）, S. 284.）。後者は，使用者の一身的事由による障害では，被用者が提供するのは可能であることを重視する。

Oertmann, a. a. O., zu §293 Anm. 3 b；Soergel-Schmidt, Kommentar, zu §297 Anm. 2（S. 332）；Enneccerus-Lehmann, Recht der Schuldverhältnisse, 1958, §57 II 1 b；Heck, Grundriß des Schuldrecht, 1929, §39（S. 118）.

ティツェは，のちに不能説を修正した。Titze, Zur Risikofrage im Arbeitsverhältnis, JW 1922, S. 548. の見解がある（Titze は，当初不能説によっていた。前述3章1節(2)，およびその注1参照）。拙著・危険負担の研究（1996年）181頁以下，183頁注3，4参照。

Brox 書評 Literatur, Drexelius, Irrtum und Risiko, AcP 1966（N. F. 46）, 238.

Drexelius は，Titze に従う。錯誤の問題は，立法によってのみ十分に解決される（Fest. f. Heymann, 1940, S. 72ff.）。

(54)　Schubart-Fikentscher, Ernst Heymann, NDB. Bd 9（1972）, S. 88 f.

H. Mitteis, ZS（Röm）65, 1947；ders., Jb. d. Dt. Ak. d. Wiss. 1946–49, 1950；H. Thieme, In memoriam Ernst Heymann, Z. f. ausländ, u. internat. Privatrecht 21, 1956.

(55)　Ogris, Hedemann, Justus Wilhelm Erdmann, NDB 8（1969）, S. 187f；Wegerich, Die Flucht in die Grenzenlosigkeit, Justus Wilhelm Hedemann（1878–1963）, 2004；Ogris, H. Lehmann, Z.d.A.kf.D. Recht 5, 1938, S. 310 f.；W. Siebert, JR, 1958, H. 7, S. 253 f.；K. Lange, ib., 1963, H. 11, S. 417 f.

記念論文集としては，60歳と80歳のものがある。Festschrift für J. W. Hedemann z. 60. G., 1938；Festschrift für J. W. Hedemann z. 80. G., 1958.

(56)　キール学派の者については，一橋法学9巻2号29頁，34頁参照。Vgl. E. Klee, Personenlexikon zum Dritten Reich. Wer war was vor und nach 1945, 2003；Mies, Wolfgang Siebert, Arbeitsverhältnis und Jugendarbeitsschutz im Dritten Reich und in der frühen Bundesrepublik, 2007.

(57)　ゼルゲル（Hans Theodor Soergel, 1867–1943）は，1867年に生まれ，バイエルンの裁判官，宮廷顧問官（Hofrat）であった。1921年に発刊されたドイツ民法典のコンメンタールの創刊者として知られている。このコンメンタールは，Siebert（Wolfgang Siebert, 1905. 4. 11-1959. 11. 25）によって継続され，現在も存在している（13版，1999年以降，Bauer ほか）。ゼルゲルは，1943年に，Freilassing で亡くなった。Jahrbuch Zivil=, Handels= und Prozeßrecht einschließlich des neun Reichsrechts でも著名である（42 Jg＝1942）。多数の者を組織するのが得意だったようである。ほかに，戦争法の著作がある（Kriegsrechtsprechung und Kriegsrechtslehre 1914/15, 1916）。

(58) E. Wolff については，一橋法学12巻１号47頁。

(59) Schröder, Die Geschichte der Juristischen Fakultät zwischen 1810 und 1945, Festschrift 200 Jahre Juristische Fakultät der Humboldt-Universität zu Berlin, Geschichte, Gegenwart und Zukunft, hrsg. v. Grundmann, Kloepfer, Paulus, Schröder, Werle, 2010, S. 49.（以下，①とする）。

(60) Ib., ① S, 54.

(61) Ib., ① S. 85, S. 98.

(62) Ib., ① S. 73.

(63) Ib., ① S. 91.

Isele, Zur Erinncrung an Heinrich Titze, AcP 172（1972）, S. 392では，ほかに，Lewald, Partsch, Schulz, Seckel, Ulrich Stutz があげられている。彼らは，同時に法史家であるとし，これに対し，Wolff と Titze のみを，純粋の理論家（Dogmatiker）であるとする。

(64) 小野・利息制限法と公序良俗（1999年）【利息】11頁。

(65) L. Goldschmidt については，一橋法学11巻３号31頁，Kohler については，拙稿「郵政民営化と民法」民事法の現代的課題（松本先生還暦記念・2012年）541頁，553頁参照。本書第１部第３篇所収。

(66) 改正法について，拙稿「法曹養成の現代化－2002年改正法」国際商事法務30巻９号1220頁。

(67) Schröder, Klopsch, Kliebert（hrsg.）, Die Berliner Juristische Fakultät und ihre Wissenschaftgeschichte von 1810 bis 2010, Dissertationen, Habilitationen und Lehre, 2010, S. 71, S. 89, S. 95.（以下，②とする）。

(68) Ib., ① S. 55.

(69) Ib., ② S. 114. ただし，潮木教授は，19世紀に法学の博士が乱発されていたことを強調されている（潮木守一・ドイツの大学（1992年）200頁）。

(70) 【大学】43頁以下参照。

(71) Vgl. Köbler, Zur Geschichte der juristischen Ausbildung in Deutschland, JZ 1971, S. 769.

(72) Statistisches Jahrbuch für BRD, 2012〈３．６．１〉Hochschulen, Studierende und Studienänger/-innen im Wintersemester 2011/2012. S. 90. ちなみに，2011年から12年の冬学期の学生数は，237万7034人，そのうち Studienanfänger は，44万3462人であった。

あるいは，19世紀後半，大学がレジャーランド化した結果でもあろう。19世紀の前半には，学生はしばしば政治的・急進的であり，市民とともに，革命の一勢力であったが（たとえば，1815年以降のブルシェンシャフト運動や，ウィーン体制崩壊の1848年革命），後半には，市民的要求を求める運動はなくなり，厳しい教育のギムナジウムと就職の間の享楽の時間と化したからである。潮木・前掲書（注⑾参照）177頁。つまり，冬学期と夏学期の違いというよりも，そもそも冬学期でも，登録の時期をすぎれば，登校しなかったのである。

⒀ Lobe: 50 Jahre Reichsgericht. 1929, S. 52. 図書館の収集していた雑誌では，ドイツのものが372，外国のものが273，法令や官報が，76と55，団体の議事録や報告書が，29と７であった。比較的外国のものが多いが，外国といっても，同じドイツ語圏のオーストリアやスイスのものが含まれるから，過大評価はできない。真正の外国雑誌の収集は，日本の図書館のそれに匹敵するものではない。

出版の点数が少ない時代とはいえ，支出額は，RG 院長の年俸とあまり変わらない。Ib., S. 53.

⒁ レンテンマルク（Rentenmark）が発行されたのは，1923年11月であった。旧１兆マルクを１レンテンマルクとした。これによりハイパー・インフレが収束し，1924年８月には，ライヒスマルクが発行され，レンテンマルクは回収された。行為基礎論の発展との関連につき，「法学上の発見と民法⑵」一橋法学11巻１号30頁参照。

⒂ モムゼンについては，別稿で扱った（一橋法学10巻１号参照）。第１部第１篇第２章３参照。

⒃ 語学の観点からみると，ラテン語は，中世のヨーロッパ共通語であったが，東アジアでは，漢字がそれにあたる。そして，東アジアにおいて漢字教育と儒教は不可分の関係にあったのである。法律や法の考え方が類似することは，（律令の時代でなくても）避けられない。Cf. Ono, Hitotsubashi Journal of Law and Economics, Vol. 26（1998）, p, 43, p. 56.拙著・民法における倫理と技術（2006年）354頁注⒃参照。

⒄ Carl Alfred v. Waechter, Karl Georg v. Waechter, DJZ 14（1909）, S. 975ff.; Eisenhart, Wächter, Carl Joseph Georg, ADB 40（1896）, S. 435; Mauntel, Carl Georg von Wächter（1797–1880）. Rechtswissenschaft im Frühkonstitutionalismus. Diss., Rechts- und Staatswissenschaftliche Veröffentlichungen der Görres-Gesellschaft,（Neue Folge）Bd. 110, 2004; Bernd-Rüdiger Kern（hrsg.）, Zwischen Romanistik und Germanistik. Carl Georg von Waechter（1797–1880）. Schriften zur Rechtsgeschichte, H. 81, 2000, 172 S. さらに，Bekker, Puchta und Waechter, DJZ 14（1909）, S. 943.

⒅ Wächter, Wer hat bei Obligation die Gefahr zu tragen? AcP 15（1832）, 97（S. 118）; 15, 188が債権者主義の復権の最初の文献であり，この論文は，パンデクテン法学の時代を通じて，買主負担主義の説明にさいして依拠されている（vgl. Puchta, Pandekten, 1853, §302（S. 445, 447）; Windscheid（-Kipp）, Pandekten, II, 1906, S. 660ff.（§390）.）。Vgl. Wächter, Pandekten, II, 1881, S. 424. 所有者主義（casus sentit dominus）は，双務的債権の危険の分配についての原則ではなく，一方的債権での当然のことを示したものにすぎないとする（Wächter, 15, 120ff.）。

(79) Vgl. a. a. O., AcP 15, S. 98-99；15, 208f. に Thibaut, Pandekten, §175, Note a への批判がみられる.

(80) Landsberg, Ribbentrop, Georg Julius, ADB 28 (1889), S. 405f.；Bibliotheca iuris (Werner Flume), 339；Augsburger Allgemeine Zeitung 1874. Nr. 108, S. 1656；Göttinger Nachrichten von der Gesellschaft der Wissenschaften, 1875, S. 268, S. 269.

(81) Joachim von Ribbentrop は，1938年２月から第三帝国の崩壊までの外相である。当初は，酒の輸入商をしていたが，1932年にナチス入り，1935年にイギリスとの海軍協定を，1936年に，日独防共協定を締結した。外務省外にリッベントロップ機関をも作っていた。Vgl. Michalka, Ribbentrop, Ulrich Friedrich Willy Joachim von, NDB 21 (2003), S. 500f.

(82) Muther, Francke, Wilhelm Franz Gottfried, ADB 7 (1878), S. 242f.；Günther, Lebensskizzen der Professoren der Universität Jena (1858), S. 93f.

(83) Landsberg, Vangerow, Karl Adolf von, ADB 39 (1895), S. 479；Kleinheyer und Schröder, Deutsche und Europäische Juristen aus neun Jahrhunderten, 1996, S. 515；Haferkamp, Karl Adolph von Vangerow (1808-1870) Pandcktenrecht und „Mumiencultus“, ZEuP 2008, 813.猪俣弘貴・ドイツ法学者事典302頁（Vangerow）。

(84) Lobe, 50 Jahre Reichsgericht, 1929, S. 348.；Rainer Paetau, Hartwin Spenkuch (bearb.), Berlin-Brandenburgische Akademie der Wissenschaften (hrsg.)：Acta Borussica：Die Protokolle des Preußischen Staatsministeriums 1817, 1934/38. Band 6/II (1867-1878), 1999/2003, S. 722.

(85) Hochschulrahmengesetz (HRH, 26. Januar 1976), BGBl. I S. 185. 各州の大学法については，いちいち立ち入らない。たとえば，Baden-Württemberg 州については，Gesetz über die Universitäten im Lande Baden-Württemberg (Universitätsgesetz - UG, BGl. S. 1, ber. S. 310)；Gesetz über die Pädagogischen Hochschulen im Lande Baden-Württemberg (PHG, GBl. S. 353, ber. S. 617) など参照。

費用の償還では，実質的には最低生存費（Existenzminimums）以下の報酬となる。また，Altenstein との関係で，NDB 1 (1953), S. 216f.；ADB 35 (1893), S. 645ff. なお，前注(71)および大学におけるプロモーションについて，拙著・司法の現代化と民法（2004年）104頁参照。

ドイツでも，俸給表（Besoldungsordnung）は職域ごとに異なり，官吏や軍人は，B か A，裁判官は，R で，教育職は，現在では，C か W である。Statistisches Bundesamt, Statistisches Jahrbuch 2015, 〈13. 4. 2 Beschäftigte des öffentlichen Dienstes nach Besoldungs- und Entgeltgruppen〉

(86) Hübner, Albrecht, Wilhelm, ADB Bd 45 (1900), S. 743ff.；Schönebaum, Albrecht, Wilhelm Eduard, NDB 1 (1953) Bd 1, S. 185 f.；Borsdorff, Wilhelm Eduard Albrecht, Lehrer und Verfechter des Rechts. Leben und Werk, 1993；Best und Weege, Biographisches Handbuch der Abgeordneten der Frankfurter Nationalversammlung 1848/49, 1998, S. 81.

(87) Riesenhuber, Regelsberger, Aloys Ferdinand Friedrich Waldemar, NDB Bd. 21 (2003), S. 257f.; Wittern (hrsg.), Die Professoren und Dozenten der Friedrich-Alexander-Universität Erlangen 1743–1960, Teil 1: Theologische Fakultät; Juristische Fakultät, 1993, S. 153f.

危険負担の買主負担主義のうち有責説として，Regelsberger, Über die Tragung der Gefahr beim Gesamtkauf, AcP 49 (1866), 183 (S. 203).【研究】330頁，339頁注26参照。イェーリングと同様であるが，イェーリングは，買主負担主義を肯定したが，その制限解釈をも行っている。危険負担の理論への功績は，そちらにあるとみるべきである。種類債務におけるいわゆる交付説である（一論102巻１号28頁参照)。

(88) Pfaff, Gustav Hartmann, ADB Bd. 50 (1905), S. 28ff.; Degenkolb, Gustav Hartmann †, AcP 84 (1895), 1f.

(89) Luig, Klaus, Mühlenbruch, Christian Friedrich, NDB 18 (1997), S. 283f.

(90) Bibliotheca iuris (Werner Flume), 200. なお，Die Haftung bis zur höheren Gewalt, AcP 78 (1892), S. 203ff.（ボン大学時代の業績である)。

(91) Liermann, Bechmann, Georg Karl August Ritter von, NDB 1 (1953), S. 692.

(92) Stumpf, Scheurl von Defersdorf, Christoph Gottlieb Adolf Freiherr, NDB 22 (2005), S. 716f.; Sehling, Scheurl, Christoph Gottlieb Adolf, ADB LIV S. 3（追録); Bibliotheca iuris (Werner Flume), 348.

(93) Eisenhart, August Ritter von, Unterholzner, Karl August Dominikus, ADB 39 (1895), S. 319ff. 時効を統一的に扱うことは，日本法に親しみやすいが，ドイツ法では伝統的に消滅時効と取得時効は別扱いであり，普通法には訴権ごとに多様な時効があったのである。

(94) Matthiaß, Schwanert, Hermann, ADB Bd. 54 (1908), S. 269f.; Bibliotheca iuris (Werner Flume), 351.

(95) Schmücking, Arnulf, Fitting, Heinrich Hermann, NDB 5 (1961), S. 218; Stintzing-Landsberg III, 2, S. 330; Bibliotheca iuris (Werner Flume), 243.

(96) Emil Julius Hugo Steffenhagen, Madai, Otto Karl von, ADB Bd. 20 (1884), S. 29 f.

(97) Steffenhagen, Girtanner, Wilhelm, ADB 9 (1879), S. 191; Bibliotheca iuris (Werner Flume), 267.

(98) Dietrich Lang-Hinrichsen, Bekker, Ernst Immanuel, NDB, Bd 2, 1955, S. 25; Dagmar Drüll, Heidelberger Gelehrtenlexikon 1803–1932, 1986, S. 16f.

(99) 拙著・民法の体系と変動（2012年）９頁注12，52頁参照。

(100) Bibliotheca iuris (Werner Flume), 296. PND: 116055723

(101) Schneider, Hölder, Jurius von, ADB 50 (1905), S. 446f.; Professorenkatalog der Universität Leipzig; Rektoren und Dekane der Universität Leipzig 1409–1947.

自伝もある。Eduard Hölder, Autobiographie, DJZ 14 (1909), S. 1025; Bibliotheca iuris (Werner Flume), 281.

(102) Angermann, Mohl, Robert von, NDB 17 (1994), S. 692f.; Marquardsen, Mohl, Robert von, ADB 22 (1885), S. 59, 745; K.-P. Schroeder, Vom Sachsenspiegel zum Grundgesetz, 2001, S. 115ff..

(103) Bibliotheca iuris (Werner Flume), 372; PND: 117388556. Vgl. Stinzing und Landsberg, III 2 (Noten), S. 255.

(104) Leipzig, Professorenkatalog (http://uni-leipzig.de/unigeschichte/professorenkatalog/leipzig/Voigt_1361) に，Voigt の簡単な紹介がある。また，Johann Friedrich Voigt (1806. 8. 26-1886. 5. 22) は，ライヒ上級商事裁判所判事である。Vgl. Voigt, F, Johann Friedrich Voigt, ADB 54 (1908), S. 755. 両者の関係は不明である。

(105) Biographisches Lexikon der Deutschen Burschensahaft, 2005, S. 163. 地域史関係の別刷にも経歴がある。

(106) Bibliotheca iuris (Werner Flume), 360; Wenger, Emil Strohal. 1915; R. Rimpel, Emil Strohal und seine Bedeutung für das österreichische Liegenschaftsrecht, (Diss. iur. Wien), 1946; Catalogus professorum Gottingensium. 1962, 53.

(107) Jakobs und Schubert, Materialien zur Entstehungsgeschichte des BGB - Einführung, Biographien, Maerialien, 1978, S. 86.

(108) Bibliotheca iuris (Werner Flume), 375.

(109) Kiefner, Fischer, Otto, NDB 5 (1961), S. 202 f.; Richard Schott, Jherings Jahrbücher für die Dogmatik des bürgerlichen Rechts, Bd. 44 (1930), S. I ff.; Recht und Risiko: Festschrift für Helmut Kollhosser zum 70. Geburtstag, Band 1, hrsg. von Helmut Kollhosser, Reinhard Bork, Thomas Hoeren, Petra Pohlmann, 2004, S. 579ff.

(110) Bibliotheca iuris (Werner Flume), 354; Zelger, Johann Adam Seuffert, NDB 24 (2010), S. 279ff.

(111) これにつき，拙著・契約における自由と拘束（2008年）7頁注21，39頁参照。

(112) Bibliotheca iuris (Werner Flume), 355. この Hermann Seuffert については，Andenken (Hervorragender Deutscher Juristen 1896-1906), Sonderbeilage zur DJZ, 1906に写真もある。いちいち立ち入らないが，もっとも著名な Heigel, Georg Karl von Seuffert, ADB 34 (1892), S. 53ff.

(113) Seufferts Archiv für Entscheidungen der obersten Gerichte in den deutschen Staaten (1. 1847-98. 1944). さらに，Seufferts Blätter für Rechtsanwendung (72. 1907-78. 1913) という雑誌もあるが，どの Seuffert と関連するのかは必ずしも明確ではない。

(114) Rheinische Friedrich-Wilhelms-Universität Bonn（以下 Bonn として引用），1987, S. 73. なお，筆者は，1991年に，Bonn 大学において，いまは亡きマーシャル教授（Wolfgang Marschall von Bieberstein, 1928. 8. 4-2003. 6. 10）と大学の記録庫（Universitätsarchiv）から関連の文献の収集につき多大なお世話をうけた。本稿は，その当時からのテーマの1つでもある。記して感謝するしだいである。

(115) 拙稿・一橋法学10巻1号72頁参照。本書第1部第1篇第2章1所収。

(116)　同11巻3号9頁，注(8)参照。

(117)　ベルリン大学のハビリタチオン取得者一覧参照（vgl. Gesamtliste der Dissertationen 1810-1990 & Zustande gekommene Habilitationen an der Juristischen Fakultät der Friedrich-Wilhelms-Universität zu Berlin zwischen 1900 und 1932), Schröder, Klopsch, Kliebert（hrsg.), Die Berliner Juristische Fakultät und ihre Wissenschaftgeschichte von 1810 bis 2010, Dissertationen, Habilitationen und Lehre, 2010の付属のCD rom)。

(118)　その後，有力となったのは，債権法ではラーレンツの債権法テキスト（Lehrbuch des Schuldrechts, I, II）であるが，ラーレンツへの評価は別れ，キール学派であるとして嫌う者も多い。我妻栄・民法講義IV（1964年）は，エンネクツェルスとラーレンツの双方を引用している。

(119)　Höpfner, Die Universität Bonn im Dritten Reich, 1999, S. 100.

(120)　Höpfner, a. a. O., S. 71. Poppelreuterについては，同S. 99ff. に詳しい。

(121)　Höpfner, ib. S. 72, S. 237.

(122)　デレについては，Höpfner, a. a. O. S. 238ff.; Bonn, S. 67ff. S. 69.; Caemmerer, Nachruf auf Hans Dölle, Mitteilungen der Gesellschaft für Rechtsvergleichung 18 (1981), S. 4（Ges. Sch. III, S. 13).

(123)　Koldewey, Friedrich, Stoll, Heinrich, ADB 36（1893), S. 401f.

(124)　息子のHans Stollについて，拙稿「シュトル（Hans Stoll, 1926. 8. 4-2012. 11. 8）と比較私法学の系譜」国際商事42巻4号608頁。本書第3部5篇所収。Vgl. Avenarius, Heinrich Wilhelm Georg Stoll, NDB 25（2013）413.

(125)　Bonn, S. 69. なお，19世紀の著名人では，チーテルマン（Ernst Zitelmann, 1852. 8. 7-1923. 11. 28）がボンにいた。後述3(10)参照。

(126)　Bonn, S. 181ff.; Höpfner, a. a. O., S. 243.

(127)　Höpfner, a. a. O.（前注(119)), S. 244. クンケルのナチスに迎合しない行動については，すでに触れたことがある。一橋法学10巻1号87頁。また，シュルツの弟子フルーメのハビリタチオン取得に尽力したことも思い起こされる必要がある。彼らは，いわばボンの良心であったとされる。Vgl. Nörr, Wolfgang Kunkel, NDB 13（1982), S. 298f.

(128)　Höpfner, a. a. O.（前注(119)), S. 66f. ナチスの定義では，ユダヤ人と結婚した者はユダヤ人となることから（他の非アーリア系も同様であろう），むしろ入党できなかったというべきかもしれない。

(129)　Schulz, Gerhard, Frank, Hans, NDB 5（1961), S. 341.

(130)　Kinder und Hilgemann, Atlas zur Weltgeschichte, II. 12. Aufl., 1977（1984), S. 148f. なお，ナチスは，1933年2月の国会放火事件後の，3月5日のライヒ議会選挙で，得票数1720万票で288議席となり，3月23日に，ワイマール憲法を骨抜きにする，いわゆる全権委任法＝授権法が成立した。

ライヒ大統領選挙，ライヒ議会選挙の詳細は，Gebhardt, Handbuch der deutschen Geschichte, Bd. 22, 1986, S. 391ff.

(131) Kinder und Hilgemann, a. a. O., S. 62; Weber, Reinhard, Das Schicksal der jüdischen Rechtsanwälte in Bayern nach 1933, 2006. S. 1ff. ただし，1814年以後の反動期には後退し，この解放がより確実になったのは，1919年のワイマール憲法の時であった。

(132) Weber, ib.（前注(131)）。

(133) Ib., S. 7.

(134) Ib., S. 8.

(135) Ib., S. 30.

(136) Lobe, 50 Jahre Reichsgericht, 1929, S. 8（Richtergehälter 1927）.

(137) Azzola, Die rechtliche Ausschaltung der Juden aus dem öffentlichen Leben im Jahre 1933, in Dreier/Sellert（hrsg.）, Recht und Justiz im Dritten Reich, 1989, S. 104ff. S. 106.

(138) Ib., S. 108.

(139) Ib., S. 110. これは，第一次世界大戦での貢献を考慮したからである。ヒンデンブルクのナチスに対するわずかな抵抗の結果であった。ビスマルク帝国において，1914年6月28日にサラエボでオーストリア皇太子夫妻の暗殺事件が起こり，8月1日にロシアに宣戦布告したことによる。

(140) Ib., S. 110-111.

(141) Ib., S. 111.

(142) Höpfner, a. a. O., S. 17f.; vgl. Bonn, S. 188.

(143) Ib., S. 17

(144) Deutscher Anwaltverlag, Bonn, Jüdische Rechtsanwälte im Dritten Reich, Dokumentation der Veranstaltungen des Bonner-Anwaltverein vom 23. Okt. 1992 zum Gedenken an das Schicksal der jüdischen Rechtsanwälte, 1994, S. 23.

それぞれの宗教につき，プロイセンの10万人の住民につき，1872年に，以下の数となる。それぞれの特徴が現れている。裁判官は，プロテスタントが多く，ユダヤ人が教育熱心であるが，弁護士が多いことなどである。

	ユダヤ教	プロテスタント	カトリック
レフェレンダー	36.4	6.39	4.82
裁判官	2.87	20.29	11.53
弁護士	23.95	10.28	9.96

(145) Ib.（Podiumsdiskussion, Vortrag, Krach, S. 23ff.）.

(146) Azzola, a. a. O.（前注(137)）, S. 111; Deutscher Anwaltverlag, a. a. O., S. 24

(147) Redeker, Erinnerung und Gedenken - Schicksale deutscher Juristen jüdischer Herkunft nach 1933, NJW 2005, 564. この時期のライヒ大審院の著名な判決によれば，良俗の概念は，ナチスの世界観に即して解される（RGZ 150, 1（S. 4））。

(148) Weber, a. a. O.（前注(131)）, S. 12. なお，時代的な順序としては，ナチスの結成が，1919年のミュンヘンとされ，1923年にミュンヘン一揆をおこし，1932年4月に，プロイセンで第一党となり，1933年1月に，ヒトラー内閣が成立し，同3月に授権法が成立している。この間，世界恐慌は，1929年10月24日に発する。バイエルンは伝統的にカトリックの強い地域であるが，ナチスの浸透も少なくなかったのである。

(149) Morisse, Jüdische Rechtsanwälte in Hamburg, Ausgrenzung und Verfolgung im NS-Staat, S. 78.

(150) 一橋法学12巻1号83頁。簡単に，Azzola, a. a. O.（前注(137)），S. 147ff.

その場合の根拠規定は，Verordnung des Reichspräsidenten zum Schutz von Volk und Staat, 1933. 2. 28. であった。Azzola, ib, S. 41.

(151) Morisse, a. a. O.（前注(149)），S. 79.

(152) Morisse, a. a. O.（前注(149)），S. 92.

(153) Morisse, a. a. O.（前注(149)），S. 99. また，敗戦直後のドイツには，帰国するほどの魅力もなかったのであろう。Azzola, a. a. O.（前注(137)），S. 193ff. も，1945年以降の帰還について，一般に消極的であり，60％は断念したとする。

(154) 拙稿・本誌12巻3号95頁。

(155) ユダヤ系法学者の多くは，ドイツ民法典の体系の変革者となったから（Staub, Rabel を代表とする），19世紀のユダヤ系法学者を検討することは，20世紀における変革の先駆者を探す点でも意義をも有している。

(156) 著名な公法学者であり，文献も多い。Landsberg, Stahl, Friedrich Julius, ADB 35 (1893), S. 392；Sinzheimer, Jüdische Klassiker der deutschen Rechtswissenschaft, 1953, S. 9ff.；Heinrichs, Franzki, Schmalz, Stolleis, Deutscher Juristen jüdischer Herkunft, 1993, S. 59ff. ハインリヒスほか・ユダヤ出自のドイツ法律家（森有監訳・2012年）85頁（小野寺邦広），Kleinheyer und Schröder, Deutsche und Europäische Juristen aus neun Jahrhunderten, 1996, S. 382f., 小林孝輔監訳・ドイツ法学者辞典（1983年）270頁（佐々木高雄）。

なお，若干R・モールに関する補遺をしておくと（13巻2号43頁），その息子は，O・モール（Ottmar von Mohl, 1846. 1. 17-1922. 3. 23）は，1846年に，チュービンゲンで生まれ，チュービンゲン大学で法律学を学び，1868年に，第一次国家試験に合格，ハイデルベルク大学で学位をえた。1887年から3年，日本のお雇い外国人となった。帰国後は外交官であった。孫（Waldemar Arthur von Mohl, 1885. 9. 6-1966. 3. 1）は，内務省の高官や地方長官となった。GND：117090697；Angermann, Mohl, NDB 17 (1994), S. 692ff.；Marquardsen, Mohl, ADB (1885), S. 745f.

(157) Benedikt, Glaser, Julius, ADB 49 (1904), S. 372ff.；Sinzheimer, a. a. O., S. 127ff. のほか，未亡人による著作目録 Julius Glaser, bibliographisches Verzeichniß seiner Werke, Abhandlungen, Gesetzentwürfe und Reden, 1888がある。

(158) Erler, Friedberg, Emil. NDB 5 (1961), S. 443f.；Heinrichs, a. a. O., S. 283ff (Link). ハインリヒス・前掲書（前注(156)）433頁（森有）。Professorenkatalog der Universität Leipzig（http://uni-leipzig.de/unigeschichte/professorenkatalog/leipzig/Friedberg_820/）。また，自伝がある。Emil Friedberg, Autobiographie, DJZ 14 (1909), S. 1013.

(159) Franke, Diels, Hermann Alexander, NDB 3 (1957), S. 646f.

(160) 自伝, Otto Gradenwitz, Die Rechtswissenschaft der Gegenwart in Selbstdarstellungen(hrsg. von Planitz. Meiner, 1929), Bd 3, S. 41ff. があり，ほかに，Koschaker, Otto Gradenwitz †, SZ (RA) Bd. 56 (1936), S. IX-XII; Kießling, In memoriam, SZ (RA), Bd. 56 (1936), S. 418ff.; Kaser, Gradenwitz, Otto, NDB Bd. 6 (1964), S. 702 f.; Gradenwitz, Otto, NDB Bd. 13 (1982), S. 164 (Robert René Kuczynksi に関する記事)。

(161) Siebels, Ernst Landsberg (1860-1927); Ein jüdischer Gelehrter im Kaiserreich, 2011. 近時のモノグラフィーによる詳細な研究である。

G. Dilcher, Landsberg, Ernst, NDB. Bd 13, 1982, S. 511 f.: Rechts- und Staatswissenschaftliche Fakultät der Rheinischen Friedrich-Wilhelms Universität in Bonn (hrsg.) Ernst und Anna Landsberg-Stiftung. Gedächtnisschrift für Prof. Dr. Ernst Landsberg (1860-1927), Frau Anna Landsberg geb. Silverberg (1878-1938), Dr. Paul Ludwig Landsberg (1901-1944), 1953.

(162) Friedrich, Preuß, Hugo, NDB 20 (2001), S. 708ff.; Heinrichs, a. a. O., S. 429 (Schefold). ハインリヒス・前掲書（前注(156)）649頁（武市周作），Kleinheyer und Schröder, a. a. O., S. 324ff, 小林孝輔監訳・前掲書214頁（広沢民生）。

(163) Schnorr, Jacobi, Erwin, NDB 10 (1974), S. 23; Kürschner 1935, Sp. 601; DBA II, Fiche 641, 404ff.

ライプチッヒ大学の講義について, Übersicht der Lehrveranstaltungen von Erwin Jacobi (Jurist) an der Universität Leipzig (Sommersemester 1913 bis Sommersemester 1914). また，Professorenkatalog der Universität Leipzig. (http://www.kirchenrecht.schmidt-guenther-lattermann.de/pdf/Kirchenrechtsgeschichte/25-Jacobi.pdf).

(164) Konrad Engländer zum Gedächtnis. 3 Nachrufe von Paul Koschacker, Lutz Richter, Walter Simons, Leipziger Neueste Nachrichten, Leipzig 1933. コシャカー (Paul Koschaker, 1879. 4. 19-1951. 6. 1) も，エングレンダーの前年の生まれである。

Kürschner 1931, Sp. 598. ライプチッヒ大学のサイトにも言及がある (Professorenkatalog der Universität Leipzig, http://uni-leipzig.de/unigeschichte/professorenkatalog/leipzig/Englaender_208/)。

父については，Lobe, a. a. O. (前注(136)), S. 357.

(165) Gantzel-Kress, Mendelssohn Bartholdy, Albrecht, NDB 17(1994), S. 62 f.; DBA II, Fiche 875, 400ff.; DBA III Fiche 616, 137ff.; DJZ 1930, sp. 84（シカゴ大学の名誉博士の記事）。

(166) Kleinheyer und Schröder, a. a. O., S. 521; Handwörterbuch zur deutschen Rechtsgeschichte, S. 1730f.; Planitz, Die Rechtswissenschaft der Gegenwart in Selbstdarstellungen. 1924, S. 177ff. (mit Bibliographie); GND: 117006742. Katharina は，GND: 117006823.

また，Bonn, a. a. O., S. 67ff., S. 17にも，簡単な紹介がある。

チーテルマンの構想に近い教育体系は，20世紀の末に，法曹養成課程の短縮を目ざして登場した。これについて，拙稿「マンハイムモデルとドイツの新司法試験」民法の体系と変動（2012年）353頁。

(167) Bonn，前掲書（前注(166)） 9頁以下，24頁参照。

(168) 前注(166)参照。また，Fränkel, Zitelmann, Otto Konrad, ADB 45 (1900), 361. 詩人としては，ペンネーム Konrad Telmannとして著名である。なお，東北大学にはチーテルマン文庫がある（東北帝国大学附属図書館目録，1936)。

チーテルマン文庫が日本にあるのは幸いなことで，ボンの空襲はかなり大規模であり，法学部関係では，Institut所蔵の本は，ほぼ100%，法学部図書館所蔵の本も80%が喪失した。現在の蔵書の大部分は，戦後の収集にかかるものである。

〔その後の詳細な文献として，Neuenbäumer, Ernst Zitelmann, Die Begründung der Rechtsvergleichung als Wissenschaft, 2014がある。〕

ユダヤ系法学者の補遺

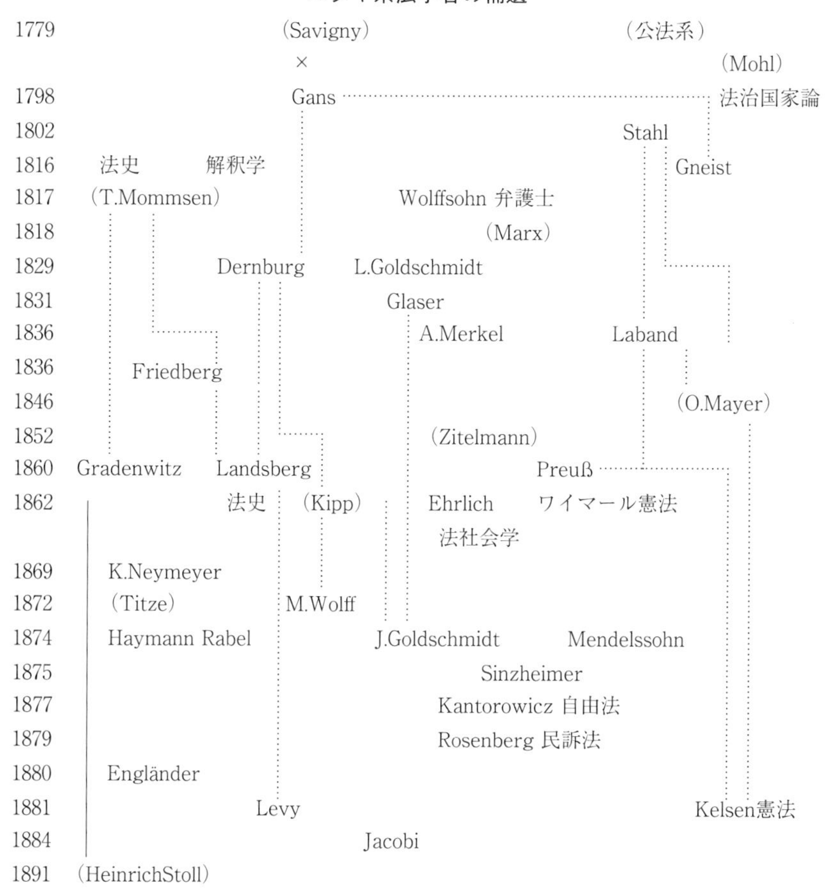
1779
(Savigny)
(公法系)
×
(Mohl)
1798
Gans
法治国家論
1802
Stahl
1816
法史
解釈学
Gneist
1817
(T.Mommsen)
Wolffsohn 弁護士
1818
(Marx)
1829
Dernburg
L.Goldschmidt
1831
Glaser
1836
A.Merkel
Laband
1836
Friedberg
1846
(O.Mayer)
1852
(Zitelmann)
1860
Gradenwitz
Landsberg
Preuß
1862
法史
(Kipp)
Ehrlich
ワイマール憲法
法社会学
1869
K.Neymeyer
1872
(Titze)
M.Wolff
1874
Haymann Rabel
J.Goldschmidt
Mendelssohn
1875
Sinzheimer
1877
Kantorowicz 自由法
1879
Rosenberg 民訴法
1880
Engländer
1881
Levy
Kelsen憲法
1884
Jacobi
1891
(HeinrichStoll)

第2篇 南ドイツの大学と法学者 付・オーストリア

第1章 はじめに

1 ローマ法継受と南ドイツ

ローマ法の継受がドイツ，かつての神聖ローマ帝国に与えた影響は多様である。一方で，ロタール伝説において，国制に関する影響は理念的に均一であっても，他方で，事実的継受においては，地理的な要因が重要な前提であり，アルプス以北のドイツ地域では南ドイツには利があった。遠距離から大量の学生を定期的にイタリアに送り出す場合の経済的負担は少なくないからである。しかし，法の継受には，供給による理由だけではなく，需要による理由も重要である。ローマ法化された法制度や要件がどの程度必要とされたかにもよるところが大である。慣習法による伝統に対し，どこまでローマ法的な法の合理化を必要とするかである。同時に，ローマ法に付随する法概念への態度も影響している。たとえば，フランスで，王権がローマ法による皇帝至上主義を嫌ったことである。

法のローマ化については，公証人制度の発展に関する考証が興味深い[(1)]。すなわち，ドイツで公証人制度が発達するさいには，新しい法制度が，イタリアにもっとも近い南ドイツからではなく，西の部分にまず現れたことが注目される。つまり，最初のドイツの公証人は，ケルン，トリアー，マインツの大司教区と教会の領域で任命された（いずれも1200年代）。これらの大司教は，同時にライヒの大諸侯（選帝侯）でもあり，またイタリアにたびたび滞在したことから，その影響をうけやすかったのである。当時のカノン法は，ローマ法と密接不可分の関係にあり，世俗の法源を含んでいたからである[(2)]。

そして，西地域と並んで，北のリューベックと東のブレスラウで早くに生じた（1200年代)。リューベックは，ハンザ都市として西方地域との関係が深かったことから，またブレスラウは，プラハの学校との関係にもとづくといわれる。1327年以降，シレジアは，ボヘミア王国に属し，ボヘミア王国そのものは，1327年からベーメンの世襲封領，1526年からハプスブルク家領となったからである。他方，中央ドイツでは遅れて1324年，南ドイツでも1339年にようやくみられたにすぎないのである(3)。

諸都市における公証人の数の変遷

	1300年まで	1301–1330年	1450–1480年	
Breslau	4	14	65	（東）
Trier*	3	23	25	
Koblenz	3	10	16	（西）
Köln*	4	19	—（不明）	
Lübeck	2	6	—	
Mainz*	3	7	—	

（＊聖界選帝侯の所在都市）

2　大学の設立

大学の設立でも，南ドイツやオーストリアが先進地域であったことは否定しえない。アルプス以北の神聖ローマ帝国の領域内で，古い大学としては，プラハ大学が1348年，ウィーン大学が1365年，ハイデルベルク大学が1385年，オーフェン大学が1389年の設立になる。ついで，南ドイツでは，フライブルク大学が1455年，チュービンゲン大学が1477年，インゴルスタット（Ingolstadt）大学が1472年，ヴュルツブルク大学は1402年で古い。

しかし，南地域の大学の設立がすべて早かったわけではなく，バイエルンでは，バンベルク大学が1648年，アルトドルフ（Altdorf）大学が1622年，オーストリアでは，リンツ大学が1636年，ザルツブルク大学が1623年，グラーツ大学が1585年と，やや遅れる。

地理的には北であっても，バルト海沿岸のロシュトック大学が1419年，グライフスヴァルト大学が1428年，ケーニヒスベルク大学が1544年と，意外と早い。また，東部のフランクフルト（オーダー）大学が1506年，ヴィッテンベルク大学が1502年，イエナ大学が1558年，西部では，マールブルク大学の1527年なども，16世紀の設立である。

大きな流れとしては，まず南ドイツに起こった設立の波は，かなり早く北ドイツにまで達し，中部ドイツに戻り，さらに南ドイツに戻った観がある。

もちろん，個別の動きも見逃せない。たとえば，プラハから分かれたライプチッヒ大学の1409年や，エルフルト大学の1379年などである(4)。

ただし，中世の大学は，実質的には都市や地域の諸侯によって設立されることが多かったが，名目上は皇帝や教皇の特許状によって設立されたことから，教師も学生も，ヨーロッパ全地域を対象としていた。そして，教師も学生も各地を遍歴したから，近代以降の国民国家の設立による大学のように，必ずしも国内に限定されなかったのである。ドイツの大学では，学生が学期ごとに遍歴する形態は，今日まで存続しているし，教師の流動性が高いことも，遍歴の伝統にもとづいている。

このような沿革を前提とすると，わがくににおいて，グローバル化の掛け声だけで流動性を確保しようとすることには，おのずから無理がある。制度上学生の流動性はなく，また大学の序列にもとづく教師の流動性はあっても，これはグローバル化とは無縁で，むしろそれに反する現象である。他方，統計上，ドイツの大学の流動性が，オーストリアやスイスのドイツ語圏の大学との交流をも「外国」に含めた結果であることも，ある意味では水増しであろう(5)。単純な比較には意味がない。

3　ドイツ統一と抵抗勢力

伝統的に南ドイツ諸国とザクセンは，オーストリアとプロイセンの中間にあって緩衝地帯としての役割を果たした。1815年のドイツ連邦では，オーストリア優位でプロイセンとの妥協がはかられたが（議長国），統一にオーストリアを含める大ドイツ主義と，これを排除する小ドイツ主義の対立は残された。1848年革命後に，1849年の憲法（Paulskirchenverfassung, 基本権部分の発布は1848年）では，オーストリア38票に対し，プロイセン40票とされている。南ドイツ諸国は，合計すると37票となり，ほぼ両国に匹敵する。ザクセンは10票をえているが，ウィーン会議で，北半をプロイセンに譲渡し（Provinz Sachsen），中間勢力の力は大幅に削がれた。北ドイツ連邦の状況は，これを反映している。古く宗教改革の時代には（ルターは1483－1546年，95か条のテーゼは1517年），ザクセンとブランデンブルクの力は拮抗していたのである。

1867年のプロイセンとオーストリアの戦争後，ドイツ統一にオーストリアを含めることは放棄されたから（小ドイツ主義），統一に対する抵抗勢力は，南ドイツだけとなった。

そして，1871年のビスマルク憲法においても，連邦参議院の票数は，プロイセンの17票に対し，バイエルン，ヴュルテンベルク，バーデンとザクセン（それぞれ，6，4，3，4票）の合計は，17票とされたのである（6条）。さらに，全58票のうち，ヘッセンなど数国（3票，Mecklenburg-Schwerin, Braunschweigが2票）を除き，他国は1票にすぎなかったから，明確な抵抗勢力となったのは，南ドイツの3国とザクセンである。他国はおおむねプロイセンのヘゲモニーの下にあったといえる。ちなみに，1867年の北ドイツ連邦では，全43票のうち，2票以上もつのは，プロイセン，ザクセン，Mecklenburg-Schwerin, Braunschweigのみであった（6条）。ビスマルク憲法が，ヘッセンの票数を増やしたのは，相対的に南ドイツの票数を相殺するためである[6]。

各憲法における諸邦の比重

	1867年 北ドイツ連邦	1871年 ビスマルク憲法		1849年憲法	
				オーストリア	38
プロイセン	17	17			40
ザクセン	4	4			10
バイエルン	—	6	南ドイツ諸邦		18
ヴュルテンベルク	—	4			10
バーデン	—	3			9
ヘッセン	1	3		（ハノーバー	10）
Mecklenburg-Schwerin	2	2		小計	135票
Braunschweig	2	2		他国	57
他国	1×17	1×17			
合計	43票	58票		合計	192票

また，1815年のドイツ連邦では，ラントの大小にかかわらず，各1票であった（オーストリア，プロイセン，バイエルン，ザクセン，ハノーバー，ヴュルテンベルク，バーデン，クールヘッセン，ヘッセン大公国，ホルシュタイン（デンマーク），ルクセンブルク（オランダ），ザクセン大公国など，ブラウンシュヴァイクなど，メクレンブルクなど，アンハルトなど，リッペなど，リューベックなどハンザ都市。合計17票である）。小ラントや都市は，いくつか合計して1票

であった（たとえば，ハンザ都市では，リューベック，フランクフルト，ブレーメン，ハンブルクの4市である。4条)。オーストリアには，議長資格が与えられていた（5条)。

ただし，連邦の基本法の変更の場合は，軽重がついていた（6条)。

オーストリア，プロイセン，バイエルン，ザクセン，ハノーバー，ヴュルテンベルクは，各4票。

バーデン，クールヘッセン，ヘッセン大公国，ホルシュタイン，ルクセンブルクは，各3票。

ブラウンシュヴァイクなど，メクレンブルク，ナッソーは，各2票。

ほかに，1票だけの小ラントがあり，合計69票であった（ここでは，ハンザ都市も各1票であり，合計すれば，オーストリアやプロイセンと同じ4票である)。合意の形成しえない方式である。連邦というよりも，諸邦の連合体に近く，たとえてみれば，EUのニース条約は，これに似ている。特定の国のヘゲモニーがないように調整されているのである。

第2章 バイエルン民法典と法学者

1 バイエルン民法典の沿革と展開

(1) バイエルンには，古くは，1474年のランズフート侯国のラント法（Landesordnung）があり，それは，1516年，1553年に修正されている。ただし，これらは，おもに刑法や警察的あるいは市場統制に関する法であった。私法的な法典としては，1346年のバイエルン・ラント法（Landrecht）があり，これは，1518年に修正されているが，一部の取引領域をカバーするだけであった。1616年のラント法も同様である(7)。

ほかにも，多数の地域的な法や都市法があり，以下のものが著名である。たとえば，

Augsburger Stadtrecht v. 1281（多くの修正がある）（アウグスブルク都市法）

Des Hochstifts und Fürst. Bamberg Landrecht v. 1769.（バンベルク司教区および侯国法）

Des Stifts Würzburgs und Herzogtum zu Franken Kayserl. Landt-Gerichts-Ordnung v. 1618.（ヴュルツブルク司教区およびフランケン公国裁

判所法）

Der Stadt Nürnberg verneute Reformation v. 1564.（ニュルンベルク都市法）

Codex Maximilianeus v. 1616.

⑵　これに対し，1756年の民法典（Codex Maximilianeus Bavaricus Civilis, CMBC）は，現在の民法典にも似た包括的な法典であった。4部800条以上の条文から成り，内部的に完結した体系を有していた。近代法典に比して，条文数は少ないが，各条ごとの内容は細かく，中世法的な体裁も残されている。しかし，包括性と体系性から，近代自然法的な法典編纂の先駆けとなった。その制定は，バイエルン選帝侯マクシミリアン三世（Maximilian III. Joseph）が，オーストリア継承戦争（1740－48年）により疲弊した国家を改革し，内部的に統合する手段の1つとして，法典編纂を意図したことに始まる。1749年から1751年に公にされたフリードリヒ法典（Corporis Juris Fridericiani, Entw. 1749/1751）の改革プログラムが端緒となった。

1751年に，同選帝侯によって，刑法典（Codex Maximilianeus Bavaricus Criminalis），1752年にその注釈が，1753年に訴訟法（Codex Judiciarii），1754年にその注釈が，1756年に，800条以上ある民法典（CMBC）が出された。1768年までに5巻のその注釈が発行された。1785年には，手形法もできた。これらは，長くバイエルンの法の基礎となった(8)。

これらの法典や注釈は，1749年から副首相格であったクライトマイール（Wiguläus Xaverius Aloysius Freiherr von Kreittmayr）の手によるものであった。クライトマイールは，当時の法と慣習を総合し，熟知した知識を勤勉にまとめ，短期間に集大成したのである。

CMBCは，包括的な法典であったが，近代自然法の産物である他の包括的な法典とは異なり（ALR，ABGB），ローマ法の補充的な適用を認めていた。これは，法典が自己完結しないこと，すなわち法の欠缺を認めるものであり，ローマ法は，法典の解釈にも用いられていた。こうしたローマ法との関係は，法典の目的がたんに現行法の集成にあったからである。内容的にも，法文は，全体として新たな法ではなく，古い普通法と既存の制定法の集大成にすぎなかった。さもなければ，これほど短期間にまとめあげることは不可能であったであろう。また，それゆえ旧勢力との摩擦も生じなかったのである。

ただし，啓蒙の時代の先駆けとなり，法的な安定性を与えることには寄与した。それは，解釈の上では，しだいに普通法の中に埋没したが，形式的には，1900年のドイツ民法典の発効まで存続した。もっとも，独自性は乏しい。制定法があるにもかかわらず，私法史の上で，バイエルンが普通法地域に分類されるのは，こうした理由による。古典的な普通法にたんに形を与えたものであった。プロイセンやオーストリアとは異なる点である。自然法の影響もみられるが，それは，法の包括的な記述という理念や，システムの構築，総論的な形式にのみみられる。逆に，具体的な規定でローマ法を修正するところはまれである（たとえば，危険負担の債権者主義）(9)。つまり，自然法は，総論やたんに正義の尺度として用いられるにとどまったのである。

法典の注釈は，民法を公的に明解に記述したものとして，バイエルン以外の地域でも参照された。普通法の公定解釈の1つとしての意味をもったからである。

2 クライトマイール（Wiguläus Xaverius Aloysius Kreittmayr, Kreittmayr, 1705. 12. 14–1790. 10. 27）

クライトマイールは，1705年に，ミュンヘンで生まれた。アウグスブルク近郊の Friedberg の古い参事官の家系であった。この家系は，1450年の記録にまで遡る。宗旨はカトリックであった。父は，バイエルン選帝侯国の宮廷顧問官 Franz Xaver Wiguläus Kreittmayr であり，母は Maria Barbara Degen であった。1745年に，最初の結婚をした（Sophie von Heppenstein）。この最初の妻も，生まれた息子も早世したので，1750年に，二度目の結婚をした（Maria Romana von Frönau）。この結婚から，2男1女をえた。

1721年まで，ミュンヘンのジェスイット系のギムナジウムに通い，ラテン語，フランス語，イタリア語を学んだ。とくにラテン語に上達したので，長じてもホラチウスやバージルの長い文章をそらんじてみせることができた。ザルツブルク大学で哲学を，インゴルシュタット大学で法律学を，ライデンとユトレヒト大学で歴史を学び，Wetzlar のライヒ帝室裁判所に勤めた。

20歳台で，バイエルン選帝侯の Max Emanuel から，宮廷顧問官に任じられた。アウグスブルクのライヒ代理の宮廷裁判所の試補となり，1741年5月15日に，ライヒ代理かつ選帝侯の Karl Albrecht（Bayern）と Karl Philipp（Pfalz）から，神聖ローマ帝国の騎士に叙任された。1742年には，真正のライヒ宮廷顧問官となった。

1745年7月6日に，ライヒ代理で選帝侯の Maximilian III. Joseph からも，ライヒの自由騎士身分をうけ（Freiherrnstand），バイエルンの宮廷顧問会議の長官，枢密顧問官に任じられた。1749年に，枢密顧問会議の副長官（実質的に副首相である），最高封建顧問会議（Oberster Lehens-Propst）の長官となった。司法の事実上の長として，バイエルンの司法に大きな影響を与え，1759年に，バイエルンの科学アカデミーの会員となった。

1790年に，ミュンヘンで亡くなった。その胸像が，ミュンヘンの Ruhmeshalle にある。第二次世界大戦まで，記念碑もミュンヘンの Maximiliansplatz にあったが，戦後再建できなかった。理由は，かつてミュンヘンの都市法を破棄したことから，都市参事会が反対したからである(10)。

第3章　法学者の系譜（オーストリア，バイエルン）

1　序

近代自然法の産物である ALR（プロイセン一般ラント法典）は，1794年，ABGB（オーストリア一般民法典）は，1811年に発効した。フランス民法典は，1804年の発効であるが，その Cambacérès の草案は，ALR と同年に成立した。これらは，自然法的法典である。バイエルン民法典は，やや早く1765年に発効したが，まだ普通法的内容を残している（たとえば，危険負担の債権者主義）。

これら19世紀初頭の法典の成立に功のあった者は，おおむね18世紀の後半の生まれである。ALR の起草に寄与したスアレツ（Carl Gottlieb Svarez (Schwartz), 1746. 2. 27-1798. 5. 14）とフランス民法典の起草者の1人 Portalis は，ともに1746年の生まれであり，ABGB の起草者 Zeiller は，1753年の生まれである。バーデン民法典は，フランス民法典のほぼ忠実な翻訳と部分的な修正であるが，その起草者であり注釈者でもある Brauer は，1754年に生まれた。バイエルン民法典の起草者 Kreittmayr（1705-90）は，半世紀早く，1705年に生まれている。1866年に成立したザクセン民法典を起草した Sintenis は，1804年の生まれであるから，おおむね1世紀の相違がある。ザクセン民法典は，パンデクテン法学の産物としては早いものであるが，同時になお古い内容を残している（たとえば，危険負担の債権者主義）。なお，Dabelow は，最後はエストニアであるが，フランス法にも造詣が深かったので，ここで扱う。

本稿は，ドイツの普通法的な法律学の周辺に位置するオーストリア，南ドイツの法学者，とくに私法学者を検討しようとするものである。もっとも，オーストリアにおいても，パンデクテン法学の影響は大きく，19世紀の進展とともに，ABGBも，当初の自然法によってではなく，パンデクテン的に解釈しなおされた（Unger）。その意味では，他のドイツ地域との解釈学的な相違は相対的なものになったといえる。なお，ABGB，BGBの発展に直接関係する者については別稿で扱ったので，本稿では扱わない(11)。

バイエルンでは，1765年の民法典が普通法的な内容であったことから，19世紀の末には，バイエルンは，他の普通法地域と同様に扱われている。また，法学者の移動が自由に行われていたことから，法学者の面からも，他の地域との相違は乏しい（Jhering, Stein）。本稿では，こうした法学者の交流についても検討しよう。

なお，法学者では，ドイツ民法典制定の第一委員会にも関与したロート（Roth, 1820. 7. 11-1892. 3. 28）は，ミュンヘン大学で活躍したが，彼については，BGB起草との関係で，別個に検討した（一橋法学12巻2号44頁）。

2 本稿で扱われる法学者

本稿で言及する法学者は，以下の者である。南ドイツ，オーストリアを中心とすることは当然であるが，必ずしもそれだけに限らず，ザクセンや外国の者も含まれる。移動もあることから，狭く限定することはできない。学者の移動経過については，政治的な主張や嗜好が反映していることもあるが，一般化することは，むずかしい。

Arndts（1803. 8. 19-1878. 3. 1）は，ミュンヘン大学教授。

Brinz（1820. 2. 25-1887. 9. 13）は，その弟子でミュンヘン大学教授。1855年からウィーン大学教授。同じく1855年に，ウィーンに移った著名人Unger, Steinについては，本稿では立ち入らない。

Brauer（1754. 2. 14-1813. 11. 17）は，バーデン民法の注釈で著名である。

Cosack（1855. 3. 12-1933. 12. 27）は，ボン，ミュンヘン大学の教授である。

Dabelow（1768. 7. 19-1830. 4. 27）は，ハレ，エストニアの教授であるが，フランス法研究に特徴がある。

Adolf Exner（1841. 2. 5-1894. 9. 10, 親），Franz Exner（1881. 8. 9-1947. 10. 1，子）は，オーストリアの民法学者と刑法学者である。その祖父を含め

た３代の Exner については別稿で扱う。

Hanausek（1855. 9. 4-1927. 9. 11）は，グラーツ大学教授。

Hofmann（1845. 6. 20-1897. 10. 25）は，ウィーン大学教授で，危険負担の業績がある（沿革説）。

Marquardt（1812. 4. 19-1882. 11. 30）は，ゴータの人文主義者でローマ法研究者。

Menger, Anton（1841. 9. 12-1906. 2. 6）は，オーストリアの法曹社会主義者で著名であるが，本稿では立ち入らない。

Mittermaier（1787. 8. 5-1867. 8. 28）は，ランズフート，ハイデルベルク大学教授。

Neumeyer（1869. 9. 19-1941. 7. 26）は，ミュンヘン大学教授。

Otto（1795. 8. 14-1869. 4. 20）は，ローマ法大全の翻訳に功績がある。

Puntschart（1825. 2. 7-1904. 4. 7，父）は，インスブルック大学教授で，危険負担の著名な著作がある（有責説）。

Schilling（1798. 5. 20-1871. 11. 28）は，ローマ法大全の翻訳とカノン法研究に功績がある。

Siegel（1830. 4. 13-1899. 6. 4）は，ウィーン大学教授。

Sintenis（1804. 6. 25-1868. 8. 2）は，ザクセン民法の制定とローマ法大全の翻訳に功績がある。

Emil Strohal（1844. 12. 31-1912. 6. 6）については，別稿で扱う。

3　各論 ── 人と業績 ──

(1)　ブラウアー（Brauer, Johan Nikokaus Friedrich, 1754. 2. 14-1813. 11. 17）

ブラウアーは，1754年に，Büdingen（Frankfurt a. M. 近郊）で生まれた。生年は，オーストリア民法典（ABGB，1811年）の起草者ツアイラー（Franz Anton Felix Edler von Zeiller, 1751. 1. 14-1828. 8. 23）や，フランス民法のカンバセレス草案の起草者カンバセレス（Cambacérès, 1753. 10. 18-1824. 3. 8）の生まれた時期に近い。バーデンで，司法官となった。枢密顧問官，教会評議会参事などを経て，政府の高官となった。1811年に内閣参議となったが，1813年に亡くなった。

ブラウアーは，バーデンに，1810年に公式にラント法として導入された民法典に対し，詳細な注釈を書いたことによって知られている。バーデン民法典は，フランス法をもっとも直接的に継受し，多くの条文は，その忠実な翻訳であった。ただし，ドイツ的な修正を加え，物権変動などに特則がある。そして，この民法典の大部分は，解放戦争後も（1900年のドイツ民法典まで）維持された。部分的に加えられた修正に意味があり，ドイツ法とフランス法の比較の観点から興味深い著作となっている(12)。比較法の先駆ともいえる。その著作は，今日，当時のバーデン法を知るためには不可欠のテキストである。

Erläuterungen über den Code Napoléon und die Großherzogliche Badische Bürgerliche Gesetzgebung, 1809–1811.

(2)　ダベロー（Christoph Christian Dabelow, 1768. 7 . 19–1830. 4 . 27）

ダベローは，1768年，メクレンブルク・シュヴェリンのNeu-Buckoで生まれた。Güstrowとロシュトックのギムナジウムに通い，ロシュトックとイエナの大学で法律学を学んだ。1787年に，弁護士となったが，1798年に，当時ロシュトック大学の分校があったBützow大学で，学位をえた。

ハビリタチオンを取得後，1791年に，ハレ大学で員外教授となり，1792年に，正教授となった。しかし，ナポレオン戦争のために，ハレを去ることになった。すなわち，1806年10月14日の，JenaとAuerstedtの2か所の戦いで，プロイセンは，ナポレオンに破れ，10月17日にハレは占領された。ナポレオンは，当初，大学を存続させるとしたが，10月20日の皇帝命令により，すべての講義が中止され，学生は家に帰され，大学は閉鎖された。ナポレオンは，教師と学生が反フランス運動に加わるのを恐れたのである。ハレ市は，ただちに戦債を支払ったが，ナポレオンの態度は変わらなかった。教授の給与も停止された。教授たちは，しだいに他の大学に招聘されていった。ダベローも，オーストリアやイタリア，フランスに旅行し，ローマ法とフランス法の学識を深めた。

ダベローには，フランス法に関する著作もあったが，とくに優遇されることもなく，彼が新たに始めた雑誌も継続できなかった。その後，ハレは，ナポレオンの兄のジェロームを王とするヴェストファーレン王国に組み込まれた。同時に，自動的にフランス民法典のもとにおかれた。1807年末に，ジェローム王によって，大学が再開されることになり，翌1808年5月16日に再開された。1809年に，彼は，一時，ハレに戻ったものの，再就職することなく失意のうちにハレを去った。ハレを去った後は，多くの場所で仕事をした。ライプチッヒ，ハイデルベルク，ゲッチンゲン，ハレなどを移動したのである。その間，弁護士や私的な教師，法学教師などをした。

1819年に，やっとロシア帝国のDorpat大学に招聘された（同大学は，1632年に，スウェーデンにより設立され，バルト地方の学術の中心となった）。現在のエストニアである（Tartu）。同年，顧問官（Hofrat，1824年に，Kollegienrat，1830年に，ロシア帝国のStaatsrat。詳細は不明であるが，昇進のようである）となった。ヘッセン大公国の大勲章（Hausorden）もえた。1830年に，Dorpatで亡くなった(13)。

ダベローの著作は，法律学の多くの分野を対象としているが，私法ではEinleitung in die deutsche positive Rechtswissenschaft, 1793；Einleitung in das gesamte positive Recht und das Deutsche Recht insbesondere, 1793-1803. が代表である。

Ueber die Verjährung, 1805.

Handbuch des Pandekten-Rechts, 3 Theile., 1816.

フランス法に関する著作がある。ドイツの一部にフランス法が導入されたことから，フランス法研究は，にわかに重要性を増したのである。Ausführlicher theoretisch-praktischer Kommentar über den Code Napoleon, 1810.

Grundsätze des allgemeinen Eherechts der deutschen Christen, 1792.

Versuch einer ausführlichen systematischen Erläuterung der Lehre vom Concurs der Gläubiger, 3 Thle, 1792.

その全面改訂版であるAusführliche Entwicklung der Lehre vom Concurse der Gläubiger, 1801.

Das französische Civilverfahren, 1809.

フランスの民訴法は，Pigeauのテキストに依拠している。それが「その対象につき最適の著作だった」からである。それは，最初に，フランス民訴法典の成立を概観している。すなわち，1804年の草案Projetから，1807年1月1日のProcédure civilの発効までである。

(i)導入部は，民訴法典の歴史，法源，追完法，他の法典との関係，性格，文献が扱われ，(ii)第1部には，具体的な民事訴訟の手続法が付加されている。訴訟の開始，送達，判決，控訴，執行などである。(iii)第2部は，民事手続の原則が扱われている。

また，国法学や国際法のものもある。

Lehrbuch des Staats- und Völkerrechts der Deutschen, 1795.

Frankreichs gegenwärtige Lage, Verfassung und Verwaltung-mit einem Rückblick auf die vergangenen Zeiten als Einleitung, 1810.

Gedanken über den durch den Pariser Frieden vom 30. Mai 1814 verhießenen Deutschen Staatenbund. Nebst einem Anhange über die Pläne Napoleons mit Deutschland, wenn seine Absichten auf Rußland geglückt wären, aus ungedruckten Urkunden. Johann Friedrich Röwer, 1814.

(3)　ミッターマイエール（Mittermaier, Karl Joseph Anton, 1787. 8. 5–1867. 8. 28）

1787年に，ミュンヘンで生まれた。弟グリム（Wilhelm Grimm, 1786. 2. 24–1859. 12. 16）の生まれた翌年であった。父は，薬剤師の Joseph Georg Jakob Mittermaier（1750–1797）であり，母（Elisabeth Auer）は，市議会議員の Franz Xaver Orthmayr の娘であった。父は早くに亡くなり，母は再婚した。

早くから，多くの外国語に習熟していた。1805年に，Landshut 大学（のちミュンヘン大学の一部となる）で法律学を学び，学生団体の Corps Bavaria のメンバーとなった。1807年に，バイエルンの大臣 v. Zentner の推薦で，Anselm von Feuerbach の秘書となり，1808年，ハイデルベルク大学に転じ，そこで学位を取得し（De nullitatibus in causis criminalibus），1809年に私講師となった。Feuerbach との親交は生涯続いた。

そして，1811年に，Landshut 大学で正教授となり，バイエルンの宮廷顧問官ともなった。1818年に，ボン大学，1821年に，ハイデルベルク大学に招聘された。1816年に，Archivs für Kriminalrecht を，1819年に，Archivs für die civilistische Praxis（AcP）を共同創刊した。南西ドイツの自由主義派の中心人物の1人とされる（südwestdeutscher Liberalismus）。1826年から，バーデンの立法委員会のメンバーとなり，1831年から40年（1833年から40年に議長），1846年から49年には，バーデンの等族会議の第二院の議員であった。フランクフルトとリューベックのゲルマニスト大会（Germanistentag）の主宰者でもあった。1832年の Weinheimer Pressefest や，1848年の Heidelberger Versammlung にも参加した。

フランクフルト国民議会では，1848年5月から1849年5月まで，バーデン・

バーデン市を代表する議員となった（その先行議会では議長）。プロイセンのFriedrich Wilhelm 4世をドイツ皇帝に推戴する会派に属した（王は帝冠を拒否）。1948年革命の失敗後，1849年に，政治から手を引いた。

学問的には，多彩な業績（30以上のモノグラフィーと600の論文）がある。刑法や刑訴法関係のものが多いが，ゲルマニストとしては，法史そのものとしてより，現行法の理解に尽くした。ローマ法に対するドイツ法の民族性から，国民的な法典の制定を支持した。比較法では，ドイツ法だけではなく，フランス法や英米法にも目を向けた。旅行や書簡により，多くの友人がいたからであり，その著作の翻訳によって，他国でも著名であった。民訴法，刑事学，刑事統計にもかかわった。著作や講義は，実務性が高いことに定評がある。理論と実務を調和することに巧みであった。

1867年，ハイデルベルクで亡くなった。1863年に，プロイセンの学術勲章であるPour le Méritをうけ，1841年には，フランスの勲章もをうけている。1836年には，ハイデルベルク市から名誉市民の称号をうけた。ハイデルベルク市には，彼の住居であったPalais Mittermaier（Karlstraße 8）がある。プラハ大学（1848年），ハーバード大学（1865年）の名誉博士号をうけた(14)。

グナイスト（Heinrich Rudolf Hermann Friedrich von Gneist, 1816. 8. 13-1895. 7. 22）との間の往復書簡がある。Hahn（hrsg.）, Briefwechsel Karl Josef Anton Mittermaier Rudolf von Gneist, 2000（= Studien zur europäischen Rechtsgeschichte, 132）.

刑法では，Theorie des Beweises im peinlichen Prozeß nach der gemeinen positiven Gesetzen und Bestimmungen der franzosischen Kriminalgesetzgebung, 1809/21, Handbuch des peinlichen Prozesses, 1810/12；Die Todesstrafe nach dem Ergebnis der wissenschaftlichen Forschung der Fortschritte des Gesetzgebung und der Erfahrung, 1862.

ゲルマン法では，Einleitung in dem Studium der Geschichte des germanischen Rechts, 1812.

私法では，Lehrbuch des deutschen Privatrechts, 1821.

Grundsätz des gemeinen deutschen Privatrechts mit Einschluß des Handels-, Wechsel- und Seerechts, 7. Aufl., 1847.

外国法では，Das englische, schottlandische und nordamerikanische Strafverfahren, 1851などがある。

⑷　ジンテニス（Karl Friedrich Ferdinand Sintenis, 1804. 6 . 25–1868. 8 . 2）

ジンテニスは，1804年に，Zerbst（アンハルト）で生まれた。父は，弁護士であった。キルヒマン（Julius Hermann von Kirchmann, 1802. 11. 5 –1884. 10. 20, 法律学の学問としての無価値性で著名である）の生まれた翌々年であった。

家庭で教育をうけた後，Zerbst のギムナジウムに通った。1822年から，24年にライプチッヒ大学で学び，1825年に，イエナ大学で学位をえた（De delictis et poenis universitatum）。Zerbst で，政府の弁護士となった。Ueber den Ungehorsam der Parteien im Proceß を著し，Zurheinischen Jahrbüchern des Civilprocesses の共同編者となった。

1829―34年に，ライプチッヒ大学の Otto, Schilling などとともに，ライプチッヒにおいて，最初のローマ法大全（Corpus juris civilis）のドイツ語全訳を完成させた（当時の Sintenis の肩書は，Redactoren だけである）。今日では，この業績によって知られている。1835年に，カノン法大全(Corpus juris canonici）をも抄訳した。1836年には，Handbuch des gemeinen Pfandrechts を著した。1837年に，ギーセン大学に招聘され（正教授），そこで，民訴法，のちにパンデクテンを教えた。

1841年に，故郷にもどり，顧問官，ラント政府の閣僚，Dessau の宗務局参事官(Consistorium)などをした。1844年からは，主著 Das praktische gemeine Civilrecht の執筆をした。Anhalt-Dessau 侯国の Leopold Friedrich 大侯の信頼をえて，1847年に，Anhalt-Köthen 侯国の閣僚（Landesdirectionscollegium）となり，その後もアンハルト家の大臣となった。1848年に，この職を辞し，Dessau の上級裁判所の裁判官となった。1849年には，アンハルトのラント議会の議員に，1850年には，エルフルト同盟議会(Unionsparlament)の議員となった。同年，Anhalt-Dessau と Anhalt-Köthen 侯国の上級裁判所の副長官，長官をした。1859年からは，ザクセン王国のドレスデンで，ザクセン民法典の制定作業に参加した（ザクセン民法典は，1862年成立）。1862年に呼び戻され，アンハルトの侯国会議（Fürstencongreß）のメンバーとなった。真正の枢密顧問官（Wirklicher Geheimer Rath）となり，全アンハルトの国務大臣ともなった。

1866年には，ベルリンの北ドイツ連邦の連邦草案の審議に参加した。アンハルトは，プロイセンに合併され，彼も病気になった。1867年には，高裁の長官を辞し，1868年には，すべての国務を辞し，同年，死亡した(15)。

主著は，Das praktische gemeine Civilrecht（3 Bde., 1844-1855；3. Aufl., 1868/1869）。同書は，実務家にも理論家にも，長期にわたり不可欠の書となった。学説と多くのカズイスティークを含んでいた。Wächter は，ザクセンの民法典草案の批判において，彼を，学識ある実務家であり，かつ実務的な学識者と述べている。

Zur Frage von den Civilgesetzbüchern, Ein Votum in Veranlassung des Entwurfs eines bürgerlichen Gesetzbuchs für das Königreich Sachsen, 1853は，ザクセン民法典草案を契機とした民事立法の問題を扱っている。

(4)(5)(6)の者の共訳であるローマ法大全は，今日でも重要文献である。

Das CORPUS JURIS CIVILIS ins Deutsche übersetzt von einem Vereine Rechtsgelehrter und herausgegeben von Carl Eduard Otto, Bruno Schilling und Carl Friedrich Ferdinand Sintenis. 7 Bde. Leipzig, Focke, 1830-33. Mit insgesamt ca. 7305 S.

(5)　オットー（Karl Eduard von Otto, 1795. 8. 14-1869. 4. 20）

オットーは，1795年8月14日に，ザクセン王国のドレスデンで生まれた。Homeyer（1795-1874）と同年の生まれである。1814年から1817年，ライプチッヒ大学で法律学を学び，1818年に哲学博士，1819年に法学博士となった。1822年，Emilie Marianne（geb. Huth）と結婚した。1822年まで，ライプチッヒ大学の私講師となり，同年，ローマ法の員外教授となり，1826年には，正教授となった。この時期，Schilling などとともに，ライプチッヒにおいて，最初のローマ法大全（Corpus juris civilis）のドイツ語全訳を完成させた（Bd. 1, 1830-Bd. 7, 1833）。1832年から1858年，Dorpat 大学の正教授であった。1855年には，国事顧問官（Wirklicher Staatsrath）となった。この Dorpat 大学に赴任した先例としては，1819年のダベローがいる（Christoph Christian Dabelow, 1768. 7. 19-1830. 4. 27）。1837年から43年には，マダイ（Karl Otto von Madai, 1809. 5. 29-1850. 6. 4）も，ここにいた。オットーは，1869年，イエナで亡くなった(16)。

著名な著作としては，ローマ法大全の翻訳（Hrsg.）Das Corpus iuris civilis（Romani），7 Bde., 2 Aufl., Leipzig 1831-1839. のほか，De Atheniensium actionbus forensibus, 3 Bde., Leipzig 1820-1827. がある。

(6)　シリング（Bruno Schilling, 1798. 5. 20–1871. 11. 28）

シリングは，1798年にフライブルクで生まれた。ALRの注釈で著名なボルネマン（Friedrich Wilhelm Ludwig Bornemann, 1798. 3. 28–1864. 1. 28）と同年の生まれである。1815－1819年に，ライプチッヒ大学で法律学を学び，1825年に，同大学で，法学博士の学位をえた（De Origine Iurisdictionis Ecclesiasticae In Caussis Civilibus）。1819年から，ライプチッヒ大学でカノン法を教え，1828－1871年に，同大学でローマ法の員外教授であった。上記のOtto, Sintenisとともに，ライプチッヒにおいて，最初のローマ法大全（Corpus juris civilis）のドイツ語全訳を完成させた（1830/33）。1871年に，ライプチッヒで亡くなった[17]。

著作には，パンデクテンと商法典に関するものと

Pandekten-Recht für Studierende, 1844.

Allgemeines deutsches Handelsgesetzbuch, 1861.

教会法に関するものがある。

Die allgemeine Kirchen-Versammlung zu Trient nebst sämmtlichen, dahin einschlagenden päpstlichen Bullen, 1845.

Der kirchliche Patronat nach canonischem Rechte und mit besonderer Rücksicht auf Controversen dogmatisch dargestellt, 1854.

ローマ法大全の翻訳に関わったほか，カノン法大全の翻訳もした。

（Mithrsg.）Das Corpus juris canonici in seinen wichtigsten und anwendbarsten Theilen, 2 Bde., 1834–37.

(7)　アルント（Karl Ludwig Arndts, 1803. 8. 19–1878. 3. 1）

アルントは，1803年にヴェストファーレンのArnsbergで生まれた（プロイセン領ラインラント）。宗旨はカトリックであった。父のFriedrich Arndtsは，宮廷裁判所の部長（Hofgerichtsdirektor in Arnsberg）であり，母のMarianneは，高裁裁判官のEngelbert Th.（von）Biegelebenの娘であった。

1820年に，ボンとハイデルベルク大学で法律学を学び，1824年に，ベルリン大学で，サヴィニーに学んだ。1825年に，ベルリン大学で，サヴィニーの下で学位をえて，1826年に，ボン大学でハビリタチオンを取得し，そこで，1837年に員外教授となった。

1838年に，ブレスラウ大学で，Unterholznerの後継として，正教授となっ

た。最初の昇進は遅かったが，その後の，アカデミックな経歴は早い。ブレスラウで講義をする前に，早くも1839年に，ミュンヘン大学に招聘された。ミュンヘン大学の教授の時代は，バイエルンの立法委員会（bayerischen Gesetzkommission）と（1844-47），フランクフルトの国民議会（1848-49）への参加で，中断されている（1849年に大学に復帰し，55年まで在籍）。もっとも，今日では，むしろこの経歴で著名である。ミュンヘン大学にいた末期には，学長にもなった。Brinz（1820-1887）は，彼のミュンヘン時代の弟子である（1841年）。

彼も，1855年に，Leo von Thun（1811. 4. 7-1888. 12. 17）の教育改革に従ってウィーン大学に移った学者の１人である（1855-1874）。Thun は，1849年に，オーストリアの文化・教育相となり，1860年まで，教育改革を行った。Franz Serafin Exner（1802. 8. 28-1853. 6. 21）の提案にもとづくものであるが，これにより，オーストリアの大学自治（Hochschulautonomie）が認められ，ウィーンに学術アカデミーが設立された。寛容の方法により，プロテスタントとユダヤ教の学者も大学に職をもてるようになり，外国人の学者も招聘できるようになった。1855年には，公法学者のシュタイン（Lorenz von Stein, 1815. 11. 18-1890. 9. 23）や私法学者でユダヤ系のウンガーも，ウィーン大学に招聘されている。アルントも，ウィーンで，オーストリアの上院議員になった。また，1871年に，皇帝 Franz Joseph から貴族の称号をうけた（Ritter von Arnesberg）。ユダヤ系で刑法学者のグレーサー（Glaser, Julius, 1831. 3. 19-1885. 12. 26）も，1855年に私講師となり，1856年に員外教授，1860年に正教授となった（のちオーストリア司法大臣）。

アルントは，オーストリアにパンデクテン・システムを導入した。法制史家というよりも，現行法の解釈主義者であった。おもな業績は，サヴィニーとプフタ（Georg Friedrich Puchta）のモデルに従っており，あまりオリジナリティーはないが，オーソドックスにまとめられたパンデクテンのテキストである（Lehrbuch der Pandekten, 1850以降，死後の1889年まで14版を数えた）。それは，簡潔に，信頼できる通説を概観できるようにまとめられたことから，多数の版を重ねたのである。弟子のイタリア人の Filippo Serafini（1831-1897, 学長にもなった）により，イタリア語にも翻訳されている。また，法学事典と方法論（Juristische Enzyklopädie, Methodenlehre）も，同様の長所をもっている。多くのモノグラフィーは，おおむね慎重で保守的である。1878年に，ウィーンで亡くなった[18]。

ほかに，相続法に関する業績がまとまっている。Erbrecht (Gesammelte civilistische Schriften, 3 Bde, 1873/74).

(8)　マルクァルト（Hans Marquardt, 1812. 4. 19–1882. 11. 30）

(a)　マルクァルトは，1812年に，東プロイセンのダンチヒで生まれた。宗旨はプロテスタントであった。小ツァハリエ(Karl Eduard Zachariae von Lingenthal, 1812. 12. 24–1894. 12. 24）と，同年の生まれである。父は，商事顧問官(Kommerzrat)のJoachim Friedrich，母は，Karoline Henriette Pauline (1780年生まれ）であった。

家庭教師から教育をうけ，1823年から，ダンチヒのギムナジウムに通った。1830年から，ベルリン大学で，神学，哲学，ゲルマン学，古典文献学を学んだ。ヘーゲルのほか，Schleiermacher，August Boeckhの影響をうけたが，とくにBoeckhの影響が大きく，古代の国家生活への興味を受け継ぎ，ローマ法素材の一面的・現代的な体系化に消極的な態度をとった。1831/32の学期に，批判解釈的な言語文献学（kritisch-exegetischen Sprachphilologie）の主張者Gottfried Hermannの講義を聞くためにライプチッヒ大学にいった。

1833年に，ベルリン大学で講義資格をえて，1834年に，Friedrich-Wilhelmsギムナジウムの補助教員（Hilfslehrer）となった。1836年には，ダンチヒのギムナジウムの教員となった。1840年に，ケーニヒスベルク大学で，ローマの騎士に関する著作で学位をえて（Schrift über Kyzikos)，同年，教授の資格もえた。1856年に，Friedrich-Wilhelmsギムナジウムの斡旋で，ポーゼンに職をえたが，1859年には，新たに設立されたErnestinumギムナジウムの校長として，ゴータに行き，1882年に，ゴータで亡くなった[19]。

彼は，改革派人文主義者であり，Wilhelm von Humboldtの影響をうけた。Wilhelm Adolf Becker (–1846)が２巻だけ完成させたHandbuch der römischen Alterthümerを引き継ぎ，1849年と67年の間に，さらに３巻を完成させた。この作業によって，Theodor Mommsenの研究を補完した（ローマの国法の研究)。さらに，独自に４巻以下の刊行を継続し，イタリアと属州における行政の区分，行政の部門（財政，軍事，宗教）の法を検討したのである。また，彼は，ローマ人の私的生活（家族，生業，扶養）と法についても研究した。それらによるローマ人の公的，私的生活の体系的な記述は，今日でも，及ぶものはないといわれている。一連の著作の前半をモムゼンが，後半をマルクァルトが担当している。

Marquardt und T. Mommsen, Handbuch der Römichen Alterthümer, 1876.

I, Römisches Staatsrecht, 1876, T. Mommsen.

II. 1, II. 2, Römisches Staatsrecht, 1877, T. Mommsen.

III. 1, III. 2, Römisches Staatsrecht, 1887/88, T. Mommsen.

IV, Römisches Staatsverwaltung, 1873, Marquardt.

V, Römisches Staatsverwaltung, 1876, Marquardt.

VI, Römisches Staatsverwaltung, 1878, Marquardt.

VII, Privatleben der Römer, 1882, Marquardt.

(b)　ボン大学の Helmut Marquardt（1937. 12. 20–）との関係は明白ではない。同人は，第一次国家試験に合格後，1970年に，キール大学で学位をえて，1973年に第二次国家試験に合格し，ボン大学の正教授となった。2003年に名誉教授となった。専門は，刑法，刑事学であり，Dogmatische und kriminologische Aspekte des Vikariierens von Strafe und Maßregel, 1972（Diss.）がある。Vgl. Köbler und Peters, Who's who im deutschen Recht, 2003, S. 439.

(9)　ブリンツ（Aloysius von Brinz, 1820. 2. 25–1887. 9. 13）

ブリンツは，1820年，スイス，オーストリア国境（ボーデン湖畔）の Allgäu の Weiler に生まれた。ブリンツの父は，法学博士であり（Alois Brinz, 1835年に死亡）は，のちに，のちにケンプテンのラント裁判所の記録者となった。祖父は，パン屋のマイスターであった（この Martin Brinz は，7人兄弟であり，オーストリアに属してナポレオンと戦ったこともあった)。ブリンツは，1837年から，ミュンヘン大学で学び，1841年に，Arndt から学んだ。1842年から，ベルリン大学では，Adolf August Friedrich Rudorff 教授から，ローマ法の精緻な教育をうけた。そして，彼は，実務活動において，それをいっそう高めた。1844年に，ミュンヘンで，第一次国家試験に，1846年に，第二次国家試験に合格した。故郷のバイエルンで司法研修を行った。1849年に学位をえて，1850年に，ハビリタチオンを取得した。

1851年に，エルランゲン大学に員外教授として招聘された。1854年から，彼は，そこで正教授となった。1857年に，彼は，プラハ大学に移った。プラハでは，政治にも関与し，1861年に，ボヘミアのラント議会やのちにはオーストリア帝国議会の議員となった。ボヘミアのラント議会では，すぐれた演説家，政治家として活動した。また，ドイツ人の党首 Johann Friedrich Wilhelm Herbst と Leopold Hasner von Artha とともに，ドイツの利益を代表した。封建廃止法（Lehnsablösungsgesetz）に関する報告は，チェコの連邦主義と封建的な貴族政治に対する勝利といわれている。

1866年に，チュービンゲン大学に招聘され，ここで，彼は，パンデクテン・テキストを完成させた。ヴュルテンベルクのラント議会の代表にはならなかったが，ラントの最高裁である国家裁判所の裁判官となった。

1871年から，ブリンツは，ミュンヘン大学のローマ法，民法の教授となり，学長ともなった。1872年に，バイエルン王国の功労勲章を授与され，貴族になった。この時期の弟子として，労働法学者の Philipp Lotmar（1850. 9. 8-1922. 5. 29）がいる。種々の政治的活動から，学者であるとともに政治家ともいわれた。1883年に，彼は，バイエルン学術アカデミーの歴史部門のメンバーとなった。1887年，ミュンヘンで亡くなった。

ブリンツの生家は，Weiler の Alois-von-Brinz-Straße 41にあり，記念板（Erinnerungstafel）がある。「ブリンツ博士の生家，バイエルン王国の顧問官，エルランゲン大学，プラハ大学，チュービンゲン大学，ミュンヘン大学の教授，バイエルン王国の功労勲章の保持者，バイエルン王国の学術アカデミー会員，オーストリア帝国議会議員，1887年9月13日に死亡」とある。彼は，ミュンヘンの Corps Suevia とプラハの Corps Frankonia のメンバーであった[20]。

ブリンツは，法学上のテーマで，多数の論文を書いた。相殺論（Die Lehre von der Kompensation aus dem Gebiet des römischen Rechts）によって，ロマニステンの中で認識された（19世紀の相殺論は，パンデクテン法学上の重要問題であり，その後も Dernburg, Siber などによって研究された）。主著のパンデクテン・テキストは，19世紀のもっとも特徴ある作品となった。また，債務と責任は，19世紀のゲルマニステンの好んだテーマであるが（たとえば，Gierke, Schuld und Haftung im älteren deutschen Recht, 1910, Neud. 1969），ブリンツのそれは初期のものである（Brinz, Obligation und Haftung, AcP 70, 371. Pandekten にも言及がある。ほかに，Rümelin, Obligation und Haftung, AcP 68, 152；Schwerin, Schuld und Haftung, 1911；Buch, Schuld und Haftung im geltende Recht, 1914；Fedder, Schuld und Haftung, 1942などがある)。

Zur Lehre von der Kompensation, 1849.

Kritische Blätter zivilistischen Inhalts, 1852/53.

Zum Rechte der Bonae fidei possessio, 1875.

Lehrbuch der Pandekten, 2. Aufl., 1873/1895.

Band 1-1873.

Band 2, 1-1879.

Band 2, 2-1882.

Band 3, 1: (Universalsuccessionen)-1886.

Band 3, 2, 1: (Das Zweckvermögen)-1888.

Band 3, 2, 2: Brinz/Lotmar (Die Familienrechte und die Vormundschaften) -1889.

Band 4 Brinz/Lotmar-1895.

(10)　プントチャルト

プントチャルトは，父子ともに，オーストリアの法学者である。父は，Valentin Puntschart, 1825. 2. 7-1904. 4. 7 Grazであり，息子は，Paul Puntschart, 1867. 8. 13-1945. 5. 9 Grazである。

(a)　父プントチャルトは，1825年に，KärntenのOttmanach(bei Maria Saal)で生まれた。1850年に，グラーツ大学で，古典哲学の学位をとり，法学部に転じた。1852年に，トリエステのギムナジウムの教授となり，1858年に，法学の学位を取得。1859年に，ウィーン大学で，Theresianumの講座をえて，1874年に，インスブルック大学のローマ法教授となった。1879年から80年に，インスブルック大学の学長。1895年に，名誉教授となり，1904年に，グラーツで亡くなった[21]。

危険負担の研究で著名である[22]。Die fundamentalen Rechtsverhältnisse des Römischen Privatrechts, Inductive Grundlegungen mit besonderer Beziehung auf die Fragen der Gefahrnormierung bei Austauschobligationen, 1885, 498 S.

実務的に重要であるが，従来解決されていない種々の双務契約における危険負担を対象とする研究である。ローマの法律家だけではなく，イタリア，フランス，オランダ，ドイツの法律家によってもなお解決されていない多様な類型があり，それらを検討したものである。

ローマ法大全の法源によれば，売買契約を締結し，目的物が特定物であれば，目的物が滅失・毀損しても，買主は，反対給付を支払うべき危険を負担する。しかし，フランスの法学者Cujasは，このルールに反対し，危険は，目的物の引渡により移転するものとした。

BGBの制定前，彼は，Ius Romanum, Ius Commune, Jacques Cujasの立場を出発点とし，法律の欠缺をふさぐために，新たな法源の解釈をした。これは従来のゲルマン法的慣習を理論づけるものでもあり，引渡主義の先駆となった。間接的には，BGBにも影響しているものといえる。すなわち，その446条1項によれば，偶然の滅失または毀損の危険は，目的物の引渡によって，買主に移転するとするからである。引渡，traditioは，所有権の移転ではなく，事実的な引渡である（Besitzverschaffung）。

彼は，出発点を探り，ローマ法源とその解釈を考査した。そして，種々の適用可能性を示した。それにより，彼は，賃貸借，労働，請負契約でも同様の問題を研究したのである。

I. Die Gefahrnormierung bei den Obligationen aus dem Kaufvertrage

1．Gegenwäritge Stand der Gefahrfrage bei Kauf

2．Interpretation aus historischer Sicht

3．Interpretation im römischen Recht

4．Über den Zeitpunkt des Gefahrüberganges auf verschiedene Arten des Kaufes

II. Die Gefahrnormierung bei den Obligationen aus dem Mieth-, Pacht-, Lohn-, und Werkverdingungsvertrag

(b)　息子のPuntschart, Paulは，1867年に生まれ，1945年に亡くなった。父と同様に，オーストリアで活躍し，おもな専門は法制史であった(23)。

(11)　ジーゲル（Heinrich Joseph Siegel, 1830. 4. 13-1899. 6. 4）

ジーゲルは，1830年，バーデンのLadenburgで生まれた。民法学者のデルンブルク（Dernburg, 1829. 3. 3-1907. 11. 23）とは1年しか異ならない。1849年から，ハイデルベルク大学とボン大学で学び，1853年に，ギーセン大学でハビリタチオンを取得した（Die germanische Verwandschaftsberechnung mit besonderer Beziehung auf die Erbenfolge. 1853）。このハビリタチオン論文は，下の1853年の著作とともに，法史学者としての地位を確立した論文である。

これによって，従来支配的だったゲルマン法における相続順位についての親系主義（Parentelenprinzip）に反対した。私講師，1858年に，ウィーン大学の員外教授，1862年に，正教授となった。

ウィーン学術アカデミーの副会長をし，彼のイニシアティブにより，ドイツ法源の収集と同アカデミーによる Österreichischer Weistümer の出版が行われた。その後のドイツの法源の研究と批判に重要な意義を有する。1899年に，ウィーンで亡くなった(24)。

主著は，Das Versprechen als Verpflichtungsgrund im heutigen Recht, Eine germanistische Studie, 1873である。本書は，歴史的かつドグマ的な業績であり，諾成契約の基礎としての約束を検討したものである。

ドイツ法史に関する著作がある。

Das deutsche Erbrecht nach den Rechtsquellen des Mittelalters in seinem innern Zusammenhange dargestellt, 1853.

Geschichte des deutschen Gerichtsverfahrens. Band 1. J. Ricker, 1857.

Das Versprechen als Verpflichtungsgrund im heutigen Recht: eine germanistische Studie, 1873.

Deutsche Rechtsgeschichte, Ein Lehrbuch, 1886.（1895年に３版）は，ドイツ法の基本的テキストとなった。

⑿　ハナウゼック（Gustav Hanausek, 1855. 9 . 4 -1927. 9 . 11）

ハナウゼックは，1855年，ハンガリーの Groß-Rauschenbach/Nagy-Röcze（当時，オーストリア・ハンガリー帝国の一部で，今日，スロバキアの Revúca）で生まれた。カトリックであった。サレイユ（1855-1912）と同年の生まれである。

ウィーンの Schotten ギムナジウムを出て，ハイデルベルク，ベルリン，ゲッチンゲンの各大学で法律学を学んだ。1877年，ウィーン大学で学位をえた。1879年，ウィーン大学でハビリタチオンを取得した（Die Lehre vom uneigentlichen Nießbrauch）。1883年に無給の，1885年に有給の員外教授となった。1892年に，プラハのドイツ大学で，正教授となった。1893年に，グラーツ大学のローマ法の正教授となり，33年間，そこにとどまった。1911/12からは，商法，手形法をも教えた。1898/99年と1921/22年に，グラーツ大学の法学部長，1907/08に学長となった。

売主の責任に関する著書が著名である。

Die Haftung des Verkäufers für die Beschaffenheit der Waare nach römischem und gemeinem Recht mit besonderer Berücksichtigung des Handelsrechts. 2 Abth., 1883–1887.

同書は物の性質に関する売主の責任について，①法史的な記述と，ローマ法の理論の起源と発展,②19世紀の現代ローマ法のドグマの検討,③このテーマに関する法実務の3つの観点から検討をしている。民法と商法の領域を総合的に検討している。

序

1，ローマ法における物の性質に対する売主の責任の歴史

2，現行法

おもに私法のパンデクテン体系とドグマを研究した。また，大学の教育問題，とくに法律学や試験の問題にも関心をもった。多くの弟子がおり，ロマニストでは，Leopold Wenger, Paul Koschaker, Mariano San Nicol, Artur Steinwenter, Julius G. Lautnerがおり，ゲルマニストでは，Karl Rauch, Max Rintelenがいる。民法学者では，Ernst Swobodaが著名である。

1925年に，70歳の祝賀論文集が出されている。Abhandlungen zur Antiken Rechtsgeschichte, 1925. 1927年，ボヘミアのKarlsbad/Karlovy Vary（今日，チェコのTschechien）で亡くなった(25)。

おもな業績として，

Die Lehre vom uneigentlichen Nießbrauch nach römischem Recht, 1879.

Das gesetzliche Erbrecht des Ehegatten nach den Novellen zum allg. bürgerlichen Gesetzbuche, 1917.

Die Neuordnung der juristischen Studien und Staatsprüfungen in Österreich, 1915.

⒀ ノイマイヤー（Karl Neumeyer, 1869. 9. 19–1941. 7. 26）

ノイマイヤーは，1869年にミュンヘンで生まれた。1871年から91年，ミュンヘン，ベルリン，ジュネーブの各大学で法律学を学んだ。ミュンヘン大学で，刑法の懸賞論文を書き学位を取得した。1894年に，第二次国家試験に合格し，1901年に，国際司法，国際公法の歴史的基礎に関する論文でハビリタチオンを取得した。同年から，私講師となった。1908年に，ミュンヘン大学で員外教授，1926年に正教授となった。この間，1913年に，チューリヒ大学

の招聘を断る。ドイツ国内，および国際組織の多くの役職につき，1931年に学部長となった。

ナチスの政権獲得後，ユダヤ系であることから講義を禁じられ，ついで，退職をよぎなくされた。ドイツでの論文公表もできなくなった。息子（Fritz, 1905–75はスウェーデンに亡命）と兄弟は亡命した。ノイマイヤー自身は亡命を拒否し，1941年に，妻とともに，ミュンヘンで亡くなった。

ハビリタチオン論文で国際私法を研究して以来，ほぼすべての領域において，つねに外国法に興味をもち続けた。法史研究もある。行政法の国際的側面に関心をもち，ドグマと新たな領域を構築した。伝統的な国際私法に対し，行政法的な規範から抵触法システムを発展させようとした。帰納的な方法で，特別行政法の領域で「限界規範」（Grenznormen）による分析をした。これは，例外的に生じる「過剰効果」（Überwirkungen）にさいして，渉外行政法の適用を認め，通常時は，国内行政法の領域的な適用範囲で，その適用を認めるものである。しばしば，明確な「限界規範」のない場合もあり，それは，行政法の解釈（Sachnormen）の一部としてカバーされる。限界規範は，外国の行政行為を認める外国の行政法によっても補完される[26]。

以下の業績がある。

Hist. u. dogmat. Entwicklung d. strafbaren Bankerotts unter bes. eingehender Unters. d. Schuldfrage, 1891；Die gemeinrechtl. Entwicklung d. internat. Privat-u. Strafrechts bis Bartolus, 2 Bde., 1901/16；Internat. Verw. recht, 4 Bde., 1910–36；Vom Recht d. auswärtigen Verw. u. verwandten Rechtsbegriffen, in：Archiv f. öff. Recht 31, 1913, S. 99–130；Internat. Finanzrecht, in：Zs. f. Internat. Recht 24, II. 1914, S. 186–220；Staatsangehörigkeit d. jur. Personen, in：Mitt. d. dt. Ges. f. Völkerrecht 2, 1918, S. 149–65；Staatsangehörigkeit als Anknüpfungspunkt im internat. Verw. recht, ebd. 4, 1924, S. 54–69；Internat. Privatrecht, 1923, 21930.

⒁　ホフマン（Franz Hofmann, 1845. 6. 20–1897. 10. 25）

(a)　ホフマンは，1845年，メーレンの Zdounek で生まれた。お雇い外国人として著名なモッセ（Isaac Mosse, 1846. 10. 1–1925. 5. 31）の前年の生まれである。Kremsier のギムナジウムを卒業し，1862年から，ウィーン大学で法律学を学んだ。そこでは，偉大なパンデクテン法学者のアルントとウンガーから学んだ。ウィーンで学位をえて，ゲッチンゲン大学で，Heinrich Thöl と親しくなった。

1868年に，ウィーン大学で，ローマ法でハビリタチオンを取得した（Über das Periculum beim Kaufe, 1870)。その教授資格（venia legendi）は，1869年に，オーストリア法，商法，手形法にも拡大された。1871年に，員外教授となり，1877年に，オーストリア法と普通法で，正教授となった。1885年に，ウィーンの学術アカデミーの外部会員，1890年に正会員となった。1888年に，ローマ法協会（Istituto di diritto Romano）の名誉会員にもなった。1897年に，長い病苦ののち亡くなった(27)。

ホフマンには，多数の著作がある。19世紀には，普通法学説では，売買の危険負担について，買主負担主義が有力であったが（その嚆矢は，Wächter である)，その中に，沿革を理由として買主負担主義を説明しようとする見解があった。その１つが，ホフマン（Hofmann, Über das Periculum beim Kaufe, 1870, S. 31）のギリシア法沿革説であり，買主負担主義がギリシア古代の海法に由来し，ローマ法に採用されたとする（ほかに，ペルニス（Pernice, Labeo, I, 1873, S. 456）は，現物売買に由来するとする)。しかし，これらは，法史的見解である(28)。

(b)　また，次は，契約法における債権概念の発達史である。

Die Entstehungsgründe der Obligationen, insbesondere der Vertrag, mit Rücksicht auf Siegels „Das Versprechen als Verpflichtungsgrund“ besprochen, 1874.

さらに，次は，員外教授の時代のモノグラフィーである。

Die Lehre vom titulus und modus adquirendi und von der iusta causa traditionis, 1873.

これは，普通法の titulus modus 論に関する著作であり，権利の取得を考察する。正当な原因による引渡（traditio ex iusta causa）によって所有権が取得されるとのローマ法（D. 41, 31, C. 2, 3, 29）を出発点とする。取得の原因と取得の権限（Titel)，および固有の取得および引渡要件を区別するとの権利取得の一般理論を立てた。

ドイツ法では，この理論は，titulus と modus の理論としてとくに検討されているが，ホフマンの書物では，包括的に歴史的，ドグマ的に記述されている。権限（Titel）の概念は，原因（causa）の概念に，modus は traditio に相当する。16世紀のヴィッテンベルクの法律家 Apel の主張以来，この理論は発展してきた。歴史的な概略をすることによって，その発生が検討されている。Darjes, Heineccius, Berger, Nettelbladt, Hellfeld, Klein, Dabelow, Höpfner などが対象である。また, Huber, Lauterbach, Vultejus, Grotius, Pufendord, Struve, Vinnius, Voet, Noodt などのドグマにも詳しい。

I　Das Dogma vom titulus und modus adquirendi

II　Von der iusta causa traditionis

A　Zur Dogmengeschichte

B　Entwickulung der eigenen Ansicht

①　フランス民法典，諾成主義（Konsensualprinzip）

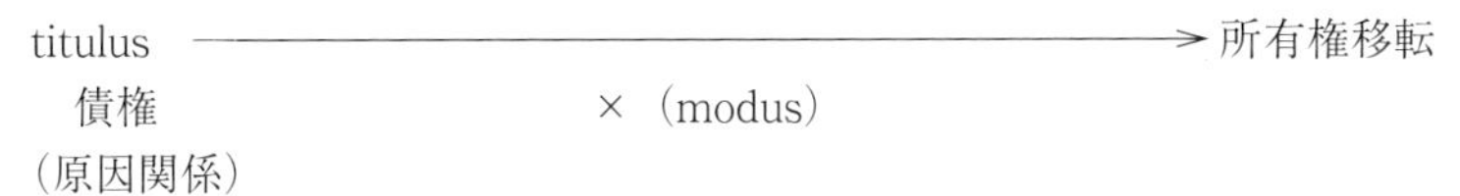

②　日本法

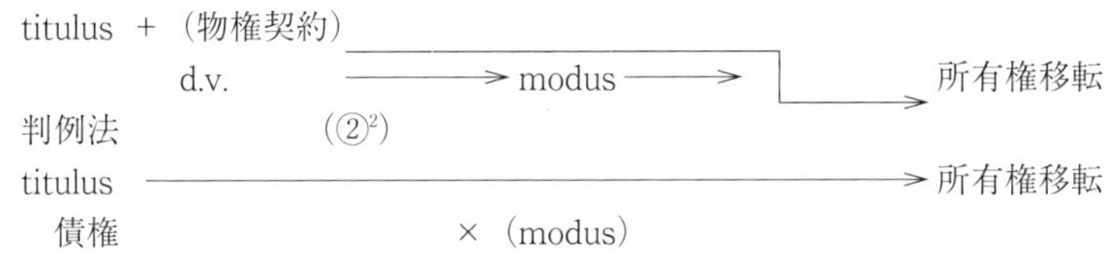

③　オーストリア民法典 ABGB，スイス ZBG

Titel ＋（d.v.）　　＋ modus ──→ 所有権移転
（引渡，移転登記）

④　ドイツ民法典　BGB，独自性（Trennungsprinzip）

△Titel　d.v.　　＋ modus ──→ 所有権移転
(Auflassung)*　　（引渡，移転登記）
＋（善意取得）

*所有権移転の意思表示（登記官の面前でする）

(c)　今日ドイツ法に特有な物権行為の無因性（Abstraktionsgrundsatz）は，おもにサヴィニーのローマ法理解に出発するとされるが，ドイツ民法典の制定まで，必ずしも確立したものではなかった(29)。また，その前提をなす物権変動の形式主義ですら，ドイツ民法典制定時に，論争の末採用されたのである。すなわち，第一草案は物権行為の独自性を採用したが，審議の過程では，有因主義的な反対論もなお強かったのである。これに対する反論は必ずしも明確ではなく，Johow の言及があるだけである（Motive III, S. 6f.（物権契約），S. 187f.（§829））。すなわち，19世紀の末には，独自性がドイツ全体で支配的であるというものである。しかし，民法典の制定まで，ドイツの諸地域は，普通法のほか，プロイセン法（ALR）とライン・フランス法により分裂していた。そして，ALR（I 2 §§131f. I 9 §§1 f., I 10 §§1 f.）も，ABGB（§§380f., §§423f.）と同様に，古い titulus et modus 理論に立脚しており，これによれば，所有権の移転は，権原，すなわち，債権行為や他の意思表示や法律の規定や判決と，方式，すなわち，所有権取得の形式（通常は引渡）によっていたのである。さらに，ALR では，債権者は，引渡の前に特定物の請求をしうる権利 jus ad rem をも有した。そこで，物に対する契約上の権利を知る第三取得者は，物を債権者に引渡す義務もおった。そこで，立法者は，ここで物権と債権の峻別の不徹底な ALR の構造を廃止し，所有権移転を債権契約から分離しようとしたのである(30)。

当時の法分裂は，登記システムにも影響しており，1880年に，プロイセン式の登記システムは，北，中部，東ドイツで3050万人の領域を占めていたが，南と西ドイツでは，フランス式の登記システムも1500万人の領域を占めていた。純粋のローマ法は登記システムを知らなかったから，ほとんど重要性をもたなかった。そこで，実務的には，フランス式やローマ式のシステムを採用することは問題とならなかった(31)。原因行為と処分行為，債権行為と物権行為の峻別は，論理的には必然であっても，これを具体的にどう立法に採用するかは，最後まで政策の問題ととらえられたのである。

しかし，物権行為と債権行為の峻別論そのものは，必ずしもドイツ法に特有なものではない。そして，それは，物権変動の重要問題ではあるが，その他の領域にも影響している。たとえば，わがくにでも，物権行為の独自性に対し，近時，債権行為の独自性とでもいうべき事例がある。最判平23・10・18民集65巻7号2899頁は，X 所有のブナシメジを，A が Y との間で販売委託契約を締結し，出荷した事案である。X が，AY 間の契約を追認し民法116条の類推適用を主張して，販売代金の請求をしたことに対し，判決は，追認によって，契約当事者の地位が所有者に帰属することを否定したものである(32)。従来から，無権代理と他人の物の売買においては，本人の追認がある場合には，物権は移転する（113条1項，116条。他人の物の売買につき，最判昭37・８・10民集16巻８号1700頁）。しかし，本判決によれば，他人の物の処分では，債権行為は，物権行為に追随しないのである。受託者の地位の保護の観点が指摘されているが，詐害的な面もあり，事案の解決としては疑問が残る。

逆に，他人の物の売買は，債権行為としては有効であるが（560条以下），所有権移転をもたらすものではない。そこで，物権行為と債権行為を峻別しないフランス民法では，他人の物の売買は，文言上，無効とされる（フ民1599条。ただし，旧民財産取得編42条１項は無効を原則とし，２項は，売主が売買の当時，物が他人の物であることを知らなければ，無効を援用できないとした）。これは，物権行為にあわせて（他人の物の所有権は移転しない），債権行為を無効（契約も無効）としたのである。債権行為が追随する構成であるが，日本法は，債権行為を有効としたから，物権と債権の峻別を前提にしていることは明らかである。ほかに，32条１項但書のように，物権行為の独自性を前提とした規定もある。物権変動における物権行為の独自性や無因性については，立ち入りえない。

⒂　コサック（Konrad Cosack, 1855. 3. 12–1933. 12. 27）

コサックは，1855年，東プロイセンのケーニヒスベルクで生まれた。父親は，同地の神学教授の Carl Johan（1813–68），母親は，Bertha（geb. Kloer）であった。

ベルリン，ミュンヘン，ハレの各大学で，K. G. Bruns, A. Brinz, H. Brunner などから法律学を学び，ハレ大学で，1877年に学位をえた。1882年に，ベルリン大学で，ドイツ法と民訴法で，ハビリタチオンを取得した（Das Anfechtungsrecht der Gläubiger eines zahlungsunfähigen Schuldners innerhalb und außerhalb des Konkurses, 1884； vgl. Gesamtliste der Habilitationen 1810 bis 1990）。３年間，裁判官として勤め，のちベルリン大学で私講師となり，1885年から員外教授となった。1889年に，ギーセン大学で，正教授となった。1893年に，フライブルク大学に招聘され，1896年に，ボン大学に移った。ここで，大学改革にかかわった（vgl. Universitätsreform, ein Programm, 1921）。さらに，1915年に，希望して教授団から離れ，ボンの商事裁判所で活動した。1918年に，ミュンヘン大学に移り，そこで名誉教授となった。1933年に，ミュンヘンで亡くなった(33)。

コサックは，スコラ的な概念ドグマの体系に反対し，自由法学派を支持し，法律が生活実態に反しうる場合を肯定し，独自の法観念を法規範として導入することを否定しなかったが，必ずしもドグマ的な方法から離れることは望まなかった。文がうまく，政治家でもあった。学問的には，民法のほか，1888年に初版を出した商法のテキストで知られている。それは，当初は，新形式のシステムと方法で批判を浴びたが，長く継続され，1923年までに，10版を数えている。

以下の業績がある。

Der Besitz des Erben, 1877, 108 S.

Die Eidhelfer des Beklagten nach ältestem deutschen Recht, 1885, 95 S.

Lehrbuch des Handelsrechts mit Einschluß des Seerechts, 1888, 539 S.

Das Sachenrecht mit Ausschluß des besonderen Rechts der unbeweglichen Sachen im Entwurf eines BGB für das deutsche Reich, 1889, 84 S.

Das Staatsrecht des Großherzogthums Hessen, 1894, 149 S.

民法のテキストもある（Lehrbuch des deutschen bürgerlichen Rechts, Bd. 1 & 2, 1900）。ただし，あまり特徴はない。

Die allgemeinen Lehren und das Schuldrecht, 7., umgearb. Aufl. 1922.

Das Sachenrecht ; Das Recht der Wertpapiere ; Das Gemeinschaftsrecht ; Das Recht der juristischen Personen ; Das familienrecht ; Das Erbrecht, 6. umgearb. Aufl.. 1913.

第4章　むすび

1　南ドイツの発展

(1)　現在，南ドイツの大学の優位が，とくに理数系を中心に顕著である。ドイツ版のCOE（Exzellenzinitiative, 2006, 第1期）では，選定された全国30ほどの機関の中に，バイエルンの12大学と研究所，バーデン・ヴュルテンベルクの7大学と研究所が包含されている。そして，北・東ドイツは比較的少なかった(34)。2012年までの数期の選定の図は下のようであるが，大都市では，複数の機関が選定されており，ミュンヘンでは，8機関，ハイデルベルクでは6機関，ベルリンでは6機関となっている。南ドイツの比較的優位が特徴である。

再統一後の1990年代に，東ドイツの大学再建のために，多額の予算が投じられた。COE 計画は，2000年代に入って行われた西および南地域の大学のてこ入れでもある。

COE 計画の機関

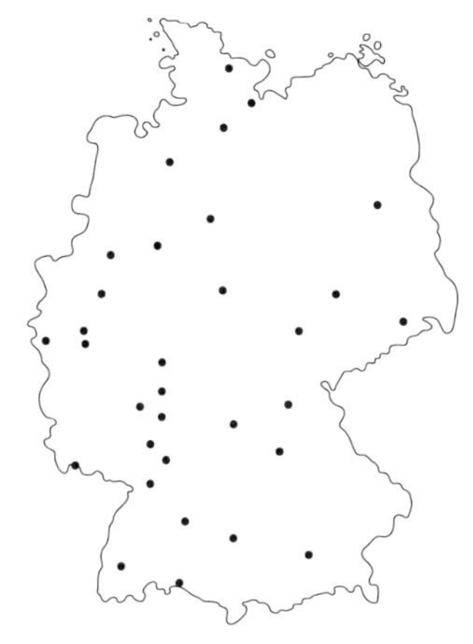

Exzellenz Karte

⑵　中世以降の小ラントの君主が，大学の設立と発展に国の威信をかけたのに対し，軍事国家であるプロイセンには，19世紀初頭まで，あまり顕著な大学はなかったのである（ボンやゲッチンゲン，マールブルクなどは獲得地の大学である。固有のものとしては，ブレウラウ，ケーニヒスベルク，グライフスヴァルトなど比較的小規模大学だけであった）⒂。

その転機をなしたのが，1810年のベルリン大学の創設であったが，19世紀は，自然科学の時代であり，理数系を中心に大学の大規模化，予算による優位性の確保が特徴となったのである。社会科学，とくに法律は，必ずしもその動きに追随したわけではないが，大学の大規模化は共通した特徴である。これは，一面では，多様な分野の分化をもたらしたが，他面では，講義のマスプロ化をもたらした。

大規模化の下では，小ラントは，財政的負担に耐えられず，理数系の大規模大学は，大きなラントに委ねられることになった。プロイセンのいくつかの大学のほか，文化に熱心な南ドイツ諸邦は，小なりといえども，北ドイツの小ラントよりはまとまっていたので，たとえば，バーデンでは，古い大学に近代化をもたらすことが可能であった（ハイデルベルク，フライブルク）。ヴュルテンベルクでも，古い大学であるチュービンゲンのほかに，シュトットガルトである。統一後も，大学の運営は，ラントの所管に属したから，大規模ラントの有利という傾向は続いた。

基本インフラとしての研究基盤の整備が国策となった20世紀の後半以降は異なる。連邦が主導して，大学に予算を分配することを始めたことから，新たな大学の競争が生じた。シュンペーターのひそみに倣うと（創造的破壊），新しいワインは，新しい革袋に入れることが有利であった。南ドイツ諸州は，連邦と州の相乗効果から，とくに有利な立場にたったのである(36)。もっとも，社会科学は，必ずしもこの動きに乗れなかったから，大規模化，マスプロ化だけが問題として残されている。

2　勉学期間短縮の動きと新たなモデル

連邦全体に共通した懸案も多く残されている。20世紀の末から，平均で6年にも達した大学の勉学期間の短縮が行われ，近時では，ほぼ5年に短縮されている。しかし，周辺諸国と比較すると，なお長い。また，ヨーロッパの大学モデルの共通化にともなう新たなモデルが登場している。すなわち，大学と修士課程の合計5年の構成である。さらに，国家試験を伴うドイツの大学制度では，司法研修をどこに位置付けるか，また修士課程と司法研修の関係をめぐって，多くの提言がなされている。これらについては，本稿では立ち入りえない(37)。

(1)　拙稿「公証人と公証人弁護士」専門家の責任と権能（2000年）170頁参照。後注(3)の Kaspers 参照。ルネサンス期のイタリアは，商業が発展し，遠隔・大規模取引が行われていたことから，共同出資と利益配分の必要から，会計帳簿が発展し，帳簿に記載される取引への公証人の関与が必要とされたことから，大量の公証人が必要となったのである。ソール・帳簿の世界史（村井章子訳・2015年）31頁，35頁。

(2)　拙稿「私法におけるカノン法の適用」利息制限法と公序良俗（1999年）11頁以下。なお，中世のイタリアとドイツの関係は，神聖ローマ帝国という枠組みだけではなく，トレヴィーゾのように，ヴェネツィアの北に建設されながら，多数のドイツ人が住んでおり，フィレンツェ人の目に，ドイツ人の町のようにみえたといわれるところにもある。野上素一訳編・ボッカチオ・デカメロン物語（1969年）10頁。

(3)　前掲書（前注(1)）170頁。Kaspers, Schmidt-Thomé und Gerig, Vom Sachsenspiegel zum Code Napoléon, 1961, S. 151ff., p. 157. ドイツ初期の公証人は，イタリアで書

かれた方式に関するテキストを使用したが，15世紀から16世紀の転換期に，これらは，ドイツ語に翻訳され，シュトラスブルクとケルンで印刷された。

(4)　大学の設立に関する文献は多いが，とりあえず，拙著・大学と法曹養成制度（2001年）128頁。本稿は，大学の設立やローマ法継受の問題を主題とするものではないから，これらについては，あまり立ち入らない。

(5)　同様のことはドイツに限られるものではなく，たとえば，イギリスの国際交流が，イングランドとスコットランド，アイルランドをも含むのと同じである。

(6)　南ドイツとの妥協は，ライヒ大審院のライプチッヒへの設置などにもみられる。ザクセンは南ドイツではないが，プロイセンを中心とするドイツ統一（1871年，小ドイツ主義）に対しては，南ドイツとともに抵抗勢力と位置づけられていた。「ドイツ再統一と連邦裁判所の再配置」司法の現代化と民法（2004年）414頁。

なお，バイエルンの上級裁判所は，ドイツ統一後も，憲法の例外条項にもとづき，バイエルン最高裁として，2006年まで存続した（これにつき，判時2265号3頁以下参照)。

ニース条約によるEUの国ごとの投票数を比較してみると，以下のようになる。

	票数	加入年
ドイツ	29	○57年
イギリス	29	73年　16？離脱決定
フランス	29	○57年
イタリア	29	○57年
スペイン	27	86年
ポーランド	27	04年
ルーマニア	14	07年
オランダ	13	○57年
ギリシア	12	81年
ハンガリー	12	04年
チェコ	12	04年
ベルギー	12	○57年
ポルトガル	12	86年
スウェーデン	10	95年
オーストリア	10	95年
ブルガリア	10	07年
etc.	(58)	(73アイルランド，73デンマーク，81ギリシア)
合計	345	

(Vgl.Wesel, Geschichte des Rechts in Europa, 2010, S. 659).

(7)　Deutsche Rechts- und Gerichts-karte, Eine Eintheilung des Deutschen Reichs, 1896, mit einem Orientierungsheft neu hrsg. und mit einer Einleitung versehen von D. Klippel, 1996.

(8)　バイエルン民法典の沿革に関する文献は多い。ヴィアッカー・近世私法史（鈴木禄弥訳・1961年）408頁以下，原著は，Wieacker, Privatrechtsgeschichte der Neuzeit. 2. Aufl. 1967, S. 326ff. また，Schlosser, Grundzüge der Neueren Privatrechtsgeschichte. 10. Aufl., 2005；Wesenberg/Wesener, Neuere deutsche Privatrechtsgeschichte im Rahmen der europäischen Rechtsentwicklung. 4. Aufl. 1985；Pöpperl, Quellen und System des Codex Maximilianeus Bavaricus Civilis. 1967（これは，Dissertation, Würzburgである）。

(9) 拙著・危険負担の研究（1995年）317頁。

(10) Eisenhart, Kreittmayr, Aloysius Freiherr von, ADB 17（1883), S. 102ff.；Rall, Kreittmayr, Aloysius Freiherr von, NDB 12（1980), S. 741ff.；Bauer und Schlosser（hrsg.）Wiguläus Xaver Aloys Freiherr von Kreittmayr（1750-1790), 1991；Kleinheyer und Schröder, Deutsche Juristen aus fünf Jahrhunderten. 3. Aufl., 1996, S. 234（小林孝輔監訳・ドイツ法学者辞典（1983年）159頁（芦沢斉））；Wieacker, a, a, O.（前注(8)），ヴィアッカー・前掲書408頁。

ほかに，Welsch, Leben und Wirken des Wiguläus Xaverius Aloysius Freiherrn von Kreittmayr, Churbayerischen geheimen Staats-Kanzlers und Obersten-Lehenprobstes. 1845；Hans-Georg Hermann, Wiguläus von Kreittmayr, Weigand (hrsg.), Große Gestalten der bayerischen Geschichte, 2011, S. 261ff.

(11) ABGBの発展に直接関係する者については，別稿にゆずる。Rothについては，一橋法学12巻2号44頁参照。ライヒ大審院長については，商論83巻4号119頁参照。

(12) Willy, Brauer, Johann Nikolaus Friedrich, NDB 2（1955), S. 542f.；Weech, Brauer, Johann Nicolaus Friedrich, ADB（1876), S. 263f.；Bibliotheca Iuris (Flume), 214；Stinzing-Landsberg, Geschichte der deutschen Rechtswissenschaft, 3-2, 1910（1978), S. 51.

(13) Steffenhagen, Dabelow, Christoph Christian, ADB 4（1876), S. 684-685.

(14) Marquardsen, Mittermaier, Karl Josef Anton, ADB 22（1885), S. 25ff.；Ebert/Fijal, Mittermaier, Karl Joseph Anton, NDB 17 (1994), S. 584ff.；Bibliotheca Iuris (Flume), 311.

(15) Hosäus, Sintenis, Karl Friedrich Ferdinand, ADB 34（1892), S. 404f. Bibliotheca Iuris（Flume), 358.

(16) Teichmann, Otto, Karl Eduard von, ADB Bd. 24, S. 760-761；Hamberger, Georg Christoph；Meusel, Johann Georg：Das gelehrte Teutschland；Leipzig, Professorenkatalog.

(17) Professorenkatalog Leipzig；Stintzing und Landsberg, Geschichte der deutschen Rechtswissenschaft, Abt. 3, Halbbd. 2：Noten, 1910, S. 152.（死亡時に員外教授であった）。

(18) Wesenberg, Arndts, Karl Ludwig, von Arnesberg, NDB 1（1953), S. 363f.；Lanadsberg, ADB 46（1902), S. 41；Brinz, Nekrolog, Krit. Vjschr. f. Gesetzgebung u. Rechtswiss. 21.1879, S. 1ff.;；Wurzbach, Arndts, Ludwig Ritter, Biographisches Lexikon des Kaiserthums Oesterreich. Bd. 22（1870), S. 466.

(19) Förstemann, Marquardt, Karl Joachim： ADB 20（1884）, S. 413ff. ; Bleicken, Marquardt, Joachim, NDB 16（1990）, S. 245f.； Bibliotheca Iuris（Flume）, 310.

(20) Lotmar, Brinz, Alois von, ADB. Bd 47（1903）, S. 241； Wesenberg, Brinz, Alois von, NDB. Bd 2（1955）, S. 617； Exner, Adolf, Erinnerung an Brinz, 1888.

(21) ÖBL（Österreichisches Biographisches Lexikon 1815-1950）, Bd. 8（1982）, S. 336（父子ともに）； Bibliotheca Iuris（Flume）, 335.

(22) 普通法学説のうちの有責説に属する。これは，一方的債務における帰責の存否を双方的な債務にもおよぼす点に特徴を有する。たとえば，サヴィニーは，双務契約における給付の相互依存関係を認めながらも，履行不能が偶然による場合には現実に履行したとみなされる，という擬制にもとづいて買主の対価支払義務の存続を認めた。すなわち，買主がただちに目的物を受領していれば，偶然の滅失は同人に帰したはずであるし，売主には損失についての責がないから同人に不能についての責任をおわせることもできない，と主張する。この見解は，特定物を給付する債務に関する債務者の過失責任の有無（売主＝債務者に帰責事由がない）を，そのまま債権者＝買主の反対給付債務に延長した（売主は対価を請求することができる）ものであり，買主負担主義を，いわば消極的な過失責任によって基礎づけているのである。拙著・危険負担の研究（1995年）330頁，339頁。

また，類似の見解として，Fuchs, Beitrage zur Lehre von Periculum bei Obligationen, AcP 34（1851）, 112； Voigt, Das strictum jus und aequum et bonum der Römer, III-2, S. 650, 875f.； Puchta, Pandekten, 1853, S. 462. そして，パンデクテン法学における不能論の大成者たるモムゼンの初期の主張にも，同じ構成がみられる（Mommsen, Die Unmöglichkeit der Leistung, Beitrage zum Obligationenrecht, I, 1853, S. 331）。本文の Puntschart の見解は，しばしば普通法学説によって引用され，この見解の重要な典拠となっている。

(23) ÖBL Bd. 8（1982）, S. 336. 息子のプントチャルトは PND： 116313323（父は，PND： 117705780）。親子や縁戚に関する別稿で扱う。

(24) Frommhold, Heinrich Siegel †, DJZ 4（1899）, S. 291f.； Wesener, Siegel, Heinrich, ÖBL. Bd. 12（2005）, S. 236. vgl. Stinzing-Landsberg, III-1, S. 895f.； Bibliotheca Iuris（Flume）, 357.

(25) Wenger, Nachruf, SZ（RA）48（1928）803f.； Hanausek, Erlebtes und Gedachtes. 1926； Wesener, Römisches Recht und Naturrecht（Geschichte der Rechtswissenschaftlichen Fakultät der Universität Graz, 1. Teil, 1978）, S. 98ff. PND： 118545558

(26) Waldhoff, Neumeyer, Karl, NDB 19（1998）, S. 172f； Breitenbuch, Karl Neymeyer, Leben und Werk（1869-1941）, 2013.

(27) Pfaff, Hofmann, Franz, ADB 50（1905）, S. 434ff.； Bibliotheca Iuris（Flume）, 284.

(28) 拙著・危険負担の研究（1994年）339頁注27参照。沿革を理由として買主負担主義を説明しようとする見解には，ホフマンのギリシア法沿革説のほか，ペルニス（Per-

nice, Labeo, I, 1873, S. 456）も，現物売買に由来するとするなど多様なものがある。

(29) 無因性は必ずしも古典ローマ法の産物ではなく，普通法に由来し，また，無因性をとることが，必ずしも売買関係の安定につながるわけでもない。たとえば，著名な判決であるRGZ 70, 55（1908年11月24日）は，動産の売買契約の詐欺による取消のさいに，物権行為も取消されることを前提に，実質的に有因的解決を肯定したものである。債権行為を物権行為の解除条件にし，さらに黙示の条件を広く肯定すれば，無因性はほとんど没却される。さらに，判例は，ときに物権行為の良俗違反をも認める（RGZ 145, 152；RGZ 68, 97）。もっとも，不動産の所有権移転に関しては，Auflassungには，条件や期限を付しえないことから（ド民925条2項），むずかしい問題を生じる。

(30) Schubert, Die Entstehung der Vorschriften des BGB über Besitz und Eigentumsübertragung, Ein Beitrag zur Entstehungsgeschichte des BGB, 1966, S. 101f.

(31) Schubert, ib., S. 99f. なお，vgl. Jauernig, Trennungsprinzip und Abstraktionsprinzip, JuS 1994, 721；Habermeier, Das Trennungsdenken, AcP 195（1995）, S. 283.

(32) 本判決には，立ち入りえない。債権行為の物権行為からの独立のほか，多数の論点がある，債権総論の観点からは，契約上の地位の移転の問題となるし，具体的事例の適合性からは，詐害行為取消や不当利得や不法行為も検討されるべき必要がある。総則的には，処分授権と義務設定授権の峻別がある。賃貸借で状態債務の関係がある場合には，債権行為が物権行為に従属してもよさそうである。

なお，多くの評釈がある。たとえば，松尾弘・法セ688号132頁，中村肇・金判1388号8頁，岩藤美智子・ジュリ臨増1440号78頁，佐藤岩昭・判時2157号155頁，中島基至・ジュリ1446号82頁，伊藤進・リマークス46号14頁，石川博康・法学教室別冊389号19頁など参照。

(33) Hubmann, Cosack, Konrad, NDB 3（1957）, S. 373；Cosack, Selbstdarstellung, Hans Planitz（hrsg.）, Die Rechtswissenschaft der Gegenwart in Selbstdarstellungen. Bd. 1, 1924, S. 1ff.；Müller-Erzbach, Conrad Cosack †, ZHR Bd. 101（1934）, S. 1ff.

(34) 拙著・契約における自由と拘束（2013年）476頁注15参照。

(35) これについて，拙稿・一橋法学12巻1号76頁参照。

(36) もっとも，東ドイツ地域では，再統一後の1990年代に多額の予算が投じられた。連邦連帯税を課せられた西地域には，これについての不満が高く，大学予算も伸びなかったのである。拙著・大学と法曹養成制度（2001年）232頁以下参照。

(37) 勉学期間短縮の動きについては，「法曹養成の現代化法」前掲書（前注(6)参照）366頁以下。また，ヨーロッパの大学モデルの共通化やボローニア宣言については，「グローバル化のもとの法曹養成」契約における自由と拘束（2008年）457頁以下。さらに，修士課程と司法研修の関係については，「法曹養成とマンハイム・モデル」民法の体系と変動（2012年）353頁以下。

法学者の系譜（南ドイツとオーストリア）

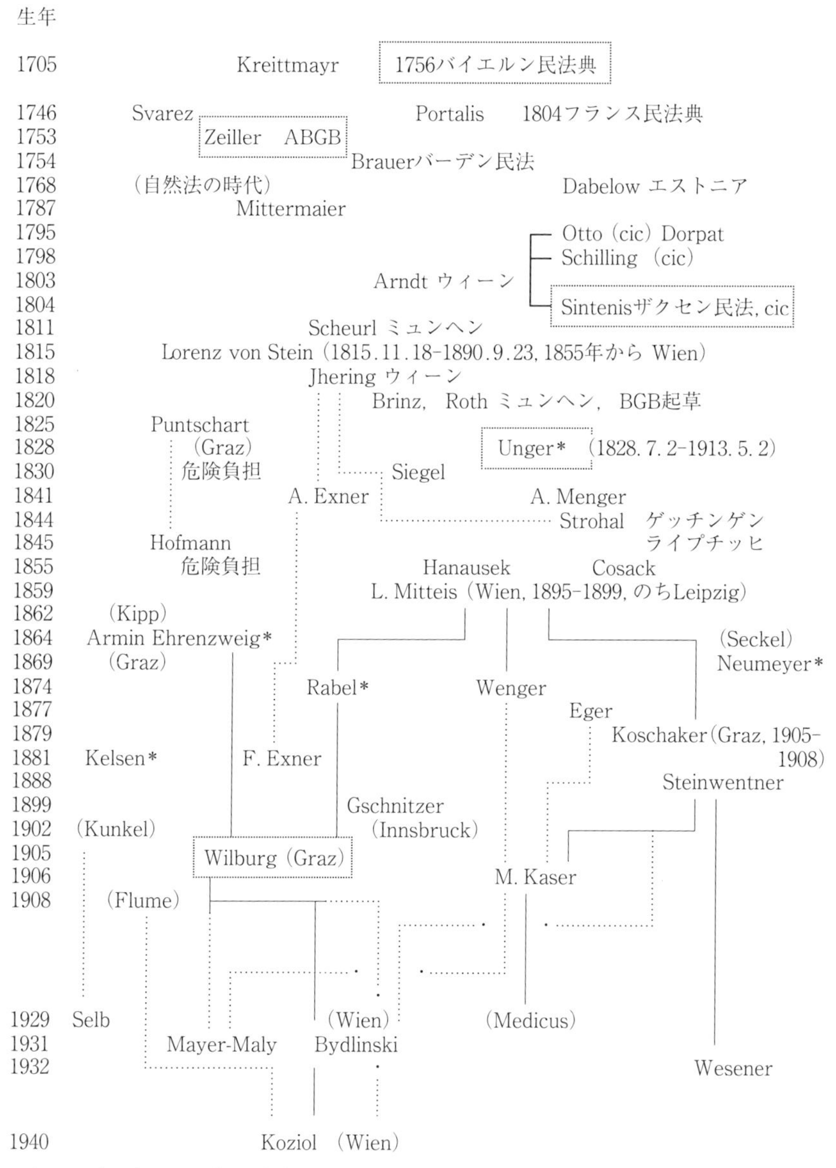
生年
1705 Kreittmayr
1756バイエルン民法典
1746 Svarez
Portalis 1804フランス民法典
1753 Zeiller ABGB
1754 Brauerバーデン民法
1768 （自然法の時代）
Dabelow エストニア
1787 Mittermaier
1795 Otto（cic）Dorpat
1798 Schilling（cic）
1803 Arndt ウィーン
1804 Sintenisザクセン民法，cic
1811 Scheurl ミュンヘン
1815 Lorenz von Stein（1815.11.18-1890.9.23，1855年から Wien）
1818 Jhering ウィーン
1820 Brinz，Roth ミュンヘン，BGB起草
1825 Puntschart
1828 （Graz）
Unger*（1828.7.2-1913.5.2）
1830 危険負担
Siegel
1841 A. Exner
A. Menger
1844 Strohal ゲッチンゲン
ライプチッヒ
1845 Hofmann
1855 危険負担
Hanausek
Cosack
1859 L. Mitteis（Wien，1895-1899，のちLeipzig）
1862 （Kipp）
1864 Armin Ehrenzweig*
（Seckel）
1869 （Graz）
Neumeyer*
1874 Rabel*
Wenger
1877 Eger
1879 Koschaker（Graz，1905-1908）
1881 Kelsen*
F. Exner
1888 Steinwentner
1899 Gschnitzer
1902 （Kunkel）
（Innsbruck）
1905 Wilburg（Graz）
1906 M. Kaser
1908 （Flume）
1929 Selb
（Wien）
（Medicus）
1931 Mayer-Maly
Bydlinski
1932 Wesener
1940 Koziol（Wien）

（かっこ内の者は，必ずしも直接には，オーストリア・南ドイツに関係しない）。
＊ユダヤ系法学者

第3篇　グリュックとパンデクテン・コンメンタール

(1)　グリュック（Christian Friedrich von Glück, 1755. 7. 1–1831. 1. 2）は，18世紀後半から19世紀初頭の普通法学の集大成者の1人と位置づけられる。その主著である「パンデクテン注釈」は，継受されたローマ法をドイツ語で包括的に記述した大著である。継受された現代ローマ法（ローマ法の現代的慣用，usus modernus pandectatorum）は，当時のドイツ法でもあったから，法の歴史的な発展，時代にそくした適用，ローマ法法源への言及，当時の判例や学説に対する参照や理論的対立などが見いだされる。その業績が膨大で影響力のあることから，グリュックは，13世紀の著名な法学者でありパンデクテンの標準注釈書（Glossa ordinaria）の著者アックルシウス（Accursius, ca. 1182–1260）とも比較される。しかし，その著書は，Accursiusとは逆に，ドイツ語からイタリア語に翻訳されたのである。

グリュックは，1755年，ハレで生まれた。父は，プロイセンの宮廷財務官（Hoffiskal），法律顧問のChristian Lebrecht Glück（1718–1804）であった。生まれ故郷のハレ（Halle）のフランケ財団（Franckesche Stiftung）の学校にいき，1770年から1776年の間，ハレ大学で法律学を学んだ。1776年に，マグデブルクで，司法研修を行い，1777年4月16日に，ハレ大学で学位をえた。ハレ大学で，私講師をしている間，いくつかの大学の招聘を拒絶した。たとえば，1779年に，Bützowの，また1782年には，ギーセン大学のHöpfner（1743–97）の後任である（Höpfnerも，歴史法学前夜のパンデクテン法学者として名高い）。ハレは，彼の故郷であるだけではなく，自然法学の大家Christian Wolff（1679–1754）が1706年以来，講義をもっていた地でもある（Wolffは，1717年から正教授）。しかし，ハレで教職をうる見込みがないことから，グリュクは，1784年に，エルランゲン大学の法学部の招聘をうけた（バイエルン王国）。そこに，彼は，死ぬまでとどまり，1791年には，ハレへの招聘をも断っている。1820年に，枢密顧問官（Geheimer Rat）に任じられ，貴族に列せられた。

彼は，エルランゲン市のFriedrichstr. 35の家に住んでおり，Bohlenplatz近くのこの家は，のちに，音楽学校の校舎となった。彼を記念して，建物の正面には，「ここに，パンデクテン法学者のChristian Friedrich von Glück（1784–1831）教授が住んでいた」との記念板がとりつけられている。また，1884年には，エルランゲン市の道路に，彼を記念して，Glückstraßeと名付けられた。

1785年に，彼は，Wilhelmine Elisabeth Geigerと結婚した。この結婚から，2人の息子Christian Karl von Glück（1791–1867），Christian Wilhelm von Glück（1810–1866）と，娘が1人生まれた。グリュックは，1831年1月20日に，エルランゲンで亡くなった。ルター派のプロテスタントであった。

(2)　主著「パンデクテン注釈」(Ausführliche Erläuterung der Pandekten nach Hellfeld ein Commentar, Bde. 71）は，グリュックが死の直前までかけて35巻119頁（対象であるディゲスタの28巻半ば）までを完成させたものである。最初，彼がこの作業の構想を立てたとき，その計画では全6巻にすぎなかった。彼は死の2時間前までその仕事に没頭していたといわれる。

死後，その作業は，著名なパンデクテン法学者たちにより承継された。その中には，Mühlenbruch（1785–1843），Arndts（1803–1878），Ubbelohde（1833–1898）などがいる。ハレで学んだMühlenbruchは，この作業を43巻（ディゲスタの29巻5章）にまで進めた。続けて，Eduard Fein（1813–1858）は，45巻（ディゲスタの29巻7章）までの2巻を著し，これらをSavignyに捧げた。

これに続いたのは，順に以下の学者たちである。

まず，Ludiwig Arndts（1803–1878）である。彼は，サヴィニーの歴史法学派に属し，1839年からミュンヘンのローマ法教授，1855年からウィーンの教授であり，オーストリアにパンデクテン・システムを導入したことで著名である。1852年から出たパンデクテン・テキストをも著している。(49巻ないしディゲスタの32巻)

Karl Salkowski（1838–1899）は，そのつぎである。同人は，1896年から，ケーニヒスベルクの教授であり，Institutionenlehrbuch（1868年から）で著名である。(ディゲスタの32巻)

続くBurkard Wilhelm Leist（1819–1906）は，1846年から，バーゼルの教授，1848年からロシュトック，1853年からイエナの教授となった。おもに占有権に関する一連のモノグラフィーを書いている。(ディゲスタの37巻，38巻は，BurckhardとCarl Ludwig Arndtsの共著である。)

Hugo Burckhard（ディゲスタの39巻，40巻）

さらに，Karl Ritter von Czyhlarz（1833-1914）は，プラハの教授，1892年からウィーンの教授である。オーストリアにおいてInsititutionenlehrbuchを書いている。（ディゲスタの41巻，42巻）

August Ubbelohde（1833-1898）は，1865年からマールブルクの教授であり，歴史法学の信奉者であった。多くのモノグラフィーを書いている。（ディゲスタの43巻，44巻）

これらの学者により継続されたグリュックの著作の影響力は，Savignyの歴史法学によってパンデクテン法学の新たな進展が行われるまできわめて大きく，最終的には，1896年に新たな民法典（BGB）が成立するまで続いたのである。もっとも，その記述は比較的平坦であり，革新的ではない。サヴィニーは，グリュックの自然法的性向や普通法の体系をあまり評価しなかったから，パンデクテンの時代には，影響力は急速に衰えたのである。106年間の努力にもかかわらず，作業は必ずしも完成しなかったが，注釈なく残されたディゲスタの法文は少なく，現在でも，パンデクテン注釈の宝庫としての歴史的意義を有している。

(3)「パンデクテン注釈」は，グリュックの生前に35巻，承継者により1889年に48巻までが完成し，その注釈の対象は，ディゲスタ36巻にまで及んだ。

49巻から後は，巻数は，ディゲスタの章の数え方に変わった。なぜなら，原典と注釈とをパラレルにすることが，明確だからである。ここで，ArndtとSalkowskiは，従来のおおむね500頁弱の機械的な巻数を，ディゲスタ別の巻数に改めた（たとえば，ディゲスタ38巻は，注釈の38巻の1，2，3に納めるものとする。このような場合に，従来は，注釈の38巻，39巻，40巻となったので，注釈と原典の巻数が乖離したのである）。もちろん，もとの1巻から48巻までにも，原典の巻数は付されているが，参照の便宜をはかるために，グリュックは，それをさらにパラグラフに分け，独自の記号（§§）を付している（たとえば，第8巻は，ディゲスタ5巻4から6巻3を収録し，注釈には，§§572－619の番号が与えられている）。もっとも，それ以降の巻では，原典と注釈が対応するように改められたために，記号の番号は必ずしも連続していない（たとえば，ディゲスタ37巻1には，§§1598－1598eの番号が与えられている）(1)。

(1) Die Professoren und Dozenten der Friedrich-Alexander-Universität Erlangen, 1743-1960, 1993, Teil 1, S. 118 (Glück); Stinzing, ADB 9 (1879), S. 253ff.; Glück,

Ausführliche Erläuterung der Pandekten nach Hellfeld ein Commentarのほか，vgl. Stintzing und Landsberg, Geschichte der deutschen Rechtswissenschaft, Abt. 3, Halbbd. 1, 1898（Neud. 1978），S. 444ff.；Hirata, Die Vollendung des usus modernus pandectarum：Christian Friedrich von Glück（1755–1831），SZ（Rom.）123（2006），330ff.；Wieacker, Privatrechtsgeschichte der Neuzeit, 1964, S. 224.

第3部　現代化のプロセス

第1篇　比較法（国際的統一法）の系譜と民法
——ラーベルとケメラー

第1章　はじめに

(1)　本稿は，20世紀以降の民法と国際的統一法の動向を，とくにドイツの2学者，偉大な比較法・民法学者であったラーベルとケメラーを通じて概観し，ひいては，20世紀以降の民法の変容に関しても一定の考察をしようとするものである。

周知のごとく，19世紀の初頭には，ドイツの来るべき統一民法典をめぐって，サヴィニー（Friedrich Karl von Savigny, 1779. 2 . 21–1861. 10. 25）とティボー（Anton Friedrich Justus Thibaut, 1772. 1 . 4 –1840. 3 . 28）の民法典論争があり[(1)]，さらに民法の基礎となる法源をめぐり，19世紀のドイツの私法学者は，ロマニステンとゲルマニステンの区別によって特徴づけられた。そして，1900年のドイツ民法典は，両者の微妙なバランスの上に立脚したものである。

これに対し，20世紀のドイツの法学者は，まったく別の基準により，3種類に分類することができる。第1は，ラーベルなどの国外亡命派であり，第2は，いわゆるキール学派に属する一派であり，第3は，その他の者である。この区別のために，19世紀的なロマニステンとゲルマニステンの対立は，まったく別のものに置き換えられた。1930年代の法のまれな貢献の例である。

(2)　1900年に民法典が発効した後，早くに，19世紀のパンデクテン法学，それに立脚する民法典のほころびが現れた。最大のものは，給付障害の体系，とくに不能論の修正である。これについては，ラーベルの功績もあることから，第2章で後述したい[(2)]。

また，第一次世界大戦時からは，行為基礎の喪失が主張された。第一次世界大戦（1914－1919年）後の，ハイパーインフレ，すなわち貨幣価値の下落に対処するものである。エルトマン（Paul Oertmann, 1865–1938）は，1914年の論文「法秩序と取引慣行」において，当事者が予想もしなかったインフレのような事情の変更を契約の解釈において考慮することを試みた(3)。そして，1921年の論文「行為基礎論」において，事情の変更を理由として，当事者間で利益の相当な調整をする新たな制度が必要であるとしたのである(4)。ライヒ大審院は，1922年2月3日に，この理論を採用した(5)。そして，行為基礎の喪失の概念は，以後，判例と学説によって認められ，2002年の債務法現代化法によって，民法313条に採用されたのである。19世紀のパンデクテン法学が，契約の不安定性への危惧から否定したヴィントシャイト(Bernhard Joseph Hubert Windscheid, 1817. 6.26–1892. 10. 26) の前提論の再生である(6)。

(3) 個別の修正に加えて，民法の体系的な修正も生じた。1933年に，ナチスが政権を掌握すると，ローマ法的基礎を有するものとして民法典に対する全面的な攻撃が加えられた。政治的な論争に言及する必要はないが，民法典のもつローマ法・講壇学的な性格には，前時代からの批判もあり（たとえば，ギールケ＝Otto von Gierke, 1841. 1.11–1921. 10. 10)，批判はそれを受け継ぐものでもあった。こうして，ローマ法とゲルマン法を統合した新たな体系が試みられた。それを全面的に押し出したのが，いわゆるキール学派であった(7)。これは，キール大学の法学部に関係する若手の法学者 Karl Larenz（1903. 4. 23–1993. 1.24)，Franz Wieacker（1908. 8. 5–1994. 2.17)，Wolfgang Siebert (1905. 4.11–1959. 11. 25) などであり，ナチスの政治的要求に迎合し，あるいは逆にこれを利用する形で，理論の構築を図ったのである。

その反面で，ナチスの弾圧をうけた法学者の一団は，亡命を余儀なくされた。ラーベルもその一人である（第2章で後述)。

第3の法学者の一団は，そのいずれにも属さないものである。第二次世界大戦中は，おもに沈黙を余儀なくされた。ケメラーは，この一団に属している（第3章参照)。大著「民法総則」で名高いフルーメ（Werner Flume, 1908. 9.12–2009. 1.28)(8)や，後述のウィルブルクも，同様である。

(4) ナチスの民法理論そのものは戦後否定されたが，1930年代の理論がすべて否定されたわけでも，それ以前のパンデクテン法学に戻ったわけでもない。一例としては，遺言の方式に関する分野がある(9)。相続法は，ナチス時代に，世襲農場法や血統保護法のような人種や世界観を理由とする差別立法によって大きく変容した。そこで，ドイツ民法の2232条～2264条は，1938年に削除され，同年の「遺言作成と相続契約に関する法律」によって代替された（Gesetz über die Errichtung von Testamenten und Erbverträgen vom 31.

Juli. 1938, RGBl. I, 973)。もっとも，方式に関する規定にはそれほどの相違がないとして，とくに遺言の形式主義の厳格さを緩和すること，無効となる場合を可能なかぎり制限し遺言の効力を救うことに重点がおかれた。

この1938年法は戦後に廃止され，1953年3月5日の法律（ナチス時代の民法上の修正を包括的に廃止したもの）は，1900年法を修正・復活させた（Gesetz zur Wiederherstellung der Gesetzeseinheit auf dem Gebiete des bürgerlichen Rechts, 1953, BGBl. I, S. 33)。

しかし，必ずしも1900年のオリジナルな民法の単純な復活というわけでもなく，旧法＝1938年法をも考慮した相当の変更が加えられた。たとえば，2243条などは，字句の修正のみであるが，2238条は，2項だったものが4項に増加している（1938年法11条の承継）。少なくとも方式に関する技術的な規定については，1938年法にも，思想的な影響をうけないものが多く，維持される必要があったからである。世襲農場法や血統保護法のような差別立法が廃止されたことはいうまでもない。

(5)　新たな体系の構築の動きは，戦後も衰えることはなかった。単純な戦前への回帰とはならなかったのである。その理由には，第1に，戦後のヨーロッパ主義，広くは国際主義の立場がある。戦時に提唱された新たな体系は，かなり一面的なゲルマン法を主張したのであるが，実際には，ドイツ以外にも，ローマ以外のゲルマン的要素は存在する。たとえば，ローマ法の現代的慣用（usus modernus pandektarum）や後期普通法以来のローマ法偏重の伝統の強いドイツ民法典よりも，北部慣習法を基礎としたフランス民法典（1804年）には，かえってゲルマン的要素が多く存在するともいわれる。こうした視点は，戦後の分裂したヨーロッパの統一性を探る動きにも合致したのである。

第2に，亡命法学者の戦時中の成果が加えられたことである。亡命法学者は，外国滞在中，ドイツ法ではなく，広く国際的な法に対処することを余儀なくされた。帰国後も，その国際主義は衰えなかったのである。実体私法の統一の動きが加速された。そして，国内にとどまった者にも，もはや法の基礎を，狭いナショナリズムに求める動きは無縁なものとなった。ここには，国際主義と国内およびヨーロッパ・ナショナリズムの新たな一致がみられるのである。

ラーベルとケメラーの学問的な影響は，比較法，民法の債権法を中心として，売買法，不当利得法など多方面にわたる。のみならず，2009年8月には，わがくにでも，ウィーン国際動産統一売買法が，「国際物品売買契約に関する国際連合条約」として発効した。彼らの間接的な影響は，ますます強まったといえ，この機会にその人と業績を見直しておくことは，今後のわが法の行方を探る上でも意義が見出されるのである。

第2章 ラーベルと国際動産統一売買法

1 その生涯

(1) ラーベル（Ernst Rabel, 1874. 1. 28-1955. 9. 27）は，1874年1月28日に，ウィーンで，ユダヤ系の裕福な市民で弁護士である Albert Rabel と Berta の息子として生まれた(10)。アメリカ契約法で著名なコービン（Arthur Linton Corbin, 1874-1967）と同年の生まれである。ラーベルは，年少期に，ウィーンで著名な作曲家・オルガニストであるブルックナー（Anton Bruckner, 1824-1896）から，ピアノを教わった。ギムナジウムで必修の古典語のほか，フランス語，イタリア語，英語を学んだ。

1895年12月20日に，彼は，ウィーン大学で，21歳のときに，ロマニストであるミッタイス（Ludwig Mitteis, 1859. 3. 17-1921. 12. 26. ちなみに，著名なゲルマニストの Heinrich Mitteis, 1889. 11. 26-1952. 7. 23（Deutsches Privatrecht の著者）はその息子である）のもとで，学位をえた。ついで，彼は，父の事務所で働き，ミッタイスの後を追ってライプチッヒ大学に移った。そこにおいて，彼は，1902年に，「瑕疵を理由とする売主の責任」（Die Haftung des Verkäufers wegen Mangels im Rechte, Bd 1. Geschichtliche Studien über den Haftungserfolg. Leipzig, 1902）で，教授資格をえた。

ラーベルは，1904年に，ライプチッヒ大学の員外教授となり，ついで，1906年には，バーゼル大学で正教授となった。そこで，彼は，高裁の判事をも兼任した。1909年から，彼は，コーラー（Josef Kohler, 1849-1919）とともに，ドイツ語とフランス語による比較法の雑誌であるライン民事法雑誌（Rheinische Zeitschrift für Zivil- und Prozessrecht）を編集した（14冊）。1910年に，キール大学に移り，1911年には，古代ギリシア法など古法の大家である Josef Partsch（1882. 9. 2-1925. 3. 30）の後任として，ゲッティンゲン大学に移った。1912年4月9日に，Anny Weber と結婚した（この妻は，彼の没後の1979年に死亡）。前年，南チロルのドロミーテン旅行で知り合ったのである。夫婦の間には，２人の子どもが生まれた。1916年に，彼は，ミュンヘン大学に招聘され，そこで比較法インスティテュートを創設し，1920年から25年まで高裁の判事をも兼任した。このころから，比較法への興味を深めた。創設された比較法インスティテュートは，当時まだ第一次世界大戦中であったことから小規模であったが，ドイツ最古の施設となり，その後類似のものが，ハイデルベルク大学，フランクフルト大学，ハンブルク大学，ベルリン大学などにも設立された。

⑵　ちょうど10年後の1926年に，ラーベルは，ベルリン大学に，ここでもPartschの後任として招聘された。ベルリンでは，比較法研究所（Kaiser-Wilhelm-Institut）を創設しその所長ともなった。これは，現在の，ハンブルクのマックス・プランク比較法研究所（Max-Planck-Institut für ausländisches und internationales Privatrecht）の前身である(11)。当時，ブルンス（Bruns, 1884–1943）の創設した公法研究所（Institut für ausländisches öffentliches Recht und Völkerrecht）とともに，ベルリンのStadtschlossにあった。この時代の助手として，当時司法修習生であったケメラー（Ernst von Caemmerer, 1908. 1. 17–1985. 6. 23）がいる。また，直接・間接に教えをうけた者には，戦後の法学界の重鎮がそろっている（Caemmererのほか，後述のWilburg, Kegelなど。Raiserは，むしろWolffの弟子にあたる）。

ラーベルの大学におけるエピソードが，ケーゲル（Gerhard Kegel, 1912. 6. 26–2006. 2. 16）によって紹介されている(12)。同僚のMartin Wolff（1872–1953）と異なり，ラーベルの講義には，参加者はあまり多くはなかった。また，ラーベルは大学近くの飲み屋（Habel）を嫌っていたが，（それゆえに）Wolffはそこで休息するのが好きであるといったという。他のエピソードによると，天才の性急さ（Ungeduld）が指摘される。中国人学生への口述試験のさいに，ラーベルが質問して，相手方が沈黙したおりに，彼はもはや同じ質問を繰り返さなかった。そこで，ヴォルフが質問を繰り返すと，ポーズのあと，学生は，十分な答えを出した。学生が沈黙したのは，中国では，性急に答えるのは，礼儀に反するからであった，というものである。同じくユダヤ系法学者であり，すぐれた民法学者であったWolffとの確執は興味深い。

ラーベルは，1925年から27年まで，ドイツ・ポーランド間のChorzów（上シレジアのKönigshütte）事件について，ハーグの常設国際司法裁判所の特命裁判官（Ad-hoc-Richter）となった。1927年から36年の間，彼は，比較法・国際私法の雑誌である外国法・比較法雑誌（Zeitschrift für ausländisches und internationales Privatrecht＝現在のラーベル雑誌，RabelsZ, 1927年の創設）の編者となった。また，1926年から34年まで，国際私法判例集の編集にも関与した（ほかにも，上述のライン民事法雑誌，Savigny Zeitschrift（Rom. Abt.), Bd. 46-54の編集にも関与）。そして，この時期から（1927－1934年），私法とくに売買法の統一作業にもかかわっている（1926年設立のローマの私法統一国際協会。Römisches Institut für Vereinheitlichung des Privatrechts, UNIDROIT）。この協会が計画した動産売買法の統一作業に参加したのである（1935年に売買法第1次草案，1939年に同第2次草案）。彼の仕事，とくに後述の動産売買法の著述は，国際的な動産売買法の研究の道しるべとなり，現在でも，国際動産売買に関するウィーン条約（UN-Kaufrecht oder CISG）の基礎となっている。

(3)　ラーベルは，カトリックであり洗礼もうけていたが，ユダヤ人の血統のゆえに，1933年のナチスの政権掌握後は困難な地位に立たされた。まず，1935年1月に，ニュルンベルク血統法（Rassengesetz）によって研究所長の地位を退かねばならなかった（大学は，1935年末に定年を適用した）。特例として，インスティテュートの図書館を私的に利用することはできた。しかし，1939年3月には，彼は，ベルリンを去り，短期間ベルギーに，ついでアメリカに移住した。この時，65歳であり，研究者が余生を考える時期に，まったく新たな生活を余儀なくされたのである。アメリカで，彼は，American Law Institute，ミシガン大学，ハーバード・ロースクールなどの奨学金をえて研究を継続した。とくに，American Law Instituteがリステイトメント（Restatement of the Conflict of Laws）の改定を予定していたことから，その基礎作業を引き受けたのである。こうして，全4巻からなるThe Conflict of Laws, A Comparative Study（4 Bde. 1945-58, 2. Aufl., 1958ff.）が公刊された（第4巻は戦後）。これは，国際私法の基礎的文献となっている。

ユダヤ系の同僚James Goldschmidt（1874-1940，1938年にイギリスに亡命，ベルリン大学からの最初の亡命者であり，死亡したのはウルグアイである），Martin Wolff（1872-1953，1938年にイギリスに亡命），Fritz Schulz（1879-1957，1939年にイギリスに亡命），Arthur Nussbaum（1877-1964，1934年にアメリカに亡命），Julius Flechtheim（不明），Max Rheinstein（1899-1977，1933年にロックフェラー

奨学生としてアメリカに渡る），Julius Magnus（1867–1944，1939年にオランダに亡命），Max Alsberg（1877–1933，1933年にスイスに亡命）なども，同様の亡命の運命をたどった。キール大学のHermann Kantorowicz（1877–1940）も，1933年にアメリカに亡命した。彼らの亡命の時期が必ずしも同時でないのは，1933年の公務員法が，ユダヤ系の血統の濃淡による区別をおいていたからである。たとえば，Hans Carl Nipperdey（1895. 1. 21–1968. 11. 21）は，曾祖母がユダヤ人であったが，戦時中も枢要な職務を占めていた。

ほかにも，当時アメリカに亡命した法学者として，以下の者がいる(13)。Rudolf Schlesinger（1909–1996，1939年にアメリカに亡命），Albert Ehrenzweig（1906–1974，1938年に，スイスを経て，アメリカに亡命），Kessler（1901–1998，1934年にアメリカに亡命，妻がユダヤ系であった），Kronstein（1897–1972，1935年にアメリカに亡命），Brigitte Bodenheimer（1912–1981，1933年にアメリカに渡る），Stefan Riesenfeld（1908–1999，1935年にアメリカに亡命），Stephan Kuttner（1907–1996，1940年にアメリカに亡命）。

(4)　戦後の1950年に，ラーベルは，アメリカへの亡命からドイツに帰還した（1955年に，アメリカ市民権を取得）。時間がかかったのは，ベルリン自由大学が定年教授を招いたが（フンボルト大学は東ベルリン側に属した），マックス・プランク比較法研究所がチュービンゲンに移転していたからである。この研究所は，1944年から56年まで南ドイツのチュービンゲンにあった（現在ハンブルク）。ラーベルは，戦後その所長となったHans Dölleから招聘され，死亡するまで，自分が創設したマックス・プランク比較法研究所で研究を続けた。なお，この関係から，チュービンゲン大学の名誉教授ともなった。研究所では，2人の助手をえて，売買法の第2巻を完成させた。1955年には，ニューヨーク大学で研究滞在をしている。

なお，ベルリン自由大学，アテネ大学，ルーヴァン大学からも，名誉教授号を授与されている。また，ハーバード大学から，Ames賞を，また，ローマのAcademia dei Linceiから，法律部門のAntonio Feltrinelli賞をうけている。彼は，1955年9月27日に，チューリヒで亡くなった。

2　業　　績

(1)　ラーベルの業績は，多方面にわたっている。主要な業績は，著作集（Gesammelte Aufsätze, hrsg. v. Leser, 4 Bde. 1965–71, 以下G. A. と省略）に収録されている。内容は，大きく3つに大別できる。第1は，法史学であり，第2は，民法，とくに債権法である。なかでも売買法の統一が重点である。第3は，国際私法である(14)。

その出発点は，ロマニスト系の法史学であった（Grundzüge des römischen Privatrechts, 1915, 1955)。また，おもなものとして，以下の著作がある。

Die Verfügungsbeschränkungen des Verpfänders besonders in den Papyri：Mit einem Anhang：Eine unveröffentlichte Basler Papyrusurkunde. Leipzig 1909（G. A., IV, S. 167)；Grundzüge des römischen Privatrechts. Berlin 1915（1955)；*Δικη εξουλησ* und Verwandtes. 1915（G. A., IV, S. 294)；Index interpolationum, quae in Iustiniani Digesti inesse dicuntur（3 Bde. ローマ法学者のErnst Levyとの共著), 1929 ff.；Systasis. 1937（G. A., IV, S. 628)；In memoriam Pietro Bonfante（G. A., IV, S. 503)；Real Securities in Roman Law, Reflections on a Recent Study by the Late Dean Wigmore, 1943（G. A., IV, S. 628)；In der Schule von Ludwig Mitteis, 1954,（G. A., III, S. 376).

また，ロマニストの法史研究は，同時に現代ローマ法である民法の研究そのものでもあったから，ラーベルも，民法学者であり，さらに比較法学者でもあった。その歴史研究と民法研究とは密接不可分のものである。すなわち，1900年以前のローマ法とは，ドイツに継受された普通法をいい，「現代ローマ法」とは，当時のドイツ民法をさすのである。1900年のドイツ民法典の発効後は，それがドイツ民法となり，ローマ法は「古典ローマ法」となり，解釈学ではなく，法史の対象となることが明らかとなったのである。こうした経緯から，ヨーロッパの「ローマ法」は，現在でも，日本よりもはるかに解釈論との結びつきが強い。たとえば，物権法の講義でも，相当なローマ法の解説が行われる。ドイツだけではなく，イタリアでも同様である。以下の著作がある。

Nachgeformte Rechtsgeschäfte, Mit Beiträgen zur Lehre von der Injurezession und vom Pfandrecht, SavignyZ 1906（G. A., IV, S. 9)；Origine de la règle „Impossibilium nulla obligatio“, 1907（G. A., IV, S. 105)；Gefahrtragung beim Kauf, 1921（G. A., IV, S. 354)；Negotium alienum et animus, 1930（G. A., IV, S. 441)；Die Erbrechtstheorie Bonfantes, 1930（G. A., IV, S. 409)；Das Problem der Qualifikation, RabelsZ 5, 1931, 241（G. A., II, S. 189)；Erbengemeinschaft und Gewährleistung, 1934（G. A., IV, S. 549)；

Zum Besitzverlust, 1936（G. A., IV, S. 580）; Zu den allgemeinen Bestimmungen über Nichterfüllung gegenseitiger Verträge, 1937（G. A., III, S. 138）.

(2)　法の統一に関するラーベルの基本的立場には，変化がみられる。当初は，むしろその限界を指摘していた。文化や社会の相違に起因する差異が強調された。しかし，研究の進展とともに，統一への期待はより積極的なものとなった。こうした積極的な立場は，統一売買法の作業からえられたものである。彼の比較法学の特徴は，たんなる制度の比較にとどまらず，機能的な比較にあり，これによって，制度間の相違が大きく，単純な比較が困難な英米法も，大陸法との比較対象に取り込まれることになったのである。たとえば，Aufgabe und Notwendigkeit der Rechtsvergleichung（1924）（G. A., III, S. 1）にみられる。この手法は，現在の比較法学の基礎となっている。

こうした，法史，民法と比較法の多面的な視点が，彼の研究対象である売買をモデルに結実したのが，２巻からなる大著「動産売買法」(Das Recht des Warenkaufs, Eine rechtsvergleichende Darstellung. 2 Bde, 1936, 1957）であった。これは，もともと，売買法など私法の国際的統一のための準備作業といえるものであった。現在でも，歴史的かつ比較法的なモノグラフィーのモデルになっており，また，動産売買の国際的な統一作業の基本文献ともなっている。ドイツの私法学に，比較法，とくに英米法の視点を採り入れたのは，彼と Caemmerer を総帥とするフライブルク学派の功績が大きいものと考えられる。統一売買法の草案（1935年）やその後の草案は，著作集（G. A., III, S. 522. 以下）に収録されている。

(3)　亡命後は，国際私法と英米法関係の業績も多い。国際私法の業績として，上述の The Conflict of Laws: A Comparative Study. 4 Bde, 1945～1958）がある。また，ドイツ法とアメリカ法の比較である Deutsches und amerikanisches Recht, 1951（G. A., III, S. 342）がある。

以下は，アメリカでの業績である。The Statute of Frauds and Comparative Legal History, 1947（G. A., III, S. 261）; Private Laws of Western Civilization, 1949/1950（G. A., III, S. 276）; Comparative Conflicts Law, 1949（G. A., II, S. 430）.

彼に対する，70歳のときの献呈論集は，戦時中の1944年に，Hans Jurius Wolff により，手稿のまま手渡されたが，80歳のときの献呈論集は，1954年に，２巻本として出版された（Festschrift für Ernst Rabel, 2 Bde, 1954）。

3 給付障害法，損害賠償法，ウィーン国際動産統一売買法

(1) 1900年に，ドイツ民法典が発効した時，給付障害法においては，パンデクテン法学の不能論が支配していた（たとえば，Windscheid, Pandekten, II, 1906, S. 91ff., 130ff.)。そこで，同年の不能に関する3つのモノグラフィーは，いずれも伝統的な不能論に立脚していたのである（Titze, Die Unmöglichkeit der Leistung nach deutschen bürgerlichen Recht, 1900, § 8 (S. 149ff.); Kisch, Die Wirkungen der nachträglich eintretenden Unmöglichkeit der Erfüllung bei gegenseitigen Verträgen, 1900, § 3 (S. 18ff.); Kleineidem, Unmöglichkeit und Unvermögen nach dem Bürgerlichen Gesetzbuche für das Deutsche Reich, 1900, S. 94ff., S. 24ff.)(15)。

しかし，その凋落は，誕生からすぐに始まる。第1に，実務の側面から，1902年に，シュタウプ（Samuel Hermann Staub, 1856. 3.21-1904. 9. 2）が，「積極的契約侵害とその効果」(Die positiven Vertragsverletzungen und ihre Rechtsfolgen）という講演をもとにした論文を公にし，民法典における法の欠缺を論じた(16)。第2に，法史と比較法の側面から，ラーベルが，大陸法の不能論を位置づけ（Rabel, Die Unmöglichkeit der Leistung. Eine kritische Studie zum Bürgerlichen Gesetzbuch, 1907, (G. A., I, S. 1); Über Unmöglichkeit der Leistung und heutige Praxis, 1911, (G. A., I, S. 56); Zur Lehre von der Unmöglichkeit der Leistung nach österreichischen Recht, 1911, (G. A., I, S. 79),ドイツ民法典の欠缺を論じたからである(17)。

ドイツ民法典旧306条は，「不能な給付に向けられた契約は無効とする」。しかし，沈没した船の積荷であるじゃがいも1000箱の売買につき，これを原始的不能とすること，また，人的な給付，たとえば，できない手術を医者が引き受けること，画家が視力を失いながらも肖像画を描く債務などに，この306条を適用することは，必ずしも適切ではない。民法典自体，これと異なる原則（437条の債権の売主の責任，旧538条＝現536a条の賃貸人の責任）を定めており（履行義務。および459条の瑕疵担保責任)，また多くの場合に，錯誤規定との衝突も起こすのである。契約をした者は，給付が可能であることを証明しなければならないが，すべての事情を把握できることにはならない。取引は，無限の予見を求めるものではなく，ここに責任の限界が生じる。後発的な障害に関しても，債務者は，締結時に予見可能でなければならない。事情変更の原則（clausula rebus sic stantibus）なしに，これは達成不可能とな

る。そして，実務は，イギリス法の契約責任に類似した責任と限界の方向に進んだのである。瑕疵担保の特性が否定され，債務不履行責任として再構成されたことは，わがくににおいても大きな影響を与えている(18)。

一般的な「契約違反」の概念（Vertragsverletzung）は，とくに比較法的な産物である。これによって新たな債務者の責任と免責事由の概念が構築された。また，大陸法の履行請求権（Erfüllungsanspruch）は，英米法の特定履行（specific perfomance）と，一見するほどの相違はない。そして，ドイツ法では認められていなかった，不履行による損害賠償と結合した契約の解除は，ドイツ法の不履行を理由とする損害賠償の差額説と同じ機能を果たすことが示されたのである。旧法下の解除と損害賠償の選択的行使（旧325条1項）の克服の重要な契機となった（現代化法325条では双方行使が可能）。また，英米法の期限前の契約違反（anticipatory breach of contract）の研究から，積極的契約侵害のもとでの履行拒絶が禁反言（estoppel）の観点から正当化された。

(2)　給付障害法だけではなく，損害賠償法においても，ラーベルの功績は大きい。彼は，ローマ法から，立法上の多様な損害の区分と限界を示した（Adäquatprinzip, Abstufung des Verschuldens）。また，ライヒ大審院（RG）では，あいまいに252条によって処理されてきた保護範囲の限界と損害賠償の限界が，国際的には多様に処理されていることをも指摘した。さらに，一定の場合に，因果関係（juristische Kausalität）とされている問題が，じっさいには，損害の範囲の法的な限界の問題（Schadensumfang）であることも示した。この理論も，わがくにに大きな影響を与えた(19)。

因果関係と損害の範囲の問題は，仮定的・凌駕的因果関係（hypothetische od. überholende Kausalität）の場合にもみられる。たとえば，Aの高価な絵がBによって毀損され，その修理には，一万マルクかかるという場合に，翌日，Aの家が類焼して，絵も滅失した場合に，Bは，損害賠償義務を負担するかである。損害賠償請求権はひとたび生じれば，仮定的な原因は，考慮されないとするのが，ライヒ大審院（RGZ 141, 365；144, 80）の判例である（Enneccerus-Lehmann, Recht der Schuldverältnisse, §15 III 5など通説）。これとは逆に，損害賠償によって回復されるべき状態は，後発の事情によって影響されるとするのが，反対説である（ただし，履行されてしまえば影響されない）。この間に，損害の種類により区別し，間接損害にのみ，仮定的な事情を考慮するとの見解（BGHZ 29, 207）や，仮定的な事情は，249条の原状回復の場合には考慮されないが，251条，252条の価額賠償では考慮するとの区別をする見解（vgl. Esser, Schuldrecht, 4. Aufl., I §46 III）がある。近時の多数説は，これを損害範囲の問題としている[20]。

(3) 動産売買の国際的な統一化の動きは，ハーグとウィーンの二売買法条約によるが，本稿では，あまり詳細に立ち入る必要はないであろう[21]。おもに，ラーベルの没後の展開に属する問題となるからである。

(a) まず，ハーグ売買法条約（国際動産統一売買法，1964年）は，動産の国際的売買に関する条約（Convention Relating to a Uniform Law on the International Sale of Goods; ULIS）と動産の国際的売買契約の成立に関する条約（Convention Relating to a Uniform Law on the Formation of Contracts for the International Sale of Goods; ULF）の2条約の総称であるが，前者のみをさすこともある。

1930年4月，国際連盟の機関であった私法統一国際協会(UNIDROIT，1940年に，イタリアが国際連盟から脱退したことから，その後は，独立の国際組織となった）は，債権法とくに動産売買法の統一草案の作成を試みたが，第二次世界大戦の勃発によってその作業は中断されざるをえなかった。戦後，1951年に作業が再開され（1939年草案を基礎として，51年草案とする），1956年に，第3次草案，1963年に改正案が成立し，1964年に，ハーグにおいて採択され(28か国が参加)，1972年8月から発効した。

ただし，その加盟国は，戦前の継承という性質上，ヨーロッパ諸国を中心とし，少数にとどまった（ベルギー，ルクセンブルク，オランダ，西ドイツ，イギリス，イタリア，サンマリノ，イスラエル，ガンビアだけであった)。ウィーン売買法条約99条によれば，ハーグ売買法条約の加盟国がウィーン売買法条約へ加盟する場合には，ハーグ売買法条約を廃棄するものとされている。そこで，ドイツ，イタリア，オランダ，ルクセンブルクは，これにもとづき，すでにハーグ売買法条約を廃棄している。

ハーグ売買法条約は，なお大陸法の影響が強く，一面では理論的であるが，ドグマ的でもある（特定物ドグマの遺物)。英米法との齟齬も大きく，また，必ずしも具体的な国際取引が反映されていないこと，冷戦という成立の時代的制約から加盟国が少なかったことなどから，ウィーン売買法条約へと引き継がれるにいたっている。

(b)　つぎに，ウィーン売買法条約（国際動産統一売買法，1981年，United Nations Convention on Contracts for the International Sale of Goods,CISG）は，前述のように，わがくにでも，「国際物品売買契約に関する国際連合条約」として，2009年8月1日から発効した（批准は2008年7月1日）。

国際的な動産売買契約の成立や効力に関する統一法に関する条約では，ハーグ売買法条約が先行していたが，その締約国や批准国は少数にとどまり，欧米を中心として制定された経過から，発展途上国には，先進国有利との危惧があり，その世界的普及も期待しえなかった。

そこで，1970年から，国際連合の国際商取引法委員会（UNCITRAL）においてハーグ売買法条約の改正――これは同時にウィーン売買法条約の制定作業である――が開始された。1980年4月に，条約の草案が同委員会によって採択され，国連総会における外交会議の開催が勧告された。そして，同年4月10日，ウィーンにおける外交会議において，ウィーン売買法条約として採択されたのである（発効は，1988年1月1日）。

ハーグ売買法条約と異なり，ウィーン売買法条約の締約国は，80か国近くに及んでいる。おもな締約国としては，ヨーロッパ諸国（ドイツ，フランスなどEU諸国，スウェーデンなど北欧。ただし，イギリスのみは，なお批准していない），アメリカ，カナダ，ロシア，オーストラリアなどのほか，中国，韓国などアジア諸国，アルゼンチン，チリ，メキシコなど中南米，エジプトなどアフリカ諸国も含まれている。発展途上国は比較的少なかったが，中国がかなり早くに加盟していることから，世界貿易における意義は大きい。

第3章　ケメラーと不当利得類型論

1　生涯と業績

(1)　ケメラー（Ernst von Caemmerer, 1908. 1. 17–1985. 6. 23）は，1908年にベルリンで生まれ，幼年期をすごした[22]。1914年，6歳の時に，父を第一次世界大戦で失った。1926年から1930年まで，ミュンヘン大学とベルリン大学で法律学を学び，Martin Wolff（前述のように1938年にイギリスに亡命）の厳格な解釈論の影響をうけた。23歳で学位を取得した。その後，司法研修に入り（1965年以前は，研修期間は3年半であった），1934年に，修習生試験を終えた。修習生の時期に，彼は，当時ベルリンにあった比較法研究所（Kaiser-Wilhelm-Institut für ausländisches und internationales Privatrecht in Berlin）で，ラーベル（Ernst Rabel, 1874. 1 . 28–1955. 9 . 27）の助手の一人となった。この比較法研究所は，ラーベルが，1926年にベルリン大学に招聘されたさいに創設し，その所長となっていたものである。これは，現在のハンブルクのマックス・プランク比較法研究所（Max-Planck-Institut für ausländisches und internationales Privatrecht）の前身でもある。ついで，ベルリンの地裁で，補助裁判官となった。

ケメラーは，1937年から，ドレスデン銀行の法律部門で専門職についた。1937年からは，一時，比較法研究所に参与・調査員としての地位をもえた。ラーベルの比較法に関する手法は，彼に多大な影響を与えた。同等の助手は多数いたはずであるが，今日的な観点からみれば，これによって，彼は，実質的に，ラーベルの学問的な後継者たるように運命づけられたのである(23)。もっとも，ラーベルが1938年にアメリカに亡命したこともあり，その後の銀行在任中は，ラーベルやその研究所との接触はない。第二次世界大戦中は，海軍に入り掃海艇の指揮をとった。捕虜となり収容所に収容され，1946年にドイツに帰国した。同年，彼は，フランクフルト大学で，ハルシュタイン（Walter Hallstein, 1901. 11. 17–1982. 3 . 29）のもとで，教授資格をえた。

ケメラーが教授資格論文を完成させたフランクフルト大学のハルシュタインは，アデナウアー（Konrad Adenauer, 1876–1967, ドイツ連邦共和国＝西ドイツ首相1949–1963）のブレーンであり（西ドイツ政府が唯一のドイツの合法政府であるとし，東ドイツを承認する国とは断交措置をとるとの，ハルシュタイン原則の提唱者），EECの初代委員長（1958–1967）ともなり，その後半生は，学究というよりも，政治家であった。ケメラーの学問へのハルシュタインの影響は，ほとんど語られない。ただし，ケメラーは，ハルシュタインへの65歳の献呈論集の編者の一人となっている。ヨーロッパ法をテーマとする580頁にもなる大作である。それによれば，ハルシュタインの精神的根源も，Partsch, Rabel, Martin Wolffにみられたような1920年代の比較法や私法の国際的観点にあるものとされる(24)。また，この論集には，私法学者も多数参加している。

(2)　1947年に，ケメラーは，フライブルク大学で，フライブルク学派の市場自由主義（Ordoliberalismus）の重要な代表者であったHans Großmann-Doerth（1894. 9 . 9–1944. 3 . 5）(25)の後任として，民法・商法・経済法・国際私法の教授職をえた。また，外国法・比較法インスティテュートを創設した。

こうして，フライブルクに居を構え，ここで，Frideと結婚した。彼は，ボン大学，ケルン大学，ミュンヘン大学への招聘を断り，1976年に，名誉教授となるまでフライブルクにとどまった。

ドイツの大学の多くは州立大学であり，他州からの招聘には，研究室や研究所・秘書・助手などの優遇措置が付随するのが常である。ちなみに，ドイツの大学はその起原がラント諸侯の設立にかかるものが多いことから，比較的均質であり，フランスのパリに対するような首都信仰はない。この傾向は，ベルリンが首都の座を失った戦後はとくにいちじるしく，特定の大学への固執はまれであり，フランスやわがくにのような大学間の植民地主義も存在しない。そこで，たとえば，ゲッチンゲン大学とチュービンゲン大学，フライブルク大学などの間では，たがいに引き抜き，引き抜かれる関係があり，一方的な引き抜きの関係は存在しない(26)。

彼のもとで助手として働いた者の中からは，多くの著名な法律家が輩出している。その中には，フライブルク大学で彼のあとをついだPeter Schlechtriem（1933. 3. 2–2007. 4. 23）のほか，同じくフライブルク大学のGünter Hager（1943. 9. 16–），ボン大学のWolfgang Marschall von Bieberstein（1928. 8. 4–2003. 6. 10），マールブルク大学のHans G. Leser（1928. 11. 25–），Hans Claudius Taschner（1931. 5. 31–, 1981年までは家族名はFicker），Uwe Blaurock（1943. 2. 4–），Karl Kreuzer（1934. 11. 4–），Claudieter Schott（1936. 11. 1–）などがいる。彼の在職中から，フライブルク大学では，日本人をも積極的に受け入れたことから，後継のStoll, SchlechtriemやHagerの時代もあわせ，多数の留学生がフライブルクを目ざした。

65歳のときに，ハーグ統一売買法のシンポジウムの報告書が彼に献呈されており(27)，これは，143頁の小冊子であったが，70歳のときには，1139頁にもなる大部の記念論文集が献呈されている(28)。

(3)　ケメラーは，たんに有能な研究者であるだけでなく，影響力ある教師でもあった。あるアメリカの交換教授は，1964/65年に，フライブルク大学にいたおりに，ケメラーの知的な教授法，その講義や質問するダイナミックなスタイルに感銘をうけたとしている(29)。この点は，必ずしも講義に情熱をもたなかったといわれる後継者とは異なる。ケメラーは，学生に，事例の実際的な意味がどこかを問うのがつねであった(30)。これは，彼の銀行での実務経験が影響したものであろう。

ケメラーの教師としての真摯な講義や態度は，学生にも影響を与え，1961年に，ケメラーがミュンヘン大学に招聘されたときには，フライブルクの学生は，慰留のための活動（たいまつ行列 Fackelzug）を行った。ケメラーは，大学では学部長も経験し，1956年には，フライブルク大学の学長に選出された（1957年まで）。1962年から1973年には，比較法協会の所長となった。ハーグでも，1954年から，常設仲裁裁判所の委員となった。

さらに，ケメラーは，損害賠償法の再構成のための委員会のメンバーであり，司法省の顧問，国家経済制度の鑑定人となり，バーデン・ヴュルテンベルク州の委員にもなった。また，ドイツ法曹大会の代表メンバーであり，国際私法のためのドイツ協議会の債務法委員会の議長であり，1964年のハーグ会議のドイツ代表団のメンバーでもあった。このハーグ会議によって，統一売買法は成立し，現在の国連売買法（CISG）の前身となったのである。彼は，こうした活動によって学問的な作業から遠ざかることもなかった稀な例である。彼の，国際取引における動産売買における引渡主義（Traditionsprinzip）は，早くに確立された（物権変動における意思主義 Konsensprinzig との比較検討にもとづく）[31]。

生存中に，ルント大学，コペンハーゲン大学，ソルボンヌ大学から，名誉博士号をうけた。連邦の功労賞，バーデン・ヴュルテンベルク州の功労メダルをうけた。ケメラーは，1985年に，77歳で死亡し，彼のために，比較法の推進を目的とするケメラー財団が設立された。その墓は，フライブルクの Friedhof in Freiburg-Zähringen にある。

なお, *Caemmerer* というのは, もともとフランク王国の官職名である(Camerarius)。Mundschenk, Kanzler などとともに，王を補佐し（ときには宰相をさす），地方官である伯や司教（Graf, Bischof）を監督し，行政のコントロールをする。Königsboten（Missi dominici）や Markgraf が，派遣されて地方官に関わるのに対し，王の官房（Kanzlei）に所属するものである。Kanzlei は，Marschall, Truchsess, Pfalzgraf などからなる Pfalzgericht とともに，中央の2組織の1つであった。中世においては，おもに国家の財務官をさし，イギリスでは, 転じて Chamberlain(たとえば, 宥和政策で名高い Arthur Meville Chamberlain, 1869–1940がいる）として人名にも入っている[32]。

(4)　ケメラーの手法は，事例とその解決から出発し（Rechtsfall und seine Lösung），システムと概念（Syetem und Begriff）がそれを補充した。これによって，彼は，概念的法実証主義（Begriffspositivismus）の方法を克服したのである。その成果は，一連のモノグラフィーに発表され，たんに総括するだけの記述はまれであり，教科書ではなかった。彼は，たんなる教科書書きは学者の仕事ではないとして，教科書の類を書かなかったからである[33]。おもな論文は，Hans G. Leser によって編集された著作集に収録されている（1968 & 1983, Mohr Siebeck, Tübingen）。その分類は，以下のとおりである。

著作集　第1巻　比較法と債権法・1968年

第2巻　会社法，通貨と信用・1968年

第3巻　1968年から1982年までの追加・1983年

学問的対象は，多岐にわたっていたが，重点は債権法である。そこでも，とくに国際的な統一売買法，不当利得法（Bereicherung und unerlaubte Handlung），不法行為法（Wandlungen des Deliktsrechts）が中心である。後者では，Das Verschuldensproblem in rechtsvergleichender Sicht, 1978が，その先駆である。さらに，会社法や，通貨法（Währungsfragen），銀行法も包含されている。また，方法論，比較法，国際私法への寄与も見過ごせないものとなっている[34]。

2　不当利得の類型論

ケメラーについては，不当利得の類型論のみにふれる。彼は，不当利得の類型論の大成者として知られている。

類型論の登場する前の不当利得では，いわゆる統一的理解が一般的であった。法律の形式的・一般的に正当とされる財産価値の移動が実質的・相対的に正当とされない場合に，衡平の理念に従ってその矛盾の解決を図ろうとする制度を不当利得とするものである[35]。この理論のもとでは，不当利得は，個別の法規から生じる具体的帰結の不当な場合の調整を，高い観点から行う制度と位置づけられる。いわゆる衡平説である（たとえば，わがくにでも，法律上の原因とは，正義公平の観念上，正当とせられる原因のことであるとする大判昭11・1・17民集15巻101頁がある。「法律上ノ原因トハ猶正当ナル原因ト云フカ如シ何ヲカ正当ト云フコトハ必シモ二三法条ニ跼蹐スルコト無ク善ク大処高処ニ立チ以テ当該利得ハ正義公平ノ観念上之ヲ正当トスルヤ否ヤヲ討ヌルニ因リテ始メテ暁ルヲ得ヘキ問題ト為ス」）[36]。しかし，これによると，種々の法律上の制度との関係が問題となることから，利得の直接性（Unmittelbarkeit）のような補充概念が必要となるのである(37)。

これに対し，類型論（Typologie des Bereicherungsrechts）は，民法の諸規定の中での不当利得法の特別な地位を認めず，他の制度と同じレベルの法的手段であることを前提とする。たとえば，契約の無効・取消のさいに，すでに移転した財貨を取り戻すために用いられる不当利得は，たんに財貨移転の不正を正す制度ではなく，障害をうけた契約の清算・まきもどしの制度と位置づけられる。あたかも，契約の解除の場合の原状回復請求権と同様である(545条参照)。これにより，不当利得制度は，民法上の他の制度と同じレベルの，実定法上の制度の１つとなる。ただし，その機能が多様なことから，その適用範囲や目的からいくつかの類型を形成することが必要となる。これが類型論である。

詳細な類型の考え方には見解による相違もあるが，まず大別されるのは，給付利得とその他の利得（他人の財貨からの利得）であり，さらに後者には，侵害利得，支出利得などの小分類があるとするのが一般的である。この類型分けは，たんに事例に即して行われ，整理に役立つというだけではなく，具体的な要件・効果の相違をも導きうることから，実際的な意義をも有する。

類型論は，ドイツにおいて，1954年以降(von Caemmerer, Bereicherung und unerlaubte Handlung, 1954(Ges. S. I, S. 209). オーストリアのヴィルブルク(Walter Wilburg, 1905. 6. 22–1991. 8. 22)の論文はWilburg, Die Lehre von der ungerechtfertigten Bereicherung nach österreichischem und deutschem Recht, 1934)），支配的となった。たとえば，20世紀前半の標準的テキストであるEnneccerus-Lehmann, Recht der Schuldverhältnisse, 15. Aufl. 1958, S. 871. は，すでにヴィルブルク，ケメラーに従い，普通法のみならず，民法もまた，一般的な不当利得訴訟を認めるものではなく，不当と判断される特別な理由ごと（他人からの給付とその他の取得）に生じることが必要であるとしている(38)。

類型論は，わがくににおいても，1970年代以降，精力的に紹介された(39)。伝統的な考え方は，むしろ不当利得の根拠を一元的にとらえる衡平説であり，従来の判例も基本的にこれに立脚していたものと考えられる。不当利得の制度は広範囲な対象を有することから，個別の判例法はともかく，類型論によって包括的に制度が転換されたとみることは，むずかしい。しかし，学説においては，類型論的な思考はすでに通説的な地位を確立していると思われるし，一般的な動向ともなっている。

第4章　む す び

(1)　国際的な統一を目ざす売買法や債権法は，大陸法と英米法との調整を目ざすものである。両者の相違をもたらすものは，多い。たとえば，第3章でも部分的にふれたように，履行請求権は，大陸法では債務不履行に対する基本的な救済方法であるが，英米法では，損害賠償を原則とし，特定履行は例外的救済にすぎない。過失責任主義といっても，その内容は異なる。大陸法では，履行の義務のみが引き受けられるのに反し，英米法では，履行の結果が引き受けられる。英米法は，古いゲルマン法と同様に，厳格責任を原則とするからである(40)。19世紀以降，過失責任主義の採用とともに，債務からの免責が肯定された。しかし，大陸法的な債務の不能（Impossibility）は過渡的なものにすぎず，契約全体を消滅させるフラストレイション法理や不実行性（Impracticability）の法理を必要とした。具体的には，不可抗力（Force major）が必要であり，たんなる帰責事由のないことではたりないのである。国際物品売買契約に関する国際連合条約の発効した現在，わが民法の解釈には，大陸法と英米法との調整といった視点が重要となる。

(2)　ここで，一面的な厳格法の解釈に委ねるべきではない。

近時，民法（債権法）改正論議が盛んである。おもに2つの研究会（事務局・代表者名から，①内田研究会，②加藤研究会などといわれる）の改正案が公表されている。学者グループからなり，一部業界協力者を加えたものである。すでに100年を経た民法典の改正論議が生じることは当然である。しかし，一時期一世を風靡したグローバリズムやそれをささえた新自由主義への反省のないままの改正論議は，多くの疑問を残している。多くの改正論議の場合と同じく，判例理論の具体化や可視化といわれるが，内容はそれにとどまるものではない。

個別の論点に立ち入ることはできないが，大きな論点を2つとりあげよう。第1に，債務不履行に対する変更点がある。契約法において，従来の大陸法的な過失責任主義から，英米法流の無過失責任，厳格責任（契約で引き受けられない事由のみが免責される）への大転換が意図されている（①による試案の問題。3．1．1．63条。金銭債務の不履行は，3．1．1．72条）。債権者の一層の行動の自由が目ざされている（契約で引き受けた事由については，無過失責任)。債務不履行を問うには，債務者の過失の存在が必要であるとする過失責任主義は，近代自然法以来の近代法の原理である(41)。被害者保護の要請の大きい不法行為法はともかく，契約法において，これを修正するべき必要性は，いまだ学説にも判例にもなく，唐突な感を免れない(42)。過失責任主義は，種々の場面においてなお債務者の強力な保護機能を有しており，賃貸借を典型とする各種の貧困ビジネスが盛んな今日，このような変更は，社会に誤ったメッセージを伝えることになろう。

(3)　多くの場面において，2009年に施行された国際物品売買契約に関する国際連合条約との整合性が志向されているのであろう（もっとも，そこでも，損害賠償の免責の要件は，債務者の支配を超えた障害による不履行であり，一面的な英米法理論ではない。79条1項参照。解除は，無過失責任であるが，解除に帰責事由を要しない点は問題ないと考える。同条5項参照)。その原案である1980年のウィーン条約は，ラーベル以来の比較法の産物であるが，売買法に特有の状況であり，必ずしも全契約に一般化することはできない。また，民法の付属法規にすぎず，民法本体を修正する理由とはならない。明治の先人が，不平等条約のイニシアティブをとった英米の法制を採用しなかったバランス感覚に学ぶところはなお大きい。その後積み上げられた伝統の尊重にも意味がある。一面的なアングロサクソン礼賛ではなく，英米法と大陸法のバランスを考慮したラーベルの初心に立ち返る必要がある。理論の極端化は，必ず負の側面を伴っている。

第2に，消費者保護法規への消極性がある（とくに②の試案の問題。①試案では，消費者契約法，約款規制などを導入。しかし，1.5.18条，1.5.19条や3.1.1.b条以下のみでは不十分である。より積極的に撤回権等の規定を盛り込むことも必要であろう)。2002年のドイツ債務法の改正では，従来からあった消費者信用に関する付属法規が民法典に統合された。ここには，民法の商化に対する対抗軸の形成という積極的な意味がある。20世紀の後半，民法には規制緩和やグローバリズムにもとづく修正がつけ加わった。しかし，たとえば，無限定の債権の流動化こそがサブプライムローンとアメリカ発の経済危機の形成に大きな貢献をしたのである。ここで問われているのは，たんなる近代民法の性格といった形而上学的な争点ではなく，民法の商化や特定の債権者にのみ便利な法典であることに対する歯止めなのである(43)。

EUのもとにおいて，加盟各国の議会は，すでに下請けの状態にある。EU

指令にもとづく債権法の改正が不可欠であり，ドイツの新債務法でもその契機となった。しかし，そこにおいてさえ，一般的な厳格責任を採用するようなことはしていない（276条）。債務不履行事由を統一した1992年の改正試案に対しても，不能法（275条1項）と反対給付義務の当然消滅（336条1項。日536条1項相当）の復活が行われている(44)。また，見逃してならないのは，EUとその加盟国には，より高度な一般平等法（AGG=Allgemeines Gleichbehandlungsgesetz）＝反差別法（Antidiskriminierungsgesetz）もあることである(45)。そして，多くの消費者保護的指令を統合した新たな統一指令もすでに予定されている(46)。日本には，このような保障もなく，いわゆる強欲資本主義の跳梁を許す素地がある。大幅なグローバリズムを認めることは，結局，借地借家法のあとは，民法の改正，さらには利息制限法等の限定につながるといった可能性があろう。

(4)　改正論議には，全体として，規制緩和や契約の自由への回帰・強い信奉がみられる。しかし，無限定の契約自由が制限されるべきことは，すでに19世紀の社会国家理念の下でも明白であったのである。グローバリズムは，国家による契約の自由への拘束を捨てることを目的とした。全世界的な社会国家理念が未成熟な今（EUには，超国家間的な理念が形成されつつある），無限定の契約自由の主張は，新たな不平等や貧困の契機となろう(47)。長い法律学の成果を生かすことが必要であり（とくに判例理論の体系化），にわかの転換によって，貧困民法を目ざすべきではない。経済効率性だけが法の目的ではない。弱者にも目を配っていることの強力なメッセージが必要である。より根本的には，法を技術とのみみるのではなく，もっと思想や時代精神の表現ととらえることが必要である(48)。

法律学が，遅れて，経済学の歩んだ轍に従う必要はない(49)。まずやるべきことは，このような技術のみ，あるいは後ろ向きの改正ではなく，20年以上もたなざらしにされてきた家族法関係の立法（1996年の民法の一部を改正する法律案要綱）を実現することである。この20年の間に，不十分なものとはなったが，焦眉の課題というべきである。

〔一例であるが，2016年には，最高裁判決（最判平27・12・16民集69巻8号2427頁）をうけて，女性の再婚禁止期間（733条）を100日とする改正が行われた。しかし，1996年以来の家族法の改正要綱は，夫婦の同姓をめぐって，いまだにたなざらしの状態である。〕

(1) いわゆる民法典論争であり，これについての文献は限りがない。古くは，たとえば，穂積陳重・法窓夜話（1915年，1980年復刻）344頁参照。また，ロマニステンとゲルマニステンについては，加藤新平・法思想史（1953年）94頁以下参照。

(2) 拙著「不完全履行と積極的契約侵害」司法の現代化と民法（2004年）176頁参照。

(3) Oertmann, Rechtsordnung und Verkehrssitte, S. 201.

(4) Oertmann, Die Geschäftsgrundlage - Ein neuer Rechtsbegriff, S. 124ff. なお，行為基礎論一般については，五十嵐清・契約と事情変更（1969年）72頁以下，拙稿「不能・行為基礎の喪失と反対給付」反対給付論の展開（1996年）155頁参照。

(5) これは，紡績工場の売買契約で貨幣価値の下落を考慮する（Vigognespinnerei）判決である（RGZ 103, 328, 332）。

(6) Windscheid, Die Lehre des römischen Rechts von der Voraussetzung, 1859では，契約関係には，条件でもたんなる動機でもない前提，すなわち意思の制限（Willensbeschränkung）があり，ある事情の存続や発生の前提のもとにある当事者は，その期待が満たされない場合には，意思表示に拘束されないとするのである。こうしたヴィントシャイトの理論は，1900年の民法典に採用されなかった。しかし，前提論は，ヴィントシャイトの女婿であるOertmannの行為基礎論の重要な先駆となっているのである。

(7) キール学派については，クレッシェル「ナチズム下におけるドイツ法学」ゲルマン法の虚像と実像（1989年・石川武訳）339頁以下，359頁。五十嵐清「ファシズムと法学者」比較民法学の諸問題（1976年）1頁。拙著・契約における自由と拘束（2008年）104頁，注45参照。なお，筆者は，キール学派については，別稿においてWieackerとLarenzを検討する予定である。〔一橋法学9巻2号参照〕。

(8) Flume, Allgemeiner Teil des Bürgerlichen Rechts, Bd. 1, Teil 1. Die Personengesellschaft, 1977; Bd. 1, Teil 2, Die juristische Person, 1983; Bd. 2, Das Rechtsgeschäft, 4. Aufl. 1992.

Flumeについては，拙稿「Werner Flumeとドイツ民法学の発展」国際商事法務37巻11号1511頁。ケメラーとウィルブルクについては，後述する（第3章）。

(9) 拙稿「公正証書遺言と方式」公証139号3頁，20頁以下参照（拙著・専門家の責任と権能（2000年）221頁以下にも所収）。

(10) ラーベルの生涯と業績については，多数の文献がある。

Ernst von Caemmerer, Das deutsche Schuldrecht und die Rechtsvergleichung, Zum Tode von Ernst Rabel; NJW 1956, S. 569; Dölle, Ernst Rabel, RabelsZ 20 (1955), S. 601; Drobnig, Die Geburt der modernen Rechtsvergleichung, Zum 50. Todestag von ErnstRabel, ZEuP 2005, S. 821; Husserl, Ernst Rabel - Versuch einer Würdigung, JZ 1956, S. 385, S. 430; Kegel, Ernst Rabel, Werk und Person, RabelZ 1990, S. 1; Leser, Einleitung zu Ernst Rabel, Ges. Aufsätze, I, 1965, XI; ders., Ein Beitrag Ernst Rabel, Festschrift f. Caemmerer, 1978, S. 891; ders., Begründer der modernen Rechtsvergleichung, JuS 1987, S. 852; Rheinstein, Ernst Rabel, Festschrift für Rabel, I, 1954, S. 4; ders. Gedächtnisrede für Geheimrat

Professor Dr. Ernst Eabel, JR 1956, 135 ; Kleinheyer und Schröder, Deutsche und Europäische Juristen aus neun Jahrhunderten, 1996, S. 504. 最後のものでは，Partsch など関係者についても詳しい（S. 502)。

邦文のものでは，五十嵐清「ラーベル」伊藤正己編・法学者－人と作品（1985年）79頁がある。

⑾ Kaiser-Wilhelm-Institutは，戦後，マックス・プランク財団（Max-Planck-Gesellschaft, München）に吸収され，西ドイツ地域の南ドイツから北ドイツのハンブルクに移転した。連邦と州の半分ずつの出資となっている。

⑿ Kegel, a. a. O., S, 22.

⒀ 五十嵐清「亡命ドイツ法学者のアメリカ法への影響」現代比較法学の諸相（2002年）141頁。前注⑽参照。なお，Ehrenzweig には，vgl. Gedächtnisschrift für Albert A. Ehrenzweig/hrsg. von Erik Jayme u. Gerhard Kegel（Berkeley-Kölner Rechtsstudien. Kölner Reihe ; Bd. 15）がある。

⒁ ラーベルの業績についても，前注⑽参照。Caemmerer, a. a. O., S. 569ff. ; Husserl, a. a. O., S. 430ff. ; Leser, a. a. O., S. 852f.

⒂ 不能論については，拙著・危険負担の研究（1995年）155頁，159頁，197頁など参照。

⒃ Staub については，別稿を予定している。拙稿・国際商事法務38巻９号1257頁－1259頁。

⒄ Husserl, a. a. O., S. 430f. ; Caemmerer, a. a. O., S. 569. Vgl. BGB §306, Ein auf eine unmögliche Leistung gerichteter Vertrag ist nichtig.

⒅ 瑕疵担保責任における契約責任説については，北川善太郎・契約責任の研究（1963年）168頁，五十嵐清「瑕疵担保と比較法」民商41巻３号45頁，星野英一「瑕疵担保の研究」民法論集（３巻・1972年）171頁など。

⒆ 損害賠償法における契約責任説については，平井宜雄・損害賠償法の理論(1971年）92頁，150頁，180頁，439頁ほか，好美清光・民法判例百選（３版）19頁，奥田・債権総論（1992年）178頁以下，前田達明・口述債権総論（1990年）191頁など参照。石田穣・損害賠償法の再構成（1977年）141頁（完全賠償説）をも参照。

⒇ 拙著「清算関係と危険負担」給付障害と危険の法理（1976年）185頁参照。Vgl. Caemmerer, Das Problem der überholenden Kausalität im Schadensersatzrecht, S. 1962, S. 14f. Vgl. BGB §252, Der zu ersetzende Schaden umfaßt auch den entgangenen Gewinn. Als entgangen gilt der Gewinn, welcher nach dem gewöhnlichen Lauf der Dinge oder nach den besonderen Umständen, insbesondere nach den getroffenen Anstalten und Vorkehrungen, mit Wahrscheinlichkeit erwartet werden konnte.

(21) Caemmerer, a. a. O., S. 570f. ; Leser, JuS, a. a. O., S. 853f. ; Kegel, a. a. O., S. 12f. また，国際的統一法の動向については，曽野裕夫「国際物品売買契約に関する国際連合条約」民事法情報275号10頁，276号２頁，277号14頁参照。

(22) ケメラーの生涯と業績についても，多数の文献がある。Günter Hager : Ernst von

Caemmerer（1908-1985）. ZEuP 2008, S. 506； Hans G. Leser： Ernst von Caemmerer, Nachruf. JZ 1985, S. 735ff.； ders., Ernst von Caemmerer zum 70. Geburtstag, JZ 1978, S. 36； ders., Ernst von Caemmerer zum 75. Geburtstag, JZ 1983, S. 36； H. Coing, Ernst von Caemmerer und die Wissenschaft vom Privatrecht, Ficker／König／Kreuzer／Leser／Marschall von Biberstein／Schrechtriem, Festschrift für Ernst von Caemmerer zum 70. Geburtstag, 1978, S. 1； Schlechtriem, Ernst von Caemmerer zum 70. Geburtstag, NJW 1978, S. 99. なお，vgl. Köbler und Peters（hrsg.）, Who's who im deutschen Recht, 2003, S. 178. Kürschners deutscher Gelehrten-Kalender 1996： bio-bibliographisches Verzeichnis deutschsprachiger Wissenschaftler der Gegenwart, 1. Aufl. 1925, 17. Aufl., 1996（たとえば，Marschallである。S. 901）. ただし，これは生存者のみしか記載しないから，死者については古い版を参照する必要がある。

(23) Leser, a. a. O.（JZ 1985）, S. 735.

なお，同名のケメラーとして，J・V・ケメラー(Johann Vincenz Caemmerer, 1761. 5. 9-1817. 3. 26）がいる。同人は，1761年に，マインツで生まれ，マインツ，エルフルト，イエナの各大学で学び，1784年から85年に，貴族の家庭教師となった。1786年に，Wetzlarのライヒ帝室裁判所に勤めた。1787年から88年には，フランクフルトにおける，マインツ選帝侯国の派遣公使部に勤め，また，1789年には，レーゲンスブルクにおける，マインツ選帝侯国のライヒ派遣公使の使節員（Legationskanzlist）として働いた。1786年に，フリーメーソンとなり，1790年に，レーゲンスブルクの当時の支部(Karl zu den drei Schlüsseln)会員となった。1796年に，派遣使節の書記(Registrator）となり，1797年に，HildesheimとPaderbornの司教伯の使節秘書官となった。1804年に，Salm-Kyrburgの伯爵の使節秘書官となった。のちには，フランクフルトのRistrettoを編纂した。1817年に，フランクフルト（マイン）で亡くなった。

若干のコメディーとドラマのほか，1796年には，マインツ選帝侯国の大臣であり，ライヒ公使のGottlieb Augustin Maximilian von Straußの伝記を書いている。J・V・ケメラーの晩年は，ナポレオン戦争による混乱期であり，ライン川以西のフランス占領と割譲に関する記録で著名である（Auszüge aus allen bey der hohen Reichsdeputation zu Regensburg übergebenen Vorstellungen und Reclamationen, 1803を書いた。また，Hauptschluß der außerordentlichen Reichsdeputation vom 25. Februar 1803, 1804. を編纂し，注解をほどこした（ADB Bd. 3, 1876, S. 681)。E・ケメラーとの関係は，必ずしも明確ではない。

(24) Probleme des europäischen Rechts, Festschrift für Walter Hallstein zu seinem 65. Geburtstag, hrsg. von Ernst von Caemmerer, Hans-Jürgen Schlochauer, Ernst Steindorff, 1966. また，Kübler, Hallstein,（Stolleis hrsg.）, Juristen an der Universität Frankfurt am Main, 1995, S. 268.

Steindorff, Der Beitrag Walter Hallsteins zur europäischen Integration, Festschrift, a. a. O., S. 1； vgl. Coing, a. a. O.（前注(22)）, S. 1 ff.

(25) グロスマン・デルス（Hans Großmann-Doerth, 1894. 9. 9-1944. 3. 5）は，1894

年，ハンブルクで生まれ，その父親は，ハンブルクの気象台長 Louis Großmann であった。ミュンヘン大学で学び，第一次世界大戦の兵役後，新たに設立されたハンブルク大学で法律学の勉学を終えた。そこで，1923年に，Moritz Liepmann のもとで刑法の学位論文を書いた。国家試験に合格後，ハンブルクの区裁判所の裁判官となった。1929年に，ハンブルク大学の Hans Wüstendörfer のもとで，海外売買の法（Das Recht des Überseekaufs）でハビリタチオンを取得した。1930年に，プラハのドイツ大学で，員外教授になった。1933年に，フライブルク大学に移動し，そこで，商法，経済法，労働法，民法の講座をもった。1939年に招集され，陸軍中佐，連隊長となったが，戦争末期の1944年2月東部戦線で負傷し，ケーニヒスベルクの野戦病院で死亡した。まだ，49歳であった。ケメラーは，1947年に，その講座の後継となったのである。

彼は，フライブルク学派の市場自由主義（Ordoliberalismus）の重要な代表者・創始者として著名である。経済学者の Walter Eucken や Franz Böhm とともに，市場経済原理を重視する。経済問題に対する自己責任（Selbstverantwortlichkeit）を強調し，法律学の実務の意義をも強調する点に特徴がある。ハビリタチオン論文である「海外売買の法」は，商事慣習や不文の実務的な法の発展と把握をテーマとし，law in the books に対する law in action を検討している。ハンブルク大学の就任講演である「今日の経済法曹（Der heutige Wirtschafts-Jurist）」においても，法の事実問題の研究と，比較法の必要性が強調されている。フライブルク大学における1933年5月11日の就任講演「経済の自律と国家法」（Das selbstgeschaffene Recht der Wirtschaft und staatliches Recht）でも，それが発展させられている。Walter Eucken と Franz Böhm とともに，実務的なテキストである「経済秩序」（Ordnung der Wirtschaft）を刊行した。Vgl. Franz Böhm：Großmann-Doerth, Hans, NDB. Bd 7, 1966, S. 155；Blaurock, Goldschmidt, Hollerbach（hrsg.），Das selbstgeschaffene Recht der Wirtschaft-Zum Gedenken an Hans Großmann-Doerth. 2005（Beiträge zur Ordnungstheorie und Ordnungspolitik, Bd. 171）.

(26) 一極集中である点において，日本の大学は，むしろフランス型である。拙著・大学と法曹養成制度（2000年）89頁以下参照。また，フランスの封建制や官僚制にも，日本と似た面がある。

(27) Das Haager einheitliche Kaufgesetz und das deutsche Schuldrecht：Kolloquium zum 65. Geburtstag von Ernst v. Caemmerer/veranstaltet von seinen Schülern（Freiburger rechts- und staatswissenschaftliche Abhandlungen；Bd. 35), 1973.

ケメラーが1976年ごろに日本に来たときの講演を聞いたことがある。私事にわたるが，初めてじかに聞いたドイツ人の講演であった。夫人もともに参加されていたが，講演後，夫人が「Ernst, Ernst」と呼んでいたことが思いだされる。

(28) H. Coing, Ernst von Caemmerer und die Wissenschaft vom Privatrecht, Ficker/König/Kreuzer/Leser/Marschall von Biberstein/Schrechtriem, Festschrift für Ernst von Caemmerer zum 70. Geburtstag.

(29) Leser, a. a. O. (JZ 1985), S. 735. cf. George P. Fletcher (1939. 3. 5－), The Grammar of Criminal Law: American, Comparative, and International, 2007. 比較的新しい共著では，Fletcher and Sheppard, American Law in a Global Context: the basics, 2005; Fletcher and Ohlin, Defending Humanity: when force is justified and why, 2008. また，Albin Eserとの共編Rechtfertigung und Entschuldigung: rechtsvergleichende Perspektiven (Justification and excuse: comparative perspectives), 1987がある。

(30) Hager, a. a. O., S. 506. „Wo liegt die praktische Spitze?" これは，ケメラーに師事した好美清光教授の口ぐせでもある。

(31) Caemmerer, Rechtsvergleichung und Reform der Farnisübereignung, RabelsZ 12 (1938/39), S. 675 (GS I 1968, 146). Vgl. Leser, a. a. O. (1985), S. 735

(32) Kinder und Hilgemann, dtv-Atlas zur Weltgeschichte, Bd. 1, 1984, S. 122-3). レーザーによれば，ケメラーは，プロイセンに亡命したユグノーの末裔である(hugennottischen Preußen)。A. a. O. (JZ 1985), S. 736.

(33) Leser, a. a. O. (JZ 1985), S. 735; Hager, a. a. O., S. 513f.

(34) Ib.; Schlechtriem, a. a. O., S. 99.

なお，1930年代に，バイエルンで活躍したカメラーがいる（たとえば，Cammerer, Bayerisches Oberstes Landesgericht München, DJZ 1932, S. 175)。司法省参事官であった（Ministerialrat)。

(35) わがくにでも同様であり，こうした位置づけは，たとえば，我妻栄・民法講義V4（1972年）938頁，985頁，松坂佐一・事務管理・不当利得（1973年）58頁などにみられる。

(36) また，たとえば，最判昭49・9・26民集28巻6号1243頁をも参照。

(37) Hager, a. a. O., S. 508; Coing, a. a. O., S. 4f.

(38) BGH 20, 355をも引用している。

なお，ここでウィルブルクにも若干ふれておくと，彼も，またラーベルの影響をうけている。彼は，1905年に，オーストリアのグラーツで生まれ，1928年に，グラーツ大学で，エーレンツヴァイグ（Armin Ehrenzweig, 1864. 12. 15-1935. 9. 29）のもとで，学位をうけた。そして，1930年から1933年の間，ベルリンの比較法研究所(Kaiser-Wilhelm-Institut für ausländisches und internationales Privatrecht)において，M・ヴォルフとラーベルのもとにいたのである。ただし，教授資格論文は，1933年に，ウィーン大学のOskar Piskoのもとで完成させた（Österreichisches und Deutsches Zivilrecht sowie Ausländisches Privatrecht in vergleichender Darstellung)，1933年から私講師として，また1935年からは，グラーツ大学（1585年創設，http://www.uni-graz.at/）のオーストリア法と国際私法の講座で員外教授となった。グラーツ大学は，1939年から1944年の間，彼の正教授への申請をたびたび行ったが，それはいずれもライヒ政府によって拒絶された。この間は，オーストリア併合（1938年3月）の時期であり，彼は，当時のナチス政府に忌避されたのである。それにもかかわらず，彼は，プラハ大学，グライフスヴァルト大学，ウィーン大学への招聘を断った。1943年には，国防軍にも召集された。

ウィルブルクは，戦後の1945年に，40歳のときに，グラーツ大学で正教授となった。1945年から1964年の間に，数回法学部長となった。1948年から1950年，および1950年から1951年の間は，同大学の評議員と学長となった。1991年に亡くなった。

彼は，わがくにで著名な類型論のほか(Wilburg, Die Lehre von der ungerechtfertigten Bereicherung nach oesterreichischem und deutschem Recht : Kritik u. Aufbau ; Festschrift d. Univ. Graz 1933/34/Walter Wilburg, Graz)，「動的システム」（bewegliches System）の概念を発展させ，これによっても著名である。これは，法において有機的な関連するさまざまな力を総合的に観念する相関論であり，とくに，オーストリアの法律学に大きな影響を与えた（Wilburg, Entwicklung eines beweglichen Systems im Bürgerlichen Recht : Rede, gehalten bei der Inauguration als Rector magnificus der Karl-Franzens-Universität in Graz am 22. November 1950/von Walter Wilburg. - Graz : Kienreich, 1951。1950年の学長就任演説である）。ウィルブルクの影響は，おおむねオーストリア国内にとどまるが，彼の弟子には，Franz Bydlinski（1931. 11. 20–2011. 2. 7），Helmut Koziol（1940. 4. 7 –），Viktor Steininger, Bernd Schilcher, Willibald Posch など，オーストリア法学界の重鎮がいる。

また，ローマ法学者のカーザー（Max Kaser, 1906. 4. 21–1997. 1. 13）は，Graz大学で Wilburg と同期であった。Paul Koschaker (1879. 4. 19–1951. 6. 1) も，Grazで数学を学んだ（法律学はライプチッヒ大学）。

60歳のときにの記念論文集に，その学問に関する解説がある（Festschrift zum 60. Geburtstag von Walter Wilburg, 1965, S. 7, Der wissenschaftliche Weg Wilburgs)。273頁ほどであるが，Beitke, Larenz, Wieacker などのほか，オーストリアでは，Gschnitzer, Mayer-Maly などが寄稿している。Bydlinski は，当時，Beizke とともにボン大学にいた。

70歳のときの記念論文集も，1975年に出されている（Walter Wilburg zum 70. Geburtstag)。Beizke, Canaris, Larenz などのほか，オーストリアでは，Koziol, Mayer-Maly, Wesener などが寄稿している。500頁近い大著である。

(39)　わがくにでは，類型論は早くに川村泰啓教授の一連の論文（「返還さるべき利得の範囲－高松高裁の一判決を機縁として」判時325号，331号，352号，359号，365号，「不当利得返還請求権の諸類型」判時395号，398号，401号ほか）や，磯村哲「カェメラーの『不当利得』」（法叢63巻3号）などによって詳細に紹介され，テキストでは，早くに，松坂・前掲書（前注(35)）123頁，我妻・前掲書（前注(35)）936頁が一部その成果を採り入れた。

簡潔な概観は，好美清光「不当利得法の新しい動向について」判タ386号，387号によってえることができる。詳細な体系書として，加藤雅信・財産法の体系と不当利得法の構造（1986年）や山田幸二・現代不当利得法の研究（1989年）などがある。加藤教授のいわゆる箱庭説＝法体系投影理論は，類型論と異なり不当利得の統一的理解を目的とするとする。しかし，これもまた，広い意味において（そのような下部構造を伴うという意味において）類型論の一種に位置づけられよう。

(40)　拙著・危険負担の研究（1995年）29頁，279頁，293頁。

(41)　英米法の無過失の厳格責任は，ゲルマン法的な保障責任のなごりをとどめるものであり，大陸法では，自然法論とパンデクテン法学の主観的過失概念によって克服されたものである。拙稿「給付障害の体系」一橋法学４巻３号747頁，749頁注１参照。ただし，英米法といっても，原緒的なものと新自由主義的な理解とでは，大きく異なる。前掲注(7)・契約における自由と拘束・78頁以下参照。

比較法的には，過失責任主義によって，広く免責を認めるドイツ法と，厳格責任により免責を限定する英米法の間に，不履行の中に過失が包含されるとする中間的なフランス法の立場がある。スカンジナビア法もこの中間的な立場に近い。拙著・債権総論（2013年）100頁，132頁参照。

(42)　これにつき，詳細に説くのは，半田吉信・ドイツ新債務法と民法改正（2009年）365頁以下。

また，方法論の上からは，債務に占める合意の内容が広すぎるとの問題がある。債務がたんなる約束ではなく，合意による結果の引受であるという構成からは，適当な結果の実現のために，広く合意の存在が利用される可能性がある。そこから，裁判所が自由に認定した「合意」をもちだすことによって，利用しやすい結果を選択する可能性がある。そのようなものとしては，近時，債務完済後の再貸付に関する最判平19・２・13民集61巻１号182頁がある（拙稿・民商140巻４・５号174頁参照）。実際上ありえない「合意」により充当の指定を実現しようとするものである。こうした方法では，信義則による理論の形成という真の意図が，当事者の「合意」の形式の影に隠れてしまい，正面からの理論の発展を妨げる可能性があるのである。

(43)　拙稿「EU の消費者信用指令とドイツ民法」現代消費者法４号90頁，96頁。②試案は，消費者法の民法への取り込みに消極的であり，①試案においても，定義規定程度では不十分であり，撤回権などの実体権の取り込みが必要である。個別には，消費者消費貸借の規定も必要であろう。民法を使いやすくするということの意味が問題であり，たんに技術的な意味にとどまるならば，それはたんなる民法の商化にすぎない。これに対応する民法の保護法化の観点が必要となる。

具体的には，消費者消費貸借を要物契約とするといった工夫も必要である。天引に果たした沿革的な役割のほか，他面では，過剰融資の防止にもなろう。最近の動向からは，期限の利益喪失条項を用いた高利の実現の防止が必要である。賠償額の予定も高すぎるのである。

(44)　前掲論文（注(41)）761頁以下。拙著・司法の現代化と民法（2004年）196頁。ド民276条１項は「責任の加重または軽減について定めがなく，債務関係その他の内容，とくに損害保証または調達リスクの引うけから推知することができない場合には，債務者は，故意および過失につき責任をおう」とし，原則としての履行の引受や保障責任ではない。ドイツ法上の解釈には，過失責任主義との関係につき，争いがある。半田・前掲書39頁参照。①試案では，こうした議論の余地さえ残されていない。

また，①試案が，消費貸借を諾成契約とすることについても，拙著・契約における自由と拘束（2008年）257頁，298頁注１参照，半田・前掲書（前注(42)）361頁参照。

①試案が，消費貸借を諾成契約とする点も，かつての判例理論との関係では（成立や天引の制限），再検討されてもよいであろう。

(45)　前掲書（自由と拘束）60頁。反差別法による契約のコントロール，契約における私法的倫理の問題が提唱されることにより，契約自由の制限は，より広範な新たな局面に突入したと目される。契約自由の制限が，たんなる民法的次元を超えて，基本権的なレベルに達したと把握できるからである。他方，わがくにでは，各種のブラックリストさえもほぼ野放しであり（労基22条３項，４項の制限のみ），データベースの構築により，不平等は拡大する可能性がある。

(46)　前掲論文（注(43)）90頁。

(47)　前掲書（自由と拘束，注(44)）95頁以下参照。

(48)　思想には，倫理的な基礎づけが必要である。法における技術と倫理は，つねにバランスよく配置される必要があり，技術的な便利さのみに流されるべきではない。19世紀には，過度のローマ法化（契約自由）が，20世紀には，過度の法規実証主義とナチズムの構成が問題となったのである。前者に対しては，社会国家理念が，後者に対しては，自然法の再生がみられた。しかし，グローバル化のもとで，国民国家による法規制やセーフティネットの形骸化が行われている。

(49)　20世紀の末以来，規制緩和の動きが盛んである。一面において，規制緩和が，ギルド的な規制を廃し，種々の利益をもたらしたことは否めない。しかし，それには負の側面が伴っていたことも，2008年来の世界的な経済危機が明らかにしたところである。規制緩和の名のもとに，法や社会の安全装置までもが撤廃され，各種の貧困がもたらされたのである。近時，経済学では，強欲資本主義の跳梁を許したことに対する反省から，これに与した経済学者の反省と転向が行われている。

しかし，近時の法律学の動向は，遅れてきた規制緩和に乗ろうとしている。かねて，新自由主義を標榜する経済学は，規制緩和を理由に，借地借家法と法律学の理論（賃貸借の解約に関する制限「正当事由」）に敵意を示し，定期賃貸借を創出した。それ自体は限定的なものであっても，結果的に，そうした改正が不動産賃貸借に対する全面的な地位の低下をもたらし，近時の，部屋の賃貸借を鍵の賃貸借と言い換えるような貧困ビジネスの引き金にもなったのである。制度設計のさいには，一部の需要に応じるためと称されながら（当初は家計補助と説明された），実際には，新制度が従来の制度を駆逐した例は，正規雇用と派遣労働の関係にもみられる。

法律上の誤ったメッセージが社会に誤解を与えた例は多い。古くは，八幡製鉄政治献金事件があった。法人実在説による最高裁の判断は，理論とは無関係に，少なくとも世間的・政治的には，最高裁が政治献金にお墨付きを与えたものととらえられた。しかし，私法がまったく社会と没価値であることはありえず，政治資金規制などの全体の遅れをももたらしたのである。

賃貸借と並んで，いわゆる新自由主義者が敵意を示したもう一つの点は，利息制限法である。次はその改正であるとし，関連団体も乗り気だったのである。同様の動きは，一部の法律学者にもみられた。しかし，最高裁の一連の判決と，企業のコンプライアンスや社会的責任を求める社会の一般的な動向から，2006年の貸金業法等の改正が行われ，かつ2008年の世界的な経済危機で，強欲資本主義の問題点が露呈したのである。

〔追記〕 ラーベルについては，本稿後に，Lando, Ernst Rabel(1874–1955), S. 605 ff. in Festschrift 200 Jahre Juristische Fakultät der Humboldt-Universität zu Berlin, Geschichte, Gegenwart und Zukunft, hrsg. v. Grundmann, Kloepfer, Paulus, Schröder, Werle, 2010. が，公刊された。

また，ケメラーの生誕100周年を記念して財団が設立され(Ernst von Caemmerer -Stiftung)，2008年10月24日に，フライブルク大学の講堂で記念シンポジウムが行われた。その記念講演と同名の論文集がある（Blaurock und Hager, hrsg. Obligationenrecht im 21. Jahrhundert, 2010)。

第2篇　ウィーン条約と日本民法

第1章　総　　論

(1)　ウィーン売買法条約（CISG）は，わが「国際物品売買契約に関する国際連合条約」の元であり，また近時の種々の統一法や民法の改正作業のモデルでもあり，わが民法への影響も大きい。改正条文との比較は続稿にゆずり，改正論議の盛んな現在，現行民法と比較しておくことには意味があろう（後述第2章）。あわせて，本稿では，東アジアの共通法の形成の可能性と近代法の変遷についてふれる（後述第3章，第4章）。

条約の前史としては，1964年のハーグ売買法条約があり，さらにその前身として，比較法学者ラーベル（Ernst Rabel, 1874. 1. 28-1955. 9. 27）の草案がある。ラーベルは，1920年代から，売買法の統一作業にかかわっていた。すなわち，1926年設立のローマの私法統一国際協会（Römisches Institut für Vereinheitlichung des Privatrechts, UNIDROIT）が計画した動産売買法の統一作業に参加したのである。1935年に，売買法第1次草案，1939年に，同第2次草案ができた(1)。第二次世界大戦の勃発によって，それ以上の作業は中断されたが，戦後，1951年に作業が再開され（1939年草案を基礎として，1951年草案とする），1956年に，第3次草案，1963年に改正案が成立し，1964年に，ハーグにおいて採択され（28か国が参加），1972年8月から発効した。ただし，その加盟国は，戦前の成果の継承という性質上，ヨーロッパ諸国を中心とし，少数にとどまった（ベルギー，ルクセンブルク，オランダ，西ドイツ，イギリス，イタリア，サンマリノ，イスラエル，ガンビアだけであった）。冷戦が厳しかったことにもよる。

ハーグ売買法条約は，なお大陸法の影響が強く，一面では理論的であるが，ドグマ的でもある（特定物ドグマの遺物）。英米法との齟齬も大きく，また，必ずしも具体的な国際取引が反映されているわけではないこと，冷戦という，成立した時代の制約から加盟国が少なかったこと，発展途上国には，先進国有利との危惧があり，その世界的普及も期待しえなかったことなどの問題があり，CISG へと引き継がれるにいたっている。なお，CISG 99条によれば，ハーグ売買法条約の加盟国がCISG に加盟する場合には，ハーグ売買法条約を廃棄するものとされている。そこで，ドイツ，イタリア，オランダ，ルクセンブルクは，これにもとづき，ハーグ売買法条約を廃棄している。

1970年から，国際連合の国際商取引法委員会（UNCITRAL）においてハーグ売買法条約の改正 ― これは同時にCISG の制定作業である ― が開始された。1980年４月に，条約の草案が同委員会によって採択され，国連総会における外交会議の開催が勧告された。そして，同年４月10日に，ウィーンにおける外交会議において，CISG（United Nations Convention on Contracts for the International Sale of Goods）として採択されたのである（発効は，1988年１月１日）。

ハーグ売買法条約と異なり，CISG の締約国は，80か国近くに及んでいる。おもな締約国としては，ヨーロッパ諸国（ドイツ，フランスなどEU 諸国，スウェーデンなど北欧。ただし，イギリスのみは，なお批准していない），アメリカ，カナダ，ロシア，オーストラリアなどのほか，中国，韓国などアジア諸国，アルゼンチン，チリ，メキシコなど中南米，エジプトなどアフリカ諸国も含まれている。発展途上国は比較的少ない。アジアでも，中国がかなり早くに加盟していることから（1988年に批准，韓国は2003年），世界貿易における意義は大きい(2)。

(2) ウィーン売買法条約（CISG）は，国際取引における法統一を目的とする統一法の一つであり，国境を越えた売買契約の成立，および売主と買主の権利義務について規定する。他方，売買の目的物についての所有権の移転，契約の有効性については規定されていない（４条１項，２項参照）。また，国内における取引には適用されない。

CISG の特徴は，その規律内容が明瞭で当事者にも分かりやすく，実務にも適合的といわれる。そこで，ハーグ売買法条約がヨーロッパを中心としたことに比して，締約国が多い。主要貿易国も批准しており，また締約国以外にも適用される可能性があるため，国際取引分野における世界法的な地位を獲得しつつある。

さらに，契約法一般の立法・解釈にも相当程度まで応用できることから，締約国の増加を促すのみならず，各国における契約法解釈への影響も大きい。

たとえば，近時のドイツ民法のコンメンタールでは，BGBの後ろにCISGの注釈があり(3)，解釈論に影響を与えており，また，立法上も，2002年の現代化法に大きな影響を与えた。Lando委員会によるヨーロッパ法原則にも相当の影響を与えている。

法の統一は，古いものでは，19世紀のドイツ諸邦の私法が，普通法によって解釈上統一されたり，アメリカの各州の私法が，コモンローによって実質的に統一されている例がある。しかし，これらは，同じ法系内での統一であり（政治的，経済的同一性の範囲内でもある），大陸法と英米法の統一という新たな観点では，CISGは，前身でもあるハーグ条約を除けば，初の本格的な試みである。その困難性ははるかに大きく，条文にも，現実的履行の可能性に関する28条のような工夫がこらされている。逆に，困難性が高いだけに，各国への参照や応用可能性も高いといえる(4)。

条約を国内法化した法が適用されるのではなく，条約それ自体が直接適用される。日本の批准は2008年７月１日で，発効は2009年８月１日であった（「国際物品売買契約に関する国際連合条約」）。

(3)　日本の批准は，比較的新しいが，1980年代に発効した当初は，立法論はもとより，解釈論としても，参照されることはかなりあった。もっとも，長らく批准されなかったことから，近年ではかえって無視されてきた観がある。

第2章　各　　論

CISGの条文は多数あるので，重点的に検討する(5)。大陸法と英米法の調和や各国法典の根幹にかかわる部分が，とくに注目される。ただし，以下では，日本法とCISGの相違を比較・検討するだけで，CISGをただちに日本法や「統一法」モデルに持ち込もうとすることを意味していない。民法の対象は，国際的な売買だけに限定されるわけではなく，より多様な考慮が必要とされるからである。すなわち，その比較は，民法の解釈のわくを少し拡大するという範囲のみである。この点については，第３章でも後述する。

(1)　契約の総則

(a)　総則の関係では，消費者契約の除外（２条）が注目される。日本民法は，消費者契約を除外してはいないが，逆に，消費者や事業者に着目した特則をおくわけでもない。ドイツ民法の新債務法が，全面的にこれらの概念を入れ（13条，14条），消費者契約に関する特別法を民法に組み込んだのとは異なる（305条以下の普通取引約款，310条による除外，312条の訪問販売法，312b条の通信販売法，355条の撤回権，358条の結合契約，481条のタイムシェア法，491条の消費者信用法など）。日本法は，対等な当事者という（形式的な）理念に固執しており，わずかに，特別法としての消費者契約法が，消費者，事業者の観念を入れるにとどまる。もっとも，CISGが消費者契約を除外したのは，国際取引という技術的な要請からである。

CISG 9条は，合意した慣習と確立した慣行の拘束力を認め，日本法も，慣習の尊重を表明している（92条）。民法の解釈では，文言（「当事者がその慣習による意思を有しているものと認められるときは，その慣習に従う」）以上に慣習が尊重され，慣習によらない意思を有する場合にだけ，慣習が排除されるにすぎないものとしている(6)。

(b)　国際取引においては，書面かそれに代わるものが用いられることが通常と思われるが，CISGは，方式の自由の原則を採用している（11条，12条）。日本法も，契約自由の原則に立脚している。売買契約の成立に，特段の方式は必要とされない。2004年に，保証契約に書面の要件が課せられたのが例外である（446条2項，3項）。消費者保護に関する特別法には，書面の交付を義務づけるものがあるが，これも契約の成立の要件ではなく，たんなる交付義務にとどまる（割賦4条，特定商取5条など）。

立法例では，方式の制限をするものが多い。フランス民法は，債務および弁済の証明に関する規定（フ民1315条以下）の中で，証人による証拠を制限している。すなわち，デクレによって定められる金額または価値を超えるすべてのものについては，任意の寄託（dépôts volontaire）のためであっても，公証人の前で，あるいは私署（signature privée）によって証書を作成しなければならない。より少ない金額または価値の場合でも，証書の内容に反する，あるいはその証書以外の事項に関する立証や，あるいはその証書作成の前，作成当時，または作成後に言われたと申し立てられる事項に関しては，証人による立証は認められない（フ民1341条1項＝1980年7月12日の法律525号）。

この額または価値は，1980年7月15日のデクレ［533号］では，5000フランとされていたが，ヨーロッパ連合（EU）が1999年1月から単一通貨ユーロを導入したことにより，この金額は，Décr. n° 2001-476 du 30 mai 2001によって，800ユーロとされた（2002年1月1日から）[7]。

また，英米法は，書面のほか約因を要件としている。CISG 11条1文は，後者をも不要としている。国際取引においては，書面の作成されないことはまれであろうから，当事者が書面を合意によって定めることは妨げられない。形式的な法文上の違いは，実質的にはそう大きな相違を生じないであろう。

(2)　契約の成立

(a)　CISGは，契約の成立に，到達主義を採用している。申込に対する承諾は，同意の表示が申込者に到達した時にその効力を生じ（18条2項），同意は，承諾によって行われ，沈黙のみでは承諾とはならない（同条1項）。日本法では，民法総則の意思表示の原則は到達主義であるが（97条），契約の成立に関しては発信主義が採用されている（526条1項）。

変更を加えた承諾が反対申込となることは，CISGでも日本法でも同様であるが（CISG 19条1項，日民528条），CISGでは，その変更の「当該条件が申込みの内容を実質的に変更せず，申込者が異議を述べない場合には，承諾となり，契約の内容は，申込みの内容に承諾に含まれた変更を加えたものとされる（19条2項）。一定の事項は，変更となる（同条3項）。同様の解釈は，一定の場合に，日本法にも参考となろう[8]。

(b)　承諾が，承諾期間の経過後に延着しても，契約は成立しないが，通常は期間内に到達するべきときには，申込者は，延着の通知をしなければならない。通知しないと期間内に到達したとされ，つまり契約は成立する（日民522条）。CISG 21条2項でも，期限までに到達する時期に発送された場合には，承諾としての効力を有する（1項）。ただし，申込者が失効を通知した場合は，この限りではない。放置した場合に契約が成立するのは同じであるが，CISGでは，申込者にとくに通知の義務はない。

承諾期間の定めのない申込は，相当の期間を経過したのちは，撤回することができるようになる（日民524条）。しかし，その撤回の通知は，相手方が承諾の通知を発する前に相手方に到達しなければならない。申込の撤回が延着し，承諾後に到達した場合には，契約が成立し，もはや撤回できないはずであるから，承諾者は，延着の通知をしなければならない。通知しないと契約は，不成立とされる（日民527条）。延着しないものとの扱いである。CISG

15条2項では，申込の到達前にとりやめの通知が到達すれば，とりやめができる。これは到達主義で当然である。申込の撤回の延着の効果は，不明であるが（承諾が到達していれば，契約は成立するが），CISG 21条2項の類推からすれば，通常到達すべき状況下で撤回の通知が発送されたときには，有効に撤回されたものとみなすべきである。

(c) CISGは，契約の無効・取消には関しないから，これらに関する規定は存在しない。民法総則に関する事項は，対象ではない。

(3) 現実の履行

(a) CISG 28条は，契約の特定履行を請求する当事者の契約上の権利に関する異なった法体系間の妥協を目的としている。大陸法では，現実の履行は債権者に契約上当然に認められる権利である。そこで，債権者は，給付義務の不履行のさいに，大陸法のモデルに従って履行を請求することができる。他方で，コモンローの体系では，現実の履行は，裁判官の裁量に任される事項であり，債権者には，原則として損害賠償請求権のみが与えられる。履行請求権は，特定履行（specific performance）の形式の救済として，あるいは代金請求（action for the price）として，例外的に生じるだけである。

この二者の法体系の妥協を図るために，28条によれば，裁判所は，同種の売買契約において自国法を適用する場合にも同様であるときでなければ，特定履行の判決を拒絶することができる。つまり，国内法において，同種の売買契約でそうでないならば，裁判所は，裁量によって特定履行を認めなくてもよいのである(9)。

法系間の大きな相違を，実際的方途で調和させたものであり，法統一の限界や調整の方法を探るうえで，大いに参照されるべき方途である。以下でも，少し詳しく検討しよう。

(b) もっとも，28条の定める履行請求権の制限は，実務的にそう大きな意味があるわけではない。動産の国際取引において，買主にとっても，履行請求権の貫徹につき経済的利益がある場合は，あまり多くはないからである。大陸法においても，損害賠償がより簡易な方法として選択されることは多い。しかし，物が市場にないとき，あっても著しく高いときや，追完請求権が問題になっているとき（追完，代替給付），あるいは他の方法では，経済的損害が補償されないときなどに意味がある。これらの場合に，履行請求権は，少なくともコモンローと同じ程度には必要となる。

そして，コモンローにおいても，当事者が合意した場合，商品が裁判所の評価によれば特徴があり代替できないとされる場合，あるいはその他の正当な事由がある場合には，履行請求に意味がある。たとえば，UCC２－716条によると，債権者は，履行を請求できる（イギリス動産売買法典52条１項をも参照)。こうして，結果的には，体系間の相違は，そう大きなものとはならないのである。こうした履行請求権の制限の先例としては，ハーグ売買法条約16条がある。

(c)　28条の要件が満たされるときには，たとえば46条，62条による履行請求権があっても，裁判所は，特定履行の判決をする必要はない。もっとも，この効果は，訴訟的な貫徹が阻止されるだけであり，履行請求権それ自体は，存在する。そこで，債権者は，契約に違反した債務者に対して，49条ないし64条の要件があれば，契約の解除あるいは不履行による損害賠償を請求することができる。履行訴訟の排除は，契約の破棄を意味するわけではなく，単純に履行請求権が損害賠償請求権に代わることでもない。追完の権利も保持されたままである（48条)。

裁判所は，28条によって，履行請求権を棄却できるが，自国の法によると可能な場合であれば，必ずしも棄却しなくてもよい。その行使は，もっぱら裁量に委ねられている(10)。

(d)　６条にかかわらず，28条の強行性は疑問である。当事者が，履行請求権の訴求可能性を契約において引き受けることを否定する理由はないからである(11)。たとえば，長期の交付契約などである。同じ結果は，当事者が，履行請求の可能な裁判権を選択することによっても達成できる。そこで，当事者があえて特定履行の合意をしたときには，判決裁判所の自国の法に適合するものとされる。28条は，国内の裁判所の権能にのみ関しており，私的自治を制限するわけではない。

(e)　28条に関してはあまり判例がない。１件のみであるが，コモンロー国の原告Ｘが特定履行を求め，コモンローの裁判所がこれを認めたことから興味深い(12)。裁判所は，アメリカ・イリノイ州の鉄鋼卸売業者であるＸが履行の準備をしたことを認め，ドイツに本社のある被告Ｙによる履行期前の違反があり，Ｘがその違反により損害をうけていると認定した。そして46条１項と国内法（UCC）のもとで，特定履行を命じるのに正当な状況があり，

Xの請求は，28条の効力により適切であるものとした。

国内法が，当該のケースで同様に特定履行を認めるなら，CISGの上で問題はない。しかし，国内法が，特定履行を認めないなら，他の救済，通常は損害賠償が認められるにすぎない。28条は，積極的に特定履行の権利を与えるものではなく，裁判所が国内法の解決に拘束されないとしているだけである(13)。

(4)　給付障害と救済

(a)　CISGの給付障害の特徴は，担保責任の債務不履行責任への一元化である。これは，国際取引の対象がおもに種類物であることを反映してもいるが（特定物に特有な多様な瑕疵の回避），売主の義務は，たんに目的物を給付することではなく，契約に適合した物の給付である（35条1項）。これによって，種類物の特定に関する複雑な問題を回避している。さもなければ，特定物に対する瑕疵担保責任と，種類物に対する債務不履行責任の峻別を前提として，どの時点から責任の変化が生じるかとの問題，また効果の調整の問題が生じるからである(14)。

日本法は，責任の峻別を前提としている。その解釈論のモデルは，1900年のドイツ民法（その草案）の体系であり，特定物に対する瑕疵担保責任と，種類物に対する債務不履行責任の峻別が前提とされ，しかも，両者の効果には相当の差異がある。ドイツ民法旧480条は，明文で，種類債務にも瑕疵担保責任の規定を準用し，代物請求権を買主に認めたが，日本法の解釈では，種類物が給付された場合でも，それが受領された場合には，瑕疵担保責任の規定が適用されるとしながら（大判大14・3・13民集4巻217頁のタービンポンプ事件，大判昭3・12・12民集7巻1071頁のたて板売買事件），ときには，認容されていないとして債務不履行責任も用いられたのである（最判昭36・12・15民集15巻11号2852頁のスピーカー事件）。

(b)　CISGの売主の責任の一元化の結果，買主の救済方法は，責任から論理的に派生するものというよりは，一元的に選択可能なものとされた。すなわち，買主は，46条から52条までに規定する権利を行使することと，74条から77条までの規定に従って損害賠償の請求をすることが可能である（45条1項）。つまり，要件が具備される限り，つねに履行請求，契約解除，代金減額，期日前の引渡の拒絶，数量超過の引渡の拒絶と，損害賠償の請求をすることができるのである。そして，買主が契約違反についての救済を求める場合には，裁判所または仲裁廷は，売主に対して猶予期間を与えることができない（45条3項）[15]。

また，買主は，損害賠償の請求をする権利を，その他の救済を求める権利の行使によって奪われない（同条2項）。

日本法の下では，売主の救済方法は，個別の救済によって細かく区分され，論理的な要件の下に，一定の効果だけが限定的に認められている。債務不履行責任では，契約の解除と損害賠償，瑕疵担保責任では，損害賠償と，一定の場合の解除である（570条，566条）。そこで，前者の場合には，代金減額請求ができず，後者の場合には，追完や代物の請求はできないとしている。構造の複雑なことと救済の限定性から，批判が強い。

買主の義務では，代金支払と受領がある（53条）。CISG の特徴は，受領義務を認めることである（60条）。日本法の下では，受領義務は，原則として認められていない[16]。

売主の救済方法でも，CISG では，一元的に選択可能なものとされている（61条）。すなわち，62条から65条までに規定する権利を行使することと，74条から77条までの規定に従って損害賠償の請求をすることである。そして，売主が契約違反についての救済を求める場合にも，裁判所または仲裁廷は，買主に対して猶予期間を与えることができない（61条3項）。

また，売主は，損害賠償の請求をする権利を，その他の救済を求める権利の行使によって奪われない（同条2項）。

(c)　損害賠償は，CISG 45条1項，61条1項が一般的な根拠規定となっている。注目されるのは，損害賠償の範囲に関する74～76条である。CISG は，損害賠償の額は，契約違反を行った当事者が契約の締結時に知り，または知っているべきであった事実と事情に照らして，当事者が契約違反から生じ得る結果として契約の締結時に予見し，または予見すべきであった損失の額を超えることができないとされている。損害賠償の範囲につき，契約締結時説がとられている（日本法では議論があるが，債務不履行時説が伝統的な通説とされる[17]）。これにより，債務者は，契約締結時以降の目的物の高騰の危険を負担することがなくなり，損害の範囲につき，予見可能性が高まる。反面で，契約違反の可能性も高まるが，国際取引では，合理的な計算と約定が予定されるべきであろう。

CISG 77条は，英米法でも認められている損害軽減義務を認めている。日本法には，明文はないが，近時の裁判例はこれに言及している（最判平18・11・27民集60巻9号3732頁ほかの学納金訴訟。および最判平21・1・19民集63巻1号97頁）(18)。ごく限定的にのみ認めることができる。

(d) CISG 78条によれば，当事者の一方が代金その他の金銭を期限を過ぎて支払わない場合には，相手方は，その金銭の利息を請求することができる。この請求をする売主は，74条の規定に従った損害賠償の請求を妨げない。利息は，損害賠償とは区別して，また79条の免責のもとでも維持される。債務者の不履行が79条の免責をうけるような例外的な場合でも，利息支払義務が生じるところに意義がある。

金銭が，一定の利益を生み出すことから，利息の支払が無過失責任であるのは，日本法でも同様であり（419条3項），不可抗力でも抗弁になしえないとされている。

(e) CISGは，危険移転時について，国際取引にそくした規定をおいている。運送人を使用する場合と，運送中の物の売買，それ以外の場合の3つである。このような規定は，アメリカのUCC（§2－509(1)）にみられる。また，運送人を使用する場合については，ドイツ民法も特則を有している（引渡主義の446条に対する447条）。CISG 69条は，それ以外の危険移転時について，危険は，買主が物品を受け取った時に買主に移転するものとする。引渡主義である。日本法は，フランス法から受け継いだ債権者主義により，契約時に危険が移転するものとし（534条1項），この法文と学説との間には厳しい対立がある(19)。

(f) 契約の解除は，契約または義務の不履行が重大な契約違反となる場合の基本的な救済方法である（買主につき49条1項a，売主につき64条1項a)。

重大な契約違反（fundamental breach）は，当事者の一方が行った契約違反が，相手方がその契約に基づいて期待することができたものを実質的に奪うような不利益を当該相手方に生じさせる場合である。ただし，契約違反を行った当事者がそのような結果を予見せず，かつ，同様の状況の下において当該当事者と同種の合理的な者がそのような結果を予見しなかったであろう場合は，この限りでない（25条）。

これは，債務不履行にもとづく契約解除の要件として，相手方の帰責事由を要件とする日本法とは異なる（543条，ただし，541条では文言上は不明である)。ドイツ民法も，2004年の現代化法によって，CISGの方法を採用した(323条２項３)。CISGの解除は，79条の免責事由が存在する場合にも可能であるから（同条５項)，過失責任の制約に服さないのである。解除に帰責事由を要件としない場合には，解除は，危険負担をもカバーする機能を有する制度となる(20)。

(g)　日本法では，解除も損害賠償も，過失責任に対する救済である。すなわち，債務者の帰責事由を必要とする（415条)。他方で，CISGでは，解除は，責任中立的な制度と位置づけられるが，損害賠償は，過失責任法上の制度である。伝統的な英米法の理論は，いずれをも過失責任によらずに肯定してきたが，19世紀以降，不可抗力（force major）による免責の制度が拡大してきた。CISG 79条の免責（exemptions）は，英米法の厳格責任と，大陸法の過失責任主義の妥協である(21)。

不履行の免責の要件は，当事者が，自己の義務の不履行が自己の支配を超える障害によって生じたこと，および契約の締結時に当該障害を考慮することも，当該障害またはその結果を回避し，又は克服することも自己に合理的に期待することができなかったことを証明した場合である（79条１項)。

ただし，当事者は，履行補助者の責任が生じる場合には，自分の責任をも免れえない（同条２項)。履行をすることができない当事者は，相手方に対し，障害とそれが自己の履行をする能力に及ぼす影響について通知しなければならない（同条４項)。また，79条は，損害賠償の請求権に関するものにすぎず，その他の権利の行使を妨げない。

履行補助者の過失について，日本法には明文規定はないが，解釈上，債務者の責任に包含されることは同様である(22)。

(h)（i）CISGによる解除の効果は，契約に基づく義務の免責である。しかし，契約の解除は，債務不履行による損害賠償義務や，紛争解決のための契約条項または契約の解除の結果生じる当事者の権利および義務を規律する他の契約条項に影響を及ぼさない（81条１項)。当事者双方の返還義務は，同時履行の関係におかれる（同条２項)。

日本法上，解除の効果は，原状回復義務である（545条１項)。その具体的内容については争いがあるが（直接効果説，間接効果説)，未履行の給付義務の消滅と既履行の給付の返還義務の発生である。解除の場合にも，同時履行の関係が準用されている（546条)。したがって，基本的な構造は同じである。

(ii)　ただし，解除のさいの危険負担は，日本法とは異なっている。

日本法では，解除権者の行為または過失によって目的物が返還できなくなった場合には，解除権は消滅するが（548条1項），解除権者の行為または過失によらずに目的物が滅失した場合には，解除権は消滅しない（同条2項）。前者は，過失責任主義のうえで当然の規定であるが，後者は，解除権者の危険負担を肯定したものである。フランス法に由来する規定であり，フランス民法 1647条は，目的物が瑕疵の結果滅失した場合には，売主の負担となるが，不可抗力により滅失した場合には，買主の負担になるものとする。買主に解除権があったとしても，それが消滅する結果，買主の負担が生じるのである。これは，フランス民法の買主危険負担主義と合致させたものである（1138条）。売主の瑕疵担保責任よりも，買主負担主義が大とするものである(23)。価額賠償の義務も生じないとするのが，日本の判例である（最判昭51・2・13民集30巻1号1頁）。法定解除の場合以外に（最判昭51はこの場合であった），私見は，これに反対である。ただし，法定解除の場合に，買主は，実質的に利益をえていないから，賠償義務なしでたりる。これに反し，約定解除では，利益をえている可能性がある(24)。

これに対し，CISG 82条は，買主は，受け取った時と実質的に同じ状態で物品を返還することができない場合には，契約の解除権および売主に代替品の引渡を請求する権利を失うとする（1項)。これは，日民548条1項と同様に，解除権の消滅を定めたものである。当事者双方が返還しないことから，買主は，解除によって，危険を売主に転嫁することができない（給付の牽連関係の承認）。

しかし，同条2項によって，返還できないことが，買主の作為または不作為によるものでない場合には，1項の適用は排除され，つまり買主は，契約を解除することができる（2項a)。買主の作為または不作為による場合に，解除できないのは，日本の548条1項と同じである。不可抗力では，解除権は消滅しないから，日本の548条2項（解除権は消滅しない。売主負担）と同じ結果となる。しかし，CISG 84条2項bは，買主に利益返還の義務を定めており，買主が物品の全部もしくは一部を返還することができない場合または受け取った時と実質的に同じ状態で物品の全部若しくは一部を返還することができない場合において，契約の解除の意思表示をし，または売主に代替品の引渡しを請求したときには，買主は，売主に利益の償還をするべきものとした。つまり，CISGでは，解除権は消滅しないが，解除による損失の転嫁は許されないのであり，買主（返還債務者）の負担となる。

危険負担の買主負担主義（日民534条１項）を修正する場合には，返還関係での売主（返還関係の債権者）負担をも合わせて修正する必要がある。不可抗力の危険は，買主＝返還給付債務者が負担するべきものである。その方途には，解除権の消滅の方法と，解除権は存続してもうけた利益の償還を買主に義務づける方法とがある。

ドイツの現代化法も，双務性を重視している。346条によれば，解除により原状回復義務が生じ（１項），返還できない場合には，価額返還の義務が生じる（２項）。当事者は，たがいに返還しあうのであるが，価額返還の義務は，債権者（売主）に目的物滅失の責任がある場合（３項２）や，法定解除で，取得者（買主）の下で滅失した場合には，消滅する（３項３）。そこで，目的物の瑕疵により解除権が発生したような場合には，引渡がされていても，買主は，解除して，価額賠償をすることなく，代金の返還を請求することができる。解除による危険の転嫁である。目的物に，法定解除権が発生するような重大な欠陥がある場合に，買主は，受領していても実質的な価値を取得していないから，価額返還の義務をもおわないのである。価額賠償は，自分の行為によって滅失させた場合や実質的に価値を取得している場合にだけ生じるのである。

第３章　むすび ── 共通法形成の可能性 ──

(1)　CISGは，東アジアにおいても，中国，韓国，日本の３か国ですでに批准されている。法の直接適用という次元でみれば，東アジアにおける国際取引（売買）に関する共通法は形成されているともいえる。

もちろん，国際的統一法といえども，解釈により左右されることはあるから，同一の文言の解釈をめぐり相違が生じることはありうる。ただし，解釈は，同じ国内でも対立することがあるから，これは共通法形成にとって必ずしも重大な問題とはいえない。

同一条文の解釈をめぐって，各国の判例法が異なることもありうる。これは，より重大な問題であるが，その解決は，国際的，統一的な裁判所ができない限り，完全には解決できない問題でもある。また，CISGは，国際取引

(売買) を対象とするにすぎないから，各国民法の相違はあり，それが全体としてCISGの解釈に影響を与えることもあろう。

CISGは，日本においては，批准される前，1980年の成立時からすでに注目されてきた。近時では，ドイツの現代化法においても，大いに参照された。法の発展にとって，とくに重要なことは，たんに形式的な条約加入や批准よりも，学説や理論に対する影響である。質の悪い実定法でも(25)，国内においては議会が制定すれば形式的には通用するし，実定法は時代遅れになることもある。しかし，国際的に通用し参照されるには，内容の精緻さが命である。法形成の基礎となる思想をくみとりうるものであることが重要であろう。そのような例として，古くは自然法的な法典，たとえばフランス民法のような先例をみることができる。CISGは，ラーベルの時代からの大陸法と英米法の統一の試みの産物である。これを基礎として，共通法，法思想の形成される意義は重要であろう。

CISGは，すでに全世界の80か国以上で批准・適用されているから，ここに述べることは，たんに東アジアに限定されることではない。これに，東アジアに特有の事情を考慮するとすれば，長い伝統にもとづく文化形態の類似性(26)と，現代においても，密接な接触により，種々の相違が克服可能であり，共通理解が可能なことである。共通の理解を深めることは，ますます重要となろう。

(2) (a) 個別的には，国内法規定や蓄積された判例の法理の方が，CISGよりも，細かで緻密であり，CISGが共通法の形成に肯定的な要素として働くことは多くないとの疑問もある。たしかに，国内法規定や判例法理がじっさいに働く余地が大きいことは，いうまでもない。そして，それらが，各国ごとに異なっている可能性は大きい。本来の適用分野以外に，CISGが，そうした国内法的な解釈を排して，ただちに参照されることはありえない。ただし，国内法の解釈にも，しばしば余地が大きく，分野によっては，通説に疑問が提起されていたり，通説と反対説が拮抗している場合もある。そうした場合には，CISGや国際的な解釈が有力な資料を提供する可能性はある。つまり，CISGは，そのものとしてというより，それぞれの国内的な解釈に取り込まれて影響することに意義がある。つまり自主的解釈が主体である。西欧法の継受を経験した東アジアの比較法学者は，多面的な解釈方法を知っていることから，強行法規の分野を除けば，一面的な国内法優先の解釈主義者たりえない。

(b)　また，CISGの解釈の統一のために，外国判決の参照が必要となるが（7条1項），現実問題としてむずかしいとの疑問もある。外国判決の参照が必要なことは当然であるが，現在でも裁判官は多忙であり，国際私法の分野でも，条文程度はともかくとして，なかなか機能的な外国判決の参照まではできないのが実情である。各国に共通したデータベース構築は，むずかしい。英語のデータベースでは，UNCITRAL CLOUT Digest, UNILEX, Pace CISG Databaseなどがあるが，日本国内で，裁判官が日常的に利用するには，やや冗長である。その意味では，もっとコンパクトなコンメンタールが必要である[27]。また，解釈上の参考のため，あるいは解釈の統一性の観点からは，重要なコンメンタールが翻訳されることも必要である。たとえば，前述のSchlechtriem/Schwenzer（前注(2)）は，ドイツ語から英語に翻訳されている。一方的な翻訳だけではなく，もっと多数の翻訳が，しかも相互に行われる必要がある。

(c)　CISG 25条の本質的契約違反の理解には，抽象的概念を具体化するための類型化が必要である。このような場合に，契約の当事者は，契約書に規定を設ける。こうした個別的対処を統一することが共通法の形成により寄与するとの疑問もある。判例よりも，契約書による任意の統一の方が実現性は高い。紛争が生じれば，それを予防する形で約款が整備され，事実上，多くの分野で契約書による統一が図られる可能性がある。判例のデータベースの構築と並んで，書式のデータベース化に意味がある。

しかし，ここには，統一に伴う弊害の問題も潜在化している。つまり，国際取引は，いずれも比較的大規模な業者を予定しており，当事者の力の差異は問題にならないという前提があったが，それでも，先進国と発展途上国，資源国と非資源国の業者間などには，なお差異があるのではないか，優位な者に都合のいい条項が押しつけられるのではないかという可能性である。この点は，つぎの(d)とあわせて考察したい。

(d)　CISGによる統一法形成の契機にたいする疑問であり，結局，こうした統一は，優位な国の力による押しつけにならないかというものである。しかし，CISGのような批准された条約でも，本来の適用領域を超える必然性は乏しいから，国内法にそれほど直接に影響を与える可能性は大きくはない。統一法形成にあたって，一面的な強制が行われる余地はありえないであろう。

むしろ，こうした疑問は，TPPなど政治的作業にあてはまる。

今日，より警戒するべきものは，間接的，無意識的な影響である。とくに，経済の統一に伴うグローバリズムの影響は大きい。無意識のうちに，国内法で積み上げられた成果が，たんなる貿易障壁として切り捨てられる可能性がある。わがくにでも，一時期，利息制限法がそのようなものとして，日米構造協議の対象とされた例がある。また，国内の契約のようないちじるしい当事者の地位の不平等はないとしても，国際取引においても，強者の論理が通用する可能性はあるし，それ以外の分野では，より大きい。

第4章　近代法の変遷 ── 契約から地位へ ──

(1)　近代法の生成当初は，契約自由の時代であったが（身分から契約へ）[28]，19世紀の半ば以降は，契約自由が絶対的な原理ではないことが承認されている。すなわち，近代法は形式的な当事者の平等を前提としているが，じっさいには，当事者間に力関係の差異があり，形式的な法の適用は不平等をもたらすからである。ニュアンスの違いはあるとしても，各国の国内法の前提であろう。

大陸法の私法は，おおむねこのような潮流をうけ，形式的な契約自由から，私的自治のパターナリズム的な理解へという傾向を帯びている。当事者による自己責任的な契約の形成のみが絶対視できるわけではない。各国の私法のみならず，新たな統一化，たとえばヨーロッパ的規範における契約自由も，実質的には必ずしも中心的意義を保持してはいない。民法の固有の領域においては，安全配慮義務や専門家の責任，過失概念の高度化など当事者の特性に注目した規範が登場している。消費者保護立法は，消費者と事業者の地位による契約の修正を増加させた。20世紀の後半以降，これらの概念は，たんに民法の周辺に位置づけられるのではなく，部分的には，各国の一般民法にも採用され，契約の自由を地位の重視へと変容させている（契約から地位へ）。ここに，私法の中に，もう1つのデモクラシーの価値である人権の復権をみることができるのである。これは，旧来の契約と所有の自由から人権の重視である。そして，たとえば，EUが定めた一般平等法（AGG=Allgemeines Gleichbehandlungsgesetz）＝反差別法（Antidiskriminierungsgesetz）の存在は，必ずしもヨーロッパに特有のものではなく，世界人権宣言などの普遍的な価値を基本とする。公序規定への読み込みなどを通じて，一般的な影響力をもつものとみる必要がある[29]。

したがって，弱者や一定の地位に着目した規律は，たんなる民法の異物とのみとらえられるべきではなく，基本権の復権を意味しているのである。契約の自由は基本権の保障とワンセットである。また，ヨーロッパ法に特有なものとみるべきではない。この点において，日本の民法が，従来，付属法規のみによって（古くは，旧借地法，旧借家法，利息制限法，借地借家法，近時では，特定商取引法，消費者契約法など），民法を修正してきたことは，基本権への消極的な態度をも示すものであり，体系的な見通しの悪さとともに，根本的な再検討を要するところである。

(2)　グローバリズムは，近代初頭における無制限な契約自由の主張の再来である（後掲の図参照）[30]。国民国家に根ざした基本権からの制約を否定することが，グローバリズムの主張であり，私法，とりわけ取引法と団体法の無国籍性がこれを可能にしている。普遍的な基本権は，なお生成途上にある（EU指令に多くの保護規定があるのは偶然ではなく，また，たんなる競争秩序の統一のための要請ばかりとみるべきではない）。基本権のほかに，あわせて国際的な規制（地域的な統一も含め）や自律的スタンダードの構築も考慮される必要がある。

グローバリズムと近時の契約観の修正により，過失責任主義の見直し，契約自由の変容が生じている。しかし，契約自由は，中世法が否定した利潤主義の是正に係わるが，もともとデモクラシーという歯止めを有したのである。グローバリズムの最大の欠陥は，利潤主義をチェックしていた各国家によるデモクラシーの歯止めが失われることである[31]。デモクラシーの基本は，人権や基本権の尊重である。私権の基本原則のうち，権利能力の承認の原則は，たんに人の形式的平等（政治的には多数決主義）のみを意味するものではなく，基本権という不可欠の要素のあることを前提とする。契約法の変容やEU指令の拡大などは，ここにかかわっており，その再評価にほかならない。

ヨーロッパはこの点でも先進的であるが[32]，日本法がこうした提言をなしうるかは，おそらくデモクラシーの獲得に深くかかわっている。これは法や法学の理念に根ざすものであるから，たんに民法やCISGの解釈をどこまで参考とするかといった技術的次元の問題とも異なっており，いっそうの困難を含んでいる。統一法への道が，たんに便宜的な参照にとどまらないことを望むものである(33)。

(1)　Ernst Rabel, Das Recht des Warenkaufs, Eine rechtsvergleichende Darstellung. 2 Bde, 1936, 1957. ラーベルの統一法草案については，Der Entwurf eines einheitlichen Kaufgesetzes, Gesammelte Aufsätze, Bd. 3, S. 522ff. に記載がある。

(2)　拙稿「比較法（国際的統一法）の系譜と民法－ラーベルとケメラー」民事法情報282号22頁－37頁。Schlechtriem/Schwenzer, Kommentar zum Einheitlichen UN-Kaufrecht, 2004, S. 27ff.; Palandt, BGB, EGBGB Nr. 8. 簡便なものとしては，Schlechtriem, Internationales UN-Kaufrecht, 1996. なお，比較法的見地からの記述として，五十嵐清・比較法ハンドブック（2010年）305頁以下に，私法の国際的統一の動向の歴史が手際よく概観されている。

なお，世界貿易の観点からは，2016年6月の国民投票で，イギリスが僅差でEUからの脱退を決したことが注目される（難民問題）。ただし，反対論も強く具体的なプロセスはまだ未定である。

(3)　Bamberger/Roth, BGBのように，§§1-610の後ろ（契約各論）にCISGを入れる例もある（vgl. 2007, S. 2058ff.）。

(4)　ただし，最近のグローバリズムが，国際協調というよりも，たんなるアメリカ化だけを意味するとすれば，一面的な英米法礼賛や優先とならないことが必要である。ハーグ条約の再評価も必要であろう。

(5)　以下では，UNCITRAL Digest［The UNCITRAL Digest of case law on the United Nations Convention on the International Sale of Goods］，Schlechtriem/Schwenzer, Kommentar zum Einheitlichen UN-Kaufrecht -CISG-, 2004などを参照している。28条関係の後注(9)のほか，いちいち記載しない。

(6)　大判大3・10・27民録20輯818頁は，借地料増額請求の慣習につき「特に反対の意思を表示せざる限りは，之に依るの意思を有するものと推定するを当然」とし，塩釜レール事件（大判大10・6・2民録27輯1038頁）では，当事者が慣習の存在を知りながら反対の意思を表示しないときには，これによる意思を有するものと推定した例がある。

(7)　新版注釈民法13巻（谷口知平＝五十嵐清編・2006年）396頁（谷口知平＝小野秀誠）。

(8)　これによって，適用される契約書式をめぐる争い，いわゆる書式の戦いを一定程度回避することができる。当事者は，書式のすべてを争う入口での対立に代えて，内容ごとに交渉することが可能になるからである。Vgl. Schlechtriem/Schwenzer, a. a. O., S. 266ff.

(9)　UNCITRAL Digest, op. cit., Article 28, 1, 2; Schlechtriem/Schwenzer, a. a. O., S. 337f.; Münchener Kommentar (Gruber), 2004, S. 2310. 甲斐道太郎＝石田喜久夫＝中田英司・注釈国際統一売買法　I（2000年）214頁参照（梶山玉香）。

(10)　Schlechtriem, S. 345, Gruber, S. 2314.

(11)　ドイツの通説も，強行性を否定している。Vgl. Schlechtriem, S. 354f.

⑿ アメリカ，イリノイ地方裁判所，1999年12月７日判決（Federal District Court, Northern District of Illinois, United States, 7 December 1999）Magellan International Corporation v. Salzgitter Handel GmbH; *CLOUT case No. 417* http://cisgw3.law.pace.edu/cases/991207u1.html.

⒀ UNCITRAL Digest, Article 28, 3.

⒁ Ono, Die Entwicklung der Leistungsstörungslehre in Japan aus rechtsvergleichender Sicht, Hitotsubashi Journal of Law and Politics, Vol. 30, p. 15-34 (2002). 拙稿「給付障害の体系－給付障害の一元化，解除と危険負担」一橋法学４巻３号１頁以下参照。

CISG 45条は，買主の救済方法に関する総則的規定をおき，46条から52条までの権利と74条から77条までの規定に従って損害賠償の請求をすることを認めている。前者は，参照的・宣言的な規定であり，損害賠償についての規定は請求権の根拠規定であり（UNCITRAL Digest, article 45, 1; Schlechtriem, S. 504f.; Münchener Kommentar (Huber), 2004, S. 2425)，売主の救済方法に関する61条とパラレルな規定である。

⒂ こうした45条の構造について言及した裁判例は，比較的多い。*CLOUT case No. 85* アメリカ，ニューヨーク北部地域連邦地裁，1994年９月９日判決［Federal District Court, Northern District of New York, United States, 9 September 1994］: *CLOUT case No. 138* アメリカ，第２巡回連邦高裁，1993年12月６日判決，1995年３月３日判決［Federal Court of Appeals for the Second Circuit, United States, 6 December 1993, 3 March 1995]）; *CLOUT case No. 140* 国際商事仲裁所のロシア連邦通商産業部，1995年３月16日仲裁［Arbitration-Tribunal of International Commercial Arbitration at the Russian Federation Chamber of Commerce and Industry award No. 155/1994 of 16 March 1995]; CRCICA Arbitration Cairo, Egypt, 3 October 1995, Unilex エジプト，CRICA カイロ仲裁裁判所; *CLOUT case No. 166* ドイツ，ハンブルク商事会議所の仲裁裁判所，1996年６月21日［Arbitration Schiedsgericht der Handelskammer Hamburg, 21 March, 21 June 1996]; 国際商事会議所フランス仲裁裁判所 ICC Court of Arbitration, France, award No. 8247, ICC International Court of Arbitration Bulletin, 2000, 53; *CLOUT case No. 236* ドイツ，連邦裁判所，1997年７月21日判決［Bundesgerichtshof, Germany, 21 July 1997]; *CLOUT case No. 248* スイス，連邦最高裁，1998年10月28日判決［Schweizerisches Bundesgericht, Switzerland, 28 October 1998］など参照。

明文規定はないが，契約の継続が論理的に優先することについては，円谷峻「ファヴォール・コントラクトス」好美清光先生古稀記念論文集（2000年）３頁。また，裁判所による猶予期間の付与は，フ民1184条に例がある。後者につき，拙著・危険負担の研究（1995年）43頁以下。

⒃ ただし，通説とは異なり，受領義務を認め，受領遅滞と債務不履行とパラレルに扱う有力反対説が古くからあり（我妻栄・債権総論（1964年）238頁）や，売買などの特定の契約類型のみで受領義務を認める折衷説も唱えられている。判例は，受領義務

を認めないが(大判大４・５・29民録21輯858頁，最判昭40・12・３民集19巻９号2090頁)，例外的に，継続的契約関係など特段の事情があるときに，受領義務を認めたものがある（最判昭46・12・16民集25巻９号1472頁)。

立法例としては，ドイツ法では，受領遅滞を法定の効果として理解する。債務不履行説ではない。フランス法やわが旧民法は，弁済提供の効果を個別に規定するだけで，包括的な受領遅滞概念をもたない。これに反し，英米法の扱いは，債務者の遅滞と債権者の遅滞をパラレルにとらえるものである。拙稿「債権者の受領遅滞と危険負担」給付障害と危険の法理（1996年）33頁以下参照。

⒄　我妻・前掲書（前注⒃）120頁。

⒅　ただし，最判平21年事件では，事案の特殊性から肯定されたとみるべきであり，一般化するべきではない。直接には損害賠償の問題であっても，場合によっては損害賠償さえすれば契約の解除が可能ということになると，賃貸借における解除の制限の法理（いわゆる信頼関係破壊の理論）などを没却する可能性もある。

⒆　とりあえず，拙著・前掲書（注⒂）108頁。日本法における各主義の対立について，立ち入る必要はないであろう。その対立の元となっている債権者主義に関する534条に相当する規定は，韓国法では削除されている（536条が，同時履行の抗弁権，537条は，日本の536条１項に相当，538条は，日本の536条２項に相当，539条は，第三者のためにする契約であり，日本の534条相当の規定は存在しない)。

⒇　その先例は，フランス法である。拙著・前掲書（注⒂）47頁。ほかに，古くは，プロイセン法(ALR Ⅰ５ §364条)，近時では，1992年施行のオランダ民法(265条，1977年草案の６-５-４-６条）にもみられる（それぞれ，同・27頁，59頁)。イギリス法がフラストレイション，アメリカ法が約因の不成就の理論によるのも，その変形である(同・66頁，74頁)。

㉑　Ono, op. cit.（前注⒁), p. 15. 比較法的には，過失責任主義によって，広く免責を認めるドイツ法と，厳格責任により免責を限定する英米法の間に，不履行の中に過失が包含されるとする中間的なフランス法の立場がある。スカンジナビア法もこの中間的な立場に近い。拙著・債権総論（2013年）100頁，132頁参照。

中国の契約法107条は，違約責任を定め，これは，一種の無過失責任とされるが，民法通則107条は，不可抗力では民事責任を否定している。ただし，法の別段の定めがあるときには，この限りではないとする。契約法が，この例外になると，無過失責任のままとなるが（英米法に近い)，逆に民法通則が契約法の例外となると構成すれば，より CISG の構成に近づけることもできよう。

㉒　CISG 80条のように，相手方に起因する不履行を相手方が負担し，自分がすべて免責されることは，過失責任主義からは当然であり，契約義務の引受と構成する場合にも，転嫁は許されないことの帰結である。

㉓　拙稿「清算関係と危険負担」(給付障害と危険の法理・1996年）73頁以下，98頁。

㉔　同・179頁参照。

㉕　たとえば，2008年施行（2006年制定）の一般社団法人及び一般財産法人に関する法律は，民法の法人法（33条以下）の大部分を取り込んだが，民法にはなお５条が残さ

れている。一部を残す必然性が乏しく，残された内容も法人の成立，能力，外国法人と必然性がない。不法行為能力は，一般社団78条に移っている。一般財団法人については，一般社団法人の規定の準用が多く複雑であり，そもそも会社法（2005年法）のコピー的であり，法自体の理念がみえにくい法律となっている。

(26)　東アジアは地理的概念であるが，それだけではなく，儒教と漢字という古代の中国由来の文化的基礎を有している。フィリピンは，この特性からははずれる。また，東アジアにおいても，近代以降は，大陸法の影響が強かったことも付け加わるであろう。

(27)　解説書についていちいち立ち入らないが，古くは，曽野和明＝山手正史・国際売買法（1993年）があり，近時のものでは，甲斐ほか編・前掲書（前注(9)），潮見佳男＝中田邦博＝松岡久和・概説国際物品売買条約（2010年），井原宏＝河村寛治・判例ウィーン売買条約（2010年），曽野裕夫「国際物品売買契約に関する国際連合条約（CISG）の概要」民事法情報275号10頁，276号2頁，277号14頁，曽野裕夫「ウィーン売買条約（CISG）の意義と特徴」（ジュリ1375号4頁以下）などがまとまっている。

(28)　イギリスの法制史家（Maine, 1822–88）の著名なテーゼ「身分から契約へ」がある（Movement of societies *from Status to Contract*; Maine, Ancient Law, its connection with the early History of Society and its relation to Modern Ideas, 1861 (1963), p. 164）。

(29)　拙著・契約における自由と拘束（2008年）96頁参照。

(30)　同・152頁。

(31)　同・114頁注128参照。そこで，契約の自由や権利も，必ずしも無限定のものではない。私見では，近代法には，ある種の西欧法の伝統や内在的制約が存在するが（たとえば，カノン法に由来），それは同時に，近代資本主義発祥の地であるオランダやイギリス，あるいはアメリカに大きな影響を与えたカルヴィニズムによる法の伝統からの離脱，法や企業の無国籍性という特性を有している（私法の現代化と民法（2006年）11頁，21頁の注28参照）。西欧法の伝統を重視すれば，必ずしも外見的にはみえない規範を探ることは重要であるが（法社会学の課題であろう），無国籍性が前提となれば，もっと露骨な法の適用が可能となる（依るべき国家をもたないことが，カルヴィニズムの特徴であり，かつ世界的な伝播性の根源である。近代資本主義社会の構成と企業の無国籍性は，根源的にはこれに由来する）。近代法そのものについても，相当程度まで，あてはまる。国民国家の段階では伝統との連続性はなお存続したが，グローバリズムは連続性を断ち切ろうとする。アメリカ型の規範の国際標準としての主張は，一面では，このような普遍性の主張でもある。ここでは，ヨーロッパ型の法とアメリカ型のそれとの相違という観点も重要となろう（同（現代化）11頁，260頁参照）。

(32)　EU指令の統一については，拙稿「EU消費者信用指令とドイツ民法の改正」現代消費者法4号90頁。また，近代法による民法の商化に対し，民法の保護法化につき，同96頁参照。

(33)　日本の諺には，「仏作って魂入れず」というものがある。法の精神は，法の技術とともに，しかしより重要なものである。

外圧がないと進まない面もある。日本がCISGを批准したのは，先進国で取り残されたからであり，ドイツが新債務法に踏み切ったのは，EU 指令にあわせるという外圧によるものであった。統一法ができたときに，孤立して一人それに入らないことができるかは，問題となろう。

利潤主義と厳格主義

【利潤派】　　　　　　　　　　　　　　　　【厳格派】

（中世）　利息の禁止，神学的規制
反貨殖主義，公序良俗
恩恵，寛容による自主規制

利息の解禁　利潤

契約の自由⇨
自由放任
利潤至上主義

（近代）　刑事的規制
暴利の禁止

アメリカの利息制限法

最低限の制限
人権　　　　　　　　ヨーロッパ
社会政策，社会法　　大陸では国家による
社会福祉的観点
19末　ポピュリスト運動　　自律
1920　Progressivism 伝統的な価値意識や経済的倫理観からの逸脱が目だってきたアメリカ資本主義社会に対し，国家や州の公権力でその欠陥を是正しようとした
1920－33　禁酒法
大陸法では，社会法に相当。ワイマール憲法
1930－40　ニューディール

（政府の過度の規制への反対）
プロフェッショナリズム
市民社会の自主規制　　　　　　日本では社会的規制
（国家との緊張関係）　　　　　　（国家への依存関係）
ウォーターゲート事件，法曹倫理

Law & Economics　　　　　　　　法治国家理念

規制緩和　　　　　　　　（現代）
グローバリズム⇨新たな自由放任
エンロン，ワールドコム事件　　　05カネボウ，ライブドアの粉飾決算
会社不祥事
利益と責任の再認識　　　　　　先端医療の問題
倫理
地位と基本権

リーマン・ショック

第3篇 キール学派と民法
── ラーレンツとヴィアッカー ──

第1章 はじめに ── キール学派の民法上の位置づけ

(1) 19世紀のドイツの民法学は，その法源をめぐって，ロマニステンとゲルマニステンの対立によって特徴づけられる。1900年の民法典は，この対立を潜在化させ，法典発効後しばらくはその解釈論的議論あるいは一部の制度のみの立法論的な議論が中心となった。たとえば，シュタウプによる積極的契約侵害論(1)やラーベルの不能論などである(2)。また，第一次世界大戦（1914−1919年）による経済危機は，民法典に新たな試練を与え，エルトマン（Paul Oertmann, 1865. 7. 3−1938）の行為基礎論にみられるような大きな修正を付け加えるものとなった(3)。

1930年代以降は，まったく別の方向から民法典への攻撃が行われた。ナチズムによるものであり，従来のような個別の修正だけではなく，その全体的な修正や破棄をもせまるものであった。とりわけ，キール学派(Kieler Schule)と呼ばれる一団の法学者は，民法の個別の理論や体系について，特定のイデオロギーに基づき新たな主張を行った。キール学派そのものは，10年もしないうちに解体したが，その主張のうちのあるものは，イデオロギーぬきの形で有力な学者によって引き継がれ，戦後にまで影響を与えている。また，伝統的なロマニステンとゲルマニステンの対立を凌駕した点でも，影響を与えたのである。

ナチズム法学者については，性質上ドイツには多数の研究があり，種々の評価がある。わがくにでも，五十嵐清教授の労作がある(4)。そこで，本稿は，その全体に言及するものではなく，その中のごく一部であるラーレンツとヴィアッカーに焦点をあて，その理論と変遷とを，とくに人物と業績との観点から検討しようとするものである。とりわけ戦後の影響力が大きかったからであり，一見無関係と思われる戦後の民法理論や体系へのナチズムの影響を考察しておくことは，彼らの理論の評価にさいし重要なことであろう。

筆者はすでに，当時の法学者のうち，いわば被害者である亡命法学者についてラーベルと，戦時中沈黙をよぎなくされたケメラー(Ernst von Caemmerer, 1908. 1.17-1985. 6.23)，ウィルブルク（Walter Wilburg, 1905. 6.22-1991. 8. 22)，あるいはフルーメ（Werner Flume, 1908. 9.12-2009. 1.28）を例として検討したことがある(5)。本稿は，その意味では，第３の範疇に属する人物とその業績の検討ということになる。

ちなみに，学問上の師が亡命したことから，戦時中大学の教授職につかず，あるいは冷遇された例としては，フルーメと師のシュルツの関係，ケメラーやヴィルブルクと師のラーベルの関係，ライザーと師のＭ・ヴォルフの関係，クンケルと師のレーヴィの関係などがある(6)。

(2)　キール学派は，キール大学の若手の教授を中心とするが，その成立には，一般的な理由とキールに特殊な事情とがあった。

まず，一般的な理由は，当時の社会的な状況である。1933年１月30日にナチスが政権を掌握すると，その影響は，大学にも及んだ。大学の自治（Hochschulautonomie）から大学の指導者構成（Führerverfassung）への転換である。学長は，大学の指導者（Führer，この語は，政治的には総統とも訳される）として任命されることとなったのである。また，1933年４月３日法は，私講師や学生を軍隊式に組み込むものとし，教授職就任には，実質的にナチスへの加入が義務づけられた。そして，1934年12月13日法では，教授資格は教授資格論文とは切り離され，講義資格はたんに大臣の許可にかかるものに変わったのである。また，学内にナチスの私講師団体や学生団体も組織された。

1933年の公務員職の回復法（Gesetz zur Wiederherstellung des Berufsbeamtentums, 7. 4. 1933, BGBl. I, S. 175）は，その３条で，非アーリア人の公務員（Beamte, die nicht arischer Abstammung sind）は，休職に付されるものとした。また，４条では，アーリア人の公務員であっても，従来の政治的活動から，つねにナチス国家に忠実である保障がない者は，休職または免官されるものとした（なお，同法による罷免の第一号は，後述のラートブルフであった)。また，1935年１月21日法では，これらに加えて，大学教官を他の大学に移籍もできるものとした(7)。これによって，ナチス理念にとって不適合と思われる者を事実上排斥する途が拡大されたのである。

ついで，キール大学の特殊性がこれに付け加わった。当時のキール大学の教授陣では，ワイマール的秩序に反対する者が圧倒的多数であったとされ，その中で比較的少数，とくに法学部のみがリベラルであった。そこで，キールのような小規模の大学では，大規模大学では政治的理由から不可能と思われる人事，たとえば，後述する Radbruch, Schücking, Kantorowicz を正教授とするような人事が可能であった(8)。

政治的に議論のよちのある私講師の招聘には，キール大学自体が拒絶していた。たとえば，ラートブルフは，最初，1910年に，ハイデルベルク大学の員外教授，1914年に，ケーニヒスベルク大学の員外教授となったが，1919年に，彼をキール大学の公法の員外教授職に招聘することは，キール大学の反対で挫折した。1903年に教授資格を獲得してから，すでに16年もたっていた。そこで，同年，彼が，キール大学の刑法の員外教授職についたことは，非常な人的・政治的な軋轢をもたらした（1年後に，正教授。また，1920年からライヒ議会議員，1921年から1926年はライヒ司法大臣を兼任）。そして，1926年に，彼がハイデルベルク大学（正教授）に移ったあとの後任人事は，より困難であった。

候補者のカントロヴィッチ（Hermann Kantorowicz, 1877. 11. 18-1940. 2. 12）は，リベラルで平和主義者と思われており，またヴェルサイユ条約に伴う債務問題（Kriegsschuld）につき積極的に発言していた。こうした招聘に伴う混乱をおそれることには，理由がなかったわけではない。もっとも，1926年には，なお彼の招聘が可能であった。しかし，20年代の末は状況はいちじるしく変化していた。1920年代末には，キール大学の学生団体は，過激なナチスの組織下に組み込まれていたからである。のちのナチス政治家の Joachim Haupt（1900. 4. 7-1989. 5. 13）が，自由キール学生団（Freie Kieler Studentenschaft）の議長であり，これは，全国の大学でも，ナチスが学生団の議長となった最初の例であった(9)。

1933年2月には，自由キール学生団が2日間のストを行い，血統上80％以上のユダヤ系教授（単純計算で，祖父母の1人が100％ユダヤ系であれば，孫は25％となるというもの。3人がそうであれば，孫は75％になる）に反対するとする弾劾文書が法学部に対して発せられた。そして，1933年以降は，教授職は，実質的に政治的に左右されるものとなっていたことから，全面的な人事の刷新が行われた。ユダヤ系教授だけではなく，国際法学者の Walter Schücking

(1875. 1. 6-1935. 8. 25) や民法学者の Werner Wedemeyer も追放の対象となったのである[10]。

キールは，ハンブルクなどと並ぶ重要港であり，第一次世界大戦末期の1918年11月に，ここにあった軍港の水兵が，講和を求めて蜂起し，労働者や兵士の評議会が権力を奪取して，ドイツ革命（第2帝政の崩壊）の先鞭をつけたところである。いわばワイマール共和国の開始と終焉の先取りをしたことになる。

(3)　ナチスによる攻撃の加えられる前，キール大学の原・教授陣には，上述のカントロヴィッツも属していた。その担当は，刑法講座であり，すでに1926年から，ハイデルベルク大学に移ったラートブルフ（1878. 11. 21-1949. 11. 23）の後任となっていたのである。カントロヴィッツは，ユダヤ教から改宗したプロテスタントであったが，ユダヤ系として攻撃をうけ，1933年にアメリカに亡命した。また，刑法講座には，犯罪心理学の父ともいわれる Hans von Hentig（1887. 6. 9-1974. 7. 6，刑法）がいたが，彼もユダヤ人であることから，1934年に休職となり，一時ボン大学に移籍され，その後アメリカに亡命した。また，国際法では，上述の Walther Schücking がいた。彼は，ハーグ国際司法裁判所判事であり，かつてのヴェルサイユ条約代表団の一員でもあった。ナチスは，ヴェルサイユ条約をも敵視していたから，国際主義的な者あるいは平和主義者も弾劾の対象となったのである。さらに，民法では，Otto Opet（1866. 4. 1-1941. 11. 17）がいたが，彼もユダヤ系であることから，学生団体の罷免要求をうけ，1933年に，67歳で引退させられた。他の教授陣の詳細は不明である（民法には，後述の Gerhart Husserl と Werner Wedemeyer がいた。また，詳細は不明であるが，ほかに Karl Rauch, Heinrich Hoeniger, Woldemar Poetzsch-Heffter など）[11]。

こうした人事の粛清は，まず，キールやケーニヒスベルク，ブレスラウのような，国境近くの小規模大学（Grenzlanduniversitäten）から行われた。1932年に，ドイツ国内の法学部におけるユダヤ系および（ナチスにとって）政治的理由から問題あるとされる法学者の総数は，378人であり，まず，その3分の1が亡命をよぎなくされた。しかし，それにとどまらず，しだいに，ベルリン，ゲッチンゲン，ライプチッヒのような大規模有力大学でも行われるようになったのである[12]。

ベルリン大学でも，1930年代の末になると，ラーベル（Ernst Rabel, 1874.

1.28-1955. 9.27, 1939年アメリカに亡命）ほかの追放が行われた。James Goldschmidt（1874-1940, 1938年にイギリスに亡命，ベルリン大学からの最初の亡命者であり，死亡したのはウルグアイである），Martin Wolff（1872-1953, 1938年にイギリスに亡命），Fritz Schulz（1879-1957, 1939年にイギリスに亡命），Arthur Nussbaum（1877-1964, 1934年にアメリカに亡命），Julius Flechtheim（不明），Max Rheinstein（1899-1977, 1933年にロックフェラー奨学生としてアメリカに渡る），Julius Magnus（1867-1944, 1939年にオランダに亡命），Max Alsberg（1877-1933, 1933年にスイスに亡命）などである。彼らの亡命の時期が必ずしも同時でないのは，政治的理由と，1933年の公務員法（Berufsbeamtengesetz, 1933）が，ユダヤ系の血統の濃淡による区別をおいていたからでもある(13)。

ほかにも，当時アメリカに亡命した法学者として，以下の者がいる。Rudolf Schlesinger（1909-1996, 1939年にアメリカに亡命），Albert Ehrenzweig（1906-1974, 1938年に，スイスを経て，アメリカに亡命），Kessler（1901-1998, 1934年にアメリカに亡命，妻がユダヤ系であった），Kronstein（1897-1972, 1935年にアメリカに亡命），Brigitte Bodenheimer（1912-1981, 1933年にアメリカに渡る），Stefan Riesenfeld（1908-1999, 1935年にアメリカに亡命），Stephan Kuttner（1907-1996, 1940年にアメリカに亡命）(14)。

(4) 1933年，新しい教授陣がほぼ同時期にキール大学に赴任しあるいは非常勤で講義を依頼された。若手の私講師らであり，彼らを中心とする法学者がキール学派として知られている。Busse, Dahm, Eckhardt, Huber, Larenz, Michaelis, Ritterbusch, Schaffstein, Siebert, Wieacker があげられる(15)。その詳細については，ラーレンツとともに，第2章以下で検討しよう。

第2章　ラーレンツと行為基礎論

1　はじめに

ラーレンツ（Karl Larenz, 1903. 4.23-1993. 1.24）は，高等行政裁判所判事・部長（Senatpräsident am preußischen Oberverwaltungsgericht in Berlin）であった同名の Karl Larenz とその妻 Ida(16)の息子として，1903年に，ライン河岸のデュッセルドルフ近郊の Wesel で生まれた(17)。その前年には，ローマ法学者の Wolfgang Kunkel（1902.11.20-1981. 5.8）が，その翌年には，民法学者の Ludwig Raiser（1904.10.27-1980. 6.13）や，刑法学者では Welzel（1904.

3.25–1977. 5. 5）が生まれている。

ラーレンツは，東部のポーゼンで初等学校にいき，ライン河岸のNeuwiedとOsnabrück（ブレーメンとデュッセルドルフの中間）のギムナジウムに通った。1915年からは，ベルリン(Berlin-Schmargendorf)のギムナジウム(Heinrich v. Kleist-Realgymnasium)に転じた。1921年の大学入学資格試験・アビトゥーアのあと，父親がベルリンで高等行政裁判所の部長裁判官になったことから，1921－1922年の冬学期には，ベルリン大学にいき，法学，国民経済学と歴史を学んだ。その後，マールブルク，ベルリン，ミュンヘン，ゲッチンゲンの各大学へと変わった。1926年に，ハノーバー近くのCelleで，第一次国家試験をうけた。1927年に，「ヘーゲルの責任理論と客観的責任の概念」(Hegels Zurechnungslehre und der Begriff der objektiven Zurechnung, Diss. Göttingen)のテーマで，ゲッチンゲン大学から博士の学位を取得した。そのさいの主査は，法哲学のビンダー（Julius Binder, 1870. 5. 12–1939. 8. 28）で，ほかには訴訟法でOertmann，ローマ法でPringsheimが試験官であった。ヘーゲル研究は，ラーレンツの一生の課題となった(18)。

1928－1929年の冬学期には，同じくビンダーのもとで，教授資格論文を書き（Die Methode der Auslegung des Rechtsgeschäfts, 1930），教授資格・ハビリタチオンを取得した。そのさいの教授資格論文には，後述一覧表（3）の②④論文が付加されていた。まだ，25歳であった。そのため，司法研修に入ることなく（修習生にならずに，第二次国家試験をうけることもなく）教授資格をえたのである。ビンダーは，当時の司法研修にそう大きな意義を認めていなかったからである(19)。

ちなみに，師のビンダーは，1870年に，法哲学，ローマ法，民法，民事訴訟法で教授資格をえて，ロシュトック大学で正教授となった。のちに，エルランゲン，ヴュルツブルク，ゲッチンゲンの各大学に招聘された。政治的には，1895年ごろは，保守的なナショナリストであったが，のち第一次世界大戦後の1919年からは，国粋的ナショナリストになった。1916年から1918年の間は，ヴュルツブルクの自由国民党の議長であり，第一次世界大戦後は，反セム主義の全ドイツ協会（Antisemitischer Alldeutscher Verband）に属していた。ナチスの1933年の政権掌握を歓迎し，それに参加した(20)。

ビンダーの弟子には，ラーレンツのほかに，Gerhard Dulckeit（1904–1954），Martin Busse（1909–1945）がいる。彼らは，隔週でビンダーの家に集まり，ヘーゲルの著作を輪読し検討していた[21]。こうした活動は，後述の①や⑥⑦論文の基礎となっている。

2 キール大学

1933年から，ラーレンツは，キール大学で教えた。まず，非常勤で(in Vertretung)，ついで1935年からは，追放されたユダヤ系の法哲学者のGerhart Husserlの教授職の後継者としてであった。このフッサールは，精神現象学（Phänomenologie）で名高いEdmund Husserl（1859. 4. 8-1938. 4. 27）の息子であり，1933年4月に休職となり，ゲッチンゲン大学とフランクフルト・アム・マイン大学に移籍され，1936年には，アメリカに亡命した[22]。なお，Husserlは，戦後，1950年に帰国し，1955年に亡くなったラーベルの追悼文を書いている（1956年にフライブルク大学の名誉教授）[23]。

ラーレンツは，Franz Wieacker(1908. 8. 5-1994. 2. 17)，Georg Dahm(1904. 1. 10-1963. 7. 30)，Ernst Rudolf Huber（1903. 6. 8-1990. 10. 28)，Friedrich Schaffstein（1905. 7. 28-2001. 11. 8），Wolfgang Siebert（1905. 4. 11-1959. 11. 25）などとともに，当時の若手教授のグループに属した。その多くが，1933年7月から年末までにキール大学の教授に就職したことから，彼らは，キール学派として知られている。この学派には，身分上は別の大学の者も含まれるが，おおむねナチスの思想に添う主張をし法革新運動（Erneuerung des deutschen Rechts）の先鋒となったことから，このように呼ばれるのである。もっとも，ナチスへの傾斜には程度の差があり，Wieackerなどが消極的であったのに比して，ラーレンツは，積極的・重要な理論家となった。第二次世界大戦中，彼は，ナチスの精神科学の挺身隊（Kriegseinsatz）のメンバーでもあった[24]。ラーレンツも共同執筆している「新たな法律学の諸問題」(Grundfragen der neuen Rechtswissenschaft, 1935)は，このDahm, Huber, Larenz, Michaelis, Schaffstein, Siebertによるものである。

とくに，キール学派の影響が強いのは，キールのほか，ブレスラウ，ケーニヒスベルクなどの，比較的周辺部の諸大学であった[25]。キール大学がキール学派の牙城となったことは当然であるが，しかし，終戦時の1945年まで，キール大学にとどまった者は，ラーレンツのほか少数の者だけ（DahmとSchaffstein）であった。ラーレンツは，1941年に，プラハ大学の招聘を断ったのである[26]。もちろん，学派の退出だけによってキール学派の求めた方向がただちに解消したわけではなく，むしろ全国的に拡大したとみるべきであろう。

キール大学は，戦争中に空爆によって大部分の建物を失ったが，授業は継続された。ラーレンツの私宅も，航空機による攻撃をうけたが，1945年から46年の冬学期には，戦後初めての授業が，キール港にいた船上で行われ，ラーレンツも，この時債務法と法哲学の歴史の講義をし演習も行ったのである(27)。

しかし，1947年の夏学期からは，講義名簿からラーレンツの名前は消えた。第二次世界大戦後，1933年から45年の活動のために，キール周辺を占領地域とするイギリス占領軍の要求に基づき，大学における講義を禁じられたのである（Suspendierung）(28)。これは，ラーレンツによって，その講座を奪われたフッサールの動きによるものといわれる。フッサールは，アメリカに亡命した後，アメリカ占領軍の「高等法律顧問」(Senior Adviser for Legal Affairs)となり，ドイツに滞在した。しかし，キール大学が拒絶したことから，フッサールの復帰はかなわなかった(29)。

講義の禁止が解除されたのは，1949年12月14日からである（同年，ドイツ連邦共和国が成立）。ラーレンツは，ふたたびキール大学に復帰し，1950年の夏学期から，民法総則と物権法の講義，自然法に関する演習などの授業を行った。1957年には，ミュンスター大学からの招聘を断った。復帰から約10年後，1960年に，ミュンヘン大学に招聘され，そこで定年を迎えた(30)。

ミュンヘン大学の時期には，かなり影響力のある弟子が輩出した。Claus-Wilhelm Canaris(1937. 7. 1－), Uwe Diederichsen(1933. 7. 18－), Helmut Köhler (1944. 9. 12－, ただしハビリタチオンは Steindorff), Detlef Leenen (1942. 8. 4－)(31), Manfred Wolf(1939. 1. 5－, ただしハビリタチオンは物権法で名高い Bauer) などである。

そのうちの１人カナリスによれば，ラーレンツは，学生や助手にも親切であり，家に呼んで食事を共にしたり，定年後も，自宅で学生に対する哲学的なレクチュアーなどをしていた(32)。ラーレンツは，1993年，ミュンヘンのOlchingの養老院で亡くなった。

70歳の時には，Diederichsen, Canaris による祝賀論文集(Festschrift für Karl Larenz zum 70. Geburtstag, 1973)，80歳の時には，Canaris による祝賀論文集(Festschrift für Karl Larenz zum 80. Geburtstag am 23. April 1983）が献呈されている。前者には，Wieacker, Beuthien, Jorgensen, Caemmerer, Wilburg,

Mayer-Maly, Flume, Canaris, Deutsch, Michaelis, Bydlinski, Bauer ほかが執筆しており，1078頁の大著である。後者には，Bydlinski, Canaris, Diederichsen, Jörgensen, Köhler, Mayer-Maly, Medicus, Michaelis, Westermann などが執筆しており，これも749頁の大著である(33)。

なお，1933年の人事の刷新による新たなキール学派の教授陣の陣容と戦後の状況は，以下のようであった(34)。

ラーレンツについては，省略する。Ernst Rudolf Huber は，国法学を担当した。戦後，フーバーが教職に復帰するのは遅れ，1952年に，フライブルクで寄付講座職につき，1957年に，Wilhelmshaven-Rüstersiel の社会科学専門大学に移った。1962年に，同大学が，ゲッチンゲン大学に併合されたことから，その教授となった。

刑法の Georg Dahm は，戦後，教職を追われ，1955年まで，パキスタンで，ダッカ大学の法学部の創設に参加した。1955年にキール大学にもどったが，担当は国際法講座であった。戦後，刑法では，復活しえなかったのである。同じく刑法の Friedrich Schaffstein も，戦後は教職を追われ，ようやく1954年にゲッチンゲン大学に招聘された。

法史学の Karl August Eckhardt（1901. 3. 5–1979. 1. 27）は，キールで教えたのは１年だけであったが（1935年からベルリン大学。1945年に占領軍により免職となった），戦後は，教授職につくことなく，Witzenhausen の歴史研究所の所長となり（Historisches Instituts des Werralndes），死ぬまでゲルマン法源の資料集である Monumenta Germanica Historica の公刊に携わった。Franz Wieacker については，後述第３章参照。Karl Michaelis も，民法と法史学の担当であった（ゲッチンゲン大学教授・名誉教授として，ラーレンツ祝賀論文集に２度とも寄稿している）。

民法と労働法の Wolfgang Siebert も，戦後の一時期，国家試験向けの復習教師（Repetitor）となったが，1950年にゲッチンゲン大学に招聘され（53年に教授），1957年には，ハイデルベルク大学に招聘された。ジーベルトは，現在では，BGB の大コンメンタール（Soergel/Siebert, BGB）で著名である（Hans Theodor Soergel, 1867–1943が1921年に公刊した BGB コンメンタールの改訂版である）。

憲法と国際法の Paul Ritterbusch（1900. 3. 25–1945. 4. 26）は，ナチスの信奉者であり，1945年に自殺した。

3　業　　績

1933年以後，ラーレンツは，ヘーゲルの観念論に結びつけて，ナチスの理念に適合した法思想の確立を目ざした。もっとも，法哲学上の新ヘーゲル学派がナチスとの関係で果たした役割については，今日争いがある。権威主義的国家観には，ヘーゲルに由来するものもある。しかし，ナチスの理論には民族や人種の理論という特徴がみられたことから，彼らと新ヘーゲル学派の間には，なお深い溝があるとするのが，一般的な理解である(35)。

キール時代やそれ以前の著作には，わがくにでは入手しがたいものもあるが，以下のものがある（一部には戦後の復刻もある)。多作であるが，依頼に応じて書かれたことから，かなり重複や変化もみられる。

① Staat und Religion bei Hegel, Rechtsidee und Staatsgedanke - Beiträge zur Rechtsphilosophie und zur politischen Ideengeschichte, 1930, S. 243ff. これは，師であるビンダーの祝賀論文集(Festgabe für Julius Binder, 1930, in Verbindung mit Ernst Mayer und Max Wundt）の一部である。

② Das Problem der Rechtsgeltung, 1929. (Sonderhefte der Deutschen Philosophischen Gesellschaft 5).

③ Die Methode der Auslegung des Rechtsgeschäfts, zugleich ein Beitrag zur Theorie der Willenserklärung, 1930.

④ Rechts- und Staatsphilosophie der Gegenwart, 1. Aufl. 1931, 2. Aufl., 1935. (36)　本書には，カール・ラレンツ・現代ドイツ法哲學（大西芳雄＝伊藤満訳）1942年の翻訳がある。2版は，哲学研究報告の叢書に掲載された初版を，加筆の上単行本に改めたものである。

⑤ Die Wendung zum Methaphysik in der Rechtsphilosophie J. Binders, 1931.

⑥ Hegels Begriff der Philosophie und der Rechtsphilosophie, (hrsg. Binder, Busse, Larenz), Einführung in Hegels Rechtsphilosophie, 1931.

⑦ Hegels Dialektik des Willens und das Problem der juristischen Persönlichkeit, Logos, Bd. 20.

⑧ Geschichte der Staatsphilosophie, (Holstein und Larenz), Handbuch der Philosophie, 1933.

⑨ Die Rechts- und Staatsphilosophie des deutschen Idealismus und ihre Gegenwartsbedeutung, ib., Handbuch der Philosophie, 1933.

⑩　Deutsche Rechtserneuerung und Rechtsphilosophie,（Recht und Staat in Geschichte und Gegenwart Nr. 109）, 1934.

⑪　Volksgeist und Recht, Zeitschrift für deutsche Kulturphilosophie 1935, S. 40ff.

⑫　Rechtsperson und subjektives Recht,（Dahm, Huber, Larenz, Michaelis, Schaffstein Siebert）, Grundfragen der neuen Rechtswissenschaft, 1935, S. 225ff.

⑬　Vertrag und Unrecht, Bd. 1, 1936； Bd. 2, 1937.

⑭　Über Gegenstand und Methode völkischen Rechtsdenkens, Berlin 1938.

⑮　Sitte und Recht, Zeitschrift für Deutsche Kulturphilosophie, Bd. 5, 1939.

⑯　Zur Logik des konkreten Begriffs, Deutsche Rechtswissenschaft, Bd. 5, 1940.

⑰　Die Deutsche Rechts- und Staatesphilosophie seit 1935, Forschungen und Fortschritte, Bd. 16, Nr. 28–30, 1940. 最後のものは，上述④の大西＝伊藤訳の後半238頁以下にも収録されている。

これらの著作には，国家哲学（Staatsphilosophie）や民族的法概念（völkisches Rechtsdenken），具体的秩序や形成の概念（konkretes Ordnungs-, Gestaltungs-denken）がしばしば登場するように，当初は法哲学が中心であった。ラーレンツは，キール学派の思想的根拠を提供していたのである。その思想は，1931年に初版が，1935年に再版が出された上述の④「現代の法と国家の哲学」（翻訳では「現代ドイツ法哲學」）に提示されているので，これを中心にふれよう(37)。

すなわち，その基礎となっているのは，カール・シュミット（Carl Schmitt, 1888–1985）の「具体的秩序」論である。具体的とはつまるところ全体的であり，対象を孤立してとらえるのではなく，全体との関連で把握することをいう。また，もっとも具体的な全体は国家であり，民族とする思想である。さらに，その民族の根本的な本質を精神とし，法は民族精神が（Volksgeist）自覚的に自己を展開していくものと把握するのである(38)。

法を民族精神の展開とみる考え方は，古くは，歴史法学，とくにサヴィニー（Friedrich Karl von Savigny, 1779. 2. 12–1861. 10. 25）にもみられた(39)。もっとも，歴史法学の民族精神は，これを静的にとらえ，法は民族精神によって内的に生成するものであり，立法者の意思の主体性を積極的にとらえるものではない。しかも，サヴィニー以降，歴史法学派の民族精神は，しだいにたんに心理的な概念に後退した。歴史法学は，法の形成の手段として立法を活用することを否定する。これに対し，ラーレンツのそれは，民族精神の本質は，もっと主体的であり，形成にあるものとされる。たんに客観的な現象にとどまるものではなく，主体の決定を必要とするものとなる。そこで，民族の生活秩序の中で内容が具体化され，形成されていくものとされ，ここに「形成」（Gestaltung）の概念を含む秩序が，真正の具体的秩序となるとされる(40)。

こうして，ラーレンツは，学問としての法哲学のうち，実証主義，新カント主義，法の現象学，価値哲学，ヘーゲル主義などを検討したのである。そして，「民族的国家思想」の節において，国家を，民族の政治的な形成（Gestalt）とし，民族が政治的指導によって国家に統一される場合にのみ，国家は，形成的意思として活動しうる民族と合致するものとした。そして，この形成的意思は，指導者が実現するものとした(41)。

同書では，法哲学が中心となり，その民法思想は，なお具体的ではないが，1935年に出た「法的人格と権利」（⑫ Rechtsperson und subjektives Recht）の論文において，以下のように述べた。個人としてではなく（nicht als Individuum），たんに人間として（als Mensch），人は，権利と義務，法律関係を形成する可能性を有している。しかし，それは民族共同体の一員として（als Glied der Volksgemeinschaft）であり，民族共同体の一員としてのみ，人は，名誉をもち，法的な仲間（Rechtsgenosse）としての尊重を享受するのである，と(42)。

ここでも，中心概念は，民族にある。ラーレンツは，すべての人（jedes Menschen）の権利能力は，出生に始まるとの民法1条の規定に対して，民族的な仲間（Volksgenosse）であるものだけが，法的な仲間であり，民族的な仲間とは，ドイツ人の血統の者をいうとし，またドイツ人の血統にある者が，民族的な仲間である。民族共同体の外の者は，法的には，正当に存在しないとする（Rechtsgenosse ist nur, wer Volksgenosse ist ; Volksgenosse ist, wer deutschen Blutes ist. Dieser Satz könnte an Stelle des die Rechtsfähigkeit „jedes Menschen“ aussprechenden §1 BGB an die Spitze unserer Rechtsordnung gestellt werden.）（Wer außerhalb der Volksgemeinschaft steht, steht auch nicht im Recht, ist nicht Rechtsgenosse）。こうして，ラーレンツは，血統主義とナチスの人種理論を肯定したのである(43)。

1935年以降は，Karl August Eckhardt の提案による新しい法律の勉学体系（neue juristische Studienordnung）が提案され，それに対する種々の民法体系も提出された。カール・シュミットの具体的秩序概念に従うと，民法の勉学の体系も，たんに従来の法典の総則，債権法，物権法のような抽象的体系ではなく，商品と金銭，家族と相続人，契約と不法行為，土地のように具体化されるのである。そこで，「法」という言葉は排除されている。また，民法のリベラルな指導原理は排除され，「民族的な生活秩序」が取って変わったのである(44)。なお，その具体的な例の1つは，後述のWieackerの体系にもみることができる（第3章参照）。

「契約と不法」(Vertrag und Unrecht, 1936/37）は，ラーレンツの，新たな勉学体系による債権法の再構成である。文字通りの，契約（債権総論のみ）と不法行為のほかに，不当利得と事務管理も対象となっている。もっとも，その内容はそれほど詳細ではない。また，従来の債権法テキストに比して，内容的にそれほど特徴があるわけでもない（Vertrag und Unrecht/T. 1. Vertrag u. Vertragsbruch, 1936; Vertrag und Unrecht/T. 2. Die Haftung f. Schaden und Bereicherung, 1937)。第1巻は，契約の成立と債権総論であり，第2巻は不法行為，不当利得，事務管理である。

それを具体化するはずの同書の第2版は，1944年に出版される予定であった。しかし，出版社のあったライプチッヒへの空爆のために，全体が揃うに至らずに焼失したことから，製本されない試し刷りがラーレンツのもとに届いただけであった。しかし，ここには，ラーレンツの戦後の債務法テキストとの中間的性質がすでに現れているといわれる(45)。

4　戦　　後

各論については，行為基礎論，債務法テキスト，法学方法論にのみふれる。第二次世界大戦後，民法一般と法学方法論が，ラーレンツの研究の中心となった。

最初の著作は，行為基礎論(Geschäftsgrundlage und Vertragserfüllung, 1951)であった。講義ができなかった期間の成果である。第一次世界大戦とワイマール期の1914年から1923年には，いちじるしいインフレにさいして，行為基礎の喪失の理論が展開された。伝統的な金銭の名目主義（Mark-gleich-Mark-Grundsatz, Nennwertgrundsatz, Nominalismus）に対するものであり，インフレの時期に，経済的不能と契約の期待可能性（Zumutbarkeit）の概念によって，契約の改定と解除を正当化したのである。しかし，伝統的なエルトマンの行為基礎論が，基本的に単一の期待可能性の概念のみに基づくのに対し，ラーレンツは，類型的な構成を採用した。詳細に立ち入る余裕はないが，主観的行為基礎と客観的行為基礎とが大別され，後者には，等価性の破壊と目的の不到達の場合があるとする(46)。

ついで，民法総則と債務法のテキスト（Allgemeiner Teil des BGB, 1. Aufl., 1967；Lehrbuch des Schuldrechts, Bd. 1, Allgemeiner Teil, 1. Aufl., 1953；Besonder Teil, 1. Aufl., 1956）によって，彼は，きわめて大きな影響を与えた。

Beck 社から出版された彼の民法のテキストは，平易に学説を網羅した使いやすいものとして，一時代を画した（総則は，1967年に，１万部が出たという。これはドイツの専門書としては破格の数字である(47)）。Enneccerus のテキストの改定版が古くなってのちには（Enneccerus-Lehmann, Recht der Schuldverhältnisse, 1958）(48)，詳細かつスタンダードなテキストとして学生の人気を集めた。1960年代の後半から1970年代には，コンメンタールを除けば，Josef Esser（1910. 3 . 12–1999. 7 . 21）のテキスト（Lehrbuch des Schuldrechts, 1. Aufl., 1949）と並んで，もっとも詳細なものであった。しかも，Esser のそれは名著ではあったが，難解であったから，学生向けの概説書（Kurzlehrbuch）よりも詳細なものとしては，平易なラーレンツのテキストが好まれた。ラーレンツは，テキストの改訂をも小まめに行ったから，情報の斬新さからも歓迎されたのである。

これらのテキストは，1980年代からは，弟子の Claus-Wilhelm Canaris（1937. 7 . 1–）らの手によって改定されている（Allgemeiner Teil des BGB, 9. Aufl., 2004（Manfred Wolf）；Lehrbuch des Schuldrechts, Bd. I, 15. Aufl., 2010（Canaris, Grigoleit）；Bd. II/1, 13. Aufl., 1986；Bd. II/2, 13. Aufl., 1994（Canaris））(49)。

さらに，ラーレンツの法学方法論のテキスト（Mehthodenlehre der Rechtswissenschaft, 1960）も，重要な地位を占めた。これは，スペイン語，ポルトガル語，イタリア語に訳されている(50)。ここでは，目的論的な縮減（すなわち，制限解釈 einschränkende Auslegung の場合）や包摂の概念が特徴である。同書には，いわゆる歴史批判的な部分（historisch-kritischer Teil）もあるが，ナチス時代の法学の地位，自分との対決の視点は欠けている(51)。日本語にも翻訳されているので，詳細に立ち入る必要はないであろう（K・ラーレンツ・法学方法論（米山隆訳・原著第６版・1991年刊の全訳）1998年）。

ほかに，「法律学の学問としての有用性」（Über die Unentbehrlichkeit der

Jurisprudenz als Wissenschaft, 1966)がある。これは，ベルリン法曹協会(Berliner Juristische Gesellschaft）での講演である。法律学を学問として有価値なものとし，その名のとおり，同じ場所で行われたキルヒマン(Julius Hermann von Kirchmann, 1802. 11. 5-1884. 10. 20）の無価値論の講演に対抗するものである[52]。また，Die Methode der Auslegung des Rechtsgeschäfts：Zugleich ein Beitrag zur Theorie der Willenserklärung, 1966は，1930年版の写真複写版である。

第3章　ヴィアッカーと近世私法史

1　はじめに

ヴィアッカー（Franz Wieacker, 1908. 8. 5-1994. 2. 17）は，彼と同名の裁判官（Gerichtspräsident in Stade）の息子として，1908年に，バルト海沿岸，ポンメルンのStargardで生まれた[53]。生誕から，すでに100年以上となる。1908年に生まれた著名な民法学者には，ほかに，前述のvon Caemmerer（1908. 1. 17-1985. 6. 23），Flume（1908. 9. 12-2009. 1. 28）がいる。

父親の家系は，ライン右岸のBeeck（Duisburgの北）で17世紀まで遡りうる農民の出であった。ヴィアッカーは，幼年期をWeilburg an der Lahn，ハノーバー近郊のCelle，ハンブルク西方のStade（現在ではほぼハンブルクの郊外である）などですごし，そのギムナジウムに通った。1826年に，Celleで大学入学資格試験（Reifeprüfung）を経て，チュービンゲン大学，ミュンヘン大学，ゲッチンゲン大学で学んだ。チュービンゲン大学では，1827年に設立された学生団体(Corps Rhenania Tübingen)のメンバーであった。彼は，1929年にCelleで司法修習を終えてから（試験は，優等＝mit Auszeichnungの成績であった），フライブルク大学で研究生活に入った。そこでの師は，Fritz Robert Pringsheim（1882. 10. 7-1967. 4. 24）であった。その出会いは，ゲッチンゲン大学であったが，師とともにフライブルク大学に移動したのである。Pringsheim とOtto Lenel（1849. 12. 13-1935. 2. 7）から，古典的法律学を尊重する自由法的方法を学んだ。1930年に，売買法の失権条項（Verfallsklausel. タイトルは，Lex commissoria. Erfüllungszwang und Widerruf im römischen Kaufrecht）に関するテーマで学位をえた。3年間をフライブルク大学で助手としてすごし，この間，パレルモで研究滞在をした。1933年に，Pringsheimのもとで，教授資格論文を書き（Societas. Hausgemeinschaft und Erwerbesgesellschaft），教授資格をえた[54]。

ヴィアッカーが教授資格論文を完成させた時期の1933年に，ナチスが政権を掌握した。ハビリタチオンの前1931－1932年の冬学期，ケーニヒスベルク大学から，Pringsheim に対し，ヴィアッカーの招聘の話があったが，これをうけなかったことから，ヴィアッカーは，フライブルクの私講師となり（1933年から1936年），その間，フランクフルト大学（1933/34年冬，1934/35年冬学期）とキール大学（1935年夏，1935/36年冬学期）で，客員私講師となった（つまりフライブルク大学は1933年夏と1934年夏学期のみ）。この時期の彼の行動がのちに問題となった。キール大学は，当時，ナチスの模範学部（nationalsozialistische Musterfakultät）であり，それに忠実かつ優秀な講師を集めていた。このキール学派に属したのである。彼は，1937年から，ナチス法律家かつ政治家のフランク（Hans Michael Frank, 1900. 5. 23–1946. 10. 16）の創設したドイツ法アカデミーのメンバーであり，またラーレンツと同様に，精神科学の挺身隊（Kriegseinsatz）にも属した[55]。この時期の著作としては，Zum System des deutschen Vermögensrecht, 1941が著名である（ほかにも，有力な学者の著作としては，Heinrich Stoll（1891. 8. 4 –1937），Vertrag und Unrecht, 1943；Karl Larenz, Vertrag und Unrecht, 1936などがある）。

同時代の法学者でも，フルーメやケメラー，ライザーなどは，戦時中は，教授職への就職を断念し，民間会社の法律部門に就職している。ヴィアッカーも，ナチス的でない大学に職をえて，基本的にそれへの関与は消極的なものであった。すなわち，彼は，1936年には，ライプチッヒ大学で非常勤で教え，1937年には，その員外教授となり，1939年には，正教授となったのである[56]。ライプチッヒ大学は，伝統的・保守的な大学であり，つまり当時のナチス的な雰囲気の少ない大学であった。キール大学，プラハ大学，シュトラスブルク大学，ベルリン大学への招聘も断り，ナチ党にも入らなかった[57]。この点は，ラーレンツが，戦争中の積極的な活動から戦後しばらく講義を禁じられ，連邦共和国（西ドイツ）が成立した1949年にふたたびキール大学に復帰し，1960年にミュンヘン大学に招聘されるまで，キール大学にとどまったのとは異なる。また，ヴィアッカーは，1939年に，オックスフォードに亡命した師のPringsheim ともつねにコンタクトをとっており，師は，すべての彼の業績を読み，とくに所有権法に関する論文とこの時期の法政策との関係をも評価していたといわれる[58]。キールでの活動の点については，正教授になるまでの地位がきわめて不安定なドイツの高等教育の欠陥が露呈しているともいえる（後述第4章3参照）。

戦前の著作である「ドイツ財産法のシステム」（Zum System des deutschen Vermögensrechts, Erwägungen und Vorschläge, 1941, S. 357ff.）は，ヴィアッカーの財産法の構造論を知るうえで有益な素材である。1900年のドイツ民法典の体系を新たな体系に改めようとする意欲的なものであり，当時の法革新運動の一例である。もっとも，完全なものではなく，あくまでもスケジュールにすぎないが，その特徴が現れている。その目次を引用しよう[59]。

序
　I　法適用の原則，II　権利行使の原則，III　法的行為の原則
第1部　人と財産
　第1編　民族的な仲間（Volksgenosse）
　第2編　財産秩序
　　第1章　財産
　　第2章　個別の財産
　　　第1節　不動産，第2節　船舶，第3節　動産，第4節　金銭と他の支払手段，第5節　財産権，第6節　他の対象財産
　第3編　契約秩序
　　　第1節　契約，第2節　給付の交換，第3節　金銭と信用取引
　第4編　損害賠償
第2部　家族と家族財産
　第5編　親族（Sippe）と家族
　第6編　家族財産と相続人
第3部　団体
　第7編　I　合有（Gesamthand），II　Gesellschaften，III　権利能力なき団体（Vereinigungen ohne Rechtsfähigkeit），IV　権利能力ある団体（Rechtsfähige Vereine und Verbände），V　付：財団

ただし，人に関する「第1部第1編　民族的な仲間」には，細目次が欠けており（S. 425ff.），ラーレンツのような，人に関する具体的な思想は明らかではない。また，細目次によっても，おおむね物権法に相当する「第2編

財産秩序」が詳細であるのに比して（S. 425–427），債権法に相当する「第３編　契約秩序」の部分は，民法典の目次を入れ換えたか，多少詳細にしたにすぎないとの感がある（S. 427–430）。物権の第２編が債権の第３編よりも先行していること，また前者のほうが分量的にも多いことなどから，ヴィアッカーが，物権の体系化に力を注いだことも推察されるのである。物権法が債権法に先立つ，いわゆるザクセン式の体系も，彼の興味が前者にあったことを推察させる。Wieacker, Zivilistische Schriften（1934–1942），2000に所収の論文も，多くは所有権や家族に関する論文である。この時期の彼の関心は，圧倒的に所有権や家族にあったのである(60)。

ヴィアッカーは，大戦中に召集をうけ，捕虜としてイタリアで収容所に入れられた（ルビコン近くの捕虜収容所）。収容所に設けられた大学（Lageruniversität）の長もした。独身であったこともあり（ちなみに生涯独身であった），除隊後もライプチッヒには帰らなかった（ライプチッヒは当初アメリカ占領地であったが，占領地の調整＝ザクセンと西ベルリンとの交換によって，戦後東ドイツとなった）。こうして，かつての勉学地に戻り，戦後の1945年に，ゲッチンゲン大学で非常勤の授業をし，1948年に，フライブルク大学のローマ法，民法，近世私法史の教授となった。キールでの活動が消極的であったことから，講義の制限などはうけなかった。さらに1953年には，ゲッチンゲン大学に移り，そこで研究生活を全うし（ハイデルベルク大学やフライブルク大学のPringsheim の後継の招聘などを断った），1973年に名誉教授となった。約20年後，1994年２月17日に，ゲッチンゲンで亡くなった(61)。

ヴィアッカーは，フライブルク大学，グラスゴー大学，ウプサラ大学などから名誉博士号をうけている。1969年に，学術と芸術の功労賞（Orden Pour le mérite）をうけた。また，彼は，ドイツの功労十字章（Großes Verdienstkreuz）とゲッチンゲンのあるニーダーザクセン州の功労十字章（Großes Verdienstkreuz）をうけている。さらに，イタリアの勲章（Premio Feltrinelli）をうけた。2008年，ゲッチンゲン市は，彼を名誉市民とし，生誕100年の日に，ゲッチンゲンのミハエルハウスに記念板（Gedenktafel）を付与し讃えた。ここは，生前のヴィアッカーのローマ法と普通法研究所の場所である。ゲッチンゲン大学の公法インスティテュート長の Christine Langenfeld（1962–）により除幕された。ヴィアッカーは，アカデミックな市民（Akademischer Bürger）として，戦後も，古いタイプの学者であった(62)。ゲッチンゲン大学の法史研究所のローマ法と普通法の部門は，現在，ヴィアッカーの名前を冠している（Institut für Rechtsgeschichte, Rechtsphilosophie und Rechtsvergleichung, Abteilung für Römisches und Gemeines Recht „Franz Wieacker“ http://www.uni-goettingen.de/de/86987.html）。

2　近世私法史と民法

(1)　ヴィアッカーの主著は，Privatrechtsgeschichte der Neuzeit unter besonderer Berücksichtigung der deutschen Entwicklung, Göttingen, 2. Auflage, 1967, 659. S. であり，同書は，わがくにでは，鈴木禄弥教授によって，その初版が「近世私法史」（1961年）として翻訳されている。全748頁に，さらに同教授によって122頁の索引・資料が付加された大著となっている。

19世紀におけるロマニストとゲルマニストの対立から，伝統的に，ドイツの公法史は，ローマ法史（Römische Rechtsgeschichte）とドイツ法史（Deusche Rechtsgeschichte）とに分かれており，また，私法史も，ローマ私法とドイツ私法とに分かれる（Römisches Privatrecht, Deutsches Privatrecht）。つまり，ローマ法とゲルマン法の分裂を前提とするのである。また，その対象も，両者が独立していた中世までであった。しかし，ローマ法継受後の近代以降については，公法史も私法史も，ドイツとローマの混合の産物として理解されなければならず，前者のためには，近世国法史（Verfassungsgeschichte der Neuzeit），後者のためには，近世私法史（Privatrechtsgeschichte der Neuzeit）たることが必要となる。

こうした新たな体系の構築は，もともとナチス期の「上から」の政治的要求に答えるものであったが，戦後も衰えることなく，むしろ法史学のもっとも重要な分野となった。鈴木教授によれば，その理由は，書かれた理性としての諸法典の凋落とともに，その歴史的淵源を探る必要が生じたこと，およびヨーロッパ連帯の発展，法においてはローマとゲルマン的要素の混合が強く意識されるようになったことにある。ヴィアッカーの著書は，この要求に答えた最大のテキストとなった（ただし，思想史が中心で，制度史は弱いとされる）。ローマ法によるヨーロッパ法の共通性は，キリスト教やギリシア・ローマ文化の影響などとともに古典的なものであるが，これに対する一般的なゲルマン的要素の強調は，ナチス期の産物である。こうした契機には好ましくないものがあったが，その方向性は，結局，ヨーロッパの衰退と統一的把握という戦後の動向に先がけるものとなったのである(63)。

なお，ヴィアッカーには，大著ローマ法史（Römische Rechtsgeschichte, 2 Bde., im Handbuch der Altertumswissenschaft, München 1988 und 2006）も存在し，これはロマニストとしての高い水準を示すものとなっている。ロマニスト関係の論文は多数ある（ややまとまったものとして，Vom Römischen Recht, 1961，いちいち立ち入りえない）。

ヴィアッカーの戦前の論文は，その死後に，弟子によってまとめられている。Wöllschläger（hrsg.），Wieacker, Zivilistische Schriften（1934-1942），2000. であり，著名なZum System des deutschen Vermögensrechts, Erwägungen und Vorschläge, 1941も，収録されている（S. 357ff.）。

(2)　ドイツ民法の諸制度にも，戦前と戦時中に，好ましくない契機により改変されたものがあったが，戦後の方向性を基礎づけられたところは多々存在する。いちいち立ち入ることはできないが，たとえば，遺言の方式に関する分野がある(64)。つまり，ナチスの民法理論そのものは戦後否定されたが，1930年代の理論がすべて否定されたわけでも，それ以前のパンデクテン法学に戻ったわけでもない。その一例としては，遺言の方式に関する分野がある。

ドイツ民法の2232条～2264条は，1938年に削除され，同年の「遺言作成と相続契約に関する法律」によって代替された（Gesetz über die Errichtung von Testamenten und Erbverträgen vom 31. Juli. 1938, RGBl. I, 973）。草案は，ドイツとオーストリアの遺言法の統一を目的としたが，方式に関する規定にはそれほどの相違がないとして，とくに遺言の形式主義の厳格さを緩和すること，無効となる場合を可能なかぎり制限し遺言の効力を救うことに重点がおかれた。

1938年の法律は戦後に廃止され，1953年３月５日の法律（ナチス時代の民法上の修正を包括的に廃止した）は，1900年法を修正・復活させた（Gesetz zur Wiederherstellung der Gesetzeseinheit auf dem Gebiete des bürgerlichen Rechts, 1953, BGBl. I, S. 33.）。

しかし，1900年の民法の単純な復活というわけではなく，旧法＝1938年法をも考慮した相当の変更が加えられた。たとえば，2243条などは，字句の修正のみであるが，2238条は，２項だったものが４項に増加している（1938年法11条の承継）。少なくとも方式に関する技術的な規定については，1938年法にも，思想的な影響をうけないものが多かったからである。世襲農場法や血統保護法のような差別立法が廃止されたことはいうまでもない。

(3)　ヴィアッカーには，民法関係の論文もある。所有権法に関するものが多いが，不能と行為基礎の喪失の関係に関する Leistungshandlung und Leistungserfolg im Bürgerlichen Schuldrecht, Fest. f. Nipperdey zum 70. G., II. 1965, S. 783ff. もその一例である。本稿では，詳細には立ち入りえないが，ラーレンツやケーラーなどのこの分野の専門家に引けをとらない高い水準の論文となっている(65)。

ヴィアッカーの生前の記念論文集，記念シンポジウムには，以下のものがある。

第1は，60歳のときのもので，226頁の小ぶりのものであった。

Sympotica Franz Wieacker : Sexagenario Sasbachwaldeni a suis libata ; Ergebnisse des von den Schülern Franz Wieackers zur Feier seines 60. Geburtstages im August 1968 mit ihm in Sasbachwalden gehaltenen Symposions, (hrsg. v. Detlef Liebs), Symposion Franz Wieacker, 1970.

第2は，70歳のときのもので，506頁の大作である。

Festschrift für Franz Wieacker zum 70. Geburtstag (hrsg. von O. Behrends, M. Dießelhorst, H. Lange, D. Liebs, J. Wolf, C. Wollschläger), 1978, 506 S.

第3は，75歳のときのもので，364頁である。

Römisches Recht in der europäischen Tradition, Symposion aus Anlaß des 75. Geburtstages von Franz Wieacker, (hrsg. von Okko Behrends et al.), 1985.

第4は，80歳のときのもので，282頁のものである。

Rechtsdogmatik und praktische Vernunft, Symposion zum 80. Gebrutstag von Franz Wieacker, (hrsg. von Okko Behrends, Malte Dießelhorst und Ralf Dreier), 1990

死後の記念論集としては，42頁の小冊子であるが，次がある。

In memoriam Franz Wieacker. Akademische Gedenkfeier in Göttingen mit Grußworten von Hans-Ludwig Schreiber und U. Mölk, Gedenkworten von R. von Weizsäcker und G. Pugliese sowie der Gedenkrede von J. G. Wolff, 1995.

第4章　むすび

1　戦後の評価

ラーレンツとヴィアッカーの経歴は，驚くほど似ている。両者とも，裁判官の父親をもち，早くからその才能を嘱望されていた。ただし，ナチズムへの傾斜や関与にはかなりの差がみられた。その差は，おもに師であるビンダーとプリングスハイムとの相違に基づくものであろう。前者は，第一次大戦後の状況に応じてナチズムに賛同したのに反し，後者は，迫害される側であり亡命法学者となった。そこで，ラーレンツの場合には，ナチズムへの傾斜はある程度は必然的でもあったが，ヴィアッカーの場合には，別の選択肢もあった。たとえば，フルーメやケメラーのとった方法である。ヴィアッカー自身にも，かなり逡巡したあとがある。

戦後，両者はともに，それぞれの分野において大家となった。両者に対する大きな祝賀論文集がこれを示している。ただし，両者に対する追悼文が必ず指摘しているように，キール学派としての経歴は，死後もつきまとったのである。思索の一貫性への要求は強い。わがくにでも，戦後の変節だけでなく，近時でも，新自由主義と経済危機後の一転した（外形的？）弱者保護の主張がみられる。その反省が真摯でなければ(情勢しだいでまた変わるのでは)信用を失うだけである。

2　戦後の影響

「近世私法史」概念が，伝統的なローマ私法とゲルマン私法の対立を止揚し確立されたことは，前出のとおりである（第３章２)。これによって，19世紀的なロマニステンとゲルマニステンの対立は，完全に過去のものとなった。戦後，ヴィアッカーの「近世私法史」は，この分野の指導的テキストとなった。また，ラーレンツの民法総則，債権法は，もっとも人気のあるテキストとなった。もちろん，戦前の民法１条の解釈に対するような個別の理論へのナチズムの影響は消えた。そして，2002年の債務法現代化まで，民法典の体系はくずされることはなかったから，1940年前後にみられた新体系のよちがないことは当然である。

戦後，ラーレンツは，戦前の具体的・形成の理論から決別し，類型概念(Typusbegriff）と哲学的解釈論（Hermeneutik）を採用した[66]。もちろん，ヘーゲルは，カントと並んで，ドイツ法哲学の巨人であることから，完全にヘーゲルと決別したわけではない（たとえば，Richtiges Recht, Grundzüge einer Rechtsethik, 1979である。前注(51)参照）[67]。1945年以降のラーレンツの業績の中心は，法学方法論と並んで，法解釈学となった。個別の解釈論においても（そもそも戦前の理論は一般論が中心であったから），戦前の痕跡をひきずる部分は少ない。

いちいち立ち入ることはできないが，その１つには，事実的契約関係（faktische Vertragsverhältnisse）や社会類型的な行為に基づく契約関係（Vertragsverhältnisse aus sozialtypischem Verhalten）の概念がある。前者は，ハウプト（Haupt, Über faktische Vertragsverhältnisse, 1943, Fest. der Leipziger Juristenfakultät für Heinrich Siber a. 10. Apr. 1940）に基づく理論であり[68]，ラーレンツは，必ずしも創造者ではなかったが，それを発展させたのである[69]。周知のとおり，この事実的契約関係の理論は，戦後，判例にも採用され（BGH 21, 319），ジーベルト，ヴィアッカー，エッサー，ニキッシュ，ジミテスなどによって支持された[70]。

しかし，私的自治への制限を意味するとして，とりわけ自己決定と自己責任の泰斗フルーメが強く反対し[71]，フルーメは，ラーレンツの行為基礎論をも否定した[72]。事実的契約関係論については，レーマン（Heinrich Lehmann, 1876. 7. 20–1963. 11. 7），ニッパーダイ（Hans Carl Nipperdey, 1895. 1. 21–1968. 11. 21），ヴォルフ（Manfred Wolf, 1939. 1. 5–）などの有力学者も反対した[73]。現在においても，なお賛否の分かれる分野である。

ただし，2002年の債務法現代化法では，現代化法311条は，法律行為だけではなく，法律行為類似の事実からも債務関係が発生するものとし，241条２項の義務を伴う債務関係（相手方の権利，法益および利益に対する配慮の義務）は，次の信頼や社会的な接触によっても，生じるものとした（同条２項）。広義の意思論の後退といえなくもない。

１ 契約交渉の開始（Aufnahme von Vertragsverhandlungen）。

２ 契約の準備（Anbahnung eines Vertrags）。ただし，当事者の一方が，法律行為上の関係が成立した場合を考慮して，相手方に，自分の権利，法益および利益に対して影響する可能性を付与するものであるか，またはそれを委ねるものであることを要する。

3　類似の取引上の接触（ähnliche geschäftliche Kontakte）。

しかも，241条2項の義務を伴う債務関係は，みずからが契約当事者とならない者にも発生する。この債務関係は，とくにその第三者が特別な方法でみずからへの信頼を引き起こし，それによって契約の交渉または契約の締結にいちじるしい影響を及ぼしたときに発生するのである（同条3項）。

また，行為基礎論も，債務法現代化法では，313条に採用された(74)。さらに，旧276条の解釈から積極的契約侵害の理論が展開され，債務法現代化法では，統一的な給付障害概念である義務違反（Pflichtverletzung）が採用され，280条の損害賠償や324条の契約解除権の基礎となっている(75)。これについては，シュタウプとラーベルの貢献が大きい。つまり，2002年の債務法現代化は，亡命法学者と旧キール学派，その他の者の混合の産物である。

3　私講師

若手の私講師が大量に採用されることによって，キール学派が成立したことから，ドイツの教授昇進のコースについても若干ふれる。正教授の地位はきわめて高いが，これに比して，そこに至る過程は必ずしも平坦ではなく，むしろかなり困難というべきである。こうした困難にもかかわらず，なお教授職が魅力ある職であり続ける点は，驚くべきことである。教授職の社会的地位が低く負担も多いわがくにでは，同列に考えられないであろう(76)。また，司法修習の一部を大学での研究期間にあてうることが，研究職への関心を高めており，参考となる。

伝統的な昇進のキーは，教授資格であり，教授として講義をもつには，必ず教授資格論文を書きハビリタチオン（教授資格）をえることが必要である。教授ポストに空きがあれば，正教授（Ordinarius, C 4）となりうる。ただし，空きがなければ，員外教授（außerordentlicher Professor, C 3）となるか，私講師（Privatdozent, C 2）にとどまる。

私講師（PD; Priv.-Doz.）は，教授資格をもっているが，まだ教授にならない大学の研究者をいう。私講師は，独立した大学教師の資格をもち，みずから講義をすることができる。大学によっては，講義の義務をおい，これを満たさない場合には，資格を失うこともある。ハビリタチオンと私講師としての講義能力は，大学との雇用契約を基礎づけるものではない。私講師は，おおむね1947年から1959年の間，大学では，試用関係の公務員（Beamter auf

Probe）とされ，雇用関係においては日当による講師（Diätendozenten）とされた。私講師は，現在でも，学術補助者（wissenschaftlicher Mitarbeiter）となったり，アルバイト的に，働くこともできる。1960年代に，従来の日当による講師の代わりに，大学講師や公務員としての講師（Universitäts-Dozenten, beamtete Privatdozenten）が導入された。雇用関係が発生すれば，1970～75年からは，俸給表のAH（教育職）5か6が適用されることとなった。（学術領域の）員外教授や正教授は，AH 6となる。

研究と教育のすぐれた成果が証明されると，私講師には，学部による手続に基づき，員外教授のタイトルが与えられる。また，多くの州では，私講師としての教職の最短期間がある（4年から8年）。員外教授の資格によっても，当然には，雇用関係は発生しない。雇用関係には，ポストの空きが必要であることから，同一大学で昇進することはまれであり，他の大学に移転することが多い。

C4，C3（正教授と員外教授）の教授は，任期なしであるが（Lebenszeit），私講師は，5年程度の任期付きである。古くは，私講師は，聴講者の聴講料から，給与をえていた（もっとも，中世のイタリアの大学には，学生組合方式のものがあり，そこでは給与は聴講料に依存していた）。正教授として落ち着くまで，全国，場合によっては，同じドイツ語圏のスイスやオーストリアまで移り歩くのである。イェーリング（Rudolf von Jhering, 1818. 8.22–1892. 9.17）やヴィントシャイト（Bernhard Joseph Hubert Windscheid, 1817. 6.26–1892. 10.26），ゲルマニストのベーゼラー（1809.11. 2–1888. 8.28）でさえも，最初に正教授の職をえた場所は，バーゼル大学であり，デルンブルク（Heinrich Dernburg, 1829. 3. 3–1907.11.23）の最初の赴任地も，チューリヒ大学であった[77]。

ただし，1960～70年代の大学改革の結果，伝統的なルート以外に，助手や研究補助者などでは，比較的弾力的な運用が行われている。また，若年教授（Junior Professor）は，アメリカの助教授（Assistenzprofessor）をモデルとして，2002年の大学基本法（Hochschulerahmengesetz）の改正によって導入された制度であり，伝統的なハビリタチオンを前提としない。3年の任期付きであるが，その成果により，C3，C4の教授に昇進する道が開かれた。

4　論　　文

ハビリタチオン論文の数は，年間に約2000本（2006年に1993本，全学問領域。ちなみに，1975年には，986本であり，1990年代まで1000本を超えることはなかった。その後増加し，1999年に1926本，2006年に1993本，2007年に1881本）であり，法学のハビリタチオンは，ほぼ例外なく書籍となり出版される（1975年に30本，1987年に23本であり，その後もあまり増えていない）[78]。希少なのは，わがくにの従来の博士論文なみである。

この点は，ドイツの博士の学位取得論文（Dissertation）が，大学あるいは修習生の前後に書かれるのとは異なる。すなわち，わがくにとは異なり，博士取得者はきわめて多数であり，博士論文の地位は低い。かなりの数をみた感触でも，わがくにの学士の卒論程度のものが多い（ドイツでは印刷が義務づけられる関係から，しばしば図書館の一隅に集積している）。これは，ドイツには，伝統的に法学士（他の学部によっては，従来の学士・Magisterがあるところもある）の制度がなく，大学が独自に発する資格は，法学博士しかなかったことから，博士が学士の代替としての意味をもたされていたためである。1990年代まで，法学部の修了の制度はなく司法試験である第一次国家試験の合格が卒業資格の代わりであった[79]。法学部の卒業生は，第一次国家試験後，司法研修をうけ第二次国家試験に合格して，法律家になることが予定されていたのである。

(1)　Staub, Die positiven Vertragsverletzungen und ihre Rechtsfolgen, 1902. 拙著「不完全履行と積極的契約侵害」司法の現代化と民法（2004年）176頁参照。Staubについては，別稿参照（国際商事法務38巻9号）。本書第1部2篇参照。

(2)　Rabel, Die Unmöglichkeit der Leistung. Eine kritische Studie zum Bürgerlichen Gesetzbuch, 1907, (G. A., I, S. 1)；Über Unmöglichkeit der Leistung und heutige Praxis, 1911, (G. A., I, S. 56)；Zur Lehre von der Unmöglichkeit der Leistung nach österreichischen Recht, 1911, (G. A., I, S. 79).

(3)　Oertmann, Die Geschäftsgrundlage - Ein neuer Rechtsbegriff, S. 124ff. なお，行為基礎論一般については，五十嵐清・契約と事情変更（1969年）72頁以下，拙稿「不能・行為基礎の喪失と反対給付」反対給付論の展開（1996年）155頁参照。

(4)　五十嵐清「ファシズムと法学者」比較民法学の諸問題（1976年）1頁，五十嵐清「ナチス民族法典の性格」現代比較法学の諸相（2002年）115頁。キール学派については，ほかに，クレッシェル「ナチズム下におけるドイツ法学」ゲルマン法の虚像と実像（1989年・石川武訳）339頁以下，359頁。拙著・契約における自由と拘束（2008年）104頁，

注45参照。また，その主張の内容については，我妻栄①「ナチスの私法原理とその立法」，②「ナチスの民法理論」，③「ナチスの所有権論」，④「ナチスの契約理論」いずれも民法研究Ⅰ　所収（1966年。それぞれ213頁，241頁，337頁，389頁），吾妻光俊・ナチス民法学の精神（1942年）に詳しい。本稿は，ナチズムの理論を解釈学的に参照しようとするものではなく，歴史批判的に，当時の位置づけ，社会的背景や戦後におけるその影響を検討するものであるから，思想内在的な紹介は不要であろう。

(5)　拙稿「比較法（国際的統一法）の系譜と民法―ラーベルとケメラー」民事法情報282号22頁。「Werner Flume とドイツ民法学の発展」国際商事法務37巻11号1511頁。ともに，本書第3部1篇と4篇に所収。

なお，法制史上の著名人の詳細については，以下をも参照されたい。Vgl. Stinzing und Landsberg, Geschichte der deutschen Rechtswissenschaft, I, 1880 (bis zur ersten Hälfte des 17. Jh)；II, 1880 (2. Hälfte des 17 Jh), III-1, 1898 (Das Zeitalter des Naturrechts：Ende 17 bis Anfang 19 Jh.), III-2, 1910 (19. Jh. bis etwa 1870), III-3, 1910 (Noten). 簡単には，Kleinheyer und Schröder, Deutsche und Europäische Juristen aus neun Jahrhunderten, 1996, S. 504 (Rabel). 1900年までの古い人名については，Allgemeine Deutsche Biographie (ADB；Die Historische Kommission bei der Bayerischen Akademie der Wissenschaften unter der Redaktion von Rochus Freiherr von Liliencron). また，比較的新しい者について，Who's who im deutschen Recht, 2003, S. 178. ただし，これは生存者のみしか記載しないから，死者については他の文献を参照する必要がある。たとえば，Kürschners deutscher Gelehrten-Kalender 1996：bio-bibliographisches Verzeichnis deutschsprachiger Wissenschaftler der Gegenwart, 17. Aufl., 1996 (たとえば，Marschall である。S. 901. これも生存者のみしか記載しないから，死者についてはより古い版をも参照する必要がある)；Neuer österreichischer Juristen-Kalender, 1912/13など。

(6)　M. Wolff はユダヤ系教授であり，その弟子であるライザー（Ludwig Raiser, 1904. 10. 27-1980. 6. 13）は，普通取引約款の研究（Das Recht der Allgemeinen Geschäftsbedingungen, 1933）で著名である。ライザーは，1933年に教授資格をえたが，ユダヤ系および政治的嫌疑のある教授の追放に反対したことから，私講師とならず，弁護士となり民間会社の法律部門に就職したのである。戦後の1945年に，ゲッチンゲン大学に招聘された。ローマ法学者の Levy（1881. 12. 23-1968. 9. 14）も，1935年にナチスに追放された。弟子の Kunkel（1902. 11. 20-1981. 5. 8）は，時期的には Raiser よりも早く1928年に教授資格をとっており，1928年にすでにフライブルク大学の教授であったことから，教職には就いたが，Levy との接触は，戦時中も存続していた。Flume については，拙稿（前注(5)）1511頁，Caemmerer については，拙稿（前注(5)）30頁参照。Caemmerer の修習生時代の師であった Ernst Rabel（1874. 1. 28-1955. 9. 27）も，アメリカに亡命している（ただし，Caemmerer のハビリタチオンの指導教授は，Walter Hallstein, 1901. 11. 17-1982. 3. 29であった）。

(7)　Jakobs, Karl Larenz und der Nationalsozialismus, JZ 1993, 805；Eckert, Was war die Kieler Schule?, (hrsg. v. Säcker) Recht und Rechtslehre im Nationalsozialismus, 1992, S. 37–70, S. 41–43. これは，キール大学法学部におけるシンポジウムのさいの報告である（Ringvorlesung der Rechtswissenschaftlichen Fakultät der Christian-Albrechts-Universität zu Kiel)。ナチスによる大学支配についての半世紀後の反省と総括である。同報告にはRüthers, Die Ideologie des Nationalsozialismus in der Entwicklung des deutschen Rechts von 1933 bis 1945, S. 17；Marxen, Fortwirkungen nationalsozialistischer Denkweisen in Rechtslehre und Rechtsprechung nach 1945？, ib., S. 219ff. や，各分野（憲法，国際法，刑法，労働法など）における検討がある。民法では，Graue, Das Zivilrecht im Nationalsozialismus, S. 103–124.

(8) Eckert, a. a. O.（前注(7)参照), S. 37–39. そこで，プロイセンの州政府をSPD（社会民主党）政権が掌握している間は，彼らも教授たりえた。しかし，1932年4月の選挙で，ナチスが第一党を獲得してから状況は変わったのである。ドイツの大学は，もともとラントや都市の設立にかかるものが多く，現在もおおむね州立である。Radbruchについて，BMJ, Wir begreifen das Wirken Radbruchs als Ansporn und Verpflichtung zugleich, 2006. 4. 2.

(9) Eckert, a. a. O., S. 40–41. このHauptは，のちに，HJの指導者となった。もっとも，彼が，1929年に学位をえたのは，キール大学ではなくライプチッヒ大学であった。Opetについては，Göppinger, Juristen jüdischer Abstammung im Dritten Reich, 1990, S. 227.

(10) Eckert, a. a. O., S. 43.

(11) Ib. キール大学で，最初に休職にされたのは，カントロヴィッツ（1933年4月13日）で，つぎに，Husserl, Rauch, Opet（1933年4月25日）であった。Schückingは罷免され，Opetは，健康上の理由で定年とされ，Wedemeyerも定年を適用された。Husserlは，休職になり，ゲッチンゲン大学に移籍されたのである。Vgl. Eckert, a. a. O., S. 43–44.

(12) Eckert, a. a. O., S. 46f.

(13) ラーベルなどのベルリン大学からの亡命法学者については，拙稿（前注(5)）26頁参照。第3部1篇所収。

(14) 五十嵐清「亡命ドイツ法学者のアメリカ法への影響」現代比較法学の諸相（2002年）141頁。

(15) Eckert, a. a. O., S. 48ff.；Frassek, Karl Larenz (1903–1993) – Privatrechtler im Nationalsozialismus und Nachkriegsdeutschland, JuS 1998, S. 297. なお，我妻・前掲論文④393頁は，契約理論に関して，ラーレンツとジーベルトをキール学派とし，ヘックとシュトルをチュービンゲン学派として，両者の間には相当の隔たりがあるとする。
〔追記，その後のまとまった文献として，Wiener, Kieler Fakultät und Kieler ‘Schule’ (Kieler Rechtswissenschaftliche Abhandlungen, Bd. 67), 2013〕

(16) この母の出生名は，Pagenstecherであり，訴訟法・法史学者のMax Pagenstecher (1874. 6. 30–1957. 7. 12)との親族関係が推察されるが，詳細は不明である。Vgl. NN.

Max Pagenstecher, RabelsZ 22 (1957), 493. ちなみに，Max Pagenstecherには，子はなかった（NDB, Bd. 20 (2001), S. 2f.）。Vgl. Manfred Wolf, Pagenstecher, (Stolleis hrsg.), Juristen an der Universität Frankfurt am Main, 1995, S. 57.

⒄ ラーレンツの人と業績については，多数の紹介がある。Canaris, Karl Larenz zum 70. Geburtstag, JZ 1973, 257；Canaris, Karl Larenz zum 80. Geburtstag, JZ 1983, 402；Canaris, Karl Larenz, JZ 1993, 404；Canaris, S. Grundmann/K. Riesenhuber (Hrsg.), Deutschsprachige Zivilrechtslehrer des 20. Jahrhunderts in Berichten ihrer Schüler - Eine Ideengeschichte in Einzeldarstellungen, Bd. 2, 2010, S. 264ff.；Diederichsen, Karl Larenz, NJW 1993, 902；Diederichsen, Juristen im Porträt, Verlag und Autoren in 4 Jahrzehnten；Festschrift zum 225 jährigen Bestehen des Verlags C. H. Beck, 1988, S. 495ff.；Dreier, Karl Larenz über seine Haltung im „Dritten Reich", JZ 1993, 454ff.；Köhler, Karl Larenz, VersR 1993, 420ff.；Lorenz, Karl Larenz, VersR 1993, 420；Mayer-Maly, JurBl 1993, 80；Wagner, DuR 1980, 243.

さらに，Rüthers, Personenbilder und Geschichtsbilder - Wege zur Umdeutung der Geschichte?, Anmerkungen zu einem Larenz-Portrait, JZ 2011, 593.

ナチズムとの関係の観点からは，Jakobs, a. a. O., JZ, 1993, 805ff.；Frassek, a. a. O., JuS 1998, 296ff.；La Torre, Der Kampf wider das subjektive Recht, Rechtstheorie 1992, 355.

⒅ Diederichsen,（前注⒄, NJW）S. 902. Jakobs, a. a. O., JZ 1993, S. 805によれば，ラーレンツは，1933年より前には，ヘーゲリアンではあるが，ナチスではなかった。党員になったのは，1937年である。

⒆ Frassek, a. a. O., S. 296ff.

⒇ Frassek, a. a. O., S. 297. Vgl. Dreier, a. a. O., S. 455；ders. Julius Binder (1870–1939). Ein Rechtsphilosoph zwischen Kaiserreich und Nationalsozialismus, (hrsg.) Loos, Rechtswissenschaft in Göttingen, Göttinger Juristen aus 250 Jahren, 1987, S. 435ff.

(21) Frassek, a. a. O., S. 297；Dreier, a. a. O., S. 454.

(22) Frassek, a. a. O., S. 297. Göppinger, Juristen jüdischer Abstammung im „Dritten Reich", 1990, S. 341.

(23) G. Husserl, Ernst Rabel, JZ 1956, S. 385, S. 430. Vgl. Hollerbach, Nachruf, Gerhart Husserl, JZ 1974, 36. フッサール（1973. 9. 8死亡）は，1924年に，ボン大学で，フルーメの師であるシュルツの発議で教授資格をえて，1926年にキール大学に赴任していた。ただし，ラーベルの弟子でも，シュルツの弟子でもない。Jakobs, a. a. O., S. 805.

今日では，実定法よりも，哲学的な研究で著名である。たとえば，その著Recht und Zeit, 1955である。法規範は，その存在の根拠を特定の歴史的状況にもっており，法規の誕生の時点は，今日ではなく，先行する歴史により色づけられているとする（10頁）。この場合には，たんなる立法者の意思ではなく，立法時の法状況が重要である。

歴史法学に忠実であり，立法者の主体を重視するラーレンツとは異なる。

(24) Frassek, a. a. O., S. 299.

(25) Ib.; Döhring, Geschichte der juristischen Fakultät 1665–1965, 1965, S. 206f.

(26) Frassek, a. a. O., S. 299. そのさいには，他大学への移動を断るようにとの圧力もあったという。同論文は，ラーレンツとの私信によって，従来知られていなかった種々の事実を明らかにしている。後注(45)の部分もそうである。

(27) Frassek, a. a. O., S. 300.

(28) Jakobs, a. a. O., JZ 1993, 807; Frassek, a. a. O., S. 300.

(29) Frassek, a. a. O., S. 300.

(30) Frassek, a. a. O., S. 300; Jakobs, a. a. O., JZ 1993, 807.

(31) Köhler, Unmöglichkeit und Geschäftsgrundlage bei Zweckstörungen im Schuldverhältnis, 1971は，ミュンヘン大学のDissertationである。拙稿・危険負担の研究（1995年）221頁参照（以下【研究】と略する）。いわゆる契約的危険分配説である。ちなみに，ラーレンツは，この見解を取り入れて，自分の債権法テキスト（ラーレンツのテキスト10版以降）を修正している。【研究】223頁（2節(3)注15）参照。Vgl. Larenz, Schuldrecht, I, 1976, §21 I (S. 255). とくにAnm. 1.; 1987, S. 312 Anm. 18.

(32) Canaris, JZ 1993, S. 405. また，Köhler, S. 420も，ラーレンツは，責任感があり，実直で，プロイセン的な長所を兼ね備えていたという。

(33) 日本からも，北川善太郎教授の論文がみられる（前者には，Kitagawa, Rechtssoziologisches zum Problem- und Systemdenken im japanischen Vertragsrecht, S. 305ff. 後者には，Kitagawa, Standard als Weg zur „besseren Privatautonomie“, S. 329ff.）。

(34) Eckert, a. a. O., S. 45ff; Graue, a. a. O., S. 103ff.; Wolfrum, Nationalsozialismus und Völkerrecht, in Säcker（前注(7)），S. 89ff.; Mayer-Maly, Arbeitsrecht, Arbeitsgerichtbarkeit und Nazionalsozialismus, in Säcker（前注(7)），a. a. O, S. 125ff.: Wagner, Das Strafrecht im Nationalsozialismus, in Säcker（前注(7)），a. a. O., S. 141ff. なお，とくにEckhardtについては，Nehlsen, Karl August Eckhardt, SZ (Ger), 104 (1987), 497に詳細な紹介がある。

(35) Dreier, a. a. O., S. 455. なお，同論文は，新ヘーゲル学派とナチスの理論との関係を詳細に検討している。また，Jakobs, a. a. O., JZ 1993, 806も，両者の関係は必然的なものではなく，ナチズムがヘーゲル哲学に立脚したとの主張を否定する。

(36) ちなみに，この本には，ラーレンツによる妻への献辞（Meiner Frau）が付されている（Mein Kampfからの引用に比して，いかにもそぐわない感がある。後注(41)参照）。カナリスによれば，この妻はラーレンツより先に亡くなった。Canaris, JZ 1993, S. 405.

(37) Vgl. Canaris, JZ 1993, S. 405f. ラーレンツは，当初おもに法哲学の主張者であり，民法上の主張は，少ない。実定法に具体化したのは，⑫ Rechtsperson und subjektives Recht や ⑬ Vertrag und Unrecht によってであり，つまり，1935年以降である。

ナチスの民法改正のためのアカデミー（Akademie für Deutsches Recht）においても，Hueck 一般契約法，Nipperdey 損害賠償，Lehmann 債務法，Nikisch 他人のための活動についての法，Schmidt-Rimpler 動産法，Felgenträger 土地法，Blomeyer 抵当と土地債務，Boehmer 夫婦財産法，Lange 相続法といった分担や，Hedemann, Lehmann, Siebert など主要な者の割当がみられるが，そこにはラーレンツは登場していない。五十嵐清・前述（注(4)）「ナチス民族法典の性格」115頁参照。

(38)　ラレンツ（大西＝伊藤訳）・前掲書④7頁，199頁以下。Dreier, S. 455.（konkret-allgemiener Begriff が方法論の中心である）。Dahm, Huber, Larenz, Michaelis, Schaffstein Siebert, Grundfragen der neuen Rechtswissenschaft, Berlin 1935において，Siebert もまた，Vom Wesen des Rechtsmißbrauchs,(Über die konkrete Gestaltung der Recht), S. 189ff. において，法の具体的形成を述べ，権利の濫用の思想的な基礎としている。

なお，以下の記述は，対象の分析としてであって，いうまでもなく説得のためのものではない。わがくにには，研究がときとして主体的な共感をともなう傾向があるが，そうした意図はまったくないことを付記しておく。

(39)　Savigny, Vom Beruf unserer Zeit für Gesetzgebung und Rechtswissenschaft, 1814. いうまでもなく，同年の Thibaut, Über die Notwendigkeit eines allgemeinen bürgerlichen Rechts für Deutschland に対するものである。なお，Jakobs, a. a. O., JZ 1993, 812. もっとも，歴史法学の成立から200年を経て，種々の概念の見直しが行われている。Vgl. Rückert, Die Historische Rechtsschule nach 200 Jahren- Mythos, Legende, Botschaft, JZ 2010, 1.

古くは，イェーリング・権利のための闘争(村上淳一訳・1982年。1894年版の翻訳) 39頁が，立法の介入に反対する歴史法学の静的性質を批判している。ただし，イェーリングは，個々人の権利や法のための行為を尊重しているが，行為による主体的変革や維持を述べる点で，形成的思想に通じるものがある（ただし，抽象的な主権者による形成をいうものではない)。

(40)　ラレンツ（大西＝伊藤訳）・前掲書④186頁以下，および299頁以下の大西「後記」参照。同書によれば，カール・シュミットの具体的秩序思想は，なお未完成であり，ラーレンツによって形成のモメントを補完され，完成されているとされる。カール・シュミットは，法の規範主義と決定主義を排し，第3の方法としての具体的秩序を唱えたが，ラーレンツのそれは，より決定主義に引き寄せられた変形ともいえる。

ちなみに，カール・シュミットの3分類は，以下の区別をする。①規範主義(Normativismus）は，法を法規の結合とし，法秩序を法規の体系的集合とみる。恣意的な人の意思に優先する客観的な法の支配を求めることから，権力者たる王もたんなる規範の執行者と位置づけることになる。rex よりも lex であり，法治国家の観念となる。精神的には，自然法的な嫡流である。これに対し，②決定主義（Dizisionismus）は，法を基本的に主権者の決定とみる。法の根拠は，事実的な政治的決定であり，精神的には，近代法では，Hobbs の段階である。「法律実証主義」は，この規範主義と決定主義の結合と位置づけられ，19世紀の社会的・精神的な状態の産物である。法的安全と予測可能性をもとめる市民階級の法律観と位置づけられる。たとえば，Kelsen である。

③具体的秩序は，規範や決定よりも，民族や家族，軍などの具体的生活秩序をもって根源的と位置づける。その秩序から，その表現としての規範や，自己形成の手段たる決定が出てくるとみるのである。

⑷1 同186頁以下，199頁。そこには，ヒトラーの著作（Mein Kampf）からも引用がされている。また，国家思想の根源は，カール・シュミットであるが，ほかに，Hans Freyer やビンダーも援用されている。

⑷2 Larenz, a. a. O. ⑫（Rechtsperson und subjektives Recht）, S. 225ff., S. 241f. Vgl. Jakobs, a. a. O., JZ 1993, 813ff.

⑷3 Larenz, a. a. O., S. 241ff. Vgl. Jakobs, a. a. O., JZ 1993, 814f.

⑷4 Frassek, a. a. O., S. 298. Nehlsen, a. a. O.（SZ Germ）104, 497. Frassek, Weltanschaulich begründete Reformbestrebungen für das juristische Studium in den 30 er und 40er Jahren, SZ（Germ）111（1994）, S. 564ff., S. 590.（以下，Frassek, ②で引用する）。

⑷5 Frassek, a. a. O., S. 298. これと同名の著作が，Heinrich Stoll にもある。1936年初版，1937年再版（変更なし）である。また，未見であるが，Felgentraeger にも同名の著書があり，後者は，1945年までに２版を重ね，戦後も売られており，売れ行きもよかったようである。Vgl. Frassek, a. a. O., S. 299； Frassek,②. S. 565ff.

具体的な生活関係によって法を再編しようとすること自体は，法へのアクセスを容易にしようとする点から，否定されるべきものではない。英米法の売買法や所有権法の体系も，ある意味ではそのようなものである。パンデクテン体系への批判には，多少とも同様の観点がみられる。日本でも，たとえば，鈴木禄弥教授の共同執筆にかかる民法新教科書シリーズがある。これは，「人事法」（1975－1980年，鈴木禄弥・唄孝一），「金融法」（1908年，鈴木禄弥・清水誠），「動産売買法」（1976年，鈴木禄弥・高木多喜男），「不動産法」（1973年，鈴木禄弥・篠塚昭次）の分類であった。

Larenz, Vertrag und Unrecht, 1936/37

Bd. 1－1 Teil, Vertrag und Vertragsbruch

A Wesen und Arten des Vertrags

B Abschluß des Vertrags

C Das Schuldvertragsverhältnis in seiner Entwicklung

Bd. 2–2 Teil, Die Haftung für Schaden und Bereicherung

A Die Haftung für Schaden

B Die Haftung für ungerechtfertigte Bereicherung

C Die Haftung wegen unbeauftragter Geschäftsführung

Anhang Anwendungsbereich, Auslegung und Fortbildung des BGB

⑷6 Larenz, Geschäftsgrundlage und Vertragserfüllung, 1951. なお，本書には，K. ラーレンツ（神田博司・吉田豊訳）・行為基礎と契約の履行（1969年）による翻訳がある。

ヘーゲリアンであったラーレンツが，この著作において，突如としてイギリス法を研究し，目的不到達を客観的行為基礎の１類型としたことには，戦後のイギリス占領の影響がみられないともいえない。変節という批判は，彼の思想の肯定・否定を問わずありうるが，戦後の講義制限がこうした研究をも可能にしたのであろう。

(47) Diederichsen, S. 903. ただし，「行為基礎」は，戦後の1951年のモノグラフィーであったことから，原稿料なしで500部の出版であった。

(48) わがくにでも，我妻栄・債権総論（1964年）は，ラーレンツの1958年版とともに，エンネクツェルスの1954年版を引用している。

(49) カナリスは，ラーレンツの債権法テキストがドイツの法律学のもっとも重要なテキストになったとする。Canaris, a. a. O.（JZ 1993）, S. 405.

(50) Köhler,（前注(17)）S. 421f. なお，「法学方法論」は，本文の米山訳により「翻訳」として引用する。たとえば，包摂概念については，翻訳423頁である。

(51) Larenz, Richtiges Recht : Grundzüge einer Rechtsethik, 1979の論文において，ラーレンツは，自分の法哲学的な世界観を述べ，私的自治の上に基礎づけられた法秩序を信じるものとしている（なお，本書は，1985年に，Derecho justoとして，スペイン語にも翻訳されている）。ただし，私的自治との関係では，後述第4章2のような問題がある。Jakobs, a. a. O., JZ 1993, 813ff. は，ラーレンツの反省につき批判的である。

(52) Köhler, S. 421. キルヒマンが，1847年に，同じベルリンの法曹協会（die juristische Gesellschaft zu Berlin）において行った講演は，「法律学の学問としての無価値性」（Die Werthlosigkeit der Jurisprudenz als Wissenschaft）であった。ラーレンツのそれは，これに対応するものであった。なお，キルヒマンについては，拙稿・民事法情報284号27頁参照。

(53) Wieackerについては，Behrends, Franz Wieacker 5. 8. 1908-17. 2. 1994, SZ（Rom）112（1995）, S. XIIIff. にきわめて詳細な記載がある。

　また，In Memoriam Franz Wieacker, 1995の中の諸論考，とくに，J. G. Wolf, Die Gedenkredeにも，詳細な言及がある。

(54) Behrends, a. a. O., S. XV-XIX. また，Lex commissoria, Mortuus redhibeturについては，拙稿「清算関係における危険負担」給付障害と危険の法理（1996年）87頁，92頁参照。

(55) Ib., S. XVII, S. XXXII.

(56) Ib., S. XVII.

(57) Ib., XXXIV. ただし，大衆組織の1つである自動車運転者連盟（NSKK, NS-Kraftfahrerkorps）には加入した（のちに，HJに統合）。これは，当時のフライブルク大学の法学部長（Erik Wolf）の勧めによるものであった。

(58) Ib., S. XXVI. そこで，キールで講義をしたことによって，人種主義やナチス的な特徴は，何らヴィアッカーの所有権法の論文に影響を与えなかったのである。

(59) Vgl. Wieacker, Zivilistische Schriften（1934-1942）, 2000, S. 424. ちなみに，弟子のWollschlägerは，詳細に不能理論の生成を研究した（Wollschläger, Die Entstehung der Unmöglichkeitslehre, 1970）。ヴィアッカーの不能と目的不到達に関係する戦後の理論にも影響を与えている。【研究】35頁注11。

(60) Behrends, S. XXVII-XXXII.

(61)　Ib., S. XXXIX–XLI.

(62)　Ib., S. XLI, S. LIX, LX. 功労章の授与，ハイデルベルク，ゲッチンゲン，ライプチッヒなどの各アカデミーからの招聘がこれを示している。

(63)　鈴木禄弥・近世私法史（1961年）の解説，とくに720頁以下（「訳者あとがき」参照)。また，同書には，ヴィアッカーの人となりについても詳しい。なお，Behrends, a. a. O., S. XLI–XLV.

(64)　拙稿「公正証書遺言と方式」公証139号3頁，20頁以下参照（専門家の責任と権能（2000年）221頁以下にも所収)。1938年法の制定は，その立法趣旨によれば，1938年3月に併合されたオーストリアにナチスの世襲農場法（Reichserbhofgesetz vom 29. Sep. 1933；RGBl. I, S. 685, 世襲農場の不可分・単一相続と遺言の制限。第二次大戦後廃止）を導入する環境を整備することにあった。この全ドイツ地域に統一的な遺言法を規定することが必要とされたからである。Vgl. Amtliche Erlass und Verordnungen, a. a. O., DJ 1938, 1254, 1255ff. また，内容的には，遺言法の形式主義が問題とされている。

(65)　【研究】212頁以下参照。ちなみに，筆者は，かつて給付障害と反対給付論との関係で目的不到達論を検討したさいに，ラーレンツ（行為基礎論，【研究】204頁)，ケーラー（前注(31)，【研究】221頁)，ヴィアッカー（不能の拡大論，【研究】212頁）などの理論（ほかに，Beuthienの有責的不能の拡大論，【研究】216頁があった）を検討したが，そのおりには，ラーレンツやヴィアッカーの思想的基礎にまでは立ち入りえなかった。

ヴィントシャイト（Bernhard Joseph Hubert Windscheid, 1817. 6. 26–1892. 10. 26）の事情変更への態度が，前提論にみられるように（Die Lehre des römischen Rechts von der Voraussetzung, 1850)，基本的に意思の理論の変形（制限）であるのに比すると，意思論を逸脱するところに目的不到達論の特徴がある。もっとも，そのモデルは，不能論であるから（意思自治論者のFlumeと同様である)，必ずしも団体論的というわけではない。エルトマンの「行為基礎論」(Die Geschäftsgrundlage-Ein neuer Rechtsbegriff, 1921）も，基本的には主観的な構成といえる。

また，事実的契約関係や社会的類型論，団体法でも事実的団体（fakitische Gesellschaft）など，狭義の意思のみによらない考え方の基礎には，ある意味での共同体的・関係的理論が基礎にあるとみるべきであろう（第4章参照)。また，給付利得構成（たとえば，駐車場契約の無効のケース）は，事実的契約関係に対するラーベル学派の回答の1つといえる。

(66)　Dreier, a. a. O., S. 457.

(67)　ラーレンツの戦後の「法学方法論」にも，ヘーゲル哲学にふれているところがある（翻訳711頁以下，「抽象的概念と具体的概念の区別｣)。しかし，第1編「歴史的－批判篇」は，サヴィニー以来の方法論の検討であり，ヘーゲルに対する言及を慎重に避けているふしがある。

(68)　G・ハウプトの経歴は不詳であるが（本書では，第1部第1篇第2章6で補充)，彼は，1930年に「航空論－国際法研究」(Der Luftraum： eine staats- und völkerrechtliche Studie）によって，ケーニヒスベルク大学で学位を取得した。この論文は，1931年に，ケーニヒスベルク大学の法学叢書の1号として出版された。また，「ドイツの銀行の普通取引約款」（Die allgemeinen Geschäftsbedingungen der deutschen Banken）も，1935年の，ケーニヒスベルク大学の Dissertation であり，1937年に，ライプチッヒ大学の法学叢書から出版されている（105号）。著名な「事実的契約関係」（Günter Haupt, Über faktische Vertragsverhältnisse, 1943, Festschrift der Leipziger Juristenfakultät für Heinrich Siber am 10. Apr. 1940, Leipziger rechtswissenschaftliche Studien, H. 124）は，1943年に，同じくライプチッヒ大学の法学叢書から出版されている（124号）。同大学の就任講演である。

商業的な出版では，1939年の会社法（Gesellschaftsrecht）があり，これは，1942年に2版と3版，1952年に4版（Rudolf Reinhardt の編集協力）が出版されている。

(69) Frassek, a. a. O., S. 300. Vgl. Larenz, Die Begründung von Schuldverhältnissen durch sozialtypisches Verhalten, NJW 1956, 1897f.; ders., Sozialtypisches Verhalten als Verpflichtungsgrund, DRiZ 1958, 245f.

こうした団体論的・関係論的な思考方法は，ある意味では，日本人にもとっつきやすいが，反面では，必要以上に伝統的議論を否定する危険性をもはらんでいることに注意する必要があろう。

(70) その概念の賛同者の多くがナチス私法学者であった点が特色である。森孝三「事実的契約関係」現代契約法大系1（1983年）216頁，五十嵐清「ファシズムと法学者」比較民法学の諸問題（1976年）8頁。日本では，神田博司「公益事業における法律関係の一考察－いわゆる事実的契約関係」上法1巻1号289頁，「公益事業における法律関係の一考察」私法19号109頁。Vgl. Wieacker, Zur rechtstheoretischen Päzisierung des §242 BGB, 1956.

(71) Flume, Allgemeiner Teil des BGB, Bd. 2, 4. Aufl. (1992), S. 95ff., S. 100. フルーメは，事実的契約関係の理論は，大量取引の給付関係の上にあるものとして，その拡張に反対した。Vgl. Frassek, a. a. O., S. 301.

(72) Flume, a. a. O., S. 497ff. Frassek, a. a. O., S. 301. フルーメは，たんにラーレンツについてだけではなく，エルトマンの，いわゆる主観説的な行為基礎論にも，積極的ではない（前注(65)参照）。イギリス法由来の戴冠式事件（Krell v. Henry 1903 LR 2 KB 740）のような客観的行為基礎については，ドイツ法では不能の問題とする。A. a. O., S. 498ff.

(73) Lehmann, Faktische Vertragsverhältnisse, NJW 1958, S. 1ff., S. 5. 法律に忠実な思考を破壊する原爆（Atombombe）とさえいうのである。

ニッパーダイは，むしろ契約の締結強制の概念によって知られている。Nipperdey, Kontrahierungszwang und diktierter Vertrag, 1920, S. 2, S. 29ff. 拙著・前掲書（自由と拘束）103頁注38参照。

(74) フルーメは，必ずしも債務法現代化法には積極的ではなかった。拙稿（前注(5)）国際商事法務37巻11号1512頁参照。本書第3部第4篇所収。

(75) 拙稿（前注(5)）民事法情報282号27頁以下参照。本書第3部第1篇所収。

(76) 一般的・社会的な感触としては，ドイツの私講師を常勤の職とすれば，日本の教授ができあがるであろう。秘書も助手，付属のインスティテュートもないからである。よくても，員外教授に相当する程度である。

(77) たとえば，19世紀のパンデクテン法学者ファンゲロー(Karl Adolph von Vangerow, 1808. 6. 15-1870. 10. 11）は，のちに偉大な講義者といわれたが，1833年9月6日に，25歳でマールブルク大学の員外教授となるまで，私講師として，講義のほか復習授業(Repetitorien)によって，異常な負担をしたといわれている。Hans-Peter Haferkamp: Karl Adolph von Vangerow (1808-1870). Pandektenrecht und Mumiencultus, ZEuP 2008, S. 813ff.

(78) 拙著・大学と法曹養成制度（2001年）68頁参照。Vgl. Statistisches Jahrbuch für die Bundesrepblik Deutschland, 2009, S. 152〈6. 6. 8〉. なお，2007年の法律，経済，社会学の分野のハビリタチオンの総数は，163である。〔2008年の同総数は，176本であった。Vgl, Statistisches Jahrbuch für Bundesrepublik Deutschland, 2010, S. 152〈6. 6. 8〉.〕

(79) 1990年代に，とくに留学生のために，学士・Bachelorの制度が創設された。ほかに，ドイツの卒業資格，教授の昇進については，拙著・司法の現代化と民法(2004年) 404頁参照。また，学位や博士，大学院との関係については，前掲書（大学）191頁。

〔追記〕 脱稿後，Behrends und Schumann(hrsg.), Franz Wieacker-Historiker des modernen Privatrechts, 2010. 9が発行された。

大学におけるプロモーションの比較

（年齢や期限は大学一般のおおよその目安であり，学部や時代によっても異なる）

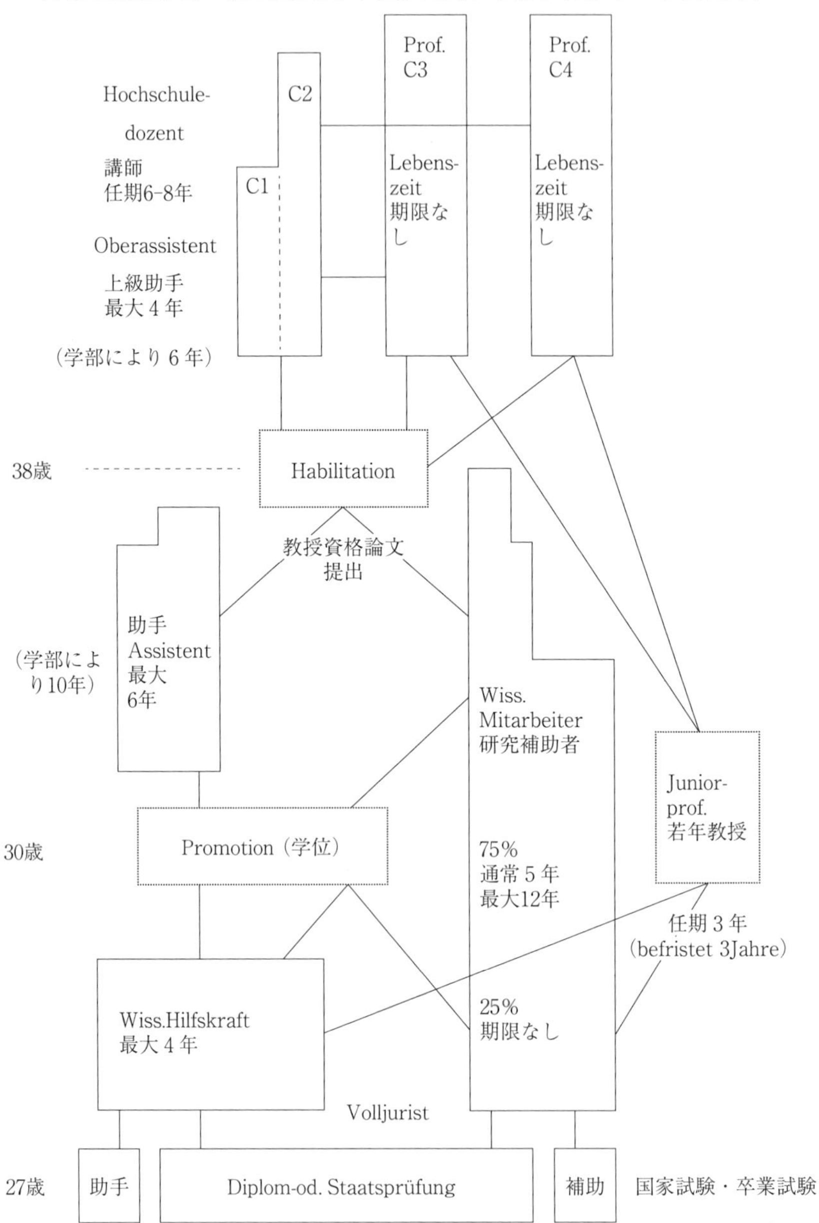

第４篇　フルーメとドイツ民法学の発展

⑴「民法学者は短命」というのは，梅謙次郎（1860–1910）50歳（梅，川名，石坂，岡松，鳩山，穂積，末弘で，誰も70歳になれなかったとする）を指していわれた言葉であるが(1)，民法の起草者でも，穂積陳重（1856–1926）70歳や富井政章（1858–1935）77歳は，当時としてはかなり長命である。穂積兄弟では，憲法学者である穂積八束（1860–1912）52歳の方が短命である。鳩山秀夫（1884–1946）は，62歳であるが，夏目漱石（1867–1916）が，49歳で亡くなり，明治時代も江戸時代とさほど変わらず，一般的に短命というのが通念であるから，梅謙次郎もさほど短命ではなかったのかもしれない。

フランスでは，古法時代のデュムーラン（1500–1566）66歳，ポティエ（1699–1772）73歳，ドマ（1625–1696）71歳などは，その当時としては決して短命とはいえない。ただし，サレイユ（1855–1912）57歳は，その業績に比して，かなり短命である。

ドイツの法学者では，グリュック（1755–1831）76歳，サヴィニー（1779–1861）82歳，ホイスラー（1834–1921）87歳，ギールケ（1841–1921）80歳，デルンブルク（1829. 3. 3–1907. 11. 23）78歳，ヴィントシャイト（1817–92）75歳など，どちらかというと，著名な者に意外に長命な者が多い。あるいは，長命であるから，著名な業績を残せたのである。ゲルマン法学者のシュトッペ（1831. 6. 28–1887. 5. 19）56歳は，比較的短命である。

⑵ 法学者で100歳の齢を重ねた者は，近時でもまれである。民法学者のフルーメは，そのまれな例である（1908. 9. 12–2009. 1. 28）。2008年９月に，100歳を祝った翌2009年１月に死亡した。その生涯は，1900年の民法典とほぼ軌を一にしている。

フルーメ（Werner Flume, 1908. 9. 12–2009. 1. 28）は，1908年に，ライン河岸の Nordrhein-Westfalen 州中央の Kamen（Dortmund 近郊）で生まれ，2009年１月にボンで亡くなった。彼が生まれた時に，まだ幼年期であった民法典は，制定後早くに，契約締結上の過失の理論を深化させ，これは，のちの2002年の債務法現代化法では，311条に明文化された。また，276条の解釈から積極的契約侵害の理論を展開し，債務法現代化法では，統一的な給付障害概念である義務違反（Pflichtverletzung）が採用され，280条の損害賠償や324条の契約解除権の基礎となっている。また，第一次世界大戦とワイマール期の1914年から1923年には，いちじるしいインフレにさいして，行為基礎の喪失の理論が展開された。伝統的な金銭の名目主義（Mark-gleich-Mark-Grundsatz, Nennwertgrundsatz, Nominalismus）に対するものであり，インフレの時期に，経済的不能と契約の期待可能性（Zumutbarkeit）の概念によって，契約の改定と解除を正当化したのである。これも，債務法現代化法では，313条に採用された。彼が大学に入った時の民法典は，およそこのような変動の時期にあった。

フルーメは，1927年の夏学期から，テュービンゲン大学において，歴史と古語の勉学を始めた。しかし，利益法学で名高いヘック（Philipp von Heck, 1858-1943, 85歳）の授業を聴いてすぐに，法学部に転じた。すでに1927－1928年の冬学期に，ボン大学に移り，そこで法学の勉学を終えた（１学期のみベルリン大学）。ローマ法学者の Fritz Schulz（1879. 6. 16-1957. 11. 12）が大きな影響を与えたといわれる。

フルーメは，1930年に，ケルン高裁で第一次国家試験をうけ，合格した（Nordrhein-Westfalen 州では，現在でも，修習生は，Düsseldorf, Hamm, Köln の３つの高裁地域ごとに各高裁によって採用される。拙著・大学と法曹養成制度（2001年）206頁）。また，1931年に，ローマ法における保証契約の補助性（Studien zur Akzessorietät der römischen Bürgschaftsstipulationen）のテーマでボン大学で学位をうけた。1932年に，Fritz Schulz（1879. 6. 16-1957. 11. 12）の助手として（Schulz は1931年にベルリンに移籍），ベルリン大学に移った。そこで，彼は，のちの1948年に公表されることになる「同一性の錯誤と売買」（Eigenschaftsirrtum und Kauf）の論文の核心部分をまとめた。その論文は，教授資格論文・ハビリタチオンの基礎となるはずのものであった。しかし，ナチスが権力を掌握したことから，師である Schulz は，後述の血統保護法（Blutschutzgesetz）により1934年にベルリン大学を追われ，1939年に，オランダ，ついでオックスフォードに亡命した。フルーメは，これに抗議し，私講師の団長（Dozentenschaftsführer）との対立から，ハビリタチオン論文の提出を断念することとなった。

フルーメは，大学を去り，1936年に，第二次国家試験と修習とを終えた。

そして，出版会社（Druck- und Verlagskonzern）に就職し，そこで，企業内弁護士として（Unternehmensjurist），とくに税法と会社法に関わった。そのおかげで，彼は，戦争中，ナチスに迎合する論文を執筆することを免れた。この時期の民法学では，1935年のいわゆるニュルンベルク法（人種差別法）の影響のもとで，人種理論から，非アーリア人の養育権の差別が行われ，1938年の家族法においては，特殊な婚姻取消事由もおかれた（血統保護法。職業差別も行う）。世襲農場法による相続差別が行われ，財産法においても，差別が行われた。ちなみに，いわゆるキール学派のHeinrich Stoll（1891. 8. 4-1937），Karl Larenz（1903. 4. 23-1993. 1. 24），Franz Wieacker（1908. 8. 5-1994. 2. 17）などが，戦前・戦中から活躍してきたのとは異なる（たとえば，Stoll, Vertrag und Unrecht, 1943；Larenz, Vertrag und Unrecht, 1936；Wieacker, Zum System des deutschen Vermögensrecht, 1941が著名である）(2)。

フルーメの学問的な再出発は，ナチスからの解放後の戦後である。民法典もまた，ナチスの理論から解放された。1946年に，フルーメは，ボン大学で，ローマ法学者クンケル（Kunkel, 1902. 11. 20-1981. 5. 8）のもとで，古典ローマ法における停止条件つき債務の相続性に関する論文（Die Vererblichkeit der suspensiv bedingten Obligationen nach klassischem römischem Recht）を執筆し，さらに，1948年に前述の「同一性の錯誤と売買」で教授資格をえた。そして，彼は，1946年に，法律雑誌Handelsblattに，1948年からは，Der Betriebに，税法と租税政策の論文を出した。1948年からは，ボン大学で，私講師となった。1949年に，彼は，ゲッチンゲン大学の正教授（Ordinarius）となり，1953年からは，ボン大学のローマ法および比較法制史インスティテュート（Institut für Römisches Recht und vergleichende Rechtsgeschichte）の教授となった。彼は，私法と税法の講座（Lehrstuhl für Privat-und Steuerrecht）ももち，1957年からは，かつて師であったFritz Schulzが占めていた講座を引き継いだ。こうして，ボン大学での活動が，フルーメの研究生活の中心となった。

1972年から，フルーメは，ノルトライン・ヴェストファーレン州の学術と芸術アカデミー（Akademie der Wissenschaften und der Künste）の精神科学部門のメンバーであった。彼は，ゲッチンゲンの学術アカデミー（Akademie der Wissenschaften zu Göttingen），バイエルン学術アカデミー（Bayerischen Akademie der Wissenschaften），イギリス・アカデミー（British Academy）

のメンバーでもあった。フルーメは，1982年1月19日に，レーゲンスブルク大学の名誉博士号を，法律家として初めてうけた。80歳の時には，4つの伝統ある法律雑誌（Z. der Savigny-Stiftung, AcP, Gesamte Handels- u. Wirtschaftsrecht, Z. f. Steuer u. Wirtschaft）から，記念号の献呈をうけた。

(3) フルーメの重要な業績として，3冊からなる民法総則がある（Allgemeiner Teil des Bürgerlichen Rechts (Bd. 1, Teil 1. Die Personengesellschaft, 1977; Bd. 1, Teil 2, Die juristische Person, 1983; Bd. 2, Das Rechtsgeschäft, 4. Aufl. 1992, Berlin)。合計は1850頁にもなり，テキストというよりも，論文の趣きがある。これによって，フルーメは，民法の発展に決定的な影響を与えた20世紀のもっとも重要な法律家の1人とみられている。この本の中で，フルーメは，私的自治の観点から，総則中の種々の理論の発展を描き，ドイツの民法がもはやサヴィニーやヴィンドシャイトなどの歴史法学のロマニステンの伝統の帰結ではないことを示した。とりわけ，彼は，1972年に，団体法理（Gruppenlehre）を発展させ，それによって，民法団体の（一部）権利能力（die（Teil-）Rechtsfähigkeit der Gesellschaft bürgerlichen Rechts）を理論づけた（I-1，§4（S. 50ff.）Die Gesamthandsgesellschaft als Personengemeinschaft; §16 IV（S. 314ff.）Schuld und Haftung bei der Gesellschaft des bürgerlichen Rechts)。この理論は，約30年後に，BGH によって採用された（後述)。

ドイツ民法典54条によれば，権利能力なき社団（Vereine, die nicht rechtsfähig sind）には，組合（Gesellschaft, 705条以下）の規定が適用される。古い団体観にもとづくものであり，法による権利能力の付与を団体性に直結するものである（法人擬制説)。権利能力がなくても，団体的把握ができるとする団体観（Gierke などの法人実体説）とは異なる。しかし，団体であっても，権利能力がないことはありえる。わが法の下でも，かつての旧中間法人法の制定までは，根拠法がないために権利能力を取得できない団体が多数存在した。しかし，わが法では，権利能力なき社団の規定が法文上なかったことから，組合規定によることなく，可能な限りで法人と同じ扱いにすることが可能であり，訴訟能力も認められていた（民訴29条)。ドイツにも，同じ問題があり，医者，弁護士，自由業の団体，共同プロジェクトのための企業の共同体など，多数人が，共通の目的のために結合し団体的活動を行う場合がある。これを民法団体という（BGB-Gesellschaft, oder auch GbR)。人的団体の基本形態とされる。内容は，おおむねわが権利能力なき社団に相当するが，ドイツ民法で，権利能力なき社団に組合の規定が適用されることを回避するために，とくに区別するために造られた概念である。連邦〔通常〕裁判所（BGH）は，2001年の判決において，この民法団体の当事者能力と実質的な権利能力を肯定した（Urteil vom 29. Januar 2001 － II ZR 331/00, BGHZ 146, 341）。事案において，原告は，民法団体であるARGEと構成員に対し，手形債務の請求をしたが，原審であるOLGは，従来の判例に従い，団体に対する訴を否定していたのである。

また，フルーメは，基本法の価値から，私法や税法上の個別・具体的な解答を導くことを否定し，さらに，法律家が，社会的，経済政治的な判断をすることに反対する。そして，その理論の特徴は，個別の結論の細部まで，経済的個人（das handelnde Individuum）の自己決定と自己責任が貫かれる点である。ゲルマン法的な団体法論一辺倒というわけではない。

1981年の債務法鑑定意見書に始まり，1991年の現代化法の最終報告書（Abschlußbericht der Kommission zur Überarbeitung des Schuldrechts）による債務法現代化には必ずしも積極的ではなく，これは伝統的な実務の大勢とも合致していた。その晩年の2002年に，債務法の現代化法が，EU指令を契機として実現されたことは象徴的である。こうして，彼の一生は，おおむね1900年のドイツ民法典とその修正とともにあったのである。ボン大学は，2008年9月12日に，100歳を記念して彼のためのシンポジウムを行った。

フルーメの業績の主なものは，Gesammelte Schriften（hrsg. von Horst Heinrich Jakobs, 2 Bde., Köln, 1988）にまとめられている。また，Studien zur Lehre von der ungerechtfertigten Bereicherung（Tübingen, 2003）は，95歳の年に出版されている(3)。

ボン大学には，古くは公法でCarl Schmitt（1888. 7. 11–1985. 4. 7, 1922–28）がおり，フルーメの同時代のボン大学には，Martin Wolff（1892. 9. 26–1953. 7. 20），Dölle（Tübingen時代のHans Stollの師，1924–1941），家族法のBeitzke（1909. 4. 26–2004. 6. 16），財産法ではMarschall（1928–2003. 6. 10），刑法では，Welzel（1904. 3. 25–1977. 5. 5, 1952–）などがいた。とくに，同僚であったBeitzkeも95歳の長寿を全うしたことは，興味深い。ライン河岸の，ドイツとしては温暖な土地の反映であろうか。

(4)　弟子には，チュービンゲン大学のEduard Picker，パッサウ大学のJan

Wilhelm, ボン大学では，Horst Heinrich Jakobs と早くに亡くなった Brigitte Knobbe-Keuk がいる。

① Horst Jakobs, 1934. 11. 24–

ヤコブスは，1934年に生まれた。1963年に，ボン大学において学位をえて（Eingriffserwerb und Vermögensverschiebung in der Lehre von der ungerechtfertigten Bereicherung 1964），1969年に，ハビリタチオンを取得した。1971年に，ボーフム大学の正教授となった。1974年に，ボン大学の教授となり，定年までとどまった。民法とローマ法が専門である。フルーメの最初の弟子である。

その研究は，民法の給付障害法を中心とする問題と，私法史に関するものを中心とするが，ナチス法学者の研究もしている（Jakobs, Karl Larenz und der Nationalsozialismus, JZ 1993, 805。これにつき，拙稿「キール学派と民法」一橋法学9巻2号26頁注7参照，本書第3部第3篇所収）。

ハビリタチオン論文である Unmöglichkeit und Nichterfüllung, 1969は，伝統的な不能と，給付障害の一般概念である「不履行」に関する。その後も，給付障害論を中心に研究している(4)。Gesetzgebung im Leistungsstörungsrecht, 1985.

業績は多いが，以下の民法典の制定資料の公刊により著名である。法制史学者の Schubert との共編により，民法の立法史を検討する上で，不可欠の素材となっている。Die Berathung des Bürgerlichen Gesetzbuchs hrsg. Jakobs und Schubert, 1978.

② Brigitte Knobbe-Keuk, 1940. 9 . 18–1995. 4 . 23

コイクは，ベルリンで生まれ，のちに Berlin から，デュッセルドルフ近郊の小都市 Wuppertal（約35万人）に引っ越した。父親は，第二次世界大戦中も，告白教会（Bekennenden Kirche，ナチスに反対したプロテスタント教会）の牧師であった。Wuppertal では，人文主義の Wilhelm-Dörpfeld ギムナジウムに通い，ボン大学とミュンヘン大学で学んだ。1968年に，学位をえた。

1966年から70年まで，フルーメの下で助手となった。1970年に，ハビリタチオンを取得した（Vermögensschaden und Interesse, Rohrscheid Verlag, 1972）。1971年に，員外教授となり，1972年に，学術評議会員となった（wissenschaftlicher Rat）。ゲッチンゲン大学で，教授となり，1979年に，フルーメの後継として，ボン大学の民法，商法，経済法，税法の教授となった。大学外では，鑑定人や訴訟代理人（Prozessvertreterin）もした（とくに，ヨーロッパ裁判所において)。ドイツ租税法曹協会（Deutschen Steuerjuristische Gesellschaft）の顧問，ドイツ法曹会議，フンボルト財団のために貢献した。1995年に，ボンで病死した。まだ，54歳であった。Flumeによる追悼文がある(5)。業績として，Bilanz- und Unternehmenssteuerrecht, 8. Aufl., 1991ほかがある。

③　Jan Wilhelm, 1942. 12. 4－

ウィルヘルムは，1942年に，ダンチヒで生まれ，1961年に，ギムナジウムをでて，ボン大学で，法律学を学んだ。1965年に，第一次国家試験に合格し，フルーメの研究員となった。1971年に，第二次国家試験に合格し，1973年に，学位をえた(Rechtsverletzung und Vermögensentscheidung als Grundlagen und Grenzen des Anspruchs aus ungerechtfertigter Bereicherung, Bonn 1973)。1979年に，ハビリタチオンを取得（Rechtsform und Haftung bei der juristischen Person)。1980年から，パッサウ大学で，民法，商法，経済法の教授となった。1985年に，ベルリン自由大学に招聘された。Sachenrecht. 4. Aufl., 2010；Kapitalgesellschaftsrecht. 3. Aufl., 2005. などの業績がある(6)。

④　Eduard Picker, 1940. 11. 3－

ピッカーは，1940年に，ライン沿岸のコブレンツで生まれた。ベルリン自由大学，ボン大学，シュパイエルの行政学院で法律学を学び，1971年に，ボンで学位をえた（Der negatorische Beseitigungsanspruch, 1995年に出版)。1969年から，フルーメの下で助手をして，1978年に，ハビリタチオンを取得した(Die Drittwiderspruchsklage in ihrer geschichtlichen Entwicklung als Beispiel für das Zusammenwirken von materiellem Recht und Prozessrecht, 1981)。1979年，Medicusの後任として，レーゲンスブルク大学に招聘された。1986年に，チュービンゲン大学に移籍した。1995／97年，学部長となり，2008年に，定年となった。祝賀論文集 Lobinger, Richardi, Wilhelm(hrsg.), Festschrift für Eduard Picker zum 70. Geburtstag. Am 3. November 2010がある(7)。

業績は多い。

Positive Forderungsverletzung und culpa in contrahendo. Zur Problematik der Haftungen zwischen Vertrag und Delikt, AcP 183 (1983), S. 369ff.

Rechtsgeschichte und Rechtsdogmatik, AcP 201 (2001), S. 763ff.

Antidiskriminierungsprogramme im freiheitlichen Privatrecht, (hrsg.) Lorenz, Karlsruher Forum 2004. Haftung wegen Diskriminierung nach derzeitigem und zukünftigem Recht (Schriftenreihe der Zeitschrift Versicherungsrecht, Bd. 31), 2005, S. 7 ff.

生命倫理に関する業績もある。とくに，先天性障害などで望まない出産(Wrongful Life) に関する研究で名高い。

Schadensersatz für das unerwünschte eigene Leben, Wrongful Life (Tübinger Rechtswissenschaftliche Abhandlungen ; Bd. 80), 1995.

Menschenwürde und Menschenleben. Das Auseinanderdriften zweier fundamentaler Werte als Ausdruck der wachsenden Relativierung des Menschen, 2002.

また，労働法の業績が多い。以下は，ごく一部である。

Der Warnstreik und die Funktion des Arbeitskampfes in der Privatrechtsordnung. Heymann, 1983.

Die Regelung der Arbeits- und Wirtschaftsbedingungen, Vertragsprinzip oder Kampfprinzip ? 1988.

(5) なお，フルーメの古い友人であるバイツケ (Günther Heinrich Peter Georg Beitzke, 1909. 4 . 26–2004. 6 . 16) にふれる。

バイツケは，1909年に，フライブルクで生まれた。父は，病理学者の Hermann Beitzke (1875–1953) であった。法律学をベルリン，ミュンヘン，キールの各大学で学んだ。1933年に，Walther Schücking の下で，国際的な支払い合意についての銀行の地位に関する論文で学位をえた (Die Rechtsstellung der Bank für Internationalen Zahlungsausgleich)。1937年に，ギーセン大学の Rolf Dietz の下で，国際私法上の法人に関する論文でハビリタチオンを取得した (Juristische Personen im Internationalprivatrecht)。

1939年に，イエナ大学の員外教授となったが，教会を脱退しないことから地位を失い，同時に，兵役免除も失った。1941年からロシア戦線で兵役に服した。戦後，捕虜収容所に入れられ，帰還後，ゲッチンゲン大学で職について，1959年にボン大学に招聘された。

専門は，国際私法，家族法である。家族法改正に関与し，破綻主義の導入に力があった。1983年に，連邦共和国の大功労賞をえた。2004年に，ボンで亡くなった。95歳であった。同僚の民法学者 Flume が，100歳の齢を重ねたのと同様，長寿であった。フライブルク大学には，Thieme, Kroeschell など長命な学者が多い(8)。

(1) 我妻栄・学説展望・ジュリ300号118頁。当の我妻栄（1897–1973）は，76歳であった)。これは，当時としては普通の年齢であり，とくに短命というわけではない。

(2) Jakobs: Zum Tod von Werner Flume, JZ 2009, 406 f. キール学派については，クレッシェル「ナチズム下におけるドイツ法学」ゲルマン法の虚像と実像（1989年・石川武訳）339頁以下，359頁。五十嵐清「ファシズムと法学者」比較民法学の諸問題（1976年）１頁。拙著・契約における自由と拘束104頁，注45参照。

(3) Jakobs, JZ 1978, 658; ders., JZ 2009, 406; Beitzke, NJW 1978, 196; Kegel, NJW 1988, 2352; Gaul, JZ 1988, 865; Wilhelm, NJW 1998, 2796; Picker NJW 1983, 2015; ders., JZ 1998, 892; ders., JZ 2008, 884, Ernst, NJW 2008, 2760; Wagner, AcP 209, 141. Vgl. Köbler und Peters (hrsg.), Who's who im deutschen Recht, 2003, S. 178. なお，BGB への態度については，Jakobs, Werner Flume und das BGB, AcP 209 (2009), 205ff. に詳しい。もちろん部分的な例外があることは当然である。

Flume の100歳記念のため，各種の催しが行われた。AcP 誌は特集を組んでいる（Zum 100. Geburtstag von Werner Flume, S. 141ff)。Ulrich Huber, Eigenschaftsirrtum und Kauf, S. 143ff.; Manfred Lieb, Flume und das Bereicherungsrecht, S. 164ff.; Karsten Schmidt, Die Personengesellschaft als Rechtsfigur des „Allgemeinen Teils". Dogmatisches Konzept und Wirkungsgeschichte von Werner Flumes „Personengesellschaft", S. 181ff.; Jakobs, Schlusswort: Werner Flume und das BGB, S. 205ff. など力作がある。

(4) Who's who, a. a. O.（前注(3)), S. 309.

(5) (hrsg.) Schön im Zusammenwirken mit Werner Flume, Gedächtnisschrift für Knobbe-Keuk, 1997.

(6) Who's who, a. a. O.（前注(3)), S. .89.

(7) Who's who, a. a. O.（前注(3)), S. 520.

(8) Juristen im Portrait: Verlag und Autoren in 4 Jahrzehnten; Festschrift zum 225jährigen Jubiläum des Verlages C. H. Beck, 1988, S. 147; Kim und Marschall, Zivlerechtslehrer deutscher Sprache, 1988, S. 25.

第5篇 シュトルと比較私法学の系譜

(1) もとフライブルク大学教授のハンス・シュトル（Hans Stoll, 1926. 8. 4-2012. 11. 8）は，2012年11月に亡くなった。フライブルク大学は，不当利得の類型論で名高いケメラー（Ernst von Caemmerer, 1908. 1. 17-1985. 6. 23）以来，伝統的なドイツ法に大胆に比較法や英米法の観点をもとり入れる一学派を形成し（Schrechtriem, Hager など），この学派は，2002年のドイツ民法の債務法現代化法にも相当の影響をあたえている。ケメラー亡き後，シュトルは，一時期その中心をなしていた。シュトルの生涯は，ドイツの比較民法学の発展とも不可分の関係にあることから，以下ではあわせて簡単に触れる。また，フライブルク大学は，国際交流にも早くから積極的であったことから，留学した日本人学者の多いことも特徴である。さらに，ドイツには親子で法学者という例は多いが，シュトルの父も著名な民法学者であった。この父についても，民法学の発展の一段階として簡単に触れる。

(2) シュトルは，1926年に，フライブルク（Freiburg im Breisgau）で生まれた。著名な法学者 Heinrich Stoll の子である（後述(3)）。チュービンゲンの Uhland ギムナジウムを出て，1945年に，チュービンゲン大学，フライブルク大学で法律学を学んだ。戦争末期の1944年から45年には，兵役に服した。1948年に，第一次国家試験に，1952年に，第二次国家試験に合格した。1953年に，シュトットガルトで弁護士となり，1954年に，チュービンゲン大学のデレ（Hans Dölle, 1893. 8. 25-1980. 5. 15）の下で学位をえた（Die Außenwirkung der Geschäftsführung ohne Auftrag）。

研究者としての出発は，1955年に，同じチュービンゲンのマックス・プランク外国法・国際私法研究所で，デレの下で研究員となった時からである。1956年に，同研究所がハンブルクに移転し，所長のデレがハンブルク大学に移ったことから，彼もハンブルク大学に移り，1959年に，教授資格・ハビリタチオンを取得した（Das Handeln auf eigene Gefahr - Eine rechtsvergleichende Untersuchung, 1961）。この研究所は，戦前ベルリン大学において，著名な比較法学者ラーベル（Ernst Rabel, 1874. 1. 28-1955. 9. 27）が創設したものであり（当時は，カイザー・ウィルヘルム研究所），ユダヤ系のラーベルが1938年にアメリカに亡命した後，戦争中，チュービンゲンに疎開していたのである（後任は，Ernst Heymann, 1870. 4. 6-1946. 5. 2）。

ラーベルは，戦後の1950年にドイツに帰国し，当時の所長デレがこれを迎えた。デレは，1921年に，ベルリン大学でラーベルにも学び，同じくユダヤ系のM・ヴォルフ（Martin Wolff, 1872. 9. 26-1953. 7. 20）の下で，1923年に，ハビリタチオンを取得している。そこで，シュトルは，ラーベル・ヴォルフからは孫弟子の関係にあたる。ちなみに，ケメラーは，戦前，直接ラーベルに師事していることから（ただし，戦争中はドレスデン銀行の法律職について，戦後，フランクフルト大学のハルシュタインの下で教授資格を取得した。Walter Hallstein, 1901. 11. 17-1982. 3. 29）），同じ学派といえる。ラーベルとヴォルフの弟子は，戦後のドイツ法学界で重きをなした。このハルシュタインもヴォルフの下でハビリタチオンを取得しているが，後半生は政治家として有名であり，のちEC初代委員長となった（1958－1967年）。シュトルは，同じフライブルク大学では，著名なドイツ法学者クレーシェル（Karl Adolf Kroeschell, 1927. 11. 14）とも1歳違いの友人となった。

シュトルは，ハンブルク大学で私講師となり，1960年に，ボン大学で正教授となり，1965年に，フライブルク大学の教授となった。1994年に，名誉教授となった。その間，1963年に，ミシガン大学でフェロー（Senior Research Fellow）となり，1970年から71年には，カリフォルニア大学で客員教授となった。さらに，1975年に，スウェーデンに講演旅行をし，1978年に南アフリカ，1989年と1996年に，日本でも講演をした。1984年に，ドイツの国際私法委員会で債務法委員会（Schuldrechtskommission des deutschen Rates）の部会長，1987年に，会長となった。フライブルク大学のHohloch（1944. 7. 31-）は，学位，ハビリタチオンを彼の下で取得した。

75歳の時に，彼に献呈された論文集Hohloch, Frank, Schrechtriem (hrsg.), Festschrift für Hans Stoll zum 75. Geburtstag, 2001がある。著名な民法，比較法，国際私法学者が多数寄稿している。

シュトルは，民法では債権法の研究を主にし，とくに損害賠償法の研究が多い。父親似で，1つのテーマに集中する傾向がある。1点だけふれると，その規範的損害論（normativer Schaden）は，連邦裁判所（BGH）にも影響をあたえた。すなわち，ドイツの損害賠償法は，わが法と同様に，いわゆる差額説をとり，損害賠償の対象となるのは，現実の財産状況と侵害がなければありうべき状態との差額計算を基本とする。そこで，たとえば，家政婦の負傷の場合には，その間就業できなかった賃金は損害として計算されるが，専業主婦の負傷の場合にはゼロとなる。これを回避するには，夫の損害として構成するか（ド民845条参照），慰謝料計算によるほかはない。しかし，前者は技術的であり，後者についてはドイツ民法は厳格な制限をおいている（253条は法律上の根拠規定が必要とする）。そこで，連邦裁判所は，規範的損害の概念をいれた。被保護利益として財産から人格への転換が自覚的に行われ，概念的な差額説は修正されたのである（BGH 54, 45, 163, 226ほか）。そのプロセスにあたり，シュトルの経済的人格論は，一定の寄与を与えた。同様の問題は，労働者の賃金についても，一定の場合に，使用者の賃金支払が必要とされることから（ド民616条のLohnfortzahlung），損害の消滅の問題として論じられる（BGH, 66, 104ほか）。シュトルは，長命であったことから業績は多い(1)。

Empfliehlt sich eine Neuregelung der Verpflichtung zum Geldersatz für immaterilellen Schaden? 1964.

Kausalzusammenhang und Normzweck im Deliksrecht, 1968.

Begriff und Grenzen des Vermögensschadens, 1973.

Neuere Entwicklungen auf dem Gebiet des deutschen Schadensrechts, 1976.

Richterliche Rechtsfortbildung und gesetzliche Überarbeitung des Deliktsrechts, 1984.

Consequences of Liability-Remedies 1986.

また，研究対象も広い。民法のほか，比較法，国際私法，国際手続法など多数にのぼり，物権法の著作もある。

Internationales Sachenrecht, 1976, 1985, 1996.

Grundriss des Sachenrechts, 1983,

Vorschläge und Gutachten zur Umsetzung des EU-Übereinkommens über Insolvenzverfahren im deutschen Recht, 1997.

(3)　父シュトル（Heinrich Stoll, 1891. 8. 4-1937. 6. 19）は，1891年に，ハイデルベルクやマンハイムの北に位置する小都市Weinheimで生まれた（ヘッセンとの州境である）。著名なドイツ法学者のミッタイス（Heinrich Mitteis,

1889. 11. 26–1952. 7 . 23）の生まれた年の2年後であった。

1821年に，ボン大学で学位をえて（Die Wirkung des vertragsmäßigen Rücktritt. 師は，Josef Partsch），1923年に，ハイデルベルク大学でハビリタチオンを取得した（Rücktrittsvereinbarungen nach röm. und bürgl. Recht）。その師は，Gradenwitz（1860–1935）や Endemann（1857–1936）であった。フライブルク大学教授をへて，1927年に，チュービンゲン大学で，民法とローマ法の正教授となった。Fritz Bauer は，彼の弟子である(2)。同大学には，1901年から1929年まで，利益法学で名高いヘック（Philipp Heck, 1858. 7 . 22–1943. 6 . 28）がおり，民法の有力な一派をなしていた。独自の学風は，その当時からのものである。上述のデレは，戦時中にボン大学を追われ，チュービンゲン大学に，戦後の1946年から所属していたのである。

父シュトルは，債務法の研究で著名である。1936年に，大著・給付障害論（Die Lehre von den Leistungsstörungen）を著し，パンデクテン法学の不能・遅滞の二分体系を統合する概念を提唱した。債務不履行の統一概念を早くに提唱し，それを「給付障害」と現わした。同書は，従来の不能論による債権法の体系を給付障害論によって全面的に書きあらわした最初の著作でもあった。この本は，ナチスのドイツ法アカデミーの委託をうけて発展させた債務法改正のための考察を具体化したものである。初期の債務法改正の著作の1つである。

こうした統一概念は，戦後も生き続け，2002年の債務法現代化法にも採用された（たとえば，損害賠償や解除に関する280条，324条 Pflichtverletung）。もっとも，その前提には，ユダヤ系弁護士シュタウプ（Samuel Hermann Staub, 1856. 3 . 21–1904. 9 . 2）による積極的契約侵害論やラーベルによる不能概念の批判もあることから，統一概念が，必ずしもナチス的な性格を有するというわけではない。むしろ，統一概念は，いわばドイツの債務法における多様な思想の総合的な産物である。

彼は，チュービンゲンで，1937年に亡くなった。まだ46歳であった。子のシュトルは，父よりも40年も長生きをしたわけである。

(1)　Gerhard Dannemann, JZ 2013, 184 ; Nina Dethloff, RabelsZ 77（2013），227 ; Who's who im deutschen Recht, 2003, S. 700 ; Avenarius, Heinrich Wilhelm Georg Stoll 25 NDB（2013）413. 上述の記念論文集の Hohloch の序文参照。フライブルク大学のサイトにも若干の言及がある（Institut für ausländisches und internationales Privatrecht, Abteilung 3）。また，ラーベルとケメラーについては，拙稿・民事法情報282号22頁，ド民616条2項の賃金支払義務については，拙著・危険負担の研究（1995年）161頁以下参照。

(2) Kim und Marschall, Zivilrechtslehrer deutscher Sprache, 1988, S. 525.
　父Stollと同名の別人がおり（文献学者である。1819. 1. 16–1890. 6. 19），同人については，Friedrich Koldewey, Heinrich Stoll, ADB 36 (1893), S. 401. 姻戚関係はない。

第6篇　ビドリンスキーとオーストリア民法学の発展

(1)　F・ビドリンスキー（Franz Bydlinski, 1931. 11. 20–2011. 2. 7）は，1931年，ワイマール共和国東部シレジアのRybnikで生まれ，2011年2月7日に，カナリア諸島のGran Canariaで亡くなった。彼は，オーストリア民法の第3の変革期を生きた。

オーストリアでは，自然法思想の影響のもとに，1811年に，一般民法典（ABGB）が成立した。今年（2011年）は，その記念すべき200周年にあたる。1794年のプロイセン一般ラント法典（ALR）やコード・シヴィル（1804年）につぐ近代自然法思想による法典編纂の産物である。オーストリア法の制定史では，ツァイラー（Franz Anton Felix Edler von Zeiller, 1753. 1. 14–1838. 8. 23）の功績が大きい。しかし，ALRやABGBの法典は，ドイツ地域の全体をカバーするものではなく，その他の諸ラントには，多数の個別の立法と普通法の適用が残されていたのである。そして，ドイツに民法典（1900年）が発効するまでには，まだ時がかかった。その後19世紀に，ドイツでは，新たにパンデクテン法学が興隆をきわめ，それは自然法的な法典であるはずのABGBにも影響した。ここに，自然法的法典のパンデクテン解釈が行われるようになった。法解釈の基礎はまだローマ法にあったのである。

パンデクテン法学の体系は，一面では，1900年のドイツ民法典によって結実したが，オーストリアでは，ABGBの1916年改正によって実現した（Vgl. Bericht der Kommission für Justizgegenstände über die Gesetzesvorlage, betreffend die Änderung und Ergänzung einiger Bestimmungen des allgemeinen bürgerlichen Gesetzbuches, 1912）。パンデクテン法学の成果の大胆な採用であり，それには，とくにウンガー（Josef Unger, 1828. 7. 2–1913. 5. 2）の功績が大きかったのである。

しかし，改正法のできた前々年は，第一次世界大戦の勃発時であり，改正されたABGBは，より新たな変革の時代を迎えた。そして，ABGBは，第一次世界大戦後，ハプスブルク帝国の解体によって，いちじるしくその適用範囲を縮小した。内容的には，おおむねドイツ民法学の影響のもとにあったといえる。ただし，公法においては，戦後も，ケルゼンの影響は大きく，イデオロギーを排する純粋法学の手法が，圧倒的であった。その方法論を私法の方法論にも応用し，あるいは修正したのが，ビドリンスキーであった。

(2) ビドリンスキーは，上シレジアのRybnik-Paruschowitzの小学校を卒業した。父親は，ポーランド系の家系であった。母親はドイツ系の家系であった。1939年に，父親は，オーストリア・シュタイアマルク州のKnittelfeldで，エンジニアとして新しい職についた（オーストリア併合は1938年）。そこで，家族は離散の危機に直面したが，1941年に，オーストリアに引っ越したのである。

彼は，Knittelfeldのギムナジウムに入り，そこで，のちの妻のLeopoldine Leitnerと知り合った。高校卒業試験（Matura）に優秀な成績（mit Auszeichnung）で合格し，1950/51年の冬学期から，グラーツ大学に入学して，法律学を学んだ（1年目に，法史学者のArtur Steinwenterに出会った）。1954年に学位をえて，助手となり裁判所修習を行った。1957年に，不当利得法の類型論で名高いヴィルブルク（vgl. Wilburg, Die Lehre von der ungerechtfertigten Bereicherung nach oesterreichischem und deutschem Recht：Kritik u. Aufbau；Festschrift der Univ. Graz 1933/34）のもとで教授資格・ハビリタチオンを取得し，私講師となった。ハビリタチオン論文は，労働争議時の契約法と損害賠償法に関するものであった（Vertragsrecht und Arbeitskampf. 1957, 1. Teil. 1959年に出た後半は，Schadensrecht und Arbietskampf. 1959. 2. Teil. ともに，Österreichische Zeitschrift für öffentliches Rechtに掲載。ÖZöR N. F. Bd. 8, 1957/58, S. 300ff. und Bd. 9, 1959, S. 518ff.）。1959年にゲッチンゲン大学（これは正教授としてであった），インスブルック大学に招聘されたが，これらを断り，1960年に，グラーツ大学の員外教授となった。Theo Mayer-Maly（1931. 8. 16-2007. 12. 6）は，この時期の同僚であり（1957－1959年），生涯にわたって親交を深めた（いくつかの共編著がある）。1962年のウィーン大学（正教授）からの招聘も，住宅事情から断り，1963年に，ボン大学の正教授となった。1967年に，ウィーン大学から再度の招聘をうけ，2000年9月に定年になるまで，ここで，研究を続けた。この間，ほかにも，キール大学，ウィーンの商業大学や，グラーツ大学のウィルブルクの後継（1975年）としての招聘があったが，断っている。多数の大学を渡り歩くことの多いドイツ系の教授と異なり，師のウィルブルクと同様，固定型の研究の姿勢を貫いたのである[1]。

1995年に，併発症をともなう病気になったが，2000年10月１日に，名誉教授となるまで，民法と法学方法論の教授として研究と教育に携わった。また，ウィーン大学の民法インスティテュートの長であり，1963年から1989年の長きにわたって，オーストリアの法学雑誌JB（Juristische Blätter）の編者でもあった。ウィーン大学の時代には，６人の法学者が彼のもとでハビリタチオンを取得した。

また，オーストリアの労働法編纂委員会（これに関連して，Arbeitsrechtskodifikation und allgemeines Zivilrecht, 1969がある），議会の大学改革委員会の委員，家族法改正のための法曹大会（JT, Juristentag）の委員会，消費者保護法の準備のためのJTの諮問委員会，人工授精についての大学学長会議の委員会の委員長などを勤めた。ローマのUnidroitの委員もした。民法会議（Zivilrechtslehrervereinigung）の会員，ウィーンの法曹協会（Juristische Gesellschaft）の会員でもあった（かつて1872年に，ここで，イェーリングの「権利のための闘争」（Der Kampf ums Recht）の講演が行われた）。

ザルツブルク大学，ミュンヘン大学，ポーランドのKattowitz，スロバキアのTyrnavuの名誉博士を授与された。彼は，オーストリア学術アカデミーの哲学・歴史部門の会員であり，ゲッチンゲンの学術アカデミー，クラコフのポーランド学術アカデミー，バイエルンの学術アカデミーの外部会員でもある。1976年に，若手学者のためのTheodor-Körner賞を受賞し，2007年には，Kardinal-Innitzer賞と，オーストリアの学術・芸術功労賞を受賞した。

幼年期の経験から，家族を重視した。家族の団結を自分の見解の基礎の１つとし，全体主義的な国家権力に対する中心は，国家に依存しない私法的な見地によって組織づけられた社会的領域にあるとの見解に立っている。５人の息子があり（Georg, Peter, Michael, Andreas, Martin），その中で，２人が著名な法律家である。Peterは，グラーツ大学の民法教授であり，双子の兄弟であるMichaelは，リンツ大学の民法教授であり，最高裁の裁判官となった。ビドリンスキーに対する祝賀論文集（Koziol und Peter Rummel, Im Dienste der Gerechtigkeit. Festschrift für Franz Bydlinski, 2002）には，２人とも寄稿している（Michael Bydlinski, Unberechtigte Inanspruchnahme einer Haftrücklassgarantie und Analogie im Verjährungsrecht, S. 1；Peter Bydlinski, Der sogenannte „Mißbrauch“ unbeschränkbarer Vertretungsmacht, S. 19)。

(3)　ビドリンスキーの功績の中心は，法実証主義に関するものである。この法理論は，オーストリアでは，ケルゼン（1881–1973）以来支配的な理論を前提にしている。ケルゼンは，純粋法学（reine Rechtslehre）によって著名であり，その影響は，公法だけではなく私法に対しても大きい。法実証主義の典型例であり，実定法体系をイデオロギーぬきに純粋に構築しようとした。規範は，体系的秩序にもとづくものであり，それ自体で独立した存在の性格をもつ思考体系であるものとする。一般に，下位秩序に位置づけられる私法法規は，法律要件と効果の結合であり，第一次的な規範は実定法秩序であるが，それだけではなく，上位法による根源的規範があるものとされる。ただし，公法，とくにオーストリアの行政実務において，法の規定の解釈は，たんなる文言解釈に向けられてきた。憲法裁判所も，行政当局の行為は，内容的に，法の下で予見可能なものでなければならないとする。オーストリアの法律は，個別の事件が関係する複雑な定式を含むことなく，可能なかぎり不明確性を除去しなければならないとされる。こうした傾向は，とくに税法や社会保険法など，個人に直接影響を与える領域に著しい。こうした実定法秩序の重視は，自然法論や，1930年代のナチズム，マルクス主義といった価値絶対主義に基づくイデオロギーや独裁を排しようとした態度に由来している。

ビドリンスキーは，この基礎の上に，法の解釈に関する理論を発展させた。その作業は，純粋法学の引写しではない。たんに法の文言を解釈の基礎にするだけではなく，法規の背後にある立法者の関心と評価を扱うものであった（Lückentheorie）。これは，現象的には利益法学の主張に近く，制定からすでに200年を経ているABGBの解釈にあたっては不可欠な作業である。代表作であるJuristische Methodenlehre und Rechtsbegriff, 1982.（Buch 1, Zum Stand der juristischen Grundlagendiskussion. Buch 2, Die methodologische Bedeutung des Rechtsbegriffs,（2. Aufl. 1991）; Fundamentale Rechtsgrundsätze（zur rechtsethischen Verfassung der Sozietät）, 1988; System und Prinzipien des Privatrechts, 1996; Grundzüge der juristischen Methodenlehre, 2005 などは，今日でも，実定法学のドグマと方法論に関する基礎文献とみなされている。法の文言によっても法規の自然的意味によっても法的な問題が解決されない場合に，法規の定める類似の規定が考慮されるとのABGB 7条の規定は，もっと自由な意味で考察される。

また，師であるウィルブルクによって基礎づけられた「動的システム」（bewegliches System）論は，彼を含むグラーツ＝ウィーン学派（Wilburg, Mayer-Maly, Wesener, Koziol など）によって発展させられた。これは，法において有機的に関連するさまざまな力を総合的に観念する相関論であり，とくに，オーストリアの法律学に大きな影響を与えた。決して実定法から抽象化された概念ではなく，多元的な損害賠償法や不当利得法を基礎に生じた概念である。結果的には，ドイツ民法学の成果をも無理なく参照することを可能にしたのである。その発想そのものは，普通法の学問化，体系化を目ざした（創造期の）パンデクテン法学をも彷彿させる。普通法もカズイスティッシュなローマ法源にすぎなかったからである。

とくに，初期の作品である Der Gleichheitsgrundsatz im österreichischen Privatrecht, 1961,（Gutachten für den 1. österreichischen Juristentag. Verhandlungen des österreichischen Juristentages. Band 1, Teil 1）や Probleme der Schadensverursachung nach deutschem und österreichischem Recht（Abhandlungen aus dem gesamten Bürgerlichen Recht, Handelsrecht und Wirtschaftsrecht. Heft 28), 1964.（Nachd.）1977； Privatautonomie und objektive Grundlagen des verpflichtenden Rechtsgeschäfts, 1967 は，ウィルブルクが損害賠償法で展開した動的システム論を契約法にも適用しようとしたものである（vgl. Wilburg, Entwicklung eines beweglichen Systems im Bürgerlichen Recht : Rede, gehalten bei der Inauguration als Rector magnificus der Karl-Franzens-Universität in Graz am 22. November 1950/von Walter Wilburg. - Graz : Kienreich, 1951）。

類型論との関係も，こうした多元論にもとづくものである（vgl. Bewegliches System und Juristische Methodenlehre, Das Bewegliche System im geltenden und künftigen Recht（Forschungen aus Staat und Recht. Bd. 73), 1986； Recht, Methode und Jurisprudenz, 1988（Würzburger Vorträge zur Rechtsphilosophie, Rechtstheorie und Rechtssoziologie. H. 7). なお，後者にはイタリア語の翻訳がある）。ほかに，Das Privatrecht im Rechtssystem einer Privatrechtsgesellschaft, 1994； Die ethischen Grundlagen des Privatrechts, 1994.

また，Beck 社から出されているオーストリア法令集 Bydlinski, Österreichische Gesetz, Zivil-, Straf-und Verfahrensrecht（1980年から）はルーズリーフ形式の法令集であり，ウィーンの Manz 書店と共同制作にかかるものである。ドイツ法令集（Schönfelder）に対応するものであり，現在は，Martin Schauyer教授により継続されている。2010年版は，およそ5600頁にもなる（85.6ユーロである。ISBN 978-3-406-44883-6，なお，公法については，Schäffer, Österreichische Verfassungs- und Verwaltungsgesetzeがある。後者も，2011年版では5000頁になる）(2)。〔2016年に，66版。5920頁，4330g，96.3ユーロである。〕

(4)　方法論や法原理に関する業績には，上述のもののほか，以下がある。

Einführung in das österreichische Privatrecht, 1975.（2. Aufl. 1983）.

Renaissance der Idee der Kodifikation（Das neue Niederländische Bürgerliche Gesetzbuch. Schriften zur Rechtspolitik. Bd. 5）, 1992.

Rechtsgesinnung als Aufgabe, in Canaris, Festschrift für Karl Larenz zum 80. Geburtstag, 1983.

Über prinzipiell-systematische Rechtsfindung im Privatrecht（Vortrag gehalten vor der Juristischen Gesellschaft zu Berlin am 17. Mai 1995. Schriftenreihe der Juristischen Gesellschaft Berlin. Heft 141）. 著名なベルリン法曹協会での講演である（ここでは，かつて，キルヒマンの「法律学の学問としての無価値性」やゼッケルの「形成権論」など，画期的な講演が行われている）。

Formale Freiheitsethik oder materiale Verantwortungsethik（Bericht über das Wissenschaftliche Kolloquium zum 65. Geburtstag von Professor Dr. Dieter Reuter am 15. und 16. Oktober 2005 in Kiel）, 2006.

民法やその周辺の研究としては，たとえば，Die Risikohaftung des Arbeitgebers（Wiener Beiträge zum Arbeits-und Sozialrecht. Bd. 23）, 1986. や売買法のコンメンタール（Kommentar zu den§§ 1045-1089.（Heinrich Klang, Franz Gschnitzer, Kommentar zum ABGB）1971 ff.）ほかがあり，オーストリアの最高裁（OGH）判決に影響を与えたものもあるが，業績は多数にのぼるので，若干のみ記載する。

Das Recht der Superädifikate（geltendes Recht und Verbesserungsmöglichkeiten）, 1982.

Handels-oder Unternehmensrecht als Sonderprivatrecht（ein Modellbeispiel für die systematische und methodologische Grundlagendiskussion. Vortrag vor der Juristischen Gesellschaft zu Berlin am 7. März 1990）, 1990.

Zulässigkeit und Schranken ewiger und extrem langdauernder Vertragsbindung（Schriftenreihe der Niederösterreichischen Juristischen Gesellschaft. Heft 58), 1991.

Mensch von Anfang an?（Mit Beiträgen der interdisziplinären Tagung zum Status ungeborener Kinder), in der Reihe Rechtsethik, Bd. 4, 2008.

Strafrechtliche Beurteilung von Sportverletzungen, ÖJZ. 1955, S. 159ff.

Mietrecht in Europa. Schriftenreihe des österreichischen Notariats, Bd. 3, 1996.

Mayer-Maly との共編のものとして，以下がある。

Fortpflanzungsmedizin und Lebensschutz（Veröffentlichungen des Internationalen Forschungszentrums für Grundfragen der Wissenschaften Salzburg. N. F. 55), 1993. (Hrsg. mit Mayer-Maly).

Die Arbeit: ihre Ordnung, ihre Zukunft, ihr Sinn（Tagungsband des gleichnamigen Symposions am 26. u. 27. Mai 1994 in Salzburg. Wiener Beiträge zum Arbeits- und Sozialrecht. Bd. 34), 1995.

Gesetzliche Formgebote für Rechtsgeschäfte auf dem Prüfstand（Veröffentlichungen des Ludwig-Boltzmann-Institutes für Gesetzgebungspraxis und Rechtsanwendung. Bd. 9). 2001. これは，Peter との共著である。

(1) ウィルブルクについては，拙稿「比較法（国際的統一法）の系譜と民法ーラーベルとケメラー」民事法情報282号22頁，34頁注38参照。本書第3部第1篇所収。

なお，本稿脱稿後，Koziol/Rummel, Franz Bydlinski zum Gedenken, JBl 2011, 138に接した。

(2) Rummel, Franz Bydlinski 60 Jahre, JBl 1991, S. 709.; Kramer, Franz Bydlinski 70 Jahre. Laudatio aus Anlass der Überreichung einer Festschrift am 17. November 2001, JBl. 2001, S. 710; Canaris, Würdigung Franz Bydlinski, NJW 2001, S. 3530; Koziol und Rummel, Im Dienste der Gerechtigkeit. Festschrift für Franz Bydlinski, 2002; Koziol/Rummel, Franz Bydlinski zum Gedenken, JBl 2911, 138; Fenyves,† Franz Bydlinski 1931-2011, ÖJZ 2011, S. 193; Wesener, Österreichisches Privatrecht an der Universität Graz（Geschichte der Rechtswissenschaftlichen Fakultät der Universität Graz, Teil 4, 2002). S. 94ff.; Jabloner, Heinz Mayer, Österreichische Rechtswissenschaft in Selbstdarstellungen, 2003, S. 12ff.（Abschnitt Franz Bydlinski); Who's who im deutschen Recht, 2003, S. 96.（息子の Michael と Peter についても，詳しい）。

オーストリア法の系譜

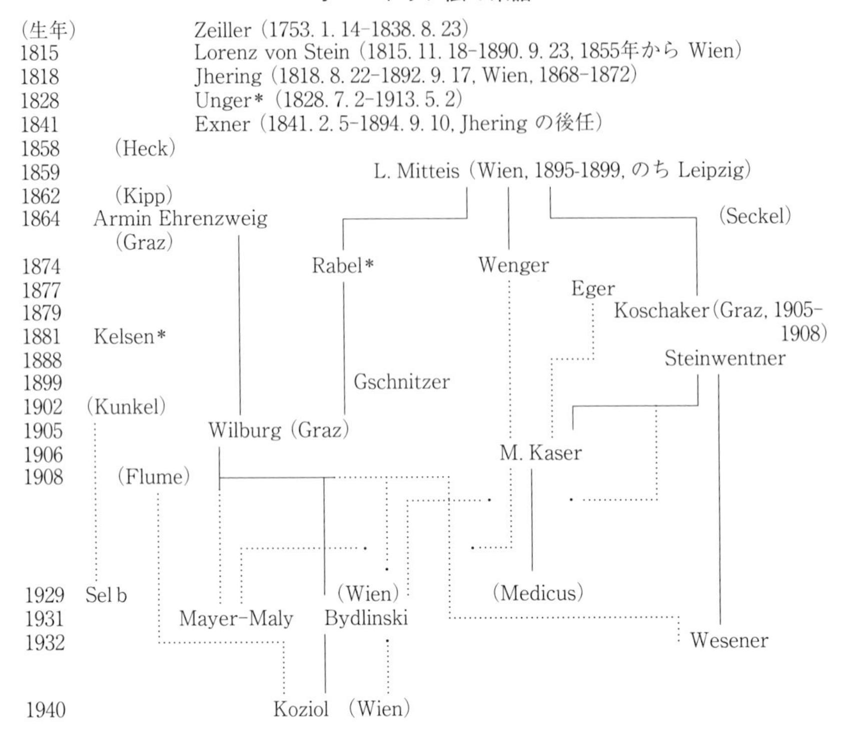

〔かっこ内の者は，必ずしも直接には，オーストリアに関係しない〕
〔*はユダヤ系法学者〕

主要人名索引

（アルファベット順）

アルブレヒト（Wilhelm Eduard Albrecht, 1800. 3. 4–1876. 5. 22） 298
アルント（Karl Ludwig Arndts, 1803. 8. 19–1878. 3. 1） 390
バローン（Julius Baron, 1834–1898） 304
ベッヒマン（August Bechmann, 1834. 8. 16–1907. 7. 11） 304
ベッカー（Ernst Immanuel Bekker, 1827. 8. 16–1916. 6. 29） 312
ベッチュ（August Böckh, 1785. 11. 24–1867. 8. 3） 261
ベッキング（Eduard Böcking, 1802. 5. 20–1870. 5. 3） 262
ブラウアー（Johan Nikokaus Friedrich Brauer, 1754. 2. 14–1813. 11. 17） 383
ブリンツ（Aloysius von Brinz, 1820. 2. 25–1887. 9. 13） 393
ブルンス（Karl Eduard Georg Bruns, 1816. 2. 16–1880. 9. 10） 263
ビドリンスキー（Franz Bydlinski, 1931. 11. 20–2011. 2. 7） 523
ブムケ（Bumke） 168
ケメラー（Ernst von Caemmerer, 1908. 1. 17–1985. 6. 23） 431
コサック（Konrad Cosack, 1855. 3. 12–1933. 12. 27） 403
ダベロー（Christoph Christian Dabelow, 1768. 7. 19–1830. 4. 27） 384
ダヴィット（David） 171
デルンブルク（Heinrich Dernburg, 1829. 3. 3–1907. 11. 23） 121
デレ（Hans Dölle, 1893. 8. 25–1980. 5. 15） 326
エック（Eck） 270
エールリッヒ（Eugen Ehrlich, 1862. 9. 14–1922. 5. 2） 145
エングレンダー（Konrad Engländer, 1880. 1. 25–1933. 1. 8） 350
フィッシャー（Otto Fischer, 1853. 3. 30–1929. 12. 1） 319
フィティング（Heinrich Hermann Fitting, 1831. 8. 27–1918. 12. 3） 309
フルーメ（Werner Flume, 1908. 9 . 12–2009. 1 . 28） 509
フランク（Frank, ナチス法律家） 329
フックス（Ernst Fuchs, 1859. 10. 15–1929. 4. 10） 148
フランケ（Wilhelm Franz Gottfried Franke, 1803. 7. 26–1873. 4. 12） 292
フリードベルク（Emil Albert Friedberg, 1837. 12. 22–1910. 9. 7） 324
ガンス（Eduard Gans, 1798. 3. 22–1839. 5. 5） 257
グレーザー（Julius Anton Glaser, 1831. 3. 19–1885. 12. 26） 341
ジルタナー（Wilhelm Girtanner, 1823–1861. 7. 28） 311
グリュック（Christian Friedrich von Glück, 1755. 7. 1–1831. 1. 2） 412
グナイスト（Heinrich Rudolf Hermann Friedrich von Gneist, 1816. 8. 13–1895. 7. 22） 175
ゲッシェン（Göschen）親子 259
J・ゴールトシュミット（James Goldschmidt, 1874. 12. 17–1940. 6. 28） 164

L・ゴールトシュミット（Levin Goldschmidt, 1829. 5. 30–1897. 7. 16） 125
グラデンヴィッツ（Otto Gradenwitz, 1860. 5. 16–1935. 7. 7） 344
ハナウセック（Gustav Hanausek, 1855. 9. 4–1927. 9. 11） 397
ハルトマン（Gustav Hartmann, 1835. 3. 31–1894. 11. 16） 301
ハッセ（Johann Christian Hasse, 1779. 7. 24–1830. 11. 18） 260
ハウプト（Haupt, 1904. 9. 11–1946. 7. 14） 65
ハイマン（Franz Karl Abraham Samuel Haymann, 1874. 8. 25–1947. 8. 26） 166
ヘック（Philipp Heck, 1858. 7. 22–1943. 6. 28） 41
ヘーデマン（Hedemann） 274
ハイマン（Heymann） 272
ホフマン（Franz Hofmann, 1845. 6. 20–1897. 10. 25） 399
ヘプナー（Ludwig Julius Friedrich Höpfner, 1743. 11. 3–1797. 4. 2） 254
ヘルダー（Eduard Otto Hölder, 1847. 11. 27–1911. 4. 14） 314
フゴー（Gustav von Hugo, 1764. 11. 23–1844. 9. 15） 256
ヤコビ（Erwin Jacobi, 1884. 1. 15–1965. 4. 5） 349
イェーリング（Rudolf von Jhering, 1818. 8. 22–1892. 9. 17） 34
カントロヴィッチ（Hermann Ullrich Kantorowicz, 1877. 11. 18–1940. 2. 12） 157
カルロヴァ（Otto Karlowa, 1836. 2. 11–1904. 1. 8） 313
ケーゲル（Gerhard Kegel, 1912. 6. 26–2006. 2. 16） 60
キップ親（Theodor Kipp, 1862. 4. 10–1931. 4. 2） 6
キップ子（Karl Theodor Kipp, 1896–1963） 324
コーラー（Josef Kohler, 1849. 3. 9–1919. 8. 3） 219
クンケル（Wolfgang Kunkel, 1902. 11. 20–1981. 5. 8） 18, 327
コシャカー（Paul Koschaker, 1879. 4. 19–1951. 6. 1） 20
クライトマイール（Wiguläus Xaverius Aloysius Kreittmayr, Kreittmayr, 1705. 12. 14–1790. 10. 27） 380
ラーバント（Paul Laband, 1838. 5. 24–1918. 3. 23） 128
ランズベルク（Ernst Landsberg, 1860. 10. 12–1927. 9. 29） 346
ラーレンツ（Karl Larenz, 1903. 4. 23–1993. 1. 24） 476
レーネル（Otto Lenel, 1849. 12. 13–1935. 2. 7） 140
レーヴィ（Ernst Levy, 1881. 12. 23–1968. 9. 14） 16
ロートマール（Philipp Lotmar, 1850–1922. 5. 29） 142
マダイ（Karl Otto von Madai, 1809. 5. 29–1850. 6. 4） 310
マルクァルト（Hans Marquardt, 1812. 4. 19–1882. 11. 30） 392
メンデルスゾーン（Albrecht Mendelssohn Bartholdy, 1874. 10. 25–1936. 11. 29） 351
L・ミッタイス（Ludwig Mitteis, 1859. 3. 17–1921. 12. 26） 21
ミッターマイエール（Mittermaier, Karl Joseph Anton, 1787. 8. 5–1867. 8. 28） 386
F・モムゼン（Friedrich Mommsen, 1818. 1. 3–1892. 2. 1） 30
モッセ（Isaac Albert Mosse, 1846. 10. 1–1925. 5. 31） 177

マンドリー（Johann Gustav Karl von Mandry, 1832. 1. 31–1902. 5. 30） 315
ミハエリス（Karl Michaelis, 1900. 12. 21–2001. 8. 14） 72
モール（Robert von Mohl, 1799. 8. 17–1875. 11. 5） 314
ミューレンブルッフ（Christian Friedrich Mühlenbruch, 1785. 10. 3–1843. 7. 17） 302
ノイマイアー（Karl Neumeyer, 1869. 9. 19–1941. 7. 26） 398
エルトマン（Paul Oertmann, 1865. 7. 3–1938. 5. 22） 52
オットー（Karl Eduard von Otto, 1795. 8. 14–1869. 4. 20） 389
ペルニス（Lothar Anton Alfred Pernice, 1841. 8. 18–1901. 9. 23） 265
プロイス（Hugo Preuss, 1860. 10. 28–1925. 10. 9） 347
プリングスハイム（Fritz Robert Pringsheim, 1882. 10. 7–1967. 4. 24） 149
プフタ（Georg Friedrich Puchta, 1798. 8. 31–1846. 1. 8） 248
プントチャルト（Valentin Puntschart, 1825. 2. 7–1904. 4. 7； Paul Puntschart, 1867. 8. 13–1945. 5. 9） 395
ラーベル（Ernst Rabel, 1874. 1. 28–1955. 9. 27） 422
レーゲルスベルガー（Ferdinand Regelsberger, 1831. 9. 10–1911. 2. 28） 299
ラインシュタイン（Max Rheinstein, 1899. 7. 5–1977. 7. 9） 162
リッペントロップ（Georg Julius Ribbentrop, 1798. 5. 2–1874. 4. 13） 292
ルドルフ（Adolf August Friedrich Rudorff, 1803. 3. 21–1873. 2. 14） 262
サヴィニー（Friedrich Carl von Savigny, 1779. 2. 21–1861. 10. 25） 242
ショイル（Scheurl von Defersdorf, Christoph Gottlieb Adolf Freiherr, 1811. 1. 7–1893. 1. 24） 305
シリング（Bruno Schilling, 1798. 5. 20–1871. 11. 28） 390
シュルツ（Fritz Schulz, 1879. 6. 16–1957. 11. 12） 156
シュヴァネルト（Hermann Schwanert, 1823. 10. 22–1886. 8. 18） 308
ゼッケル（Emil Seckel, 1864. 1. 10–1924. 4. 26） 13
ゾイフェルト（Seuffert） 312
ジーバー（Heinrich Bethmann Siber, 1870. 4. 10–1951. 6. 23） 75
ジーベルト（Siebert） 275
ジーゲル（Heinrich Joseph Siegel, 1830. 4. 13–1899. 6. 4） 396
シムソン（Eduard von Simson, 1810. 11. 10–1899. 5. 2） 135
ジンテニス（Karl Friedrich Ferdinand Sintenis, 1804. 6. 25–1868. 8. 2） 388
シュタール（Friedrich Julius Stahl, 1802. 1. 16–1861. 8. 10） 340
シュタウプ（Samuel Hermann Staub, 1856. 3. 21–1904. 9. 2） 24
シュトル（Hans Stoll, 1926. 8. 4–2012. 11. 8） 518
ストローハル（Emil August Strohal, 1844. 12. 31–1912. 6. 6） 317
ティボー（Anton Friedrich Justus Thibaut, 1772. 1. 4–1840. 3. 28） 251
ティツェ（Titze） 270
ウベローデ（August Ubbelohde, 1833. 11. 18–1898. 9. 30） 266
ウンガー（Josef Unger, 1828. 7. 2–1913. 5. 2） 133

ウンターホルツナー（Karl August Dominikus Unterholzner, 1787. 2. 3–1838. 3. 25） 307
ファンゲロー（Karl Adolph von Vangerow, 1808. 6. 15–1870. 10. 11） 293
フェーリング（Friedrich Heinrich Theodor Hubert Vering, 1833–1896） 315
フォイクト（Moritz Voigt, 1826. 9. 10–1905. 11. 6） 316
ヴェヒター（Karl Joseph Georg Sigismund Wächter, 1797. 12. 24–1880. 1. 15） 288
ウェーバー（複数人） 318
ヴァイス（Philipp Friedrich Weiß, 1766. 4. 15–1808. 11. 23） 257
ヴィアッカー（Franz Wieacker, 1908. 8. 5–1994. 2. 17） 486
ヴィントシャイト（Bernhard Joseph Hubert Windscheid, 1817. 6. 26–1892. 10. 26） 46
M・ヴォルフ（Martin Wolff, 1872. 9. 26–1953. 7. 20） 151
チーテルマン（Ernst Otto Konrad Zitelmann, 1852. 8. 7–1923. 11. 28） 352

事項索引

〈あ　行〉

〈か　行〉

〈さ　行〉

〈た　行〉

〈な　行〉

〈は　行〉

〈ま　行〉

〈や　行〉

〈ら　行〉

〈著者紹介〉

小 野 秀 誠（おの　しゅうせい）

1954年　東京に生まれる

1976年　一橋大学法学部卒業

現　在　獨協大学法学部教授

法学上の発見と民法

2016年（平成28年）12月5日　初版第1刷発行　2761-0101

著　者　小野秀誠

発行者　今井　貴

　　　　渡辺左近

発行所　信山社出版

〒113-0033　東京都文京区本郷6-2-9-102

電　話　03（3818）1019

FAX　03（3818）0344

印　刷　亜細亜印刷

製　本　日進堂製本

Printed in Japan.

ISBN978-4-7972-2761-1　C3332

〈小野秀誠主要著作〉

逐条民法特別法講座・契約Ⅰ〔契約総論，売買〕，担保物権Ⅱ〔物上代位ほか〕（共著，ぎょうせい，1986年，1995年），危険負担の研究（日本評論社，1995年），反対給付論の展開（信山社，1996年），給付障害と危険の法理（信山社，1996年），叢書民法総合判例研究・危険負担（一粒社，1999年），利息制限法と公序良俗（信山社，1999年），専門家の責任と権能（信山社，2000年），大学と法曹養成制度（信山社，2001年），土地法の研究（信山社，2003年），司法の現代化と民法（信山社，2004年），民法総合判例解説・危険負担（不磨書房，2005年），民法における倫理と技術（信山社，2006年），契約における自由と拘束（信山社・2008），利息制限の理論（勁草書房，2010年），民法の体系と変動（信山社・2012），債権総論（信山社・2013）。

債権総論（共著，弘文堂，1997年，補訂版2000年，２版2003年，３版2006年，新装版2010年），ハイブリット民法・民法総則（共著，法律文化社，2007年），実務のための新貸金業法（共著，民事法研究会，2007年，２版2008年）

Die Gefahrtragung und der Gläubigerverzug, Hitotsubashi Journal of Law and Politics, vol. 19 (1991); Comparative Studies on the Law of Property and Obligations, ib., vol. 22 (1994); Comparative Law and the Civil Code of Japan, ib., vol. 24–25 (1996–97); The Law of Torts and the Japanese Civil Law, ib., vol. 26–27 (1998–99); Strict Liability in Japanese Tort Law, especially Automobile Liability, ib., vol. 28 (2000); Joint Unlawful Act in Japanese Tort Law, ib., vol. 29 (2001); Die Entwicklung des Leistungsstörungsrechts in Japan aus rechtsvergleichender Sicht, ib., vol. 30 (2002); A Comparative Study of the Transfer of Property Rights in Japanese Civil Law, ib., vol. 31–32 (2003–04); Das Japanische Recht und der Code Civil als Modell der Rechtsvergleichung, ib., vol. 34 (2006).